Chevrolet & GMC Van
Gör-det-själv handbok

Don Pfeil och
John H Haynes Medlem av Brittiska Motorskribenters Förening

Modeller som behandlas
Chevrolet och GMC Van med 6-cylindrig radmotor, V6- och V8-motorer
Manuell och automatisk växellåda, 1968 t o m 1995

(3298-312-3AF1/345-5X12)

En bok i **Haynes serie Gör-det-själv handböcker**

Haynes Group Limited
Haynes North America, Inc

ISBN **978 0 85733 609 5**

www.haynes.com

Ansvarsfriskrivning

Det finns risker i samband med fordonsreparationer. Förmågan att utföra reparationer beror på individuell skicklighet, erfarenhet och lämpliga verktyg. Enskilda personer bör handla med vederbörlig omsorg samt inse och ta på sig risken som utförandet av bilreparationer medför.

Syftet med den här handboken är att tillhandahålla omfattande, användbar och lättillgänglig information om fordonsreparationer för att hjälpa dig få ut mesta möjliga av ditt fordon. Den här handboken kan dock inte ersätta en professionell certifierad tekniker eller mekaniker. Det finns risker i samband med fordonsreparationer.

Den här reparationshandboken är framtagen av en tredje part och är inte kopplad till någon enskild fordonstillverkare. Om det finns några tveksamheter eller avvikelser mellan den här handboken och ägarhandboken eller fabriksservicehandboken, se fabriksservicehandboken eller ta hjälp av en professionell certifierad tekniker eller mekaniker.

Även om vi har utarbetat denna handbok med stor omsorg och alla ansträngningar har gjorts för att se till att informationen i denna handbok är korrekt, kan varken utgivaren eller författaren ta ansvar för förlust, materiella skador eller personskador som orsakats av eventuell felaktig eller utelämnad information.

Innehåll

INLEDANDE AVSNITT

RUTINUNDERHÅLL

Innehåll

REPARATION OCH RENOVERING

Motor och sammanhörande system

Kraftöverföring

Bromssystem och fjädring

Kaross och utrustning

Kopplingsscheman

Referens

Register

Några ord om denna bok

Målsättning

Målsättningen med denna handbok är att hjälpa dig att få ut mesta möjliga av din bil. Det kan göras på många sätt. Boken kan hjälpa dig att bestämma när det är dags att göra ett visst jobb (även om du lämnar in bilen på verkstad), den ger information om rutinunderhåll och service och tillhandahåller ett logiskt handlingssätt för diagnostisering när fel uppstår. Vår förhoppning är dock att du använder boken som hjälp vid eget reparationsarbete. Enkla arbeten kan ibland utföras snabbare än om du bokar tid på verkstad och åker dit två gånger, för att lämna och hämta bilen. Kanske det allra viktigaste är de pengar som kan sparas genom att du undviker verkstadens arbets- och driftskostnader. Känslan av tillfredsställelse efter att ha utfört jobbet själv är inte heller att förakta.

Handbokens uppläggning

Handboken är uppdelad i kapitel och varje kapitel är uppdelat i numrerade avsnitt. Varje avsnitt är sedan indelat i numrerade punkter. Illustrationerna har samma nummer som det avsnitt och den punkt de tillhör, d v s bild 3.2 betyder att bilden refererar till avsnitt 3, punkt 2.

När ett arbetsmoment har beskrivits i texten brukar beskrivningen inte upprepas. När det är nödvändigt att referera till ett annat kapitel, ges referensen i form av kapitel- och avsnittsnummer (t ex kapitel 1/16). Referenser som skrivs utan ordet "kapitel" syftar till avsnitt och/eller punkter i det aktuella kapitlet. Exempelvis innebär "se avsnitt 8" i samma kapitel.

Anvisningar om "höger" och "vänster" på bilen utgår ifrån en person som sitter i förarsätet och tittar framåt.

Trots att stor omsorg är nedlagd för att garantera att informationen i denna handbok är riktig, kan författare och utgivare inte åtaga sig något ansvar för förlust, skada e dyl som orsakats av fel eller utebliven information i handboken.

Presentation av Chevrolet och GMC vans

Chevrolet och GMC vans har motorn fram och drivning på bakhjulen på traditionellt sätt.

Kraftfulla 6-cylindriga radmotorer, eller V6- eller V8-motorer med lång livslängd har använts i dessa modeller, bränsleinsprutning förekommer på senare modeller.

Motorns kraft överförs till antingen tre- eller fyrväxlad manuell, eller en tre- eller fyrväxlad automatisk växellåda.

Framfjädringen består av framaxel och bladfjädrar på modeller t o m 1970, och individuell framfjädring med länkarmar och spiralfjädrar på senare modeller. Bakvagnsupphängningen på alla modeller har längsgående bladfjädrar.

Styrväxeln är monterad till vänster om motorn och är ansluten till styrarmarna via en serie styrstag med servoassistans som tillval.

Bromsarna är av trumtyp på alla fyra hjulen på tidigare modeller, och skivbromsar fram och trumbromsar bak på senare modeller. Servostyrning finns som extrautrustning.

Sportvan

Att arbeta på din bil kan vara farligt. Den här sidan visar potentiella risker och faror och har som mål att göra dig uppmärksam på och medveten om vikten av säkerhet i ditt arbete.

Allmänna faror

Skållning

• Ta aldrig av kylarens eller expansionskärlets lock när motorn är het.

• Motorolja, automatväxellådsolja och styrservovätska kan också vara farligt varma om motorn just varit igång.

Brännskador

• Var försiktig så att du inte bränner dig på avgassystem och motor. Bromsskivor och -trummor kan också vara heta efter körning.

Lyftning av fordon

• Vid arbete nära eller under ett lyft fordon, använd alltid extra stöd i form av pallbockar eller använd ramper. ***Arbeta aldrig under en bil som endast stöds av en domkraft.***

• När muttrar eller skruvar med högt åtdragningsmoment skall lossas eller dras, bör man lossa dem något innan bilen lyfts och göra den slutliga åtdragningen när bilens hjul åter står på marken.

Brand och brännskador

• Bränsle är mycket brandfarligt och bränsleångor är explosiva.

• Spill inte bränsle på en het motor.

• Rök inte och använd inte öppen låga i närheten av en bil under arbete. Undvik också gnistbildning (elektrisk eller från verktyg).

• Bensinångor är tyngre än luft och man bör därför inte arbeta med bränslesystemet med fordonet över en smörjgrop.

• En vanlig brandorsak är kortslutning i eller överbelastning av det elektriska systemet. Var försiktig vid reparationer eller ändringar.

• Ha alltid en brandsläckare till hands, av den typ som är lämplig för bränder i bränsle- och elsystem.

Elektriska stötar

• Högspänningen i tändsystemet kan vara farlig, i synnerhet för personer med hjärtbesvär eller pacemaker. Arbeta inte med eller i närheten av tändsystemet när motorn går, eller när tändningen är på.

• Nätspänning är också farlig. Se till att all nätansluten utrustning är jordad. Man bör skydda sig genom att använda jordfelsbrytare.

Giftiga gaser och ångor

• Avgaser är giftiga. De innehåller koloxid vilket kan vara ytterst farligt vid inandning. Låt aldrig motorn vara igång i ett trångt utrymme, t ex i ett garage, med stängda dörrar.

• Även bensin och vissa lösnings- och rengöringsmedel avger giftiga ångor.

Giftiga och irriterande ämnen

• Undvik hudkontakt med batterisyra, bränsle, smörjmedel och vätskor, speciellt frostskyddsvätska och bromsvätska. Sug aldrig upp dem med munnen. Om någon av dessa ämnen sväljs eller kommer in i ögonen, kontakta läkare.

• Långvarig kontakt med använd motorolja kan orsaka hudcancer. Bär alltid handskar eller använd en skyddande kräm. Byt oljeindränkta kläder och förvara inte oljiga trasor i fickorna.

• Luftkonditioneringens kylmedel omvandlas till giftig gas om den exponeras för öppen låga (inklusive cigaretter). Det kan också orsaka brännskador vid hudkontakt.

Asbest

• Asbestdamm kan ge upphov till cancer vid inandning, eller om man sväljer det. Asbest kan finnas i packningar och i kopplings- och bromsbelägg. Vid hantering av sådana detaljer är det säkrast att alltid behandla dem som om de innehöll asbest.

Speciella faror

Flourvätesyra

• Denna extremt frätande syra bildas när vissa typer av syntetiskt gummi i t ex O-ringar, tätningar och bränsleslangar utsätts för temperaturer över 400 °C. Gummit omvandlas till en sotig eller kladdig substans som innehåller syran. *När syran väl bildats är den farlig i flera år. Om den kommer i kontakt med huden kan det vara tvunget att amputera den utsatta kroppsdelen.*

• Vid arbete med ett fordon, eller delar från ett fordon, som varit utsatt för brand, bär alltid skyddshandskar och kassera dem på ett säkert sätt efteråt.

Batteriet

• Batterier innehåller svavelsyra som angriper kläder, ögon och hud. Var försiktig vid påfyllning eller transport av batteriet.

• Den vätgas som batteriet avger är mycket explosiv. Se till att inte orsaka gnistor eller använda öppen låga i närheten av batteriet. Var försiktig vid anslutning av batteriladdare eller startkablar.

Airbag/krockkudde

• Airbags kan orsaka skada om de utlöses av misstag. Var försiktig vid demontering av ratt och/eller instrumentbräda. Det kan finnas särskilda föreskrifter för förvaring av airbags.

Dieselinsprutning

• Insprutningspumpar för dieselmotorer arbetar med mycket högt tryck. Var försiktig vid arbeten på insprutningsmunstycken och bränsleledningar.

Varning: Exponera aldrig händer eller annan del av kroppen för insprutarstråle; bränslet kan tränga igenom huden med ödesdigra följder

Kom ihåg...

ATT

• Använda skyddsglasögon vid arbete med borrmaskiner, slipmaskiner etc, samt vid arbete under bilen.

• Använda handskar eller skyddskräm för att skydda händerna.

• Om du arbetar ensam med bilen, se till att någon regelbundet kontrollerar att allt står väl till.

• Se till att inte löst sittande kläder eller långt hår kommer i vägen för rörliga delar.

• Ta av ringar, armbandsur etc innan du börjar arbeta på ett fordon - speciellt med elsystemet.

• Försäkra dig om att lyftanordningar och domkraft klarar av den tyngd de utsätts för.

ATT INTE

• Ensam försöka lyfta för tunga delar - ta hjälp av någon.

• Ha för bråttom eller ta osäkra genvägar.

• Använda dåliga verktyg eller verktyg som inte passar. De kan slinta och orsaka skador.

• Låta verktyg och delar ligga så att någon riskerar att snava över dem. Torka upp olje- och bränslespill omgående.

• Låta barn eller husdjur leka nära en bil under arbetets gång.

Att hitta läckor

Pölar på garagegolvet (eller där bilen står parkerad) eller våta fläckar i motorrummet tyder på läckor som man måste försöka hitta. Det är ibland inte så lätt att se var läckan är, särskilt inte om motorrummet är mycket smutsigt. Olja eller andra vätskor kan spridas av fartvinden under bilen och göra det svårt att säga var läckan egentligen finns.

Varning: De flesta oljor och andra vätskor i en bil är giftiga. Vid spill bör man tvätta huden och byta indränkta kläder så snart som möjligt.

Lukten kan vara till hjälp när det gäller att avgöra varifrån läckor kommer. Vissa vätskor har en färg som är lätt att känna igen. Det kan vara en god idé att göra ren bilen ordentligt och ställa den över ett rent papper över natten för att lättare se var läckan finns. Tänk på att motorn ibland bara läcker när den är igång.

Olja från sumpen

Motorolja kan läcka från avtappningspluggen . . .

Olja från oljefiltret

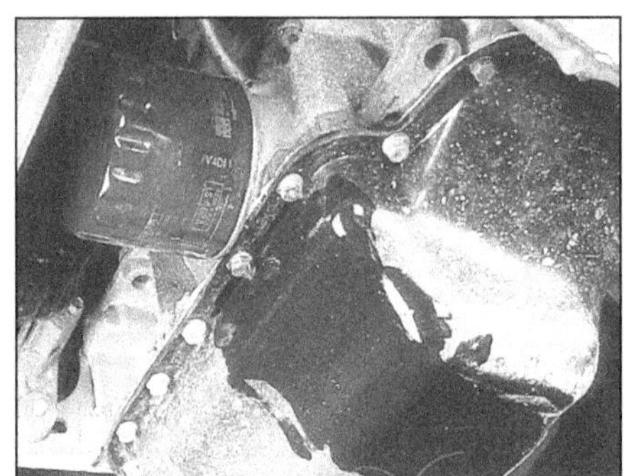

. . . eller från oljefiltrets packning

Växellådsolja

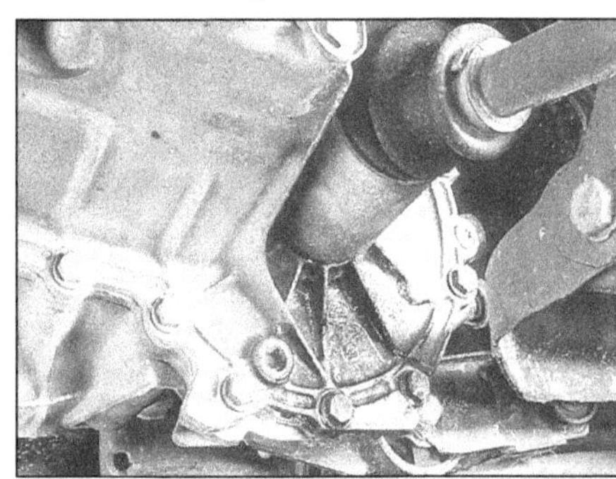

Växellådsolja kan läcka från tätningarna vid drivaxlarnas inre ändar

Kylvätska

Läckande kylvätska lämnar ofta kristallina avlagringar liknande dessa

Bromsvätska

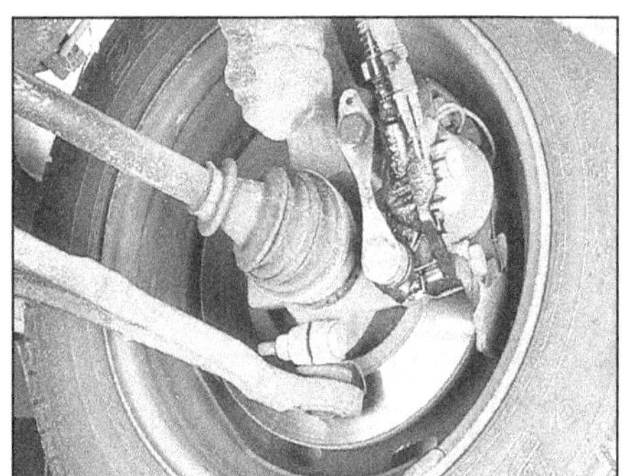

Läckage vid ett hjul är nästan alltid bromsvätska

Olja från styrservo

Hydraulolja kan läcka från styrväxeln eller dess anslutningar

Starthjälp

Start med startkablar löser ditt problem för stunden, men det är väsentligt att ta reda på vad som orsakade batteriets urladdning. Det finns tre möjligheter:

1 ***Batteriet har laddats ur efter ett flertal startförsök, eller för att lysen har lämnats på.***

2 ***Laddningssystemet fungerar inte tillfredsställande (generatorns drivrem slak eller av, generatorns länkage eller generatorn själv defekt).***

3 ***Batteriet defekt (utslitet eller låg elektrolytnivå.***

När en bil startas med hjälp av ett laddningsbatteri, observera följande:

- ✔ Innan det fulladdade batteriet ansluts, stäng av tändningen.
- ✔ Se till att all elektrisk utrustning (lysen, värme, vindrutetorkare etc) är avslagen.
- ✔ Kontrollera att laddningsbatteriet har samma spänning som det urladdade batteriet i bilen.
- ✔ Om batteriet startas med startkablar från batteriet i en annan bil, får bilarna INTE VIDRÖRA varandra.
- ✔ Växellådan skall vara i neutralt läge (PARK för automatväxellåda).

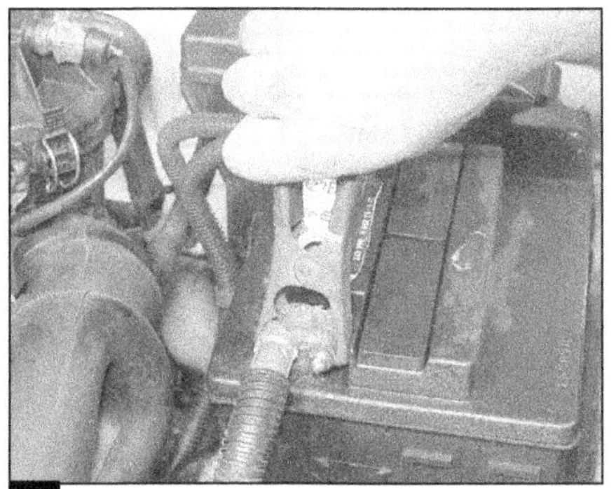

1 Koppla den ena änden på den röda startkabeln till den positiva (+) anslutningen på det urladdade batteriet.

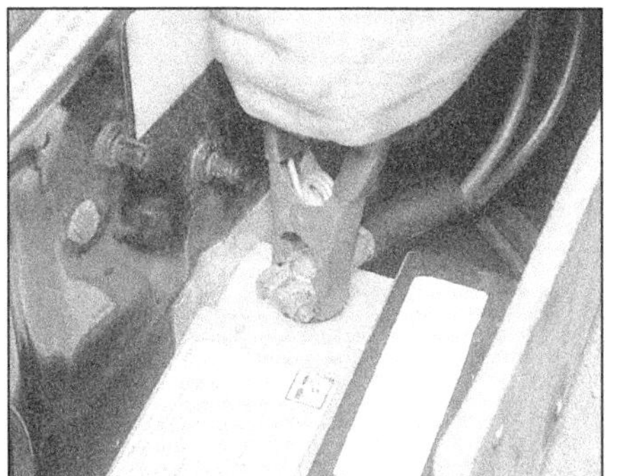

2 Koppla den andra änden på den röda kabeln till den positiva (+) anslutningen på det fulladdade batteriet.

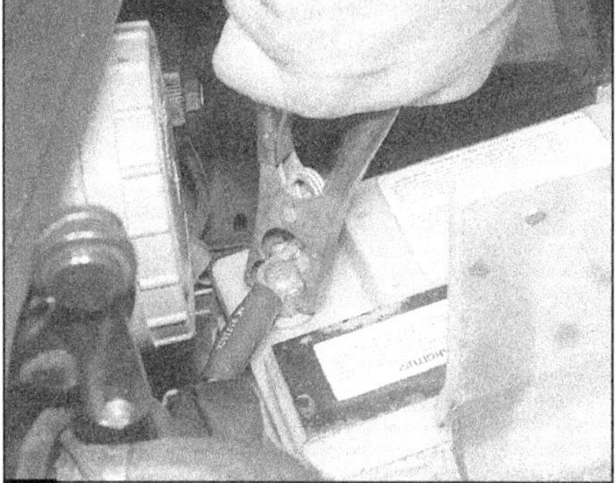

3 Koppla den ena änden på den svarta startkabeln till den negativa (–) anslutningen på det fulladdade batteriet.

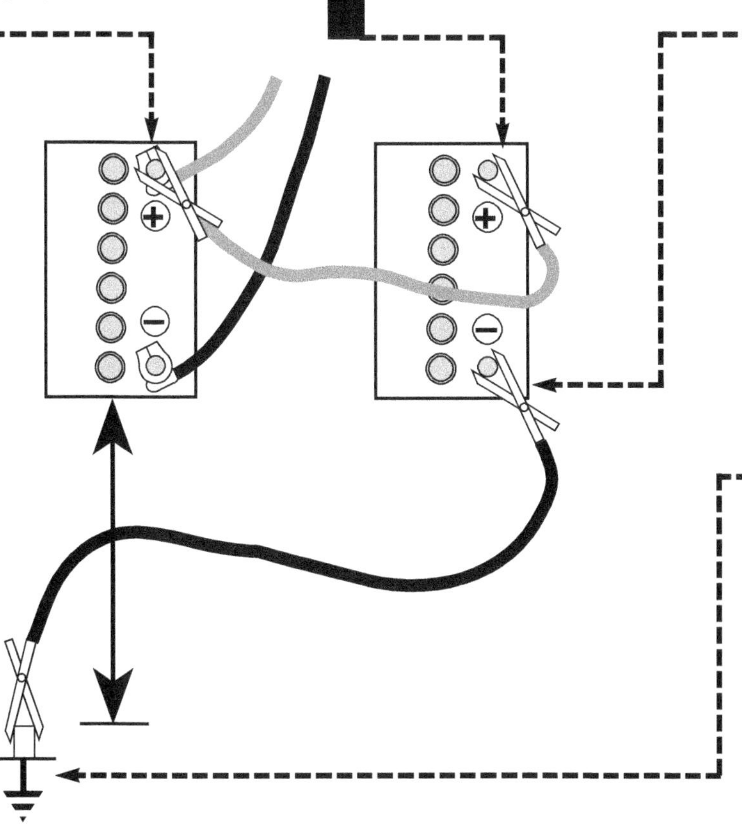

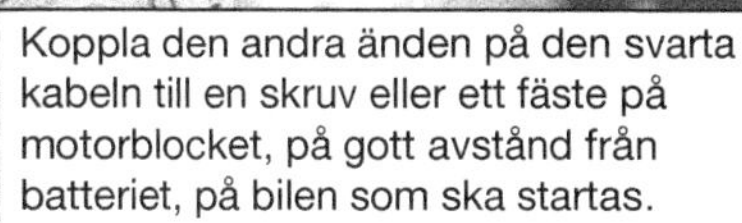

4 Koppla den andra änden på den svarta kabeln till en skruv eller ett fäste på motorblocket, på gott avstånd från batteriet, på bilen som ska startas.

5 Se till att startkablarna inte kommer i kontakt med fläkten, drivremmarna eller andra rörliga delar i motorn.

6 Starta motorn med laddningsbatteriet, sen med motorn på tomgång, koppla bort startkablarna i omvänd ordning mot anslutning.

När service-, reparationsarbeten eller renovering av detaljer utförs, är det viktigt att följande instruktioner observeras. Om hemmamekanikern följer nedanstående anvisningar ska reparationen kunna utföras så effektivt och fackmannamässigt som möjligt.

Fästelement

Fästelement innebär muttrar, skruvar och pinnskruvar som syftar till att hålla samman två eller fler komponenter. Följande bör uppmärksammas vid arbete med fästelement. Flertalet fästelement används i kombination med en låsanordning som kan vara en låsbricka, låsmutter, låsbleck eller gänglåsning. Alla gängade fästelement ska vara rena och raka, med hela gängor och oskadda hörn på sexkantskallar där nyckeln placeras. Gör det till en vana att byta ut alla skadade skruvar och muttrar mot nya. Låsmuttrar med nylon- eller fiberinsatser kan inte återanvändas. När de tas bort förlorar de sin låsförmåga och ska bytas mot nya.

Om rostiga skruvar och muttrar behandlas med en rostlösande vätska är det lättare att lossa dem. Låt rostvätskan verka i några minuter innan skruven eller muttern lossas. Svårt rostskadade fästelement behöver ibland sågas eller spräckas eller tas bort med en speciell mutterspräckare som finns att köpa i biltillbehörsaffärer.

Om en skruv eller pinnskruv bryts av inne i en del kan den borras ut och avlägsnas med en skruvutdragare. De flesta bilverkstäder bör kunna utföra detta, såväl som andra småjobb, som att återställa gängade hål där gängorna försvunnit.

När plana brickor och låsbrickor tas bort från en sammansatt del ska de alltid sättas tillbaka på exakt samma sätt som de var placerade från början. Ersätt skadade brickor med nya. Låsbrickor får aldrig användas mot mjuka metallytor (exempelvis aluminium), tunn plåt eller plast.

Dimensioner på fästelement

Av olika skäl använder biltillverkarna fästelement i metriska storlekar. Det är därför viktigt att kunna se skillnad på standard (ibland kallad U.S eller SAE) och metriska komponenter eftersom de inte är utbytbara mot varandra.

Alla skruvar storleksordnas efter diameter, gängstigning och längd. Exempelvis, en tumgängad skruv med måtten 1/2 - 13 x 1 är 1/2 tum i diameter, har 13 gängor per tum och är 1 tum lång. En M12-skruv, 1,75 x 25 är 12 mm i diameter, med en gängstigning av 1,75 mm (avståndet mellan gängorna) och är 25 mm lång. De båda skruvarna är nästan identiska och lätta att förväxla, men de är inte utbytbara mot varandra.

Förutom skillnaderna i diameter, gängstigning och längd kan man skilja mellan metriska och tumgängade skruvar genom att granska skruvhuvudena. För det första är måttet tvärs över den flata delen av huvudet på en tumgängad skruv mätt i tum medan samma mått på en metrisk skruv mäts i millimeter (samma gäller muttrar). Därav följer att en nyckel för tumgängade skruvar inte kan användas till en metrisk skruv och en metrisk nyckel ska inte användas på en tumgängad skruv. Dessutom har de flesta tumgängade skruvar skåror från mitten och utåt för att indikera skruvens klass eller hållfasthet, vilket är en indikation på åtdragningsmomentet för skruven. Ju fler skåror desto högre är skruvens hållfasthet. Klasserna 0 t o m 5 används oftast för bilar. Metriska skruvar indelas snarare i egenskapsklasser än med skåror. Dessa klassnummer är ingjutna i huvudena för att visa skruvens hållfasthet. I detta fallet gäller ju högre nummer desto starkare skruv. Klass nummer 8.8, 9.8 och 10.9 gäller vanligen för bilar.

Hållfasthetsmarkeringar kan även användas för att särskilja tumgängade 6-kantsmuttrar från metriska sexkantsmuttrar. De flesta tumgängade 6-kantsmuttrar har instansade punkter på en av sidorna medan metriska muttrar är markerade med ett nummer. Ju fler punkter desto starkare är muttern.

Metriska pinnskruvar är även märkta på ändarna allt efter deras egenskapsklass. Större pinnskruvar är numrerade (på samma sätt som metriska skruvar), medan mindre pinnskruvar är försedda med en geometrisk kod som klassindikation.

Observera att många fästelement, särskilt klasserna 0 t o m 2 inte har några speciella markeringar. I sådana fall är det enda sättet att särskilja dem att mäta gängstigningen eller att jämföra delen med ett känt fästelement av samma storlek.

Eftersom fästanordningar av samma storlek kan ha olika hållfasthetskassificeringar, se till att skruvar, pinnskruvar och muttrar som demonteras sätts tillbaka i ursprungslägena. Dessutom, när en fästanordning ersätts med en ny bör man kontrollera att den nya delen har samma hållfasthetsklassificering som, eller högre än, originaldelen.

Åtdragning – ordningsföljd och tillvägagångssätt

De flesta gängade fästelement ska dras åt enligt föreskrivet åtdragningsmoment (åtdragningsmoment är den vridrörelse som ges en gängad del, t ex skruv eller mutter). Alltför hård åtdragning av ett fästelement kan försvaga den och få den att gå sönder, medan om en del är för löst åtdragen kan den så småningom lossna. Skruvar, muttrar och pinnskruvar, beroende på tillverkningsmaterial och gängdiameter har föreskrivna åtdrag-

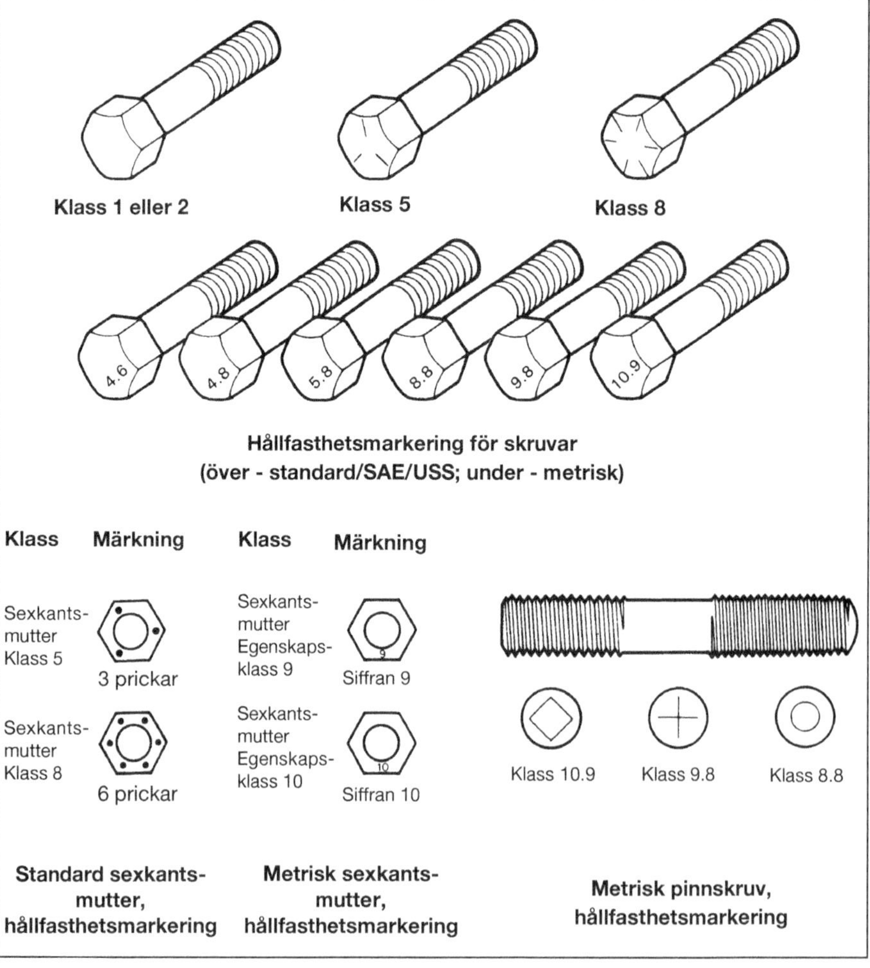

ningsmoment varav många finns angivna i avsnittet Specifikationer i början av varje kapitel. Följ instruktionerna noggrant. För fästelement utan föreskrivet åtdragningsmoment lämnas åtdragningsmoment i en generell åtdragningstabell. Dessa åtdragningsmoment gäller för torra (osmorda) fästelement som gängas in i stål eller gjutjärn (inte aluminium). Som tidigare angivet beror åtdragningsmomentet på fästelements storlek och klass. Nedanstående värden är ungefärliga för fästelement av klass 2 och klass 3. Högre klasser kan tolerera högre åtdragningsmoment.

Fästelement som följer ett mönster, t ex skruvar till cylinderhuvud, oljesump och differentialkåpa, måste lossas eller dras åt i rätt ordningsföljd så att komponenten inte blir skev. Denna ordningsföljd visas oftast i det aktuella kapitlet. Om ingen ordningsföljd är angiven bör följande tillvägagångssätt användas så att detaljer inte blir skeva.

Sätt först i skruvar och muttrar och dra åt för hand. Dra därefter åt var och en diagonalt ett helt varv. När var och en har dragits åt ett helt varv, gå tillbaka till den första skruven och dra åt alla ett halvt varv enligt samma mönster. Dra slutligen åt varje fästelement ett kvarts varv tills alla är åtdragna enligt angivet åtdragningsmoment. Arbeta på samma sätt men i omvänd ordningsföljd för att lossa fästelementen.

Metriska gängstorlekar	**Ft-lb**	**Nm/m**
M-6	6 till 9	9 till 12
M-8	14 till 21	19 till 28
M-10	28 till 40	38 till 54
M-12	50 till 71	68 till 96
M-14	80 till 140	109 till 154
Storlekar rörgängor		
1/8	5 till 8	7 till 10
1/4	12 till 18	17 till 24
3/8	22 till 33	30 till 44
1/2	25 till 35	34 till 47
U.S. gängstorlekar		
1/4 - 20	6 till 9	9 till 12
5/16 - 18	12 till 18	17 till 24
5/16 - 24	14 till 20	19 till 27
3/8 - 16	22 till 32	30 till 43
3/8 - 24	27 till 38	37 till 51
7/16 - 14	40 till 55	55 till 74
7/16 - 20	40 till 60	55 till 81
1/2 - 13	55 till 80	75 till 108

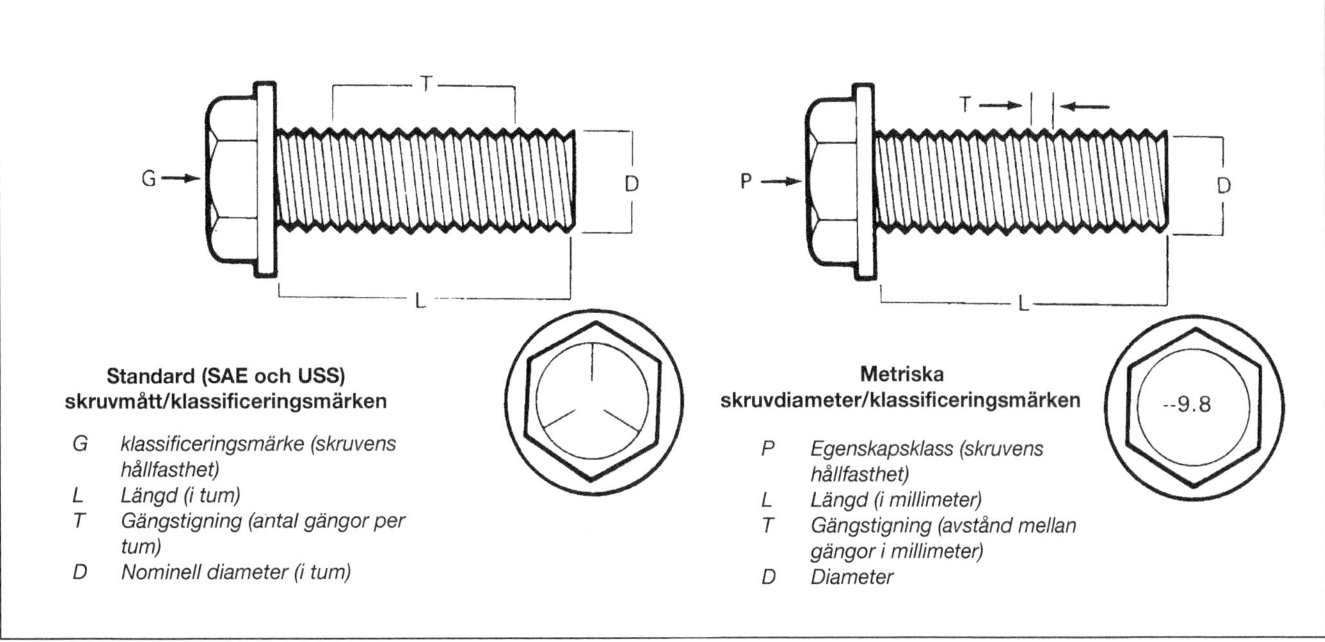

Standard (SAE och USS) skruvmått/klassificeringsmärken

- *G* *klassificeringsmärke (skruvens hållfasthet)*
- *L* *Längd (i tum)*
- *T* *Gängstigning (antal gängor per tum)*
- *D* *Nominell diameter (i tum)*

Metriska skruvdiameter/klassificeringsmärken

- *P* *Egenskapsklass (skruvens hållfasthet)*
- *L* *Längd (i millimeter)*
- *T* *Gängstigning (avstånd mellan gängor i millimeter)*
- *D* *Diameter*

Isärtagning av delar

Isärtagning av delar ska alltid göras noggrant och målmedvetet så att delarna kan sättas tillbaka ordentligt. Håll alltid kontroll över i vilken ordning delarna tas bort. Gör anteckningar över speciella detaljer eller märken på delar som kan sättas tillbaka på mer än ett sätt, exempelvis gängad tryckbricka på axel. Det är en bra idé att lägga ut de isärtagna delarna på en rengjord yta i samma ordningsföljd som de demonterades. Det kan också hjälpa att göra en ritning eller ta foton av delarna innan de tas bort.

När fästelement demonterats från en komponent kan man gärna sätta tillbaka brickor och muttrar på skruven för att hindra att de blandas ihop senare. Om skruvar och muttrar inte kan sättas tillbaka i respektive ursprungslägen bör de förvaras i en fackindelad förvaringslåda, eller i olika små lådor. En muffinsbakplåt eller liknande är idealiskt för detta ändamål eftersom varje fördjupning kan innehålla skruvar och muttrar från ett visst ställe, t ex oljesumpskruvar, ventilkåpskruvar, skruvar till motorn etc). Denna förvaringsmetod är särskilt användbar vid arbete med mycket små delar, som från förgasare, generator, ventilmekanism eller detaljer från instrumentbrädan eller klädseln. Fördjupningarna kan identifieras med färg- eller tejpmarkeringar.

Vid delning av ledningsstammar eller anslutningsdon bör de två halvorna märkas med numrerade tejpbitar så att det går lätt att ansluta dem igen.

Tätningsytor och packningar

I alla fordon används packningar för att täta delningsytorna mellan två delar, och för att innesluta smörjmedel, vätskor, vakuum eller tryck i respektive behållare.

Packningar ska vanligen bestrykas med tätningsvätska eller -massa innan de monteras. De båda delarna kan ibland på grund av ålder, värme eller tryck fastna ihop så att de är svåra att separera. Ofta kan delen lossas med ett slag nära passningsytorna med en mjuk hammare. Det går bra att använda en vanlig hammare om en träbit först placeras mellan hammaren och delen. Slå inte med hammare på gjutna delar eller på andra delar som lätt kan gå sönder. Kontrollera alltid först, om en del är särskilt svår att lossa, att alla fästanordningar är borttagna. Undvik att bända isär delarna med skruvmejsel eftersom de lätt kan repa delarnas tätningsytor vilka måste vara helt släta.

När delarna har tagits isär ska den gamla packningen noggrant skrapas bort och delningsplanen rengöras. Svårborttagna packningsrester kan blötläggas i rostlösningsmedel eller behandlas med speciella kemikalier så att de löses upp och kan avlägsnas. En skrapa kan tillverkas av ett kopparrör vars ände plattas ut och slipas. Koppar rekommenderas eftersom det ofta är mjukare än ytorna som ska skrapas, vilket minskar risken för att delen repas. Vissa packningar kan avlägsnas med stålborste, men oavsett vilken metod som används måste delningsplanen vara helt rengjorda och släta. Om delningsplan har repats ska ett tillräckligt tjockt packningsmedel användas för att fylla ut reporna när delarna sätts ihop. I de flesta fall bör ett icke-torkande (eller halvtorkande) packningsmedel användas.

Råd vid demontering av slangar

Varning: Om bilen är utrustad med luftkonditionering får inga slangar i luftkonditioneringssystemet demonteras utan att trycket i systemet först har släppts ut, vilket måste utföras av en auktoriserad verkstad eller behörig luftkonditioneringsspecialist.

Säkerhetsåtgärder vid demontering av slangar är i stort sett samma som gäller vid borttagning av packningar. Undvik att repa eller skada slangens anliggningsyta så att anslutningen inte läcker. Detta gäller speciellt kylarslangar. På grund av olika kemiska reaktioner kan gummit i slangarna fastna på metallröret över vilken slangen träs. När en slang ska demonteras, lossa först slangklämmorna som fäster slangen vid röret. Fatta därefter tag i slangen vid klämman med en polygriptång och vrid slangen runt röret. Vrid slangen fram och tillbaka tills den lossar helt och dra loss slangen. Silikon eller andra smörjmedel underlättar demontering om de kan appliceras mellan slangen och rörets utsida. Bestryk slangens insida och rörets utsida med samma smörjmedel för att underlätta demonteringen.

Som en sista utväg (och om slangen ändå ska ersättas med en ny slang) kan gummit skäras loss med kniv och slangen skalas bort från röret. Om man använder denna lösning är det viktigt att se till att metallanslutningen inte skadas.

Om en slangklämma har gått sönder eller är skadad ska den inte användas igen. Klämmor av ståltrådstyp försvagas med tiden och de bör ersättas med klämmor av skruvtyp när helst en slang demonteras.

Motor

- ☐ Motorn går inte runt vid startförsök
- ☐ Motorn går runt men startar inte
- ☐ Startmotor fungerar utan att dra runt motorn
- ☐ Motorn är svårstartad när den är kall
- ☐ Motorn är svårstartad när den är varm
- ☐ Startmotorn ger ifrån sig missljud eller är trög vid ingrepp
- ☐ Motorn startar men stannar omedelbart
- ☐ Motorn hoppar till på tomgång eller har ojämn tomgång
- ☐ Motorn misständer på tomgång
- ☐ Motorn misständer i alla växellägen
- ☐ Motorn stannar plötsligt
- ☐ Motorn saknar kraft
- ☐ Motorn baktänder
- ☐ Missljud från motorn vid acceleration eller vid körning i motlut
- ☐ Motorn glödtänder efter avstängning

Elsystem

- ☐ Batteriet håller inte laddningen
- ☐ Laddningslampan släcks inte
- ☐ Laddningslampan tänds inte när tändningsnyckeln vrids om
- ☐ Varningslampan *"Check engine"* tänds

Bränslesystem

- ☐ Hög bränsleförbrukning
- ☐ Bränsleläckage och/eller bränslelukt

Kylsystem

- ☐ Överhettning
- ☐ Överkylning
- ☐ Externt kylvätskeläckage
- ☐ Internt kylvätskeläckage
- ☐ Förlust av kylvätska
- ☐ Dålig kylvätskecirkulation

Koppling

- ☐ Kopplingen frikopplar inte (växel kan inte läggas i)
- ☐ Kopplingen slirar (motorns varvtal ökar men inte hastigheten)
- ☐ Vibrationer när kopplingspedalen släpps upp
- ☐ Missljud när kopplingspedalen släpps upp
- ☐ Missljud när kopplingspedalen trycks ned
- ☐ Kopplingspedalen stannar kvar på golvet vid urkoppling

Manuell växellåda

- ☐ Missljud i friläge med motorn igång
- ☐ Missljud i alla växlar
- ☐ Missljud i speciell växel
- ☐ Växel hoppar ur
- ☐ Svårt att lägga i växel
- ☐ Oljeläckage

Automatväxellåda

- ☐ Svårt att välja växel
- ☐ Växellådan växlar inte ner vid fullt gaspådrag (ingen kickdown)
- ☐ Växellådan slirar, växlar ryckigt, ger ifrån sig missljud eller saknar drivning framåt eller bakåt
- ☐ Oljeläckage

Kardanaxel

- ☐ Oljeläckage vid kardanaxelns främre del
- ☐ Knackande ljud när drivningen är under begynnande belastning (precis när växel lagts i)
- ☐ Metalliskt skrapande ljud som ökar med körhastigheten
- ☐ Vibrationer

Axlar

- ☐ Missljud
- ☐ Vibrationer
- ☐ Oljeläckage

Bromssystem

- ☐ Bilen drar åt ena hållet vid inbromsning
- ☐ Missljud (skarpt gnissel eller skrapande) vid inbromsning
- ☐ Stort spel i bromspedalen
- ☐ Pedalen känns "svampig"
- ☐ Stort pedaltryck erfordras vid inbromsning
- ☐ Pedalen ger föga motstånd vid nedtryckning
- ☐ Bromspedal pulserar vid inbromsning

Fjädring och styrning

- ☐ Bilen drar åt ena hållet
- ☐ Hjulen kastar eller vibrerar
- ☐ Lutning och/eller krängning vid kurvtagning eller inbromsning
- ☐ Styrningen går tungt
- ☐ Stort spel i styrningen
- ☐ Dålig servoassistans
- ☐ Kraftigt däckslitage (inget specifikt område)
- ☐ Kraftigt slitage på däckets yttersida
- ☐ Kraftigt slitage på däckets innersida
- ☐ Däckmönstret slitet på ett ställe

Följande sidor ger en enkel snabbreferens till de mer vanligt förekommande problemen som kan uppstå med en bil. Dessa problem och deras möjliga orsaker grupperas under rubriker som anger olika huvudkomponenter eller system, t ex Motor, Kylsystem etc. Det kapitel och/eller avsnitt som berör problemet visas inom parentes.

Tro inte att det är någonting mystiskt med framgångsrik felsökning och att det bara kan utföras av yrkesmekaniker. Felsökning är helt enkelt resultatet av lite kunskap som kombineras med intelligent och systematiskt arbete för att hitta problemkällan. Arbeta alltid efter en uteslutningsmetod grundad på följande principer:

Bekräfta felet. Det är helt enkelt frågan om att vara säker på vilka symptomen är innan du börjar arbeta. Detta är speciellt viktigt om du undersöker ett fel åt någon annan som kanske inte beskrivit det med tillräcklig precision.

Förbise inte det självklara. Om exempelvis bilen inte startar, finns det verkligen bensin i tanken? Ta inte någon annans ord för givet och lita inte heller på bensinmätaren! Om ett elfel misstänks, leta först av allt efter lösa eller trasiga ledningar innan mätutrustningen tas fram.

Eliminera orsaken, inte bara symptomen. Att byta ut ett urladdat batteri mot ett fulladdat tar dig från vägkanten, men om det underliggande felet inte korrigeras kommer även det nya batteriet snart att vara utladdat. Eller, att byta nedoljade tändstift mot nya låter dig fortsätta resan, men om felet var något annat än felaktigt värmetal för stiften måste orsaken fastställas och åtgärdas.

Ta inte någonting för givet. Glöm absolut inte bort att "nya" delar kan vara defekta (speciellt om de skakat runt i bagageutrymmet i några månader); utelämna inte komponenter vid felsökning bara därför att de nyligen satts på plats. När du till slut hittar orsaken till ett svårt fel kommer du troligen att inse att alla ledtrådar fanns där hela tiden.

Motor

1 Motorn går inte runt vid startförsök

- ☐ Batterianslutningarna lösa eller oxiderade. Kontrollera anslutningarna vid batteriet. Dra åt batterikabeln eller avlägsna oxidering vid behov.
- ☐ Batteriet urladdat eller defekt. Om batterianslutningarna är rena och väl anslutna, vrid tändningsnyckeln till ON-läge. Sätt på strålkastarna och/eller vindrutetorkarna. Om de inte fungerar är batteriet urladdat.
- ☐ Automatväxellådan är inte helt i *PARK*-läge, eller kopplingen är inte fullt nedtryckt.
- ☐ Trasiga, lösa eller dåligt anslutna ledningar i startkretsen. Kontrollera alla ledningar och anslutningar vid batteri, startmotor och tändningskontakt.
- ☐ Startdrevet sitter fast i startkransen. Lägg i en växel (bilar med manuell växellåda) och gunga bilen för att vrida motorn manuellt. Ta bort startmotorn och kontrollera startdrev och startkrans vid första tillfälle.
- ☐ Defekt startmotorsolenoid (kapitel 5).
- ☐ Defekt startmotor (kapitel 5).
- ☐ Defekt tändningskontakt (kapitel 12).

2 Motorn går runt men startar inte

- ☐ Bränsletanken är tom.
- ☐ Batteriet är urladdat (motorn går runt långsamt). Kontrollera de elektriska komponenterna enligt beskrivning i föregående avsnitt.
- ☐ Batterianslutningarna lösa eller oxiderade. Se föregående avsnitt.
- ☐ Förgasaren flödad och/eller felaktig bränslenivå i förgasaren. Detta är ofta åtföljt av en stark bränslelukt under motorhuven. Vänta några minuter, tryck ned gaspedalen till golvet och försök att starta motorn.
- ☐ Defekt choke (kapitel 1).
- ☐ Bränslet når inte förgasaren eller bränsleinsprutarna. Med tändningsnyckeln i OFF-läge, ta bort motorkåpan, ta bort luftrenarlocket och granska förgasarens överdel (öppna chokespjället manuellt om det behövs). Tryck ned gaspedalen och kontrollera att bränslet sprutar in i förgasaren. Om så inte är fallet, kontrollera bränslefilter (kapitel 1), bränsleledningar och bränslepump (kapitel 4).
- ☐ Defekt bränsleinsprutare eller bränslepump (bilar med bränsleinsprutning) (kapitel 4).
- ☐ Bränslepumpen strömlös (kapitel 4).
- ☐ Nötta, defekta tändstift eller felaktigt elektrodavstånd (kapitel 1).
- ☐ Trasiga, lösa eller felaktigt anslutna ledningar i tändsystemet (se föregående avsnitt).
- ☐ Strömfördelaren lös, vilket ändrar tändningsinställningen. Vrid strömfördelaren efter behov för att starta motorn, ställ därefter in tändningen så snart som möjligt (kapitel 1).
- ☐ Trasiga, lösa eller dåligt anslutna ledningar vid tändspolen eller defekt tändspole (kapitel 5).

3 Startmotorn fungerar utan att dra runt motorn

- ☐ Startdrevet fastnar. Ta bort startmotorn (kapitel 5) och kontrollera.
- ☐ Startdrevets eller svänghjulets kuggar slitna eller trasiga. Ta bort motorns bakre kåpa och kontrollera.

4 Motorn svårstartad när den är kall

- ☐ Batteriet urladdat eller låg laddning. Utför kontroll enligt avsnitt 1.
- ☐ Defekt eller dåligt inställd choke (kapitel 4).
- ☐ Förgasaren flödad (se avsnitt 2).
- ☐ Bränsletillförseln når inte förgasaren (se avsnitt 2).
- ☐ Förgasare/bränsleinsprutningssystem behöver renoveras (kapitel 4).
- ☐ Avlagringar på strömfördelarrotorn och/eller mekanisk regleringsmekanism rostig (kapitel 5).
- ☐ Defekt bränsleinsprutare (kapitel 4).

5 Motorn svårstartad när den är varm

- ☐ Smutsigt eller igensatt luftfilter (kapitel 1).
- ☐ Bränsle når inte insprutarna (se avsnitt 2).
- ☐ Elektriska ledningar oxiderade vid batteriet (kapitel 1).
- ☐ Dålig jordanslutning (kapitel 1).
- ☐ Startmotorn sliten (kapitel 5).
- ☐ Oxiderade elektriska ledningar vid bränsleinsprutaren (kapitel 4).

6 Startmotorn ger ifrån sig missljud eller är trög vid ingrepp

- ☐ Startdrevets eller startkransens kuggar slitna eller trasiga. Ta bort motorns bakre kåpa (i förekommande fall) och kontrollera.
- ☐ Startmotorns skruvar lösa eller saknas.

7 Motorn startar men stannar omedelbart

- ☐ Lösa eller defekta elektriska anslutningar vid strömfördelare, tändspole eller generator.
- ☐ Otillräckligt med bränsle når fram till förgasare eller bränsleinsprutare. Ta loss bränsleledningen. Placera ett lämpligt kärl under den lossade bränsleledningen och granska bränsleflödet från ledningen. Om det kommer lite eller inget bränsle, kontrollera om ledningarna är igensatta och/eller byt bränslepump (kapitel 4).
- ☐ Vakuumläckage vid packningsytorna på förgasare eller bränsleinsprutare. Kontrollera att samtliga skruvar/muttrar är ordentligt åtdragna och att alla vakuumslangar som är anslutna till förgasaren, samt inloppsröret, är korrekt monterade och i gott skick.

8 Motorn hoppar till på tomgång eller har ojämn tomgång

- ☐ Vakuumläckage. Kontrollera att skruvar/muttrar vid förgasare/bränsleinsprutare samt inloppsrör är ordentligt åtdragna. Kontrollera att alla vakuumslangar är anslutna och i gott skick. Håll ett stetoskop eller en bit bränsleslang mot örat och lyssna efter vakuumläckage när motorn är i gång. Ett väsande ljud hörs i så fall. Kontrollera packningsytorna till förgasare/bränsleinsprutare samt inloppsrör.
- ☐ Läckande EGR-ventil eller igensatt PCV-ventil (se kapitel 1 och 6).
- ☐ Igensatt luftfilter (kapitel 1).
- ☐ Bränslepumpen pumpar inte tillräckligt med bränsle till förgasare/bränsleinsprutare (se avsnitt 7).
- ☐ Förgasare feljusterad (kapitel 4).
- ☐ Läckande cylinderhuvudpackning. Om detta fel misstänks ska kompressionsprov tas på verkstad.
- ☐ Transmissionskedja och/eller drev slitna (kapitel 2).
- ☐ Kamaxelns nockar slitna (kapitel 2).

9 Motorn misständer på tomgång

- ☐ Defekta tändstift eller felaktigt elektrodavstånd (kapitel 1).
- ☐ Defekta tändkablar (kapitel 1).
- ☐ Choken fungerar inte ordentligt (kapitel 1).
- ☐ Kärvande eller defekta komponenter i avgasutsläppssystemet (kapitel 6).
- ☐ Igensatt bränslefilter och/eller främmande partiklar i bränslet. Ta bort bränslefiltret (kapitel 1) och kontrollera.
- ☐ Vakuumläckage vid inloppsröret eller vid slanganslutningar. Utför kontroll enligt beskrivning i avsnitt 8.
- ☐ Felaktigt tomgångsvarvtal eller tomgångsblandning (kapitel 1).
- ☐ Felaktig tändtidpunkt (kapitel 1).
- ☐ Ojämn eller låg kompression. Kontrollera kompressionen enligt beskrivning i kapitel 1.

10 Motorn misständer i alla växellägen

- ☐ Igensatt bränslefilter och/eller smuts i bränslesystemet (kapitel 1). Kontrollera även bränsleutlopp vid förgasare/bränsleinsprutare (se avsnitt 7).
- ☐ Defekta tändstift eller felaktigt elektrodavstånd (kapitel 1).
- ☐ Felaktig tändtidpunkt (kapitel 1).
- ☐ Kontrollera beträffande sprucket fördelarlock, lösa tändkablar och skadade fördelarkomponenter (kapitel 1).
- ☐ Läckande tändkablar (kapitel 1).
- ☐ Defekt i avgassystemet (kapitel 6).
- ☐ Lågt eller ojämnt kompressionstryck. Ta bort tändstiften och kontrollera kompressionen med kompressionsmätare (kapitel 1).
- ☐ Svagt eller defekt tändsystem (kapitel 5).
- ☐ Vakuumläckage vid förgasare eller vakuumslangar (se avsnitt 8).

11 Motorn stannar plötsligt

- ☐ Felaktigt tomgångsvarvtal (kapitel 1).
- ☐ Igensatt bränslefilter och/eller vatten och smuts i bränslesystemet (kapitel 1).
- ☐ Feljusterad eller kärvande choke (kapitel 1).
- ☐ Fuktiga eller skadade förgasarkomponenter (kapitel 5).
- ☐ Defekt i avgassystemet (kapitel 6).
- ☐ Defekta tändstift eller felaktigt elektrodavstånd (kapitel 1). Kontrollera även tändkablarna (kapitel 1).
- ☐ Vakuumläckage vid förgasaren eller vakuumslangarna. Utför kontroll enligt beskrivning i avsnitt 8.

12 Motorn saknar kraft

- ☐ Felaktig tändtidpunkt (kapitel 1).
- ☐ För stort spel i fördelaraxeln. Kontrollera samtidigt beträffande slitage på rotorn, defekt fördelarlock, ledningar etc. (kapitel 1 och 5).
- ☐ Nötta, defekta tändstift eller felaktigt elektrodavstånd (kapitel 1).
- ☐ Feljusterad eller sliten bränsleinsprutningsenhet (kapitel 4).
- ☐ Defekt tändspole (kapitel 5).
- ☐ Bromsarna kärvar (kapitel 1).
- ☐ Felaktig oljenivå i automatväxellådan (kapitel 1).
- ☐ Kopplingen slirar (kapitel 8).
- ☐ Igensatt bränslefilter och/eller smuts i bränslesystemet (kapitel 1).
- ☐ Avgasreningssystemet fungerar inte ordentligt (kapitel 6).
- ☐ Användning av fel bränslekvalitet. Fyll tanken med bränsle med korrekt oktantal.
- ☐ Lågt eller ojämnt kompressionstryck. Utför kompressionsprov med kompressionsprovare, för att upptäcka otäta ventiler och/eller trasig cylinderhuvudpackning (kapitel 1).

13 Motorn baktänder

- ☐ Defekt i avgasreningssystem (kapitel 6).
- ☐ Felaktig tändtidpunkt (kapitel 1).
- ☐ Felaktigt sekundärt tändsystem (sprucken tändstiftsisolator, defekta tändkablar, defekt fördelarlock och/eller rotor) (kapitel 1 och 5).
- ☐ Förgasare/bränsleinsprutningsenhet behöver justeras eller är utsliten (kapitel 4).
- ☐ Läckage vid bränsleinsprutare eller vakuumslangar. Utför kontroll enligt beskrivning i avsnitt 8.
- ☐ Felaktigt inställt ventilspel, och/eller kärvande ventiler (kapitel 2).
- ☐ Korsade tändkablar (kapitel 1).

14 Missljud från motorn vid acceleration eller vid körning i motlut

- ☐ Fel bränslekvalitet. Fyll tanken med bränsle av korrekt oktantal.
- ☐ Felaktig tändtidpunkt (kapitel 1).
- ☐ Förgasare/bränsleinsprutare behöver justeras (kapitel 4).
- ☐ Felaktiga tändstift. Se vilka tändstift som ska användas på dekalen under motorhuven. Kontrollera även tändstift och kablar beträffande skador (kapitel 1).
- ☐ Slitna eller skadade fördelarkomponenter (kapitel 5).
- ☐ Defekt i avgassystemet (kapitel 6).
- ☐ Vakuumläckage. Utför kontroll enligt beskrivning i avsnitt 8.

15 Motorn glödtänder efter avstängning

- ☐ För högt tomgångsvarvtal (kapitel 1).
- ☐ Elektriskt tomgångsmunstycke vid sidan av förgasaren fungerar inte korrekt (endast vissa modeller, se kapitel 4).
- ☐ Felaktig tändtidpunkt (kapitel 1).
- ☐ Termostyrd luftrenarventil fungerar inte ordentligt (kapitel 6).
- ☐ För hög motortemperatur. Eventuella felkällor kan vara defekt termostat, igensatt kylare, defekt vattenpump (kapitel 3).

Elsystem

16 Batteriet håller inte laddningen

- ☐ Generatorremmen är sliten eller feljusterad (kapitel 1).
- ☐ Låg elektrolytnivå eller batteriet dåligt laddat (kapitel 1).
- ☐ Batterianslutningarna lösa eller oxiderade (kapitel 1).
- ☐ Generatorn laddar inte (kapitel 5).
- ☐ Lösa anslutningar eller kabelbrott i laddningskretsen (kapitel 5).
- ☐ Kortslutning (kontinuerlig belastning på batteriet).
- ☐ Defekt batteri.

17 Laddningslampan släcks inte

- ☐ Fel i generator eller laddningskrets (kapitel 5).
- ☐ Generatorremmen är sliten eller feljusterad (kapitel 1).

18 Laddningslampan tänds inte när tändningsnyckeln vrids om

- ☐ Trasig glödlampa (kapitel 12).
- ☐ Defekt generator (kapitel 5).
- ☐ Fel på kretskort, instrumentpanelens ledningar eller glödslampshållare (kapitel 12).

19 Varningslampan "Check engine" tänds

- ☐ *Se kapitel 6*

Bränslesystem

20 Hög bränsleförbrukning

- ☐ Smutsigt eller igensatt luftfilter (kapitel 1).
- ☐ Felaktig tändtidpunkt (kapitel 1).
- ☐ Choke kärvar eller är feljusterad (kapitel 1).
- ☐ Avgassystemet fungerar inte ordentligt (endast vissa modeller, se kapitel 6).
- ☐ Förgasarens tomgångsvarvtal och/eller blandning feljusterade (kapitel 1).
- ☐ Invändiga delar i förgasare/bränsleinsprutare utslitna eller skadade (kapitel 4).
- ☐ För lågt lufttryck i däcken eller felaktig däckstorlek (kapitel 1).

21 Bränsleläckage och/eller bränslelukt

- ☐ Läckage i bränsletillförsel eller luftningsrör (kapitel 4).
- ☐ Tanken överfylld. Fyll endast på tanken till automatisk avstängning.
- ☐ Avgassystemets filter igensatt (kapitel 1).
- ☐ Ångläckage från systemledningar (kapitel 4).
- ☐ Invändiga delar i förgasare/bränsleinsprutare utslitna eller skadade (kapitel 4).

Kylsystem

22 Överhettning

- ☐ Otillräcklig kylvätskemängd (kapitel 1).
- ☐ Vattenpumpens drivrem skadad eller remspänningen felaktig (kapitel 1).
- ☐ Kylaren igensatt invändigt eller utvändigt (kapitel 3).
- ☐ Defekt termostat (kapitel 3).
- ☐ Trasiga eller spruckna fläktblad på kylfläkten (kapitel 3).
- ☐ Defekt kylarlock. Låt testa locket på bensinstation eller verkstad.
- ☐ Fel tändtidpunkt (kapitel 1).

23 Överkylning

- ☐ Defekt termostat (kapitel 3).
- ☐ Defekt temperaturgivarenhet (kapitel 12)

24 Externt kylvätskeläckage

- ☐ Slitna eller skadade slangar eller slangklämmor. Byt slangar och/eller dra åt slangklämmorna vid anslutningarna (kapitel 1).
- ☐ Läckage i vattenpumpens packning. Om så är fallet droppar vatten från avrinningshålet på pumpen (kapitel 1).
- ☐ Läckage från kylarens insida eller kylartanken. Detta kräver yrkesmässig reparation av kylaren (se kapitel 3 beträffande demontering av kylare).
- ☐ Läckage vid motorns avtappningspluggar eller vid kylarvattenpluggar (se kapitel 2).

25 Internt kylvätskeläckage

Observera: *Invändiga kylvätskeläckage kan ofta upptäckas genom kontroll av oljan. Kontrollera oljestickan och insidan av ventilkåpan beträffande spår efter vatten och om oljekonsistensen är mjölkig.*

- ☐ Läckage vid cylinderhuvudpackningen. Låt trycktesta kylsystemet.
- ☐ Spricka i cylinderhuvud eller cylinderlopp. Ta isär motorn för kontroll (kapitel 2).

26 Förlust av kylvätska

- ☐ För mycket kylvätska i systemet (kapitel 1).
- ☐ Kylvätskan förångas på grund av överhettning (se avsnitt 16).
- ☐ Externt eller internt läckage (se avsnitt 24 och 25).
- ☐ Defekt kylarlock. Låt trycktesta kylarlocket.

27 Dålig kylvätskecirkulation

- ☐ Vattenpumpen fungerar inte. En enkel test är att klämma ihop den övre kylarslangen med fingrarna medan motorn går på tomgång och därefter släppa den. Om pumpen fungerar ordentligt bör du kunna känna att kylvätskan cirkulerar (kapitel 1).
- ☐ Igensättning i kylsystemet. Tappa av, spola igenom och fyll på systemet (kapitel 1). Vid behov, ta bort kylaren (kapitel 3) och spola igenom det baklänges.
- ☐ Vattenpumpens drivrem defekt eller felaktigt justerad (kapitel 1).
- ☐ Kärvande termostat (kapitel 3).

Koppling

28 Kopplingen frikopplar inte (växel kan inte läggas i)

- ☐ Kopplingsgaffel hoppat av kulled. Titta under bilen, på växellådans vänstra sida.
- ☐ Skev eller skadad kopplingslamell (kapitel 8).

29 Kopplingen slirar (motorns varvtal ökar men inte hastigheten)

- ☐ Kopplingsbeläggen är slitna eller förorenade av olja. Demontera kopplingen (kapitel 8) för kontroll.
- ☐ Kopplingsbeläggen ej på plats. Det tar 30 till 40 starter innan nya kopplingsbelägg slits in.
- ☐ Tryckplattan sliten (kapitel 8).

30 Vibrationer när kopplingspedalen släpps upp

- ☐ Kopplingsbeläggen förorenade av olja. Demontera (kapitel 8) och kontrollera. Åtgärda eventuellt läckage.
- ☐ Slitna eller lösa motor- eller växellådsfästen. Dessa delar rör sig något när kopplingen släpps upp. Kontrollera fästen och skruvar.
- ☐ Slitna splines på lamellcentrumets nav. Demontera kopplingens delar (kapitel 8) för kontroll.
- ☐ Skev tryckplatta eller svänghjul. Ta bort kopplingens delar och kontrollera.

31 Missljud när kopplingspedalen släpps upp

- ☐ Felaktig justering; inget spel (kapitel 1).
- ☐ Urtrampningslagret kärvar mot växellådans hylsa. Ta bort delarna i kopplingen (kapitel 8) och kontrollera lagret. Avlägsna ev gjutskägg eller hack, rengör och smörj in före montering.
- ☐ Svag returfjäder. Byt fjäder.

32 Missljud när kopplingspedalen trycks ned

- ☐ Slitet, defekt eller trasigt urtrampningslager (kapitel 8).
- ☐ Slitna eller trasiga fjädrar i tryckplattan (eller solfjäderfingrar) (kapitel 8).

33 Kopplingspedalen stannar kvar på golvet vid urkoppling

- ☐ Kärvning i länkage eller urtrampningslager. Kontrollera länkage eller ta bort kopplingsdelar vid behov.
- ☐ Länkagefjädrar alltför uttöjda. Justera länkaget för att erhålla fritt spel. Se till att korrekt pedalstopp är monterat.

Manuell växellåda

Observera: *Om inget annat anges avser samtliga hänvisningar i nedanstående avsnitt kapitel 7.*

34 Missljud i friläge med motorn igång

- ☐ Ingående axelns lager slitna.
- ☐ Skadat lager i utgående axeln.
- ☐ Slitna lager i bottenstocken.
- ☐ Slitna eller skadade axialspelsshims till bottenstocken.

35 Missljud i alla växlar

- ☐ Någon av ovanstående orsaker, och/eller:
- ☐ Otillräcklig smörjning (se kontrollrutiner i kapitel 1).

36 Missljud i speciell växel

- ☐ Slitna eller skadade kuggar på drevet till den aktuella växeln.
- ☐ Slitna eller skadade synkroniseringsringar till den aktuella växeln.

37 Växel hoppar ur

- ☐ Lösa skruvar på växellådan.
- ☐ Växelförargafflar kärvar.
- ☐ Skadat lager på den utgående axeln.
- ☐ Smuts mellan växelådshus och motor eller felmonterad växellåda.

38 Svårt att lägga i växel

- ☐ Kopplingen kopplar inte ur ordentligt (se justering av koppling i kapitel 8).
- ☐ Löst, skadat eller felmonterat växellänkage. Utför en grundlig kontroll, byt delar vid behov.

39 Oljeläckage

- ☐ Alltför stor mängd smörjmedel i växellådan (se kapitel 1 för korrekt kontrollrutin). Tappa av smörjmedel efter behov.
- ☐ Lös sidokåpa eller skadad packning.
- ☐ Bakre oljetätning eller hastighetsmätarens oljetätning behöver bytas.

Automatväxellåda

Observera: *Eftersom automatväxellådan är en komplex enhet är det svårt för hemmamekanikern att ställa rätt diagnos och åtgärda denna komponent. För andra problem än nedanstående bör bilen överlämnas till en verkstad för åtgärd.*

40 Svårt att välja växel

- ☐ Kapitel 7 behandlar kontroll och justering av växellänkage på automatväxellådor. Vanligt förekommande problem som kan härledas till dåligt justerat länkage är:
- ☐ *a) Motorn startar i andra växlar än Park eller Neutral.*
- ☐ *b) Indikatorn på växelväljaren pekar på annan växel än den som är i bruk.*
- ☐ *c) Bilen rör sig i Park-läge.*
- ☐ Se kapitel 7 beträffande justering av länkage.

41 Växellådan växlar inte ner vid fullt gaspådrag (ingen kickdown)

- ☐ Kapitel 7 behandlar justering av kickdown-vajern för att åstadkomma korrekt nedväxling av växellådan.

42 Växellådan slirar, växlar ryckigt, ger ifrån sig missljud eller driver ej framåt eller bakåt

- ☐ Det kan finnas åtskilliga orsaker till ovanstående problem, men hemmamekanikern ska endast bekymra sig om en enda – nivån på automatväxeloljan. Kontrollera nivå och kvalitet på oljan innan bilen ställs in på verkstad, se kapitel 1. Fyll på automatväxellådan, eller byt olja och oljefilter vid behov. Uppsök en auktoriserad verkstad om problemet kvarstår.

43 Oljeläckage

- ☐ Automatväxellådsolja är vanligtvis mörkröd. Läckande automatväxelolja ska inte förväxlas med motorolja, vilken lätt kan stänka på växellådan.
- ☐ Innan läckagekällan kan fastställas ska allt smuts avlägsnas från växellådan och angränsande ytor med fettlösande medel eller ångtvätt. Kör fordonet med låg hastighet så att luftströmmen inte blåser bort läckaget från källan. Lyft fordonet och palla upp det för att kunna se var läckaget kommer ifrån. Vid följande områden kan läckage förekomma:
- ☐ *a) Växellådans oljesump: Dra åt skruvar och/eller byt oljesumppackning vid behov (se kapitel 1 och 7).*
- ☐ *b) Påfyllningsrör: Byt gummitätningen där röret går in i växellådshuset.*
- ☐ *c) Växellådans oljeledningar: Dra åt anslutningarna där ledningarna går in i växellådshuset och/eller byt ledningar.*
- ☐ *d) Avluftningsrör: Växellådan överfylld och/eller vatten i vätskan (se kontrollrutiner i kapitel 1).*
- ☐ *e) Anslutning till hastighetsmätare: Byt O-ring där hastighetsmätarvajern går in i växellådshuset (kapitel 7).*

Kardanaxel

44 Oljeläckage vid kardanaxelns främre del

- ☐ Defekt bakre oljetätning på växellådan. Se kapitel 7 beträffande byte. Vid byte av tätning, passa på att kontrollera den splinesförsedda axeln beträffande gjutskägg eller om den är i dåligt skick vilket kan skada tätningen. Gjutskägg kan avlägsnas med putsduk eller fint bryne.

45 Knackande ljud när drivningen är under begynnande belastning (just när växel lagts i)

- ☐ Lösa eller dåligt anslutna komponenter i bakvagnsupphängningen. Kontrollera alla skruvar, muttrar och bussningar (kapitel 10).
- ☐ Lösa kardanaxelskruvar. Kontrollera alla skruvar och muttrar och dra åt dem enligt angivet åtdragningsmoment.
- ☐ Splinesförsedd kardanaxel i behov av smörjning (kapitel 1).
- ☐ Slitna eller skadade kardanlager. Kontrollera beträffande slitage (kapitel 8).

46 Metalliskt skrapande ljud som ökar med körhastigheten

- ☐ Starkt slitage i lagren i kardanknutarna. Utför kontroll enligt beskrivning i kapitel 8.

47 Vibrationer

Observera: *Innan man antar att kardanaxeln är defekt bör man först kontrollera att däcken är balanserade med följande test.*

- ☐ Anslut en varvräknare inne i bilen för att mäta motorns varvtal medan bilen körs. Kör bilen och notera vid vilket varvtal som vibrationen (ojämnheten) märks tydligast. Lägg nu i en annan växel och få upp varvtalet till samma punkt. Om vibrationen sker vid samma varvtal (rpm), oavsett växel, är INTE kardanaxeln defekt eftersom dess varvtal varierar. Om vibrationen minskar eller försvinner när växellådan är i en annan växel vid samma motorvarvtal kan orsaken vara någon av följande.
- ☐ Axeln är böjd eller skev. Kontrollera och byt vid behov (kapitel 8).
- ☐ Beläggning eller ackumulering av smuts etc på kardanaxeln. Rengör axeln noggrant och kontrollera på nytt.
- ☐ Slitna kardanlager. Demontera och kontrollera (kapitel 8).
- ☐ Kardanaxel och/eller kopplingsfläns ur balans. Kontrollera om vikter saknas på kardanaxeln. Ta bort kardanaxeln (kapitel 8) och sätt tillbaka den 180° från sitt utgångsläge, utför testen på nytt. Låt en verkstad utföra balanseringen om problemet kvarstår.

Axlar

48 Missljud

- ☐ Ljud från däcken. Kontrollera däcken och lufttrycket (kapitel 1).
- ☐ Bakre hjullager lösa, slitna eller skadade (kapitel 10).

49 Vibrationer

- ☐ Se under Kardanaxel beträffande sannolika orsaker. Fortsätt med riktlinjerna för kardanaxeln. Om problemet kvarstår, kontrollera de bakre hjullagren genom att lyfta upp bilens bakdel och rotera hjulen för hand. Lyssna efter tecken på missljud från lagren. Demontera lagren för kontroll (kapitel 8).

50 Oljeläckage

- ☐ Skadad pinjongtätning (kapitel 8).
- ☐ Drivaxelns oljetätningar skadade (kapitel 8).
- ☐ Läckage vid differentiallocket. Dra åt skruvarna eller byt packning vid behov (kapitel 8).

Bromssystem

Observera: *Innan du antar att fel föreligger i bromssystemet bör du kontrollera att däcken är i gott skick och har rätt lufttryck (se kapitel 1), att framvagnsinställningen är korrekt och att bilen inte är ojämnt lastad.*

51 Bilen drar åt ena hållet vid inbromsning

- ☐ Defekta, skadade eller oljebelagda bromsklossar eller bromsbackar på ena sidan. Utför kontroll enligt beskrivning i kapitel 9.
- ☐ För stort slitage av bromsback eller kloss eller trumma/skiva på den ena sidan. Kontrollera och åtgärda efter behov.
- ☐ Lösa eller dåligt anslutna detaljer i framvagnsupphängningen. Kontrollera och dra åt alla skruvar enligt angivet åtdragningsmoment (kapitel 10).
- ☐ Defekt bromstrumma eller bromssadel. Ta bort bromstrumman eller bromssadeln och kontrollera om kolven fastnat eller om annan skada har uppstått (kapitel 9).

52 Missljud (skarpt gnissel eller skrapande) vid inbromsning

- ☐ Bromsklossar utslitna. Missljudet orsakas av slitagesensorn som nöter mot bromsskivan (gäller endast vissa modeller). Sätt omedelbart dit nya bromsbelägg (kapitel 9).

53 Stort spel i bromspedalen

- ☐ Fel i del av bromssystemet. Kontrollera hela systemet (kapitel 9) och åtgärda efter behov.
- ☐ För liten mängd bromsvätska i huvudcylindern. Kontrollera (kapitel 1), fyll på vätska och lufta systemet vid behov (kapitel 9).
- ☐ Bromsarna är feljusterade. Backa bilen några gånger. Om felet inte korrigeras ska bromstrummorna demonteras och den självjusterande mekanismen kontrolleras (kapitel 9).

54 Pedalen känns "svampig"

- ☐ Luft i hydraulrören. Lufta bromssystemet (kapitel 9).
- ☐ Defekta slangar. Kontrollera alla slangar och ledningar i systemet. Byt delar vid behov.
- ☐ Huvudcylinderns skruvar/muttrar lösa.
- ☐ Defekt huvudcylinder (kapitel 9).

55 Stort pedaltryck erfordras vid inbromsning

- ☐ Defekt servo (kapitel 9).
- ☐ Utslitna bromsbelägg eller klossar. Kontrollera och byt vid behov (kapitel 9).
- ☐ En eller flera kolvar eller hjulcylindrar kärvar eller har fastnat. Kontrollera och byt vid behov (kapitel 9).
- ☐ Olja eller fett på bromsbelägg eller klossar. Kontrollera och byt vid behov (kapitel 9).
- ☐ Nymonterade klossar eller backar har inte ännu slitits in. Nytt material kräver viss tid för att sätta sig mot trumma (eller bromsskiva).

56 Pedalen ger föga motstånd vid nedtryckning

- ☐ För lite eller ingen bromsvätska i huvudcylindern på grund av läckage i en eller flera hjulcylindrar, läckande kolv(ar), lösa, skadade eller dåligt anslutna bromsledningar. Kontrollera hela systemet och åtgärda efter behov.

57 Bromspedal pulserar vid inbromsning

- ☐ Hjullagren är feljusterade eller behöver bytas (kapitel 1).
- ☐ Bromssadeln glider inte ordentligt på grund av felaktig montering eller hinder. Demontera och kontrollera (kapitel 9).
- ☐ Defekt bromsskiva eller trumma. Ta bort bromsskivan eller trumman (kapitel 9) och kontrollera beträffande för stort kast i sidled, skevhet och parallellitet. Förse trumman eller bromsskivan med ny beläggning eller byt delen.

Fjädring och styrning

58 *Bilen drar åt ena hållet*

- ☐ Ojämnt lufttryck i däcken (kapitel 1).
- ☐ Defekt däck (kapitel 1).
- ☐ Slitna fjädrings- och styrkomponenter (kapitel 10).
- ☐ Felaktig framvagnsinställning.
- ☐ Frambromsarna kärvar. Kontrollera bromsarna enligt beskrivning i kapitel 9.

59 *Hjulen kastar eller vibrerar*

- ☐ Skevt eller obalanserat däck eller hjul. Låt verkstad utföra balansering.
- ☐ Lösa, slitna eller felaktigt inställda hjullager (kapitel 1 och 8).
- ☐ Slitna eller skadade stötdämpare och/eller fjädringskomponenter (kapitel 10).

60 *Lutning och/eller krängning vid kurvtagning eller inbromsning*

- ☐ Defekta stötdämpare. Byt alla tillsammans (kapitel 10).
- ☐ Trasiga eller försvagade fjädrar och/eller fjädringskomponenter. Utför enligt beskrivning i kapitel 10.

61 *Styrningen går tungt*

- ☐ Brist på vätska i servovätskebehållaren (kapitel 1).
- ☐ Felaktigt lufttryck i däcken (kapitel 1).
- ☐ Styrväxeln bristfälligt smord (kapitel 1).
- ☐ Felaktig framvagnsinställning.
- ☐ Se även avsnittet *Dålig servoassistans.*

62 *Stort spel i styrningen*

- ☐ Lösa framhjulslager (kapitel 1).
- ☐ Slitna styrleder eller spindelleder (kapitel 10).
- ☐ Felaktigt justerad styrväxel (kapitel 10).

63 *Dålig servoassistans*

- ☐ Defekt eller feljusterad drivrem till servopumpen (kapitel 1).
- ☐ Låg vätskenivå (kapitel 1).
- ☐ Igensatta slangar eller ledningar. Kontrollera och byt delar efter behov.
- ☐ Luft i styrservosystemet. Lufta systemet (kapitel 10).

64 *Kraftigt däckslitage (inget specifikt område)*

- ☐ Felaktigt lufttryck i däcken (kapitel 1).
- ☐ Obalanserade däck. Låt verkstad utföra balansering.
- ☐ Skadade hjul. Kontrollera och byt vid behov.
- ☐ Slitna fjädrings- eller styrningsdetaljer (kapitel 10).

65 *Kraftigt slitage på däckets yttersida*

- ☐ Felaktigt lufttryck (kapitel 1).
- ☐ För hård kurvtagning.
- ☐ Felaktig framvagnsinställning (för stor toe-in). Låt en verkstad justera hjulvinklarna.
- ☐ Böjd eller vriden länkarm (kapitel 10).

66 *Kraftigt slitage på däckets innersida*

- ☐ Felaktigt lufttryck (kapitel 1).
- ☐ Felaktig framvagnsinställning (toe-out). Låt en verkstad justera hjulvinklarna.
- ☐ Lösa eller skadade detaljer i styrsystemet (kapitel 10).

67 *Däckmönstret slitet på ett ställe*

- ☐ Obalans.
- ☐ Skadad eller bucklad fälg. Kontrollera och byt vid behov.
- ☐ Defekt däck (kapitel 1).

Kapitel 1
Rutinunderhåll och service

Innehåll

Svårighetsgrad

Enkelt, passar novisen med lite erfarenhet 
Ganska enkelt, passar nybörjaren med viss erfarenhet 
Ganska svårt, passar kompetent hemmamekaniker 
Svårt, passar hemmamekaniker med erfarenhet 
Mycket svårt, för professionell mekaniker

Specifikationer

Observera: *Ytterligare specifikationer och åtdragningsmoment återfinns i respektive kapitel.*

230 kubiktum	3769 cc
250 kubiktum	4097 cc
262 kubiktum	4293 cc
283 kubiktum	4638 cc
292 kubiktum	4785 cc
305 kubiktum	4998 cc
307 kubiktum	5031 cc
350 kubiktum	5735 cc
400 kubiktum	6555 cc

Rekommenderade smörjmedel och vätskor

Motorolja	SG, SG/CD eller SG/CE
Motoroljans viskositet	Se medföljande tabeller
Automatväxellåda	Dexron II automatväxellådsolja (ATF)
Manuell växellåda	
alla utom 4-växlad överväxel	SAE 80W GL 5 växellådsolja
4-växlad överväxel	Dexron II, IIE eller III ATF
Slutväxlar	SAE 80W GL 5 växellådsolja
differentialbroms	Tillsätt GM differentialbromstillsats till rekommenderad växellådsolja

Rekommenderade smörjmedel och vätskor (forts)

Chassits smörjnipplar	GM smörjmedel 6031 eller motsvarande NLGI No. 2 chassifett
Kardanaxelns splines	GM smörjmedel 6031 eller motsvarande NLGI nr. 2 chassifett
Kylmedel	Blandning av vatten och glykolbaserat frostskydd
Bromsvätska	Delco Supreme 11 eller DOT3-vätska
Styrservoolja	GM styrservoolja eller motsvarande
Smörjfett för styrväxel utan servo	GM smörjfett 4673M eller motsvarande
Chassismörjning	GM smörjfett 6031 eller motsvarande NLGI nr. 2 chassifett
Hjullagerfett	GM smörjfett 1051344 eller NLGI nr. 2 molybaserat hjullagerfett

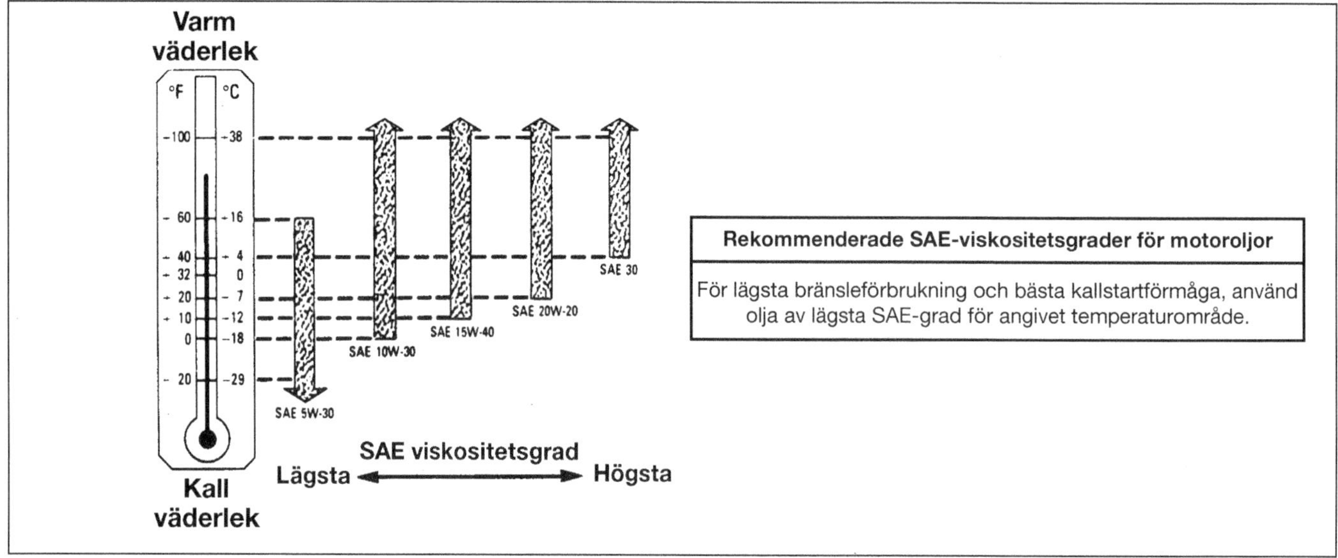

Rekommenderad SAE-viskositet på motoroljor

Volymer

Motorolja (med filterbyte, cirka)	
6-cylindrig radmotor	
230	4,7 liter
250	4,7 liter
292	5,7 liter
V6	4,7 liter
V8	4,7 liter
Automatväxellåda (tappa av och fyll på, cirka)	
THM 350	3,3 liter
THM 400	4,3 liter
THM 700-R4	4,7 liter
4L80-E	6,6 liter
Kylsystem (cirka)	
6-cylindrig radmotor	14,2 liter
V6	10,4 liter
V8	15,1 liter

Allmänt

Tändstift, typ och elektrodavstånd	Se kapitel 5
Tändtidpunkt	Se avgasreningsdekalen i motorrummet
Brytarkontakter, gap	
ny	0,48 mm
begagnad	0,41 mm
Kamvinkel	
6-cylindrig motor	31 till 34°
V8-motor	29° till 31°
Tändföljd	
6-cylindrig radmotor	1-5-3-6-2-4
V6-motor	1-6-5-4-3-2
V8-motor	1-8-4-3-6-5-7-2
Tomgångsvarvtal	Se avgasreningsdekalen i motorrummet
Kylarens trycklock	1 kg/cm^2

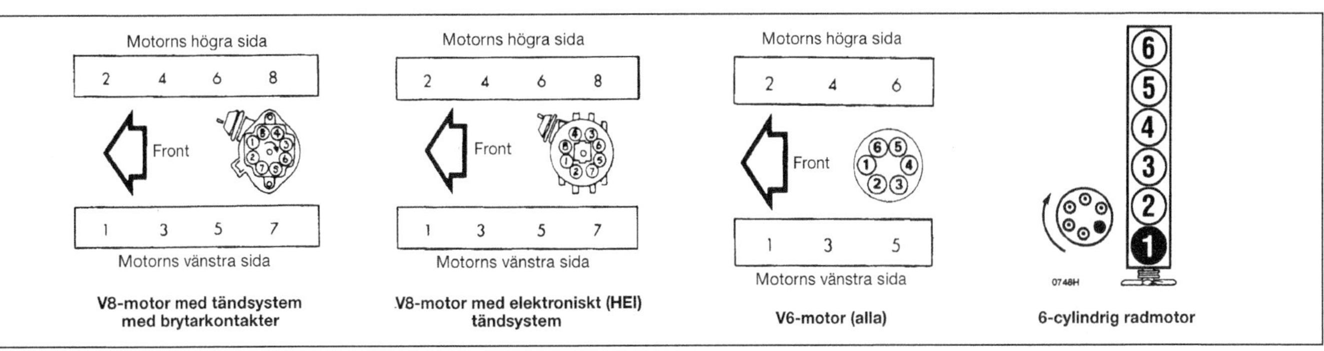

Cylinderplacering och strömfördelarens rotation

Koppling

Kopplingspedalens spel	19 till 38 mm

Bromsar

Min beläggtjocklek på bromsskiva	25 mm
Min beläggdiameter på bromstrumma	Ingjuten i trumman
Bromsklossar, min beläggtjocklek	3 mm
Bromsbackar, min beläggtjocklek	0,8 mm

Åtdragningsmoment

	Nm
Slutväxelns påfyllningsplugg	14 till 27
Tändstift	30
Oljesumpens avtappningsplugg	27 (22 på 1991 V8-modeller)
Fördelarens klämskruv	34
Hjulmuttrar	
5 muttrar 1/2 och 7/16 tum	140
6 muttrar 1/2 och 7/16 tum	119
8 muttrar 9/16 tum	160
Manuell växellåda, kontroll/påfyllningsplugg	20 till 34
Manuell växellåda, avtappningsplugg	20 till 34
Automatisk växellådas oljesumpskruvar	14

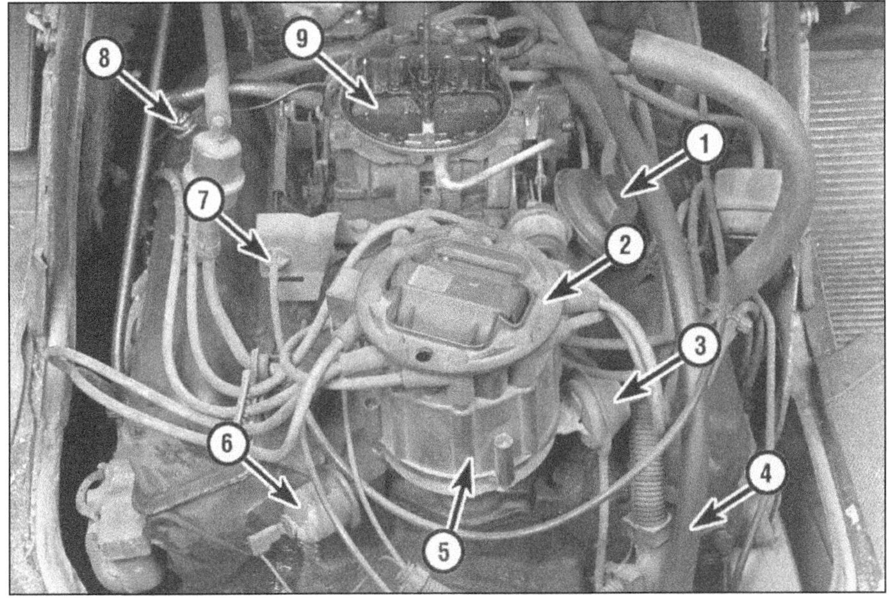

1.1a Motorrum (tidig modell, före 1971)

1 EGR-ventil
2 Låsring till tändstift
3 Vakuumklocka, tändförställning
4 Mätsticka för växellådsolja
5 Strömfördelare
6 Oljetryckvakt
7 Gasspjällsvajer
8 PCV-ventil
9 Förgasare

1 Inledning

Det här kapitlet innehåller anvisningar som ska hjälpa hemmamekanikern att underhålla sin bil, vilket leder till problemfri körning, god bränsleekonomi, säkerhet och lång livslängd.

På följande sidor finns ett underhållsschema följt av beskrivningar som avsnittsvis detaljerat behandlar varje arbetsmoment i underhållsschemat. Visuella kontroller, justeringar och reservdelsbyten och annan nyttig information är inkluderad.

Om du underhåller din bil enligt handbokens tids/körsträcksintervall och underhållspunkter får du ett planerat service- och underhållsprogram. Kom ihåg att detta är ett heltäckande schema vilket innebär att om endast vissa delar av bilen underhålls, men inte andra, uppnår man inte det avsedda resultatet.

Det förekommer att tillverkaren rekommenderar att ytterligare kontroller utförs av bilägaren, t ex varningslampor, defrosterfunktion, fönster och rutor etc. Vi förutsätter att sådana kontroller utförs och har därför inte tagit med dessa i serviceplanen.

1.1b Motorrum och framvagnsfjädring, sett underifrån

1 Undre länkarm
2 Undre kulled
3 Styrstag
4 Främre krängningshämmare
5 Krängningshämmarens fäste
6 Undre kylarslang
7 Svängningsdämpare
8 Fläktkåpa
9 Fläkt
10 Styrservopump
11 Oljefilter för motorolja
12 Startmotor

1.1c Bakvagn, sedd underifrån

1 Bakre bladfjäder
2 U-klammer över drivaxel
3 Parkeringsbromsvajer
4 Stötdämpare
5 Bakre drivknut
6 Differentialhus
7 Differentialkåpa
8 Bränsletank

Ytterligare information finns i bilens instruktionsbok.

När du har underhållit din bil under en tid kommer du att upptäcka att många arbetsuppgifter kan, och bör, utföras samtidigt beroende på arbetsuppgifternas art. Sådana arbeten kan exempelvis vara:

Om bilen är upphissad för t ex chassismörjning är det mycket lämpligt att även kontrollera avgassystem, fjädring samt styr- och bränslesystem.

Om däck och hjul har tagits av, som vid rutinmässig däckrotation, kan bromsar och hjullager kontrolleras på samma gång.

Om du har lånat en momentnyckel, spar du tid och pengar om du samtidigt passar på att kontrollera tändstift och förgasarens åtdragning.

Det första steget i underhållsprogrammet omfattar förberedelserna. Läs igenom samtliga avsnitt om arbetet som ska utföras. Kontrollera att du har alla reservdelar och verktyg som kommer att behövas. Om du förväntar dig att ett visst arbete kommer att bli problematiskt bör du rådfråga en tillbehörsaffär eller verkstad.

2 Underhållsschema

Underhållsintervallen i denna handbok är framtagna under förutsättningen att bilägaren själv utför arbetet. Följande underhållsschema är det som rekommenderas av fabrikanten och ett minimum av vad som erfordras.

Om man vill hålla bilen i ständigt toppskick bör eventuellt vissa rutiner utföras oftare. Vi rekommenderar att bilen underhålls med täta intervaller för att höja prestanda och andrahandsvärde.

Speciellt rekommenderar vi att intervallen mellan byte av olja och filter kortas ned.

Medan bilen är ny ska underhållsservice utföras av auktoriserad verkstad så att garantin inte förverkas. Den första kontrollen utförs ofta kostnadsfritt för bilägaren.

Var 400 km eller varje vecka – vilket som först inträffar

- ☐ Kontrollera motorns oljenivå (avsnitt 4)
- ☐ Kontrollera kylvätskenivån (avsnitt 4)
- ☐ Kontrollera spolarvätskan (avsnitt 4)
- ☐ Kontrollera bromsvätskenivån (avsnitt 4)
- ☐ Kontrollera däckens lufttryck (avsnitt 5)

Var 4 500 km eller tre månader – vilket som först inträffar

Ovanstående punkter, samt:

- ☐ Kontrollera automatväxellådsoljan (avsnitt 6)*
- ☐ Kontrollera styrservovätskan (avsnitt 7)*
- ☐ Kontrollera och rengör batteriet (avsnitt 8)
- ☐ Kontrollera kylsystemet (avsnitt 9)
- ☐ Kontrollera och byt, vid behov, alla slangarna i motorrummet (avsnitt 10)
- ☐ Kontrollera och byt, vid behov, vindrutetorkarbladen (avsnitt 11)

Var 9 000 km eller 6 månader – vilket som först inträffar

Ovanstående punkter, samt:

- ☐ Byt motorolja och filter (avsnitt 12)*
- ☐ Smörj chassits komponenter (avsnitt 13)*
- ☐ Kontrollera komponenter i fjädring och styrning (avsnitt 14)*
- ☐ Kontrollera avgassystemet (avsnitt 15)*
- ☐ Kontrollera EFE-systemet (förvärmning) (avsnitt 16)*
- ☐ Kontrollera och, vid behov, justera kopplingspedalens spel (avsnitt 17)
- ☐ Kontrollera den manuella växellådans oljenivå (avsnitt 18)*
- ☐ Kontrollera slutväxelns oljenivå (avsnitt 19)*
- ☐ Rotera däcken (avsnitt 20)
- ☐ Kontrollera bromsarna (avsnitt 21)*
- ☐ Kontrollera bränslesystemet (avsnitt 22)
- ☐ Byt luftfilter och filter till vevhusventilationen (avsnitt 23)
- ☐ Byt bränslefilter (avsnitt 24)
- ☐ Kontrollera förgasarens chokefunktion (avsnitt 25)
- ☐ Kontrollera förgasarens/spjällhusets åtdragning (avsnitt 26)
- ☐ Kontrollera gasspjällets länkage (avsnitt 27)
- ☐ Kontrollera den termostatstyrda luftrenaren (avsnitt 28)
- ☐ Kontrollera och, vid behov, justera tomgångsvarvtalet (avsnitt 29)
- ☐ Kontrollera motorns drivremmar (avsnitt 30)
- ☐ Kontrollera säkerhetsbältena (avsnitt 31)
- ☐ Kontrollera startmotorns säkerhetskontakt (avsnitt 32)

Var 45 000 km eller 2 år – vilket som först inträffar

Ovanstående punkter, samt:

- ☐ Byte av olja i manuell växellåda (avsnitt 33)*
- ☐ Byte av olja i slutväxeln (avsnitt 34)*
- ☐ Byte av olja i automatväxellåda (avsnitt 35)**
- ☐ Kontrollera och smörj främre hjullager (avsnitt 36)*
- ☐ Byt kylmedel (tappa av, spola igenom och fyll på) (avsnitt 37)
- ☐ Kontrollera och byt, vid behov, PCV-ventil (avsnitt 38)
- ☐ Kontrollera det slutna tankventilationssystemet (EVAP) (avsnitt 39)
- ☐ Kontrollera EGR-avgasreningssystemet (avsnitt 40)
- ☐ Byt tändstift (avsnitt 41)
- ☐ Kontrollera tändkablar, fördelarlock och rotor (avsnitt 42)
- ☐ Byt brytarkontakter, kontrollera och justera kamvinkeln (1967 t o m 1974 årsmodeller) (avsnitt 44 och 45)
- ☐ Kontrollera och, vid behov, justera tändtidpunkten (avsnitt 46)

**Denna punkt påverkas av svåra förhållanden enligt nedanstående beskrivning. Om din bil körs under hårda förhållanden ska alla underhållspunkter markerade med en asterisk (*) utföras dubbelt så ofta (efter halva körsträckan).*

Körning anses ske under svåra förhållanden om en eller flera av nedanstående situationer uppfylls:
Körning i dammiga områden
Körning med släp
Tomgångskörning under långa stunder och/eller vid låg hastighet
Körning vid temperaturer under 0°C och när de flesta körsträckorna är under 5 km.

*** Om körning sker vid en eller flera av nedanstående förhållanden ska automatväxellådsoljan bytas var 2 000:e mil:*
I tung stadstrafik vid temperaturer på 32°C eller högre
I starkt kuperad terräng
Ofta förekommande körning med släp

3 Allmänt om motorservice

När termen *service* används i denna handbok avses snarare en kombination av enskilda arbeten än ett enda specifikt arbete. Om bilen från det att den är ny, noggrant underhålls enligt rekommenderat underhållsschema och kontroller av vätskenivåer och av slitagebenägna delar utförs enligt denna handboks rekommendationer, kommer motorn att bevaras i ett relativt gott skick, och behovet av extra arbete hålls till ett minimum.

Det är möjligt att det kommer tillfällen när bilen går mindre bra på grund av brist på regelbundet underhåll. Sannolikheten är större om den inköpta bilen är begagnad och endast oregelbundet underhållen. I sådana fall kan extra arbete behöva utföras utöver de regelbundna underhållstillfällena.

Om motorslitage misstänks kan ett kompressionsprov ge värdefull information om den totala prestandan i motorns huvuddelar. Ett sådant prov kan användas som underlag för beslut om hur stort arbete som ska utföras. Om, till exempel, ett kompressionsprov indikerar allvarligt slitage i motorn, kommer det regelbundna underhåll som beskrivs i detta kapitel inte att förbättra motorns prestanda nämnvärt. Det kan istället innebära slöseri av tid och pengar, om inte större reparationer utförs först. Kompressionsprovet spelar alltså en viktig roll och bör därför helst överlåtas till någon som har en bra kompressionsprovare och vet hur den används. Ytterligare information om kompressionsprov finns i kapitel 2 i denna handbok.

Följande åtgärder är de som oftast behöver utföras för att förbättra prestandan i en motor som går dåligt.

Första åtgärder

Rengör, kontrollera och testa batteriet.
Kontrollera alla motorrelaterade vätskor.
Kontrollera och justera drivremmarna.
Byt tändstift. Kontrollera strömfördelarlock och rotor.
Kontrollera tändkablar.
Kontrollera och justera tomgångsvarvtalet.
Kontrollera och justera tändtidpunkten.
Kontrollera ventilen i vevhusventilationssystemet.
Kontrollera luftfilter och filter till vevhusventilationen
Kontrollera kylsystemet.
Kontrollera samtliga slangar i motorrummet.

Övriga åtgärder

(ovanstående punkter plus nedanstående)
Kontrollera EGR-systemet.
Kontrollera tändsystemet.
Kontrollera laddningssystemet.
Kontrollera bränslesystemet.
Byt luftfilter och filter till vevhusventilationen
Byt strömfördelarlock och rotor.
Byt strömfördelarens kontaktpunkter, kontrollera och justera kamvinkeln (årsmodeller 1967 t o m 1974)
Byt tändkablar

4.2 Motoroljan fylls på genom ett rör som går från motorn till motorrummets främre del

4 Vätskenivåer

Observera: *Nedanstående vätskekontroller bör utföras var 400 km eller en gång i veckan. Ytterligare vätskekontroller finns angivna vid respektive schemalagt underhållstillfälle nedan. Oavsett intervall bör man vara uppmärksam på vätskeläckage under bilen vilket kan vara tecken på problem och bör åtgärdas omedelbart.*

1 Ett antal komponenter i bilen är beroende av vätskor för att kunna fungera. Vid normal drift används vätskorna och tar så småningom slut varpå de måste fyllas på innan någon skada kan uppstå. Se *Rekommenderade smörjmedel och vätskor* i början att detta kapitel för information om rekommenderade vätskor för påfyllning. Det är viktigt att bilen står på plant underlag när vätskenivån kontrolleras.

Motorolja

2 Motoroljan kontrolleras med en mätsticka som sitter i ett långt rör vilket sträcker sig från motorn till motorhuvens öppning. På vissa modeller fylls oljan på genom röret, medan på andra modeller finns ett separat påfyllningsrör **(se bild)**. Mätstickan förs genom röret in i oljesumpen till motorns botten.

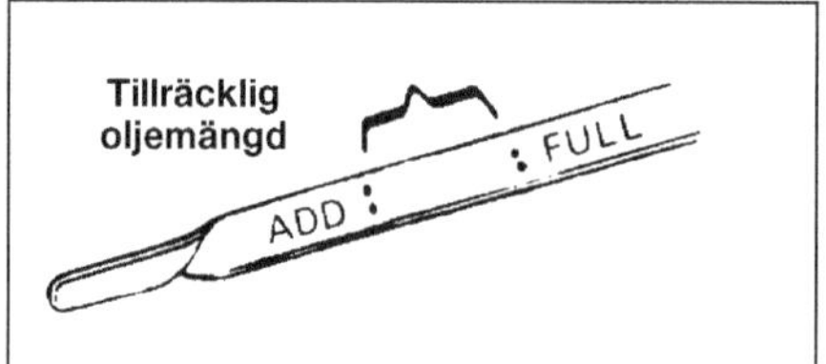

4.4 Markeringar på oljestickan. Oljenivån måste alltid hållas mellan markeringarna. Det behövs ca en liter att höja nivån från ADD-markeringen till FULL-markeringen

3 Oljenivån ska kontrolleras innan bilen körs, eller cirka 15 minuter efter det att motorn har stängts av. Om oljan kontrolleras omedelbart efter det att bilen har körts finns olja fortfarande kvar i motorns övre delar vilket ger en missvisande avläsning av mätstickan.

4 Dra ut oljestickan, torka av den på en trasa eller pappershandduk. Sätt ned den helt i oljeröret och dra upp den igen. Observera oljenivån på mätstickan. Fyll på så mycket motorolja som behövs så att nivån ska ligga mellan ADD- och FULL-markeringarna på mätstickan **(se bild)**.

5 Fyll inte på för mycket olja eftersom det kan leda till oljiga tändstift, oljeläckage eller oljetätningsdefekter.

6 Kontroll av oljenivån är en viktig förebyggande underhållsåtgärd. Om oljenivån sjunker onormalt snabbt är det tecken på oljeläckage eller invändigt motorslitage, vilket bör åtgärdas.

7 Förekomst av vattendroppar i oljan, eller om oljan ser mjölkig ut, är en indikation att någon komponent är defekt och motorn bör kontrolleras omedelbart.

Kylmedel

8 Senare modeller som behandlas i denna handbok är utrustade med trycksatt uppsamlingssystem för kylvätskan. En vit kylvätskebehållare, placerad i bilens främre del i motorrummet, är ansluten med en slang till kylarlockets underdel **(se bild)**. När motorn värms upp under drift tvingas kylvätskan från kylaren, genom den anslutande slangen och in i behållaren. När motorn svalnar sugs kylvätskan automatiskt tillbaka till kylaren så att kylvätskenivån blir konstant.

9 Det är enkelt att kontrollera kylvätskenivån på modeller med behållare; ta reda på kylvätskebehållaren och observera vätskenivån i behållaren. När motorn är kall bör nivån vara vid eller strax ovanför FULL COLD-markeringen på behållaren. På vissa behållare finns

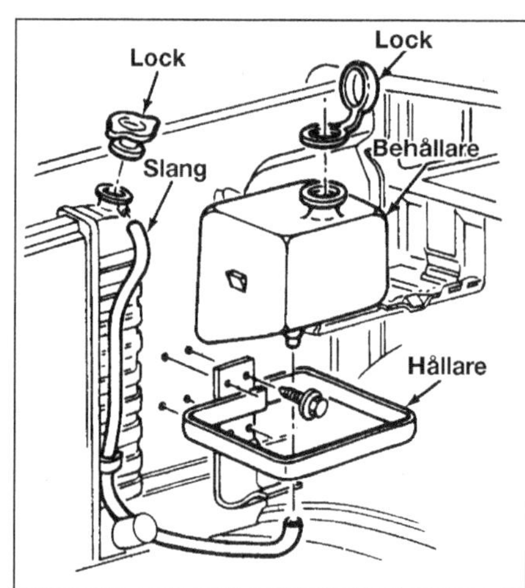

4.8 Kylvätskebehållaren är placerad bredvid kylaren

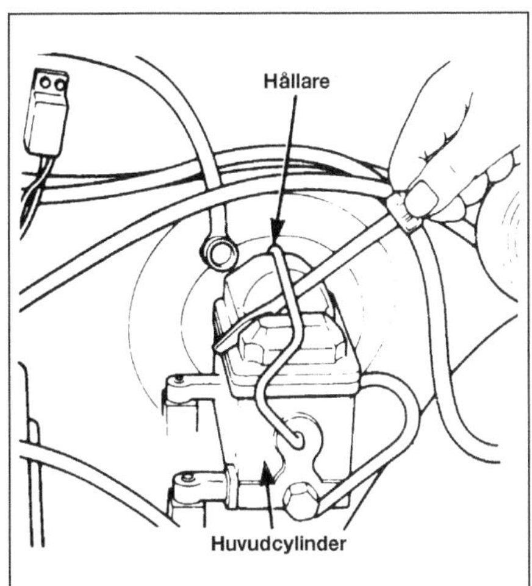

4.19 Tidiga modeller är försedda med en bromshuvudcylinder i gjutjärn vars kåpa måste avlägsnas för kontroll av vätskenivån. Bänd loss lockets bygel med skruvmejsel

en FULL HOT-markering för kontroll när motorn är varm. Kylvätskenivån i kylaren bör kontrolleras med jämna mellanrum, speciellt om kylvätskan i behållaren tar slut (se punkt 10).

10 Om din bil inte är försedd med uppsamlingssystem bör nivån kontrolleras genom att kylarlocket tas av.

Varning: Kylarens lock får aldrig tas bort medan systemet är varmt eftersom ångan och den brännheta vätskan kan orsaka allvarliga skador. Vänta tills motorn har svalnat fullständigt, linda därefter en trasa runt locket och vrid det till det första stoppläget. Om ånga kommer ur kylaren behöver motorn svalna ytterligare. Ta därefter bort locket och kontrollera kylvätskenivån i kylaren. Nivån bör vara strax under påfyllningshalsens nederdel.

11 Om bara en liten vätskemängd behövs för att höja nivån till rekommenderad nivå går det bra att använda vanligt vatten. För att upprätthålla den korrekta frostskydds/vattenblandningen i systemet bör båda blandas när vätskenivån ska återställas. Frostskydd som ger skydd ner till -37°C bör blandas med vatten i samma proportioner som anges på behållaren. Låt inte frostskyddet komma i kontakt med hud eller bilens lackerade ytor. Skölj genast de utsatta ytorna med rikligt med vatten.

12 Samtidigt med kylvätskenivån bör även kylvätskans skick kontrolleras. Den böra vara i det närmaste genomskinlig. Om den är brun eller rostfärgad bör systemet tappas av, spolas igenom och fyllas på (avsnitt 37).

13 Om systemet behöver fyllas på ofta kan läckage föreligga i systemet. Kontrollera att trycklocket tätar ordentligt. Kontrollera även beträffande spruckna slangar, lösa slanganslutningar, läckande packningar etc.

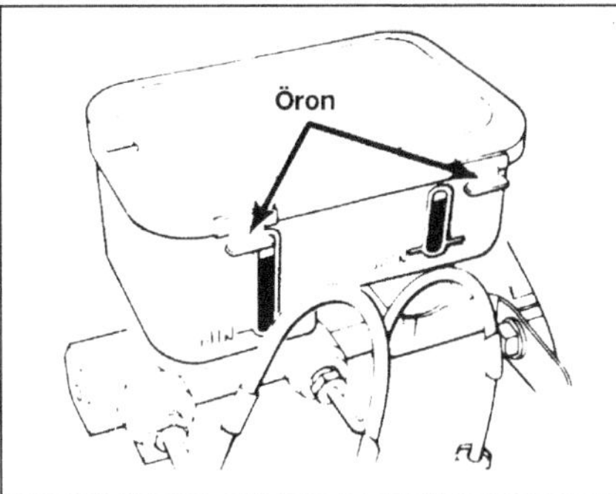

4.22 På senare modeller kontrolleras nivån genom observationsfönster på behållaren. Ta bort locket för att fylla på vätska i behållaren genom att böja flikarna uppåt

Spolarvätska

14 På senare modeller är spolarvätskebehållaren placerad i motorrummets främre del. Förväxla inte spolarvätskebehållaren med uppsamlingskärlet för kylmedel.

15 Behållaren bör inte fyllas mer än till två tredjedelar för att lämna expansionsrum om vätskan skulle frysa.

16 Koncentrerad spolarvätska, som finns att köpa på bensinstationer, sänker vätskans fryspunkt och ger bättre resultat vid rengöring av vindrutan. Använd inte frostskyddsmedel avsett för kylsystemet eftersom det kan skada bilens lackering.

Om vindrutan värms upp med defrostern innan spolarvätskan används förhindras isbildning.

Elektrolytvätska

Varning: Vissa säkerhetsåtgärder måste vidtas vid arbete med eller nära batteriet. Utsätt aldrig ett batter för öppen eld eller gnistor vilka kan antända vätgasen som alstras av batteriet. Bär skyddskläder och skyddsglasögon så att den frätande svavelsyrelösningen inuti batteriet inte kan skada dig. Om vätskan stänks eller spills ska den utsatta ytan sköljas med rikligt med vatten. Ta bort alla smycken av metall som kan komma i kontakt med den positiva batteripolen och annan jordad metallkälla vilket kan orsaka kortslutning. Förvara alltid batterier utom räckhåll för barn.

17 De senare modellerna är utrustade med underhållsfria batterier som är permanentförseglade och har inga påfyllningslock. Du behöver aldrig fylla på vatten i batterier av denna typ. Om ett standardbatteri installeras bör påfyllningslocken tas bort regelbundet för kontroll av elektrolytnivån. Sådan kontroll är speciellt viktig under den varma årstiden.

Bromsvätska

18 Bromssystemets huvudcylinder är monterad på den främre torpedväggen eller på servoenhetens framsida.

19 På de flesta modeller måste kåpan avlägsnas vid kontroll av bromsvätskenivån. Rengör ytan runt tätningsläppen och bänd loss bygeln från locket med en lång skruvmejsel **(se bild)**.

20 Lyft försiktigt bort kåpan och kontrollera vätskenivån vilken bör vara drygt en halv centimeter under behållarens överkant.

21 Om vätskenivån behöver höjas i behållaren, häll försiktigt i rekommenderad bromsvätska i huvudcylindern. Var aktsam så att ingen vätska spills.

22 På vissa senare modeller är vätskebehållaren genomskinlig. Nivån bör ligga över MIN-markeringen i dessa behållare **(se bild)**. Om vätskenivån är låg, se till att behållarens lock torkas av med en ren trasa för att undvika smuts i bromssystemet, innan locket tas bort. Bänd loss locket genom att trycka flikarna uppåt.

23 Vid påfyllning, häll vätskan försiktigt i behållaren och var aktsam så att ingen vätska spills på bilens lackering. Kontrollera att endast rekommenderad vätska används. Om olika vätsketyper blandas i behållaren kan systemet skadas. Se *Rekommenderade smörjmedel och vätskor* i början av detta kapitel eller i bilens instruktionsbok.

24 Vid detta tillfälle kan även vätskan och cylindern undersökas beträffande föroreningar. Systemet bör tappas av och fyllas med ren vätska om rostavlagringar, smutspartiklar eller vattendroppar är synliga i vätskan.

25 När behållaren har fyllts till rätt nivå, se till att locket sitter hårt så att vätskan inte kan läcka ut.

26 Bromsvätskan i huvudcylindern sjunker något när bromsklossar eller bromsbackar vid varje hjul sliter in sig under normal drift. Om huvudcylindern ofta behöver fyllas på för att hålla vätskan vid korrekt nivå är det tecken på läckage i bromssystemet, vilket kräver omedelbar åtgärd. Kontrollera samtliga bromsledningar och anslutningar.

27 Om du, vid kontroll av huvudcylinderns vätskenivå, upptäcker att en eller båda behållarna är nästan tomma, behöver bromssystemet luftas (kapitel 9).

Hydraultrycksystem

28 På vissa modeller förser en hydraulpump bromssystemet med servotryck. På modeller med servostyrning förser styrservopumpen enheten med hydraultryck. På modeller utan servostyrning används en separat, remdriven hydraulpump.

29 Båda pumparna kontrolleras med hjälp av kontrollrutinen för styrservons vätskenivå (avsnitt 7). Använd endast rekommenderad styrservovätska (ej bromsvätska) vid påfyllning av vätska i pumparna. Se *Rekommenderade smörjmedel och vätskor* i början av detta kapitel eller i bilens instruktionsbok.

5.6 Lufttrycksmätare finns i olika utföranden. Använd gärna egen tryckmätare vid kontroll av däcken och förvara den i bilens handskfack. Kontrollera ibland att din mätare är exakt mot en "huvud"-mätare

5 Däck - lufttryck och kontroll

1 Regelbunden kontroll av däcken betyder inte bara att du kan undvika att bli stående vid vägkanten med en punktering, det kan också ge ledtrådar till eventuella problem i fjädring och styrning vilka kan åtgärdas innan de orsakar större skador.

2 Rätt lufttryck i däcken ger många extra mils körning med samma däck, betydligt lägre bränsleförbrukning och bidrar överhuvudtaget till större körkomfort.

3 Kontrollera däckmönstret. Oregelbundenheter i däckmönstret (bulor, blankslitna fläckar eller större slitage på ena sidan) är indikationer på felaktig framhjulsinställning och/eller obalans. Åtgärda detta så snart det upptäcks.

4 Kontrollera mönstret beträffande sprickor eller punkteringar. Det händer att spik eller nubb kan tränga igenom och bädda in sig i däckmönstret, ändå kan däcket hålla lufttrycket under en viss tid. I de flesta fall kan en verkstad eller bensinstation reparera det punkterade däcket.

5 Det är viktigt att däcksidorna kontrolleras både på in- och utsidan. Kontrollera beträffande försämrat gummi, skåror och punkteringar. Undersök däckets insida beträffande tecken på bromsvätskeläckage, vilket är tecken på att en grundlig kontroll av bromssystemet bör ske omedelbart.

6 Felaktigt lufttryck i däcken kan inte fastställas genom att bara titta på däcket. Detta gäller speciellt radialdäck. En lufttrycksmätare måste användas **(se bild).** Om du inte redan förfogar över en lufttrycksmätare är det klokt att investera i en sådan och sedan förvara den i handsfacket. Inbyggda tryckmätare vid bensinstationer är ofta felvisande.

7 Kontroll av lufttrycket bör utföras när däcken är kalla. I detta fall betyder kall när bilen inte har körts mer än ett par kilometer efter att ha varit parkerad i minst tre timmar. Det är vanligt att lufttrycket ökar 0,3-0,6 kg/cm^2 när däcken är varma.

8 Skruva loss ventilhatten som skjuter ut från hjul eller navkapsel och tryck fast mätaren över ventilen. Notera avläsningen på mätaren och jämför värdet med det rekommenderade lufttrycket som är angivet på etiketten. Däcketiketten sitter normalt på förardörrens tröskel. Rekommenderat max tryck för däcken finns ofta angivet på däcksidan.

9 Kontrollera samtliga däck och lufta dem vid behov till rekommenderad lufttrycksnivå. Glöm inte reservdäcket.

Var noga med att sätta tillbaka ventilhattarna för att undvika att smuts och fukt tränger in i ventilskaftsmekanismen.

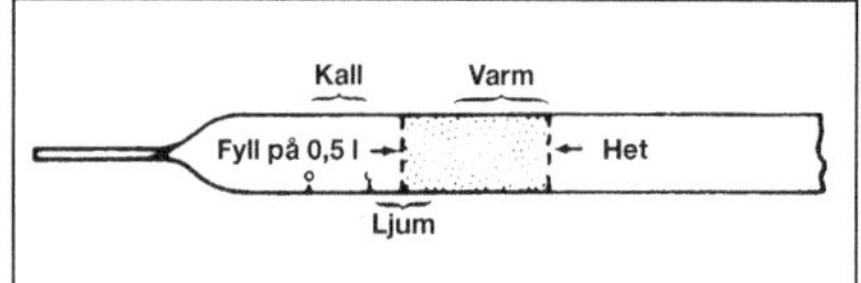

6.6 Växellådsoljans temperatur är betydelsefull vid kontroll av oljenivån

6 Automatväxellåda - kontroll

1 Oljenivån i automatväxellådan bör underhållas noggrant. Låg oljenivå kan leda till slirning eller minskad drivkraft, medan för hög nivå kan orsaka skumning och vätskeförlust.

2 Starta motorn med parkeringsbromsen åtdragen. Flytta därefter växelväljarspaken genom alla växellägena, och avsluta i Parkläge. Vätskenivån ska kontrolleras när bilen står på plant underlag och motorn går på tomgång. **Observera:** *Felaktiga mätvärden kan erhållas om bilen strax innan har körts vid hög hastighet under längre tid, i mycket varmt väder i stadstrafik, eller om den har dragit ett släp. Om någon av dessa förutsättningar är aktuella, ska man vänta tills vätskan har svalnat (cirka 30 minuter).*

3 Om växellådan har normal driftstemperatur, ta bort mätstickan från påfyllningsröret. Mätstickan är placerad under motorhuven, på passagerarsidan.

4 Vidrör vätskan på mätstickans spets för att fastställa om den är sval, varm eller het. Torka av vätskan från mätstickan med en ren trasa och tryck in den i påfyllningsröret igen så långt det går.

5 Dra ut mätstickan igen och observera vätskenivån.

6 Om vätskan kändes sval bör nivån ligga cirka 4 till 12 mm över ADD-markeringen **(se bild).** Om den kändes varm bör nivån ligga mellan ADD- och FULL-markeringarna. Om vätskan kändes het bör nivån ligga vid FULL-markeringen. Om ytterligare vätska behövs, fyll på rekommenderad vätska direkt i röret med en tratt. Cirka en halv liter behövs för att höja nivån från ADD-markeringen till FULL-markeringen när växellådan är het, så fyll på lite åt gången och kontrollera nivån tills den är korrekt.

7 Vätskans skick bör också kontrolleras samtidigt med nivån. Om vätskan på mätstickans spets är mörkt rödbrun eller luktar bränt bör den bytas. Om du är tveksam beträffande vätskans skick kan du köpa ny och jämföra dem med avseende på färg och lukt.

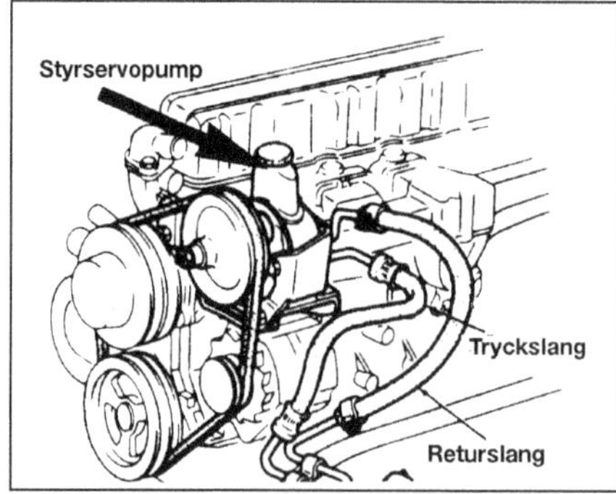

7.2 Styrservopump och behållare är placerade i motorns främre del (vid pil)

7 Styrservons vätskenivå

1 Servostyrningen förlitar sig på en vätska som tidvis kan behöva fyllas på.

2 Vätskebehållaren för styrservopumpen är placerad på pumpen på motorns framsida **(se bild).**

3 För denna kontroll ska framhjulen vara riktade rakt framåt och motorn ska vara avstängd.

4 Torka av behållarlocket och kringliggande ytor med en ren trasa för att undvika att främmande partiklar kommer in i behållaren under kontrollen.

5 Vrid loss locket och kontrollera vätsketemperaturen på spetsen av mätstickan med fingret.

6 Torka bort vätskan med en ren trasa, sätt ned mätstickan igen, dra därefter upp den och läs av vätskenivån. Nivån bör ligga vid HOT-markeringen om vätskan kändes varm att vidröra **(se bild).** Nivån bör ligga vid COLD-

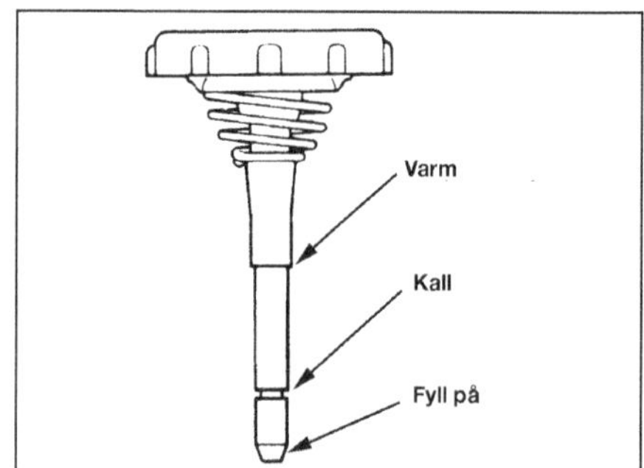

7.6 Markeringarna på styrservons mätsticka visar det tillåtna området med vätskan både HOT och COLD

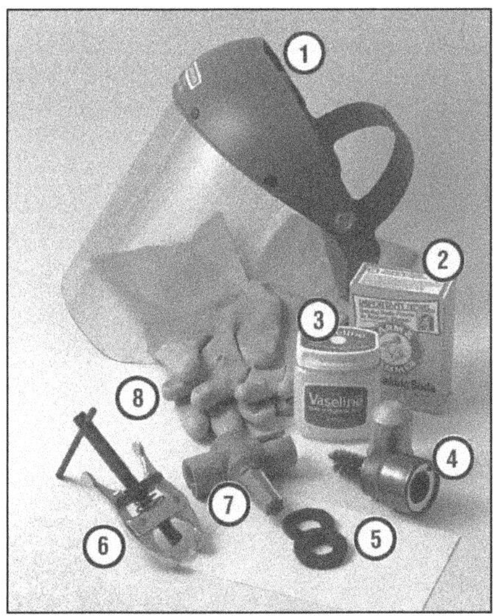

8.1a Verktyg och material för underhåll av standardbatteri

1 ***Ansiktsskydd/skyddsglasögon*** *- När oxidering avlägsnas med borste kan små partiklar flyga in i ögonen*
2 ***Bakpulver*** *- Lösning av vatten och bakpulver kan användas för att neutralisera oxidering*
3 ***Vaselin*** *- Vaselin på batteripolerna hindrar oxidering*
4 ***Rengörare för batteripol/kabel*** *- Stålborste för rengöring av oxidering på batteripoler och kabelklämmor*
5 ***Behandlade filtbrickor*** *- Placera en filtbricka på varje pol, strax under kabeln för att hindra oxidering*
6 ***Avdragare*** *- Ibland är kabelklämmorna svåra att dra loss, även efter det att mutter/skruv har lossats helt. Med detta verktyg kan klämman dras rakt upp från polen utan att orsaka skada*
7 ***Rengörare för batteripol/kabel*** *- Ytterligare ett verktyg som skiljer sig något från nr 4 ovan, men utför samma uppgift*
8 ***Gummihandskar*** *- Bär handskar vid arbete med batteri, kom ihåg att det innehåller syra!*

markeringen om vätskan kändes kall vid beröring. Vätskenivån får aldrig sjunka under ADD-markeringen.

7 Om styrservovätskan behöver fyllas på, häll vätska av rekommenderad typ direkt i behållaren med tratt för att undvika att spilla.

8 Om styrservovätskan behöver fyllas på ofta bör alla styrservoslangar, slanganslutningar och styrservopump kontrolleras beträffande läckage.

8 Batteri - kontroll och underhåll

1 Underhåll av batteriet är ett viktigt sätt att försäkra sig om att bilen startar snabbt och konsekvent. Specialverktyg och -material behövs för batteriunderhållet **(se bilder).**

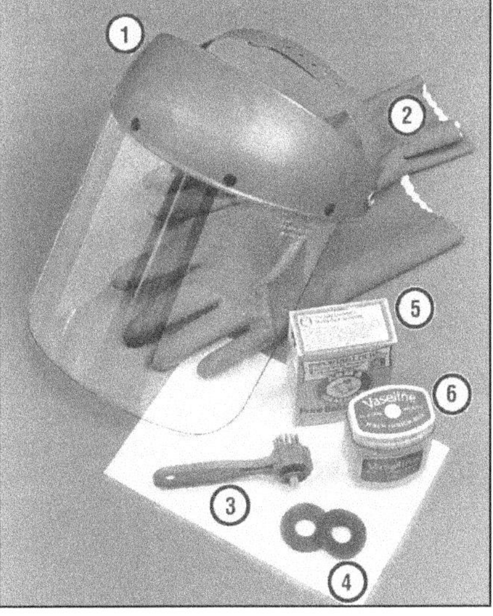

8.1b Verktyg och batterier till underhålla av batteri med anslutningar på sidan

1 ***Ansiktsskydd/skyddsglasögon*** *- När oxidering avlägsnas med borste kan små partiklar flyga in i ögonen*
2 ***Gummihandskar*** *- Bär handskar vid arbete med batteri, kom ihåg att det innehåller syra!*
3 ***Rengörare för batteripol/kabel*** *- Stålborste för rengöring av oxidering på batteri och kabel*
4 ***Behandlade filtbrickor*** *- Placera en filtbricka på varje pol, strax under kabeln för att hindra oxidering (se till att du får rätt typ för batteri med sidoanslutning)*
5 ***Bakpulver*** *- Lösning av vatten och bakpulver kan användas för att neutralisera oxidering*
6 ***Vaselin*** *- Vaselin på batteripolerna motverkar oxidering*

2 Underhållsfria batterier förekommer som standard på samtliga bilar som behandlas i denna handbok. Trots att denna typ av batteri har många fördelar jämfört med batterier av äldre typ med lock, samt att man aldrig behöver fylla på vatten, bör batteriet dock underhållas regelbundet enligt nedanstående procedur.

Varning: Små mängder av vätgas förekommer vid sidoventilerna på underhållsfria batterier, varför öppen låga eller gnistor inte får förekomma nära batteriet.

3 Batteriets yttre skick bör undersökas regelbundet beträffande sprickor på höljet eller på locket.

4 Kontrollera att kablarna är ordentligt anslutna, och kontrollera varje kabel beträffande sprickor och fransiga anslutningsdon.

5 Om oxidering är synlig (som porösa, vita avlagringar), ta bort kablarna från anslutningarna, rengör dem med en batteriborste och sätt tillbaka kablarna. Oxidering kan minimeras genom användning av en specialbehandlad fiberbricka som kan införskaffas i tillbehörsaffärer, eller genom att smörja in poler och kabelklämmor med polfett när de har anslutits **(se bilder).**

8.5a Oxidering vid batteriets poler ser ut som vitt, poröst pulver

8.5b Batterikabeln tas bort med en nyckel - ibland krävs speciell batteritång om oxideringen har orsakat förslitning av sexkantsmuttern (ta alltid först bort jordkabeln och anslut den sist!)

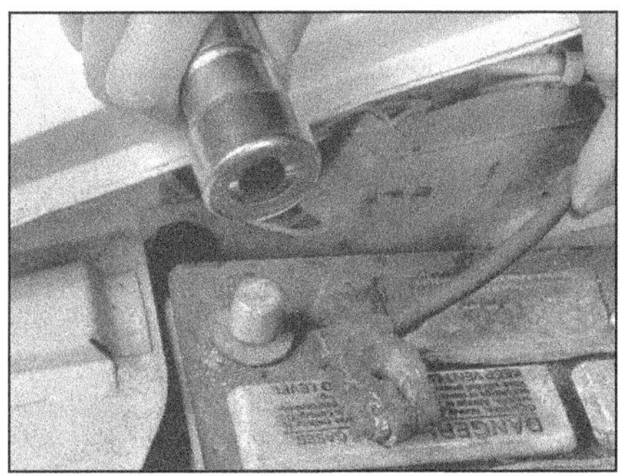

8.5c Oavsett vilket rengöringsverktyg som används ska resultatet bli en ren, skinande yta

8.5d Vid rengöring av kabelklämmor ska all oxidering avlägsnas (klämman smalnar av inuti för att passa in med polens form, så ta inte bort för mycket)

6 Kontrollera att gummihylsorna (i förekommande fall) som sitter på den positiva anslutningen inte saknas eller är trasiga. De bör täcka anslutningen fullständigt.

7 Kontrollera att batterihållaren är i gott skick och att bygelskruvarna är hårt åtdragna. Om batteriet tas bort från hållaren, kontrollera att inga delar finns kvar på hållaren när batteriets sätts tillbaka. Dra inte åt bygelskruvarna för hårt när de sätts tillbaka.

8 Oxidering på bygelkomponenter, batterilåda och omgivande ytor kan avlägsnas med en lösning av vatten och bakpulver, var försiktig så att lösningen inte kommer i kontakt med ögon, hud eller kläder. Skyddshandskar bör användas. Tvätta noggrant alla rengjorda ytor med vanligt vatten.

9 Oxidationsskador på någon av bilens delar bör rengöras, täckas med zinkbaserad underlack och därefter omlackeras.

10 Ytterligare information om batteri, laddning och starthjälp finns i kapitel 5 samt i början av denna handbok.

9 Kylsystem - kontroll

1 Åtskilliga motorhaverier har börjat med ett defekt kylsystem. Om bilen är utrustad med automatisk växellåda kyler kylsystemet även växellådsoljan. Kylsystemet spelar därför en viktig roll eftersom det kan förlänga växellådans livslängd.

2 Kylsystemet bör kontrolleras när motorn är kall. Utför kontrollen innan bilen börjar att köras för dagen eller när motorn har varit avstängd i minst tre timmar.

3 Ta bort kylarlocket genom att vrida det moturs tills den möter motstånd. Om ett väsande ljud hörs (vilket tyder på att det fortfarande finns tryck i systemet) ska du vänta tills ljudet upphör. Tryck nu locket nedåt med handflatan och fortsätt att vrida moturs tills locket kan tas bort. Rengör locket grundligt, både inuti och utanpå, med rent vatten. Rengör även kylarens påfyllningshals. Varje spår av oxidering ska avlägsnas. Kylvätskan inuti kylaren bör vara ganska genomskinlig. Om den är rostfärgad bör systemet tappas av och fyllas på igen (avsnitt 37). Om kylvätskenivån är för låg ska frostskydd/kylvätska fyllas på, (se avsnitt 4).

4 Gör en grundlig kontroll av de övre och undre kylarslangarna såväl som slangarna med mindre diameter som löper från motorn till värmeelementet genom främre torpedväggen. På vissa modeller löper värmereturslangarna direkt till kylaren. Undersök hela längden på varje slang, byt slangar som är spruckna, svullna eller visar tecken på förslitning. Sprickor kan synas bättre om slangen kläms ihop **(se bild)**.

5 Se till att alla slangar är ordentligt anslutna. Läckage i kylsystemet visar sig oftast som vita eller rostfärgade avlagringar på området runt läckan. Om slangklämmor av ståltrådstyp förekommer på slangändarna är det bättre att byta dem mot de säkrare klämmor av skruvtyp.

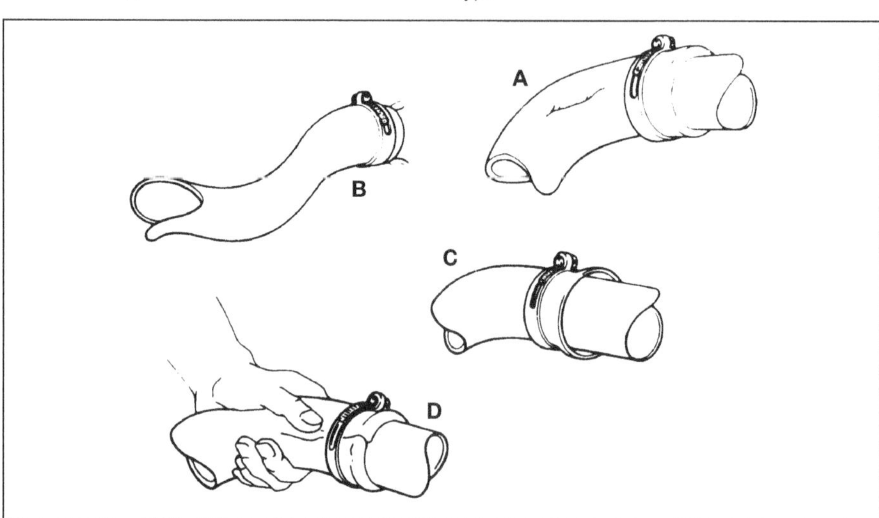

9.4 Om kylsystemets slangar kontrolleras noggrant undviker du att bli stående vid vägkanten. Oavsett skick bör slangarna i kylsystemet bytas vartannat år

A KONTROLLERA ALLTID om slangen har nötta eller brända ytor vilket kan leda till besvärliga och dyra motorhaverier.

B MJUKA slangdelar tyder på invändigt slitage, vilket kan förorena kylsystemet och orsaka att partiklar blockerar kylaren.

C HÅRDA slangdelar kan gå sönder när som helst. Det räcker inte att dra åt slangklämman för att stoppa läckage.

D SVULLEN slang eller oljebelagda ändar tyder på problem och eventuellt motorhaveri på grund av olje- eller fettföroreningar. Tryck på slangen för att lokalisera sprickor och brott som kan orsaka läckage.

6 Avlägsna döda insekter, torra löv och liknande från kylargrillen eller luftkonditioneringskondensorn med tryckluft eller en mjuk borste. Arbeta varsamt så att du inte skär dig på de ömtåliga kylarlamellerna eller så att de går sönder.

7 Vid varannan kontroll, eller vid första tecken på problem i kylsystemet bör man låta trycktesta kylarlock och system. Om du inte har en tryckmätare kan man låta en bensinstation eller verkstad utföra det för en ringa kostnad.

10 Motorrumsslangar - kontroll och byte

Varning: Byte av slangar i luftkonditioneringssystemet ska utföras av en verkstad eller luftkonditioneringsspecialist som förfogar över lämplig tryckutjämningsutrustning. Ta aldrig bort luftkonditioneringskomponenter eller slangar förrän trycket har släppts ut ur systemet.

Allmänt

1 Höga temperaturer i motorrummet kan orsaka förslitning av de gummi- och plastslangar som används i motorn, för tillbehör och avgassystemet. Slangarna bör undersökas regelbundet beträffande sprickor, lösa klämmor, förhårdnat material och läckage.

2 Information som avser kylsystemets slangar finns i avsnitt 9.

3 Vissa, men inte alla, slangar är infästa med slangklämmor vid respektive fästen. Om slangklämmor används bör man kontrollera att de inte har tappat sin spänst vilket kan orsaka läckage. Om slangklämmor inte används, kontrollera att slangarna inte har töjt ut sig och/eller hårdnat där de träs över fästet, vilket kan få dem att läcka.

Vakuumslangar

4 Det är ganska vanligt att vakuumslangar är färgkodade eller identifierbara genom färgade ränder som är ingjutna i slangen - speciellt slangar som används i avgassystem. Olika system kräver slangar med olika väggtjocklek mot ihopsugning och temperaturmotstånd. Vid byte av slangar, se till att den nya slangen är av samma material som den utbytta.

5 Ofta är det enda effektiva sättet att kontrollera en slang att ta bort den från bilen. Om mer än en slang demonteras ska slangarna och respektive fästpunkt märkas så att slangarna kan sättas tillbaka på rätt plats.

6 Vid kontroll av vakuumslangar, se till att även eventuella T-fästen av plast kontrolleras. Kontrollera fästena beträffande sprickor, samt om slangen har utvidgats där den monteras över fästet, vilket kan orsaka läckage.

7 En kort vakuumslangsbit (6 mm innerdiameter) kan användas som stetoskop för att upptäcka vakuumläckage. Håll den ena slangänden mot örat och den andra änden runt vakuumslangar och fästen, lyssna efter det väsande ljud som kännetecknar vakuumläckage.

Varning: När du söker efter läckage med vakuumslangen, se till att varken du eller slangen kommer för nära rörliga motordelar, som drivremmar eller kylfläkt.

Bränsleslang

Varning: Vissa säkerhetsåtgärder måste vidtas vid besiktning eller underhåll av delar i bränslesystemet. Arbeta i ett välventilerat utrymme och se till att ingen öppen eld (cigaretter etc) eller nakna glödlampor finns i närheten av arbetsytan. Torka upp spillda vätskor omedelbart och förvara inte bränsleindränkta trasor där de kan antändas. På bilar med bränsleinsprutning är bränslesystemet trycksatt så att om några bränsleledningar ska lossas måste först trycket i ledningarna släppas ut (se kapitel 4 för ytterligare information).

8 Kontrollera alla bränsleledningar av gummi beträffande förslitning och nötning. Gör en extra kontroll beträffande sprickor där slangen kröker sig och strax före klämpunkter, till exempel där slangen är infäst på bränslefiltret.
9 Bränsleledningar av hög kvalitet, speciellt de som är försedda med den tryckta beteckningen *Fluroelastomer* på slangen, bör användas när bränsleledningar byts. Under inga förhållanden får oförstärkta vakuumledningar, genomskinliga plaströr eller vattenslang användas i utbyte.
10 Klämmor av fjädertyp används ofta på bränsleledningar. Dessa klämmor förlorar ofta spänningen under brukstiden och kan lossna vid demontering. Vi rekommenderar därför att klämmor av fjädertyp ersätts med klämmor av skruvtyp varje gång en slang byts ut.

Metallrör

11 Sektioner av metallrör används ofta i bränsleledningar mellan bränslepump och förgasare eller bränsleinsprutningsenhet. Kontrollera försiktigt att ledningen inte är böjd eller veckad samt att ledningen inte har börjat att spricka.
12 Om en bränsleledningssektion av metallrör ska bytas får endast sömlösa stålrör användas eftersom koppar- och aluminiumrör inte är tillräckligt starka för att motstå normal motorvibration.
13 Kontrollera bromsledningar av metall där de går in i huvudcylindern och den tryckkännande bromsregulatorn (som sådan förekommer) beträffande sprickor på ledningarna eller lösa anslutningar. Varje tecken på bromsvätskeläckage kräver en grundlig översyn av bromssystemet utförs.

11 Torkarblad - kontroll och byte

1 Vindrutetorkare och torkarblad bör kontrolleras regelbundet beträffande skador, lösa delar och spruckna eller slitna blad.
2 Beläggning kan byggas upp på torkarbladen vilket påverkar deras torkningsförmåga. Bladen bör därför tvättas regelbundet med mild tvållösning.
3 Skruvar, muttrar och fästen i själva torkarmekanismen kan lossna varför de bör kontrolleras och dras åt, vid behov, samtidigt som torkarbladen kontrolleras.
4 Om torkarbladets delar (ibland benämnda "instick") är spruckna, slitna eller skeva bör de bytas not nya delar.
5 Lossa torkarbladet/torkararmen från glaset.
6 Tryck in anslutningsdonet mellan blad och arm och för bort torkarbladet från armen över stoppklacken.
7 Nyp ihop flikarna vid änden och för därefter ut delen från bladenheten.
8 Jämför den nya delen med den gamla beträffande längd, modell, etc.
9 För den nya delen på plats. Den låses automatiskt fast i rätt läge.
10 Montera bladet på armen, vät vindrutan och kontrollera att torkarbladet fungerar ordentligt.

12 Motorolja och filter - byte

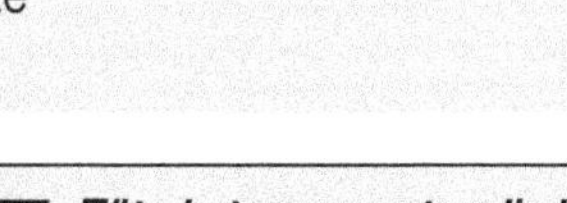

HAYNES TiPS ***Täta byten av motorolja hör till de viktigaste förebyggande åtgärderna som en hemmamekaniker kan utföra.***

1 När motoroljan blir gammal tunnas den ut och förorenas vilket leder till förtida skador på motorn.
2 Trots att vissa källor rekommenderar byte av oljefilter vid vartannat oljebyte anser vi att oljefiltrets ringa kostnad samt det relativt enkla installationsförfarandet gör att ett nytt filter gott kan användas vid varje motoroljebyte.
3 Ta fram verktyg och material som kommer att behövas innan arbetet påbörjas **(se bild).**
4 Se till att det finns rena trasor och tidningar till hands för att torka upp spillda vätskor. Det går lättare att arbeta under bilen om den kan hissas upp, köras upp på ramp eller lyftas med domkraft och pallas upp på pallbockar.

Varning: Arbeta aldrig under en bil som endast är upphissad med någon typ av domkraft.

5 Om det är första gången som du byter olja bör du lägga dig under bilen för att bekanta dig med bilens undersida så att du hittar

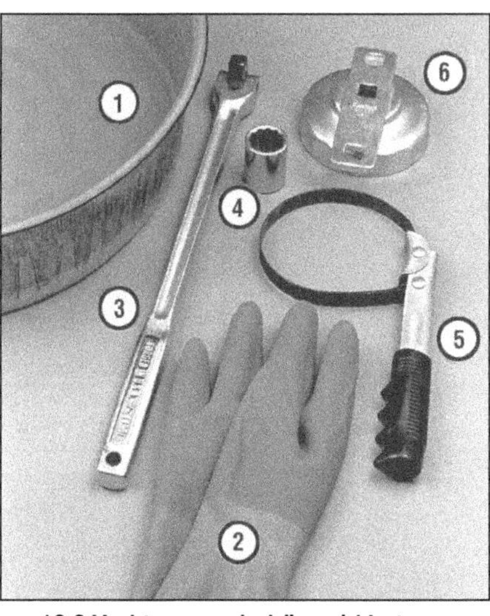

12.3 Verktyg som behövs vid byte av motorolja och filter

1 ***Avtappningskärl*** *- Bör vara ganska grunt och brett för att undvika att oljan spills utanför*
2 ***Gummihandskar*** *- Vid byte av motorolja och filter kan du inte undvika att få olja på händerna (med handskar undviker du brännskador)*
3 ***Dragskaft*** *- Ibland kan oljeavtappningspluggen sitta hårt och då behövs ett dragskaft för att lossa den*
4 ***Hylsa*** *- Att användas med dragskaft eller spärrskaft (måste vara rätt storlek för att passa avtappningspluggen)*
5 ***Oljefiltertång****- En nyckel av metallbandstyp vilken kräver utrymme runt filtret för att vara effektiv*
6 ***Filternyckel****- Denna typ placeras runt filtrets botten och kan vridas med spärrskaft eller dragskaft (nycklar av olika storlekar finns för olika filtertyper)*

oljeavtappningspluggen och oljefiltret. Motorn och avgassystemet kommer att vara varma när du arbetar med bytet, varför du bör fundera över eventuella problem innan delarna blir varma.
6 Värm upp motorn till normal driftstemperatur. Om ny motorolja eller andra verktyg behövs kan du utnyttja uppvärmningstiden till att samla ihop allt du behöver till arbetet. Rekommenderad motorolja för din bil återfinns i avsnittet *Rekommenderade smörjmedel och vätskor* i början av detta kapitel.
7 När motoroljan är varm (varm motorolja är lättare att tappa av och fler avlagringar följer med motoroljan ut), hissa upp och stöd bilen. Se till att bilen är ordentligt uppallad.
8 Placera allt du behöver, verktyg, trasor och tidningar, under bilen. Placera avtappningskärlet under avtappningspluggen.

HAYNES TiPS ***Kom ihåg att oljan rinner kraftigt först så ställ kärlet på rätt ställe.***

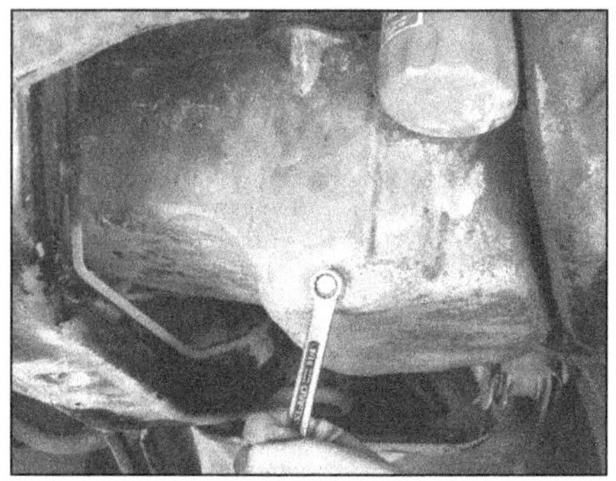

12.9 Oljeavtappningspluggen är placerad i sumpens botten och bör tas bort antingen med hylsa eller med blocknyckel som på bilden. Använd inte en öppen nyckel vilken kan nöta på sexkantens plana delar

9 Rör inte avgasröret eller andra heta delar i motorn vid arbete under bilen, använd en blocknyckel för att ta loss avtappningspluggen i oljesumpens nedre del **(se bild)**. Om oljan har blivit mycket varm kan du behöva bära skyddshandskar när du skruvar loss pluggen de sista varven.
10 Låt den gamla motoroljan rinna ner i kärlet. Du kan behöva flytta avtappningskärlet längre in under bilen när oljeflödet minskar.
11 Torka av avtappningspluggen med en ren trasa när all olja har runnit ut. Om små metallpartiklar sitter kvar på pluggen förorenas den nya motoroljan omedelbart.
12 Rengör ytan runt avtappningspluggens öppning på oljesumpen och skruva tillbaka pluggen. Dra åt pluggen ordentligt med blocknyckeln. Använd helst en momentnyckel om sådan finns till hands.
13 Ställ avtappningskärlet under oljefiltret.
14 Använd ett oljefilterverktyg för att lossa filtret **(se bild)**. Filterverktyg av kedje- eller metallbandstyp kan buckla till filterbehållaren. Det är dock oviktigt eftersom filtret ändå ska kastas.
15 Skruva loss det gamla filtret. Var försiktig eftersom det är fyllt med olja. Töm oljan från filtret i avtappningskärlet.
16 Jämför det gamla filtret med det nya för att kontrollera att det är av samma typ.
17 Använd en ren trasa för att torka bort olja, smuts och slam från filtrets tätningsyta mot motorn. Kontrollera det gamla filtret för att se om gummipackningen har fastnat på motorn. Avlägsna den om så är fallet (använd ficklampa vid behov).
18 Smörj hela tätningsringen på det nya filtret med motorolja.
19 Skruva fast filtret på motorn enligt anvisningarna som är tryckta på filtrets behållare eller kartongen. De flesta filtertillverkare avråder från att använda filternyckel på grund av risken att filtret dras åt för hårt eller att tätningen kan skadas. Dra hårt för hand.
20 Ta bort alla verktyg, trasor, etc. under bilen, se till att ingen olja spills från avtappningskärlet, sänk därefter ned bilen.
21 Öppna motorhuven och leta reda på oljepåfyllningsröret.

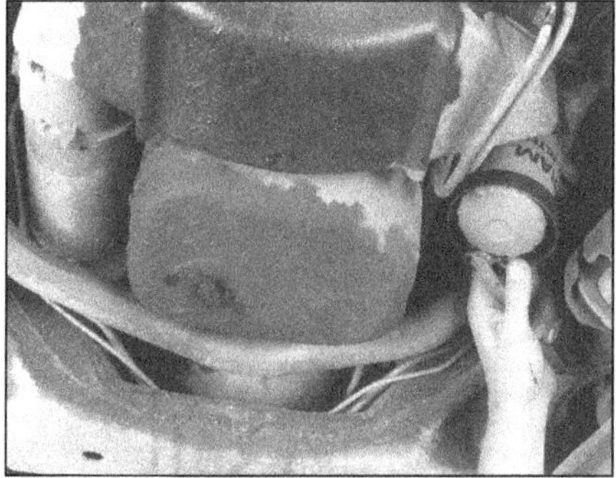

12.14 Oljefiltret lossas med en oljefiltertång av bandtyp. Om filtret är svårt att komma åt bör andra oljefiltertänger användas

22 Om du använder en oljekanna ska pipen tryckas in i oljeburkens överdel och den nya oljan hälls genom påfyllningsöppningen. Det går också bra att använda en tratt.
23 Fyll först på halva den angivna mängden. Vänta några minuter tills oljan har sjunkit ner i sumpen. Fortsätt att hälla på olja tills nivån är ovanför ADD-markeringen på mätstickan (se avsnitt 4 vid behov. När oljenivån är ovanför ADD-nivån startas motorn så att oljan får cirkulera.
24 Låt motorn gå i cirka en minut och stäng sedan av den. Titta genast under bilen för att upptäcka eventuellt läckage vid oljeavtappningspluggen och runt oljefiltret. Om sådant läckage föreligger ska hårdare åtdragning ske vid de punkterna.
25 När den nya oljan har cirkulerat och filtret är fyllt med olja, kontrollera nivån på oljestickan ytterligare en gång och fyll på mer olja vid behov.
26 Gör det till en vara att kontrollera oljenivån och eventuellt oljeläckage efter de första bilturerna efter oljebytet.
27 Den gamla motoroljan kan inte återanvändas i befintligt skick och ska kasseras. Platser för oljeåtervinning, reparationsverkstäder och bensinstationer tar emot gammal olja för rening och återanvändning. När oljan har svalnat kan den hällas i lämpligt kärl (kapsylförsedda plastflaskor, glasflaskor etc.) för transport till station för lämpligt omhändertagande.

13 Chassismörjning

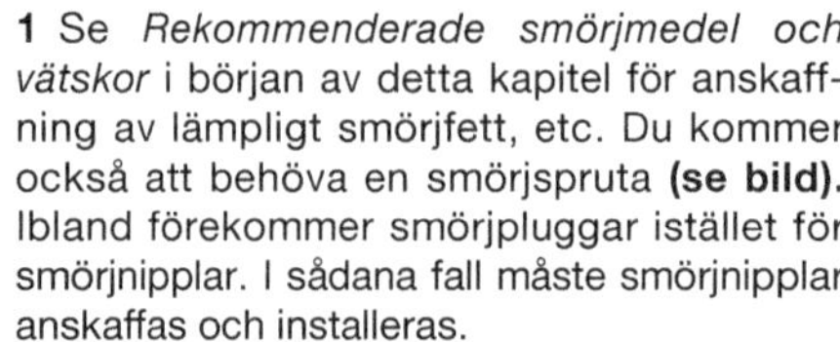

1 Se *Rekommenderade smörjmedel och vätskor* i början av detta kapitel för anskaffning av lämpligt smörjfett, etc. Du kommer också att behöva en smörjspruta **(se bild)**. Ibland förekommer smörjpluggar istället för smörjnipplar. I sådana fall måste smörjnipplar anskaffas och installeras.
2 Titta under bilen för att se om smörjnipplar eller pluggar förekommer på de markerade punkterna **(se bilder)**. Om pluggar förekommer ska de tas bort och smörjnipplar anskaffas och skruvas in istället för pluggarna. Billtillbehörsaffärer och verkstäder har lämpliga delar i sitt sortiment. Såväl raka som vinklade komponenter finns att få.
3 Det är lättare att arbeta om bilen hissas upp med domkraft och pallas upp med pallbockar placerade under ramen. Kontrollera att bilen är säkert stöttad. Om hjulen ska tas bort för rotation eller bromskontroll ska hjulmuttrarna lossas något medan bilen står på marken.
4 Innan arbetet påbörjas, tryck ut en liten mängd fett för att avlägsna smuts från smörjsprutans pip. Torka av pipen med en ren trasa.
5 Förse dig med smörjspruta och rena trasor, kryp in under bilen och börja att smörja delarna.
6 Torka ren kulledens smörjnippel och tryck fast munstycket över den **(se bild)**. Pumpa på smörjsprutans handtag för att trycka ut smörjfettet i komponenten. Kullederna ska smörjas tills gummitätningen känns hård vid beröring. Pumpa inte in för mycket smörjfett i nippeln så att tätningen kan sprängas. För alla övriga fjädrings- och styrningsdelar gäller att smörjfettet pumpas in tills det tränger ut ur leden mellan delarna. Om fettet kommer ut vid smörjsprutans munstycke är smörjnippeln antingen igensatt eller dåligt anslutet på smörjsprutan. Sätt fast munstycket på nippeln igen och gör ett nytt försök. Om det behövs ska smörjnippeln bytas ut.
7 Torka bort överskottsfettet från delen och

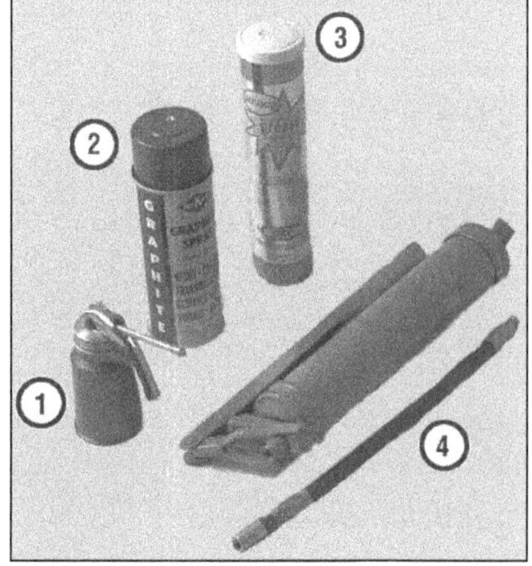

13.1 Material för smörjning av chassi och kaross

1 ***Oljekanna*** *- Lätt motorolja i kanna kan användas till gångjärn på dörrar och motorhuv*
2 ***Grafitspray*** *- För smörjning av låscylindrar*
3 ***Smörjfett*** *- Smörjfett, av olika typer och vikter, finns för användning i smörjspruta. Kontrollera specifikationen så att produkten passar ditt ändamål*
4 ***Smörjspruta*** *- På bilden visas en vanlig smörjspruta med slang och munstycke avtagbara. Rengör smörjsprutan noga efter användning!*

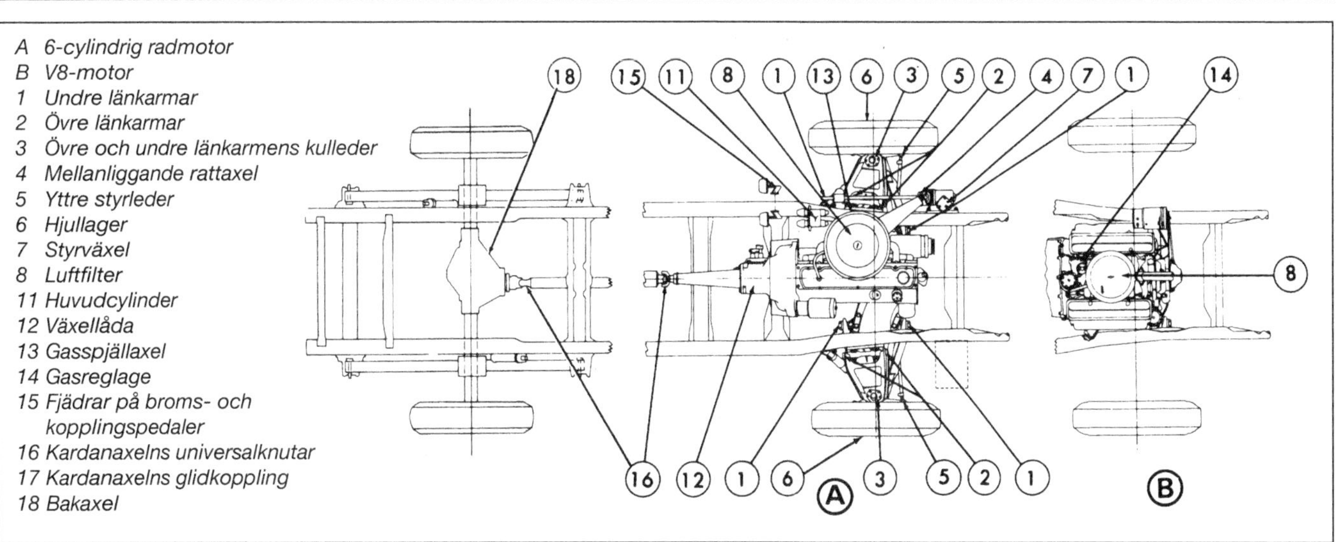

13.2a Vanligt smörjschema för modeller fr o m 1972

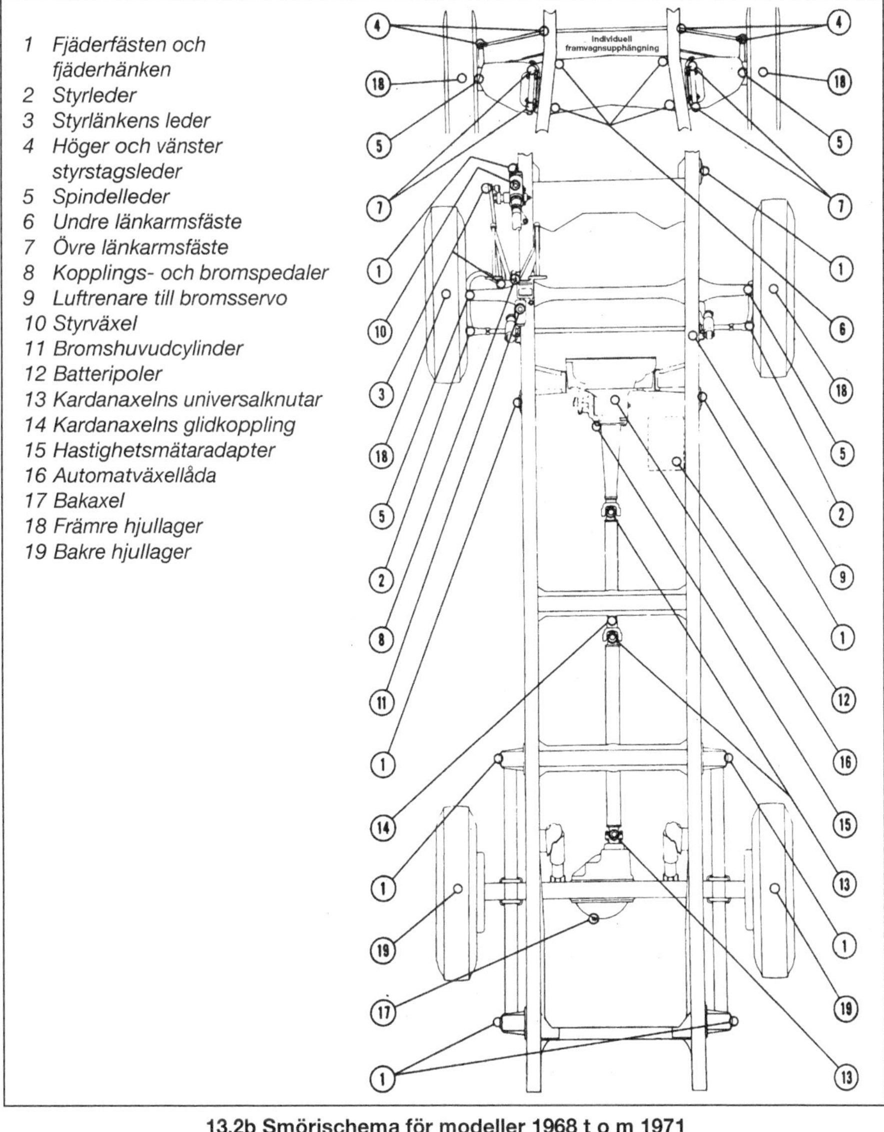

13.2b Smörjschema för modeller 1968 t o m 1971

smörjnippeln. Upprepa proceduren vid återstående smörjnipplar.

8 På bilar med manuell växellåda ska växellänkaget smörjas med lite universalfett. Senare modellers 4-växlade växellådor är försedda med smörjnippel där smörjsprutan kan användas.

9 I förekommande fall, smörj in kardanaxelns glidlager genom att pumpa in fett i nippeln tills fettet kommer ut ur ventilationshålet **(se bild)**. På kardanaxlar av Dana-typ skruvas fettkapseln loss och förs bort. Täck över ventilationshålet med fingret och fortsätt att pumpa fettet tills det kommer ut ur glidlagrets tätning. Sätt tillbaka fettkapseln ordentligt.

10 På bilar med manuell växellåda, smörj in kopplingslänkagets leder med ren motorolja. Smörj in kontaktytorna mellan tryckstången och kopplingsgaffeln med chassifett. Vissa modeller är försedda med smörjnippel på kopplingens tväraxel och vid kopplingens ledkula på svänghjulskåpan.

11 Medan du är under bilen kan du göra ren och smörja in parkeringsbromsvajern tillsammans med vajerstyrningar och hävarmar. Detta kan göras genom att lite chassifett

13.6 Torka först av smörjnippeln. Tryck därefter fast munstycket på plats och pumpa in fettet i delen. Vanligen är två pumptryck tillräckligt

smörjs med fingrarna på vajern och närliggande delar.

12 Styrväxeln behöver vanligen ingen extra tillförsel av smörjfett men om tydligt smörjfettsläckage föreligger vid tätningarna ska plugg eller kåpa avlägsnas och smörjfettnivån kontrolleras. Om nivån är låg skall extra smörjfett tillföras.

13 Smörj in kopplingens tväraxel (placerad under instrumentpanelen i bilens kupé) vid smörjnippeln.

14 Öppna motorhuven och smörj på lite chassifett på huvens låsspärrmekanism. Låt en medhjälpare dra i huvens öppningsspak inifrån bilen medan du smörjer in vajern vid låsspärren.

15 Smörj in alla gångjärn (dörrar, motorhuv etc) med motorolja för att hålla dem i gott skick.

16 Låscylindrarna kan sprejas med grafit- eller silikonfett, vilka kan köpas i biltillbehörsaffärer.

17 Smörj in dörrarnas tätningslister med silikonspray för att minska slitage och nötning.

14 Fjädring och styrning - kontroll

1 Hissa upp bilen och utför regelbundet visuell kontroll av delarna i styrningen och fjädringen beträffande slitage.

2 Tecken på fel i något av systemen kan vara: för stort glapp i ratten innan framhjulen reagerar, bilen "vandrar" vid kurvtagning, karossen rör sig vid körning över dåligt underlag eller ratten kärvar punktvis vid omvridning

3 Hissa upp bilens framvagn och stöd den på pallbockar som placeras under den främre ramen. Försäkra dig om att bilen inte kan falla ner från bockarna.

4 Kontrollera hjullagren genom att rotera framhjulen. Lyssna efter missljud och se efter att hjulet roterar rakt (att det inte "wobblar"). Fatta tag i hjulens över- och undersida, dra dem inåt och utåt, var uppmärksam om något tyder på att ett hjullager är löst. Om lagren verkar misstänkta, se avsnitt 36 och kapitel 10 som innehåller ytterligare information, eller tala med din bilverkstad om en grundligare kontroll behövs.

5 Titta under bilen och kontrollera beträffande lösa skruvar, trasiga eller dåligt anslutna gummibussningar på samtliga delar i fjädrings- och styrsystemen. Kontrollera beträffande smörjfett- eller vätskeläckage från styrsystemet. Kontrollera styrservoslangarna och dess anslutningar beträffande läckage.

6 Låt en medhjälpare vrida ratten från sida till sida, och kontrollera styrkomponenternas rörelse, eventuell friktion och kärvning. Om styrningen inte svarar på rattens rörelser ska du försöka att lokalisera var glappet finns.

15 Avgassystem - kontroll

1 När motorn är kall (minst tre timmar efter det att bilen har körts) kan avgassystemet kontrolleras från början vid motorn till ändrörets slut. Var varsam i närheten av katalysatorn som kan vara het även efter tre timmar. Kontrollen bör utföras över inspektionsgrop eller på ramp för att få största möjliga åtkomst.

2 Kontrollera rör och anslutningar beträffande tecken på läckage och/eller oxidering som kan tyda på eventuellt problem. Se till att samtliga fästen och hållare är i gott skick och ordentligt åtdragna.

3 Granska bilens underrede beträffande hål, oxidering, öppna fogar etc, vilka kan släppa igenom avgaser till passagerarkupén. Täta samtliga springor och hål med silikon eller karosskitt.

4 Skrammel och andra ljud kan ofta spåras till avgassystemet, speciellt fästen, upphängningar och värmesköldar. Försök att flytta på rören, dämparna och katalysatorn. Om några av delarna kan komma i kontakt med delar av karossen eller upphängningen bör man fästa upp avgassystemet med nya fästen och hållare.

5 Detta är ett bra tillfälle för kontroll av motorns allmänna skick genom att granska avgassystemets ändrör. Avgasavlagringarna här avslöjar motorns kondition. Om röret är svart och sotigt **(se bild)** eller om det finns vita avlagringar betyder det att motorn behöver servas, samt att förgasaren är i behov av grundlig kontroll och justering.

16 EFE-system (förvärmning) - kontroll

1 Förvärmningsspjället och EFE-systemet (tidig bränsleförångning) utför båda samma uppgift, men funktionerna skiljer sig något.

2 Förvärmningsspjället är en ventil i avgasröret, nära korsningen mellan avgasgrenröret och avgasröret. Den känns igen på dess utvändiga vikt och fjäder **(se bild).**

3 Försök att flytta vikten för hand när motorn och avgasröret är kalla. Vikten bör kunna röra sig fritt.

4 När motorn är kall, starta bilen och observera förvärmningsspjället. Vid starten bör vikten flytta till stängt läge. Allt efter motorn värms upp till normal driftstemperatur bör tyngden flytta ventilen till öppet läge vilket gör att avgaserna kan flöda fritt genom avgasröret. Eftersom det kan ta flera minuter för systemet att värmas upp kan du markera viktens läge när motorn var kall, köra bilen, och därefter kontrollera viktens nya läge.

5 EFE-systemet blockerar också avgasflödena när motorn är kall. Systemet använder dock mer exakta temperaturgivare och vakuum för att öppna och stänga avgasrörets spjäll **(se bild).**

6 Ta rätt på manöverdonet för EFE-systemet vilket är infäst på ett fäste på motorns högra sida. Manöverdonet har en ansluten tryckstång som leder ner till ventilen i avgasröret. I vissa fall är hela mekanismen, inklusive manöverdonet, placerad vid anslutningen mellan avgasröret och grenröret.

7 När motorn är kall, låt en medhjälpare starta motorn medan du observerar tryckstången. Den bör omedelbart röra sig för att stänga ventilen när motorn värms upp. Allt eftersom motorn värms upp till normal driftstemperatur bör ventilen öppnas så att avgaserna flödar fritt genom avgasröret. Denna process kan ta en stund så du kan eventuellt markera

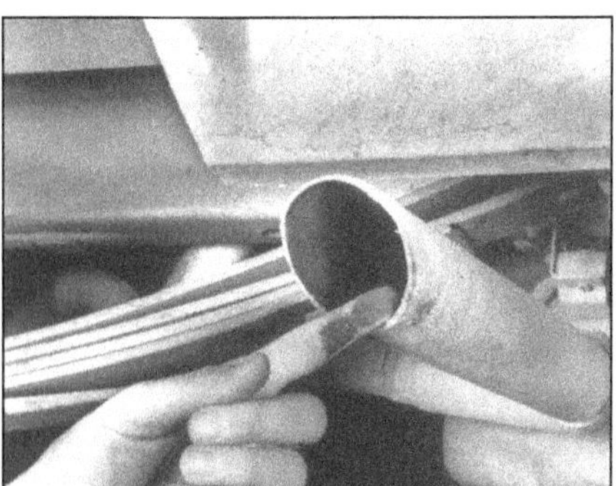

15.5 Svarta och sotiga avlagringar på avgasrörets ände kan tyda på att förgasaren behöver justering eller att motorn är i behov av service

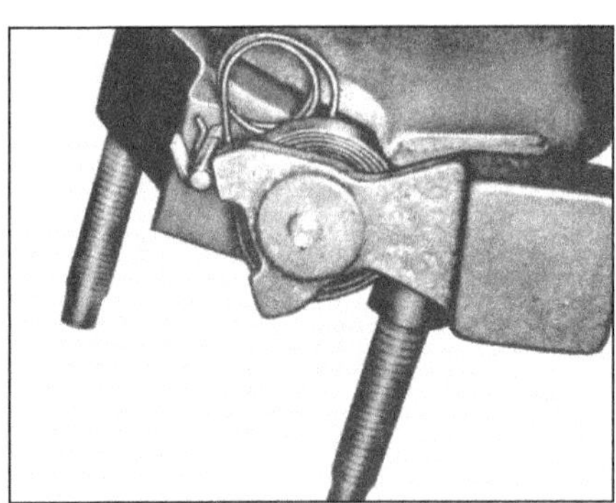

16.2 Spjället till förvärmaren är placerat i avgasgrenröret

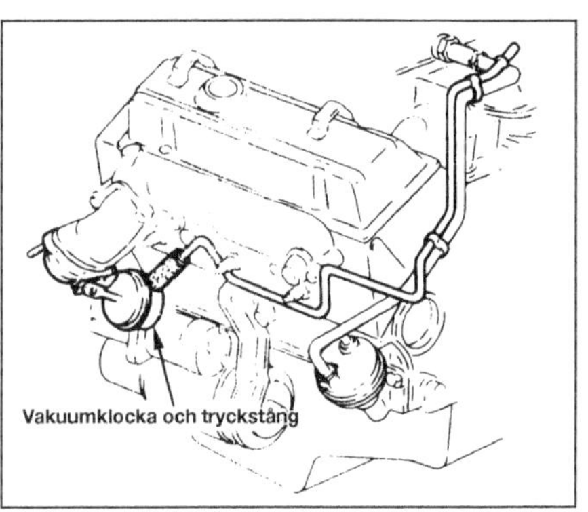

16.5 Vanlig EFE-uppsättning

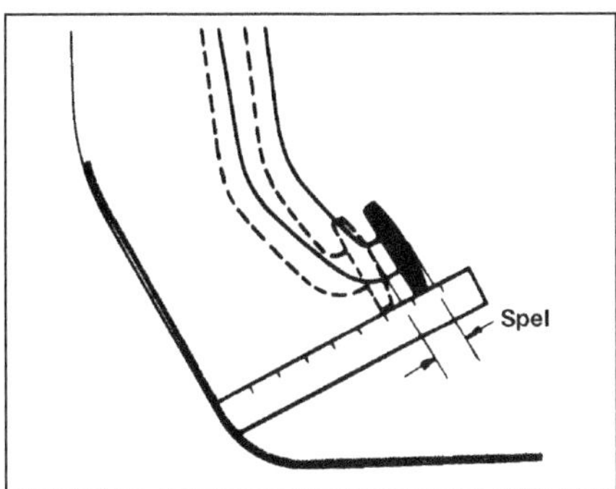

17.3 Kopplingspedalens spel innebär avståndet som pedalen rör sig innan motstånd blir kännbart

stångens läge när ventilen är stängd, köra bilen tills den får normal driftstemperatur, därefter ta bort motorkåpan och kontrollera att stången har flyttat till öppet läge.

8 Ytterligare information om EFE-systemet finns i kapitel 6.

17 Kopplingspedalens spel - kontroll och justering

Kontroll

1 På modeller med manuell växellåda 1967 t o m 1984, är det viktigt att pedalsspelet är rätt. Spel innebär avståndet mellan pedalens översta läge och punkten där kopplingen börjar att frikoppla.

2 Tryck långsamt ner kopplingspedalen tills du känner motstånd. Gör det några gånger tills du kan identifiera den exakt punkten där motståndet börjar kännas.

3 Mät nu avståndet som pedalen färdas tills motståndet blir kännbart **(se bild)**.

4 Om det uppmätta motståndet inte stämmer med angivet avstånd ska kopplingspedalens spel justeras.

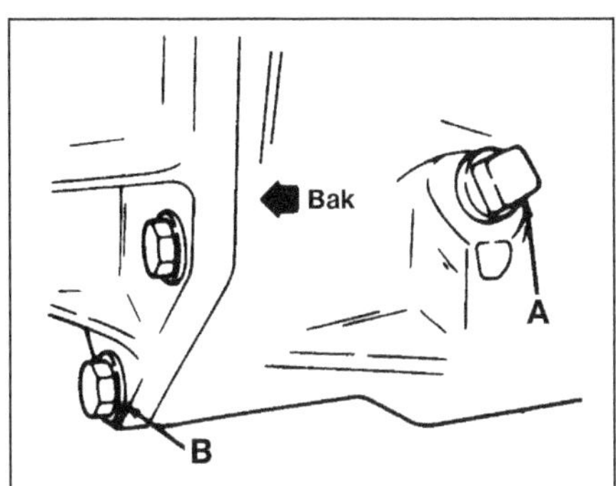

18.1 Den manuella växellådan har två pluggar, en för kontroll och påfyllning och en undre plugg för avtappning

A Påfyllningsplugg
B Avtappningsplugg

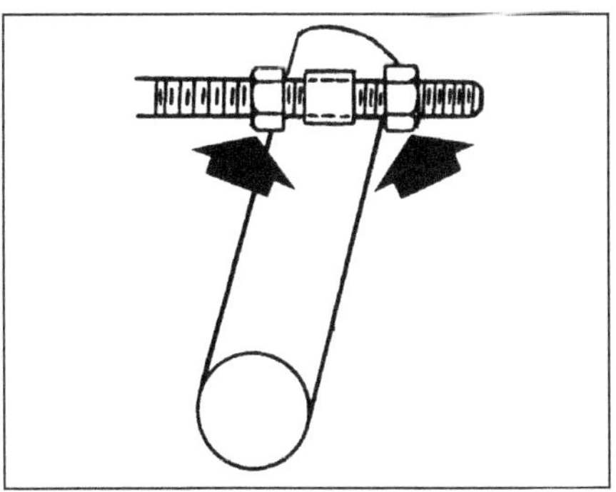

17.5 På tidigare modeller justeras kopplingspedalens spel vid tryckstången när låsmuttrarna lossats

Justering

Tidiga modeller

5 Ändra tryckstagets effektiva längd genom att lossa och därefter vrida låsmuttrarna efter behov **(se bild)**.

Senare modeller

6 Lossa kopplingsgaffelns returfjäder.

7 Vrid kopplingshävarm och axel tills kopplingspedalen vilar hårt mot gummiklacken på pedalställets fäste.

8 Tryck kopplingsgaffelns yttre ände bakåt tills urtrampningslagret är i kontakt med tryckplattans fingrar eller tryckbricka.

9 Lossa låsmuttern (B), och justera längden på tryckstången (F) så att fästet (E) lätt glider in i passhålet **(se bild)**. När fästet är placerat i passhålet, ska gaffeln vridas tills allt glapp är borta från kopplingssystemet.

10 Ta bort fästet från passhålet och sänk ner det i det undre hålet på spaken.

11 Dra åt låsmuttern, se till att stångens längd inte ändras och anslut returfjädern.

12 Kontrollera pedalspelet.

18 Manuell växellåda - kontroll av olja

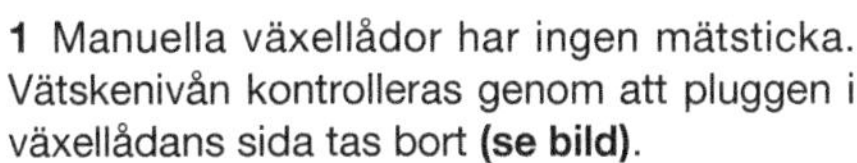

1 Manuella växellådor har ingen mätsticka. Vätskenivån kontrolleras genom att pluggen i växellådans sida tas bort **(se bild)**.

2 Om vätskenivån inte är i nivå med pluggöppningens undre del, använd en spruta för

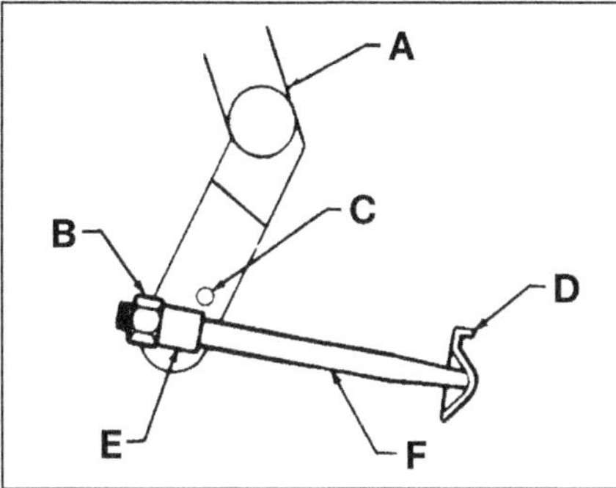

17.9 Justering av kopplingspedalens spel på senare modeller

A Hävarm & axel
B Mutter
C Passhål
D Kopplingsgaffel
E Fäste
F Tryckstång

att spruta in lämplig mängd smörjmedel i öppningen tills det börjar att rinna ur öppningen.

3 Sätt tillbaka pluggen och dra åt ordentligt. Kör bilen en kort sträcka, och kontrollera därefter beträffande läckage.

19 Slutväxel - kontroll av olja

1 Ta bort påfyllningspluggen från slutväxelns sida eller bakre kåpa.

2 Oljenivån bör vara i jämnhöjd med pluggöppningens nedre kant. Om så inte är fallet, spruta in lämpligt smörjmedel med en spruta tills oljan börjar att rinna ut ur öppningen. På vissa modeller sitter en etikett i närheten av pluggen med information om smörjmedelstyp, speciellt på modeller som är utrustade med differentialbroms.

20 Däckrotation

1 Däcken bör roteras med jämna mellanrum , samt när helst ojämnt slitage upptäcks på däcken.

2 Olika mönster används för 4- eller 5-hjulsrotation, diagonaldäck och radialdäck **(se bild)**.

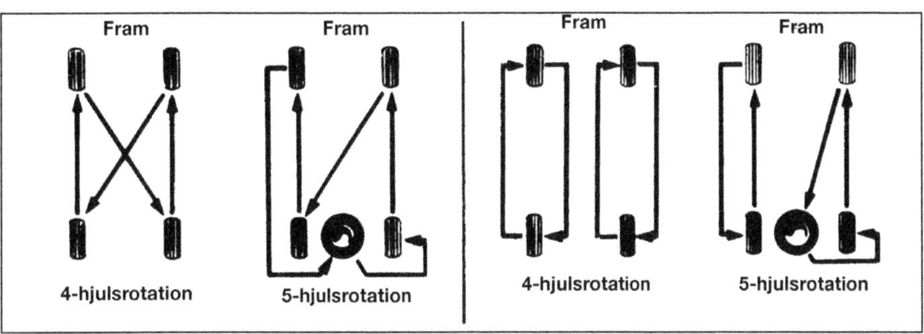

20.2 Ordningsföljd för däckrotation, diagonaldäck till vänster och radialdäck till höger

3 Se information i avsnittet *Lyftning och bogsering* i slutet av denna handbok beträffande lyftning av bil och däckbyte. Om bromsarna ska kontrolleras ska parkeringsbromsen inte dras åt. Kontrollera att hjulen är blockerade så att bilen inte kan rulla när den hissas upp.

4 Helst ska hela bilen hissas upp på samma gång. Detta kan göras på en lyft eller genom att hissa upp den på fyra pallbockar och se till att bilen är ordentligt stöttad.

5 När däcken har roterats, kontrollera och justera lufttrycken i däcken efter behov, och se till att hjulmuttrarna är ordentligt åtdragna.

6 Mer information om hjul och däck finns i kapitel 10.

21 Bromskontroll

Observera: *Detaljerade fotografier av bromssystemet finns i kapitel 9.*

1 Utöver de schemalagda kontrollerna bör bromsarna undersökas varje gång som hjulen tas bort eller när en felfunktion misstänks.

2 För att kontrollera bromsarna, hissa upp bilen och placera den säkert på pallbockar. Ta bort hjulen (se *Lyftning och bogsering* i slutet av denna handbok, vid behov).

Bromsklossar

3 På senare modeller används skivbromsar på framhjulen. Allvarliga skador kan uppstå på skivan om bromsklossarna inte byts när det behövs.

4 De flesta senare modeller är utrustade med en slitagevarnare som är kopplad till den inre bromsklossen. Den utgörs av en liten böjd metallbit som syns från bromssadelns invändiga del. När bromsklossens slitage överskrider angivet gränsvärde nöter slitagevarnaren mot bromsskivan och åstadkommer ett gnisslande ljud **(se bild)**.

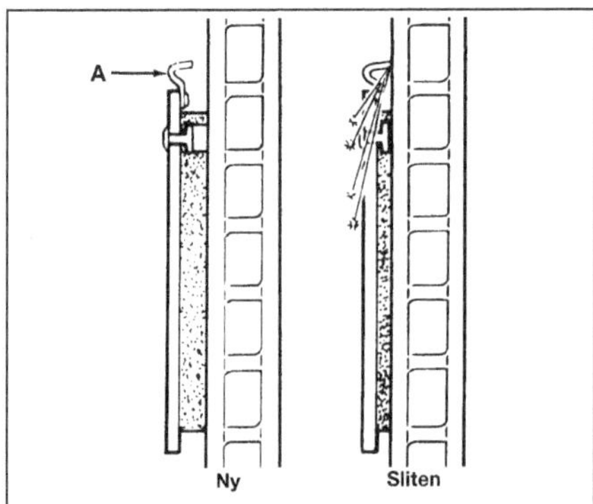

21.4 Slitagevarnarens funktion på främre bromsskiva

A Slitagevarnare

5 Bromssadlarna, vilka innehåller klossarna blir synliga när hjulen tas bort. Varje sadel har en yttre och en inre bromskloss. Samtliga bromsklossar måste kontrolleras.

6 I sadeln finns ett "fönster" genom vilket klossarna kan kontrolleras. Kontrollera beläggens tjocklek genom att titta in i bromssadeln vid varje sida och ned genom inspektionsfönstret överst på sadeln **(se bild)**. Om slitagevarnaren är mycket nära bromsskivan eller om beläggmaterialet har slitits till ca 3 mm eller mindre måste bromsbeläggen bytas.

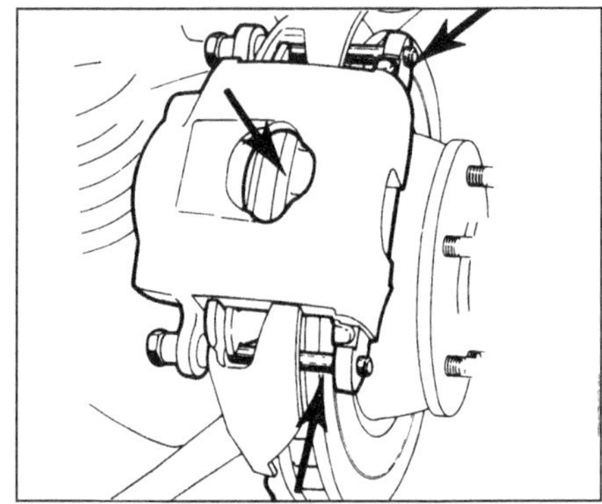

21.6 Kontrollera beläggens tjocklek genom att titta in genom bromssadelns fönster (vid pil) och genom att kontrollera hur långt pinnarna har nått genom belägget (vid pil)

7 Om du är osäker på kvarvarande beläggs exakta tjocklek ska du ta bort bromsklossarna för närmare kontroll och eventuellt byte (se kapitel 9).

8 Innan hjulen sätts tillbaka, gör en kontroll beträffande läckage och/eller skador (sprickor etc) runt bromsslangens anslutningar. Byt slang eller anslutningsdon efter behov, se kapitel 9.

9 Kontrollera skivans skick. Leta efter blankslitna, urholkade eller brända fläckar. Om så är fallet bör nav/skiva demonteras och bytas (kapitel 9).

Trumbromsar

10 På främre trumbromsar, demontera nav/trumma (se avsnitt 36).

11 På bakre trumbromsar, demontera trumman genom att dra bort den från axel och bromsenhet. Om detta är svårt att göra, kontrollera först att parkeringsbromsen inte är ansatt och spruta därefter in inträngande olja i området runt navet. Låt oljan sjunka in och försök därefter att dra loss trumman. Om trumman fortfarande inte kan lossas måste bromsbackarna släppas. Gör detta genom att först slå ut brickan i trumman eller bromsskölden med hammare och mejsel **(se bild).**

12 När brickan har tryckts in roteras trumman tills öppningen kan riktas in mot justerhjulet. Tryck bort spärren från hjulet och använd därefter en liten skruvmejsel till att vrida stjärnhjulet vilket flyttar bort beläggen från trumman **(se bild).**

13 När trumman är demonterad borstas smuts och damm bort försiktigt.

Varning: Damm från bromssystemet innehåller asbest vilket är mycket skadligt. Blås aldrig ut dammet med tryckluft och andas inte heller in det.

14 Notera beläggens tjocklek på både främre och bakre bromsbackarna. Om materialet har slitits inom 1,5 mm av de nedsänkta nitarna eller bromsbacken bör backarna bytas. Om beläggen ser slitna ut men du kan inte bedöma den exakta tjockleken kan de jämföras med en ny sats i biltillbehörsaffären. Bromsbackarna bör också bytas om de är spruckna, blankslitna eller förorenade av bromsvätska.

15 Kontrollera att samtliga bromsfjädrar är väl anslutna och i gott skick.

16 Kontrollera bromskomponenterna beträffande vätskeläckage. Bänd försiktigt med fingret loss dammskydden på hjulcylindrarna ovanför bromsbackarna **(se bild).** Varje

21.11 Ta bort den perforerade brickan med hammare och mejsel i trummans sida

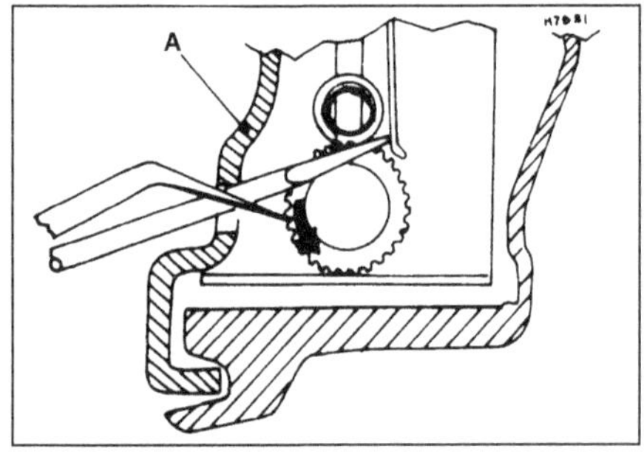

21.12 Håll justeringsspaken borta med en skruvmejsel medan stjärnhjulet roteras för att backa justerskruven

A Bromssköld

21.16 Läckage uppstår ofta från hjulcylindern som är placerad ovanpå bromsbackarna

tecken på läckage är en indikation på att hjulcylindrarna bör renoveras omedelbart (kapitel 9). Kontrollera även bromsslangar och anslutningar beträffande läckage,

17 Torka av trummans insida med en ren trasa och bromsrengörare eller denaturerad sprit. Var fortfarande aktsam så du inte andras in bromsdamm.

18 Kontrollera trummans insida beträffande sprickor, blanka fläckar, djupa repor eller förhårdnader som kan synas som små missfärgningar. Om sådana oregelbundenheter inte kan avlägsnas med en fin slipduk måste bromstrumman lämnas till en verkstad som har utrustning för trumsvarvning.

19 Om samtliga delar visar sig vara i gott skick efter kontrollen ska bromstrumman monteras tillbaka (använd en metall- eller gummiplugg om brickan i bromstrumman togs bort).

20 Montera hjulen och sänk ner bilen.

Parkeringsbroms

21 Parkeringsbromsen aktiveras från en handspak eller fotpedal och låser det bakre bromssystemet. Den enklaste och kanske mest uppenbara metoden att kontrollera parkeringsbromsen är att parkera bilen på en brant sluttning med parkeringsbromsen åtdragen och växellådan i neutralläge. Om parkeringsbromsen inte kan hindra bilen från att rulla behöver den justeras (se kapitel 9).

Bromspedalens spel

22 Bromspedalens spel bör kontrolleras regelbundet. Spelet utgörs av avståndet som bromspedalen rör sig mot golvet från helt deaktiverat läge. Bromsarna måste vara kalla när tester utförs.

23 Mät avståndet från golvet till bromspedalen med en linjal.

24 Pumpa bromsarna minst tre gånger. På modeller med servoassisterade bromsar ska detta utföras utan att motorn startas. Tryck hårt på bromspedalen och mät avståndet mellan golvet och pedalen.

25 Avståndet som pedalen rör sig bör inte överskrida 8 cm (manuella bromsar) eller 6 cm (servoassisterade bromsar).

22 Bränslesystem - kontroll

Varning: Vissa säkerhetsåtgärder måste vidtas vid kontroll eller reparation av komponenter i bränslesystemet. Arbeta i ett välventilerat utrymme och låt ingen öppen eld (cigaretter, etc.) finna i närheten av arbetsplatsen. Torka upp spillda vätskor omedelbart och förvara inte bränslebemängda trasor där de kan antändas. På modeller med bränsleinsprutning är bränslesystemet trycksatt och inga delar får tas bort utan att systemtrycket först släppts ut (se kapitel 4).

1 Huvudbränsletanken är placerad mellan de bakre rambalkarna, bränslepåfyllningsröret löper upp till påfyllingslockets öppning i den bakre sidopanelen.

2 Bränslesystemet är lättast att kontrollera om bilen hissas upp på en lyft så att de olika komponenterna obehindrat kan ses och nås underifrån.

3 Om bensinlukt uppstår när bilen har körts eller när den har stått i solen ska bränslesystemet omedelbart kontrolleras grundligt.

4 Ta bort bränslepåfyllningslocket och undersök om det finns skador eller rost samt att packningens försegling är obruten. Sätt tillbaka locket, med ny packning vid behov.

5 Medan bilen är upphissad ska även bränsletank och påfyllningshals kontrolleras beträffande hål, sprickor eller andra skador. Anslutningen mellan påfyllningshalsen och tanken är mycket viktig. Ibland kan en påfyllningshals av gummi läcka på grund av lösa klämmor eller förslitet gummi, vilka är problem som en hemmamekaniker oftast kan åtgärda.

Varning: Försök inte, under några omständigheter, själv reparera en bränsletank (utom gummikomponenterna). Bränsleångorna kan lätt antändas av en gassvets eller annan öppen låga om inte rätta säkerhetsåtgärder har vidtagits.

6 Gör en grundlig kontroll av de gummislangar och metalledningar som leder från bränsletanken. Kontrollera beträffande lösa anslutningar, förslitna slangar, veckade ledningar eller andra skador. Följ ledningarna till bilens front och undersök dem noggrant hela vägen. Reparera eller ersätt skadade sektioner vid behov.

7 Skulle bränslelukten fortfarande finnas kvar efter kontroll, se avsnitt 39 för mer information.

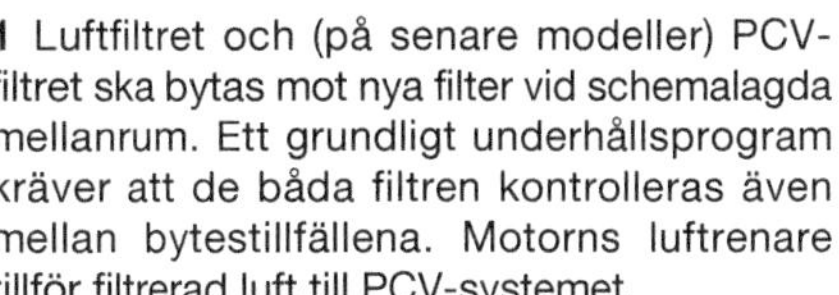

23 Luftfilter och filter till vevhusventilation (PCV) - byte

1 Luftfiltret och (på senare modeller) PCV-filtret ska bytas mot nya filter vid schemalagda mellanrum. Ett grundligt underhållsprogram kräver att de båda filtren kontrolleras även mellan bytestillfällena. Motorns luftrenare tillför filtrerad luft till PCV-systemet.

Oljebadluftrenare

2 Lossa klämskruven i botten av behållaren och lyft ut luftrenaren från förgasaren.

3 Ta bort vingmuttern och ta bort kåpa och filter.

4 Lossa klämskruven och ta bort luftintagshornet från förgasaren. Lossa pinnskruvens vingmutter så att behållaren kan tas bort.

5 Tappa av oljan från behållaren och rengör alla delar i lämpligt lösningsmedel.

6 Montera ihop och installera komponenterna i luftrenaren. Fyll behållaren med SAE 50 motorolja för drift i temperaturer över nollpunkten, eller SAE 20 för drift i temperaturer under nollpunkten.

Pappersfilter

7 Filtret är placerat ovanpå förgasaren eller spjällhusets insprutningsenhet (TBI). Skruva loss vingmuttern ovanpå filterhuset och lyft upp kåpan när filtret ska bytas **(se bild)**.

8 Var försiktig så att ingenting faller ned i TBI, förgasaren eller luftrenaren medan locket är borttaget.

9 Lyft ut luftfiltret ur huset och torka ur luftrenarens insida med en ren trasa.

10 I förekommande fall, ta bort plastremsan från pappersfiltret och kasta filtret. Om remsan är i gott och oskadat skick ska den sköljas i fotogen eller lösningsmedel och

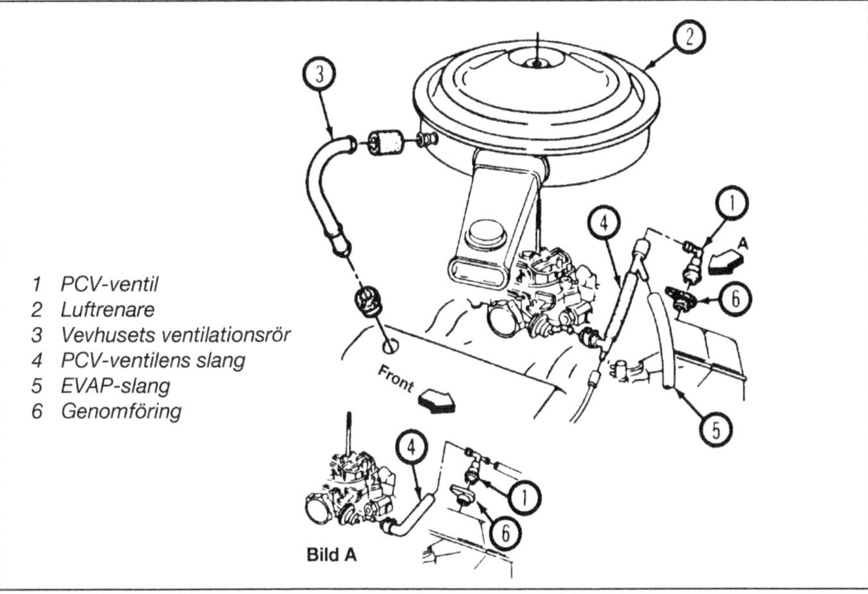

23.7 Luftrenare och PCV-filter

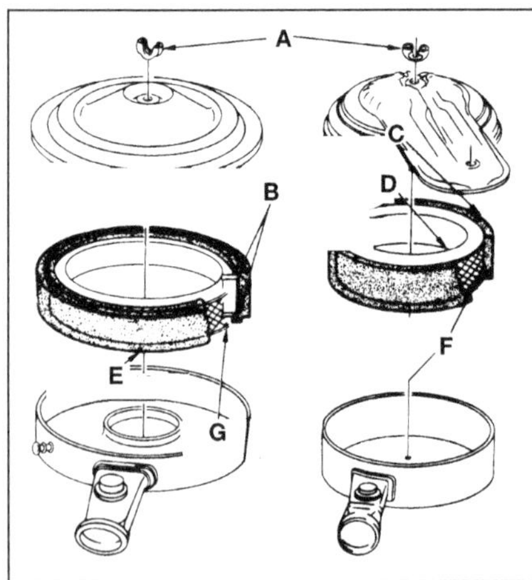

23.10 Installation av Polywrap luftfilter

A Vingmutter
B Plastremsan måste täcka filterpapperets båda tätningsändar som bilden visar.
C Polywrap luftfilter (remsan syns på bilden)
D Polywrap luftfilter (pappersfilterdel)
F Plastremsan måste täcka filterpapprets ytterskikt fullständigt som bilden visar.
G Pappersfilterdel på Polywrap luftfilter

kramas torr. Doppa remsan i ren motorolja och krama försiktigt bort överskottsoljan. Montera remsan på ett nytt pappersfilter och sätt ihop det **(se bild).**

11 Placera det nya filtret i luftrenarhuset. Se till att det sitter ordentligt i botten på huset.

12 PCV-filtret är också placerat i luftrenarhuset. Ta bort lock och luftrenare enligt ovanstående beskrivning, och leta därefter reda på PCV-filtret inne i huset.

13 Ta bort det gamla filtret **(se bild).**

14 Sätt dit PCV-filter och nytt luftfilter.

15 Sätt tillbaka locket och eventuellt borttagna slangar.

24 Bränslefilter - byte

Tidiga modeller

1 Skruva loss filterskålen för att kunna komma åt det utbytbara filtret. Sätt dit ett nytt filter och sätt tillbaka skålen, kontrollera att tätningsringen är i gott skick.

Senare modeller med förgasare

2 På dessa modeller finns bränslefiltret inne i bränsleinloppsmuttern vid förgasaren. Filtret kan antingen vara tillverkat av veckat papper eller poröst brons, det kan inte rengöras eller återanvändas.

3 Filterbyte ska utföras när motorn är kall (minst tre timmar efter det att motorn stängts av). Verktyg som behövs för bytet R i huvudsak skiftnycklar som passar bränsleledningsmuttrarna (nycklar för flänsmuttrar, som läggs runt muttern, bör användas om sådana finns till hands). Dessutom bör du anskaffa ett nytt filter (se till att filtret passar din bil och motor) samt några rena trasor.

23.13 På de flesta modeller är PCV-filtret placerat i luftrenarhuset

4 Ta bort luftrenaren. Om vakuumslangarna behöver lossas, notera deras respektive läge och/eller märk dem så de kan monteras tillbaka i rätt ordning.

5 Följ bränsleledningarna från bränslepumpen till den punkt där de går in i förgasaren. I de flesta fall är bränsleledningarna av metall hela vägen från bränslepumpen till förgasaren.

6 Lägg ut några trasor under bränsleinloppet för att fånga upp bränsle som rinner ned när delarna lossas.

7 Håll fast bränsleinloppsmuttern, som sitter bredvid förgasaren, med en nyckel av rätt storlek. Lossa nu delen vid slutet av metallbränsleledningen. Se till att bränsleinloppsmuttern, som sitter bredvid förgasaren, hålls fast ordentligt medan bränsleledningarna är lossade **(se bild).**

8 När bränsleledningen har lossats ska den flyttas åt sidan så att inloppsmuttern kan nås lättare. Se till att ledningen inte veckas.

9 Skruva loss bränsleinloppsmuttern som du hittills har hållit fast. När den dras undan från förgasaren bör du vara försiktig så att den tunna brickliknande packningen på muttern eller fjädern bakom bränslefiltret inte skadas. Notera noga hur filtret var monterat **(se bild).**

10 Jämför det gamla filtret med det nya för att vara säker på att de är av samma längd och typ.

11 Montera fjädern i förgasaren.

12 Placera filtret i rätt läge (en packning levereras oftast med det nya filtret) och dra åt

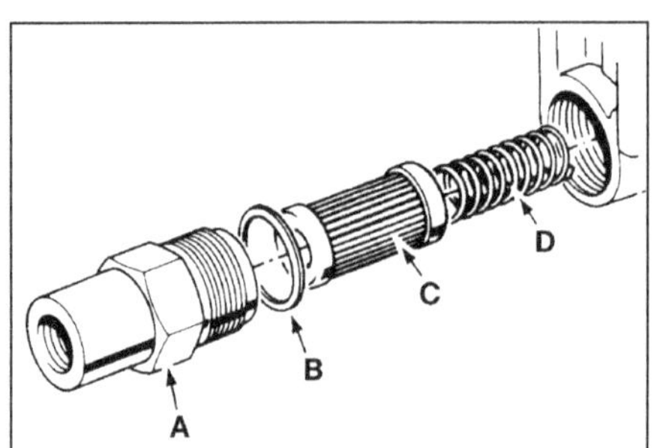

24.9 Bränslefilter monterat i förgasaren

A Inloppsmutter
B Packning
C Filter med backventil
D Fjäder

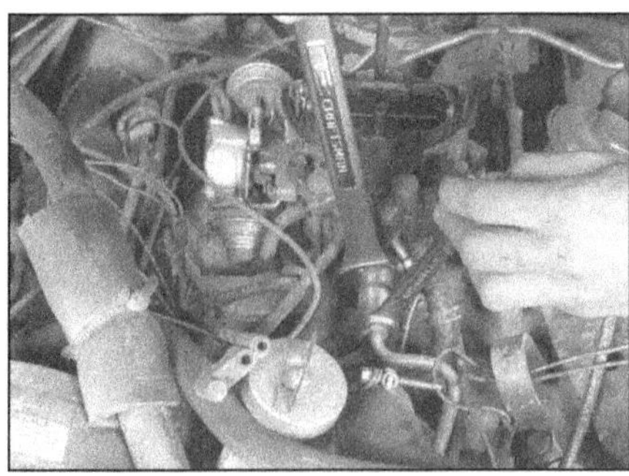

24.7 Två nycklar krävs för att lossa muttrarna på bränsletilloppsröret

muttern. Se till att den inte snedgängas. Dra åt filtret ordentligt, men dra inte åt det för hårt eftersom gängorna kan nötas vilket orsakar bränsleläckage. Anslut bränsleledningarna till bränsleinloppsmuttern, kom ihåg att vara aktsam så att muttern inte snedgängas. Använd en extra nyckel på bränsleinloppsmuttern medan bränsleledningen dras åt.

13 Starta motorn och gör en noggrann kontroll beträffande läckage. Om bränsleledningen läcker ska den lossas och kontrolleras beträffande slitna eller skadade gängor. Om bränsleledningsdelen har slitna gängor ska hela ledningen demonteras och överlämnas till en verkstad som installerar en ny del. Om gängorna ser bra ut kan du köpa gängtätningstejp och linda den runt gängorna. Reparationssatser för inloppsmuttrar finns att köpa i de flesta biltillbehörsaffärer för lagning av läckage vid bränsleinloppsmuttern.

Modeller med bränsleinsprutning

14 På bränsleinsprutningsmotorer sitter bränslefiltret i bränsleledningen. Filtret är placerat på den vänstra rambalken.

15 När motorn är kall placeras en behållare, tidningar eller trasor under bränslefiltret.

16 Lossa bränsleslangarna med nycklar och sänk ned filtret från ramen, observera hur installationen var gjord **(se bild).**

17 Montera det nya filtret på samma sätt som det gamla demonterades, men i motsatt ordningsföljd. Dra åt delarna ordentligt och se till att gängorna inte snedgängas.

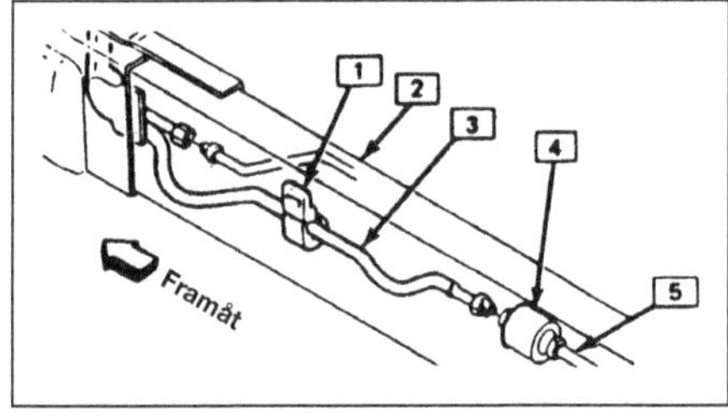

24.16 Filter i bränsleinsprutningssystemet

1 Fäste
2 Ramsida
3 Främre bränsletillförselslang
4 Bränslefilter
5 Bakre bränsletillförselslang

25.3 Chokespjället i förgasaren blir synligt när luftrenarens lock tas bort

25 Choke - kontroll

1 Choken träder i funktion när motorn är kall varför chokekontrollen endast kan utföras innan bilen har startats för dagen.

2 Ta bort motorkåpan och avlägsna locket från luftrenaren. Den är vanligen infäst i mitten med en vingmutter. Om några vakuumslangar behöver lossas bör du fästa etiketter på slangarna som kontroll att de monteras tillbaka i respektive ursprungslägen. Placera lock och vingmutter åt sidan, där de inte är i vägen för motorns rörliga delar.

3 Titta på mitten av luftrenarhuset där du finner ett spjäll vid förgasaröppningen **(se bild)**.

4 Tryck ned gaspedalen till golvet. Spjället bör stängas helt. Starta motorn medan du observerar spjället på förgasaren. Stå inte med ansiktet rakt över förgasaren eftersom motorn kan baktända vilket kan ge allvarliga brännskador. När motorn startar bör chokespjället öppnas något.

5 Låt motorn fortsätta att gå på tomgång. När motorn värms upp till driftstemperatur bör spjället öppnas långsamt och låta mer kall luft tränga in genom förgasarens överdel.

6 Efter några minuter bör chokespjället öppnas helt till vertikalt läge.

7 Du kommer att notera att motorns varvtal motsvarar spjällöppningen. När spjället är helt stängt bör motorn gå på snabb tomgång. När spjället öppnas och gasspjället flyttas så att snabbtomgången kopplas ur ökar motorns varvtal.

8 Om fel upptäcks under ovanstående kontroll, se kapitel 4 som innehåller mer information om justering och underhåll av chokens komponenter.

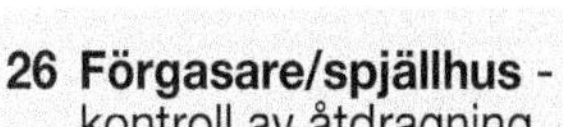

26 Förgasare/spjällhus - kontroll av åtdragning

1 Förgasaren eller bränsleinsprutningens spjällhus är infästa på inloppsrörets överdel med två till fyra skruvar eller muttrar. Dessa fästanordningar kan ibland lossna av vibrationer och temperaturförändringar under normal motordrift och orsaka vakuumläckage.

2 Om du misstänker att vakuumläckage föreligger längst ner i förgasaren eller spjällhuset kan du skaffa en slangbit med ungefär samma diameter som bränsleslangen. Starta motorn och placera slangens ena ände mot örat medan du söker med den andra änden runt botten av förgasare eller spjällhus. Om läckage föreligger kommer du att höra ett väsande ljud (var aktsam så att du inte vidrör heta eller rörliga komponenter).

3 Ta bort luftrenaren, sätt numrerade etiketter på varje slang som lossas för att underlätta vid ditsättningen.

4 Leta reda på muttrarna eller skruvarna vid förgasarens eller spjällhusets botten. Ta reda på vilka eventuella verktyg eller adaptrar som du behöver för att dra åt fästanordningarna.

5 Dra åt muttrar eller skruvar ordentligt och jämnt. Dra inte åt dem för hårt eftersom gängorna kan slitas.

6 Om vakuumläckan fortfarande finns kvar efter det att muttrarna eller skruvarna har dragits åt måste förgasaren eller spjällhuset demonteras och en ny packning installeras. Kapitel 4 innehåller mer detaljerad information.

7 När fästanordningarna har monterats ska luftrenaren sättas tillbaka och samtliga slangar monteras tillbaka i respektive ursprungsläge.

27 Gaslänkage - kontroll

1 Kontrollera gaslänkaget beträffande skadade eller saknade delar samt om länkaget kärvar eller är i beröring med gaspedalen när den används.

2 Smörj in de olika lederna på länkaget med motorolja.

28 Termostatstyrd luftrenare - kontroll

1 Senare modeller med förgasarmotorer är utrustade med termostatstyrd luftrenare vilken suger luft till förgasaren från olika platser beroende på motorns temperatur.

2 Detta är en okulärkontroll. Om det är svårt att komma åt kan en liten spegel användas.

3 Ta bort motorns kåpa och leta reda på dämpardörren inne i luftrenaren. Den är placerad i den långa "snorkeln" på luftrenarens metallhus.

4 Om en mjuk luftkanal är infäst på snorkelns ände bakom grillen, och leder till ett område bakom grillen, ska den lossas vid snorkeln. Detta gör att du kan titta igenom snorkelns ände och se termostaten inuti.

5 Kontrollen bör utföras när motorn är kall. Starta motorn och titta genom snorkeln vid termostaten vilken bör ha flyttas till ett stängt läge. När termostaten är stängd kan luften inte komma in genom snorkeländen utan kommer då in genom den mjuka luftkanalen som är fäst vid avgasgrenröret och förvärmarpassagen **(se bild)**.

6 När motorn värms upp till driftstemperatur bör termostaten öppnas så att luften kan släppas in genom snorkeländen **(se bild)**. Beroende på ytterluftens temperatur kan detta ta mellan 10 och 15 minuter. Kontrollen kan påskyndas om du sätter tillbaka snorkelns luftkanal, kör bilen och därefter kontrollerar om termostaten är öppen.

7 Om den termostatstyrda luftrenaren inte fungerar ordentligt innehåller kapitel 6 mer detaljerad information.

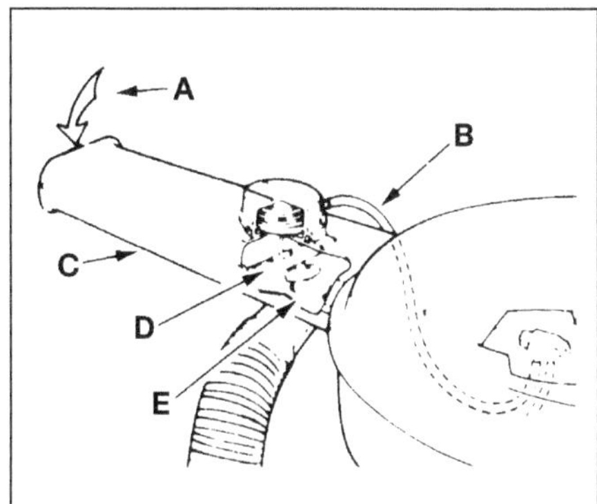

28.5 Termostat i snorkelpassagen (luftspjäll) i stängt läge

A Ytterluft blockerad
B Vakuumslang
C Snorkel
D Luftspjäll
E Förvärmarpassage

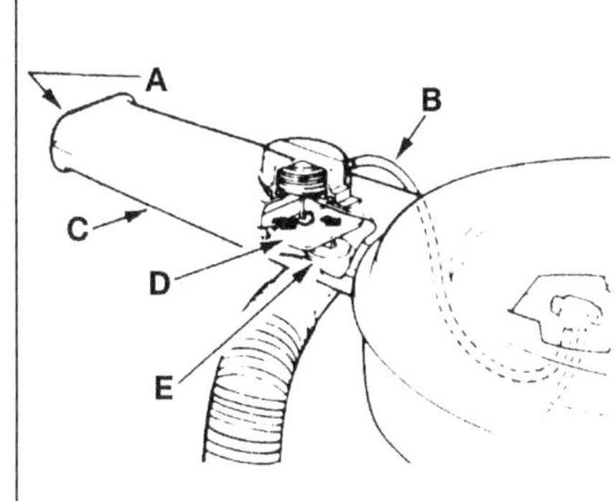

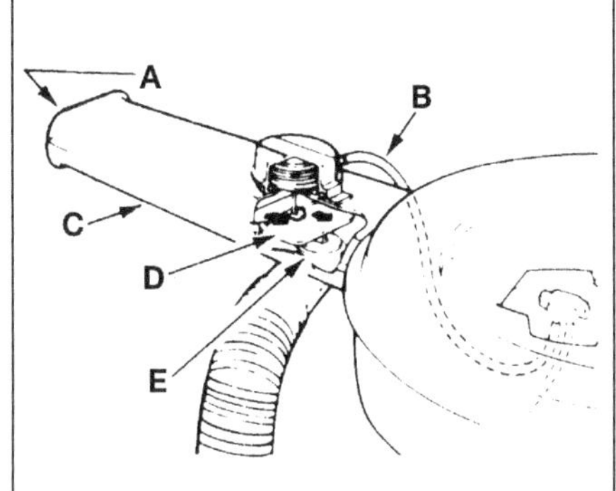

28.6 Termostat i snorkelpassagen (luftspjäll) i öppet läge

A Ytterluft
B Vakuumslang
C Snorkel
D Luftspjäll
E Förvärmarpassage

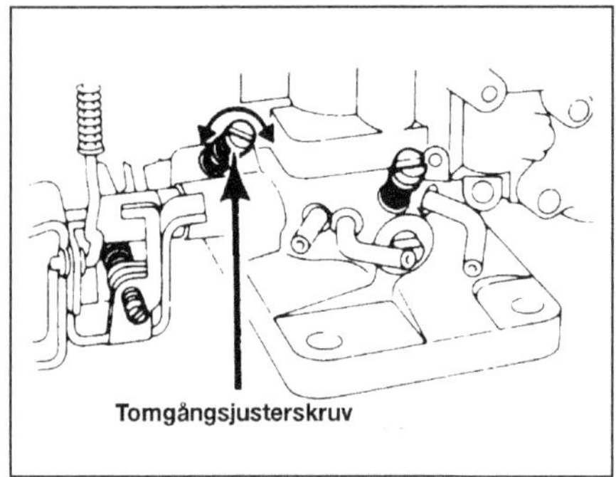

29.4a Tomgångsjusterskruvar finns på olika ställen på en förgasare och kan lätt förväxlas med övriga justerskruvar för förgasaren. Rådfråga någon sakkunnig om du är osäker

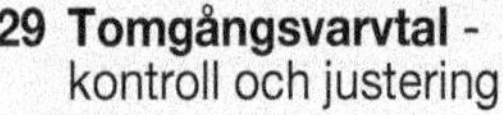

29 Tomgångsvarvtal - kontroll och justering

1 Tomgång är det varvtal motorn har när gaspedalen inte är belastad. På motorer med bränsleinsprutning styrs tomgången av den elektroniska styrenheten (ECU), medan den kan justera på motorer med förgasare. Tomgångsvarvtalet är kritisk för motorns prestationsförmåga samt för många motorrelaterade system.

2 En manuell varvräknare måste användas vid justering av tomgångsvarvtalet för att få en exakt avläsning. Varvtalsmätare kan anslutas på olika sätt varför man bör studera tillverkarens anvisningar som levereras med instrumentet.

3 Eftersom tillverkaren har använt många olika typer av förgasare under perioden som täcks i denna handbok och inställning av tomgångsvarvtalet varierar med varje förgasare är det opraktiskt att täcka in samtliga typer in detta avsnitt. Se kapitel 4 beträffande information om specifika förgasare. På de flesta senare modeller finns en etikett under motorhuven som innehåller instruktioner för inställning av tomgångsvarvtalet.

4 I de flesta fall gäller att tomgångsvarvtalet ställs in med en justerskruv som sitter på förgasarens sida. Skruven ändrar hur mycket gaslänkaget öppnar gasspjället. Skruven kan vara placerad på själva länkaget eller vara en del av en anordning såsom en tomgångsstoppventil **(se bilder).** Se serviceetiketten eller kapitel 4.

5 När du har hittat tomgångsjusterskruven kan du experimentera med skruvmejslar med olika längd tills du kan utföra justeringen utan att vidröra heta eller rörliga motordelar.

6 Följ instruktionerna på serviceetiketten eller i kapitel 4, vilka förmodligen innebär att vissa vakuum- eller elanslutningar lossas. Plugga igen en vakuumslang när den har lossats genom att sätta in en skruv i lämplig storlek i öppningen eller linda tejp omsorgsfullt runt öppningen för att undvika vakuumförlust genom slangen.

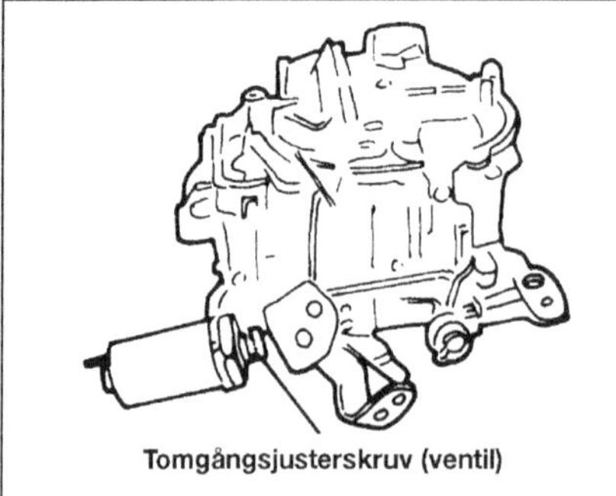

29.4b På vissa modeller styrs tomgångsvarvtalet av en elektrisk ventil. Justering utförs vid ventilens ände

7 Om luftrenaren tas bort bör vakuumslangen till snorkeln pluggas igen.

8 Kontrollera att parkeringsbromsen är ordentligt åtdragen och att hjulen är klossade så att bilen inte kan rulla. Detta är speciellt viktigt om växellådan ska läggas i Drive-läge.

9 Under alla omständigheter måste motorn vara ordentligt uppvärmd till driftstemperatur vilket gör att chokens snabbtomgång automatiskt sätts ur funktion.

30 Drivremmar - kontroll och justering

V-remmar

1 Drivremmar, eller V-remmar som de också kallas, är ofta placerade på motorns framsida och spelar en viktig roll i bilens och dess komponenters totala prestationsförmåga. På grund av deras funktion och material går drivremmarna ofta sönder efter en viss tid varför de bör kontrolleras och justeras regelbundet för att förhindra att allvarligare skador uppstår på motorn.

2 Antalet drivremmar som finns i en bil beror på hur många tillbehör som är installerade. Drivremmen används till att driva generator, styrservopump, vattenpump och luftkonditioneringskompressor. Beroende på hur remskivan är anordnad kan fler än en av dessa tillbehör drivas med samma rem.

3 När motorn är avstängd, ta bort motorns kåpa och leta reda på de olika drivremmarna i motorns främre del. I vissa fall kan det vara lättare att kontrollera remmarna underifrån med bilen upphissad och säkert uppallad på pallbockar. Känn med fingrarna (och eventuellt med hjälp av en ficklampa) längs hela remmen och kontrollera om det finns sprickor eller splittrade remlager. Kontrollera även beträffande fransighet och blanka fläckar vilket gör att remmen glänser. Remmens båda sidor ska granskas vilket betyder att du måste vrida remmen för att kontrollera undersidan.

4 Drivremmens spänning kontrolleras genom att de trycker med tummen mitt emellan remskivorna. Tryck hårt med tummen och se hur mycket remmen rör sig (inböjning) **(se bild).** En tumregel säger att om avståndet från remskivornas mittpunkter är mellan 17 och 27 cm bör drivremmen böjas in cirka 6 mm. Om avståndet mellan remskivornas mittpunkter är 30 till 40 cm bör remmen böjas in cirka 12 mm.

5 Om spänningen behöver justeras så att remmen sitter hårdare eller lösare ska det utföras med spännhjulet.

6 För varje komponent finns en justerskruv och ledskruv. Båda skruvarna ska lossas något så att du kan flytta spännaren.

7 När båda skruvarna har lossats flyttas spännaren bort från motorn så att remmen kan spännas eller slackas efter behov. Håll fast spännhjulet på plats och kontrollera remspänningen. Om den är korrekt dras de båda skruvarna åt tills de fäster, kontrollera därefter spänningen igen. Om spänningen är rätt ska skruvarna dras åt.

8 Ibland behöver du använda någon typ av brytjärn för att flytta spännaren medan drivremmen justeras. Om detta är nödvändigt för att skapa bättre utrymme ska du vara aktsam att varken delen som flyttas eller delen som du bänder mot inte skadas.

Drivremmar av serpentintyp

9 En drivrem av serpentintyp sitter på motorns framsida och spelar en viktig roll i motorns och tillbehörens totala drift. På grund av deras funktion och material går drivremmarna ofta sönder efter en viss tid varför de bör kontrolleras och justeras regelbundet för att förhindra att allvarligare skador uppstår på motorn.

10 Drivremmen hittar du på motorns framsida. Känn med fingrarna (och med hjälp av en ficklampa vid behov) längs hela remmen och kontrollera om sprickor finns eller om remlagren splittrats. Kontrollera även beträffande fransighet och blanka fläckar vilket gör att remmen glänser. Remmens båda sidor ska granskas vilket betyder att du måste vrida

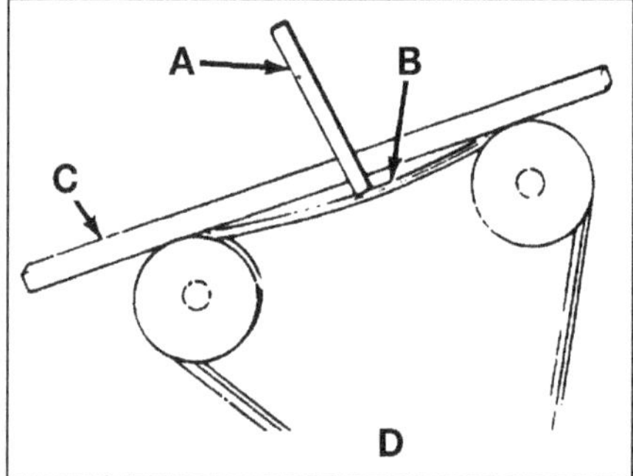

30.4 Drivremmens spänning kan kontrolleras med en riktskena och en linjal att trycka ned remmen med

A Linjal
B Nedtryckning
C Riktskena
D Kontrollera att linjalen placeras i rät vinkel mot riktskenan

remmen för att kontrollera undersidan. Kontrollera remskivorna beträffande hack, sprickor, skevhet eller rost.
11 Kontrollera ribborna på remmens undersida. De bör alla sitta på samma djup utan ojämnheter på ytan.
12 Remspänningen styrs automatiskt av remsträckaren, så spänningen behöver inte justeras.
13 Om drivremmen ska bytas, använd en brytjärn och hylsa för att rotera remsträckaren moturs **(se bild)**. Därigenom släpper spänningen så att remman kan tas bort. När remmen är ur vägen släpper du remspännaren långsamt så att den inte skadas.
14 Ta den gamla remmen med dig när du köper en ny rem så att du kan jämföra längd, bredd och typ.
15 Vid installation av den nya remmen, se till att den träs på rätt sätt (se etiketten i motorrummet och medföljande illustration). Vidare måste drivremmen ligga ordentligt i spåren i remskivan.

31 Säkerhetsbälten - kontroll

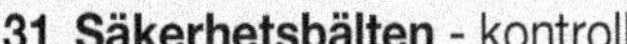

1 Kontrollera säkerhetsbälten, spännen, låsplattor och styrningar beträffande synliga skador eller märkbart slitage.
2 På senare modeller, kontrollera att säkerhetsbältets varningslampa tänds när tändningsnyckeln vrids om.
3 Säkerhetsbältena på senare modeller är konstruerade så att de låses om bilen tvärbromsar eller vid en kollision, men ger fritt rörelserum under normal körning. Kontrollera att upprullningsmekanismen drar in säkerhetsbältet mot bröstet under körning och rullar upp det helt när du tar det av dig.
4 Om problem uppenbaras vid säkerhetsbälteskontrollen ska berörda delar bytas ut.

30.13 Vrid remsträckaren moturs för att lossa drivremmens spänning

32 Startspärrkontakt - kontroll

Varning: Vid nedanstående kontroller kan det hända att bilen tar ett skutt framåt, vilket kan orsaka materiella skador eller personskada. Se till att det finns gott om utrymme kring bilen, dra åt parkeringsbromsen hårt och håll bromspedalen nedtryckt under nedanstående kontroller.

1 Senare modeller är utrustade med en startspärrkontakt som hindrar bilen från att starta om inte kopplingspedalen trycks ned (manuell växellåda) eller att växelspaken är i *Neutral*- eller *Park*-läge (automatväxellåda).
2 På modeller med automatisk växellåda, försök att starta bilen med varje växel ilagd. Motorn bör bara gå runt i *Park*- eller *Neutral*-*läge*.
3 Om bilen är utrustad med manuell växellåda, lägg växeln i friläget. Motorn bör dra runt endast om kopplingspedalen är fullt nedtryckt.

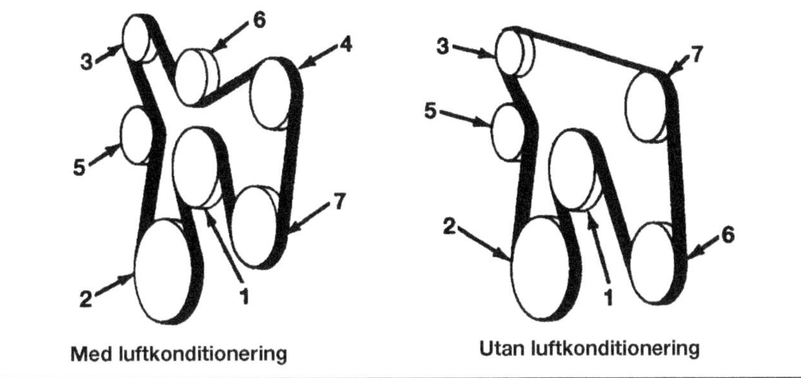

30.15 Vanlig drivremsdragning för V6-motorer och V8-motorer med små motorblock. Dragningsdiagram bör finnas under motorhuven

1 *Vattenpumpens remskiva*
2 *Vevaxelns remskiva*
3 *Generatorns remskiva*
4 *Luftkonditioneringskompressorns remskiva*
5 *Tomgångsremskiva*
6 *Styrservopumpens remskiva*
7 *Remsträckare*

4 Kontrollera att rattlåset endast medger att tändningsnyckeln vrids till *Lock*-läget om växelspaken är i *Park* (automatisk växellåda) eller back (manuella växellådor).
5 Tändningsnyckeln ska bara kunna dras ut i *Lock*-läget.

33 Manuell växellåda - oljebyte

1 Hissa upp bilen och stöd den säkert på pallbockar.
2 Ställ ett avtappningskärl, trasor, tidningar och nycklar under växellådan.
3 Ta bort avtappningspluggen från växellådans botten och låt oljan rinna ut i kärlet.
4 När all oljan har runnit ut ska pluggen sättas tillbaka och dras åt ordentligt.
5 Ta bort påfyllningspluggen i sidan på växellådan. Använd en handpump, spruta eller tratt och fyll på växellådan med rätt mängd rekommenderad växellådsolja. Sätt tillbaka påfyllningspluggen och dra åt den ordentligt.
6 Sänk ned bilen.
7 Kör bilen en kort sträcka och kontrollera därpå om läckage är synligt vid avtappnings- och påfyllningspluggarna.

34 Slutväxel - byte av olja

1 Vissa slutväxlar kan tappas av genom att avtappningspluggen tas bort, medan på andra måste slutväxelns kåpa demonteras. Som ett alternativ kan en handsugpump användas för att avlägsna oljan genom påfyllningshålet. Om det inte finns någon avtappningsplugg och ingen sugpump finns till hands bör man se till att en ny packning anskaffas samtidigt som olja anskaffas.
2 Placera ett avtappningskärl, trasor, tidningar och nycklar under bilen.
3 Ta bort påfyllningspluggen.
4 I förekommande fall, ta bort avtappningspluggen och låt oljan rinna ut helt. När all olja har runnit ut ska pluggen sättas tillbaka och dras åt ordentligt.
5 Om du använder en sugpump, sätt i den mjuka sugslangen. För ned slangen till slutväxelns botten och pumpa ut oljan.
6 Om slutväxeln tappas av genom att kåpan demonteras, ska skruvarna på kåpan undre del tas bort. Lossa skruvarna på den övre delen och använd dem till att hålla kåpan löst på plats. Låt oljan rinna ner i avtappningskärlet, ta därefter bort kåpan helt.
7 Rengör inuti kåpan med en luddfri trasa samt även åtkomliga ytor på slutväxeln. Under rengöringen utför du en kontroll beträffande hackiga kuggar och metallpartiklar i smörjmedlet vilket kan vara tecken på att slutväxeln

35.7 När en del av växellådsoljan har runnit ut demonteras återstående skruvar och sumpen sänks ner. Var försiktig, det finns fortfarande mycket olja i sumpen

35.10 Filtret är infäst med skruvar

35.12 När det nya filtret är på plats kan sumpen sättas tillbaka. Undvik skevhet genom att dra åt varje skruv lite åt gången

bör kontrolleras mer grundligt och/eller repareras.

8 Rengör grundligt packningens tätningsytor mot slutväxelhus och kåpa. Avlägsna alla spår efter gammal packning med packningsskrapa eller kittkniv.

9 Bestryk kåpans fläns med ett tunt lager packningstätning av RTV-typ och tryck därefter en ny packning på plats på kåpan. Kontrollera att skruvhålen blir korrekt inriktade.

10 Placera kåpan på slutväxelhuset och montera skruvarna. Dra åt skruvarna ordentligt.

11 På alla modeller, fyll slutväxelhuset med rekommenderad olja med handpump, spruta eller tratt tills oljan är i nivå med plugghålets nedre del.

12 Montera påfyllningspluggen och dra åt den ordentligt.

35 Automatväxellådsolja och filter - byte

1 Automatväxellådsoljan ska tappas av och bytas vid specificerade tidsintervall. Eftersom oljan är het långt efter det att bilen har körts ska oljebytet ske när motorn har svalnat tillräckligt.

2 Anskaffa rekommenderad växellådsolja och filter innan arbetet börjar (se *Rekommenderade smörjmedel och vätskor* i början av detta kapitel).

3 Övriga verktyg som behövs för arbetet omfattar pallbockar för att stöda bilen när den är upphissad, ett avtappningskärl som rymmer cirka 4 liter, gamla tidningar och rena trasor.

4 Hissa upp bilen och stöd den säkert på pallbockar. **Observera 1:** *En avtappningsplugg för växellådsoljan förekommer på vissa senare modeller. På dessa modeller kan växellådsoljan tappas av innan oljesumpen demonteras (liksom vid byte av motorolja). På modeller utan avtappningsplugg för växellådsolja går man tillväga på följande sätt.* **Observera 2:** *På vissa modeller fr o m 1993 kan det bli nödvändigt att demontera den främre tvärbalken för att komma åt oljesumpen.*

5 Med avtappningskärlet på plats, demontera front- och sidoskruvarna från oljesumpen.

6 Lossa oljesumpens bakre skruvar cirka fyra varv.

7 Bänd försiktigt loss oljesumpen med en skruvmejsel och låt oljan rinna av **(se bild).**

8 Ta bort återstående skruvar, sump och packning. Rengör växellådans packningsyta noggrant så att alla spår efter den gamla packningen och tätningsmedlet försvinner.

9 Tappa av oljan från växellådans oljesump, rengör den med lösningsmedel och torka den ordentligt med tryckluft.

10 Ta bort filtret från fästet inuti växellådan **(se bild).**

11 Montera ett nytt filter och packning eller O-ring.

12 Kontrollera att packningsytan på oljesumpen är ren, sätt dit en ny packning. Placera oljesumpen mot växellådan **(se bild)** arbeta hela vägen runt sumpen och dra åt varje sumpskruv lite åt gången tills de är åtdragna enligt angivet åtdragningsmoment.

13 Sänk ned bilen och fyll på rekommenderad mängd automatväxellådsolja genom påfyllningsröret (avsnitt 6).

14 Med växelspaken i *Park*-läge och parkeringsbromsen åtdragen, kör motorn på snabbtomgång, men rusa inte motorn.

15 Flytta växelspaken genom alla lägen och tillbaka till *Park*-läge. Kontrollera oljenivån.

16 Kontrollera under bilen beträffande läckage efter de första körturerna.

36 Framhjulslager - kontroll, smörjning och justering

1 I de flesta fall behöver framhjulslagren inte åtgärdas förrän bromsklossarna byts. Dessa lager bör dock kontrolleras varje gång framhjulen hissas upp.

2 När bilen är säkert uppallad på pallbockar, rotera hjulet och kontrollera beträffande missljud, kärvning och glapp.

3 Fatta tag i däcket med ena handen på överdelen och den andra på underdelen. Flytta däcket inåt och utåt på spindeltappen. Om rörelse föreligger i lagren bör de kontrolleras och därefter fyllas med fett eller bytas ut, vid behov.

4 Ta bort hjulet.

5 På modeller med skivbromsar, tillverka ett träblock (cirka 25 mm x 1,5 mm x 5 mm) som kan föras in mellan bromsklossarna för att separera dem. Ta bort bromssadeln (kapitel 9) och häng upp den på en stråltråd, så att den inte är i vägen.

6 Bänd ut packboxen ur navet med skruvmejsel eller hammare och mejsel.

7 Räta ut saxsprintens böjda ändar och dra sedan ut saxsprinten ur låsmuttern med en tång. Kassera saxsprinten och använd en ny saxsprint vid ihopsättningen.

8 Ta bort mutter och bricka från spindeltappen.

9 Dra ut navet något och tryck sedan tillbaka det till ursprungsläget. Detta bör tvinga ut det yttre lagret tillräckligt långt från spindeltappen så att det kan demonteras. På modeller med trumbromsar fram kan man behöva släppa på bromsbackarna något för att lossa trumman. Om trumman inte glider loss från bromsbackarna innehåller kapitel 9 anvisningar beträffande demontering av bromstrumma.

10 Dra loss navet från spindeltappen **(se bild).**

11 På navets baksida, använd en skruvmejsel för att bända ut den inre lagertätningen **(se bild).** Observera samtidigt i vilken riktning tätningen var installerad.

12 Demontera det inre lagret från navet och observera i vilken riktning det är monterat.

13 Avlägsna alla spår efter gammalt fett från lager, nav och spindeltapp med lösningsmedel. En liten borste kan vara praktisk, se dock till att inga hår från borsten bäddar in sig i lagret. Låt delarna lufttorka.

14 Kontrollera lagren noggrant beträffande sprickor, värmemissfärgning, böjda rullar etc. Kontrollera lagerbanorna inuti navet beträffande sprickor, repor och ojämna ytor. Om lagerbanorna är defekta ska naven tas till en verkstad som har sådan utrustning att de

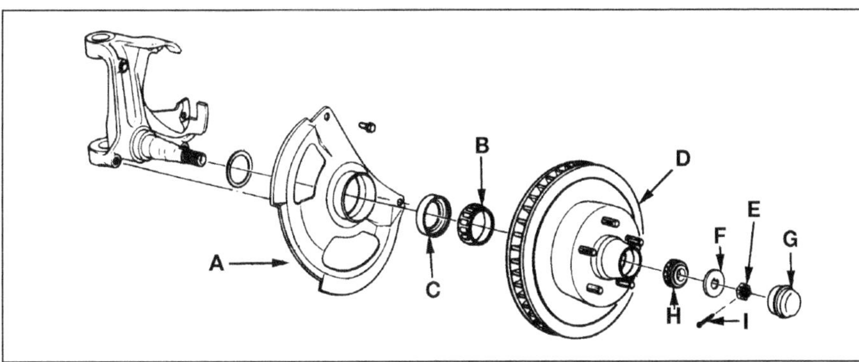

36.10 Sprängskiss av framhjulslager på bilar med skivbromsar. Bilar med trumbromsar har samma lager, med undantag för att lagren är monterade i trumman och bromsbackarna är fästade på bromsskölden

A Bromssköld	*D Hjulnav och bromsskiva*	*G Dammskydd*
B Lager	*E Hjullagermutter*	*H Lager*
C Tätning	*F Bricka*	*I Saxpinne*

36.11 Använd en skruvmejsel och bänd loss tätningen

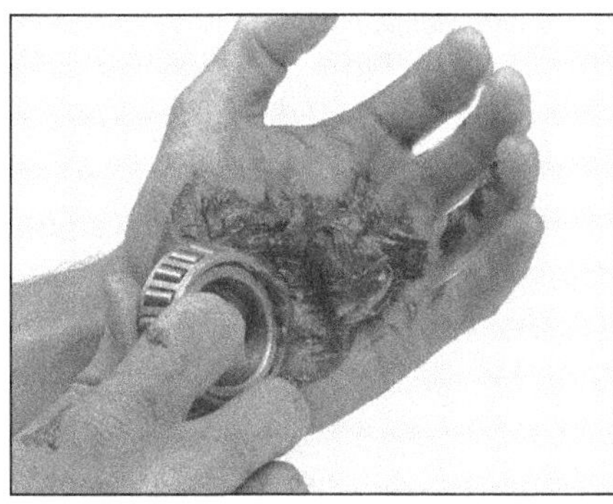

36.15 Arbeta in fettet ordentligt i lagret

gamla banorna kan avlägsnas och nya pressas in. Observera att lager och banor levereras som en sats och nya lager får aldrig monteras på gamla banor.

15 Fyll hjullagren med lagerfett Arbeta in fettet i lagren fullständigt, tvinga in det mellan rullarna bakifrån **(se bild).**

16 Stryk ett tunt lager fett på spindeltapp, yttre lagersätet inre lagersäte och tätningssäte.

17 Fyll en liten mängd fett i varje lagerlopp inuti navet. Forma en damm med fingret vid dessa punkter för att göra plats för extra fett och för att undvika att uttunnat fett rinner ut ur lagret.

18 Placera det fettfyllda innerlagret i navets bakre del och lägg lite mera fett utanför lagret.

19 Placera en ny tätning över innerlagret och knacka tätningen på plats med hammare och träblock tills den är jämns med navet.

20 Placera navet försiktigt på spindeln och tryck det fettfyllda ytterlagret på plats.

21 Sätt dit bricka och mutter. Dra åt muttern något (inte mer än16 Nm).

22 Rotera navet framåt så att lagren slits in och avlägsna eventuellt fett eller gjutskägg vilket kan orsaka hårt slitage längre fram.

23 Kontrollera att muttern är åtdragen till cirka 16 Nm.

24 Lossa muttern så att den sitter löst, inte mer.

25 Dra åt muttern med handen (inte med nyckel av något slag), dra åt muttern till den sitter fast. Montera en ny saxsprint genom hålet i spindelmuttern. Om mutterns skåror inte passar in ska muttern lossas tills passning erhålls. Muttern ska inte lossas med än en halv plansida så att saxsprinten ska kunna installeras.

26 Böj saxsprintens ändar tills de sitter platt mot muttern. Kapa ändarna om de är för långa vilket kan störa dammskyddet.

27 Montera dammskyddet och knacka det på plats med en gummiklubba.

28 Om bilen är försedd med skivbromsar framtill ska bromssadeln placeras nära bromsskivan och försiktigt demonteras från trädistansen. Montera bromssadeln (kapitel 9).

29 Om bilen är försedd med trumbromsar fram ska bromsarna justeras enligt beskrivning i kapitel 9.

30 Montera hjulet på navet och dra åt hjulmuttrarna.

31 Fatta tag i hjulets över- och underdel och kontrollera lagren enligt tidigare beskrivning i detta avsnitt.

32 Sänk ner bilen.

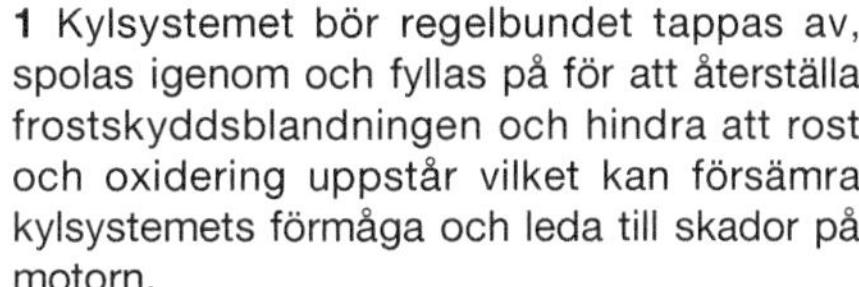

37 **Kylsystem** - underhåll (avtappning, spolning och påfyllning)

1 Kylsystemet bör regelbundet tappas av, spolas igenom och fyllas på för att återställa frostskyddsblandningen och hindra att rost och oxidering uppstår vilket kan försämra kylsystemets förmåga och leda till skador på motorn.

2 Samtidigt som kylsystemet åtgärdas bör samtliga slangar samt kylarlocket kontrolleras och bytas ut om de befinns defekta (se avsnitt 9).

3 Eftersom frostskyddsmedel är både frätande och giftigt ska man vara försiktig och undvika att spilla frostskyddsmedel på bilens lackering eller på huden. Om det trots allt skulle inträffa ska det utsatta området sköljas med rikligt med rent vatten. Hör efter med de lokala myndigheterna beträffande avyttring av frostskyddsmedel innan du tappar av kylsystemet. I många områden finns återvinningscentraler för uppsamling av motorolja och avtappade frostskyddsblandningar.

4 Ta bort kylarlocket när motorn är kall.

5 Placera en stor behållare under kylaren för att fånga upp den avtappade kylvätskan.

6 Tappa av kylaren genom att ta bort avtappningspluggen i kylarens botten. Om denna avtappningspunkt är starkt oxiderad och inte kan vridan om ordentligt, eller om kylaren inte är försedd med avtappning ska den undre kylarslangen lossas så att kylvätskan kan rinna ut. Var aktsam så att lösningen inte stänker på huden eller i ögonen.

7 I förekommande fall, lossa slangen från kylvätskebehållaren och ta bort behållaren. Spola ur den med rent vatten.

8 Placera en trädgårdsslang i kylarens påfyllningshals och spola systemet tills vattnet som kommer ut är rent vid alla avtappningspunkter.

9 Om föroreningen är mycket svår, demontera kylaren (se kapitel 3) och spola den baklänges För in slangen i kylarens undre utlopp och låt vattnet rinna i motsatt riktning så att det rinner ut genom den övre öppningen. Konsultera en verkstad om ytterligare rengöring eller reparationer krävs.

10 Om kylvätskan tappas av regelbundet och systemet fylls på med korrekt frostskydd/vattenblandning ska kemiska rengörare eller avkalkningsmedel inte behöva förekomma.

11 För att fylla på systemet: anslut kylarslangarna och montera behållaren och överskottsslangen.

12 Fyll på kylaren med korrekt frostskydd/vattenblandning (se avsnitt 4) till påfyllningshalsens nedre del och fyll därefter på ytterligare kylmedel i behållaren tills vätskan når upp till den undre markeringen.

13 Innan kylarlocket sätts tillbaka, starta motorn och låt den gå tills normal driftstemperatur har uppnåtts. Med motorn på tomgång, fyll på ytterligare kylvätska i kylaren

38.2 Vanlig placering av PCV-ventil (på V8-motor)

så att den når upp till korrekt nivå. Sätt tillbaka kylarens och behållarens respektive lock.

14 Håll ett öga på kylvätskenivån och slangarna i kylsystemet under de första milen. Dra åt slangklämmorna och/eller fyll på ytterligare kylmedel, vid behov.

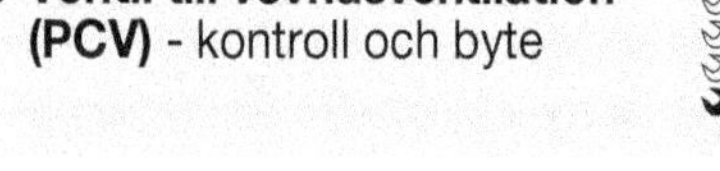

38 Ventil till vevhusventilation (PCV) - kontroll och byte

1 PCV-ventilen är normalt placerad i ventilkåpan.

2 När motorn går på tomgång vid normal driftstemperatur, dra ventilen (med slangen ansluten) från gummigenomföringen i kåpan **(se bild).**

3 Placera ett finger över ventilens ände. Om inget vakuum finns i ventilen, kontrollera om någon slang, grenrörsöppning eller själva ventilen är igensatt. Byt ut slangar om de är igensatta eller förslitna.

4 Stäng av motorn och skaka PCV-ventilen för att höra om den skramlar. Om ventilen inte skramlar ska den bytas ut mot en ny.

5 När ventilen ska bytas ut dras den loss från slangänden. Observera hur och i vilken riktning den är monterad.

6 Kontrollera, när du köper en ny ventil, att den passar till just din bil och motorstorlek. Jämför den gamla ventilen med den nya för att vara säker på att de är samma typ.

7 Tryck in ventilen i slangänden tills den hamnar på plats.

8 Kontrollera gummigenomföringen beträffande skador, byt den om det behövs.

9 Tryck in PCV-ventilen och slangen säkert på plats.

39 Sluten tankventilation - kontroll

1 Funktionen för den slutna tankventilationens styrsystem är att suga upp bränsleångor från bränsletank och bränslesystem, lagra dem i en kolkanister och därefter förbränna dem under den normala motordriften.

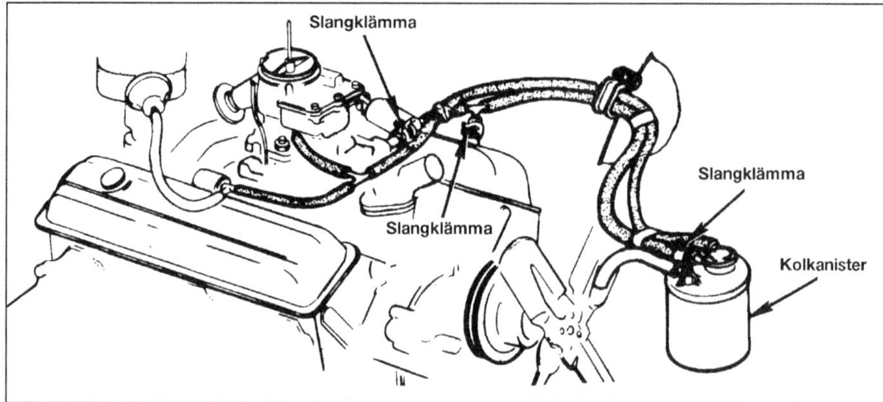

39.2 Kanistern i det slutna tankventilationssystemet sitter i motorrummet. Kontrollera de anslutna olika slangarna samt själva kanistern beträffande skador

2 Det vanligaste symptomet på problem i det slutna tankventilationssystemet är stark bensinlukt i motorrummet. Om bensinlukt förekommer ska kolkanistern, som är placerad i motorrummet, kontrolleras **(se bild).** Kontrollera kanister och samtliga slangar beträffande skador och förslitning.

3 En mer detaljerad beskrivning av den slutna tankventilationens styrsystem finns i kapitel 6.

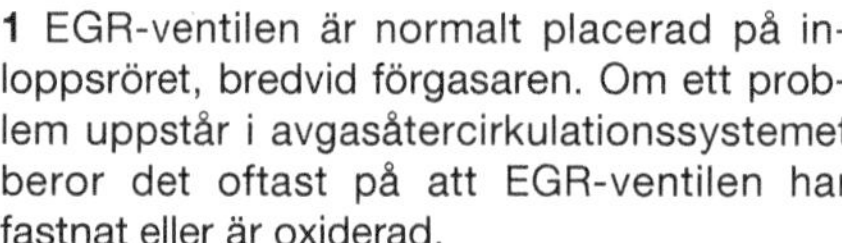

40 Avgasåtercirkulation (EGR) - kontroll

1 EGR-ventilen är normalt placerad på inloppsröret, bredvid förgasaren. Om ett problem uppstår i avgasåtercirkulationssystemet beror det oftast på att EGR-ventilen har fastnat eller är oxiderad.

2 För in handen under EGR-ventilen, när motorn är kall för att undvika brännskador. Tryck upp membranet. Du ska kunna trycka membranet uppåt och nedåt i huset utan alltför mycket kraft **(se bild).**

3 Om membranet inte rör sig eller om du får lägga ner stor kraft på att flytta den, ska EGR-ventilen bytas ut mot en ny. Om ventilen är i tveksamt skick ska du jämföra den befintliga EGR-ventilens rörelse mot en ny ventil.

4 Mer information om EGR-systemet finns i kapitel 6.

40.2 Kontrollera att membranet under EGR-ventilen kan röra sig

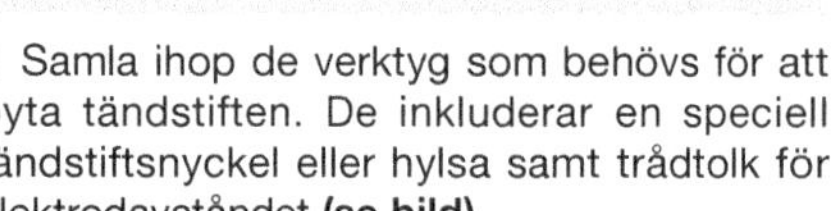

41 Tändstift - byte

1 Samla ihop de verktyg som behövs för att byta tändstiften. De inkluderar en speciell tändstiftsnyckel eller hylsa samt trådtolk för elektrodavståndet **(se bild).**

2 Det bästa sättet att utföra tändstiftsbyte är att anskaffa tändstiften i förväg, justera dem till rätt elektrodavstånd och därefter byta ett tändstift åt gången. När du köper nya tändstift är det viktigt att du får rätt tändstift som passar din bils motor. Sådana uppgifter finns på etiketterna med service- eller avgasreningsinformation i motorrummet eller i

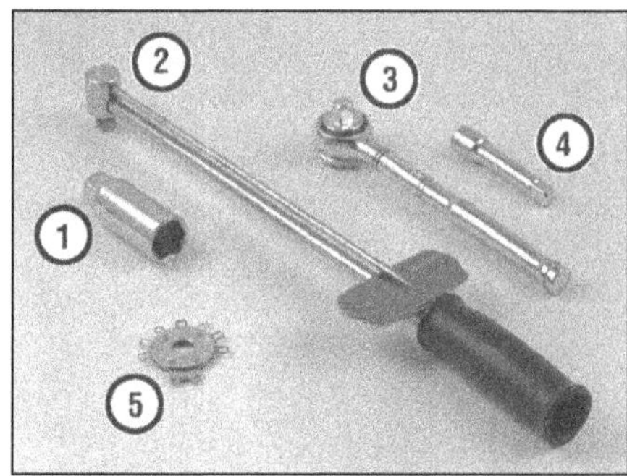

41.1 Verktyg för byte av tändstift

1 ***Tändstiftshylsa*** *- Hylsan är fordrad invändigt för att skydda tändstiftets porslinsisolator*

2 ***Momentnyckel*** *- Trots att det inte är obligatoriskt är en momentnyckel det bästa redskapet för att dra åt tändstiften ordentligt*

3 ***Spärrskaft*** *- Vanligt handredskap för tändstiftshylsa*

4 ***Förlängare*** *- Beroende på modell och tillbehör kan du behöva specialförlängare och knutar för att nå ett eller flera av tändstiften.*

5 ***Elektrodavståndsmätare*** *- Instrument för kontroll av elektrodavstånd, finns i många utföranden. Kontrollera att avståndet som gäller din bil finns med*

41.4a Tändstiftstillverkare rekommenderar elektrodavståndsmätare av trådtyp för kontroll - om tråden inte glider kärvt mellan elektroderna krävs justering

bilens instruktionsbok. Om dessa informationskällor skiljer sig bör du köpa sådana tändstift som finns angivna på avgasreningsdekalen eftersom de uppgifterna gäller just den motorn.

3 När de nya tändstiften finns till hands ska du låta motorn svalna fullständigt innan du börjar att ta bort tändstiften. Under denna tid kan vart och ett av de nya tändstiften undersökas beträffande defekter, kontrollera elektrodavstånden.

4 Elektrodavståndet kontrolleras genom att en trådtolk med rätt tjocklek förs in mellan elektroderna på stiftets topp **(se bild).** Avståndet mellan elektroderna bör motsvara angivet värde i Specifikationer eller på avgasreningsdekalen. Ståltråden bör nätt och jämnt vidröra varje elektrod. Om elektrodavståndet är inkorrekt böj den böjda sidoelektroden något med hjälp av den hackförsedda justeraren på trådmåttet tills rätt avstånd har uppnåtts **(se bild).** Om sidoelektroden inte är placerad direkt över mittenelektroden ska den hackförsedda justeraren användas för att passa in dem. Kontrollera om det finns sprickor i porslinisolatorn vilket indikerar att tändstiftet inte bör användas.

5 När motorn är kall, ta bort tändkabeländen från ett tändstift genom att fatta tag i kabeländen och inte i själva kabeln **(se bild).** Ibland kan man behöva vrida till för att dra loss kabeländen och kabeln.

6 Blås bort smuts och främmande ämnen från tändstiftsbrunnen, helst med tryckluft om sådan finns tillgänglig. En vanlig cykelpump duger också bra. Tanken är att ingen smuts ska falla ner i cylindrarna när tändstiftet demonteras.

7 Placera tändstiftshylsan över tändstiftet och ta bort det från motorn genom att vrida det moturs.

8 Jämför tändstiftet med tändstiften som visas på bilderna på insidan av omslaget på handboken för att få en indikation på motorns allmänna tillstånd.

9 Skruva i det nya tändstiftet i motorn tills du inte längre kan vrida runt det med fingrarna, dra därefter åt det med hylsan.

Använd gärna en momentnyckel, om sådan

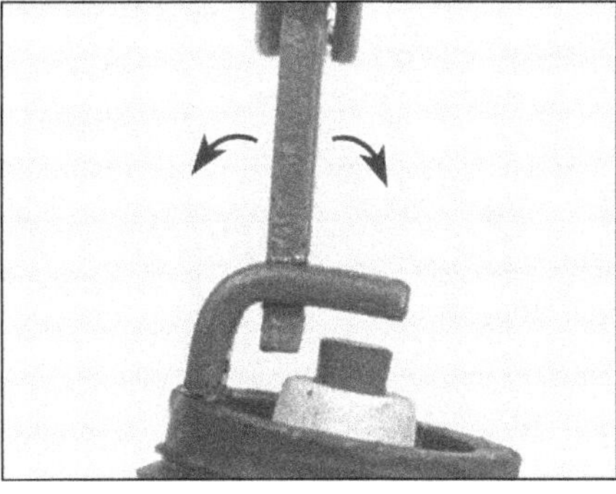

41.4b Böj endast sidoelektroden för att ändra elektrodavståndet, som pilarna visar, var försiktig så att porslinsisolatorn som omger mittelektroden inte spräcks

finns till hands, för att kontrollera att tändstiftet sitter på plats. Korrekt åtdragningsmoment finns i avsnittet Specifikationer i början av detta kapitel.

HAYNES TiPS

Om det är svårt att sätta i de nya tändstiften i motorn eller om det finns risk för att stiftet går snett kan man placera en kort gummislang med 0,5 cm diameter över tändstiftsisolatorn. Slangen fungerar som en universalknut och riktar in tändstiftet mot brunnen. Skulle gängan börja gå snett glider slangen över tändstiftet och avvärjer gängskada.

10 Innan tändkabeln trycks tillbaka på tändstiftets ände ska den kontrolleras enligt beskrivning i avsnitt 42.

11 Fäst tändkabeln på det nya tändstiftet med en vridning på kabeländen tills det sitter ordentligt på tändstiftet. Se till att tändkabeln leds bort från avgasgrenröret.

12 Följ ovanstående beskrivning för resterande tändstift, sätt in dem en efter en för att undvika att tändkablarna blandas ihop.

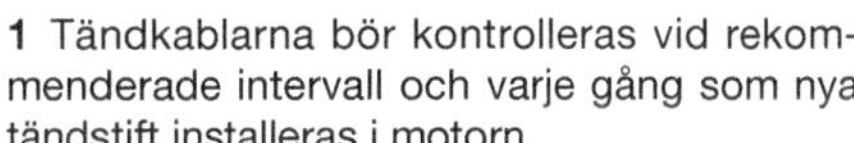

42 Tändkablar - kontroll och byte

1 Tändkablarna bör kontrolleras vid rekommenderade intervall och varje gång som nya tändstift installeras i motorn.

2 Tändkablarna bör kontrolleras en och en för

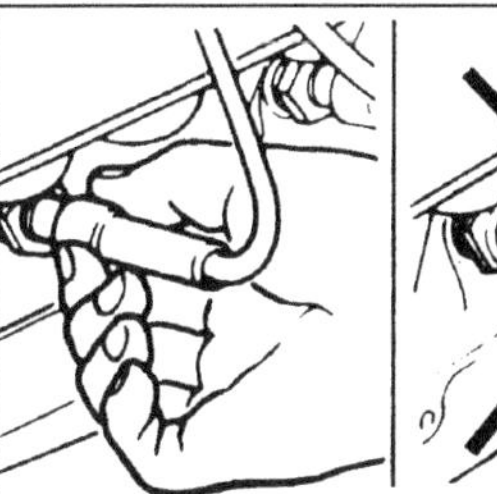

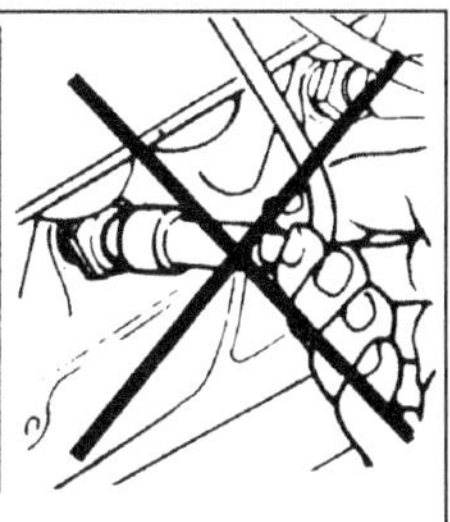

41.5 Ta bort tändkabeln från tändstiftet genom att fatta tag i kabeländen (se bilden till vänster) och inte i själva tändkabeln (se bilden till höger). Vrid lite för att lossa kabeländen

att undvika att de förväxlas, vilket är viktigt för att motorn ska kunna fungera ordentligt.

3 Lossa tändkabeln från tändstiftet genom att fatta tag i gummiskon, vrid lätt och dra loss kabeln. Dra inte i själva kabeln, endast i gummiskon.

4 Kontrollera gummiskons insida beträffande oxidering, vilket ser ut som ett vitt, kornigt pulver. Tryck tillbaka kabel och gummisko på tändstiftsänden. Skon bör sitta hårt på tändstiftet. Om så inte är fallet ska kabeln tas bort och kabelskon inne i gummiskon formas med en spetsig tång tills den passar ordentligt på tändstiftets ände.

5 Torka kabelns hela längd med en ren trasa för att avlägsna ansamlat smuts och fett. När kabeln är ren ska den kontrolleras beträffande brända ytor, sprickor eller andra skador. Böj inte kabeln för mycket och dra inte i kabeln eftersom anslutningsdonet inne i kabeln kan gå sönder.

6 Lossa tändkabeln från strömfördelarlocket. En fästring ovanpå strömfördelaren måste eventuellt demonteras så att kablarna kan lossas. Återigen, dra endast i kabelns gummisko. Kontrollera beträffande oxidering och passning på samma sätt som vid tändstiftsänden. Sätt tillbaka kabeln på strömfördelarlocket.

7 Kontrollera resterande tändkablar, en åt gången, och se till att de är ordentligt fästa på strömfördelare och tändstift.

8 Om nya tändkablar behövs ska en hel ny sats anskaffas som passar just din bilmotors modell. Tändkabelsatser innehåller redan tillskurna kabellängder med monterade gummiskor. Ta bort och sätt dit kablarna, en åt gången, för att undvika förväxling i tändföljden.

43 Strömfördelarlock och rotor (modeller fr o m 1974) - kontroll och byte

Observera: *Kontroll av strömfördelarlock och rotor på modeller från 1967 t o m 1973 behandlas i avsnitt 44 (V8-motorer) och avsnitt 45 (6-cylindriga radmotorer).*

1 Det är mycket vanligt att nytt strömfördelarlock och ny rotor installeras varje gång

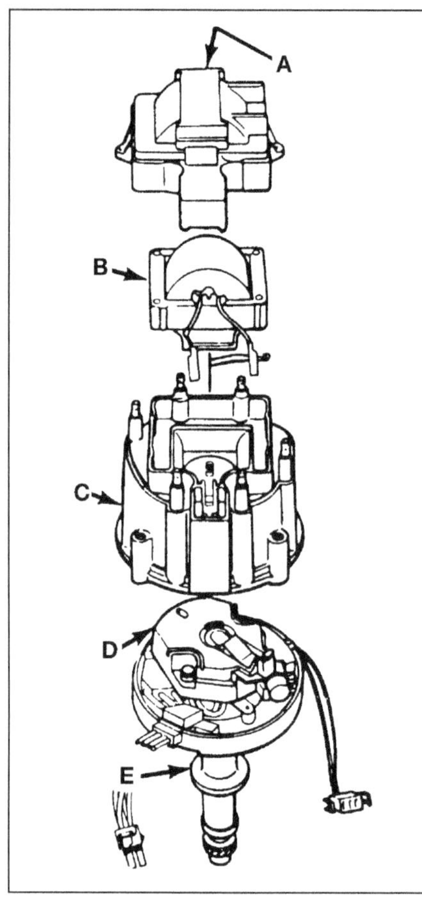

43.4 Vanlig strömfördelare (1974 t o m 1987) på senare modeller

A Kåpa
B Tändspole
C Fördelarlock
D Rotor
E Fördelarhus

nya tändkablar installeras. Trots att de brytarlösa strömfördelare som används på dessa modeller kräver mycket mindre underhåll än konventionella strömfördelare bör kontroller utföras regelbundet när tändkablarna kontrolleras. Observera att om strömfördelarlocket måste bytas ska tändspolen demonteras från locket och installeras i det nya strömfördelarlocket.

2 Det kan vara nödvändigt att demontera antingen luftrenaren eller motorkåpan för att kunna komma åt strömfördelarlocket.

3 Lossa de fyra skruvarna helt som fäster strömfördelarlocket vid strömfördelaren. Observera att skruvarna har flänsar så att det kan inte tas bort helt.

4 Rotorn är nu synlig vid strömfördelarens mitt. Den är infäst med två skruvar **(se bild).**

5 Gör en okulärinspektion av rotorn beträffande sprickor eller skador **(se bild).** Kontrollera noggrant skicket hos metallkontakten ovanpå rotorn beträffande brända delar eller gropbildning. Om metallkontaktens skick är tvivelaktigt bör den ersättas med en ny del.

6 Montera rotorn på strömfördelaraxeln. Den kan bara monteras korrekt på ett enda sätt.

7 Kontrollera locket beträffande sprickor eller

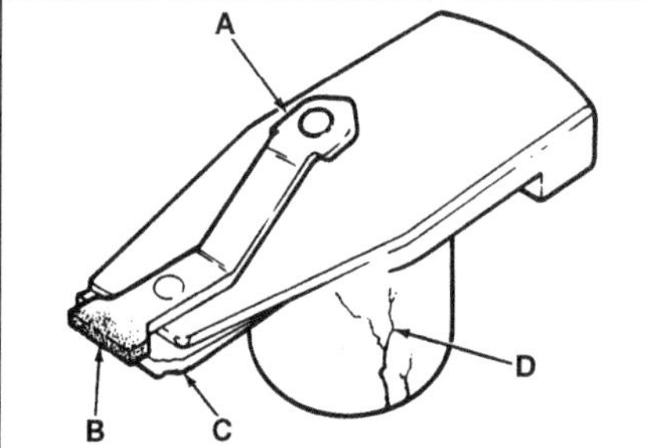

43.5 Tändrotorn (på bilden visas rotor från 6-cylindrig motor) bör kontrolleras beträffande slitage och brännskador

A Fjäder för löst spänd
B Avfrätning på rotorspets
C Tecken på fyskisk kontakt med fördelarlock
D Sprickor

andra skador innan strömfördelarlocket monteras **(se bild).** Gör en grundlig kontroll av lockets insida beträffande stark oxidering eller skador. Det är normalt att finna viss repning. Återigen, om strömfördelarlockets skick är tvivelaktigt ska det bytas mot ett nytt lock.

8 Om strömfördelarlocket ska bytas kan du trycka bort tändkabelns fästspärrar från tändspolens kåpa med tummarna.

9 Lyft upp fästringen från strömfördelarlocket med tändkablarna kvar i ringen. Eventuellt behöver du arbeta loss kablarna från strömfördelarlockets torn så att de stannar kvar tillsammans med ringen.

10 Lossa batteriets/varvräknarens/spolens anslutningsdon från locket.

11 Ta bort de två skruvarna från spolens kåpa och lyft bort spolkåpan.

12 Det finns tre små flatanslutningar från spolen in i den elektriska anslutningskåpan på strömfördelarlockets sida. Observera i vilken ordning stiften är monterade, använd sedan en liten skruvmejsel för att trycka loss dem.

13 Ta bort de fyra skruvarna som fäster tändspolen och lyft ut spolen från strömfördelarlocket.

14 Vid montering av tändspolen i det nya strömfördelarlocket, se till att gummitätningen monteras i mitten av locket.

15 Montera spolens skruvar, kablarna i anslutningskåpan, samt spolens kåpa.

16 Montera strömfördelarlocket på strömfördelaren.

17 Sätt i spolens elektriska kontakt i strömfördelarlocket.

18 Montera tändkabelns fästring på strömfördelarlocket.

44 Brytarkontakter, kamvinkel och strömfördelare (V8-motorer 1967 t o m 1974)

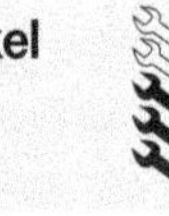

1 Trots att det är möjligt att rengöra brytarkontakten med en finkornig magnetfil är det inte att rekommendera för hemmamekanikern **(se bild).**

2 På grund av att delarna är svåra att komma

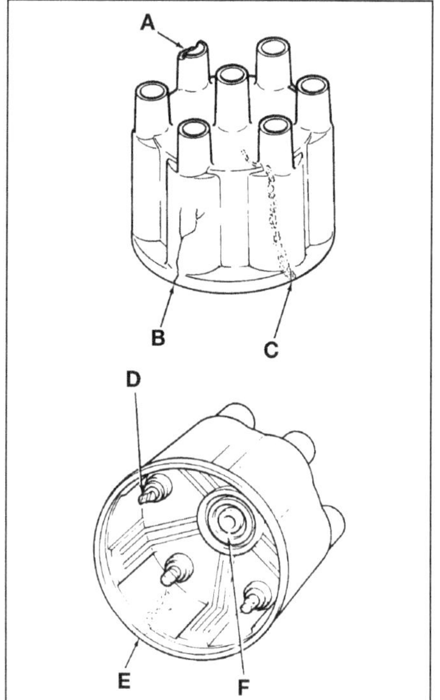

43.7 Några vanliga defekter som kan finnas på fördelarlocket

A Skadat torn
B Spricka
C Sotavlagring
D Brända eller eroderade anslutningar
E Sotavlagring
F Sliten eller skadad mittelektrod

åt samt den minimala kostnaden är det en bra vana att byta brytarkontakterna när motorn servas.

3 Vid arbete med strömfördelaren, exempelvis när brytarkontakterna ska bytas, är det klokt att använda magnetiserade verktyg för att undvika att skruvar och muttrar faller ner i strömfördelaren vilket betyder att den måste tas isär för att eventuella föremål ska kunna tas bort.

Byte av brytarkontakt

4 Demontera fördelarlocket genom att placera en skruvmejsel på det skårade huvudet

44.1 Begagnade brytarkontakter som visar urbränning efter en tids användning

44.4 När clipsen är borttagna kan locket lyftas bort så att rotorn blir åtkomlig

44.6 Rotorn är fäst på centrifugalregulatorn med två skruvar

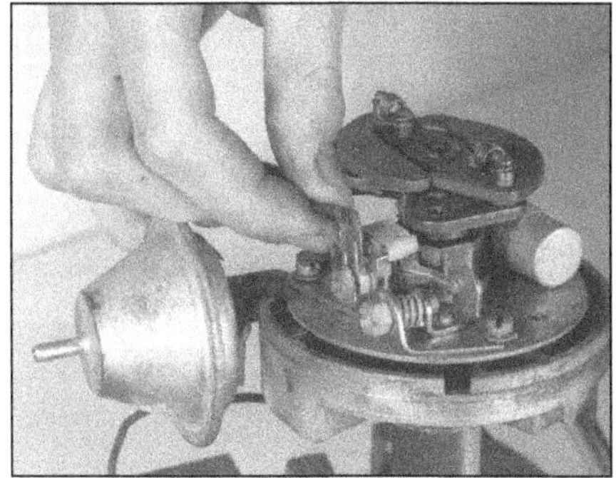
44.9 Skruva loss skruven och lossa primär- och kondensatorkablarna från brytarkontakterna

på varje spärr. Tryck ned spärren och vrid den ett kvarts varv för att lossa locket från strömfördelaren **(se bild)**.

5 När båda spärrarna har lossats från strömfördelaren ska locket placeras ur vägen (med tändkablarna anslutna). Häng upp det med ståltråd eller tejp om det behövs.

6 Demontera rotorn som nu är synlig högst upp på strömfördelaraxeln. Rotorn är infäst med två skruvar **(se bild)**. Förvara rotorn säkert så att den inte kan skadas.

7 Om bilen är försedd med störningsskydd för radiofrekvenser (RFI) ska fästskruvarna tas bort tillsammans med det tvådelade skyddet så att brytarkontakterna blir lättare att komma åt.

8 Lossa båda skruvarna som fäster brytarkontakterna vid brytarplattan. Ta inte bort skruvarna helt eftersom de flesta brytarkontakter har skåror där. För bort kontakterna från brytarplattan. **Observera:** *Vissa modeller är försedda med stor brytarplatta som innehåller en inbyggd kondensator. Om din bil är utrustad med denna typ av brytarplatta gäller inte beskrivningen för demontering av kondensatorn nedan, dessutom behöver bara en kabel tas bort från brytarkontakterna istället för två som finns om kondensatorenheten är separat.*

9 Lossa primärkabeln och kondensatorns kabel vid brytarkontakterna **(se bild)**. Dessa kablar kan vara infästa med en liten mutter (vilken bör lossas men inte tas bort), en liten standardskruv, eller en fjäderspänd anslutning.

10 Brytarkontakterna kan nu helt demonteras från fördelaren.

11 Kondensatorn kan nu demonteras från brytarplattan. Lossa bygelskruven och för ut kondensatorn från bygeln, eller ta bort kondensator och bygel helt **(se bild)**. Var aktsam, om du tar bort både kondensator och bygel, så att kondensatorskruven inte tappas ned i strömfördelaren.

12 Innan nya brytarkontakter och kondensator monteras tillbaka ska brytarplattan och fördelaraxelns roterande kamyta rengöras från smörjfett, smuts etc.

13 Smörj in fördelaraxeln ordentligt med smörjfettet som levererades med de nya brytarkontakterna.

14 Placera den nya kondensatorn i rätt läge och dra åt de båda skruvarna.

15 För de nya brytarkontakterna på plats och dra åt de båda skruvarna.

16 Anslut primärkablarna och kondensatorns kabel till de nya brytarkontakterna. Kontrollera att du monterar kablarna på samma sätt som innan de demonterades.

17 Trots att avståndet mellan brytarkontakterna (kamvinkeln) justeras slutgiltigt vid senare tidpunkt är det bäst att en första justering utförs här så att motorn kan startas.

18 När kontakterna är i rätt läge och åtdragna på brytarplattan, kontrollera att kontakternas släpsko vilar på en av fördelaraxelns nockar **(se bild)**. Låt en medhjälpare vrida om tändningsnyckeln i snabba intervall så att fördelaraxeln flyttas. Om bilen har manuell växellåda ska en växel läggas i och bilen gungas fram och tillbaka.

19 När släpskon är på nockens högsta punkt (kontakterna helt öppna) placeras ett bladmått mellan kontakterna. Avståndet bör vara 0,48 mm. Om så inte är fallet, använd en sexkantsnyckel och dra åt kontakternas justerskruv för att öka respektive minska avståndet **(se bild)**.

20 Där så är tillämpligt, montera RFI-skyddet.

21 Kontrollera rotorn beträffande sprickor eller skador innan den sätts tillbaka. Gör en noggrann granskning av metallkontakten ovanpå rotorn beträffande brända fläckar eller gropbildning.

22 Montera rotorn. Rotorn har en underliggande fyrkantig skåra på ena sidan och ett runt hål på den andra sidan så att den endast ska passas in på förställningsmekanismen åt ett enda håll. Dra åt rotorskruvarna säkert.

23 Innan fördelarlocket sätts tillbaka ska det kontrolleras beträffande sprickor eller skador. Utför en noggrann granskning av kontakterna inuti locket beträffande stark oxidering eller skador. Lätt repbildning är att förvänta. Om fördelarlockets skick är tvivelaktigt ska det bytas ut mot ett nytt (kapitel 5).

44.11 Kondensatorn är infäst på brytarplattan med en skruv

44.18 Innan avståndet justeras måste släpskon vila på en av fördelaraxelns nockar (vilket öppnar brytarkontakterna)

44.19 När brytarkontakterna är separerade, sätt in ett bladmått med rätt storlek och vrid justerskruven med en sexkantsnyckel

44.31 När fönstret är öppet kan en sexkantsnyckel placeras i justerskruven för justering av kamvinkeln

24 Sätt tillbaka fördelarlocket och sätt fast de båda spärrarna under strömfördelaren.
25 Starta motorn och kontrollera kamvinkel och tändtidpunkt.

Justering av kamvinkel

26 När nya brytarkontakter monteras eller originalkontakterna rengörs ska kamvinkeln kontrolleras och justeras enligt angivna specifikationer.
27 Exakt kamvinkeljustering måste göras med kamvinkelmätare. Kombinerade varvräknare/kamvinkelmätare är vanliga instrument i servicesammanhang och kan inhandlas för ett rimligt pris i biltillbehörsaffärer. Det går att göra en ungefärlig inställning även om en kamvinkelmätare inte finns till hands.

Justering med kamvinkelmätare

28 Anslut kamvinkelmätaren enligt tillverkarens anvisningar.
29 Starta motorn och låt den gå på tomgång tills den har uppnått normal driftstemperatur. Motorn måste vara helt uppvärmd så att en exakt avläsning ska kunna göras. Stäng av motorn.
30 Höj metallfönstret i fördelarlocket. Stötta fönstret för att hålla det öppet, och använd tejp om det behövs.
31 Strax innanför fönstret finns justerskruven för brytarkontakterna. Placera en sexkantsnyckel i rätt storlek i justerskruvens skalle **(se bild).**
32 Starta motorn och vrid justerskruven så mycket som behövs så att det angivna kamvinkelvärdet kan avläsas på instrumentet. Specifikationer för kamvinkeln finns i början av detta kapitel samt på serviceetiketten i motorrummet. Om dessa båda värden inte stämmer överens bör man förutsätta att etiketten i motorrummet är korrekt.
33 Ta bort sexkantsnyckeln och stäng fönstret helt. Stäng motorn och ta bort kamvinkelmätaren.

Justering utan kamvinkelmätare

34 Om du inte har en kamvinkelmätare tillgänglig går det bra att använda följande metod för att få en ungefärlig kamvinkelinställning.
35 Starta motorn och låt den gå på tomgång tills den har uppnått normal driftstemperatur.
36 Höj metallfönstret i fördelarlockets sida Placera en sexkantsnyckel i justerskruvens skalle.
37 Vrid sexkantsnyckeln medurs tills motorn börjar att misstända. Vrid då skruven ett halvt varv moturs.
38 Ta bort sexkantsnyckeln och stäng fönstret helt. Låt någon kontrollera och/eller justera kamvinkeln så snart som möjligt med kamvinkelmätare för att motorn ska fungera med högsta prestanda.

45 Brytarkontakter, kamvinkel och strömfördelare (6-cyl. radmotorer 1967 t o m 1974)

1 Lossa fördelarlockets skruvar, ta därefter bort lock, rotor och dammskydd (i förekommande fall).
2 Lossa primärkablar och kondensatorkablar från brytarkontakternas anslutningsclips.
3 Demontera brytarkontaktskruven och lyft bort hela enheten från basplattan **(se bild).**
4 Rengör noggrant basplattan från olja och smuts och montera de nya brytarkontakterna tills de fäster i passhålet, dra åt skruven med fingrarna.
5 Anslut primär- och kondensatorkablarna.
6 Mät avståndet mellan kontakterna genom att låta motorn gå runt tills släpskon på brytararmen är i sitt högsta läge på kammen. När kontakterna är helt öppna, placera ett bladmått mellan kontakterna och jämför värdet med angivet värde under Specifikationer.
7 Justera avståndet mellan kontakterna genom att sätta in en skruvmejsel i det hackförsedda hålet i brytarplattan **(se bild).** Vrid medurs för att öka och moturs för att minska avståndet. När avståndet är korrekt ska skruven dras åt och avståndet kontrolleras på nytt.
8 Rengör fördelarlockets ut- och invändigt med en torr trasa. Kontrollera locket beträffande tydliga brännmärken eller gropar och, vid behov, byt ut locket mot ett nytt fördelarlock. Undersök att kolborsten, som är placerad i lockets övre del, inte är trasig och att den skjuter ut från ytan.
9 Kontrollera rotorn beträffande brännmärken och gropbildning. Kontrollera kontaktfjädern på rotorns överdel. Den måste vara ren och tillräckligt spänd för att åstadkomma god kontakt.
10 Montera dammskydd, rotor och fördelarlock.
11 När nya brytarkontakter monteras eller originalkontakterna rengörs ska kamvinkeln kontrolleras och justeras enligt angivna specifikationer.
12 Exakt kamvinkeljustering måste göras med kamvinkelmätare. Kombinerade varvräknare/kamvinkelmätare är vanliga instrument i servicesammanhang och kan inhandlas för ett rimligt pris i biltillbehörsaffärer.

Justering med kamvinkelmätare

13 Anslut kamvinkelmätaren enligt tillverkarens anvisningar.
14 Starta motorn och låt den gå på tomgång tills den har uppnått normal driftstemperatur. Motorn måste vara helt uppvärmd så att en exakt avläsning ska kunna göras. Observera avläsningen på kamvinkelmätaren och jämför den med angivet värde i Specifikationer. Om avläsningen skiljer sig från angivet värde: stäng av motorn, demontera fördelarlocket och lossa brytarplattans skruv något. Placera en skruvmejsel i brytarplattans skåra för att justera kontaktavståndet. Om kamvinkelavläsningen är för liten minskas kontaktavståndet för att öka kamvinkeln. Om kamvinkelavläsningen är för stor ökas kontaktavståndet för att minska kamvinkeln.

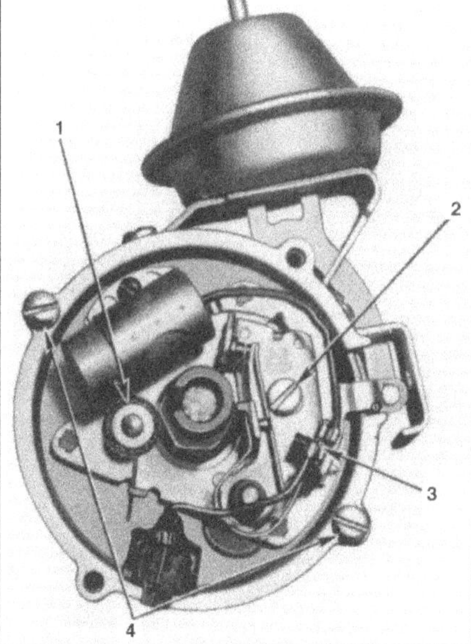

45.3 Brytarkontakter på 6-cylindrig motor

1 Filtskiva för smörjning av nockaxel
2 Skruv för infästning av brytarkontakter
3 Elektrisk snabbkoppling
4 Skruvar på fördelarplattan

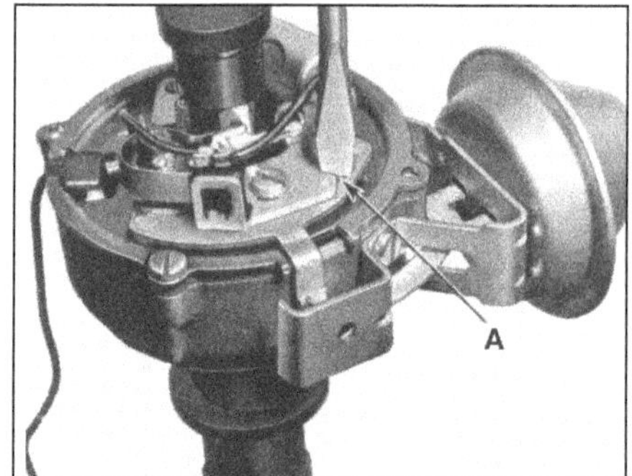

45.7 Med skruven nedskruvad i brytarplattan (inte för hårt), använd en skruvmejsel i justerspåret för att öppna eller stänga brytaravståndet

A Justering av kamvinkelinställning eller brytarkontaktavstånd

15 Starta motorn och kontrollera det avlästa kamvinkelvärdet på nytt. Specifikationer för kamvinkeln finns i början att detta kapitel samt på serviceetiketten i motorrummet. Om dessa båda värden inte stämmer överens bör man förutsätta att etiketten i motorrummet är korrekt. Upprepa steg 14 efter behov tills korrekt kamvinkel har erhållits.

16 Stäng motorn och ta bort kamvinkelmätaren.

46 Tändtidpunkt - kontroll och justering

Observera: *Det är ytterst viktigt att arbetsmetoder som finns angivna på motorservice- eller avgasreningsdekalerna följs vid tändtidpunktsjustering. Dekalen ger all information om förberedande steg före såväl justering av tändningspunkt som tändningsspecifikationer.*

Varning: Elektriska anslutningar ska alltid lossas och anslutas med tändningsnyckeln i Off-läge.

1 Tändtidpunkten ska kontrolleras och justeras vid regelbundna intervall, när brytarkontakter har bytts, när strömfördelaren har demonterats eller om ny bränsletyp har börjat användas.

2 Lokalisera service- eller avgasreningsdekalerna i motorrummet. Läs informationen och utför förberedande åtgärder beträffande tändtidpunkt.

3 Innan tändtidpunkten kontrolleras, se till att brytarkontakternas kamvinkel är korrekt (avsnitt 44 och 45), samt att tomgångsvarvtalet stämmer med specifikationen (avsnitt 29).

4 Lossa vakuumslangen från strömfördelaren och plugga igen slangens öppna ände med en gummiplugg, eller skruv med rätt storlek, om det står på servicedekalen.

5 Anslut en stroboskoplampa enligt tillverkarens anvisningar. Vanligen ansluts lampan till strömtillförsel- och jordkällor samt till tändkabel nr 1. Tändkabel nr 1 är det första tändstiftet på 6-cylindriga motorer eller det första på höger sida (förarsidan) på V6- och V8-motorer när du står framför bilen med ansiktet mot motorn.

6 Lokalisera det numrerade tändningsmärket på transmissionskåpan **(se bild)**. Den är placerad bakom vevaxelns remskiva. Rengör plåten med lösningsmedel, vid behov, för att kunna urskilja texten och de små spåren.

7 Markera spåret på vevaxeldrevet med vit täljsten, krita eller färg.

8 Gör ett märke på tändningsmärket enligt gradantalet som är angivet i Specifikationer (kapitel 4) eller på servicedekalen i motorrummet. Varje spets eller hack på tändningsmärket representerar 2°. Ordet *Before* eller bokstaven *A* indikerar förställning och bokstaven *O* indikerar Övre dödläge (ÖD). Exempelvis, om specifikationerna för din bil anger 8° FÖD (före övre dödläge), gör du ett märke på tändningsmärket 4 hack *före* bokstaven *O*.

9 Kontrollera stroboskoplampans ledningar inte trasslar in sig i bilens rörliga delar, starta sedan motorn och värm upp den till normal driftstemperatur.

10 Rikta stroboskoplampan mot tändningsmärket på vevaxelns remskiva, var försiktig så att sladdarna inte kommer i kontakt med några rörliga delar. Märkena bör inte röra sig. Om märkena är korrekt riktade är tändtidpunkten korrekt.

11 Om hacket inte är inpassat mot korrekt markering lossas strömfördelarens skruv och fördelaren roteras tills hacket är inpassat mot korrekt tändtidpunktsmärke.

12 Dra åt skruven och kontrollera tändtidpunkten på nytt.

13 Stäng av motorn och lossa stroboskoplampan. Anslut vakuumförställningsslangen, om den demonterats, samt eventuella övriga lossade komponenter.

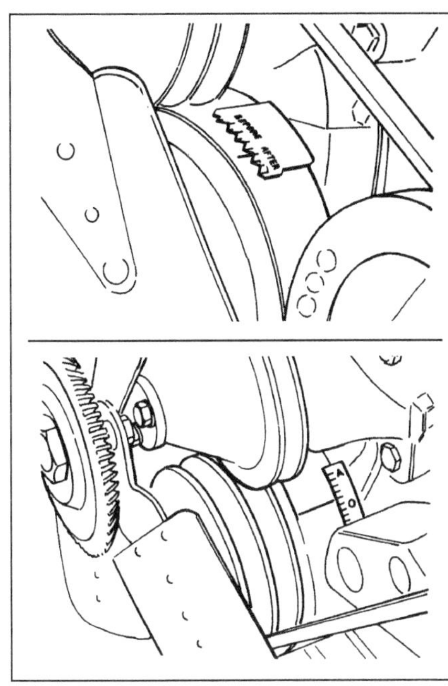

46.6 Tändinställningsmärkena är placerade på motorns framsida

Anteckningar

Kapitel 2 Del A V8- och V6-motorer

Innehåll

Svårighetsgrad

Enkelt, passar novisen med lite erfarenhet 

Ganska enkelt, passar nybörjaren med viss erfarenhet 

Ganska svårt, passar kompetent hemmamekaniker 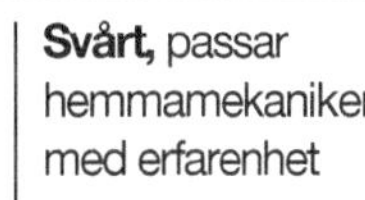

Svårt, passar hemmamekaniker med erfarenhet

Mycket svårt, för professionell mekaniker 

Specifikationer

Allmänt

262 kubiktum	4293 cc
283 kubiktum	4638 cc
305 kubiktum	4998 cc
307 kubiktum	5031 cc
350 kubiktum	5735 cc
400 kubiktum	6555 cc
Cylindernummer (framifrån)	
V8	
vänster sida (förarsidan)	1-3-5-7
höger sida	2-4-6-8
V6	
vänster sida (förarsidan)	1-3-5
höger sida	2-4-6
Tändföljd	
V8	1-8-4-3-6-5-7-2
V6	1-6-5-4-3-2
Cylinderdiameter och slaglängd	
V8-motorer	
283	98,425 x 76,200 mm
305	94,894 x 88,392 mm
307	98,425 x 82,550 mm
350	101,600 x 88,392 mm
400	101,775 x 95,250 mm
V6-motorer	
262	101,600 x 88,392 mm

Kamaxel

Lagertapp, diameter	
V8	47,4523 till 47,4777 mm
V6	47,4523 till 47,4777 mm
Kamhöjd	
Inloppsnock	
262 V6	
t o m 1991	9,0678 mm
fr o m 1992	5,9436 mm
283 V8	6,7513 mm
305 V8	
t o m 1986	6,3094 mm
fr o m1987	5,9334 mm
307 V8	6,6040 mm
350 och 400 V8	
t o m 1986	6,6040 mm
fr o m1987	6,5151 mm
Avgasnock	
262 V6	
t o m 1991	9,9060 mm
fr o m 1992	6,5278 mm
283 V8	6,7513 mm
305 V8	
t o m 1986	6,7742 mm
fr o m1987	6,5151 mm
307 V8	6,9418 mm
350 och 400 V8	
t o m 1986	6,9418 mm
fr o m1987	6,8326 mm

Åtdragningsmoment

	Nm
Ventilkåpa	
muttrar	7
skruvar	6 (10 på modeller fr o m 1987)
V6 genomgående skruvar	10
Vipparmsmuttrar (endast 1995)	27
Inloppsrörets skruvar	
V6	
1986	49
fr o m 1987 (utom 1991)	47
1991	
sista skruven till vänster och gasspjällets fästskruv	56
alla övriga	47
V8	
t o m 1985	41
fr o m 1986	49
Avgasgrenrörets skruvar	
V8 gjutjärn	
skruvar till invändig öppning	27
skruvar till utvändig öppning	41
V8 rostfritt	35
V6	
mittenskruvar	35
ytterskruvar	27 (43 på 1991 års modeller)
Cylinderhuvudskruvar	88 (95 på 1991 V6-modeller; 68 på 1991 V8-modeller)
Transmissionskåpans skruvar	
V6	
1986	10
1987	11
1988 t o m 1990	14
fr o m1991	14
V8	
t o m 1985	9
fr o m1986	11
Kamaxelhjulets skruvar	27
Svängningsdämparskruv	
t o m 1985	81
fr o m1986	95

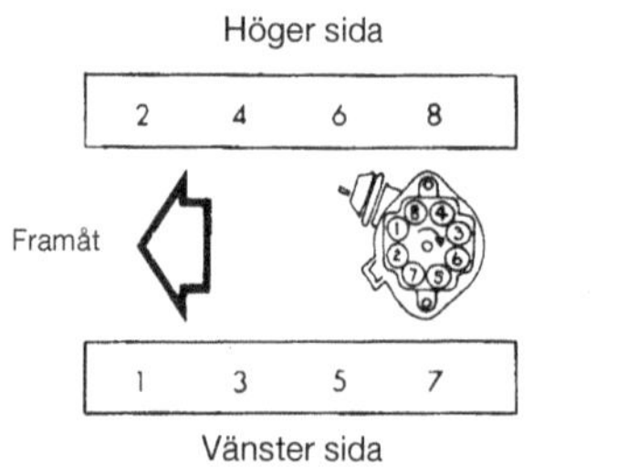

V8-motor med tändsystem med brytarkontakter

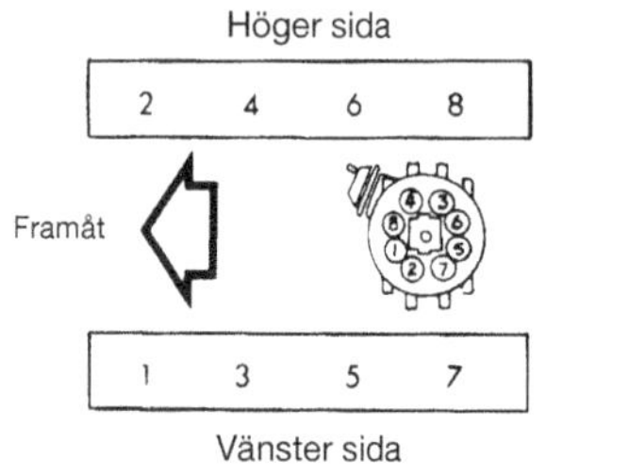

V8-motor med elektroniskt (HEI) tändsystem

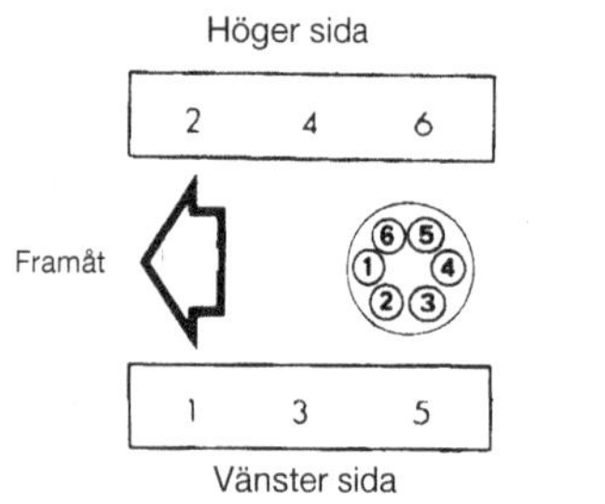

V6-motor (alla)

6-cylindrig radmotor

Cylinderplacering

Oljesump	
t o m 1985	
1/4 - 20	9
5/16 - 18	19
fr o m1986	
skruvar	11
muttrar	23
Oljepumpens skruvar	88
Ramlageröverfallets skruvar	
V6	102 (108 på modeller fr o m1988)
V8	
t o m 1986	108 (95 på de yttre skruvarna på ramlager med 4 skruvar)
fr o m 1987 (utom 1991)	
ytterskruvar, överfall 2, 3, och 4	95
alla övriga	108
1991	
ytterskruvar, överfall 2, 3, och 4	92
alla övriga	106
Bakre oljetätningshusets skruvar	15

1 Allmän beskrivning

Denna del av kapitel 2 beskriver reparationsprocedurer för V8- och V6-motorer. All information beträffande demontering och montering av motorn samt renovering av motorblock och cylinderhuvud återfinns i del C i detta kapitel.

Beskrivningarna i denna del förutsätter att motorn är kvar i bilen. Om de ska tillämpas vid fullständig motorrenovering (när motorn redan har demonterats från bilen och är placerad på en arbetsställning) är många av arbetsmomenten inte tillämpbara.

Specifikationerna i denna del av kapitel 2 gäller endast arbeten som utförs i detta kapitel. Specifikationer som krävs vid ombyggnad av motorblock och cylinderhuvud återfinns i del C.

V8-motorerna som används i Chevrolet och GMC vans varierar i storlek från 283 kubiktum till 400 kubiktum.

V6-motorn, som har använts från 1986 till nu, ersätter 262 kubiktum motorn, och liknar designmässigt V8-motorn på 350 kubiktum med litet motorblock. Nästan alla procedurer för demontering, kontroll, installation och byte för V6-motorer gäller även V8-motorer, med vissa undantag som nämns i detta kapitel.

2 Arbeten som kan göras med motorn monterad

Många större reparationer kan utföras utan att motorn behöver demonteras från bilen.

Rengör motorrummet och motorns utsida med någon typ av trycktvätt innan arbetet börjas. En ren motor underlättar arbetet och gör det lättare att hålla smuts borta från motorns inre delar.

Om olje- eller kylvätskeläckage uppstår som kräver byte av packning eller tätning kan reparationen oftast utföras med motorn kvar i bilen. Oljesumpens packning, cylinderhuvudpackningar, inloppsrörs- och avgasgrenrörspackningar, transmissionskåpans packning och vevaxelns oljetätningar kan normalt nås med motorn på plats.

Utvändiga motorkomponenter, t ex vattenpumpen, startmotorn, generatorn, strömfördelaren och förgasaren eller bränsleinsprutningsenheten, samt inloppsrör och avgasgrenrör kan demonteras för reparation med motorn på plats.

Eftersom cylinderhuvuden kan demonteras utan att motorn behöver tas ut kan underhåll och reparation av ventildelar också utföras med motorn på plats i bilen.

Om transmissionskedja och drev eller oljepump ska bytas, repareras eller kontrolleras kan detta utföras med motorn på plats.

Om nödvändig utrustning inte finns till hands, kan reparation eller byte av kolvringar, kolvar, vevstakar och vevstakslager i nödfall utföras med motorn på plats i bilen.

Detta kan dock inte rekommenderas på grund av de rengörings- och förberedelsearbeten som behöver utföras på de aktuella komponenterna.

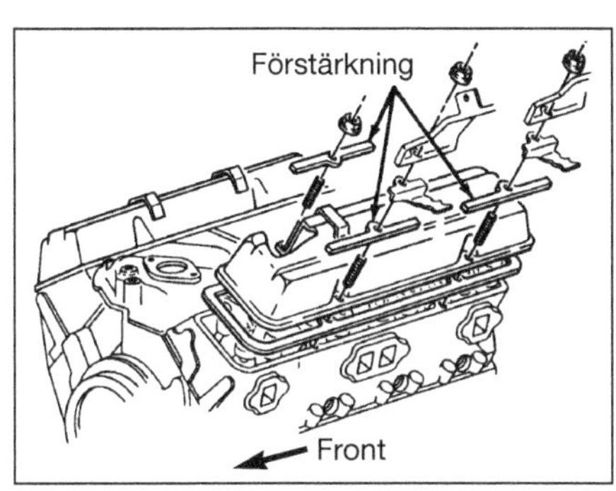

3.5a Ventilkåporna på V8-motorer är infästa med pinnskruvar eller skruvar runt ventilkåpans kanter

3 Ventilkåpa - demontering och montering

1 Lossa den negativa anslutningen från batteriet, demontera därefter luftrenaren och förvärmarkanalen.

Demontering

Höger sida

2 Lossa slangen från luftrenaren till vevhusventilationen (i förekommande fall).

3 Se kapitel 3, vid behov, och demontera luftkonditioneringskompressorn (om sådan förekommer) från fästet och placera den där den inte är i vägen. Kompressorledningarna ska inte lossas eller tas bort.

4 På V6-modeller: demontera oljefilterrör, PCV-ventil och chokevajer.

5 Demontera de fyra ventilkåpornas muttrar eller skruvar (på V8-motorer) eller de tre genomgående skruvarna (på V6-motorer) **(se bilder).** I förekommande fall, för bort tänd-

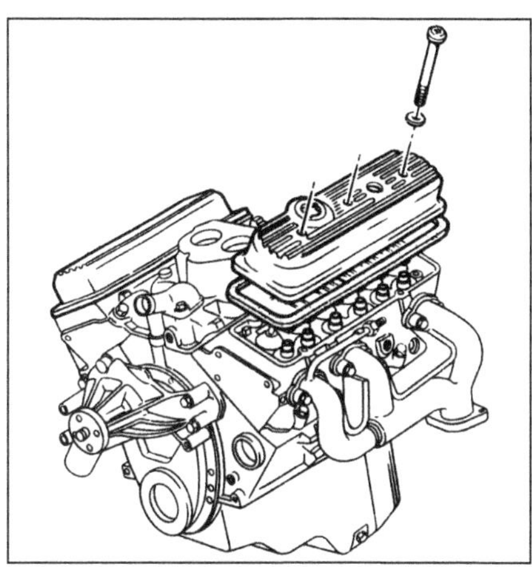
3.5b Ventilkåporna på V6-motorn är infästa med tre skruvar som går genom kåpans mitt

kablarnas clipsfästen och brickor från de undre pinnskruvarna på ventilkåporna och placera fästena/kablarna ur vägen.
6 Lossa tändkablarna från tändstiften, lägg därefter upp kabelhärvan över strömfördelaren och ta bort ventilkåporna.

Om kåpan sitter fast på cylinderhuvudet kan den knackas loss med träkloss och hammare. Om den ändå inte lossnar, försök att föra in en böjlig kittkniv mellan cylinderhuvudet och kåpan för att bryta loss tätningen. Bänd inte i fogen mellan cylinderhuvud och kåpa. Det kan skada tätningens yta och kåpans fläns, vilket leder till oljeläckage.

Vänster sida

7 På V8-motorer dras PCV-ventilen ut ur kåpan och slangen lossas från inloppsröret. Ta bort slangfästet.
8 Lossa vakuumledningen i bromssystemet från inloppsröret.
9 Se kapitel 5, vid behov, och ta loss generatorn. Lägg den åt sidan utan att ta bort kablarna.
10 På V6-modeller: demontera gasvajerns och TVS-vajerns fäste från inloppsröret.
11 Se steg 5 och 6 ovan som innehåller anvisningar för resten av arbetet.

Montering

12 Tätningsytorna mellan cylinderhuvuden och ventilkåpor måste vara helt rengjorda när kåporna monteras tillbaka. Avlägsna alla spår efter tätning eller gammal packning med en packningsskrapa, torka därefter rent ytorna med en trasa som är indränkt med lacknafta eller rengöringsspray. Oljeläckage kan uppstå om rester av tätning eller olja finns kvar på ytorna när kåpan monteras.
13 Om pinnskruvar används vid montering av ventilkåporna ska de rengöras med ett gängsnitt för att avlägsna eventuell oxidering och för att återställa skadade gängor. På modeller där skruvar används, kontrollera att de gängade hålen i cylinderhuvudet är rena. Kör in en gängtapp för att ta bort oxidering och återställa skadade gängor.
14 Passa in de nya packningarna på kåporna innan de monteras. Bestryk kåpflänsarna med ett tunt lager RTV-tätning, placera därefter packningen inuti kåpans kant och låt tätningen härda så att packningen fäster på kåpan (om tätningsmedlet inte får härda kan packningen falla ut ur kåpan när den monteras på motorn).
15 Placera kåpan noggrant på huvudet och montera muttrarna eller skruvarna. Glöm inte att sätta tillbaka tändkablarnas clipsfästen och brickor över pinnskruvarna innan muttrarna gängas tillbaka.
16 Dra åt muttrarna eller skruvarna i tre eller fyra steg till angivet åtdragningsmoment.
17 Återstående monteringsarbete utförs i omvänd ordningsföljd mot demonteringen.
18 Starta motorn och gör en noggrann kontroll beträffande oljeläckage när motorn värms upp.

4 Vipparmar och stötstänger - demontering, kontroll och montering

Demontering

1 Se avsnitt 3 och lossa ventilkåporna från cylinderhuvudena.
2 Börja vid framsidan på ett cylinderhuvud, lossa och demontera pinnskruvmuttrarna från vipparmarna. Förvara dem separat i märkta behållare för att kontrollera att de monteras tillbaka i respektive ursprungsläge.
Observera: *Om det bara är stötstängarna som ska demonteras kan varje mutter lossas tillräckligt så att vipparmarna kan vridas åt sidan, varefter stötstängerna kan lyftas ut.*
3 Lyft bort vipparmarna och ledkulorna och förvara dem i märkta behållare tillsammans med muttrarna (de måste monteras tillbaka i respektive ursprungsläge).
4 Demontera stötstängerna och förvara dem i rätt ordning så att de inte blandas ihop vid monteringen.

Kontroll

5 Kontrollera varje vipparm beträffande slitage, sprickor och andra skador, speciellt där stötstängerna och ventilspindeln berör vipparmarnas ytor.
6 Kontrollera att hålet vid varje vipparms stötstångsände är öppet.
7 Kontrollera glidytorna på varje vipparm beträffande slitage, sprickor och hopskärning. Om vipparmarna är slitna eller skadade ska de bytas mot nya, använd även nya ledkulor.
8 Kontrollera stötstängerna beträffande sprickor och starkt slitage vid ändarna. Rulla varje stötstång över en glasyta för att se om den är böjd (om den skevar är den böjd).

Montering

9 Smörj in varje stötstångs undre ände med ren motorolja eller molybdenbaserat fett, och montera dem i respektive ursprungsläge. Kontrollera att varje stötstång sitter ordentligt i ventillyftaren
10 Bestryk ventilspindelns ändar och stötstängernas övre ändar med molydbenbaserat fett innan vipparmarna placeras över pinnskruvarna.
11 Sätt vipparmarna på plats, montera därefter ledkulor och muttrar. Bestryk ledkulorna med molydbenbaserat fett för att undvika skada på passytorna innan tryck uppstår i motoroljan. Kontrollera att varje mutter monteras med den plana sidan mot ledkulan.

Justering

Observera: *1995 års 4,3L V6-motor är utrustad med skruvbara vipparmpinnskruvar med positiva stoppklackar. Ventilerna behöver inte justeras. Dra åt muttrarna till åtdragningsmoment angivet i avsnittet Specifikationer i detta kapitel.*

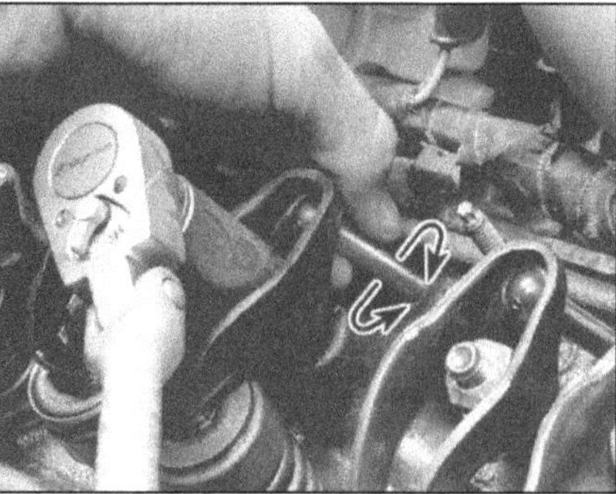

4.13 Vrid varje stötstång medan vipparmens mutter dras åt för att fastställa punkten där allt glapp är borta, därefter dras varje mutter åt ett helt varv

12 Se avsnitt 9 och placera kolv nr 1 i övre dödläge i kompressionsslaget.
13 Dra åt vipparmens muttrar (endast cylinder nr 1) tills allt glapp försvinner vid stötstängerna. Detta kan fastställas genom att varje stötstång roteras mellan tummen och pekfingret medan muttern dras åt. Inget glapp ska finnas kvar när du känner ett lätt motstånd medan stötstången roteras **(se bild).**
14 På 1994 års 4,3L V6-motorer dras varje mutter år ett extra varv plus ytterligare ett halvt varv (540 grader) för att centrera ventillyftarna. På alla andra modeller dras varje mutter åt ytterligare ett helt varv (360 grader) för att centrera ventillyftarna. Ventiljusteringen för cylinder nr 1 är nu slutförd.
15 Om din bil är utrustad med V6-motor kan du också justera inloppsventilerna på cylindrarna nr 2 och 3 samt avgasventilerna på cylindrarna nr 5 och 6 vid detta tillfälle. När dessa ventiler har justerats, vrid vevaxeln ett helt varv (360 grader) och justera inloppsventilerna vid cylindrarna nr 4, 5 och 6 samt avgasventilerna vid cylindrarna nr 2, 3 och 4.
16 Om din bil är utrustad med V8-motor, vrid vevaxeln 90 grader i normal rotationsriktning tills nästa kolv i tändordningen befinner sig vid övre dödläge på kompressionsslaget. Fördelarrotorn bör peka i riktning mot anslutning nummer åtta på fördelarlocket (mer information finns i avsnitt 9).
17 Upprepa proceduren som beskrivs i steg 13 och 14 på ventilerna i cylinder nr 8.
18 Vrid vevaxeln ytterligare 90 grader och justera ventilerna på cylinder nr 4. Fortsätt att vrida vevaxeln 90 grader åt gången och justera båda ventilerna på varje cylinder innan du går vidare. Följ tändföljdens ordningsföljd. Illustration över cylindernummer och tändföljd finns i avsnittet Specifikationer.
19 Se avsnitt 3 och montera ventilkåporna. Starta motorn. Lyssna efter ovanliga ljud från ventilmekanismen och kontrollera beträffande oljeläckage vid ventilkåpornas leder.

5.8 När fjädern är ihoptryckt kan ventilknastren demonteras med en liten magnet eller nåltång

5.9 Ventiltätningen, i form av en plan O-ring, passar in i spåret strax under spåret för ventilknastren på ventilspindeln

5.18 Applicera en liten klick smörjfett på ventilknastren för att hålla fast dem på ventilspindeln tills fjäderkompressorn tas bort

5 Ventilfjädrar, hållare och tätningar - byte med motorn i bilen

Observera: *Trasiga ventilfjädrar och defekta ventilsäten kan bytas utan att cylinderhuvudet behöver demonteras. Två specialverktyg och en källa för tryckluft behövs i normala fall för att kunna utföra detta arbete. Läs detta avsnitt noggrant innan arbetet påbörjas och hyr eller köp in de verktyg som behövs. Om tryckluft inte finns tillgänglig kan ett nylonrep användas för att hindra ventilerna från att falla ned i cylindern under arbetets gång.*

1 Se avsnitt 3 och demontera ventilkåpan från det aktuella cylinderhuvudet. Om samtliga ventilspindelstätningar ska bytas ska båda ventilkåporna demonteras.

2 Demontera tändstiftet från cylindern som innehåller en defekt komponent. Demontera samtliga tändstift om samtliga ventilspindeltätningar ska bytas.

3 Vrid vevaxeln tills kolven i den aktuella cylindern är i övre dödläge på kompressionsslaget (se anvisningar i avsnitt 9). Om du ska byta samtliga ventilspindelstätningar ska du börja med cylinder nr 1 och arbeta på ventilerna i en cylinder åt gången. Gå från cylinder till cylinder och följ tändföljden (1-8-4-3-6-5-7-2 för V8-motorer, 1-6-5-4-3-2 för V6-motorer).

4 Skruva in en adapter i tändstiftsbrunnen och anslut en luftslang från en tryckluftskälla till adaptern. De flesta biltillbehörsbutiker för luftslangsadaptrar. **Observera:** *Många kompressionsmätare använder en iskruvningsanordning som eventuellt kan fungera tillsammans med snabbkopplingen på din luftslang.*

5 Demontera muttern, ledkulan och vipparmen till ventilen med den defekta delen och dra ut stötstången. Om samtliga ventilspindeltätningar ska bytas ska samtliga vipparmar och stötstänger demonteras (se avsnitt 4).

6 Blås in tryckluft i cylindern. Ventilerna bör hållas fast på plats av tryckluften. Om ventilernas ytor eller säten är i dåligt skick kan läckage göra att lufttrycket inte kan hålla fast ventilerna - alternativa tillvägagångssätt finns beskrivna nedan.

7 Om du inte har tillgång till tryckluft kan du gå tillväga på ett annat sätt. Placera kolven i ett läge strax före övre dödläge på kompressionsslaget, mata sedan ett nylonrep genom tändstiftsbrunnen tills den fyller förbränningsrummet. Kontrollera att repänden hänger utanför motorn så att den enkelt kan tas bort. Använd ett stort dragskaft och hylsa för att rotera vevaxeln i normal rotationsriktning tills ett lätt motstånd blir kännbart när kolven kommer upp mot repet i förbränningsrummet.

8 Fyll cylinderhuvudets hål med trasor över och under ventilerna för att förhindra att delar och verktyg faller ned i motorn, tryck sedan ihop ventilfjädern med en ventilfjäderkompressor. Demontera ventilknastren med en liten nåltång eller magnet **(se bild).** **Observera:** *Ett par olika tångtyper förekommer för hoptryckning av ventilfjädrar med cylinderhuvudet på plats. Den ena tångtypen griper tag i den undre fjäderspiralen och trycker på hållaren när man vrider på en knopp. Den andra typen utnyttjar hävarmsprincipen mot vipparmens pinnskruv och mutter. Båda typerna fungerar bra, hävarmstypen kostar dock vanligen mindre.*

9 Demontera ventilbricka eller ventilroterare, hållare samt ventilfjäder, ta därefter bort ventilspindelns O-ring. Tre olika typer av oljetätningar till ventilspindel förekommer på dessa motorer, beroende på årsmodell, motorns storlek och antal hästkrafter. Den vanligaste är en liten O-ring som helt enkelt monteras runt ventilspindeln strax ovanför ventilstyrningen. Den andra typen är en plan O-ring som passar in i spåret i ventilspindeln strax nedanför ventilknastrets spår **(se bild).** På de flesta starkare motorer används en tätning av paraplytyp över ventilspindeln ner över ventilstyrningen. I de flesta fall används paraplytypstätningen tillsammans med den plana O-ringen. Tätningar av O-ringstyp är sannolikt härdade och kommer antagligen att gå sönder när de demonteras, varför man bör sätta tillbaka nya varje gång en originalring demonteras. **Observera**: *Om lufttrycket inte kan hålla fast ventilen i stängt läge under arbetet är antagligen ventilytan eller sätet skadat. Om så är fallet måste cylinderhuvudet demonteras så att ytterligare reparationsarbeten kan utföras.*

10 Linda en gummisnodd eller tejp runt ventilspindelns överdel så att ventilen inte kan falla ned i förbränningsrummet, och stäng av tryckluften. **Observera:** *Om ett nylonrep har använts istället för tryckluft ska vevaxeln vridas något i omvänd normal rotationsriktning.*

11 Kontrollera om ventilspindeln är skadad. Vrid ventilen i styrningen och kontrollera om änden rör sig excentriskt, vilket kan tyda på att ventilen är skev.

12 Flytta ventilen uppåt och nedåt i styrningen och kontrollera att den inte kärvar. Om ventilspindeln kärvar är antingen ventilen skev eller styrningen skadad. I båda fallen måste cylinderhuvudet demonteras för reparation.

13 Kontrollera om vipparmens pinnskruvar är slitna. Slitna pinnskruvar på de flesta motorer kan endast bytas på verkstad på grund av att de måste pressas på plats med exakt djup. På vissa högpresterande motorer (som inte normalt förekommer i fordon av vantyp) är pinnskruvarna nedskruvade i cylinderhuvudet och kan bytas ut om de blir slitna. Dessutom är en styrplatta monterad mellan pinnskruv och cylinderhuvud, där skruvbara pinnskruvar förekommer, för att göra det lättare att lokalisera stötstångens läge i förhållande till vipparmen. Se till att styrplattan byts om pinnskruvarna tas bort och sätts tillbaka, och applicera packningstätning på pinnskruvarna när de skruvas fast i cylinderhuvudet.

14 Blås in tryckluft i cylindern igen för att hålla ventilerna i stängt läge, ta sen bort tejpen eller gummisnodden från ventilspindeln. Om du använde ett nylonrep istället för tryckluft ska vevaxeln vridas i normal rotationsriktning tills ett lätt motstånd blir kännbart.

15 Smörj in ventilspindeln med motorolja och montera en ny oljetätning av samma typ som originaltätningen (se steg 9).

16 Montera ventilbricka och sköld över ventilen.

17 Montera ventilbrickan eller ventilroteraren och tryck ihop ventilfjädern.

18 Placera knastren i det övre spåret. Applicera en liten klick smörjfett inuti varje knaster för att hålla det på plats om det behövs **(se bild).** Demontera fjäderverktyget och se till att knastren är på plats.

6.9 När utrymmet vid ventillyftarna är övertäckt, avlägsna alla spår av gamla tätnings- och packningsrester från ytorna mellan cylinderhuvud och inloppsrör med en packningsskrapa

6.10a Skruvgängorna måste vara torra och rena för att exakta åtdragningsmoment ska åstadkommas vid montering av inloppsrörets skruvar

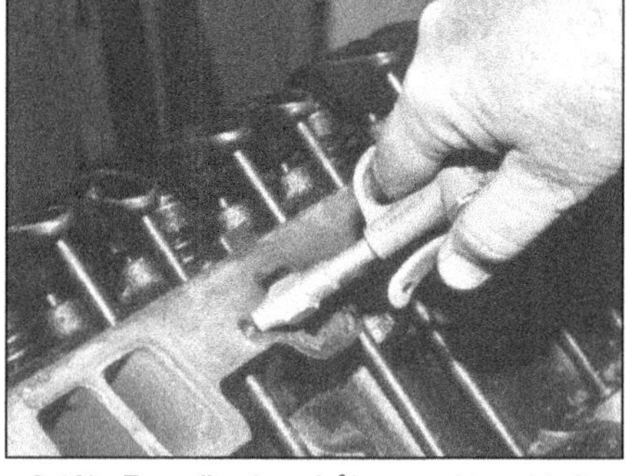

6.10b Rengör skruvhålen med tryckluft, men var försiktig - använd skyddsglasögon!

19 Lossa luftslangen och ta bort adaptern från tändstiftsbrunnen. Om du har använt ett nylonrep istället för tryckluft ska repet dras ut från cylindern.

20 Se avsnitt 4 och montera vipparmarna och stötstängerna.

21 Sätt tillbaka tändstiften och haka på kablarna.

22 Se avsnitt 3 och montera ventilkåporna.

23 Starta motorn och låt den gå, gör en kontroll beträffande oljeläckage och ovanliga ljud från området runt ventilkåporna.

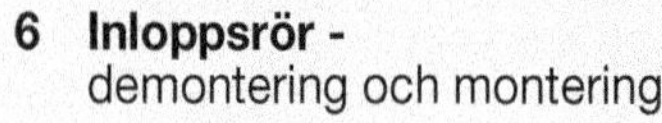

6 Inloppsrör - demontering och montering

Demontering

1 Lossa den negativa anslutningen från batteriet, se därefter kapitel 1 och tappa av kylsystemet.

2 Se kapitel 4 och demontera luftrenaren.

3 Följ fortfarande tillämpliga avsnitt i kapitel 4, och demontera förgasar- och chokedelar, eller bränsleinsprutningenenheten, i förekommande fall, för att göra inloppsrörets skruvar synliga.

4 Se kapitel 3 och lossa den övre kylarslangen från termostathuset, samt demontera generatorfästet (om det inte redan är gjort). Termostathuset kan ha lossats för att skapa utrymme vid demontering av den främre vänstra inloppsrörsskruven.

5 Demontera ventilkåporna (avsnitt 3).

6 Se kapitel 5 och demontera strömfördelaren.

7 Om en värmeslang är ansluten till inloppsröret ska den demonteras.

8 Lossa inloppsrörets skruvar ett kvarts varv åt gången tills de kan tas bort för hand. Inloppsröret sitter antagligen fast på cylinderhuvudena och det kan behövas kraft för att bryta igenom packningstätningen. Ett stort brytjärn kan placeras under gjutjärnsklacken nära termostathuset för att bända upp inloppsrörets framsida.

Varning: Bänd inte mellan motorblock och inloppsrör, eller cylinderhuvuden och inloppsrör. Tätningsytorna kan ta skada, vilket leder till vakuumläckage.

Montering

Observera: *Ytorna mellan cylinderhuvud, motorblock och inloppsrör måste vara fullständigt rena när inloppsröret monteras. Lösningsmedel för packningsdemontering finns på sprayflaska i de flesta biltillbehörsbutiker och kan vara bra att ha för att ta bort gamla packningsrester som fastnat på cylinderhuvud och inloppsrör. Följ tillverkarens anvisningar på behållaren.*

9 Avlägsna alla spår av tätningsmedel och gammal packning med en packningsskrapa, torka därefter av tätningsytorna med en trasa indränkt med lacknafta eller rengöringsspray. Om gamla tätningsrester eller olja finns kvar på tätningsytorna när inloppsröret monteras kan olje- eller vakuumläckage uppstå. När du arbetar med cylinderhuvudet eller motorblocket bör du täcka över utrymmet vid ventillyftarna och stötstängerna med trasor för att undvika att skräp kommer in i motorn. Avlägsna gamla packningsrester som kan falla ned i cylinderhuvudets insugningsöppningar med en dammsugare **(se bild)**.

6.12 Kontrollera att inloppsrörets packningar är monterade åt rätt håll, annars kommer passager och skruvhål inte att kunna riktas in ordentligt

10 Använd en gängtapp i rätt storlek för att rengöra gängorna i skruvhålen, använd därefter tryckluft (om sådan finns tillgänglig) för att avlägsna skräp ur hålen **(se bilder)**.

Varning: Använd skyddsglasögon eller ansiktsskydd för att skydda ögonen vid arbete med tryckluft.

11 Stryk ett tunt lager RTV-tätningsmedel runt kylpassagehålen på cylinderhuvudsidan av inloppsrörets nya packningar (normalt finns ett hål i varje ände).

12 Placera packningarna på cylinderhuvudena. Kontrollera att alla inloppsöppningar, kylpassagehål och skruvhål är korrekt inriktade och att orden "This side up" är synliga **(se bild)**.

13 Montera de främre och bakre tätningarna på motorblocket. Observera att de flesta tätningar har antingen gummistyrningar som passar in i matchande hål på motorblocket, eller gummiflikar som passar över motorblockets kant för rätt passning. På vissa tidigare modeller finns en flik på den bakre tätningen som kan behöva kapas för att åstadkomma god passning. Läs packningens bruksanvisningar.

14 Sätt försiktigt inloppsröret på plats. Rubba inte packningarna och flytta inte inloppsrörets fram- och bakdel när de väl har placerats på de främre och bakre tätningarna.

15 Stryk ett icke-härdande tätningsmedel (t ex Permatex 2) på gängorna till inloppsrörets skruvar, montera därefter skruvarna. Medan tätningsmedlet fortfarande är fuktigt ska skruvarna dras åt till angivet åtdragningsmoment i rekommenderad ordningsföljd **(se bilder)**. Arbeta i tre steg till slutligt

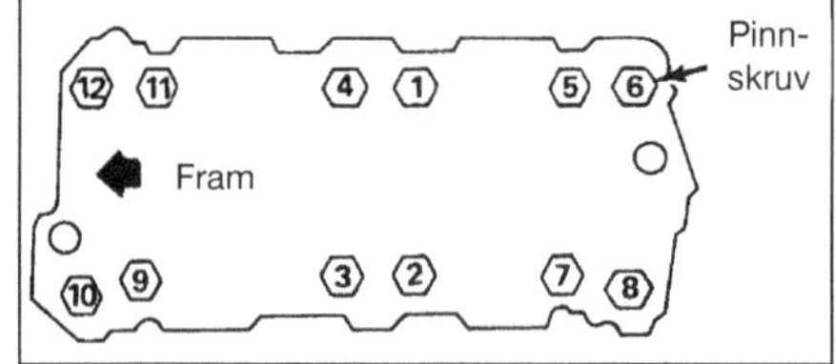

6.15a Åtdragningsföljd för inloppsrörets skruvar, V8-motorer

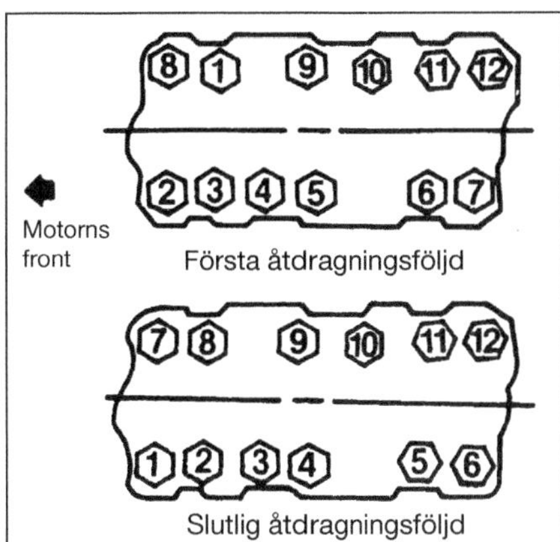

6.15b Åtdragningsföljd för inloppsrörets skruvar, V6-motorer

åtdragningsmoment. Observera att för inloppsröret till V6-motorn används en annorlunda ordningsföljd vid första och slutlig åtdragning **(se bild)**.

16 Återstående monteringsarbete sker på samma sätt som demonteringen men i omvänd ordningsföljd. Starta motorn och kontrollera noggrant beträffande olje-, vakuum- och kylvätskeläckage vid inloppsrörets fogar.

7 Avgasgrenrör - demontering och montering

Demontering

1 Lossa den negativa anslutningen från batteriet.

2 Demontera förgasarens förvärmningsrör mellan avgasgrenröret och luftrenarens snorkel (om sådan förekommer).

3 Lossa syresensorns elanslutningsdon (om sådan förekommer).

4 Demontera AIR-slangen vid kontrollventilen samt AIR-rörets fäste från grenrörets pinnskruv (om sådan förekommer).

5 Lossa tändkablarna från tändstiften (se kapitel 1 vid behov). Om det finns risk för att tändkablarna blandas ihop rekommenderar vi att de märks med tejpbitar.

6 Demontera tändstiften (kapitel 1).

7 Demontera tändstiftens värmesköldar.

8 Lossa avgasröret från grenrörets utlopp. Om muttrarna sitter hårt hjälper det ofta att dränka in avgasrörets muttrar med rostolja. Var försiktig så att inte avgasgrenrörets pinnskruvar går av om muttrarna lossas med för hård kraft.

9 Demontera eventuella tillbehör, t ex generator eller luftkonditioneringskompressor, som är infästa på avgasgrenröret, tillsammans med fästen, i förekommande fall.

10 Demontera först de två främre och bakre grenrörsskruvarna, därefter de två mittenskruvarna för att sära grenröret från cylinderhuvudet. På vissa modeller förekommer brickor med låsningar under grenrörsskruvarna för att skruvarna inte ska skaka loss. På dessa modeller måste låsningarna rätas ut innan skruvarna kan demonteras.

Montering

11 Montering utförs huvudsakligen i omvänd ordningsföljd mot demonteringen. Rengör tätningsytorna på grenröret och cylinderhuvudet från gamla packningsrester, montera sedan nya packningar. Använd inte packningscement eller tätningsmedel på packningar i avgassystemet. Se till att förvärmningssystemet blir överfört om ett nytt grenrör monteras.

12 Sätt först i grenrörets samtliga skruvar med fingrarna, dra därefter åt dem till angivet åtdragningsmoment.

13 Det rekommenderas att antikärvningsmassa används på pinnskruvarna mellan avgasgrenröret och avgasröret, och att en ny avgaspackning används.

8 Cylinderhuvud - demontering och montering

Demontering

1 Se avsnitt 3 och demontera ventilkåporna. Se avsnitt 6 och demontera inloppsröret. Observera att kylsystemet *måste* tappas av för att förhindra att kylvätskan kommer in i motorns inre delar när grenrör och cylinderhuvud demonteras. Generator, styrservopump, luftpump och luftkonditioneringskompressor (om sådan förekommer) måste likaså demonteras.

3 Se avsnitt 7 och lossa båda avgasgrenrören.

4 Se avsnitt 4 och demontera stötstängerna.

5 Använd en ny cylinderhuvudpackning, rita cylindrarnas och skruvarnas konturer på en kartongbit **(se bild)**. Se till att motorns front markeras på ritningen. Slå hål där skruvarna ska vara.

6 Lossa cylinderhuvudets skruvar ett kvarts varv åt gången tills de kan tas bort för hand. Gå från skruv till skruv i ett mönster som motsvarar åtdragningsföljden, men i motsatt ordning. **Observera:** *Missa inte skruvraden på varje cylinderhuvuds undre kant, nära tändstiftsbrunnarna.* Förvara skruvarna i kartonghållaren när de demonteras för att se till att skruvarna monteras tillbaka i ursprungshålen.

7 Lyft upp cylinderhuvudena från motorn. Om något motstånd känns ska man inte bända mellan cylinderhuvud och motorblock på grund av risken för skada på ytorna. Rubba cylinderhuvudet genom att placera en träkloss mot dess ände och slå på träklossen med en hammare.

Förvara cylinderhuvudet på träklossar för att undvika skada på packningens tätningsyta.

8 Isärtagning av cylinderhuvudet samt kontrollrutiner finns beskrivna i kapitel 2, del C.

Montering

9 Delningsplanen mellan cylinderhuvud och motorblock måste vara fullständigt rena när cylinderhuvudena monteras.

10 Avlägsna alla spår av kol och gamla packningsrester med en packningsskrapa. Torka sedan av ytorna med en trasa som är indränkt med lacknafta eller rengöringsspray. Om det finns olja på tätningsytorna när cylinderhuvudena monteras kommer packningarna inte att täta ordentligt och läckor kan uppstå. Vid arbete på motorblocket ska utrymmet vid ventillyftarna och stötstängerna täckas över med trasor så att skräp inte kan falla ner i motorn.

Avlägsna eventuellt skräp som faller ned i cylindrarna med en dammsugare.

11 Kontrollera tätningsytorna mellan motorblocket och cylinderhuvudet beträffande hack, djupa repor eller annan skada. Om skadorna är små kan de avlägsnas med en slipduk. Om de är allvarligare kan maskinslipning vara den enda lösningen.

12 Använd en gängtapp i rätt storlek för att rengöra gängorna i cylinderhuvudskruvarnas hål i motorblocket. Placera varje skruv i ett skruvstycke och kör ett gängsnitt genom gängorna för att avlägsna oxidering och återställa gängorna **(se bild)**. Smuts, oxidering,

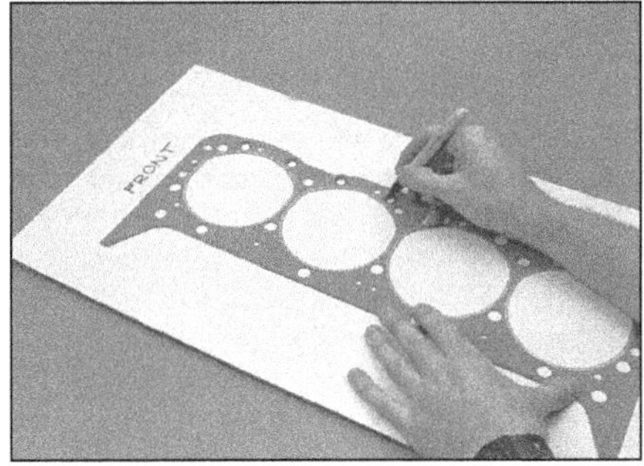

8.5 Använd en cylinderhuvudpackning som mall och rita konturerna på en kartongbit för att hålla ordning på cylinderhuvudets skruvar

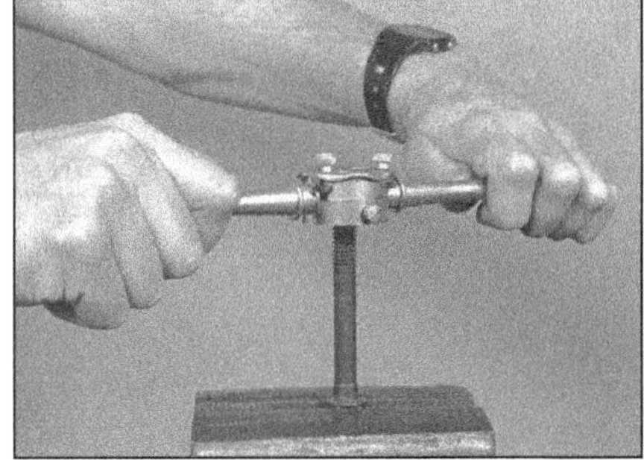

8.12 Rengör gängorna på cylinderhuvudets skruvar med ett gängsnitt innan skruvarna monteras, för att erhålla korrekt åtdragningsmoment

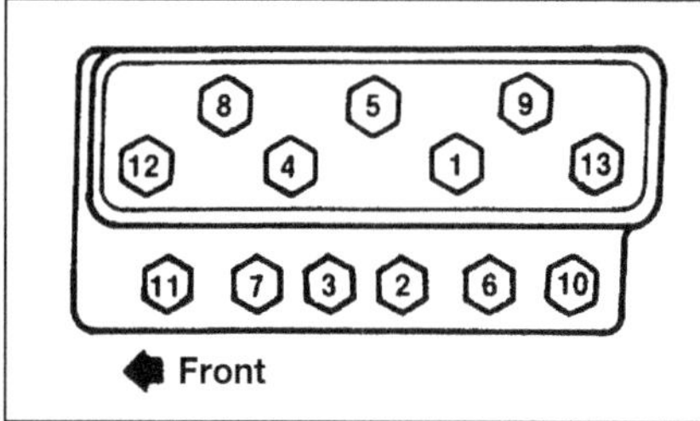

8.16a Åtdragningsföljd för cylinderhuvudskruvar, V6-motorer

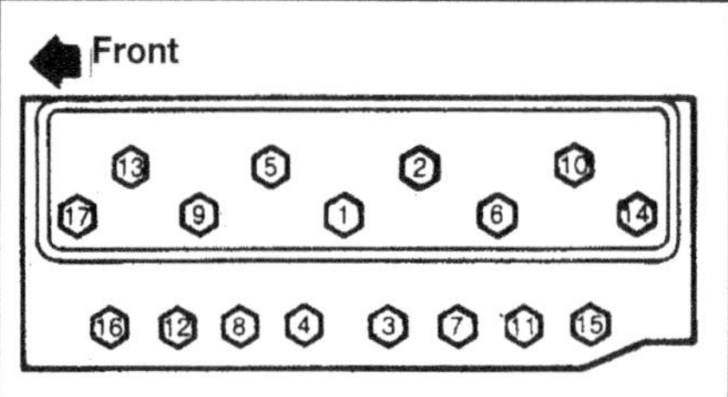

8.16b Åtdragningsföljd för cylinderhuvudskruvar, V8-motorer

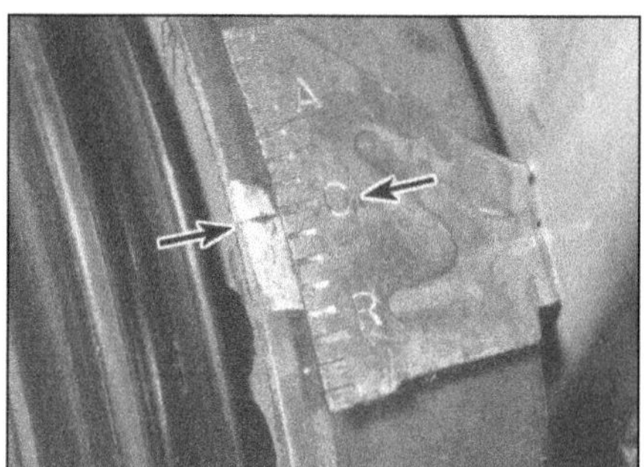

9.6 Vrid vevaxeln tills linjen på svängningsdämparen är mitt emot 0-märket på transmissionskåpan

tätningsmedel och skadade gängor kan påverka åtdragningsmomentet.

13 Placera de nya packningarna över styrpinnarna i motorblocket. **Observera:** *Om stålpackning används (packning av shimstyp), ska båda sidorna bestrykas med ett jämnt, tunt lager tätningsmedel, t ex K & W Copper Coat före monteringen. Stålpackningar måste monteras med den upphöjda strängen uppåt. Legeringspackningar måste monteras i torrt skick; tätningsmedel ska inte användas.*

14 Placera försiktigt cylinderhuvudena på motorblocket utan att packningarna rubbas.

15 Innan cylinderhuvudets skruvar monteras ska gängorna bestrykas med ett *ickehärdande tätningsmedel*, t ex Permatex nr. 2.

16 Montera skruvarna i respektive ursprungsläge och dra åt dem med fingrarna. Följ angiven åtdragningsföljd och dra åt skruvarna i flera steg till angivet åtdragningsmoment **(se bilder).**

17 Återstående monteringsarbete följer demonteringsstegen i omvänd ordningsföljd.

9 Övre dödpunkt (ÖD) för kolv nr 1 - placering

1 Övre dödpunkt (ÖD) är den högsta punkten i cylindern dit varje kolv når när den rör sig upp och ned efter vevaxelns rotation. Varje kolv når ÖD på kompressionsslaget och sedan på avgasslaget; vanligen avser ÖD emellertid kolvens läge på kompressionsslaget. Tändinställningsmärkena på svängningsdämparen, vilken är monterad på vevaxelns framsida, är inställda på kolv nr 1 vid ÖD på komressionsslaget.

2 Att placera kolvarna vid ÖD utgör en viktig del i åtskilliga arbetsrutiner, t ex demontering av vipparm, ventiljustering och demontering av strömfördelaren.

3 För att en kolv ska kunna placeras i ÖD måste vevaxeln vridas med någon av metoderna som beskrivs nedan. När man står framför motorn och är vänd mot den, är vevaxelns normala rotationsriktning medurs:

Varning: Innan arbetet påbörjas, kontrollera att växellådan är i neutralläge och tändsystemet satt ur funktion genom att mittkabeln demonterats från fördelarlocket och jordats (separata spolsystem) eller BATT-ledningen lossats från spolen i locket.

a) *Den bästa metoden att vrida vevaxeln är med en stor hylsa och brytstång fäst på svängningsdämparens bult, vilken är nedskruvad i vevaxelns framsida på de flesta motorer.*

b) *En fjärrstartkontakt, vilken kan spara tid, kan även användas. Anslut kontaktens ledningar till anslutningarna S (startkontakt) och B (batteri) på startsolenoiden. När kolven är nära ÖD, använd hylsa och dragskaft enligt beskrivningen i föregående stycke.*

c) *Om du har en medhjälpare som kan vrida tändningsnyckeln till Start-läge i korta tag, kan du få kolven nära ÖD utan fjärrstartkontakt. Avsluta proceduren med hylsan och brytstången enligt beskrivningen i a) ovan.*

4 Rista eller måla ett litet märke på strömfördelaren strax under tändkabelanslutningen till cylinder nr 1 i fördelarlocket eller gör ett märke på inloppsröret mitt emot tändkabelanslutningen i fördelarlocket.

5 Demontera fördelarlocket enligt beskrivning i kapitel 1.

6 Vrid vevaxeln (se steg 3 ovan) tills linjen på svängningsdämparen är inriktad mot 0-märket på transmissionskåpan. Transmissionskåpan och svängningsdämparen är placerade långt ner på motorns framsida, bakom remskivan som drar drivremmarna **(se bild).**

7 Rotorn bör nu peka rakt mot märket på strömfördelarens botten eller inloppsröret. Om så inte är fallet kommer kolven till ÖD på avgasslaget.

8 Kolven kan placeras vid ÖD på kompressionsslaget genom att vevaxeln vrids ett helt varv (360°) medurs. Rotorn bör nu peka mot märket. När rotorn pekar mot anslutningen för tändkabel nr ett på fördelarlocket (vilken indikeras av ett märke på strömfördelaren eller inloppsröret) och tändinställningsmärkena är inriktade, är kolv nr ett vid ÖD på kompressionsslaget.

9 När kolv nr ett är placerad vid ÖD på kompressionsslaget kan ÖD för återstående cylindrar lokaliseras genom att vevaxeln vrids 90° åt gången och tändföljden följs (se Specifikationer).

10 Transmissionskåpa, -kedja och kugghjul - demontering och montering

Demontering

1 Se kapitel 3 och demontera vattenpumpen.

2 Ta bort skruvarna och separera vevaxelns remskiva från svängningsdämparen.

3 De flesta, men inte alla, V8- och V6-motorer har en stor skruv inskruvad i vevaxelns främre ände för infästning av svängningsdämparen. Om din motor har en sådan skruv ska den demonteras, dra sedan loss vibrationsdämparen med en avdragare.

Varning: Använd inte den sortens avdragare som greppar runt dämparens ytterkant. Avdragaren måste vara av typen som använder skruvar för att styra kraften bara på dämparens nav.

4 På de flesta V8-motorer kan transmissionskåpan inte demonteras utan att oljesumpen tas bort. Först måste du lossa sumpens skruvar och sänka ned oljesumpen drygt 5 mm så att transmissionskåpan kan demonteras. Om oljesumpen har suttit på samma plats en längre tid är det sannolikt att packningen går sönder när sumpen sänks ned. I så fall måste oljesumpen tas bort och förses med ny packning.

5 Ta bort skruvarna och ta transmissionskåpan från motorblocket. Den kan eventuellt sitta fast. Om så är fallet kan du bryta upp packningstätningen med en kittkniv. Kåpan blir lätt skev, så försök inte bända loss den.

6 Följ anvisningarna i avsnitt 9, punkt 3, sätt tillbaka svängningsdämparens skruv (om sådan förekommer) och vrid vevaxeln tills tändinställningsmärkena är riktade mot varandra **(se bild).** När märkena väl är inriktade får vevaxeln eller kamaxeln inte rubbas förrän hjul och kedja har monterats.

7 Ta bort de tre skruvarna från kamaxelns ände, lossa därefter kamaxelns hjul och kedja tillsammans. Drevet på vevaxeln kan tas bort med en 2- eller 3-bent avdragare. Var försiktig så att gängorna i vevaxelns ände inte skadas. **Observera:** *Om transmissionskåpans oljetätning har läckt olja, se avsnitt 13 och montera en ny.*

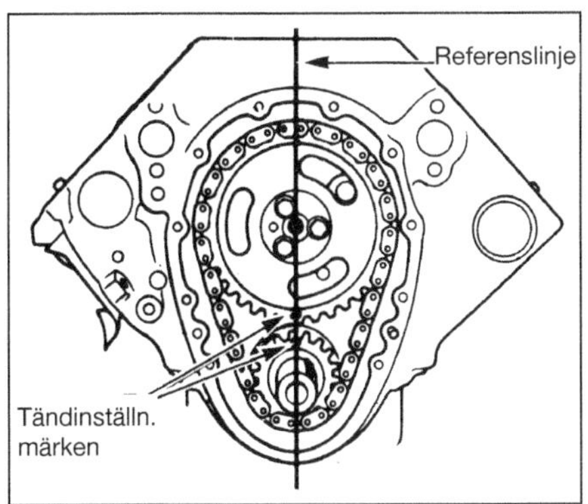

10.6 Rikta in tändinställningsmärkena som på bilden - kamhjulets märke ska vara i "klockan-6-läge" och vevaxeldrevets märke i "klockan-12-läge"

Montering

8 Avlägsna alla spår efter gamla packningsrester och tätningsmedel från kåpa och motorblock med en packningsskrapa. Stoppa in en trasa i öppningen på oljesumpens framsida så att skräp inte kommer in i motorn. Torka av kåpans och motorblockets tätningsytor med en trasa som är indränkt med lacknafta eller rengöringsspray.

9 Kontrollera om kåpans fläns har blivit skev, speciellt runt skruvhålen. Vid behov, placera kåpan på ett träblock och platta till packningsytan för att återställa den.

10 Om nya delar ska monteras, se till att kilspåret i vevaxeldrevet riktas in mot Woodruff-kilen i vevaxelns ände.

Observera: *Transmissionskedjor måste bytas tillsammans med kamaxelns och vevaxelns drev. Sätt aldrig på en ny kedja på gamla drev.* Rikta in drevet mot Woodruff-kilen och tryck fast drevet på vevaxeln med svängningsdämparens skruv, en stor hylsa och några brickor, eller knacka den försiktigt på plats tills den sitter ordentligt där den ska.

Varning: Om du stöter på motstånd ska du inte hamra fast drevet på vevaxeln. Du kan visserligen till slut få det på plats på axeln, men det kan ha spräckts på vägen och gå sönder senare, vilket orsakar allvarliga motorskador.

11 Lägg den nya kedjan över kamaxelhjulet, vrid därefter hjulet tills tändinställningsmärket är i "klockan-6-läge" **(se bild 10.6).** Låt kedjan gå i ingrepp med vevaxeldrevet och placera kamaxelhjulet på kammens ände. Vrid, vid behov, kamaxeln så att styrpinnen passar in i hjulets hål, med tändinställningsmärket i "klockan-6-läge". Kontrollera att märkena är korrekt riktade.

12 Bestryk gängorna på kamaxelhjulsskruvarna med låsvätska, montera och dra åt skruvarna till angivet åtdragningsmoment. Smörj in kedjan med ren motorolja.

13 På V8-motorer appliceras en liten klick RTV-tätningsmedel på den U-formade kanalen i kåpans botten, därefter placeras en ny oljesumpstätning av gummi i kanalen. Tätningsmedlet bör hålla tätningen på plats tills kåpan är monterad.

14 V6-motorn är försedd med en hel oljesumpspackning vilken bör kontrolleras beträffande sprickor eller revor innan transmissionskåpan monteras. Om packningen är sliten ska den bytas ut innan transmissionskåpan sätts tillbaka.

15 Bestryk båda sidor på den nya packningen med ett lager RTV-tätningsmedel, placera därefter packningen på motorblocket. Styrpinnarna och tätningsmedlet håller den på plats.

16 Montera transmissionskåpan på motorblocket och dra åt skruvarna med fingrarna.

17 Om oljesumpen demonterades från V8-motorn ska den monteras tillbaka (avsnitt 11). Om den endast lossades, men inte togs bort, ska sumpens skruvar dras åt och oljesumpen föras upp mot den undre tätningen i transmissionskåpan.

18 Dra åt transmissionskåpans skruvar till angivet åtdragningsmoment.

19 Smörj in svängningsdämparnavets oljetätningsyta med molybdenbaserat fett eller ren motorolja, montera sedan dämparen på vevaxelns ände. Kilspåret i dämparen ska riktas in mot Woodruff-kilen i vevaxelns främre ände. Om dämparen inte kan sättas dit för hand, placera en stor bricka över skruven, installera skruven och dra åt den, vilket för dämparen på plats. Ta bort den stora brickan och dra åt skruven till angivet åtdragningsmoment.

20 Återstående monteringsarbete sker i omvänd ordning mot demonteringen.

11 Oljesump - demontering och montering

Demontering

1 Lossa batteriets negativa anslutning.

2 Ta bort motorkåpan.

3 Skruva loss kylarhöljet och flytta det bakåt över fläkten (kapitel 3). Om du vill kan du placera en hård kartongbit mellan fläkt och kylare för att skydda kylarlamellerna från fläkten när motorn höjs upp.

4 Hissa upp bilen och stöd den på pallbockar.

5 Tappa av motoroljan (kapitel 1).

6 Om bilen är försedd med avgasrör ska det korsande röret skruvas loss vid avgasgrenrören.

7 Om bilen är försedd med automatväxellåda ska momentomvandlarens inspektionskåpa demonteras.

8 Om bilen för försedd med manuell växellåda ska inspektionskåpan till startmotorn (kapitel 5) och svänghjulet demonteras.

9 Om bilen är försedd med V6-motor ska startmotorn demonteras (kapitel 5).

10 Vrid vevaxeln tills tändinställningsmärket på vibrationsdämparen pekar rakt nedåt.

11 Demontera motorns genomgående skruvar.

12 Lyft upp motorn cirka 8 cm med en motorlyft eller golvdomkraft och en träkloss under oljesumpen.

Varning: På de flesta motorer sitter oljepumpens sugsil mycket nära oljesumpens botten och den kan lätt skadas om det starka trycket från en domkraft appliceras på oljesumpen. Använd endast domkraft i kombination med en stor träkloss som sprider belastningen över en större yta. Kontrollera, när motorn lyfts upp, att strömfördelaren inte slår i golvet och att fläkten inte slår i kylaren.

13 Placera träklossar mellan tvärbalken och motorblocket vid motorfästena för att hålla kvar motorn i upphöjt läge, ta därefter bort golvdomkraften eller motorlyften.

14 Ta bort skruvarna från oljesumpen. Observera att vissa senare modeller är försedda med pinnskruvar och muttrar på några ställen, och att tidigare modeller är försedda med större skruvar framtill och baktill på varje oljesumpbalk.

15 Ta bort oljesumpen genom att luta bakdelen bakåt och lirka loss den från vevslängarna, oljepumpens sugsil samt den främre tvärbalken.

Montering

16 Rengör grundligt oljesumpens och motorblockets delningsplan från gamla packningsrester och tätningsmedel.

17 Stryk ett tunt lager RTV-tätningsmedel på oljesumpen och sätt dit en ny packning. En del senare modeller är försedda med oljesumpspackning i ett stycke vilken inte kräver att oljetätningar sätts på oljesumpens fram- och baksida **(se bild).**

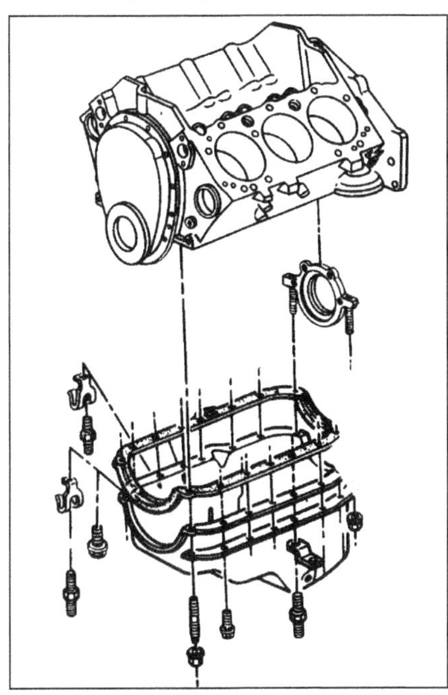

11.17 Vissa senare motorer (V6-motor på bilden) har en hel oljesumppackning istället för packning med separata fram- och bakdelar

12.3 **Kontrollera att plasthylsan är på plats mellan oljepumpen och oljepumpens drivaxel**

18 På tidigare modeller installeras en ny tätning på den främre kåpan och i det bakre lageröverfallet.

19 Lyft tillbaka oljesumpen på sin plats och var försiktig så att packningen inte rubbas, sätt i skruvarna/muttrarna löst.

20 Börja vid ändarna och dra åt skruvarna till angivet åtdragningsmoment, växelvis på de båda sidorna, inåt mot mitten.

21 Återstående monteringsarbete sker i omvänd ordningsföljd mot demonteringen. Fyll på ny olja, starta motorn och kontrollera att den inte läcker innan bilen tas i bruk igen.

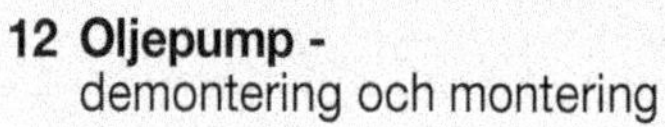

12 Oljepump - demontering och montering

1 Demontera oljesumpen enligt beskrivning i avsnitt 11.

2 Medan oljepumpen är uppstöttad, demontera skruven mellan pump och bakre lageröverfall.

3 Sänk ned pumpen och demontera den tillsammans med pumpens drivaxel. Observera att på de flesta modeller förekommer en stel plasthylsa för att rikta oljepumpens drivaxel mot oljepumpens axel. Kontrollera att hylsan är på plats på oljepumpens drivaxel **(se bild)**. Om den inte finns där, kontrollera om det ligger hylsdelar i oljesumpen, ta i så fall bort dem ur sumpen och skaffa en ny hylsa till oljepumpens drivaxel.

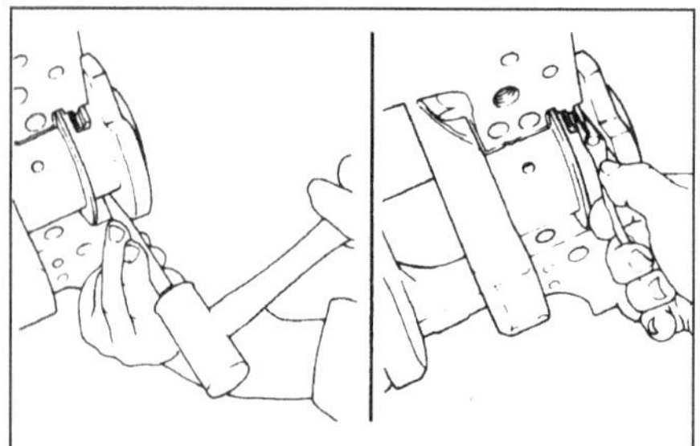

13.9 Knacka den gamla oljetätningen runt vevaxeln med hammare och dorn och dra loss den med en tång

13.2 **Stötta kåpan nära tätningsloppet och driv ut den gamla tätningen inifrån med hammare och dorn eller skruvmejsel**

4 Om en ny oljepump är installerad, kontrollera att pumpens drivaxel är matchad mot pumpens invändiga axel.

5 Placera pumpen på motorn och se till att skåran på drivaxelns övre ände är inriktad mot flänsen på strömfördelarens undre ände. Strömfördelaren driver oljepumpen varför det är absolut nödvändigt att komponenterna passar in mot varandra.

6 Sätt dit skruven och dra åt den till angivet åtdragningsmoment.

7 Sätt dit oljesumpen.

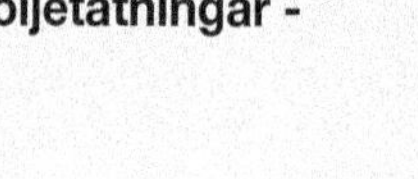

13 Vevaxelns oljetätningar - byte

Främre tätning

Observera: *Den främre tätningen kan ofta bytas utan att transmissionskåpan behöver demonteras. Var emellertid försiktig så att vevaxelns yta inte skadas när tätningen bänds loss och se till att den nya tätningen sitter ordentligt i kåpans lopp.*

1 Demontera transmissionskåpan enligt beskrivningen i avsnitt 10.

2 Driv ut tätningen ur kåpan bakifrån med dorn eller skruvmejsel. Stöd kåpan så nära tätningsloppet som möjligt. Var försiktigt så att kåpan inte blir skev eller tätningsloppets vägg repas. Om motorn har gått många mil kan man behöva applicera rostolja på varje sida om fogen mellan tätningen och kåpan. Låt oljan sjunka in innan försök görs att driva ut tätningen **(se bild)**.

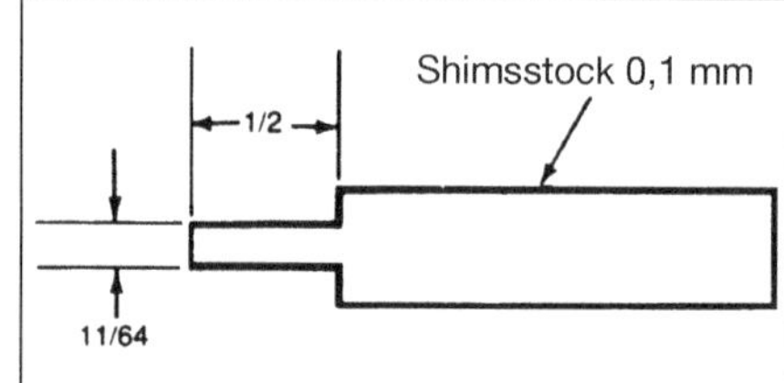

13.11 Om den nya tätningssatsen inte innehåller monteringsverktyg kan ett sådant tillverkas av en shimsstock, cirka 0,1 mm tjock

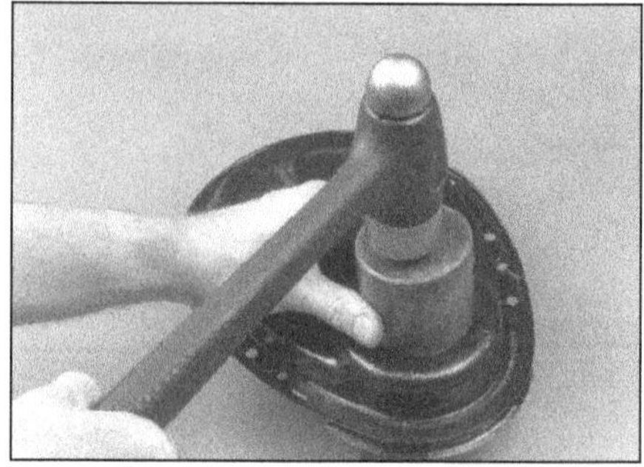

13.4 Rengör loppet, stryk lite olja på tätningens ytterkant och driv tätningen rakt in i öppningen med en stor hylsa eller rör och hammare - skada inte tätningen!

3 Rengör loppet för att avlägsna alla spår av gamla tätningsrester och oxidering. Stöd kåpan på träblock och placera den nya tätningen i loppet med tätningens öppna del inåt.

Monteringen underlättas om några droppar olja placeras på den nya tätningens ytterkant.

4 Driv in tätningen i loppet med en stor hylsa och hammare tills tätningen är ordentligt på plats **(se bild)**. Välj en hylsa som har samma ytterdiameter som tätningen (en rörbit kan användas om en hylsa inte finns till hands).

5 Montera tillbaka transmissionskåpan.

Bakre tätning

V8-motorer före 1986

6 Den bakre ramlagertätningen kan bytas utan att motorn behöver demonteras. Se avsnitten som beskriver detta, och demontera oljesump och oljepump.

7 Ta bort skruvarna och lossa det bakre ramlageröverfallet från motorn.

8 Tätningsdelen i lageröverfallet kan bändas loss med en skruvmejsel.

9 Demontera tätningsdelen i motorblocket genom att knacka på den ena änden med hammare och mässingsdorn eller trätapp tills den andra änden skjuter ut tillräckligt långt, så att du kan fatta tag i den med en tång och dra ut den **(se bild)**. Var försiktig så att varken vevtappen eller tätningsytan skadas under tiden.

10 Kontrollera lageröverfallets och motorblockets tätningsytor, såväl som tätningsspåren i överfallet beträffande hack, gjutskägg eller repor. Avlägsna eventuella defekter med en fin fil eller avgradningsverktyg.

11 Ofta finns ett litet tätningsmonteringsverktyg inkluderat med den nya tätningen. Om så inte är fallet kan sådana köpas separat i de flesta biltillbehörsaffärer. Det är även möjligt att själv tillverka ett verktyg av ett gammalt bladmått eller en shimsstock av mässing **(se bild)**.

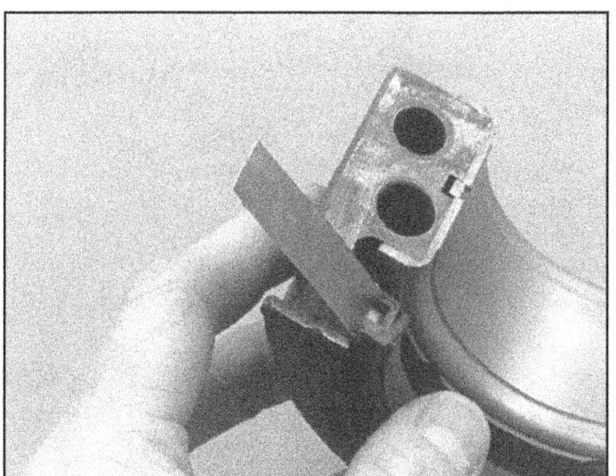

13.12A Använd verktyget som ett "skohorn", sätt fast tätningssektionen i lageröverfallet . . .

13.12b . . . med oljetätningsläppen riktad mot motorns front

13.13 Placera verktyget så att det skyddar tätningens baksida när den förs över den vassa kanten. Observera att tätningen placeras över kanten

12 Montera en tätningssektion i taget med verktyget, med läppen mot motorns framsida (om tätningen har två läppar ska den spiralförsedda läppen placeras mot framsidan). Ändarna bör vara jäms med överfallets yta. Se till att tätningen är ordentligt på plats **(se bild)**.

13 Placera verktygets smala ände så att tätningens baksida skyddas när den läggs över motorblockets vassa kant **(se bild)**.

14 Smörj in tätningsläpparna och spåret på baksidan med molybdenbaserat fett eller ren motorolja - se till att inget smörjmedel kommer på tätningsändarna. Placera tätningen i motorblocket, över verktyget.

Varning: Kontrollera att tätningsläpparna pekar mot motorns front när tätningen monteras (se bild).

15 Tryck tätningen på plats och använd verktyget som ett "skohorn". Placeringen av tätningen kan underlättas om vevaxeln vrids något. När tätningens båda ändar är jäms med motorblockets yta ska verktyget tas bort.

16 Smörj in lageröverfallets tätningsläppar med molybdenbaserat fett eller ren motorolja.

17 Placera försiktigt lageröverfallet på motorblocket, montera båda skruvarna och dra bara åt dem till 14 till 16 Nm. Knacka vevaxeln framåt och bakåt med en hammare av bly eller mässing så att ramlagrets och vevaxelns lagerytor är inriktade mot varandra, dra därefter åt bakre lageröverfallets skruvar till angivet åtdragningsmoment.

18 Montera oljepumpen och oljesumpen.

V8-motorer fr o m 1986 samt alla V6-motorer

19 På senare modeller med V8- och V6-motorer är ramlagrets bakre oljetätning hel, tätningen är monterad i ett hus **(se bild)**. När tätningen ska bytas måste växellådan, kopplingen och svänghjulet (manuell växellåda) eller momentomvandlaren (automatisk växellåda) demonteras. Kapitel 7 innehåller anvisningar för demontering av växellådan.

20 Demontera oljesumpen (avsnitt 11).

21 Tätningen kan avlägsnas genom att den bänds ur hållaren med en skruvmejsel som placeras i speciella hack **(se bild)**. Montering med hållaren kvar på motorblocket kräver emellertid ett specialverktyg, GM nr J-35621, vilket ansluts till de gängade hålen i vevaxelflänsen, varefter den nya tätningen trycks på plats.

22 Om inget specialverktyg finns till hands, demontera skruvarna som fäster hållaren på motorblocket, varefter hållare och packning tas bort. Varje gång hållaren demonteras från motorblocket *måste* ny tätning och packning monteras.

23 Sätt in skruvmejselns blad i tätningshusets hack och bänd loss den gamla tätningen. Kom ihåg att notera hur långt in i husets lopp tätningen sitter innan den tas bort så att den nya tätningen kan monteras på samma djup.

24 Rengör huset grundligt, stryk därefter på ett tunt lager motorolja på den nya tätningen. Placera tätningen rakt in i fördjupningen i huset, använd två träklossar, en på varje sida av huset, använd ett stort skruvstycke för att pressa in tätningen på plats.

25 För försiktigt tätningen över vevaxeln och skruva fast tätningshuset på motorblocket. Kom ihåg att använda en ny packning, men ingen packningstätning.

26 Återstoden av monteringsarbetet sker i omvänd ordningsföljd mot demonteringen.

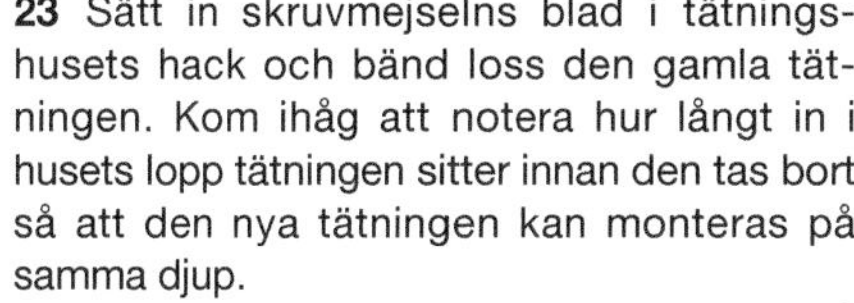

14 Motorfästen - kontroll och byte

1 Motorfästen behöver sällan åtgärdas. Trasiga eller förslitna fästen måste emellertid omedelbart bytas, annars kan den extra

13.14 Kontrollera att tätningsläppen är riktad mot motorns front och håll verktyget på plats så att tätningen skyddas vid monteringen

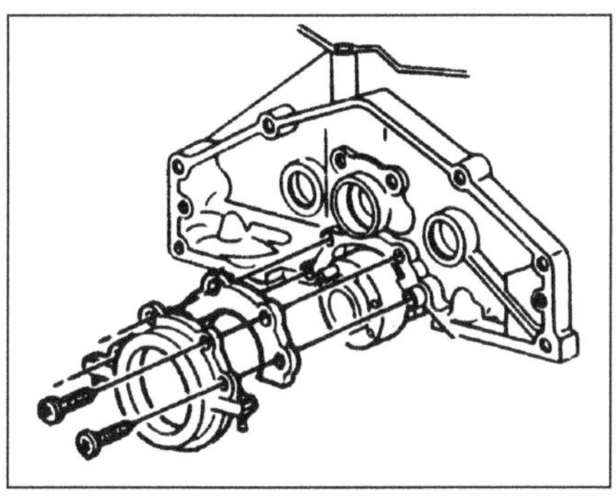

13.19 På senare modeller med V6- och V8-motorer finns en hel bakre oljetätning som är infäst i ett hus som i sin tur är infäst på motorblockets gavel

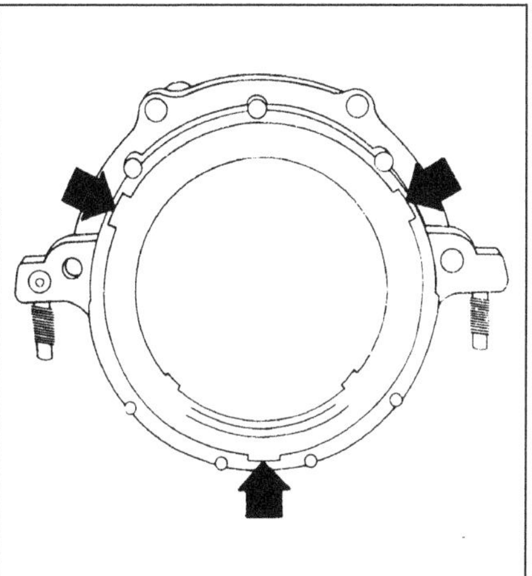

13.21 Huset är försett med hack (vid pilar) för att bända loss tätningen

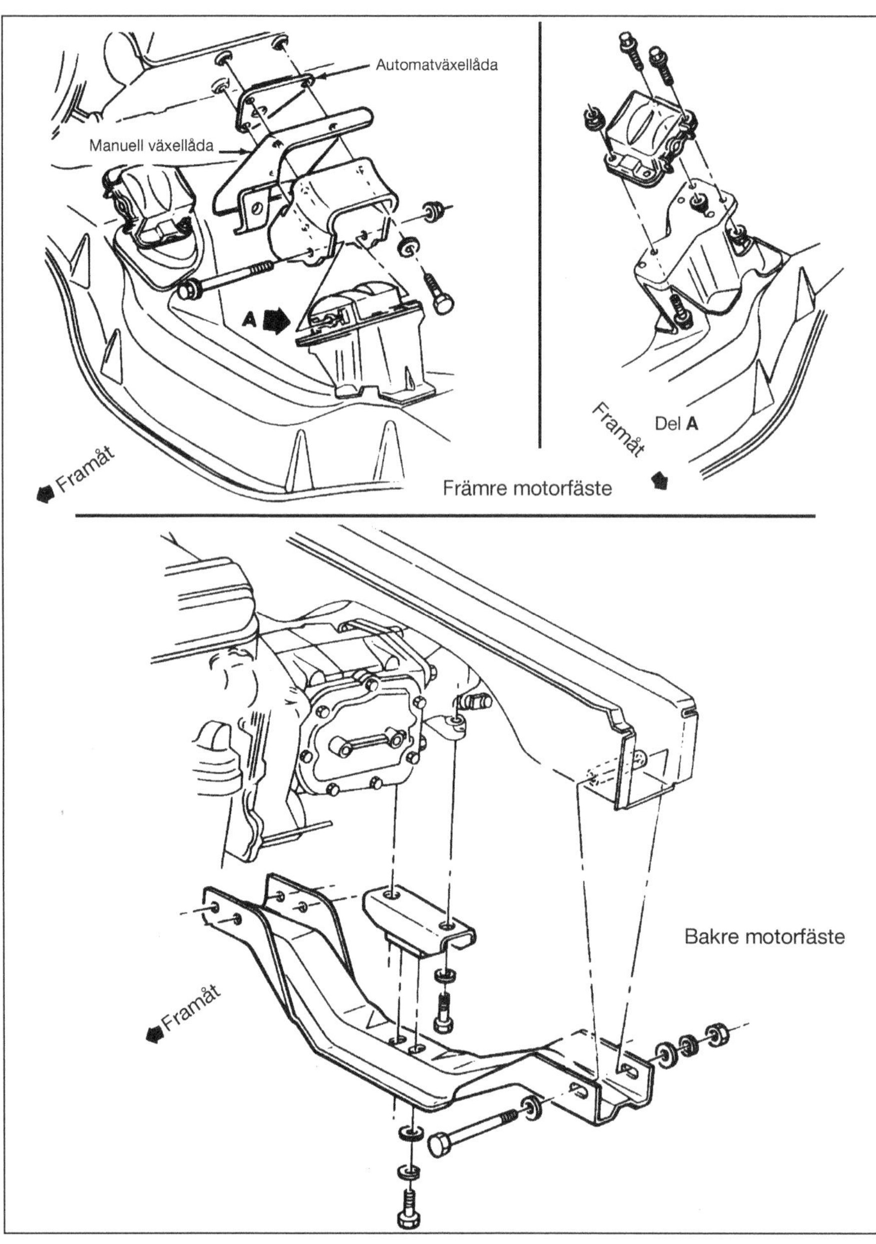

14.1 Motorfästen i V6- och V8-motorer

belastningen på drivlinan orsaka skador **(se bild)**.

Kontroll

2 Under kontrollen ska motorn höjas upp något så att fästena avlastas från tyngden. Se kapitel 1 och demontera fördelarlocket innan motorn hissas upp.

3 Hissa upp bilen och stöd den säkert på pallbockar, placera därefter domkraften under motorns oljesump. Placera en stor träkloss mellan domkraftens huvud och oljesumpen, lyft därefter upp motorn tillräckligt högt så att tyngden inte längre vilar på fästena.

4 Kontrollera fästena för att se om gummit är sprucket, förhårdnat eller har särats från metallplattorna. Ibland kan gummit spricka längs mittlinjen. Gummibevarande medel eller WD-40 bör appliceras på fästena för att undvika att de slits ut i förtid.

5 Kontrollera den relativa rörelsen mellan fästplattorna och motorn eller ramen (använd en stor skruvmejsel eller brytjärn för att försöka att rubba fästena). Om rörelse kan noteras, sänk ned motorn och dra åt fästenas fästanordningar.

Byte

6 Lossa den negativa anslutningen från batteriet, hissa sedan upp bilen och stöd den säkert på pallbockar.

7 Ta bort muttern och dra ut fästets genomgående skruv från ramfästet.

8 Höj upp motorn något, demontera sedan skruvarna mellan fästet och motorblocket, lossa fästet.

9 Montering sker som vid demonteringen, men i omvänd ordningsföljd. Applicera gänglåsningsvätska på skruvarna och se till att de dras åt ordentligt.

Kapitel 2 Del B:
6-cylindriga radmotorer

Innehåll

Svårighetsgrad

Enkelt, passar novisen med lite erfarenhet 	**Ganska enkelt,** passar nybörjaren med viss erfarenhet 	**Ganska svårt,** passar kompetent hemma-mekaniker 	**Svårt,** passar hemmamekaniker med erfarenhet	**Mycket svårt,** för professionell mekaniker 

Specifikationer

Allmänt

230 kubiktum	3769 cc
250 kubiktum	4097 cc
292 kubiktum	4785 cc
Tändföljd	1-5-3-6-2-4
Cylinderlopp	98,425 mm
Slaglängd	
230	82,550 mm
250	89,662 mm
292	104,648 mm

Åtdragningsmoment

	Nm
Ventilkåpans skruvar	5
Stötstångskåpans skruvar	6
Inloppsrör	
utvändiga skruvar	27
invändiga skruvar	41
Avgasgrenrör (delbart)	
t o m 1982	41
fr o m 1983	27
Avgasgrenrör (integrerat med cylinderhuvud)	
utvändiga skruvar	24 till 34
övre och undre mittenskruvar	54 till 61
mellersta innerskruvar	49 till 54
Skruvar/muttrar mellan grenrör och inloppsrör	61
Cylinderhuvudskruvar	129
Transmissionskåpans skruvar	9
Svängningsdämparens skruv	81
Oljesumpens skruvar	
till transmissionskåpan	5
1/4–20	9
5/16-18	19
Oljepumpskruv	13
Skruv till bakre ramlageröverfall	88

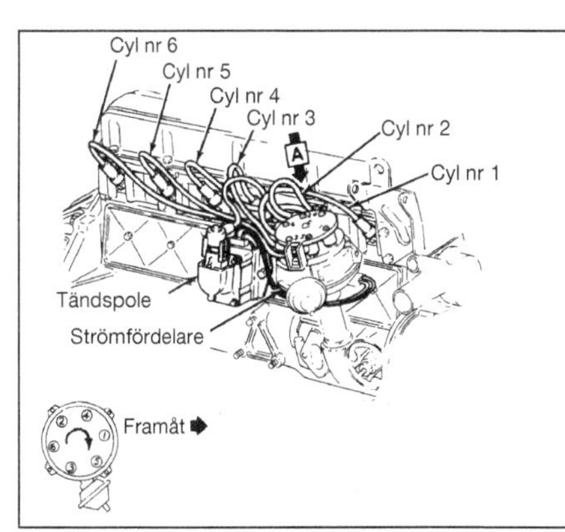

6-cylindrig radmotor med elektronisk tändning (HEI)

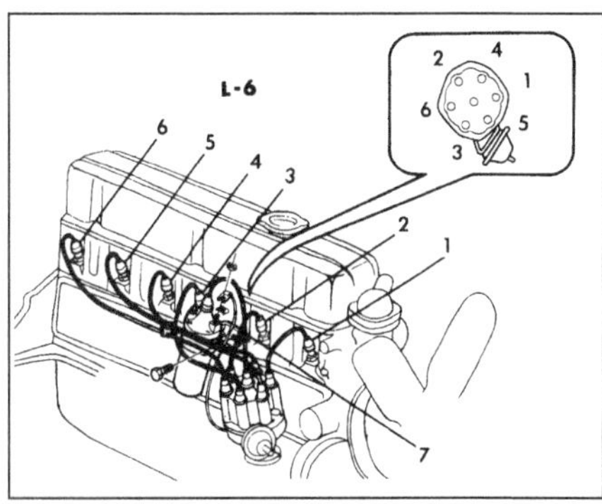

6-cylindrig radmotor med fördelare med brytarkontakter

1 Allmän beskrivning

Denna del av kapitel 2 beskriver reparationsprocedurer för 6-cylindriga radmotorer. All information beträffande demontering och montering av motorn samt renovering av motorblock och cylinderhuvud återfinns i del C i detta kapitel.

Beskrivningarna i denna del förutsätter att motorn är kvar i bilen. Om de ska tillämpas vid fullständig motorrenovering (när motorn redan har demonterats från bilen och är placerad på en arbetsställning) är många av arbetsmomenten inte tillämpbara.

Specifikationerna i denna del av kapitel 2 gäller endast arbeten som utförs i detta kapitel. Specifikationer som krävs vid ombyggnad av motorblock och cylinderhuvud återfinns i del C.

De 6-cylindriga radmotorerna som används i Chevrolet och GMC vans förekommer i tre storlekar: 230 kubiktum, 250 kubiktum och 292 kubiktum. Mekaniskt sett liknar motorerna i huvudsak varandra, med undantag för att på vissa motorer förekommer cylinderhuvud med ihopgjutna avgasrör och inloppsrör istället för ett separat fastskruvat inloppsrör.

2 Arbeten som kan göras med motorn monterad

Många större reparationer kan utföras utan att motorn behöver demonteras från bilen.

Rengör motorrummet och motorns utsida med någon typ av högtryckstvätt innan arbetet börjar. En ren motor underlättar arbetet och gör det lättare att hålla smuts borta från motorns inre delar.

Om olje- eller kylvätskeläckage uppstår som kräver byte av packning eller tätning kan reparationen oftast utföras med motorn kvar i bilen. Oljesumpens packning, cylinderhuvudpackningar, inloppsrörs- och avgasgrenrörspackningar, transmissionskåpans packning och vevaxelns oljetätningar kan normalt nås med motorn på plats.

Utvändiga motorkomponenter, såsom vattenpumpen, startmotorn, generatorn, strömfördelaren och förgasaren eller bränsleinsprutningsenheten, samt inloppsrör och avgasgrenrör, kan demonteras för reparation med motorn på plats.

Eftersom cylinderhuvudet kan demonteras utan att motorn tas ut kan underhåll och reparation av ventildelar också utföras med motorn på plats i bilen.

Om transmissionskedjedrev eller oljepump ska bytas, repareras eller kontrolleras kan detta utföras med motorn på plats.

Om nödvändig utrustning inte finns till hands, kan reparation eller byte av kolvringar, kolvar, vevstakar och vevstakslager i nödfall utföras med motorn på plats i bilen. Det rekommenderas dock inte på grund av de rengörings- och förberedelsearbeten som behöver utföras på de aktuella komponenterna.

3 Ventilkåpa - demontering och montering

Demontering

1 Ta bort PCV-slangen eller ventilen (beroende på vad som förekommer) från ventilkåpan (se kapitel 6 vid behov).

2 Ta bort luftrenaren.

3 Ta bort kablage, bränsle- och vakuumledningar från vipparmsclipsen.

4 Notera vilka vipparmsskruvar som används för att fästa clips, ta därefter bort skruvarna, förstärkningarna och clipsen.

5 Ta bort ventilkåpan. Om kåpan sitter fast på cylinderhuvudet, försök inte att bända loss den med en skruvmejsel eller kniv. Knacka istället med en gummiklubba mot kåpans ände eller placera en träkloss mot kåpänden och slå till den med en hammare. Om den ändå inte lossnar, för försiktigt in en tunnbladig kniv eller packningsskrapa under tätningsflänsen och skär bort packningen från cylinderhuvudet. Var aktsam så att inte ventilkåpans tätningsfläns blir skadad.

6 Rengör försiktigt alla gamla packnings- och tätningsrester från ventilkåpans tätningsfläns och cylinderhuvudet. Var försiktigt så att skräp inte kan falla ned i oljedräneringshålen i cylinderhuvudet.

Montering

7 Kontrollera att ventilkåpans tätningsfläns är rak, och räta ut den eller byt den efter behov.

8 Bestryk ventilkåpan med ett tunt lager RTV-tätning, installera sedan en ny packning. Använd inte tätningsmedel på ytan mellan packningen och cylinderhuvudet.

9 Återstående monteringsarbete utförs som vid demonteringen men i omvänd ordningsföljd.

4 Stötstångskåpa - demontering och montering

1 Lossa batteriets negativa anslutning.

2 Demontera stötstångskåpornas skruvar och bänd försiktigt loss kåporna från motorblockets sida, använd en tunnbladig kniv om det behövs för att lossa dem från motorblocket. Var försiktig så att kåpans tätningsflänsar inte blir skeva.

3 Skrapa bort gamla packnings- och tätningsrester från stötstångskåporna och motorblocket.

4 Använd lite RTV-tätning för att hålla dem kvar på plats, montera nya packningar på stötstångskåporna.

5 Återstående monteringsarbete utförs som vid demonteringen men i omvänd ordningsföljd.

5 Hydrauliska lyftare - demontering och montering

1 Demontera ventilkåpa (avsnitt 3), stötstänger (avsnitt 6) och stötstångskåpor (avsnitt 4).

2 Demontera lyftarna. Det finns flera sätt att ta bort lyftare från lyftarbrunnarna. Ett specialverktyg som är konstruerat att gripa tag i och ta bort lyftare tillverkas av många verktygstillverkare och är lätt att få tag på, dock kanske det inte alltid behövs. På nyare motorer som inte har börjat att få avlagringar kan lyftarna ofta demonteras med en liten magnet eller till och med med fingrarna. Maskinisters ritsverktyg som har en böjd ände, kan användas till att dra ut lyftarna om fästringen placeras i överdelen på varje lyftare.

Varning: Använd inte en tång till att demontera lyftarna om du inte avser att byta ut dem mot nya delar (tillsammans med kamaxeln). En tång kan skada de precisionsslipade och härdade lyftarna så att de inte kan användas.

3 Ordna med en ordentligt märkt förvaringsbox till lyftarna innan de demonteras så att de kan monteras tillbaka i respektive ursprungslägen. Demontera lyftarna och förvara dem där de inte kan bli smutsiga.

4 Rengör lyftarna med lösningsmedel och torka dem ordentligt utan att blanda ihop dem.

5 Kontrollera varje lyftarvägg, stötstångssäte och fot beträffande repor, gropbildning och ojämnt slitage. Varje lyftarfot (den yta som är placerad på kamnocken) måste vara något konvex, vilket dock kan vara svårt att se med blotta ögat. Om lyftarens bas är konkav **(se bilder)**, måste lyftarna och kamaxeln bytas.

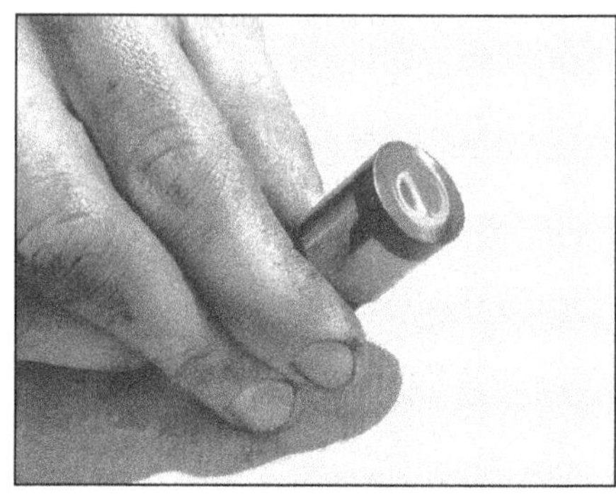

5.5a Om någon av ventillyftarna har blivit konkav där lyftaren är i kontakt med kamaxeln ska ventillyftaren och kamaxeln bytas

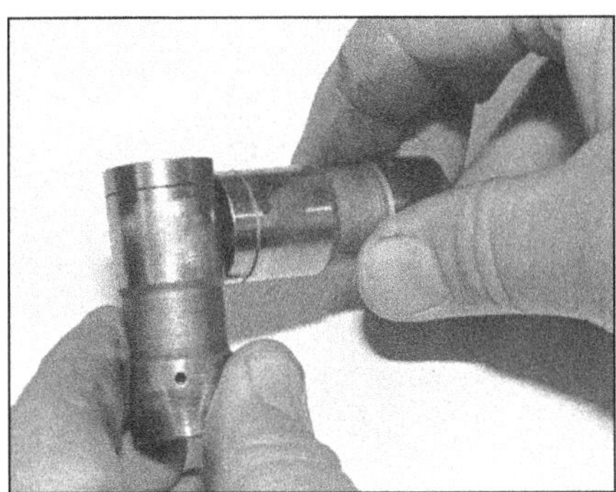

5.5b Varje lyftarfot ska vara litet konvex - kontrollera mot sidan på en annan lyftare. Om den verkar plan är den sliten och kan inte användas igen

Om lyftarväggarna är skadade eller slitna (vilket inte är särskilt sannolikt) ska även lyftarbrunnen i motorblocket kontrolleras. Om stötstångssätena är slitna ska stötstångens ände kontrolleras.

6 Om nya lyftare ska monteras ska även en ny kamaxel installeras. Om en ny kamaxel installeras ska även nya lyftare monteras. Montera aldrig använda lyftare om inte originalkamaxeln ska användas och lyftarna kan monteras i respektive ursprungslägen.

7 Bestryk lyftarfoten med molybdenbaserat fett, och montera lyftaren i lyftarbrunnen.

8 Återstående monteringsarbete utförs som vid demonteringen men i omvänd ordningsföljd.

6 Vipparmar och stötstänger - demontering, kontroll och montering

Demontering

1 Se avsnitt 3 och lossa ventilkåpan från cylinderhuvudet.

2 Börja vid framsidan på ett cylinderhuvud, lossa och demontera pinnskruvmuttrarna från vipparmarna. Förvara dem separat i märkta behållare för att kontrollera att de monteras tillbaka i respektive ursprungsläge.

Observera: *Om det bara är stötstängarna som ska demonteras, kan varje mutter lossas tillräckligt så att vipparmarna kan vridas åt sidan varefter stötstängerna kan lyftas ut.*

3 Lyft bort vipparmarna och ledkulorna och förvara dem i märkta behållare tillsammans med muttrarna (de måste monteras tillbaka i respektive ursprungsläge).

4 Demontera stötstängerna och förvara dem i rätt ordning så att de inte blandas ihop vid monteringen.

Kontroll

5 Kontrollera varje vipparm beträffande slitage, sprickor och andra skador, speciellt där stötstängerna och ventilskaften vidrör vipparmarnas ytor.

6 Kontrollera att hålet vid varje vipparms stötstångsände är öppet.

7 Kontrollera den ledade ytan på varje vipparm beträffande slitage, sprickor och hopskärning. Om vipparmarna är slitna eller skadade ska de bytas mot nya, använd även nya ledkulor.

8 Kontrollera stötstängerna beträffande sprickor och starkt slitage vid ändarna. Rulla varje stötstång på en glasyta för att se om den är böjd (om den skevar är den böjd).

Montering

9 Smörj in varje stötstångs undre ände med ren motorolja eller molybdenbaserat fett, och montera dem i respektive ursprungsläge. Kontrollera att varje stötstång sitter ordentligt i ventillyftaren

10 Bestryk ventilskaftens ändar och stötstängernas övre ändar med molybdenbaserat fett innan vipparmarna placeras över pinnskruvarna.

11 Sätt vipparmarna på plats, montera därefter ledkulor och muttrar. Bestryk ledkulorna med molybdenbaserat fett för att undvika skada på glidytor innan tryck uppstår i motoroljan. Kontrollera att varje mutter monteras med den plana sidan mot ledkulan.

Ventiljustering

12 Gör ett märke med en krita eller liten målarpensel på fördelarhuset för tändstift nummer ett och sex.

13 Ta bort fördelarlocket.

14 Vrid runt motorn tills rotorn pekar mot märket vid cylinder nummer ett på fördelaren.

15 Inloppsventilerna för cylindrarna nummer ett, två och fyra samt avgasventilerna för cylindrarna nummer ett, tre och fem kan nu justeras.

16 För att justera ventilerna drar du åt vipparmsmuttrarna tills allt glapp försvinner vid stötstången **(se bild).** Man kan fastställa detta genom att rotera varje stötstång mellan tummen och pekfingret medan muttern dras åt. Inget glapp finns kvar när du känner ett lätt motstånd och stötstången kan inte vridas mer.

17 Dra åt varje mutter ytterligare ett helt varv (360°) så att lyftarna centreras.

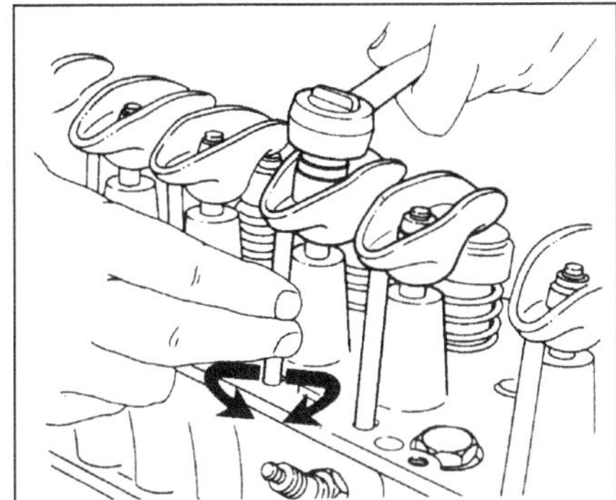

6.16 Vid justering av ventilerna vrids vipparmsmuttern ned medan stötstången vrids med fingrarna tills det inte går att vrida runt den längre, dra därefter åt muttern ytterligare ett helt varv

18 Vrid runt motorn tills rotorn pekar mot märket på fördelarhuset under cylinder nummer sex.

19 Inloppsventilerna för cylindrarna nummer tre, fem och sex samt avgasventilerna för cylindrarna nummer två, fyra och sex kan nu justeras.

20 Upprepa proceduren som beskrivs i steg 16 och 17.

21 Montera fördelarlocket och ventilkåpan.

7 Ventilfjädrar, hållare och tätningar - byte med motorn i bilen

Observera: *Trasiga ventilfjädrar och defekta ventiltätningar kan bytas utan att cylinderhuvudet behöver demonteras. Två specialverktyg och en källa för tryckluft behövs i normala fall för att kunna utföra detta arbete. Läs detta avsnitt noggrant innan arbetet påbörjas och hyr eller köp in de verktyg som behövs. Om tryckluft inte finns tillgänglig kan ett nylonrep användas för att hindra ventilerna från att falla ned i cylindern under arbetets gång.*

1 Se avsnitt 3 och demontera ventilkåpan.

2 Demontera tändstiftet från cylindern som har en defekt komponent. Demontera samtliga tändstift om samtliga spindeltätningar ska bytas.

3 Vrid vevaxeln tills kolven i den aktuella cylindern är i övre dödläge på kompressionsslaget (se anvisningar i avsnitt 11). Om du ska byta samtliga spindeltätningar ska du börja med cylinder nr 1 och arbeta på ventilerna i en cylinder åt gången. Gå från cylinder till cylinder och följ tändföljden (1-5-3-6-2-4).

4 Skruva in en adapter i tändstiftsbrunnen och anslut en luftslang från en tryckluftskälla till adaptern. De flesta biltillbehörsaffärer säljer luftslangsadaptrar. **Observera:** *Många kompressionsmätare använder en iskruvningsanordning som eventuellt kan fungera tillsammans med snabbkopplingen på din luftslang.*

5 Demontera muttern, ledkulan och vipparmen till ventilen med den defekta delen och dra ut stötstången. Om samtliga spindeltätningar ska bytas ska samtliga vipparmar och stötstänger demonteras (se avsnitt 6).

6 Blås in tryckluft i cylindern. Ventilerna bör hållas fast på plats av tryckluften. Om ventilernas ytor eller säten är i dåligt skick kan läckage göra att lufttrycket inte kan hålla fast ventilerna - alternativa tillvägagångssätt finns beskrivna nedan.

7 Om du inte har tillgång till tryckluft kan du gå tillväga på ett annat sätt. Placera kolven i ett läge strax före övre dödläge på kompressionsslaget, mata sedan ett nylonrep genom tändstiftsbrunnen tills den fyller förbränningsrummet. Kontrollera att repänden hänger utanför motorn så att den enkelt kan tas bort. Använd ett stort dragskaft och hylsa

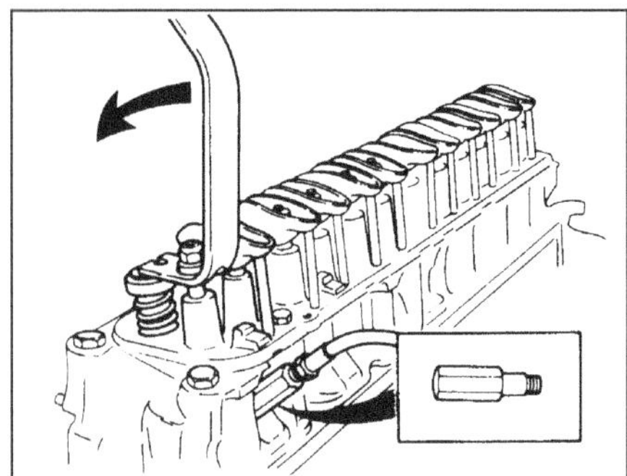

7.8 Verktyget som fästs på vipparmens pinnskruv kan användas till att trycka ihop ventilfjädrarna. Specialverktyg J-23590 består av en adapter som tillför tryckluft till cylindern

för att rotera vevaxeln i normal rotationsriktning tills ett lätt motstånd blir kännbart.

8 Fyll cylinderhuvudets hål med trasor över och under ventilerna för att förhindra att delar och verktyg faller ned i motorn, tryck sedan ihop fjädern med en ventilfjäderkompressor. Demontera hållarna med en liten nåltång eller magnet. **Observera:** *Ett par olika tångtyper förekommer för ihoptryckning av ventilfjädrar med cylinderhuvudet på plats. Den ena tångtypen griper tag i den undre fjäderspiralen och trycker på hållaren när man vrider på en knopp, medan den andra typen utnyttjar hävarmsprincipen mot vipparmens pinnskruv och mutter* **(se bild).** Båda typerna fungerar bra, hävarmstypen kostar dock vanligen mindre.

9 Demontera fjäderfäste eller ventilroterare, hållare samt ventilfjäder, ta därefter bort ventilskaftets O-ring samt styrningstätningen av paraplytyp (vanligen endast monterad på inloppsventilerna). Tätningar av O-ringstyp är sannolikt härdade och kommer antagligen att gå sönder när de demonteras, varför man bör sätta tillbaka nya varje gång en originalring demonteras. **Observera**: *Om lufttrycket inte kan hålla fast ventilen i stängt läge under arbetet är antagligen ventilens yta eller sätet skadat. Om så är fallet måste cylinderhuvudet demonteras så att ytterligare reparationsarbeten kan utföras.*

10 Linda en gummisnodd eller tejp runt ventilspindelns överdel så att ventilen inte kan falla ned i förbränningsrummet, stäng av tryckluften. **Observera:** *Om ett nylonrep har använts istället för tryckluft ska vevaxeln vridas något i omvänd normal rotationsriktning.*

11 Kontrollera om ventilskaftet är skadat. Vrid ventilen i styrningen och kontrollera om änden rör sig excentriskt, vilket kan tyda på att ventilen är skev.

12 Flytta ventilen uppåt och nedåt i styrningen och kontrollera att den inte kärvar. Om ventilspindeln kärvar är antingen ventilen skev eller styrningen skadad. I båda fallen måste cylinderhuvudet demonteras för reparation.

13 Blås in tryckluft i cylindern igen för att hålla ventilen i stängt läge, ta därefter bort

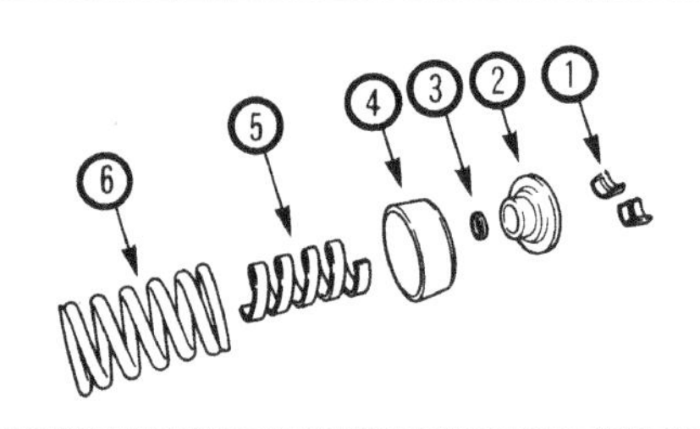

7.16 Ventilfjäderns komponenter - sprängskiss

1 Knaster	*4 Fjäderkåpa*
*2 Bricka***	*5 Fjäder*
3 Tätning	*6 Ventilroterare**

*** Ventilroterare på avgasventil*
** Används ej på 250 kubiktum L6*

tejpen eller gummisnodden från ventilspindeln. Om du använde ett nylonrep istället för tryckluft ska vevaxeln vridas i normal rotationsriktning tills ett lätt motstånd blir kännbart.

14 Smörj in ventilspindeln med motorolja och montera en styrningstätning av paraplytyp på inloppsventilen.

15 Montera fjäder/ventilroterare och hållare över ventilen.

16 Montera ventilfjäderns knaster eller ventilroterare **(se bild)**. Tryck ihop ventilfjädern och montera försiktigt den nya O-ringstätningen i det undre spåret i ventilspindeln Kontrollera att tätningen inte är vriden - den måste ligga fullkomligt platt i spåret.

17 Placera ventilknastren i det övre spåret. Demontera fjäderverktyget och se till att ventilknastren är på plats.

Applicera en liten klick smörjfett inuti varje ventilknaster för att hålla det på plats, om det behövs.

18 Lossa luftslangen och ta bort adaptern från tändstiftshålet. Om du har använt ett nylonrep istället för tryckluft ska repet dras ut från cylindern.

19 Se avsnitt 10 och montera vipparmarna och stötstängerna.

20 Sätt tillbaka tändstiften och haka på tändkabeln/kablarna.

21 Se avsnitt 3 och montera ventilkåpan.

22 Starta motorn och låt den gå, gör en kontroll beträffande oljeläckage och ovanliga ljud från området runt ventilkåporna.

8 Inloppsrör och avgasgrenrör (delbart) - demontering och montering

Observera: *På vissa motorer förekommer cylinderhuvud med inloppsröret ingjutet i cylinderhuvudet (integrerat) medan på andra är inloppsröret infäst med skruv (delbart). Tillvägagångssättet i detta avsnitt gäller demontering av delbart inloppsrör och avgasgrenrör. Se avsnitt 9 beträffande demontering av avgasgrenrör från cylinderhuvuden med integrerat inloppsrör.*

Demontering

1 Lossa batteriets negativa anslutning.

2 Demontera luftrenaren.

3 Lossa gasvajer eller gasreglage (i förekommande fall) och demontera gasspjällets returfjäder.

4 Lossa bränsle- och vakuumledningarna vid förgasaren. Om det finns risk för att ledningarna blandas ihop bör man märka dem med tejp så att de kan monteras tillbaka i respektive ursprungsläge.

5 Ta bort PCV-slangen från ventilkåpan.

6 Lossa avluftningsslangen vid EVAP-kanistern (om sådan förekommer).

7 Lossa avgasröret från avgasgrenröret. Applicera rostolja och vänta några minuter så den får verka om avgasrörets muttrar är svåra att demontera. Var försiktig och använd inte för hård kraft, annars kan pinnskruvarna gå sönder.

8 Ta bort grenrörets skruvar och klämmor, separera grenröret från cylinderhuvudet **(se bild).**

9 Demontera skruven och de båda muttrarna från avgasrörets mittendel för att separera inloppsrör och avgasgrenrör.

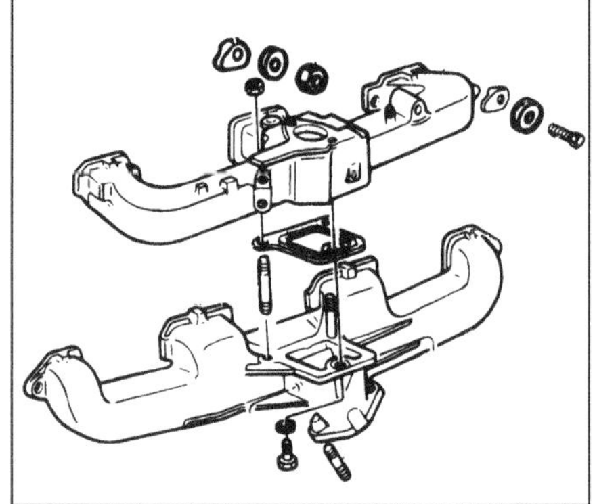

8.8 Inloppsrör och avgasgrenrör - sprängskiss

31 Skruv	*36 Bricka*
32 Klammer	*37 Pinnskruv*
33 Mutter	*38 Packning*
34 Avgasgrenrör	*39 Inloppsrör*
35 Skruv	*40 Mutter*

Montering

10 Avlägsna alla gamla packningsrester och tätningsmedel från delningsplanen på inloppsrör, avgasgrenrör och cylinderhuvud.
11 Placera en linjal längs avgasgrenrörets delningsplan och använd ett bladmått för att kontrollera att det är rakt. Om spelet överskrider 0,762 mm så är grenröret skevt och håller följaktligen inte tätt. Byt ut avgasgrenröret mot ett nytt.
12 Montera en ny packning och sätt ihop inloppsrör och avgasgrenrör genom att sätta tillbaka skruven och de båda muttrarna vid grenrörets mellersta del. Dra åt dem löst än så länge.
13 Placera en ny packning över pinnskruvarna på grenrörets ände på cylinderhuvudet, håll grenröret på plats och montera skruvarna, klämmorna och brickorna.
14 Dra åt alla skruvar mellan avgasgrenröret och cylinderhuvudet till angivet åtdragningsmoment.
15 Dra åt skruv och två muttrar mellan inloppsrör och avgasgrenrör till angivet åtdragningsmoment.
16 Återstående monteringsarbete utförs som vid demonteringen men i omvänd ordningsföljd.

9 Avgasgrenrör (integrerat med cylinderhuvud) - demontering och montering

1 Lossa batteriets negativa anslutning.
2 Demontera luftrenaren.
3 Demontera styrservopumpens och AIR-pumpens fästen, om sådana förekommer.
4 Lossa de fyra ventilrören i pulseairsystemet från cylinderhuvudet och demontera backventilrören från luftkammarens genomföringar.
5 Hissa upp bilen och stöd den säkert på pallbockar.
6 Lossa avgasröret från avgasgrenröret, och momentomvandlarfästet från växellådans fäste.
7 Sänk ned bilen och demontera avgasgrenrörets skruvar. Ta bort avgasgrenröret.
8 Rengör grenrörets packningsyta och kontrollera att det inte är sprucket.
9 Monteringsarbetet utförs som demonteringen men i omvänd ordningsföljd. Dra åt avgasgrenrörets skruvar till angivet åtdragningsmoment i rätt ordningsföljd **(se bild).**

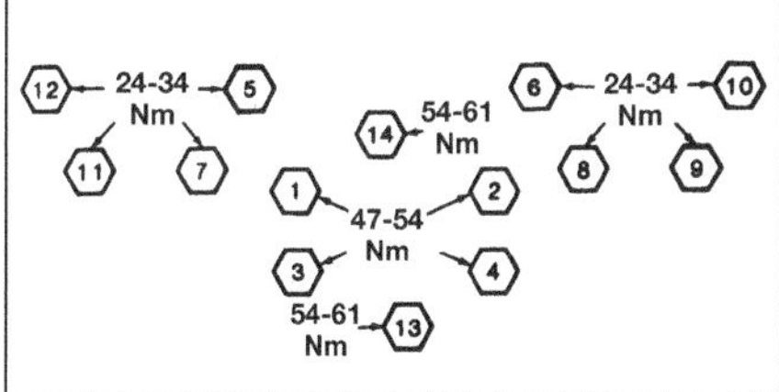

9.9 Åtdragningsföljd för avgasgrenrörets skruvar - cylinderhuvud med integrerat inloppsrör

10 Cylinderhuvud - demontering och montering

Demontering

1 Lossa batteriets negativa anslutning.
2 Demontera luftrenaren.
3 Demontera inloppsrör och avgasgrenrör (delbart) eller förgasare och avgasgrenrör (integrerat cylinderhuvud), se anvisningar i avsnitt 8 eller 9 efter behov.
4 Demontera ventilkåpan (avsnitt 3).
5 Demontera vipparmarna och stötstängerna (avsnitt 6).
6 Tappa av kylsystemet (kapitel 1).
7 Demontera bränsle- och vakuumrören från deras clips och lossa ledningen från temperaturgivaren.
8 Lossa luftinsprutningsslangen från backventilen, i förekommande fall.
9 Lossa den övre kylarslangen från termostathuset.
10 Demontera batteriets jordledning från cylinderhuvudet.
11 Demontera cylinderhuvudets skruvar, och lyft bort cylinderhuvudet.
12 Om det är svårt att ta bort cylinderhuvudet ska du inte bända mellan cylinderhuvud och motorblock eftersom det kan skada delningsplanen. Försök att rubba cylinderhuvudet genom att placera en träkloss mot den ena änden och slå på träklossen med en hammare.

Förvara cylinderhuvudet på träklossar för att hindra att skador uppstår på packningens tätningsyta.

13 Detaljerad beskrivning av isärtagning och kontroll av cylinderhuvudet finns i kapitel 2, del C.

Montering

14 Delningsplanen mellan cylinderhuvud och motorblock måste vara fullständigt rena när cylinderhuvudet sätts tillbaka.
15 Avlägsna alla spår efter gamla packningsrester och kolavlagringar med en packningsskrapa, torka sedan av delningsplanen med en trasa som är genomdränkt med lacknafta eller rengöringsspray. Om det finns olja på delningsplanen när cylinderhuvudet är monterat finns risk för att packningen inte tätar ordentligt och läckage kan uppstå.
16 Kontrollera delningsplanen mellan motorblock och cylinderhuvud beträffande hack, djupa repor och annan skada. Om skadorna är obetydliga kan de avlägsnas med en slipduk, men om de är allvarliga kan maskinslipning vara den enda lösningen.
17 Låt en gängtapp i rätt storlek löpa genom gängorna i cylinderhuvudskruvarnas skruvhål i blocket. Placera varje skruv i ett skruvstycke och använd ett gängsnitt för att avlägsna oxidering och återställa gängorna **(se bild).** Smuts, oxidering, tätningsmedel och skadade gängor påverkar värdena för åtdragningsmomentet.
18 Placera den nya packningen över styrpinnarna i motorblocket. **Observera:** *Om en stålpackning används (packning av shimstyp) ska den bestrykas på båda sidorna med en tunn beläggning av tätningsmedel, exempelvis K&W Copper Coat, före monteringen. Stålpackningar måste monteras med den upphöjda strängen uppåt. Legeringspackningar måste installeras torra, tätningsmedel får inte användas.*
19 Placera cylinderhuvudet försiktigt på motorblocket utan att rubba packningen.
20 Innan cylinderhuvudets skruvar monteras ska gängorna bestrykas med ett *icke härdande tätningsmedel*, exempelvis Permatex Nr. 2.
21 Montera skruvarna och dra åt dem löst. Dra åt skruvarna i flera steg i rekommenderad åtdragningsföljd **(se bild),** dra åt skruvarna i flera steg till angivet åtdragningsmoment.
22 Återstående monteringsarbete följer demonteringen men i omvänd ordningsföljd.

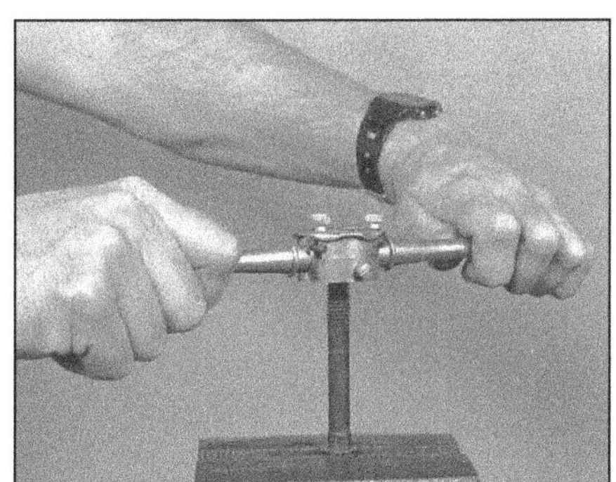

10.17 Avlägsna tätningsmedel och oxidering från cylinderhuvudets skruvar med ett gängsnitt före montering

11 Övre dödpunkt (ÖD) för kolv nr 1 - placering

1 Övre dödpunkt (ÖD) är den högsta punkten i cylindern dit varje kolv når när den rör sig upp och ned efter vevaxelns rotation. Varje kolv når ÖD på kompressionsslaget och sedan på avgaslaget, vanligen avser ÖD emellertid kolvens läge på kompressionsslaget. Tändinställningsmärkena på sväng-

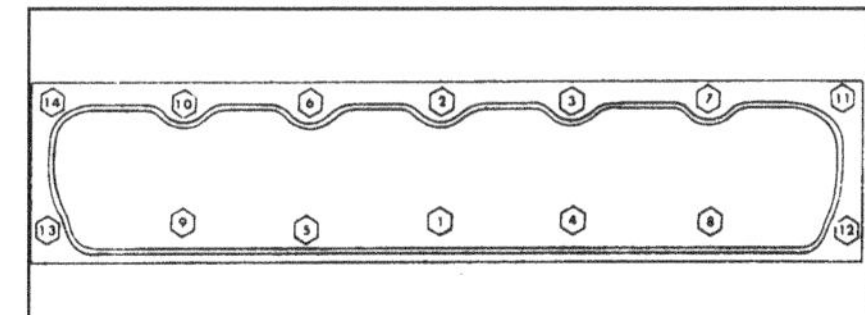

10.21 Åtdragningsföljd för cylinderhuvudets skruvar

ningsdämparen, vilken är monterad på vevaxelns framsida, är inställda på kolv nr 1 vid ÖD på komressionsslaget.

2 Att placera kolvarna vid ÖD utgör en viktig del i åtskilliga arbetsrutiner, t ex demontering av vipparm, ventiljustering, byte av transmissionskedja och demontering av strömfördelaren.

3 För att en kolv ska kunna placeras i ÖD måste vevaxeln vridas med någon av metoderna som beskrivs nedan. När man står framför motorn och är vänd mot den, är vevaxelns normala rotationsriktning medurs:

Varning: Innan arbetet påbörjas, kontrollera att växellådan är i neutralläge och tändsystemet satt ur funktion genom att mittenkabeln demonterats från fördelarlocket och jordats på motorblocket

a) Den bästa metoden att vrida vevaxeln är med en stor hylsa och ett dragskaft som man fäster på svängningsdämparens skruv, vilken är nedskruvad i vevaxelns framsida.

b) En fjärrstartkontakt, vilken kan spara tid, kan även användas. Anslut kontaktens ledningar till anslutningarna S (startkontakt) och B (batteri) på startsolenoiden. När kolven är nära ÖD, använd hylsan och dragskaftet enligt beskrivningen i föregående stycke.

c) Om du har en medhjälpare som kan vrida tändningsnyckeln till Start-läge med korta intervall, kan du få kolven nära ÖD utan fjärrstartkontakt. Avsluta proceduren med hylsan och dragskaftet enligt beskrivningen i a) ovan.

4 Rista eller måla ett litet märke på strömfördelaren strax under tändkabelanslutningen till cylinder nr 1.

5 Demontera fördelarlocket enligt beskrivning i kapitel 1.

6 Vrid vevaxeln (se steg 3 ovan) tills linjen på svängningsdämparen är inriktad mot 0-märket på transmissionskåpan. Transmissionskåpan och svängningsdämparen är placerade långt ner på motorns framsida, bakom remskivan som drar drivremmarna.

7 Rotorn bör nu peka rakt mot märket på strömfördelaren. Om så inte är fallet kommer kolven till ÖD på avgasslaget.

8 Kolven kan placeras vid ÖD på kompressionsslaget genom att vevaxeln vrids ett helt varv (360°) medurs. Rotorn bör nu peka mot märket.

9 När kolv nummer ett är placerad vid ÖD på kompressionsslaget, kan ÖD för återstående cylindrar lokaliseras genom att motorn vrids runt i normal rotationsriktning tills rotorn pekar mot tändkabelanslutningen på fördelarlocket (du måste montera och ta bort fördelarlocket när du vrider runt motorn) för den cylinder som du vill ska placeras i ÖD.

12 Transmissionskåpa - demontering och montering

Demontering

1 Tappa av kylsystemet (kapitel 1), demontera drivremmar (kapitel 1) och kylare (kapitel 3).

2 Ta bort remskivan från vevaxelns nos.

3 Använd en avdragare som infästs på svängningsdämparen (inte en avdragare av klotyp), demontera svängningsdämparen **(se bild).**

4 Demontera de båda skruvarna som fäster oljesumpen vid transmissionskåpans underdel.

5 Skär av sumpens packning på båda sidorna jäms med motorblockets främre del med en vass tunnbladig kniv. På vissa senare sexcylindriga radmotormodeller förekommer en sträng RTV-tätningsmedel istället för packning.

6 Demontera transmissionskåpans skruvar och lyft bort transmissionskåpan.

Montering

7 Håll den nya packningen på plats med RTV-tätningsmedel och montera den på transmissionskåpan.

8 Om packning förekommer på motorns oljesump ska flikarna kapas på den nya främre tätningen till oljesumpen **(se bild),** därefter monteras den på kåpans främre del, tryck ned flikarna i de avsedda hålen i kåpan **(se bild).**

9 Om RTV-tätning förekommer på motorn istället för oljesumpspackning, ska alla spår efter gamla packningsrester försiktigt avlägsnas från oljesumpen och kåpans främre del. Placera därefter en cirka 5 mm bred sträng tätningsmedel på delningsplanet mellan transmissionskåpa och oljesump.

12.3 När svängningsdämparen demonteras bör endast en avdragare som skruvas fast på dämparen användas

10 Applicera en 3 mm bred sträng med RTV-tätning i fogen där oljesump och motorblock möts på varje sida **(se bild).**

11 Montera kåpans främre del och dra åt skruvarna löst.

12 Montera svängningsdämparen, tryck ner den genom transmissionskåpan med en rörbit och hammare tills den sitter ordentligt mot transmissionsdrevet.

13 Dra åt skruvarna på transmissionskåpans främre del, samt de båda oljesumpsskruvarna till angivet åtdragningsmoment.

14 Återstående monteringsarbete följer demonteringen men i omvänd ordningsföljd.

13 Oljesump och oljepump - demontering och montering

1 Lossa batteriets negativa anslutning.

2 Hissa upp bilen och stöd den säkert på pallbockar.

3 Tappa av motoroljan (kapitel 1).

4 Ta bort luftrenaren.

5 Demontera fläktskyddet.

6 Demontera kylarens övre fästen.

7 På modeller med manuell växellåda, lossa kopplingens tväraxel från det vänstra främre fästet.

8 Demontera de övre skruvarna mellan växellådan och svänghjulskåpan.

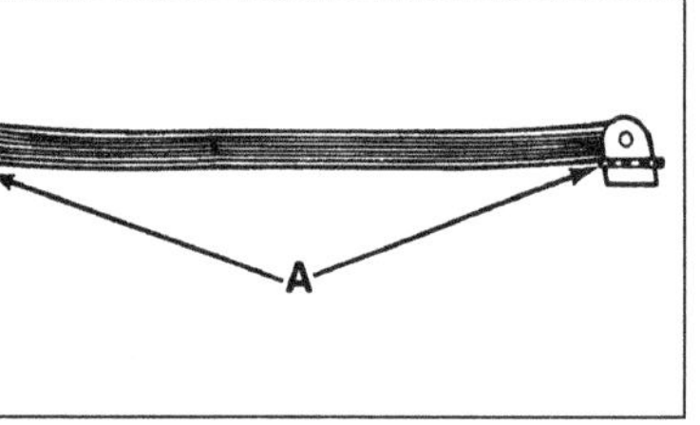

12.8a Kapa flikarna på den nya oljesumpstätningen, och montera den på transmissionskåpan

A Skär av denna del av den nya tätningen

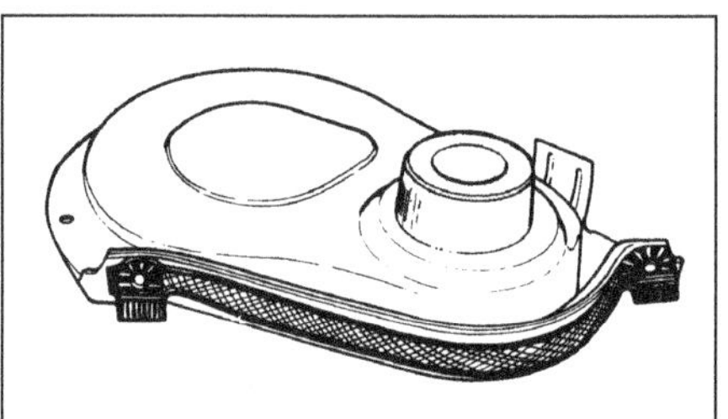

12.8b Håll fast tätningen med RTV-tätning, och montera den i transmissionskåpans främre del

12.10 Applicera RTV-tätning i fogen mellan motorblockets framkant och oljesumpens fläns

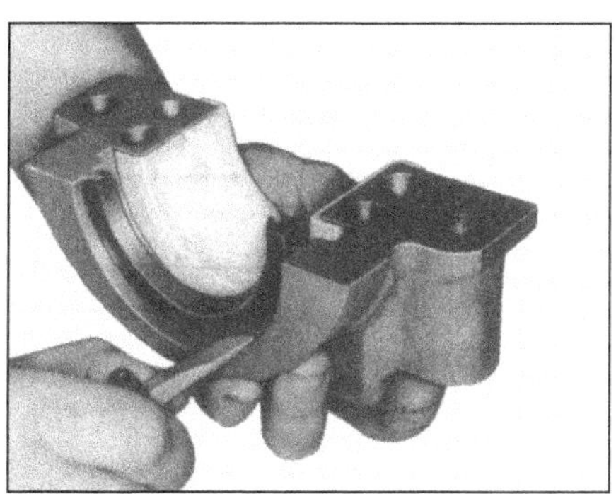

14.8 Bänd loss den gamla oljetätningen ur bakre ramlageröverfallet med en liten skruvmejsel

9 Demontera skruvarna mellan växellådan och tvärbalken och byt dem mot två 7/16 tums gånger 3 tums skruvar som ska fungera som styrpinnar.

10 Hissa upp växellådan med en golvdomkraft och placera en 5 cm tjock träkloss mellan växellådsfästet och tvärbalken.

11 Demontera startmotorn (kapitel 5).

12 Lossa batteriets positiva anslutning från oljesumpens pinnskruvar.

13 Demontera motorfästets genomgående skruvar.

14 Placera en golvdomkraft under oljesumpen med en träkloss för att sprida ut tyngden, lyft upp motorn tills motordelen av motorfästena går fria från ramdelarna.

15 Placera träkloss mellan motorfästena och tvärbalken.

16 Demontera svänghjulets skyddskåpa eller momentomvandlarkåpa.

17 Demontera skruvarna och sänk ned oljesumpen från bilen.

18 Demontera de båda flänsskruvarna och oljerörets skruv, demontera därefter oljepump och sil som en enhet.

19 Monteringsarbetet följer demonteringen, men i omvänd ordningsföljd. Se till att en ny packning monteras på oljesumpen och dra åt alla skruvar till angivet åtdragningsmoment.

14.10 Knacka ut den gamla tätningen från motorblocket med en liten dorn och hammare. Dra sedan loss tätningen med en tång

14 Vevaxelns oljetätningar - byte

Främre tätning

1 Demontera kåpans främre del (avsnitt 12).

2 Bänd loss den gamla tätningen från kåpan med en skruvmejsel, var försiktig så att kåpans främre del inte repas eller blir skev.

3 Bestryk den nya tätningens utsida med RTV-tätningsmedel, placera den därefter i kåpan och kontrollera att den sitter rakt.

4 Använd en hylsa som är något mindre i diameter än tätningens ytterdiameter, och en hammare för att knacka tätningen på plats i kåpans främre del. Var försiktig när du knackar in tätningen och kontrollera att den inte blir sned när den drivs in i kåpan.

5 Sätt tillbaka kåpans främre del på motorn (avsnitt 12).

Bakre tätning

6 Demontera oljesump och oljepump (avsnitt 13).

7 Demontera det bakre ramlageröverfallet, var försiktig så att ramlagret inte rubbas eller skadas.

8 Ta bort tätningshalvan från ramlageröverfallet med en liten skruvmejsel **(se bild).**

9 Tryck in en ny tätningshalva i överfallet, kontrollera att ändarna monteras jäms med delningsplanet mellan överfall och motorblock.

10 Använd en liten dorn för att knacka på den ena änden av tätningens blockhalva tills den andra sidan skjuter ut cirka 6 mm från motorblocket **(se bild).** Var försiktig så att vevaxeln inte repas med dornen när du knackar runt tätningen.

11 Fatta tag i den gamla tätningens synliga ände med en tång och dra ut tätningen ur motorblocket.

12 Bestryk tätningshalvan med rikligt med motorolja och sätt därefter in den i motorblocket. Om du vrider vevaxeln medan tätningen tvingas in i skåran går det lättare att flytta den runt vevaxeln.

13 Applicera en liten mängd RTV-tätningsmedel på tätningarnas ändar **(se bild),** var försiktig så att inget tätningsmedel kommer på vevaxeln eller på bakre ramlageröverfallet, dra åt skruvarna till angivet åtdragningsmoment.

14 Återstående monteringsarbete följer demonteringen men i omvänd ordningsföljd.

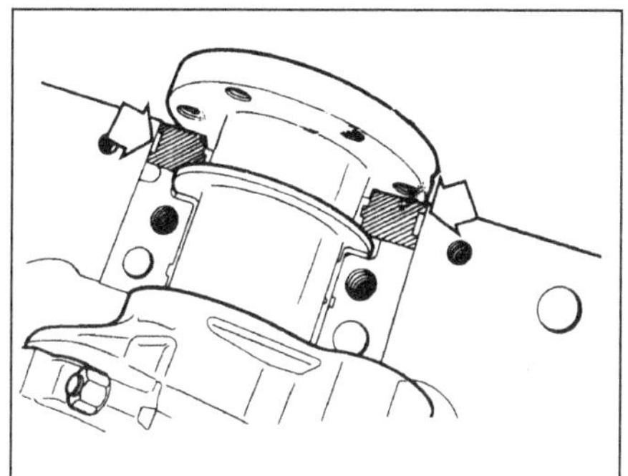

14.13 Applicera ett tunt lager RTV-tätningsmedel på de markerade ytorna (vid pilarna) innan det bakre ramlageröverfallet monteras

15 Motorfästen - kontroll och byte

1 Motorfästen behöver sällan åtgärdas. Trasiga eller förslitna fästen måste emellertid omedelbart bytas, annars kan den extra belastningen på drivlinan orsaka skador **(se bild).**

Kontroll

2 Under kontrollen ska motorn höjas upp något så att fästena avlastas från tyngden.

3 Hissa upp bilen och stöd den säkert på pallbockar, placera därefter domkraften under motorns oljesump. Placera en stor träkloss mellan domkraftens huvud och oljesumpen, lyft därefter försiktigt upp motorn tillräckligt högt så att tyngden inte längre vilar på fästena.

4 Kontrollera fästena för att se om gummit är sprucket, förhårdnat eller har särats från

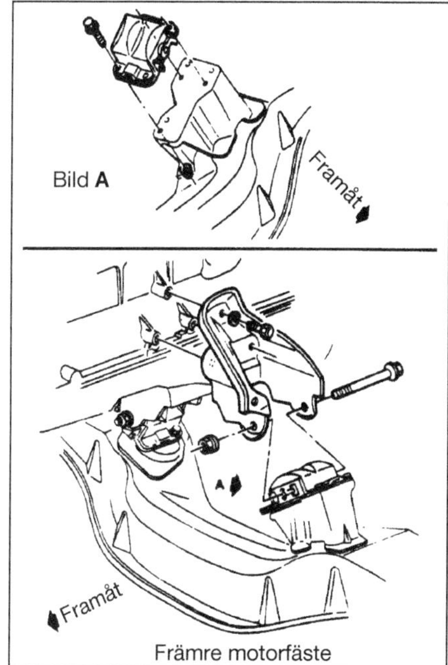

15.1 Motorfäste - sprängskiss

metallplattorna. Ibland kan gummit spricka längs mittlinjen. Gummibevarande medel eller WD-40 bör appliceras på fästena för att undvika att de slits ut i förtid.

5 Kontrollera den relativa rörelsen mellan fästplattorna och motorn eller ramen (använd en stor skruvmejsel eller ett brytjärn för att försöka att rubba fästena). Om du märker en rörelse, sänk ned motorn och dra åt fästenas fästanordningar.

Byte

6 Lossa den negativa anslutningen från batteriet, hissa sedan upp bilen och stöd den säkert på pallbockar.

7 Ta bort muttern och dra därefter ut fästets genomgående skruv från ramfästet.

8 Höj upp motorn något, demontera skruvarna mellan fästet och motorblocket, lossa fästet.

9 Monteringsarbetet följer demonteringen, men i omvänd ordningsföljd. Applicera gänglåsningsvätska på skruvarna och se till att de dras åt ordentligt.

Kapitel 2 del C: Motorreparationer

Innehåll

Svårighetsgrad

Enkelt, passar novisen med lite erfarenhet 

Ganska enkelt, passar nybörjaren med viss erfarenhet 

Ganska svårt, passar kompetent hemmamekaniker 

Svårt, passar hemmamekaniker med erfarenhet 

Mycket svårt, för professionell mekaniker

Specifikationer

Allmänt

230 kubiktum	3769 cc
250 kubiktum	4097 cc
262 kubiktum	4293 cc
283 kubiktum	4638 cc
292 kubiktum	4785 cc
305 kubiktum	4998 cc
307 kubiktum	5031 cc
350 kubiktum	5735 cc
400 kubiktum	6555 cc
Kompressionstryck	
6-cylindrig radmotor	9,1 kg/cm^2
V6 och V8	10,5 kg/cm^2
max variation mellan cylindrar	1,4 kg/cm^2
Oljetryck	
6-cylindrig radmotor	2,8 till 4,2 kg/cm^2 @ 2000 rpm
V6	
vid 500 rpm	0,7 kg/cm^2
vid 2000 rpm	2,1 till 2,5 kg/cm^2
V8	10,5 kg/cm^2
endast 1988 och senare modeller	
vid 1000 rpm	min 0,42 kg/cm^2
vid 2000 rpm	min 1,3 kg/cm^2
vid 4000 rpm	min 1,7 kg/cm^2
övriga	2,8 till 3,2 kg/cm^2 @ 2000 rpm

Motorblock

Cylinderlopp, diameter	
262 V6	101,5873 till 101,6635 mm
283 och 307 V8	98,4123 till 98,4885 mm
305 V8	101,5873 till 101,6635 mm
400 V8	104,7648 till 104,8360 mm
230, 250 och 292 6-cylinders radmotor	98,4250 till 98,5012 mm
Konicitet	0,0254 mm
Skevhet, max	0,0508 mm

Cylinderhuvud och ventilmekanism

Ovalitet	0,0762 mm per 152 mm
Ventilsätets vinkel	46 grader
Ventilsätets bredd	
inlopp	0,7938 till 1,5875 mm
avgas	1,5875 till 2,3813 mm
Ventilens anliggningsyta mot sätet, vinkel	45 grader
Min ventilspel	0,7938 mm
Spel ventilspindel – ventilstyrning	
inloppsventiler	0,0254 till 0,0686 mm
avgasventiler	
230, 250 och 292 6-cylindrig radmotor	0,0381 till 0,0813 mm
283, 307 och 400 V8	0,0305 till 0,0737 mm
305 och 350 V8	0,0254 till 0,0686 mm
262 V6	0,0254 till 0,0686 mm
Ventilfjäderns fria längd	
6-cylindrig radmotor	52,83 mm
V8 och V6	51,56 mm
Ventilfjäderns monterade höjd	
6-cylindrig radmotor	42,07 mm
V8 och V6	43,66 mm

Kamaxel

Lagertapp, diameter	
V8	47,4523 till 47,4777 mm
400	49,4843 till 49,5097 mm
Övriga	47,4523 till 47,4777 mm
V6	47,4523 till 47,4777 mm
6-cylindrig radmotor	47,4396 till 47,4904 mm
Axialspel (6-cylindrig radmotor)	0,0762 till 02032 mm
Kamaxelnockens lyfthöjd	
Inlopp	
262 V6	
t o m 1991	9,0678 mm
fr o m 1992	5,9436 mm
283 V8	6,7513 mm
305 V8	
t o m 1986	6,3094 mm
fr o m 1987	5,9334 mm
307 V8	6,6040 mm
350 och 400 V8	
t o m 1986	6,6040 mm
fr o m1987	6,5151 mm
230 6-cylindrig radmotor	4,8158 mm
250 6-cylindrig radmotor	5,6312 mm
292 6-cylindrig radmotor	5,8801 mm
Avgas	
262 V6	
t o m 1991	9,9060 mm
fr o m 1992	6,5278 mm
283 V8	6,7513 mm
305 V8	
t o m 1986	6,7742 mm
fr o m 1987	6,5151 mm
307 V8	6,9418 mm
350 och 400 V8	
t o m 1986	6,9418 mm
fr o m 1987	6,8326 mm
230 6-cylindrig radmotor	4,8158 mm
250 6-cylindrig radmotor	5,6312 mm
292 6-cylindrig radmotor	5,8801 mm

Vevaxel

Ramlagertapp, diameter	
262 V6	
#1	62,1897 till 62,2122 mm
#2 och #3	62,1817 till 62,2046 mm
#4	62,1767 till 62,1952 mm
283 V8	
#1	58,3870 till 58,4124 mm
#2, #3 och #4	58,3768 till 58,4022 mm
#5	58,3641 till 58,4149 mm
305, 307 och 350 V8	
#1	62,1894 till 62,2122 mm
#2, #3 och #4	62,1817 till 62,2046 mm
#5	62,1767 till 62,1952 mm
400 V8	
#1, #2, #3 och #4	67,5694 till 67,2922 mm
#5	67,2567 till 67,2795 mm
230 6-cylindrig radmotor (samtliga)	58,3768 till 58,4022 mm
250 och 292 6-cylindrig radmotor (samtliga)	58,3667 till 58,4048 mm
Ramlagertapp, konicitet	0,0254 mm
Ramlagertapp, ovalitet max	0,0254 mm
Ramlagerspel	
262 V6	
#1	0,0203 till 0,0508 mm
#2 och #3	0,0279 till 0,0584 mm
#4	0,0432 till 0,0813 mm
283 V8	
#1, #2, #3 och #4	0,0203 till 0,0610 mm
#5	0,0254 till 0,0660 mm
305 V8	
#1	0,0203 till 0,0508 mm
#2, #3 och #4	0,0279 till 0,0584 mm
#5	0,0432 till 0,0813 mm
307 V8	
#1	0,0076 till 0,0381 mm
#2, #3 och #4	0,0152 till 0,0457 mm
#5	0,0203 till 0,0584 mm
350 och 400 V8	
#1	0,0203 till 0,0508 mm
#2, #3 och #4	0,0279 till 0,0584 mm
#5	0,0432 till 0,0813 mm
230 6-cylindrig radmotor (alla)	0,0076 till 0,0737 mm
250 och 292 6-cylindrig radmotor	
#1 t o m #6	0,0254 till 0,0610 mm
#7	0,0406 till 0,0809 mm
Vevstakstapp, diameter	
262 V6	57,1170 till 57,1424 mm
283 V8	50,7746 till 50,8000 mm
305, 350 och 400 V8	53,3095 till 53,3349 mm
307 V8	53,3146 till 53,3400 mm
230 och 250 6-cylindrig radmotor	50,7746 till 50,8000 mm
292 6-cylindrig radmotor	53,3146 till 56,3400 mm
Vevstakstapp, konicitet	0,0254 mm
Vevstakstapp, max ovalitet	0,0254 mm
Vevstakslager, spel	
262 V6	0,0330 till 0,0889 mm
283 och 307 V8	0,0178 till 0,0711 mm
305, 350 och 400 V8	0,0330 till 0,0889 mm
230 6-cylindrig radmotor	0,1778 till 0,0686 mm
250 och 292 6-cylindrig radmotor	0,0254 till 0,0660 mm
Vevstakens radialspel	
V6	0,1524 till 0,3556 mm
V8	0,2032 till 0,3556 mm
230 6-cylindrig radmotor	0,2159 till 0,3429 mm
250 och 292 6-cylindrig radmotor	0,1524 till 0,4318 mm
Vevaxelns axialspel	
262 V6	0,0508 till 0,1524 mm
283 V8	0,0762 till 0,2794 mm
305, 307, 350 och 400 V8	0,0762 till 0,1524 mm
alla 6-cylindrig radmotorer	0,0508 till 0,1524 mm

Kolvar och kolvringar

Spel mellan kolv och lopp	
262 V6	
standard	0,0178 till 0,0432 mm
max variation	0,0686 mm
283 and 307 V8	
standard	0,0127 till 0,0279 mm
max variation	0,0635 mm
305 and 350 V8	
standard	0,178 till 0,0432 mm
max variation	0,0686 mm
400 V8	
standard	0,0356 till 0,0610 mm
max variation	0,0889 mm
230 6-cylindrig radmotor	
standard	0,0127 till 0,0356 mm
max variation	0,0660 mm
250 6-cylindrig radmotor	
standard	0,0254 till 0,0508 mm
max variation	0,0762 mm
292 6-cylindrig radmotor	
standard	0,0660 till 0,0914 mm
max variation	0,1143 mm
Kolvringsglapp	
262 V6	
kompressionsringar (båda)	0,0305 till 0,0813 mm
oljeskrapring	0,0508 till 0,1778 mm
283 V8	
övre kompressionsring	0,0178 till 0,0686 mm
2:a kompressionsring	0,03048 till 0,0813 mm
oljeskrapring	0,000 till 0,1270 mm
305, 307, 350 och 400 V8	
kompressionsringar (båda)	0,0305 till 0,0813 mm
oljeskrapring	0,0508 till 0,1778 mm
230 och 250 6-cylindrig radmotor	
kompressionsringar (båda)	0,0345 till 0,0686 mm
oljeskrapring	0,000 till 0,1270 mm
292 6-cylindrig radmotor	
kompressionsringar (båda)	0,0508 till 0,1016 mm
oljeskrapring	0,1270 till 0,1397 mm
Ringgap (alla)	
övre kompressionsring	0,2540 till 0,5080 mm
2:a kompressionsring	0,254 till 0,6350 mm
oljeskrapring	0,3810 till 1,3970 mm

Åtdragningsmoment

	Nm
Vevstaksöverfallets muttrar	
230 och 250 6-cylindrig radmotor	47
292 6-cylindrig radmotor	54
262 V6	61 (27 plus 60° ytterligare dragning på 1991 årsmodeller)
283 V8	47
305, 307, 350 och 400 V8	61
Oljepumpens skruvar	88
Ramlageröverfallets skruvar	
alla 6-cylindriga radmotorer	88
V6	102 (108 på 1988 års modeller och senare)
V8	
ramlageröverfall med 2 skruvar	108
ramlageröverfall med 4 skruvar, inre	108 (106 på 1991 årsmodeller)
ramlageröverfall med 4 skruvar, yttre	95 (92 på 1991 överfall 2, 3 och 4)
Svängningsdämparens skruv (i förekommande fall)	
alla 6-cylindriga radmotorer	
t o m 1985	81
fr o m1986	68
V6	95
V8	
t o m 1985	81
fr o m 1986	95

Cylinderhuvudskruvar	
alla 6-cylindriga radmotorer	
t o m 1985	129
fr o m 1986	
vänster fram	115
övriga	129
V8 och V6	88 (95 på 1991 V6-modeller; 68 på 1991 V8-modeller)
Kamaxelhjulets skruvar	27
Kamaxelns tryckplattas skruvar (6-cylindrig radmotor)	9
Balansaxelns drivaxelskruv	16
Balansaxelns drivna axels skruv	20 plus ytterligare 35 grader
Balansaxelns fästskruv	14
Vipparmens pinnskruvar (skruvtyp)	
6-cylindrig radmotor	68
V6	47
Bakre oljetätningsfäste (fr o m 1986)	15
Muttrar till oljesumpens skvalpplåt	35
Transmissionskåpans skruvar	
alla 6-cylindriga radmotorer	9
V6	
1986	10
1987	11
1988 t o m 1990	14
fr o m 1991	14
V8	
t o m 1985	9
fr o m 1986	11
Oljesump till vevhus	
alla 6-cylindriga radmotorer	
1/4 tums skruvar	9
5/16 tums kruvar	19
V6	
muttrar	23
skruvar	11
V8	
t o m 1985	
1/4 tums skruvar	9
5/16 tums skruvar	19
fr o m 1986	
muttrar	23
skruvar	11
Skruvar mellan oljesump och transmissionskåpa	6

1 Allmän beskrivning

Denna del av kapitel 2 innehåller allmän information om renovering av cylinderhuvudet och andra komponenter i motorn. Informationen omfattar allt från allmänna råd beträffande förberedelser för renovering och inköp av reservdelar till detaljerade anvisningar steg för steg avseende demontering, kontroll, renovering och montering av motorns komponenter.

Beskrivningarna i följande avsnitt förutsätter att motorn har demonterats från bilen. För information om reparationer som utförs med motorn monterad i bilen, såväl som demontering och montering av sådana utvändiga komponenter som är nödvändiga för en komplett renovering, se del A och B i detta kapitel samt avsnitt 7 i denna del.

Specifikationerna som finns i del C är de som är nödvändiga för nedanstående kontroll- och renoveringsarbeten. Ytterligare specifikationer finns i delarna A och B.

2 Motordemontering - metoder och säkerhetsåtgärder

Om du har bestämt att motorn skall demonteras för renovering eller större reparationer bör några förberedande åtgärder utföras.

Det är viktigt att utse en lämplig arbetsplats. Tillräckliga ytor att arbeta på och att förvara bilen på, kommer att behövas. Om du inte har tillgång till verkstad eller garage behövs åtminstone en stadig, plan och ren arbetsyta av betong eller asfalt.

Rengöring av motorrummet och motorn/växellådan innan demontering gör det lättare att hålla verktygen rena och välorganiserade.

En motorlyft kommer att behövas. Kontrollera att utrustningen är godkänd för ett högre värde än motorns och växellådans gemensamma vikt. Säkerheten är ytterst viktig när man betänker den potentiella risken av att lyfta ut motor/växellåda ur bilen.

Om det är första gången du demonterar en motor bör du ta hjälp av en medarbetare. Råd och assistans från någon som har mer erfarenhet är värdefullt. Det är många tillfällen när en enda person inte kan utföra alla uppgifter på samma gång när en motor skall lyftas ur en bil.

Planera arbetet i förväg. Hyr eller köp in de verktyg och den utrustning som kommer att behövas. För att kunna utföra demontering och montering av motor/växellåda under säkra förhållanden och med relativ lätthet kommer bland annat följande verktyg och utrustning att behövas (plus en lyftanordning till motorn): garagedomkraft, komplett uppsättning av blocknycklar och hylsor enligt beskrivning i slutet av denna handbok, träklossar, och en stor mängd trasor och lösningsmedel för rengöring av olja, kylmedel och bränsle som har spillts. Om lyftanordningen skall hyras, se till att avtala om detta i förväg. Utför allt annat arbete som kan göras i förväg utan lyftanordningen. På detta sätt kan man spara både tid och pengar.

Planera att ha bilen ur funktion under en tid. Vissa arbeten kommer att behöva utföras på verkstad eftersom de kräver specialutrustning som hemmamekanikern inte har tillgång till. Verkstäder har ofta mycket att göra, så det är klokt att rådgöra med dem innan motorn demonteras för att få en uppfattning om tiden som går åt för att bygga om eller reparera komponenterna i fråga.

Var alltid ytterst försiktig vid demontering och montering av motor/växellåda. Oförsiktighet kan leda till allvarliga skador. Planera i förväg och ta gott om tid så att arbetet skall kunna utföras och fullbordas med framgång.

3 Motorrenovering - allmän beskrivning

Det är inte alltid lätt att bestämma när, eller om, en motor skall totalrenoveras eftersom ett antal faktorer måste tas med i beräkningen.

Ett högt antal körda mil behöver inte nödvändigtvis vara en indikation på att motorn måste renoveras, medan ett lågt antal körda mil behöver inte undanta behovet av renovering. Regelbundet underhåll är förmodligen den viktigaste faktorn. En motor som har haft regelbundna och ofta förekommande olje- och filterbyten, såväl som annan nödvändig service, bör kunna ge många tusen mil av pålitlig körning. En försummad motor kan sålunda behöva renoveras ganska tidigt under sin livstid.

Hög oljeförbrukning är ett tecken på att kolvringar, ventilsäten och/eller ventilstyrningar kräver uppmärksamhet. Se till att oljeläckage inte uppstår innan du beslutar dig för att ringar och/eller styrningar är slitna. Låt en fackman utföra kompressionsprov eller läckagetest för att kunna fastställa hur omfattande arbetet verkar vara.

Om missljud uppstår i motorn är antagligen vevstake och/eller ramlager defekta. Om din bil är utrustad med en varningslampa för oljestycket istället för en oljetryckmätare bör oljetrycket kontrolleras med en tryckmätare som monteras på oljetryckvaktens plats, jämför trycket med rekommenderat värde i Specifikationer. Om trycket är mycket lågt är sannolikt vevlager och ramlager, och/eller oljepumpen utslitna.

Kraftlöshet, ojämn gång, knackande eller metalliska motorljud, höga ljud från ventilstyrningen, och hög bränsleförbrukning kan också peka på behov av renovering, speciellt om alla förekommer samtidigt. Om en fullständig service inte har lyckats åtgärda problemen återstår bara att utföra omfattande mekaniska arbeten.

En motorrenovering innebär att samtliga inre komponenter återställs till de specificerade värden som finns i en ny motor. Vid en renovering byts kolvringarna ut och cylinderväggarna renoveras (borras eller slipas om). Om omborrning utförs ska kolvarna bytas. Oftast monteras nya vevlager och ramlager i motorn. Vanligen byts kamaxellagren ut mot nya. Vevaxeln byts ut eller slipas efter behov, för att renovera tapparna. En översyn görs av ventilerna, då de ofta är i mindre än perfekt kondition vid detta tillfälle. Medan motorn renoveras kan även andra komponenter, som strömfördelaren, startmotorn och generatorn renoveras samtidigt. Slutresultatet bör bli en så gott som ny motor som fortfarande har många problemfria mil att ge.

Observera: *Kritiska komponenter i kylsystemet, som slangar, drivremmar, termostat och vattenpump, måste bytas mot nya delar när motorn renoveras. Kylaren bör kontrolleras noggrant beträffande igensättning eller läckage. Om den är i tveksamt skick ska den bytas mot en ny. Det är också klokt att byta oljepumpen när motorn renoveras.*

Innan renoveringen påbörjas, läs igenom hela proceduren för att förstå omfattningen och vad arbetet kräver. Att renovera en motor är inte svårt om du följer instruktionerna omsorgsfullt, har rätt verktyg och nödvändig utrustning tillgänglig, samt är uppmärksam på specifikationerna. Dock kan en renovering vara tidskrävande. Du får planera att bilen är ur funktion i minst två veckor, speciellt om vissa delar skall åtgärdas på verkstad. Kontrollera att önskade reservdelar finns tillgängliga och se till i förväg, att specialverktyg och -utrustning kan anskaffas. Största delen av arbetet kan utföras med vanliga handverktyg, dock behövs vissa precisionsinstrument för att mäta om komponenter måste bytas. En verkstad kan ofta ta hand om kontroll av komponenter och ge råd beträffande renovering och byte.

Observera: *Vänta alltid till dess motorn är fullständigt isärtagen och alla komponenter (speciellt motorblocket) har kontrollerats innan beslut tas om vilka underhålls- och reparationsåtgärder som skall utföras på verkstad.* Motorblockets kondition är den avgörande faktorn för ett beslut om originalmotorn ska renoveras eller om en renoverad motor ska inköpas. Köp därför inte in reservdelar och påbörja inte renovering av andra komponenter innan motorblocket har kontrollerats noggrant. Som en allmän regel gäller att tiden är den högsta kostnaden vid ett renoveringsarbete, så det lönar sig inte att montera slitna eller undermåliga delar.

Slutligen, den renoverade motorn kommer att få längsta möjliga livslängd med minsta möjliga problem om monteringen sker omsorgsfullt i en absolut ren miljö.

4 Kompressionsprov

1 Ett kompressionsprov talar om för dig i vilket mekaniskt skick motorns inre delar befinner sig (kolvar, kolvringar, ventiler, cylinderhuvudpackningar). Speciellt informerar ett kompressionsprov om kompressionsvärdet är lågt på grund av slitna kolvringar, defekta ventiler och säten eller en trasig cylinderhuvudpackning. **Observera:** *Motorn bör ha normal arbetstemperatur och batteriet bör vara fulladdat vid provtillfället.*

2 Börja med att göra rent området runt tändstiften innan du tar bort dem (tryckluft fungerar bäst för rengöringen). Därmed undviker man att smuts faller ned i cylindrarna under kompressionsprovet. Ta bort samtliga tändstift från motorn.

3 Blockera gasspjället så att det är vidöppet och lossa BAT-anslutningen på fördelarlocket på modeller som har tändspolen i fördelarlocket, eller demontera tändspolen från fördelarlocket på modeller med separat tändspole och jorda kabeln på motorblocket.

4 Montera kompressionsprovaren i tändstiftshålet för cylinder nr 1, kör runt motorn minst fyra kompressionsslag och observera mätren. Kompressionen bör byggas upp snabbt i en frisk motor. Ett lågt kompressionsvärde på det första slaget, följt av gradvis ökande tryck på följande slag indikerar slitna kolvringar. Ett lågt kompressionsvärde på det första slaget, som inte byggs upp på följande slag, indikerar läckande ventiler eller trasig cylinderhuvudpackning (cylinderhuvudet kan också vara sprucket). Notera det högsta avlästa värdet.

5 Upprepa provet på återstående cylindrar, notera trycket för var och en och jämför med angivet värde i Specifikationer.

6 Häll lite motorolja (cirka tre insprutningar från en oljekanna) genom tändstiftshålet i varje cylinder, och upprepa provet.

7 Om den nya oljan får kompressionstrycket att öka är kolvringarna slitna. Om kompressionen inte förbättras väsentligt tyder det på läckande eller utbrända ventiler eller att cylinderhuvudpackningen är trasig. Läckage bredvid ventilerna kan orsakas av utbrända ventilsäten och/eller ventilens anliggningsyta mot sätet, eller spruckna eller deformerade ventiler.

8 Ett lågt värde från två intilliggande cylindrar orsakas nästan alltid av en trasig cylinderhuvudpackning. Kylvätska i förbränningsrummet eller vevhuset bekräftar detta.

9 Om kompressionen är ovanligt hög är antagligen förbränningsrummet belagt med sotavlagringar. I så fall bör cylinderhuvudet/huvudena demonteras och sotas.

10 Om kompressionen är mycket låg eller varierar starkt mellan cylindrarna kan det vara klokt att låta en verkstad utföra ett läckprov. En sådan test kan fastställa exakt var läckaget är beläget och hur allvarligt det är.

5 Motor - renoveringsalternativ

När en motor ska renoveras kan hemmamekanikern välja mellan flera renoveringsalternativ. Ett beslut att byta motorblock, kolv/vevstake och vevaxel beror på ett antal faktorer av vilka den viktigaste är motorblockets kondition. Andra överväganden som bör göras är kostnad, tillgång till verkstadsutrustning, tillgång till reservdelar, tiden som går åt för att fullborda arbetet och hur stor erfarenhet av mekaniska arbeten man har.

Några renoveringsalternativ är:

Enskilda delar - Om kontroller visar att motorblocket och de flesta av motorns delar är i sådant skick att de kan återanvändas, kan det vara mest ekonomiskt att köpa in enskilda reservdelar. Motorblock, vevaxel och kolv/vevstake bör alla kontrolleras mycket noga. Även om motorblocket inte verkar särskilt slitet bör cylinderloppens ytor slipas.

Vevaxel - En vevaxelsats består av en omslipad vevaxel och en matchande sats med kolvar och vevstakar. Kolvarna är redan monterade på vevstakarna. Kolvringar och nödvändiga lager finns med i satsen. Sådana satser finns vanligen tillgängliga för cylindrar av standardstorlek, såväl som för motorblock som är omslipade till reguljär överdimension.

Grundmotor - En grundmotor består av ett motorblock på vilket vevaxeln och kolv/vevstakar redan är monterade. Alla nya lager är inkluderade och samtliga spel är korrekta. Den befintliga kamaxeln, ventilmekanismens delar, cylinderhuvud(en) och de utvändiga delarna kan skruvas fast på en grundmotor med bara litet maskinverkstadsarbete, eller inget alls.

Utbytesmotor - En utbytesmotor består av en grundmotor plus oljepump, oljesump, ett eller flera cylinderhuvuden, en eller flera ventilkåpor, kamaxel och ventilmekanismdelar, transmissionsdrev eller transmissionshjul och kedja och transmissionskåpa. Samtliga delar är monterade med nya lager, tätningar och packningar genomgående. Allt som behöver göras är montering av grenrör och utvändiga delar.

Fundera över vilket alternativ som passar dig bäst. Diskutera gärna med verkstäder på din ort och biltillbehörsaffärer innan du beställer eller köper in reservdelar.

6 Motor - demontering och montering

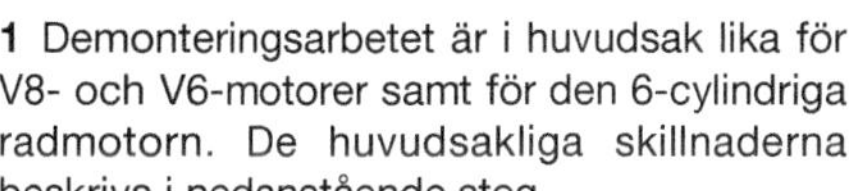

1 Demonteringsarbetet är i huvudsak lika för V8- och V6-motorer samt för den 6-cylindriga radmotorn. De huvudsakliga skillnaderna beskrivs i nedanstående steg.

2 Lossa batterianslutningarna vid batteriet, först den negativa och sedan den positiva anslutningen.

3 Demontera motorkåpan.

4 På bilar med V6-motor, demontera handskfacket.

5 Demontera luftrenaren.

6 På bilar med V6-motor, demontera den utvändiga luftkanalen.

7 Tappa av kylsystemet (kapitel 1).

8 Demontera kylvätskebehållaren.

9 I förekommande fall, demontera motorns stänkskydd.

10 Lossa gasvajern från gaslänkaget på förgasaren, och demontera förgasaren (kapitel 4).

11 På motorer med automatisk växellåda lossas kickdownvajern från gaslänkaget.

12 På motorer med manuell choke lossas chokevajern.

13 På bilar med V6-motor lossas behållaren med styrservovätska

14 Demontera motorns drivremmar (kapitel 1).

15 Lossa samtliga kablageanslutningar från motorn, förse dem med etiketter för att underlätta vid monteringen.

16 På bilar med V6-motor, demontera den övre delen av röret till motorns mätsticka, oljepåfyllningsröret och röret till växellådans mätsticka.

17 Demontera värmeslangarna från motorn och, på modeller där värmereturslangen går direkt till kylaren, från kylarens sidotank.

18 Demontera kylargrillen, grillens tvärfäste, övre kylarfästet och undre grillpanelen (i förekommande fall) på modeller fr o m 1974.

19 Demontera behållaren med spolarvätska och, om sådan förekommer, skruva loss luftkonditioneringens vakuumbehållare och stötta den vid sidan så att den inte är i vägen.

20 Demontera den automatiska växellådans oljekylarledningar till kylaren, plugga igen öppningarna för att undvika vätskeförslust och nedsmutsning.

21 Demontera kylarslangarna och kylaren (kapitel 3).

22 Om bilen är utrustad med luftkonditionering, demontera skruvarna mellan kondensorn och kylarfästet och sväng ut kondensorn så att den inte är i vägen.

23 Demontera fläkt och vattenpumpens remskiva.

24 Demontera luftkonditioneringskompressorn (i förekommande fall) utan att lossa ledningarna, och stötta kompressorn så att den inte är i vägen.

25 På bilar med V8-motorer, demontera oljepåfyllningsröret.

26 Demontera styrservopumpen (i förekommande fall) utan att lossa slangarna och stöd den så att den inte är i vägen.

27 Lossa generatorns kablar. Demontera generatorn och låt den hänga så att den inte är i vägen.

28 Lossa bränsleledningen från bränslepumpen (kapitel 4) och plugga igen öppningen så att bränsle inte rinner ut.

29 Demontera slangarna i det slutna tankventilationssystemet och andra vakuumslangar, förse dem med etiketter för att underlätta vid monteringen.

30 Hissa upp bilen och stötta den på pallbockar.

31 Tappa av motoroljan (kapitel 1).

32 Demontera kardanaxeln (kapitel 8) och plugga igen växellådsänden för att undvika förlust av växellådsolja.

33 Lossa kablarna till startsolenoiden och demontera startmotorn (kapitel 5).

34 Lossa avgasröret från avgasgrenröret.

35 Demontera växellänkaget från växellådan och lossa hastighetsmätarvajern.

36 Ta bort skruvarna från växellådan (kapitel 7).

37 På bilar med manuell växellåda, lossa kopplingslänkaget och demontera kopplingens tväraxel.

38 Ta bort motorfästets genomgående skruvar.

Modeller t o m 1970

39 På modeller t o m 1970 demonteras motorn underifrån.

40 Hissa upp bilens bakvagn och stöd den säkert på pallbockar. Stöd motor och växellåda på en garagedomkraft.

41 Lyft upp motorn något, demontera växellådans tvärbalk och de främre motorfästena.

42 Sänk ned motor och växellåda och demontera dem baktill.

Modeller 1971 t o m 1973

43 På modeller från 1971 t o m 1973 demonteras motor och växellåda tillsammans med framvagnsfjädringen.

44 Sänk ned bilens framvagn så långt att framhjulen vidrör marken, stöd den i det läget med pallbockar.

45 Lossa den främre krängningshämmaren från ramfästena.

46 Lossa den främre stötdämparens undre fästen och sväng ut stötdämparna så att de inte är i vägen.

47 Lossa de främre bromsledningarna vid T-anslutningen och plugga igen ledningen för att undvika nedsmutsning och vätskeförlust.

48 Lossa styrlänken och demontera Pitmanarmen från styrväxeln.

49 Ta bort skruvarna som fäster den övre länkarmslagringen vid framaxelbalken.

50 Ta bort skruvarna mellan framaxelbalken och ramen.

51 Stöd motorn och växellådan med en garagedomkraft.

52 Lyft upp motorn och växellådan något och demontera växellådans tvärbalk.

53 Använd två golvdomkrafter, en under ramen på vardera sidan om bilen, hissa upp bilen tills utrymmet är tillräckligt för att kunna rulla ut motorn, växellådan och framvagnsfjädringen under bilen.

54 Använd en lyftanordning och lyft upp motor/växellåda från framvagnsfjädringen.

6.57 På modeller fr o m 1974 kan motorn demonteras framifrån

Modeller fr o m 1974

55 Sänk ned bilen.

56 För in lyftanordningens arm genom bilens främre del, fäst lyftanordningen vid motorn och lyft upp den något. Kontrollera att allting har lossats. Demontera det högra motorfästet från motorblocket.

57 Demontera motorn och växellådan från bilen **(se bild).**

58 Montering sker i omvänd ordningsföljd.

7 Motorrenovering - isärtagningsföljd

1 Det går lättast att ta isär motorn om den är monterad på en portabel motorställning. Sådana ställningar kan ibland gå att hyra till ett lågt pris. Innan motorn monteras på ställningen ska svänghjulet/medbringarskivan demonteras från motorn (se beskrivning i kapitel 8).

2 Om en motorställning inte finns att tillgå kan en stadig arbetsbänk med bekväm arbetshöjd användas. Motorn kan även tas isär på golvet. Var mycket försiktig så att du inte tippar över motorn eller tappar den om du arbetar utan motorställning.

3 Om du ska införskaffa en renoverad motor så måste alla utvändiga delar först demonteras så att de kan överföras till den renoverade motorn, på samma sätt som om du själv skulle utföra motorrenoveringen. Dessa delar omfattar:

Generator och fästen
Avgasreningskomponenter
Strömfördelare, tändkablar och tändstift
Termostat och huskåpa
Vattenpump
Förgasare eller bränsleinsprutningskomponenter
Inloppsrör, avgasgrenrör
Oljefilter
Motorfästen
Koppling och svänghjul/medbringarskiva

Observera: *När utvändiga delar demonteras från motorn bör man vara uppmärksam på detaljer som kan underlätta eller vara viktiga vid ditsättningen. Observera hur packningar, tätningar, distanser, pinnar, brickor, skruvar och andra smådelar är monterade.*

4 Om du ska skaffa en grundmotor som består av motorblock, vevaxel, kolvar och vevstakar, vilka samtliga är monterade, måste även ett eller flera cylinderhuvud, oljesump och oljepump också demonteras. Avsnittet *Motor - renoveringsalternativ* innehåller ytterligare information om olika alternativ i fråga om motorrenovering.

5 Om du planerar att utföra en komplett motorrenovering måste motorn först tas isär och de invändiga delarna demonteras i följande ordningsföljd:

Ventilkåpa/kåpor
Stötstångskåpa (endast 6-cylindrig radmotor)
Avgasgrenrör och inloppsrör
Vipparmar och stötstänger
Ventillyftare
Cylinderhuvud(en)
Transmissionskedjekåpa
Transmissionskedja och drev (V8- och V6-motorer)
Kamaxeltransmission (6-cylindrig radmotor)
Kamaxel
Oljesump
Oljepump
Kolv/vevstakar
Vevaxel och ramlager

6 Det är väsentligt att betona att viktiga delar i kylsystemet, t ex slangar, drivremmar, termostat och vattenpump **MÅSTE** bytas mot nya delar när motorn är renoverad. Vi rekommenderar inte att oljepumpen renoveras - montera alltid en ny oljepump när motorn har renoverats.

7 Kontrollera att följande material och verktyg finns till hands innan demonterings- och isärtagningsproceduren kan börja:

Vanliga handverktyg
Små pappaskar eller plastpåsar för förvaring av delar
Packningsskrapa
Brotsch
Avdragare för svängningsdämpare
Mikrometrar
Tillbehör till indikatorklocka
Indikatorklocka
Ventilfjäderkompressor

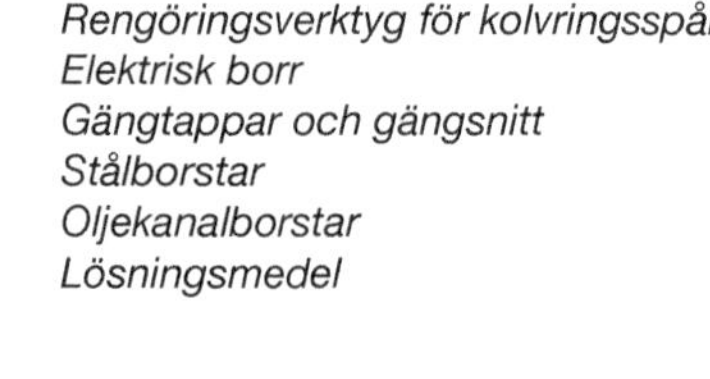

Cylinderslipningsverktyg
Rengöringsverktyg för kolvringsspår
Elektrisk borr
Gängtappar och gängsnitt
Stålborstar
Oljekanalborstar
Lösningsmedel

8 Cylinderhuvud - isärtagning

Observera: *Nya och ombyggda cylinderhuvuden är lätta att få tag på hos de flesta motoråterförsäljare och biltillbehörsaffärer. På grund av att man behöver använda specialverktyg till isärtagnings- och kontrollarbetet och att det kan vara svårt att få tag på reservdelar kan det vara både mer praktiskt och mer ekonomiskt för hemmamekanikern att köpa cylinderhuvud som bytesdel, än att lägga ner tid på att ta isär, kontrollera och renovera originaldelarna.*

1 Isärtagning av cylinderhuvud omfattar demontering av inlopps- och avgasventiler och anslutna delar. Om de sitter på plats, ska vipparmsmuttrar, ledkulor och vipparmar demonteras från cylinderhuvudets pinnskruvar. Förse delarna med etiketter eller förvara dem separat så att de kan sättas tillbaka i respektive ursprungsläge.

2 Innan ventilerna demonteras ska de förses med etiketter och förvaras tillsammans med respektive tillhörande delar, så att de kan hållas åtskilda och monteras tillbaka i samma ventilstyrningar som de demonterades från **(se bild).**

3 Tryck ihop fjädrarna på den första ventilen med en fjäderkompressor och demontera ventilknastren **(se bild).** Släpp försiktigt fjäderkompressorn och demontera ventilbrickan samt (i förekommande fall) ventilroterare, fjäderkåpan, fjädrar och fjädersäte eller shims (i förekommande fall). Demontera oljetätningen/tätningarna från ventilspindeln och tätningen av paraplytyp över styrningen (i förekommande fall), dra därefter loss ventilen från cylinderhuvudet.

8.2 Ventil- och ventilfjäderkomponenter kan förvaras i en märkt plastpåse för att underlätta montering i korrekt styrning

8.3 Tryck ihop ventilfjädern och demontera ventilknastren

HAYNES TIPS

Om ventilen kärvar i styrningen (kan inte dras igenom), tryck tillbaka ventilen i cylinderhuvudet och avgrada området kring knastrets spår med en fin fil eller brynsten.

4 Upprepa proceduren för de återstående ventilerna. Kom ihåg att hålla ihop samtliga delar för varje ventil så att de kan monteras tillbaka i respektive ursprungslägen.

5 När ventilerna och tillhörande delar demonterats och placerats i förvaringsaskar ska cylinderhuvudet rengöras noggrant och kontrolleras. Om en komplett motorrenovering ska utföras, ska motorns isärtagning avslutas innan cylinderhuvudet rengörs och kontrolleras.

9 Cylinderhuvud - rengöring och kontroll

1 Först efter det att cylinderhuvudet och ventilmekanismens delar rengjorts och utsatts för en grundlig kontroll kan du besluta hur mycket arbete som måste läggas ned på ventilrenovering i samband med motorns renovering.

Rengöring

2 Skrapa bort alla spår av gamla packningsrester och tätningsmassa från delningsplanen på cylinderhuvudpackningen, inloppsröret och avgasgrenröret. Var försiktig så att cylinderhuvudet inte repas. Speciella packningslösningsmedel som mjukar upp packningar och underlättar vid demontering finns att köpa i biltillbehörsaffärer.

3 Avlägsna eventuella kalkavlagringar från kylvätskepassagerna.

4 Kör en hård stålborste genom de olika hålen för att avlägsna eventuella avlagringar som kan ha uppstått.

5 För in en gängtapp i rätt storlek i vart och ett av de gängade hålen för att avlägsna oxidering och gängtätningsmedel som kan förekomma. Använd tryckluft, om sådan finns till hands, för att rensa bort skräp från hålen som kan ha uppstått under arbetet.

6 Rengör gängorna på vipparmens pinnskruv med en stålborste.

7 Rengör cylinderhuvudet med lösningsmedel och torka det ordentligt. Torkningen går snabbare med tryckluft vilket säkerställer att alla hål och försänkningar är rena.

Observera: *Sotlösande kemikalier kan anskaffas, de kan visa sig vara mycket användbara när det gäller att rengöra cylinderhuvuden och komponenter i ventilmekanismen. Dessa kemikalier är mycket frätande och bör användas med största försiktighet. Följ instruktionerna på förpackningen.*

8 Rengör vipparmarna, ledkulorna, muttrar och stötstänger med lösningsmedel och torka dem ordentligt (blanda inte ihop delarna).

Torkningen kan påskyndas med tryckluft, vilket också kan användas för att rensa ur oljepassagerna.

9 Rengör alla ventilfjädrar, fjäderkåpor, ventilknaster och ventilbrickor (eller ventilroterare) med lösningsmedel och torka dem ordentligt. Ta delarna från en ventil åt gången så att de inte blandas ihop.

10 Skrapa bort hårda avlagringar som kan ha uppstått på ventilerna, ta därefter en elektrisk stålborste för att avlägsna avlagringar från ventiltallrikar och ventilspindlar. Återigen, var noga med att inte blanda ihop ventildelarna.

Kontroll

Cylinderhuvud

11 Gör en mycket noggrann kontroll av cylinderhuvudet beträffande sprickor, tecken på kylvätskeläckage och andra skador. Om sprickor upptäcks i cylinderhuvudet ska det bytas.

12 Kontrollera med en stållinjal om cylinderhuvudets delningsplan är skevt **(se bild).** Om skevheten överskrider angivet gränsvärde kan ytan slipas om i en motorverkstad.

13 Kontrollera ventilsätena i varje förbränningsrum. Om de är gropiga, spruckna eller brända krävs att ventilsätena i cylinderhuvudet renoveras, vilket är ett arbete som ligger utanför hemmamekanikers möjligheter.

14 Kontrollera spelet mellan ventilspindel och styrning genom att mäta ventilspindelns radialspel med en indikatorklocka som är ordentligt ansluten till cylinderhuvudet **(se bild).** Ventilen ska vara placerad i styrningen, cirka 1,5 mm från sätet. Det totala radialspelet, som uppmäts med indikatorklockan, divideras med två för att erhålla värdet för det verkliga spelet. Om ventilstyrningarnas skick fortfarande är tveksamt efter det att mätningen är utförd bör de kontrolleras hos en verkstad (kostnaden för detta bör vara ringa).

Ventiler

15 Kontrollera noggrant varje ventils anliggningsyta mot sätet beträffande ojämnt slitage, deformation, sprickor, gropar eller brända fläckar. Kontrollera ventilspindeln beträffande repor och hopskärning samt ventilhalsen beträffande sprickor. Vrid ventilen och kontrollera om den verkar böjd. Leta efter gropar och starkt slitage på spindelns ände. Om något av dessa förhållanden föreligger ska ventilen lämnas till en motorverkstad för reparation.

16 Mät kantbredden på varje ventil. Ventil med en kantbredd under 0,8 mm behöver bytas mot en ny **(se bild).**

9.12 Placera en stållinjal tvärs över cylinderhuvudet och försök att föra in ett bladmått under det vid olika punkter för att kontrollera skevheten

9.14 En indikatorklocka kan användas för att fastställa spelet mellan ventilspindel och styrning (flytta ventilspindeln enligt pilarna)

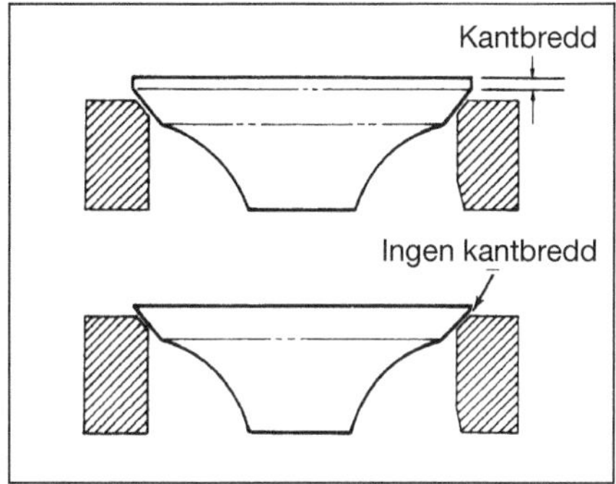

9.16 Varje ventils kantbredd måste motsvara specificerat värde (om ingen bredd finns måste ventilen bytas)

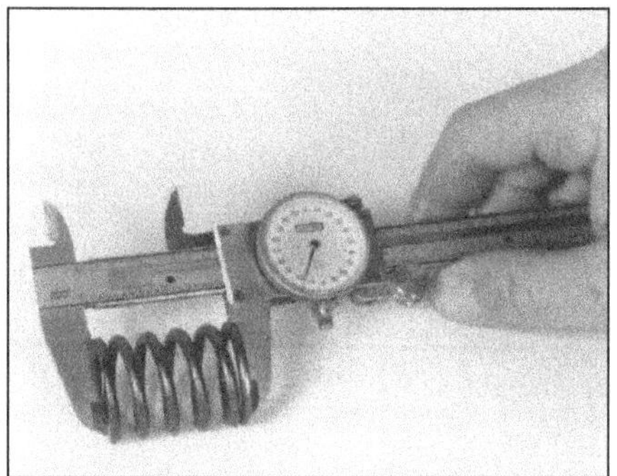

9.17 Mät varje ventilfjäders fria längd och jämför värdet med Specifikationer

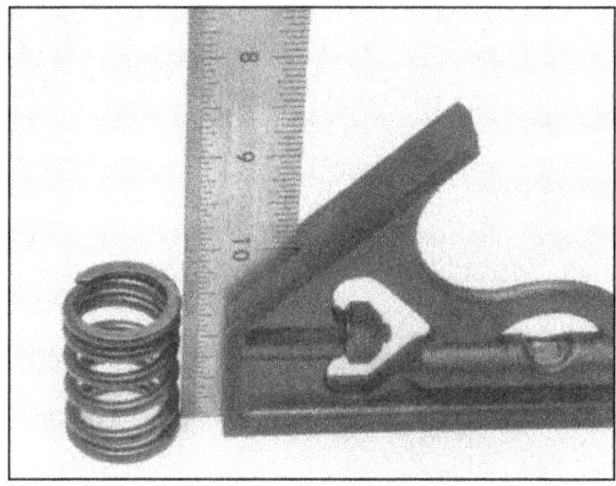

9.18 Kontrollera varje ventilfjäders vinkelräthet

Ventilkomponenter

17 Kontrollera varje ventilfjäder beträffande slitage (på ändarna) och gropbildning. Mät ventilfjäderns fria längd och jämför den med specifikationen **(se bild).** Alla fjädrar som är kortare än specifierat värde har mattats och bör inte användas igen. Fjäderspänningen bör kontrolleras med specialverktyg innan beslut tas huruvida de ska återanvändas i den renoverade motorn (ta med fjädrarna till en motorverkstad som kan utföra denna kontroll).

18 Placera varje fjäder på en plan yta och kontrollera vinkelrätheten **(se bild).** Om någon av fjädrarna är sned, krokig eller mattad ska den bytas ut.

19 Kontrollera ventilbrickan (eller ventilroterarna) och ventilknaster beträffande tydligt slitage och sprickor. Alla delar som är i tveksamt skick bör bytas mot nya delar, annars kan allvarligare skador uppstå om de skulle gå sönder när motorn är i drift.

Vipparmens komponenter

20 Kontrollera vipparmsytorna (ytorna som berör stötstångsändarna och ventilspindlarna) beträffande gropar, slitage, hopskärning, repor och ojämna fläckar. Kontrollera vipparmsledens kontaktytor och även ledkulorna. Leta efter sprickor i varje vipparm och mutter.

21 Kontrollera stötstångsänden beträffande repning och starkt slitage. Rulla varje stötstång på en plan yta, t ex en glasruta, för att kontrollera om den är skev.

22 Kontrollera om vipparmens pinnskruvar i cylinderhuvudena har skadade gängor samt att de är säkert monterade. Den typ av vipparmspinnskruv som trycks in på plats, kan inte bytas av en hemmamekaniker på grund av att detta arbete kräver precisionsbrotschningsutrustning samt en lämplig press. Om någon pinnskruv är skadad ska cylinderhuvudet lämnas till en motorverkstad som kan utföra pinnskruvsbyte.

23 På vissa motorer förekommer en typ av vipparmspinnskruv som skruvas fast istället för typen som trycks fast. Dessutom förekommer på de flesta motorer med pinnskruvar av skruvtyp en styrplatta som infästs på cylinderhuvudet av pinnskruvarna, för att behålla stötstångens passning i förhållande till vipparmen. Om en motor med pinnskruvar av skruvtyp, befinns ha slitna, böjda eller på annat sätt skadade pinnskruvar kan dessa demonteras en efter en, och bytas ut. Se till att även styrplattorna under pinnskruvarna byts ut och bestryk pinnskruvarnas gängor med RTV-tätningsmedel.

24 Alla skadade eller starkt slitna delar ska bytas ut mot nya delar.

25 Om det under kontrollen framkommer att ventilkomponenterna är i allmänt dåligt skick och mer slitna än de i specifikationen angivna gränsvärdena, vilket ofta är fallet på motorer som renoveras, ska ventilerna monteras i cylinderhuvudet. Se avsnitt 10 beträffande rekommendationer för reparation av ventiler.

26 Om kontrollen inte indikerar starkt slitage och om ventilens anliggningsytor mot sätet och sätena är i gott skick kan ventilmekanismens komponenter monteras tillbaka i cylinderhuvudet utan större åtgärd. Se lämpligt avsnitt beträffande montering av cylinderhuvudet.

10 Ventiler - reparation

1 Reparation av ventiler, ventilsäten och ventilstyrningar, är ett komplicerat arbete som kräver tillgång till specialverktyg och utrustning. Denna typ av arbete kan därför med fördel överlåtas till en fackman.

2 Hemmamekanikern kan demontera och ta isär cylinderhuvuden, utföra rengöringsarbete och kontroll av delarna. Därefter bör denne sätta ihop cylinderhuvudet/huvudena och lämna det/dem till en märkesverkstad eller annan motorverkstad som utför reparationsarbetet.

3 Återförsäljarverkstaden, eller annan motorverkstad, demonterar ventiler och fjädrar, renoverar eller byter ut ventiler och ventilsäten, renoverar ventilstyrningar, kontrollerar och byter ut ventilfjädrar, fjäderhållare eller ventilroterare och ventilknaster (efter tillämplighet), byter ventilsäten mot nya, sätter ihop ventilkomponenter och kontrollerar att den monterade fjäderhöjden är korrekt. Cylinderhuvudets delningsplan omslipas om det är skevt.

4 När ventilarbetet har utförts av verkstaden kommer cylinderhuvudet att vara i skick som nytt. När cylinderhuvudet returneras bör du se till att det rengörs på nytt innan det monteras på motorn, för att avlägsna eventuella metallpartiklar, eller smuts som kan ge upphov till repor, som kan finnas kvar efter ventilarbetet eller omslipningen av cylinderhuvudet. Använd om möjligt tryckluft för att blåsa igenom oljehål och oljepassager.

11 Cylinderhuvud - ihopsättning

1 Oavsett om cylinderhuvudet/cylinderhuvudena lämnades till en verkstad som ombesörjde reparation av ventiler, ska du kontrollera att de är rena innan ihopsättningen börjar.

2 Om cylinderhuvudet/cylinderhuvudena lämnades till verkstad för ventilreparation så är ventilerna och tillhörande delar redan monterade. Börja ihopsättningsarbetet med steg 8.

3 Börja vid cylinderhuvudets ena sida, smörj in och montera den första ventilen. Bestryk ventilspindeln med molybdenbaserat smörjfett eller ren motorolja.

4 Tre olika typer av ventiltätningar förekommer på dessa motorer, beroende på årsmodell, motorstorlek och antalet hästkrafter. Den vanligaste typen är en liten O-ring som helt enkelt sitter runt ventilspindeln strax ovanför ventilstyrningen. Den andra typen är en platt O-ring som passar in i spåret i ventilspindeln strax under ventilknastrets spår. På de flesta starkare motorer förekommer en tätning av paraplytyp som dras ned över ventilstyrningen och placeras över ventilspindeln. I de flesta fall används tätningen av paraplytyp tillsammans med den platta tätningen av O-ringstyp. Om tätningar av rund O-ringstyp eller av paraplytyp har använts på ditt cylinderhuvud ska de monteras vid detta tillfälle.

5 Släpp ner fjädersätet eller shimset/shimsen över ventilstyrningen och sätt ventilfjädrarna, fjäderkåpan och knastret (eller ventilroteraren) på plats.

6 Tryck ihop fjädrarna med en ventilfjäderkompressor och, om tätning av den platta O-ringstypen förekommer på ditt cylinderhuvud, montera tätningen försiktigt i det undre spåret på ventilspindeln. Kontrollera att tätningen inte är vriden - den måste ligga helt platt i spåret. Placera ventilknastren i det övre spåret, släpp långsamt kompressorn och kontrollera att ventilknastren sitter ordentligt på plats. Bestryk varje ventilknaster med en klick smörjfett för att hålla det på plats, om det behövs.

7 Upprepa proceduren för återstående ventiler. Kontrollera att komponenterna sätts tillbaka i respektive ursprungslägen - blanda inte ihop dem.

8 Kontrollera ventilfjäderns monterade höjd

med en millimeterlinjal eller skjutmått. Om cylinderhuvudena hade lämnats till verkstad för ventilreparation bör den monterade höjden vara korrekt (man kan dock inte förutsätta att så är fallet). Måttet tas från varje fjädersätes eller shimsens översta punkt till ventilbrickans översta punkt. Om höjden är större än angivet värde kan du placera ut shims under fjädrarna för att korrigera höjden.

Varning: Man får aldrig, under några omständigheter, förse fjädrarna med shims så att den monterade höjden blir lägre än angivet gränsvärde.

9 Bestryk vipparmens anliggningsyta mot sätet och ledkulorna med molydbenbaserat fett, därefter monteras vipparmarna och ledkulorna på cylinderhuvudets pinnskruvar. Skruva fast muttrarna med tre eller fyra varv.

12 Kamaxel, lager och lyftare - demontering, kontroll och montering

Kontroll av kamaxelns nockar och lyfthöjd

1 För att kunna fastställa nivån av slitage på kamaxelns nockar ska nockarna kontrolleras innan kamaxeln demonteras. Demontera ventilkåporna enligt beskrivning i avsnitt 3.

2 Placera kolv nr 1 i ÖD på kompressionsslaget (se avsnitt 9).

3 Börja med cylinder nr 1 och anslut en indikatorklocka på motorn. Placera indikatorklockan mot den översta ytan på den första vipparmen. Indikatorklockan bör vara rakt över och i linje med stötstången.

Observera: *För att få en korrekt avläsning måste indikatorklockan mäta lyftningen vid vipparmens stötstångssida och inte vid ventilsidan.*

4 Nollställ indikatorklockan. Vrid vevaxeln mycket långsamt i normal rotationsriktning tills indikatorvisaren stannar och börjar röra sig i motsatt riktning. Punkten där den stannar indikerar maximal lyfthöjd.

5 Notera det avlästa värdet för framtida användning, placera därefter kolven vid ÖD på kompressionsslaget.

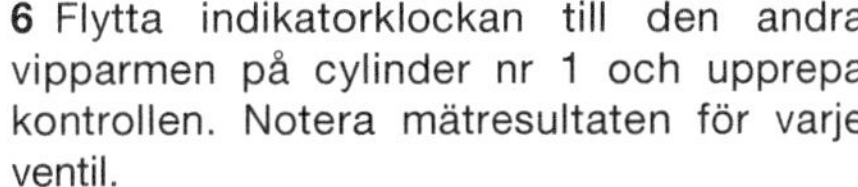

6 Flytta indikatorklockan till den andra vipparmen på cylinder nr 1 och upprepa kontrollen. Notera mätresultaten för varje ventil.

7 Upprepa kontrollen för de återstående ventilerna. Eftersom varje kolv måste vara vid ÖD på kompressionsslaget för denna procedur bör man arbeta från cylinder till cylinder i samma ordningsföljd som tändföljden.

8 När kontrollen har avslutats ska resultaten jämföras med angivna värden i Specifikationer. Om lyfthöjden underskrider angivet gränsvärde är kamnocken sliten och en ny kamaxel bör monteras.

Demontering - V6- och V8-motorer

9 Läs aktuella avsnitt i kapitel 2, del A och demontera inloppsrör, vipparmar, stötstänger, transmissionskedja och kamaxeldrev. Demontera även bränslepump och bränslepumpens stötstång (se kapitel 4).

10 Det finns flera sätt att ta bort lyftare från cylinderloppen. Ett specialverktyg som är konstruerat att gripa tag i och ta bort lyftare tillverkas av många verktygstillverkare och är lätt att få tag på, dock kanske det inte alltid behövs. På nyare motorer som inte har börjat få avlagringar kan lyftarna ofta demonteras med en liten magnet eller till och med med händerna. Maskinisters ritsverktyg som har en böjd ände kan användas till att dra ut lyftarna om fästringen placeras i överdelen på varje lyftare.

Varning: Använd inte en tång till att demontera lyftarna om du inte avser att byta ut dem mot nya delar (tillsammans med kamaxeln). En tång kan skada de precisionsslipade och härdade lyftarna så att de inte kan användas.

11 Ordna med en ordentligt märkt förvaringsbox till lyftarna innan de demonteras så att de kan monteras tillbaka i respektive ursprungslägen. Demontera lyftarna och förvara dem där de inte kan bli smutsiga. Försök inte ta bort kamaxeln om lyftarna sitter kvar.

12 Skruva fast en 15 cm lång 5/16-18 skruv i en av kamaxeldrevets skruvhål. Skruven kan användas som handtag när kamaxeln demonteras från blocket.

13 Dra försiktigt ut kamaxeln. Stöd kamaxeln nära motorblocket så att nockarna inte kan skada lagren när kamaxeln dras ut **(se bild).**

Demontering - 6-cylindrig radmotor

14 Se lämpliga avsnitt i kapitel 2 del B, och demontera svängningsdämparen, transmissionskåpan, ventilkåpan, vipparmarna, stötstängerna och de hydrauliska lyftarna.

15 Demontera bränslepumpen (kapitel 4).

16 Vrid vevaxeln tills tändinställningsmärkena på kamaxeltransmissionen står mot varandra **(se bild).**

17 Montera en indikatorklocka på motorblockets framsida med mätspetsen vilande mot kamaxelhjulet. Tryck in kamaxeln i motorblocket så långt det går, nollställ indikatorklockan och använd en skruvmejsel för att bända kamaxeln lätt framåt. Kontrollera indikatorklockans avlästa axialspelsvärde och jämför måttet med angivet värde i Specifikationer.

18 Sätt in skruvmejseln genom hålen i kamaxelhjulet och demontera skruvarna från kamaxelns tryckbricka **(se bild).**

19 Stöd kamaxeln varsamt så att nockarna inte skadar lagren, dra bort kamaxeln från motorblocket.

20 Kontrollera kamaxelns kugghjul och vevaxelns kugghjul beträffande skada eller slitage. Om någon av dem behöver bytas ut ska de bytas tillsammans som ett par.

21 Vevaxelns kugghjul kan demonteras från vevaxeln med en avdragare av klotyp. Kamaxelns kugghjul måste pressas från kamaxeln med en särskild adapter. Om kamaxel, kugghjul eller tryckbricka behöver bytas ska kamaxeln lämnas till en auktoriserad verkstad eller annan motorverkstad för att få kugghjul/tryckbricka demonterad och nya komponenter monterade.

Kontroll

Kamaxel och lager

22 När kamaxeln har demonterats från motorn, rengjorts med lösningsmedel och

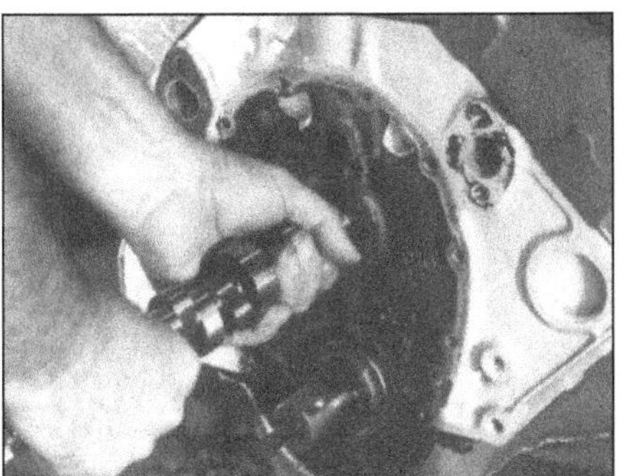

12.13 Stöd kamaxeln nära motorblocket medan den demonteras så att kamnockarna inte ska repa kamlagren

12.16 Inställningsmärkena måste passas in
1 Tändinställningsmärken
2 Skruvar till tryckbricka

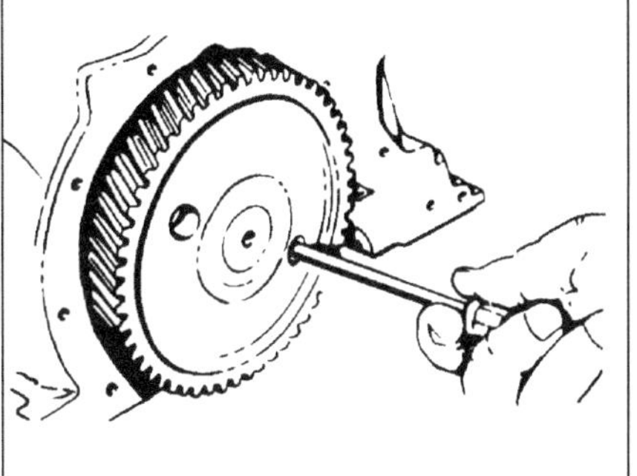

12.18 Sätt in en skruvmejsel i hålen i kamaxelhjulet för att demontera skruvarna som håller fast hjulet på kammen

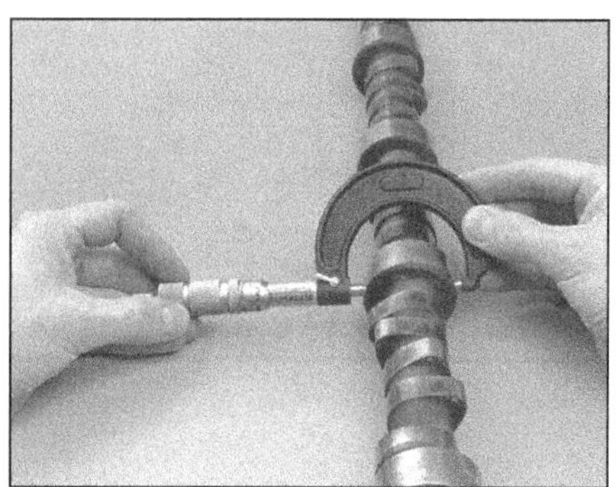

12.23 Kontrollera med en mikrometer om kamaxellagren är kraftigt slitna eller ovala

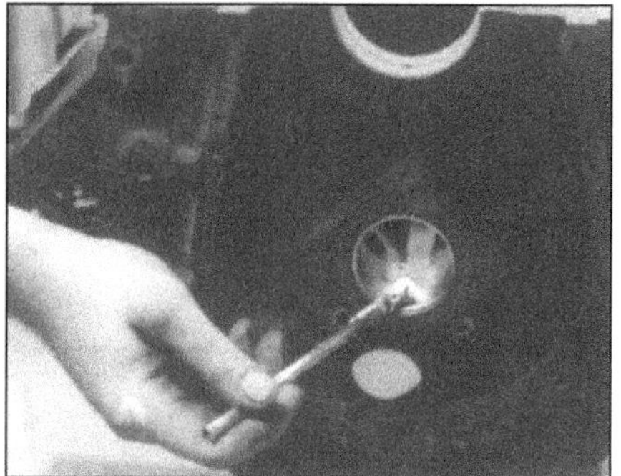

12.28a Stryk rikligt med molybdenbaserat fett eller motorsmörjfett med en pensel på kamlagren

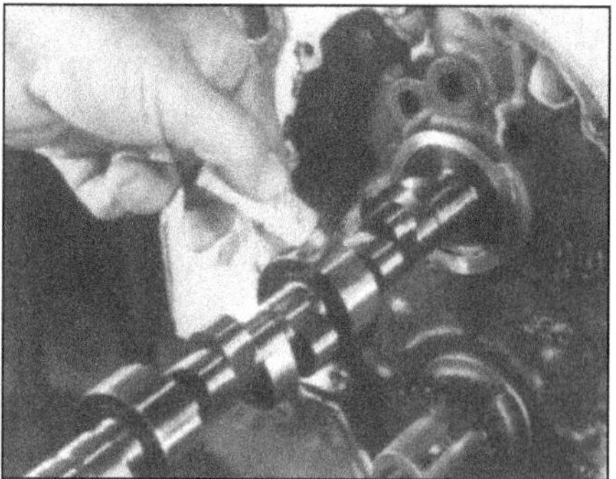

12.28b Rikligt med smörjfett på kamaxellager och nockar skyddar sådana ytor med hög belastning från skada när motorn startas första gången efter renovering

torkats ska lagertapparna kontrolleras beträffande ojämnt slitage, gropbildning och tecken på kärvning. Om tapparna är skadade är förmodligen också lagerinsatserna i motorblocket skadade. Såväl kamaxel som lager behöver i så fall bytas ut. Byte av kamaxellager kräver specialverktyg och speciell teknik, vilket ligger utanför hemmamekanikerns resurser. Motorblocket behöver lämnas till en motorverkstad för att få detta arbete utfört.

23 Mät lagertapparna med en mikrometer för att fastställa om de är alltför slitna eller skeva **(se bild).**

24 Kontrollera kamaxelnockarna för att se om de har blivit värmemissfärgade, repade, hackiga eller ojämnt slitna. Om nockarna är i gott skick och om lyfthöjdens mått stämmer med angivna värden kan kamaxlarna återanvändas.

Hydrauliska lyftare

25 Rengör lyftarna med lösningsmedel och torka dem ordentligt utan att blanda ihop dem.

26 Kontrollera varje lyftarvägg, stötstångssäte och fot beträffande repor, skåror och ojämnt slitage. Varje lyftarfot (ytan som är placerad på kamnocken) måste vara något konvex, vilket dock kan vara svårt att se med blotta ögat. Om lyftarens bas är konkav måste lyftarna och kamaxeln bytas. Om lyftarväggarna är skadade eller slitna (vilket inte är särskilt sannolikt) ska även lyftarloppen i motorblocket kontrolleras. Om stötstångssätena är slitna ska stötstångsändarna kontrolleras.

12.35 Hela kamaxeln bör smörjas in ordentligt med molybdenbaserat fett eller motorsmörjfett innan den monteras i motorblocket

27 Om nya lyftare ska monteras ska även en ny kamaxel monteras. Om en ny kamaxel monteras ska även nya lyftare monteras. Montera aldrig använda lyftare om inte originalkamaxeln ska användas och lyftarna kan monteras i respektive ursprungslägen.

Montering - V6 och V8

28 Smörj in kamaxelns lagertappar och kamnockar med molybdenbaserat fett eller motorsmörjfett **(se bilder).**

29 För in kamaxeln i motorn. Stöd kammen nära motorblocket och var försiktig så att lagren inte skadas.

30 Vrid kamaxeln tills tappen är i "klockan-nio-läge".

31 Montera transmissionskedja och drev.

32 Smörj in lyftarna med ren motorolja och montera dem i motorblocket. Om originallyftarna ska monteras tillbaka, se till att de placeras i respektive ursprungsläge. Om en ny kamaxel har monterats, ska även nya lyftare monteras.

33 Återstående monteringsarbete följer demonteringsordningen men i omvänd ordningsföljd.

Montering - 6-cylindrig radmotor

34 Om det har demonterats ska vevaxelns transmissionsdrev monteras tillbaka.

35 Bestryk kamaxelnockarna med rikligt med motorsmörjfett eller molybdenbaserat fett **(se bild)** och montera kamaxeln i motorblocket. Arbeta varsamt så att kamaxellagret inte skadas i monteringen.

36 Strax innan kamaxeln fullständigt går in i motorblocket ska den vridas så att inställningsmärkena på kamaxelhjulet och vevaxelns drev är inpassade mot varandra.

37 Sätt in kamaxeln helt i motorblocket.

38 Montera tryckbrickans skruvar.

13 Balansaxel och lager - demontering och montering (endast 1995 4,3L V6-motor)

1 Demontera transmissionskåpan.

2 Demontera inloppsröret.

3 Demontera transmissionskedjan, kamaxelhjulet och balansaxelns hjul.

4 Demontera balansaxelns hjul.

5 Demontera de båda skruvarna som fäster balansaxelns fäste, demontera fästet.

6 Demontera hydraullyftarens fäste.

7 Knacka ut balansaxeln och det främre lagret ur motorblocket med en mjuk klubba.

8 Rengör och torka balansaxeln och hjulen. Kontrollera lagren och tapparna beträffande starkt slitage eller tecken på kärvning. Kontrollera också drivhjul och drivet hjul beträffande sprickor, avbrutna kuggar eller kraftigt slitage.

9 Balansaxeln och det främre lagret ska inte repareras separat. Det främre lagret ska inte demonteras från balansaxeln. Balansaxelns drivhjul och drivna hjul repareras endast tillsammans. Det bakre lagret kan endast demonteras och monteras med specialverktyg; om dessa verktyg inte finns till hands ska bilen, eller motorblocket, överlåtas till en auktoriserad verkstad eller annan motorverkstad som har rätt utrustning.

10 Smörj in balansaxelns lager och tappar med ren motorolja och montera axeln i motorblocket. Var aktsam så att lagerytan inte skrapas eller blir hackig. Knacka in axeln med en mjuk klubba tills den sitter ordentligt i motorblocket.

11 Montera balansaxelns fäste och dra åt skruvarna till angivet åtdragningsmoment i avsnittet Specifikationer i detta kapitel.

12 Montera balansaxelns hjul och dra åt skruven till angivet åtdragningsmoment i avsnittet Specifikationer i detta kapitel.

13 Montera hydraullyftarens fäste och vrid balansaxeln, kontrollera att spelet är tillräckligt mellan axeln och lyftarens fäste.

14 Montera balansaxelns hjul, rikta in pass-

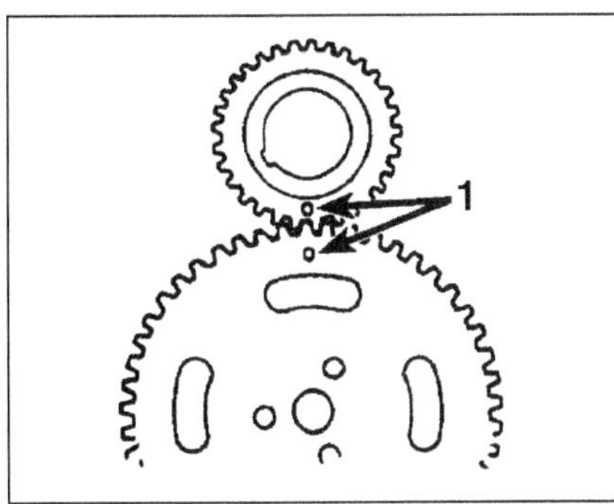

13.14 Se till att balansaxelns passmärken (1) på både drivhjul och drivet hjul är inriktade

14.1 Ta bort vändkanten från cylinderns överdel med en vändkantbrotsch innan kolvarna demonteras

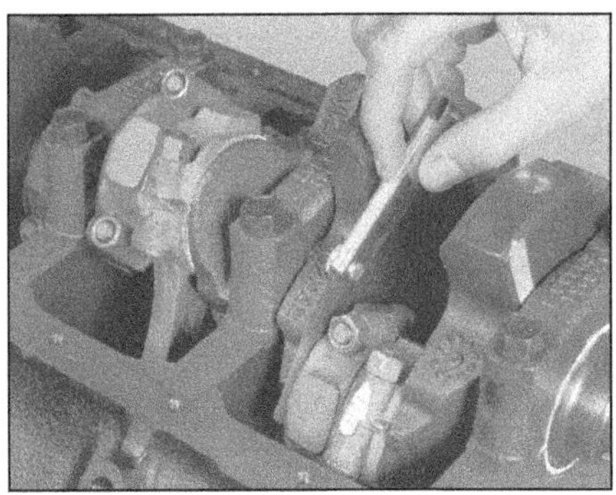

14.3 Kontrollera vevstakarnas radialspel med ett bladmått

märkena på hjulen **(se bild)**. Montera hjulets pinnskruv dra åt den till angivet åtdragningsmoment i avsnittet Specifikationer i detta kapitel.

15 Montera kamaxelhjulet och transmissionskedjan, rikta in märket på kamaxelhjulet mot märket på vevaxelns hjul. Montera kamaxelns skruv dra åt den till angivet åtdragningsmoment i avsnittet Specifikationer i detta kapitel.

16 Återstående montering följer demonteringsordningen men i omvänd ordningsföljd.

14 Kolvar/vevstakar - byte

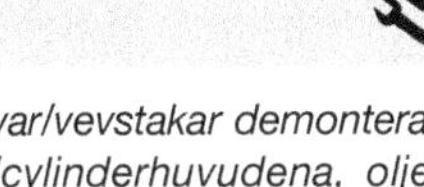

Observera: *Innan kolvar/vevstakar demonteras ska cylinderhuvudet/cylinderhuvudena, oljesumpen och oljepumpen demonteras, se beskrivning i lämpliga avsnitt i kapitel 2, del A eller B.*

1 Avlägsna hela vändkanten överst på varje cylinder med en brotsch **(se bild)**. Följ tillverkarens anvisningar på verktyget. Om vändkanten inte avlägsnas innan du börjar demontera kolv/vevstaksenheterna kommer det att leda till att kolven går sönder.

2 När cylinderns vändkanter har avlägsnats vänder du motorn upp och ned så att vevaxeln är riktad uppåt.

3 Innan vevstakarna demonteras, kontrollera axialspelet med bladmått. För in bladmåtten mellan den första vevstaken och vevaxeln tills spelet har avlägsnats **(se bild)**. Axialspelet är lika med tjockleken på bladmåttet/bladmåtten. Om axialspelet överskrider gränsvärdet för maxvariationen kommer nya vevstakar att behövas. Om nya vevstakar (eller en ny vevaxel) monteras kan axialspelet sjunka under angivet gränsvärde. Om så är fallet ska vevstakarna maskinslipas så att rätt mått återställs - rådfråga en motorverkstad vid behov. Upprepa proceduren för återstående vevstakar.

4 Kontrollera vevstakarna och överfallen beträffande identifikationsmärken **(se bild)**. Om de inte är klart märkta, använd en liten körnare för att göra lämpligt antal fördjupningar på varje vevstake och överfall.

5 Lossa var och en av muttrarna till vevstakarnas överfall ett halvt varv åt gången tills de kan tas bort för hand. Demontera vevstaksöverfall och lagerinsats till cylinder nr ett. Låt inte lagerinsatsen falla ur överfallet. Placera ett kort stycke plast- eller gummislang över skruven till varje vevstaksöverfall för att skydda vevaxeltapp och cylindervägg när kolven demonteras **(se bild)**. Tryck ut vevstake/kolv ur motorns överdel. Använd trähandtaget på en hammare för att trycka på den övre lagerhållaren i vevstaken. Om det går trögt ska du kontrollera igen att vändkanten har avlägsnats från cylindern.

6 Upprepa proceduren på återstående cylindrar. Efter demontering ska vevstaksöverfallen och lagren sättas ihop i respektive vevstakar, överfallens muttrar dras åt löst. Om de gamla lagerinsatserna får sitta kvar till ihopsättningen skyddas vevstakarnas lagerytor från oavsiktlig skada.

15 Vevaxel - demontering

Observera: *Vevaxeln kan endast demonteras när motorn är demonterad från bilen. Det förutsätts att svänghjul eller medbringarskiva, svängningsdämpare, transmissionskedja eller drev, oljesump, oljepump och kolv/vevstakar redan är demonterade.*

1 Innan vevaxeln demonteras ska axialspelet kontrolleras. Anslut en indikatorklocka med mätspetsen parallellt med vevaxeln, och nätt och jämnt i beröring med en av vevaxelns vikter.

2 Tryck vevaxeln bakåt så långt det går och nollställ indikatorklockan. Bänd nu vevaxeln framåt så långt det går och kontrollera avläsningen på indikatorklockan **(se bild)**. Avståndet som den rör sig är axialspelet. Om avståndet är större än angivet värde ska vevaxelns axiallager kontrolleras beträffande slitage. Om inget slitage är uppenbart bör nya ramlager korrigera axialspelet.

3 Om ingen indikatorklocka finns till hands,

14.4 Vanliga identifikationsnummer på vevstake och överfall

14.5 Placera korta bitar av gummislang över vevstakens skruvar för att skydda vevaxel och cylinderväggar vid demontering av vevstakar och kolvar

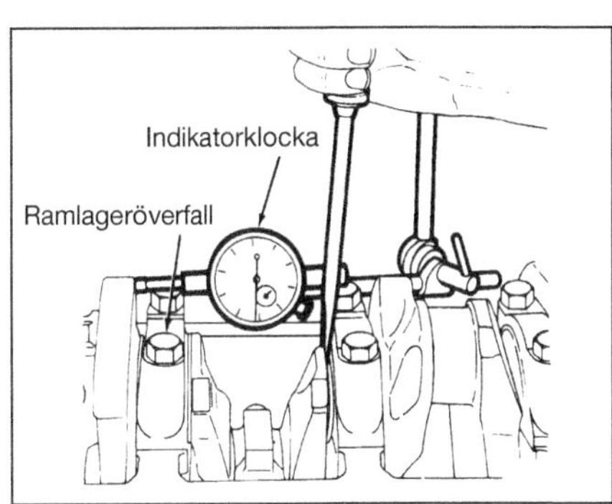

15.2 Kontrollera vevaxelns axialspel med en indikatorklocka

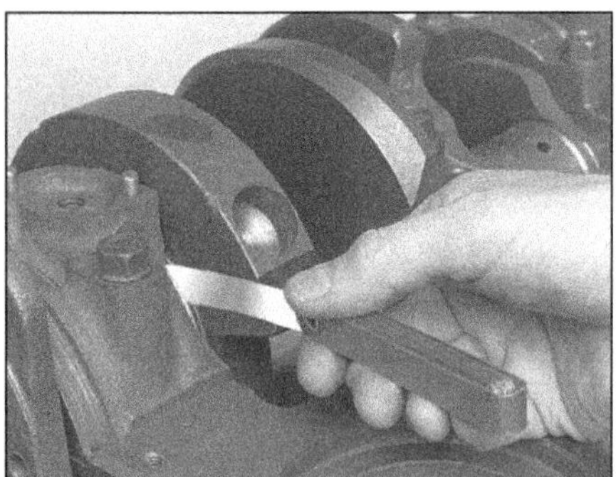

15.3 Kontrollera vevaxelns axialspel genom att föra in ett bladmått mellan vevaxeln och trycklagrets anliggningsyta

15.4a Om ramlageröverfallen inte är märkta ska de märkas med hammare och körnare

15.4b De flesta ramlageröverfall har en gjuten pil för att visa monteringsriktningen

kan man använda bladmått. Bänd försiktigt eller tryck vevaxeln framåt så långt det går. För bladmått mellan vevaxeln och axialtrycklagrets främre del för att fastställa spelet **(se bild).**

4 Kontrollera ramlageröverfallen för att se om de är platsmärkta. De bör vara numrerade i löpande nummerordning från motorns front och bakåt. Om så inte är fallet ska de märkas med sifferstansar eller körnare **(se bild).** Ramlageröverfall är ofta märkta med en formgjuten pil **(se bild),** vilken pekar mot motorns front. Lossa var och en av lageröverfallets skruvar, ett kvarts varv åt gången, tills de kan tas bort för hand.

5 Knacka försiktigt på överfallen med en mjuk klubba, och separera dem sedan från motorblocket. Vid behov kan skruvarna användas som hävstänger för att demontera överfallen. Tappa inte lagerskålarna när de kommer fram ur överfallen.

6 Lyft vevaxeln försiktigt ut ur motorn. Det är klokt att ha en medhjälpare eftersom vevaxeln är ganska tung. När lagerskålarna är på plats i motorblock och ramlageröverfall ska överfallen sättas tillbaka i respektive läge i motorblocket, skruvarna dras åt löst.

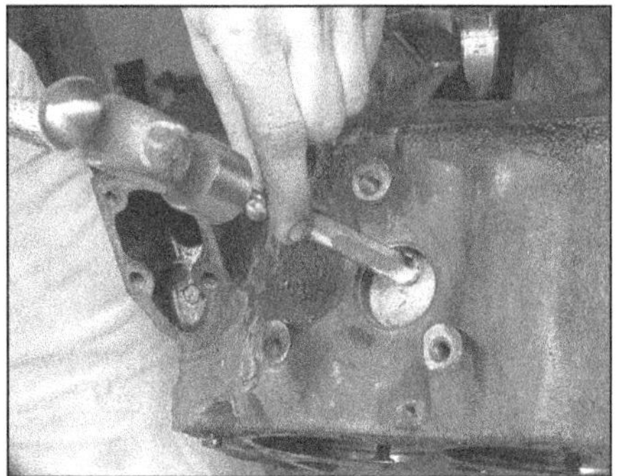

16.1a Driv in frostpluggarna i motorblocket med hammare och körnare

16 Motorblock - rengöring

1 Demontera frostpluggarna från motorblocket genom att knacka in dem i motorblocket med en hammare och körnare, fatta därefter tag i dem med en polygriptång och dra tillbaka dem genom hålen **(se bilder).**

2 Avlägsna alla spår efter gamla packningsrester från motorblocket med en packningsskrapa. Var försiktig så att inte delningsplanet repas eller skadas.

3 Demontera ramlageröverfallen och separera lagerskålarna från överfall och motorblock. Förse lagren med etiketter som visar från vilken cylinder de demonterats och om de var placerade i överfallet eller motorblocket, lägg dem därefter åt sidan.

4 Demontera alla de gängade oljekanalpluggarna från motorblockets främre och bakre delar **(se bild).** Kasta de gamla pluggarna och använd nya pluggar när motorn sätts ihop.

5 Om motorn är mycket smutsig bör den lämnas till en motorverkstad för ångtvätt eller bad.

6 När motorblocket har returnerats ska alla oljehål och oljepassager rengöras ytterligare en gång. Borstar som är speciellt designade för detta ändamål finns att köpa i de flesta biltillbehörsaffärer **(se bild).** Spola igenom passagerna med varmt vatten tills vattnet som kommer ut är rent, torka motorblocket ordentligt och torka av de maskinslipade ytorna med en lätt, rostförebyggande olja. Om du har tillgång till tryckluft kan du påskynda torkningsprocessen, och blåsa igenom alla oljehål och oljepassager.

7 Om motorblocket inte är särskilt smutsigt eller uppslammat kan du tvätta av tillräckligt mycket med varmt tvålvatten och hård borste. Ta tid på dig och gör ett grundligt jobb. Oavsett rengöringsmetod är det viktigt att oljehål och passager rengörs mycket noggrant, torka motorblocket ordentligt och bestryk alla maskinslipade ytor med lätt olja.

8 De gängade hålen i motorblocket måste vara rena för att säkerställa fullgoda värden för åtdragningsmoment vid ihopsättningen. Kör in en gängtapp i rätt storlek i hålen för att avlägsna all rost, oxidering, gängtätningsmedel eller slam och för att återställa

16.1b Fatta tag i frostpluggen med en polygriptång, vrid den åt sidan och dra ut den ur motorblocket

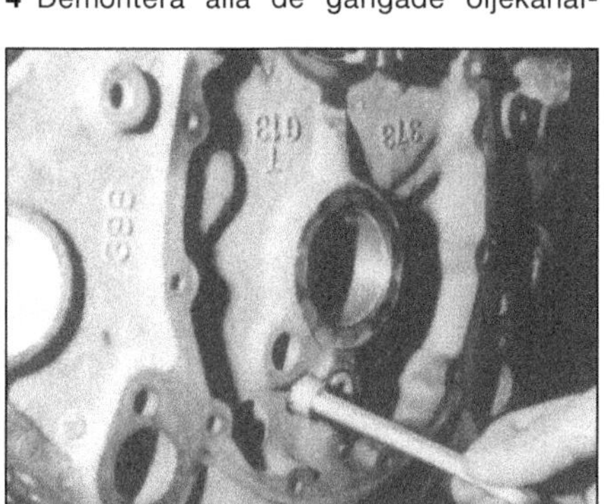

16.4 Demontera oljekanalspluggarna från motorblockets fram- och baksida för att möjliggöra rengöring av stamkanalen

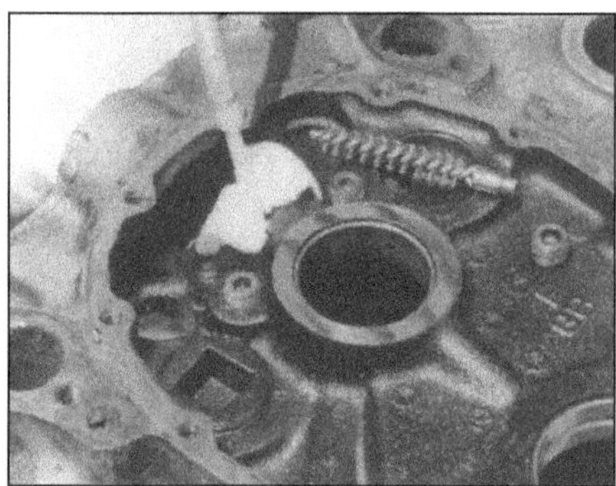

16.6 Använd stålborstar och tygbitar för att rengöra motorblockets oljekanaler

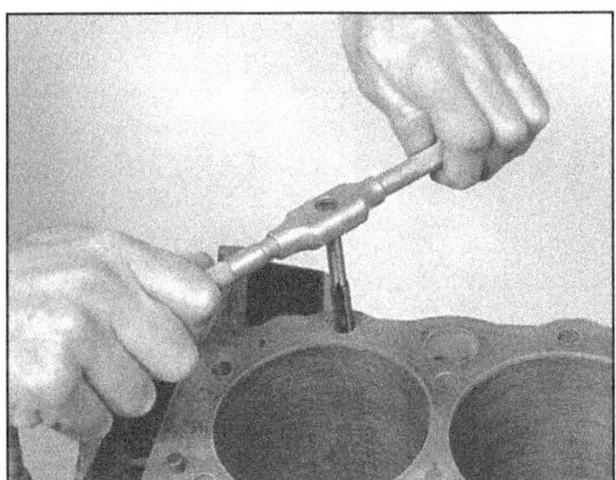

16.8 Rengör motorblockets gängade hål med en gängtapp

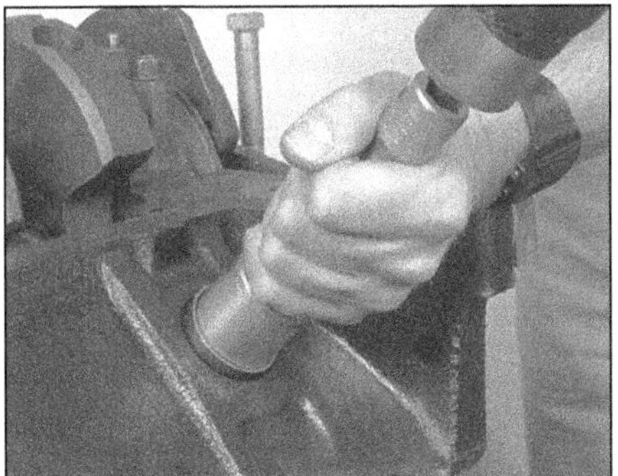

16.10 Det går bra att använda en hylsa och hammare för att montera de nya frostpluggarna i motorblocket

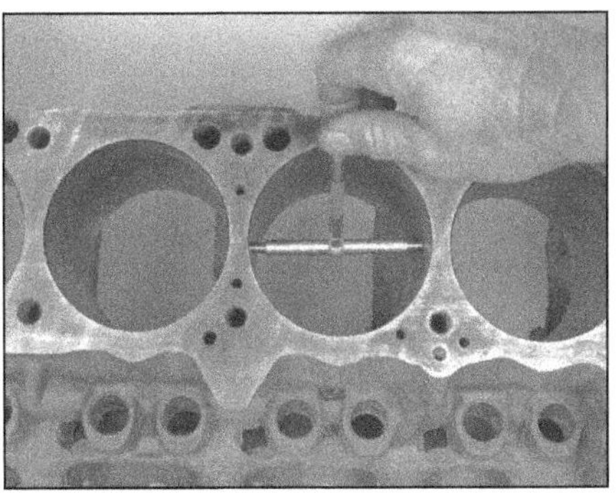

17.4a Förmågan att "känna" när den teleskoperande mätaren är i rätt läge utvecklas med tiden, så arbeta långsamt och upprepa kontrollen tills du är säker på att cylinderloppets mått är korrekt

eventuellt skadade gängor **(se bild)**. Använd, om möjligt, tryckluft för att rensa hålen från skräp som kan ha åstadkommits under arbetet. Ta tillfället i akt att även rengöra gängorna på cylinderhuvudets skruvar och ramlageröverfallets skruvar.

9 Sätt tillbaka ramlageröverfallen och dra åt skruvarna löst.

10 När de nya pluggarnas tätningsytor har bestrukits med RTV-tätningsmedel ska de monteras i motorblocket. Se till att de sätts in rakt och att de sitter ordentligt på plats, annars kan läckage uppstå. Specialverktyg finns för detta ändamål, men lika bra resultat kan uppnås med en stor hylsa, med en ytterdiameter som passar exakt över frostpluggen, och en hammare **(se bild)**.

11 Applicera icke-härdande tätningsmedel (t ex Permatex nr 2 eller teflontejp) på de nya oljapassagepluggarna och skruva in dem i hålen i motorblocket. Se till att de dras åt ordentligt.

12 Om motorn inte ska sättas ihop genast ska den täckas över med en stor plastsäck så att den hålls ren.

17 Motorblock - kontroll

1 Innan motorblocket kontrolleras bör det rengöras enligt beskrivning i avsnitt 15. Gör en extra kontroll att vändkanten överst på varje cylinder har avlägsnats fullständigt.

2 Gör en okulärinspektion av motorblocket beträffande sprickor, rost och oxidering. Leta efter skadade gängor i de gängade hålen. Det är också klokt att låta en motorverkstad med lämplig specialutrustning utföra en kontroll av motorblocket beträffande dolda sprickor. Om defekter upptäcks ska du om möjligt låta reparera motorblocket, eller få det utbytt.

3 Kontrollera cylinderloppen beträffande slitage och repor.

4 Mät upp diametern i varje cylinder vid loppets överdel (strax under det räfflade området), mellersta del och nedersta del parallellt med vevaxelns axel **(se bilder)**. Sedan mäts varje cylinders diameter på samma ställen *tvärs över* vevaxelns axel. Jämför resultaten med Specifikationer. Om cylinderväggarna är svårt repade, eller om de har blivit skeva eller koniska utöver angivna gränsvärden i Specifikationer, bör motorblocket lämnas till en motorverkstad för omborrning och slipning. Efter omborrning kommer överdimensionerade kolvar och kolvringar att behövas.

5 Om cylindrarna är i förhållandevis gott skick och slitaget inte överskrider de angivna gränsvärdena, och om spelet mellan kolv och cylinder kan upprätthållas, behöver de inte omborras. Slipning är i så fall allt som behövs (avsnitt 18).

18 Cylinder - honing

1 Innan motorn sätts ihop måste cylinderloppen honas så att de nya kolvringarna kan monteras på korrekt sätt och ge bästa möjliga tätning till förbränningsrummet.

Observera: *Om du inte har tillgång till nödvändiga verktyg eller inte vill ta dig an detta arbete kan de flesta motorverkstäder utföra cylinderslipning för en rimlig kostnad.*

2 Innan cylindrarna honas ska ramlageröverfallen monteras och skruvarna dras åt till angivet åtdragningsmoment.

3 Två olika typer av cylinderslipningsverktyg förekommer - det mjuka, eller "flaskborst"-verktyget och det traditionella ytslipningsverktyget med fjäderspända stenar. Båda klarar uppgiften lika bra, men för en hemmamekaniker utan större erfarenhet kan "flaskborsttypen" vara lättare att hantera **(se bild)**. Du behöver också en stor mängd lätt motorolja eller slipolja, trasor och en elektrisk borr. Utför arbetet på följande sätt:

a) *Montera slipverktyget i den elektriska borren, tryck ihop stenarna och för in den i den första cylindern.*
b) *Smörj in cylindern med rikligt med olja,*

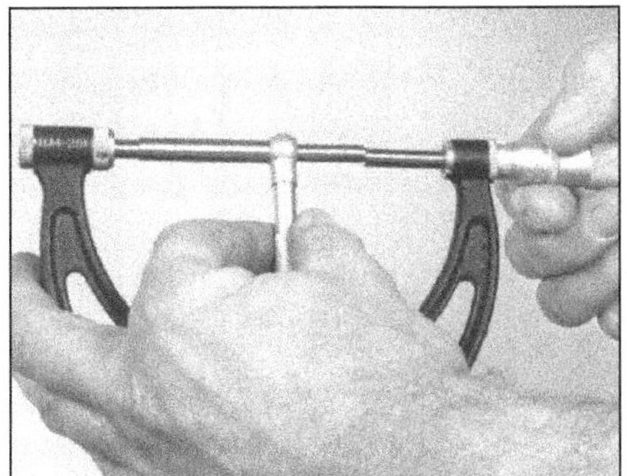

17.4b Mät den teleskoperande mätaren med en mikrometer för att fastställa loppets storlek

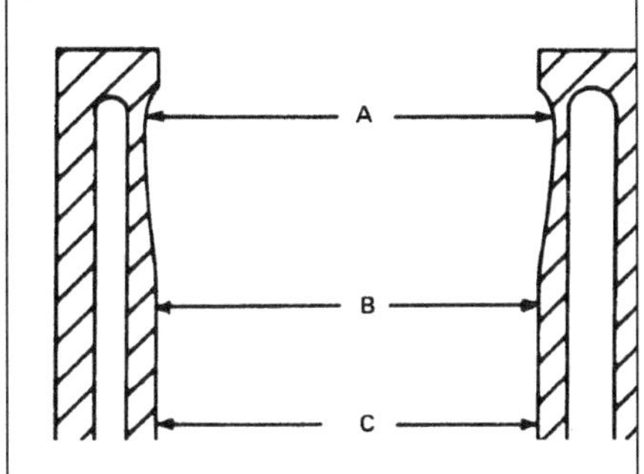

17.4c Cylinderns diameter bör mätas strax under vändkanten (A), på mitten (B) och nedtill (C)

18.3a Ett slipverktyg av "flaskborsttyp" ger bäst resultat om man aldrig har slipat in en cylinder tidigare

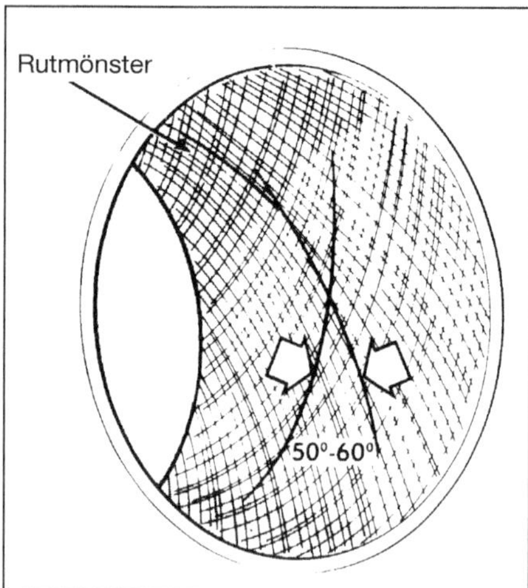

18.3b Slipverktyget bör lämna efter sig ett rutmönster med ränder som skär varandra vid cirka 60 graders vinkel

sätt på borren och för slipverktyget upp och ner i cylindern så att ett fint rutmönster bildas på cylinderväggarna. Linjerna bör helst mötas vid cirka 60 graders vinkel ***(se bild).*** *Använd rikligt med smörjfett och ta inte bort mer material än vad som är absolut nödvändigt för att kunna åstadkomma önskad ytfinish.* **Observera**: *Vissa kolvringstillverkare kan specificera en mindre linjevinkel än 60 grader - läs och följ instruktionerna som är tryckta på förpackningen.*

c) Ta inte bort slipverktyget från cylindern medan det är i gång. Stäng först av borren och fortsätt att röra verktyget upp och ner i cylindern tills den stannar helt, tryck sedan ihop stenarna och ta bort slipverktyget. Om du använder ett slipverktyg av "flaskborsttyp" ska borrmotorn först stannas, därefter vrids chucken i normal riktning medan slipverktyget tas bort från cylindern.

d) Torka bort oljan från cylindern och upprepa proceduren på återstående cylindrar.

4 När slipningen är avslutad ska cylindrarnas överkanter fasas med en liten fil så att kolvringarna inte kan fastna när kolvarna monteras. *Var mycket försiktig så att du inte repar cylinderväggarna med filen.*

5 Hela motorblocket måste tvättas på nytt med varmt tvålvatten för att avlägsna alla spår av slipspån som uppstått under slipningen. **Observera:** *Använd en vit trasa fuktad med motorolja till att torka av cylinderloppen. De kan anses vara rena när inga sliprester, i form av ett grått parti, syns på trasan.* Kör en borste genom alla oljehål och passager och spola igenom dem med rinnande vatten.

6 Efter sköljningen ska motorblocket torkas och ett lager rostförebyggande olja appliceras på alla slipade ytor. Linda in motorblocket i en sopsäck av plast för att hålla det rent, och sätt undan det tills ihopsättningen.

19 Kolvar/vevstakar - kontroll

1 Innan kontrollproceduren kan börja måste kolvar/vevstakar rengöras och originalkolvringarna demonteras från kolvarna.

Observera: *Använd alltid nya kolvringar när motorn sätts ihop.*

2 Använd ett kolvringsmonteringsverktyg, demontera ringarna försiktigt från kolvarna. Var försiktig så att kolvarna inte skadas eller repas under arbetet.

3 Skrapa bort alla spår efter kolavlagringar från kolvens överdel (kolvtoppen). En manuell stålborste eller en fin slipduk kan användas när största delen av avlagringarna har skrapats bort. Använd aldrig, under några omständigheter, en stålborste som är monterad på en elektrisk borr för att avlägsna avlagringar från kolvarna. Kolvmaterialet är mjukt och kan slipas bort med en stålborste.

4 Rensa bort kol från ringspåren med ett rengöringsverktyg för ringspår. Om ett sådant verktyg inte finns tillgängligt kan en gammal kolvring fungera lika bra **(se bilder)**. Var mycket försiktig och ta bara bort sotavlagringarna - avlägsna inte metallen och se till att ringspårens sidor inte repas eller skadas.

5 När avlagringarna har avlägsnats ska kolvar/vevstakar rengöras med lösningsmedel och torkas med tryckluft, om sådan finns tillgänglig. Se till att oljereturhålen i ringspårens bakre sidor är rensade.

6 Om kolvarna inte är skadade eller utslitna och om motorblocket inte är omborrat kan originalkolvarna monteras. Normalt kolvslitage visar sig som en jämn vertikal nötning på kolvarnas tryckytor och något glapp i spåret hos den översta kolvringen. Nya kolvringar, å andra sidan, bör alltid användas när en motor renoveras.

7 Gör en noggrann granskning av varje kolv beträffande sprickor runt kolvmanteln, runt kolvtappens hål och på ytorna mellan ringspåren.

8 Leta efter repor och slitage på kolvmantelns tryckytor, hål i kolvtoppen och brända fläckar på kolvtoppens kanter. Om manteln är repad eller sliten kan motorn ha utsatts för överhettning och/eller onormal förbränning vilket har orsakat alltför höga driftstemperaturer. Kyl- och smörjsystemen bör kontrolleras grundligt. Hål i kolvtoppen är en indikation på att onormal förbränning (tändningsknack) har ägt rum. Brännmärken på kolvsidorna är vanligen bevis på knackning (detonering). Om något av dessa problem förekommer måste orsakerna åtgärdas, annars kan skadorna uppstå igen.

9 Oxidering på kolven i form av små gropar indikerar att kylmedel har läckt in i förbränningsrummet och/eller vevhuset. Även i detta fall måste orsaken åtgärdas annars kommer felet att uppstå igen i den renoverade motorn.

10 Mät kolvringspelet genom att placera en ny kolvring i varje ringspår och föra in ett bladmått bredvid den **(se bild)**. Kontrollera spelet vid tre eller fyra punkter runt spåret. Se till att korrekt ring används för varje spår eftersom de är olika. Om ringspelet är större än angivet gränsvärde ska nya kolvar användas.

11 Kontrollera spelet mellan kolv och cylinderlopp genom att mäta loppet (se avsnitt 16) och kolvens diameter. Se till att kolvarna och loppen är korrekt matchade. Mät kolven tvärs över manteln i 90 graders vinkel, jäms med kolvtappen **(se bild)**. Subtrahera kolvens

19.4a Ett specialverktyg kan användas för att rengöra ringspåren i kolvarna

19.4b En gammal kolvring kan också användas, men se till att inte repa metallen

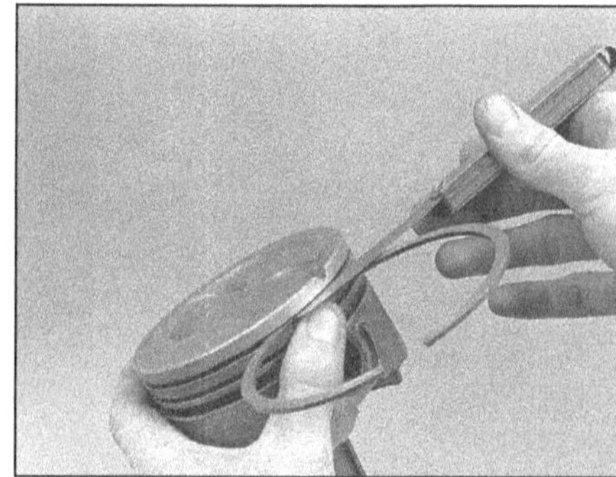

19.10 Sätt in en kolvring i ringspåret, kontrollera ringspelet med ett bladmått

19.11 Mät kolvens diameter i 90 graders vinkel mot kolvtappen och parallellt med den

diameter från loppets diameter för att få måttet för spelet. Om det är större än specificerat värde måste motorblocket omborras och nya kolvar och kolvringar monteras.

12 Kontrollera spelet mellan kolv och vevstake genom att vrida kolven och vevstaken i motsatt riktning. Om märkbart spel föreligger tyder det på att slitaget är för stort och måste åtgärdas. Kolven/vevstaken bör lämnas till en motorverkstad som borrar om kolvarna och vevstakarna samt monterar nya tappar.

13 Om kolvarna av någon anledning måste demonteras från vevstakarna bör de lämnas till en motorverkstad som kan kontrollera om de är böjda eller vridna. Motorverkstäder har specialutrustning för detta ändamål.

Observera: *Om du inte tänker montera nya kolvar och/eller vevstakar ska kolv/vevstaksenheten inte tas isär.*

14 Kontrollera vevstakarna beträffande sprickor eller andra skador. Demontera temporärt vevstakarnas överfall, lyft ut de gamla lagerskålarna, torka av vevstakens och lageröverfallets ytor och undersök dem beträffande hack, gropar eller repor. När vevstakarna har kontrollerats ska de gamla lagren sättas tillbaka, överfallen sättas på plats och muttrarna dras åt löst.

20 Vevaxel - kontroll

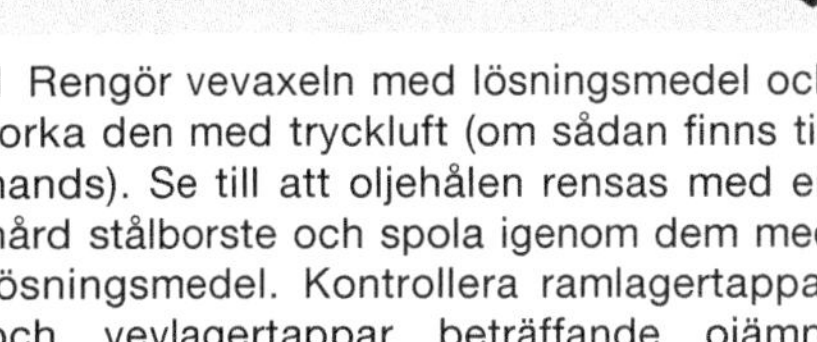

1 Rengör vevaxeln med lösningsmedel och torka den med tryckluft (om sådan finns till hands). Se till att oljehålen rensas med en hård stålborste och spola igenom dem med lösningsmedel. Kontrollera ramlagertappar och vevlagertappar beträffande ojämnt slitage, gropbildning, repor och sprickor. Kontrollera resten av vevaxeln beträffande sprickor och annan skada.

2 Mät diametern på ramlagertappar och vevlagertappar med en mikrometer och jämför resultaten med angivna värden i Specifikationer **(se bild)**. Genom att mäta diametern på ett flertal punkter runt varje tapps omkrets kan du fastställa huruvida tappen är oval. Notera måtten vid varje tapps båda ändar, nära vikterna, för att fastställa om tappen är konisk.

3 Om vevlagertapparna är skadade, koniska, skeva eller har slitagevärden som överskrider angivna gränsvärden i Specifikationer, ska vevaxeln lämnas till en motorverkstad för slipning. Se till att du använder lagerinsatser i rätt storlek om vevaxeln slipats.

4 Se avsnitt 20 och kontrollera ramlagrets och vevlagrets skålar.

21 Ramlager och vevlager - kontroll

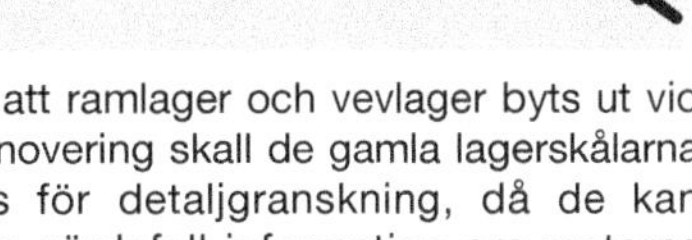

1 Trots att ramlager och vevlager byts ut vid motorrenovering skall de gamla lagerskålarna behållas för detaljgranskning, då de kan innehålla värdefull information om motorns kondition.

2 Lagerfel kan uppstå vid på brist på smörjning, förekomst av smuts eller andra främmande ämnen, överbelastning av motorn, eller korrosion. Oavsett vilken orsak som har resulterat i lagerfel måste felet åtgärdas innan motorn sätts ihop, för att undvika att problemet uppstår igen.

3 Vid undersökning av lagerskålarna skall de demonteras från motorblock, ramlagerskålar, vevstakar och vevstakarnas lageröverfall. Lägg ut dem på en ren yta i ungefär samma läge som de hade i motorn. På detta sätt kan problem som har uppstått i lagren jämföras med motsvarande vevaxeltapp.

4 Smuts eller andra ämnen kan komma in i motorn på ett antal olika sätt. Det kan vara kvarlämnat i motorn vid ihopsättningen, det kan tränga in genom filter eller vevhusventilationen. Det kan komma med oljan och därifrån in i lagren. Metallrester från maskinbearbetningar och från normalt motorslitage förekommer ofta. Slipmedel finns ofta kvar i motorns detaljer efter motorrenovering, speciellt om delarna inte har blivit ordentligt rengjorda på korrekt sätt. Vilken orsaken än må vara, återfinns sådana främmande ämnen mycket ofta i det mjuka lagermaterialet där de är lätta att upptäcka. Stora partiklar kan inte döljas i lagret utan repar och urholkar både lager och lagertapp. Det bästa sättet att förebygga denna orsak till lagerfel är att rengöra samtliga delar mycket grundligt och att hålla allting rent när motorn sätts ihop. Vi rekommenderar också relativt täta och regelbundna byten av motorolja och oljefilter.

20.2 Mät varje vevaxeltapps diameter vid flera punkter för att upptäcka om tappen är konisk eller oval

5 Flera samverkande orsaker kan finnas till brist på smörjning (eller smörjningsfel). Överhettning (vilket tunnar ut oljan), överbelastning (vilket pressar ut oljan från lagerytan) och oljeläckage (orsakat av för stort lagerspel, slitage i oljepumpen eller höga varvtal) bidrar till smörjningsproblemen. Igensatta oljepassager, vilket ofta beror på felaktigt inriktade oljehål i en lagerskål, kan också hindra oljan från att tränga in i lagret, och därmed förstöra det. När brist på smörjning orsakar lagerfel trycks lagermaterialet bort från lagrets stålunderlag. Temperaturen kan höjas till den grad när stålunderlaget blir blått av överhettning.

6 Körvanor har definitivt inverkan på lagrets livslängd. Full gas vid låga varvtal (överbelastning av motorn) lägger stor belastning på lagren vilket ofta pressar ut oljehinnan. Denna sorts belastning gör att lagret böjer sig, vilket åstadkommer en fin sprickbildning i lagret (utmattning). Till slut kommer lagermaterialet att lossna bitvis från stålunderlaget. Om körningen till stor del består av korta sträckor kan detta leda till korrosion i lagren beroende på att motorn inte producerar tillräckligt mycket värme för att avlägsna vattenkondens och korrosiva gaser. Dessa substanser ansamlas i motoroljan och bildar där syra och slam. När motoroljan passerar lagren i motorn angrips lagermaterialet vilket leder till korrosion.

7 Felaktig montering av lagren när motorn sätts ihop leder också till lagerfel. Hårt spända lager lämnar inte utrymme för tillräckligt lagerspel vilket resulterar i oljebrist. Smuts eller främmande ämnen som har fastnat bakom en lagerskål leder till fläckar på lagret som i sin tur leder till lagerfel.

22 Motorrenovering - ihopsättning

1 Innan ihopsättningen kan börja bör man kontrollera att alla nya reservdelar, packning och tätningar har införskaffats och att alla nödvändiga verktyg finns tillgängliga:

Vanliga handverktyg
1/2 tums momentnyckel
Monteringsverktyg för kolvringar
Kolvringskompressor
Gummi- eller plastslang i korta bitar som passar över vevstaksskruvar
Plastigage
Bladmått
En fintandad fil
Ny motorolja
Motorsmörjfett eller molybdenbaserat fett

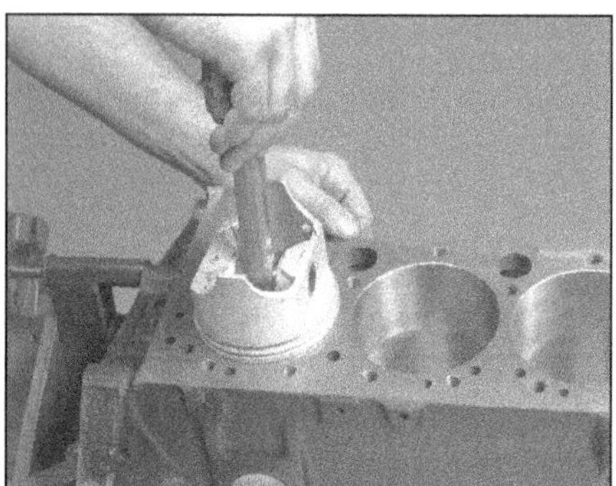
23.3 Vid kontroll av kolvringens ändgap måste ringen sitta rakt i cylindern, vilket kan åstadkommas om man använder kolven för att trycka ner den i loppet

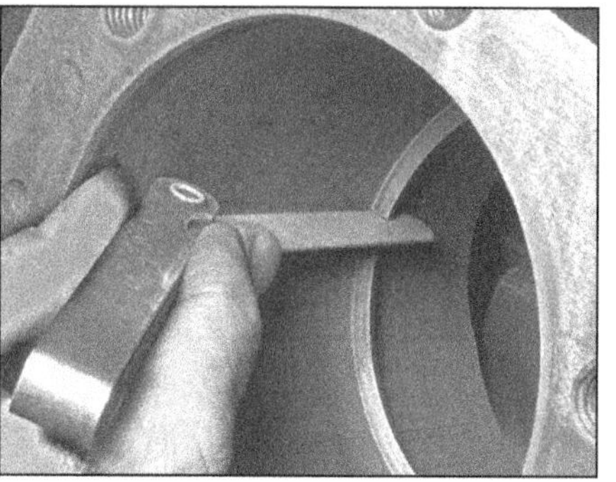
23.4 Mät kolvringens ändgap med ett bladmått

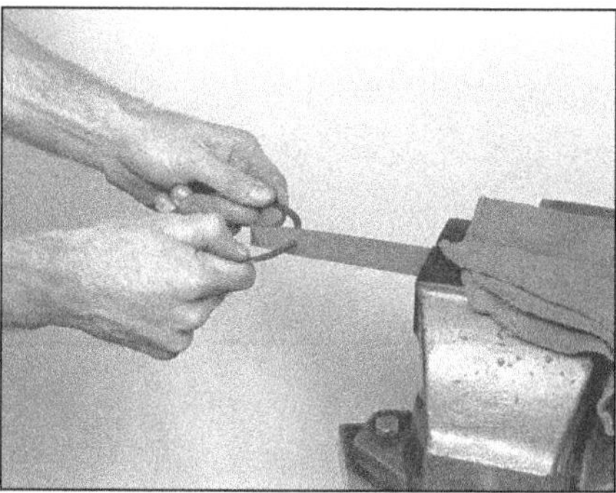
23.5 Om kolvringens gap är otillräckligt sätter du fast en fil i ett skruvstycke och filar kolvringens ändar (endast utifrån och in)

Packningstätning av RTV-typ
Packningstätning av anaerobisk typ
Gänglåsningsmassa

2 För att spara tid och undvika problem rekommenderas att ihopsättning av motorn sker i följande ordningsföljd:

Nya kamaxellager (måste utföras på motorverkstad)
Kolvringar
Vevlager och ramlager
Kolvar/vevstakar
Oljepump och oljesil
Svänghjul/medbringarskiva
Kamaxel och lyftare
Cylinderhuvud, stötstänger och vipparmar
Transmissionskedja och hjul (V6 och V8)
Transmissionshjul (6-cylindrig radmotor)
Oljesump
Tranmissionskedjans/hjulets kåpa
Inloppsrör och avgasgrenrör
Ventilkåpa/kåpor

23 Kolvringar - montering

1 Innan de nya kolvringarna monteras skall deras ändgap kontrolleras. Det förutsätts att kolvringarnas axialspel har kontrollerats och bedömts korrekt (avsnitt 18).

2 Lägg ut kolvarna/vevstakarna och de nya kolvringarna så att ringarna matchas med samma kolv och cylinder såväl vid mätning av ändgapen som vid efterföljande ihopsättning av motorn.

3 Placera den översta ringen i den första cylindern och pressa ned den i loppet med överdelen av kolven **(se bild)**. Ringen ska vara längst ned i cylinderloppet vid ringens undre vändläge.

4 Mät ändgapet genom att placera bladmått mellan ringändarna tills du hittar ett bladmått som motsvarar spelet **(se bild)**. Bladmåttet ska kunna föras mellan ringändarna med lätt kärvning. Jämför måttet med angivet gränsvärde i Specifikationer. Om spelet är större eller mindre än angivet värde bör du på nytt kontrollera att du använder rätt ringar innan du fortsätter med arbetet.

5 Om gapet är för litet måste det förstoras, annars kan ringändarna komma i beröring med varandra när motorn är igång vilket kan orsaka allvarliga motorskador. Ändgapet förstoras genom att ringändarna filas ned mycket försiktigt med en fintandad fil. Montera filen i ett skruvstycke med skyddsbackar, placera ringen över filen så att ändarna berör filens yta, och rör ringen sakta för att fila bort ringmaterial från ändarna **(se bild)**. Fila alltid bara utifrån och inåt.

6 För stort ändgap är inte kritiskt om det inte är större än 1,016 mm. Kontrollera på nytt för att försäkra dig om att du använder rätt kolvringar för din motor.

7 Upprepa kontrollproceduren på varje kolvring i den första cylindern och därefter på ringarna i återstående cylindrar. Kom ihåg att förvara ringar, kolvar och cylindrar i rätt monteringsordning.

8 När ringgapen har kontrollerats, och eventuellt åtgärdats, kan ringarna monteras på kolvarna.

9 Montera den undre ringen först (oljeskrapring), och fortsätt uppåt. Oljeskrapringen består av tre separata delar. Placera distansen/expandern i spåret **(se bild)**. Om en antirotationsflik förekommer bör du kontrollera att den är införd i det borrade hålet i ringspåret. Montera den nedre sidodelen. Använd inte ett monteringsverktyg för kolvringar på oljeskrapringens sidodelar eftersom de kan skadas. Placera istället sidodelens ena ände i spåret mellan distans/expander och kolven, håll kvar den ordentligt på plats och för ett finger runt kolven medan du trycker in sidodelen i spåret **(se bild)**. Montera sedan den övre sidodelen på samma sätt.

10 När oljeskrapringens tre delar är monterade, bör du försäkra dig om att de övre och undre sidodelarna kan röras obehindrat i ringspåret.

11 Den andra ringen (mittenringen) monteras nu. Den är stämplad med ett märke som måste vara riktat uppåt, mot kolvtoppen. **Observera:** *Instruktionerna som medföljer de nya kolvringarna skall alltid åtföljas – olika tillverkare kan rekommendera olika tillvägagångssätt. Blanda inte ihop de två kompressionsringarna eftersom de kan ha olika tvärsektioner.*

12 Använd ett monteringsverktyg för kolvringar och kontrollera att identifikationsmärket är riktat mot kolvtoppen, för sedan in ringen i kolvens mellersta spår **(se bild)**. Dra inte ut ringen mer än vad som behövs för att placera den över kolven.

13 Montera den första ringen (den översta) på samma sätt. Kontrollera att märket är riktat uppåt. Se till att de översta och mellersta ringarna inte blandas ihop.

14 Upprepa proceduren för återstående kolvar och ringar.

23.9a Montera distans/expander i oljeskrapringens spår

23.9b Montera oljeringens delar för hand - använd inte ringmonteringsverktyg

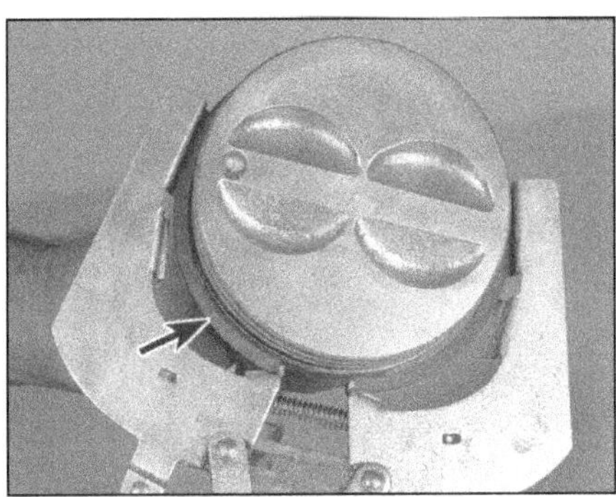

23.12 Använd en kolvringstång för att montera kompressionsringarna, kontrollera att märket (vid pilen) är riktat uppåt

24 Vevaxel - montering och kontroll av ramlagerspel

1 Montering av vevaxeln är det första steget av ihopsättningen av motorn. I detta läge ska motorblocket och vevaxeln ha rengjorts, kontrollerats och reparerats eller renoverats.

2 Placera motorn med undersidan uppåt.

3 Demontera ramlageröverfallets skruvar och lyft ut överfallen. Lägg dem i rätt ordningsföljd för att kontrollera att de monteras ordentligt.

4 Om de fortfarande är på plats ska de gamla lagerskålarna demonteras från motorblocket samt ramlageröverfallen. Torka av ramlagerytorna på motorblock och överfall med en ren luddfri trasa. De måste vara absolut rena.

5 Rengör de nya ramlagerskålarnas baksidor och lägg en lagerhalva i varje ramlagerhållare i motorblocket. Lägg den andra lagerhalvan från varje lagersats i motsvarande ramlageröverfall. Kontrollera att fliken på lagerinsatsen passar in i knasterläget i motorblock eller överfall. Dessutom måste oljehålen i motorblocket passas in mot oljehålen i lagerskålen. Hamra inte lagret på plats och se till att lagerytorna inte skadas av hack eller gropar. Smörjning ska inte användas vid detta tillfälle.

6 Det flänsade trycklagret måste installeras i bakre överfall och sadel.

7 Rengör lagerytorna i motorblocket och vevaxelns ramlagertappar med en ren, luddfri trasa. Kontrollera eller rengör oljehålen i vevaxeln eftersom smuts här bara kan gå åt ett håll - rakt ner i de nya lagren.

8 När du är säker på att vevaxeln är ren kan du placera den försiktigt (försök att få någon som hjälper dig) i ramlagren.

9 Innan vevaxeln monteras permanent bör ramlagrets spel kontrolleras.

10 Skär till ett antal Plastigagestycken av lämplig längd (längderna bör vara något kortare än bredden på ramlagren), och placera en längd på varje vevaxeltapp, parallellt med tappens mittlinje **(se bild)**.

11 Rengör lagerytorna i överfallen och montera överfallen i respektive ursprungslägen (blanda inte ihop dem) med pilarna pekande mot motorns front. Rubba inte Plastigagestyckena.

12 Börja med det mellersta ramlagret och arbeta utåt mot ändarna, dra åt ramlageröverfallets skruvar i tre steg till angivet åtdragningsmoment. Rotera inte vevaxeln någon gång under detta arbete.

13 Demontera skruvarna och lyft försiktigt upp ramlageröverfallen. Behåll dem i rätt ordning. Rubba inte Plastigageremsorna och rotera inte vevaxeln. Om något av ramlageröverfallen är svårt att lossa kan man knacka lätt från sida till sida med en mjuk klubba så att det lossnar.

14 Jämför bredden på den tillplattade Plastigageremsan på var och en av tapparna med skalan som är tryckt på kuvertet med Plastigage, för att kunna fastställa ramlagerspelet **(se bild).** Jämför det uppmätta spelet med värdena som är angivna i Specifikationer.

15 Om spelet inte överensstämmer med Specifikationen kan lagerskålarna ha fel storlek (vilket betyder att du behöva skaffa nya). Innan beslut tas huruvida lagerskålar av annan storlek ska användas, bör du kontrollera om smuts eller olja hade samlats mellan lagerskålarna och överfallen eller motorblocket när spelet uppmättes. Om den ena av Plastigageändarna var bredare än den andra, kan vevaxeltappen eventuellt vara konisk (se avsnitt 19).

16 Skrapa slutligen noggrant bort alla spår av Plastigage från ramlagertapparna och/eller lagerytorna. Se till att lagerytorna inte repas.

17 Lyft försiktigt ut vevaxeln från motorn. Rengör lagrens anliggningsytor i motorblocket, stryk sedan på ett tunt jämnt lager rent molybdenbaserat smörjfett eller motorolja på var och en av lagerytorna. Lagerytorna måste strykas in såväl som tappens anliggningsyta mot det bakre lagret.

18 Montera ramlagrets bakre oljetätning (se beskrivning i del A eller del B i detta kapitel, vid behov, beträffande montering av ramlagrets tätning).

19 Kontrollera att vevaxeltapparna är rena, lägg därefter vevaxeln tillbaka på sin plats i motorblocket. Rengör lagrens anliggningsytor i lageröverfallen, och bestryk dem med smörjfett. Montera lageröverfallen i deras respektive lägen med pilarna i riktning mot motorns front. Montera skruvarna.

20 Dra åt alla skruvar, utom överfallets bakre skruv (den med trycklager) till angivet åtdragningsmoment. Arbeta från mitten utåt och arbeta fram till slutgiltigt åtdragningsmoment i tre steg. Dra åt överfallets bakre skruvar till 14 till 16 Nm. Knacka vevaxelns ändar bakåt och framåt med en bly- eller mässingshammare för att passa in den med ramlagret och vevaxelns lagerytor. Dra åt ramlageröverfallets samtliga skruvar till angivet åtdragningsmoment, börja med den mellersta och gå ut mot ändarna. På modeller med ramlageröverfall med fyra skruvar, dras de inre skruvarna åt först, därefter de yttre skruvarna, kontrollera att olika värden för åtdragningsmoment lämnas för de inre och yttre skruvarna.

21 På modeller med manuell växellåda, montera ett nytt stödlager på vevaxelns ände (se kapitel 8).

22 Rotera vevaxeln några gånger för hand för att kontrollera om den kärvar.

23 Det sista steget är att kontrollera vevaxelns ändspel med ett bladmått eller indikatorklocka enligt beskrivning i avsnitt 14. Ändspelet bör vara korrekt om vevaxelns lagerytor inte är slitna eller skadade och om nya lager har monterats.

24.10 Placera en Plastigageremsa på vevaxelns ramlagertappar parallellt med vevaxelns mittlinje

24.14 När ramlageröverfallet har demonterats mäter du Plastigageremsans tillplattade bredd mot skalan på Plastigageförpackningen

25 Kolvar/vevstakar - montering och kontroll av vevstakslagrets spel

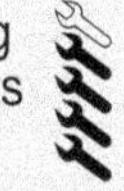

1 Innan kolvarna/vevstakarna monteras måste cylinderväggarna vara fullständigt rena, överkanten på varje cylinder måste vara avfasad och vevaxeln ska vara på plats.

2 Demontera vevstakens överfall från änden på vevstake nr 1. Demontera de gamla lagerskålarna och torka av lagrets anliggningsytor mot vevstake och överfall med en ren, luddfri trasa. De måste vara oklanderligt rena.

3 Rengör den nya övre lagerhalvans baksida, placera den därefter i vevstaken. Kontrollera

25.3 Kontrollera att lagrets knaster passar ordentligt i knasterläget i vevstaksöverfallet

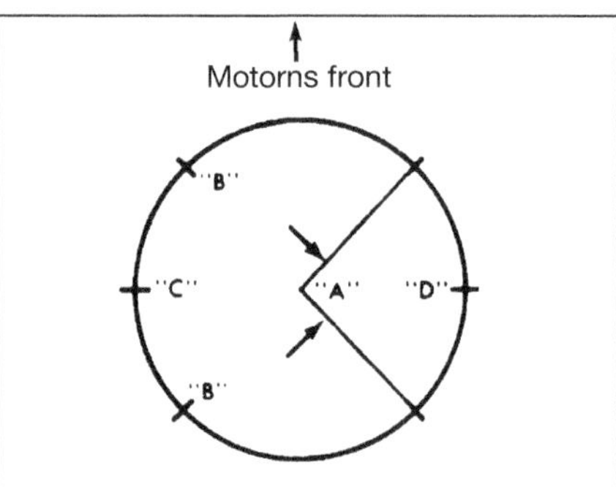

25.5a Kolvringens placering i V8-motorer och 6-cylindriga radmotorer

A Gap för distans/expander
B Skrapringarnas gap
C Mellersta kompressionsringens gap
D Övre kompressionsringens gap

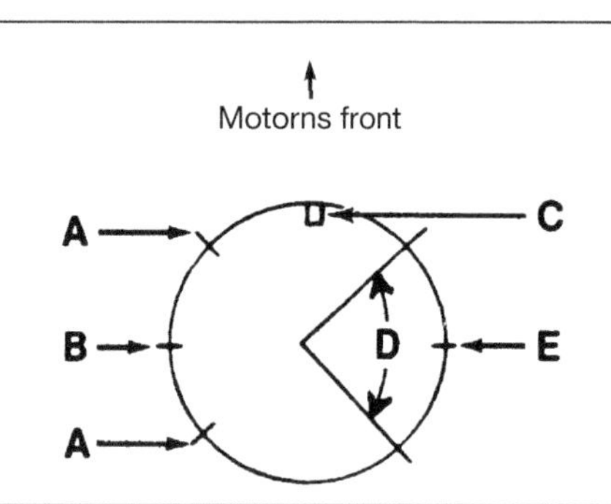

25.5b Placering a kolvring i V6-motor

A Skrapringarnas gap
B Mellersta kompressionsringens gap
C Kolvens frontmärke
D Gap för distans/expander
E Övre kompressionsringens gap

25.5c Gummi- eller plastslangbitar skyddar cylinderväggarna och vevaxeltapparna mot vevstaksskruvarnas vassa gängor vid monteringen

att lagrets knaster passar in i knasterläget i vevstaken **(se bild)**. Hamra inte fast lagret och var försiktig så att lagrets anliggningsyta inte blir hackig eller repad. Smörj inte in lagret vid detta tillfälle.

4 Rengör den andra lagerhalvans skål och montera den i överfallet. Kontrollera igen att lagrets knaster passar in i knasterläget - smörj inte in lagret vid detta tillfälle. Det är mycket viktigt att lagrets och vevstakens anliggningsytor är fullständigt rena och fria från olja när de sätts ihop.

5 Kolvringarnas gap ska vara på rätt avstånd runt kolven **(se bilder)**, placera därefter en bit plast- eller gummislang över varje skruv till vevstakens överfall **(se bild)**.

6 Smörj in kolvar och ringar med ren motorolja och anslut en kolvringskompressor till kolven. Låt manteln skjuta cirka 6 mm utanför för att styra in kolven i cylindern. Ringarna måste vara ihoptryckta tills de är jäms med kolven.

7 Rotera vevaxeln tills tappen på vevstake nr 1 är i undre dödläge, stryk på motorolja på cylinderväggarna.

8 När hacket på kolvtoppen är riktat mot motorns front, placera kolven/vevstaken försiktigt i cylinderlopp nr 1 och låt ringkompressorns undre del vila mot motorblocket. Knacka på ringkompressorns överkant för att vara säker på att den är i kontakt med motorblocket runt hela dess omkrets. **Observera:** *Om det inte finns något hack i kolvtoppen som indikerar i vilken riktning kolv och vevstake ska monteras, notera att när vevstaken monteras på vevaxeln ska vevstakens och överfallets sida med knasterlägena vara riktade i vinkel mot motorblockets undre del.*

9 Knacka försiktigt på kolvtoppen med ett hammarskaft medan vevstaksänden förs på plats på vevaxeltappen **(se bild)**. Kolvringarna kanske hoppar ur ringkompres-sorn strax innan de går in i cylinderloppet, så behåll trycket nedåt på ringkompressorn. Arbeta långsamt. Om du känner att det kärvar när kolven går in i cylinderloppet ska du sluta omedelbart. Ta reda på vad problemet är och åtgärda det innan du går vidare. Under inga omständigheter får du tvinga in kolven i cylinderloppet eftersom du kan ha sönder en kolvring och/eller kolven.

10 När kolven/vevstaken är monterad ska vevstakens spel kontrolleras innan vevstaken skruvas fast permanent.

11 Skär till en Plastigageremsa i rätt storlek, den ska vara något kortare än vevstakslagrets bredd. Lägg den på plats på vevstakstappen till cylinder nr 1, parallellt med tappens axel **(se bild)**.

12 Rengör vevstaksöverfallets lageryta, ta bort skyddsslangarna från vevstaksskruvarna och montera vevstaksöverfallet. Kontrollera att överfallets knasterläge är på samma sida som läget på vevstaken. Montera muttrarna och dra åt dem till angivet åtdragningsmoment, i tre steg **(se bild)**. **Observera:** *Använd en*

25.9 Kolven kan tryckas in i cylinderloppet med ett hammarskaft av trä

25.11 Placera en Plastigageremsa på varje vevstakstapp parallellt med vevaxelns mittlinje, placera inte remsan över oljehålen

25.12 Dra åt vevstaksskruvarna med momentnyckel och tunnväggs hylsa till angivet åtdragningsmoment

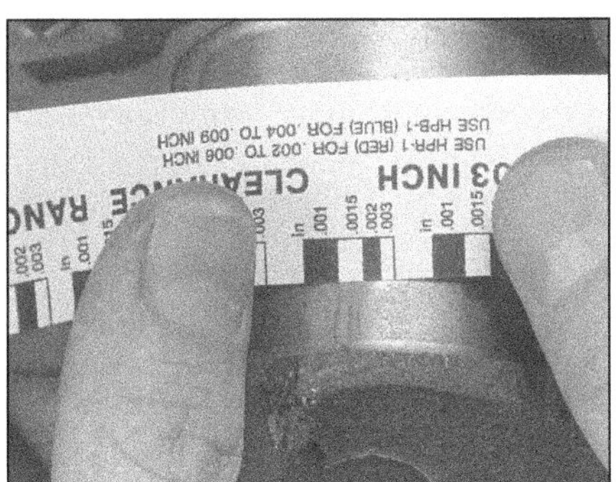

25.13 Mät Plastigageremsans tillplattade bredd med skalan på förpackningen

tunnväggshylsa för att undvika felaktiga åtdragningsmoment som kan uppstå om hylsan blir inkilad mellan vevstaksöverfall och mutter. Rotera inte vevaxeln vid något tillfälle under detta arbetsmoment.

13 Demontera vevstaksöverfallet och var försiktig så att Plastigageremsan inte rubbas. Jämför bredden av den tillplattade Plastigageremsan med skalan på Plastigageförpackningen för att erhålla spelet **(se bild)**. Jämför det uppmätta spelet med värdena som är angivna i Specifikationer för att kontrollera att spelet är korrekt. Om spelet skiljer sig märkbart från angivet gränsvärde kan lagerskålarnas storlek vara fel (vilket betyder att du får skaffa nya lagerskålar). Innan beslut tas huruvida andra lagerskålar behövs, bör du försäkra dig om att varken smuts eller olja finns mellan lagerskålarna och vevstaken eller överfallet när spelet uppmättes. Kontrollera också tappens diameter. Om en ände av Plastigageremsan var bredare än den andra kan tappen vara konisk (se avsnitt 19).

14 Skrapa försiktigt bort alla spår av Plastigagematerialet från vevstakstappen och/eller lagerytan. Var mycket försiktig så att lagret inte repas - använd fingernaglarna eller en träbit. Se till att lagerytorna är fullständigt rena, bestryk därefter båda ytorna med ett jämnt lager rent molybdenbaserat smörjfett eller motorsmörjfett. Du får trycka in kolven i cylindern så att lagerinsatsens anliggningsyta i vevstaken blir synlig - kom ihåg att sätta på de skyddande gummislangbitarna över vevstakens skruvar.

15 För vevstaken tillbaka på sin plats på tappen. Ta bort skyddsslangarna från vevstaksöverfallens skruvar, montera vevstaksöverfallet och dra åt muttrarna till angivet åtdragningsmoment i tre steg.

16 Upprepa hela proceduren för återstående kolvar och vevstakar. Se till att lagerskålarnas baksidor och vevstakarnas och överfallens insidor är fullständigt rena när du sätter ihop dem. Kontrollera att du har rätt kolv för aktuell cylinder och att hacket på kolvarna är riktat mot motorns framsida när kolven monteras. Kom ihåg att smörja in kolven med rikligt med olja innan ringkompressorn monteras. Dessutom, när vevstaksöverfallen monteras för sista gången, kontrollera att lagerytorna smörjs in ordentligt.

17 När kolvarna och vevstakarna är ordentligt monterade roteras vevaxeln flera gånger för hand för att kontrollera om den kärvar.

18 Slutligen ska vevstakens ändspel kontrolleras. Denna procedur är beskriven i avsnitt 13. Jämför det uppmätta ändspelet med angivna värden i Specifikationer för att vara säker på att spelet är korrekt. Om spelet var riktigt före isärtagningen och originaldelarna, vevaxel och vevstakar, har monterats, bör spelet vara rätt. Om nya vevstakar eller en ny vevaxel har monterats kan ändspelet vara för litet. Om så är fallet ska vevstakarna demonteras och överlämnas till en motorverkstad som utför storleksändring.

26 Försmörjning av motorn efter renovering

Observera: *Denna procedur gäller endast V8-motorer.*

1 Om motorn har renoverats är det klokt att förinsmörja motorn innan den monteras i bilen och startas för första gången. Vid försmörjning uppenbaras eventuella problem i smörjsystemet och åtgärder kan sättas in genast för att hindra att allvarliga skador uppstår. Motorns invändiga delar får också möjlighet att smörjas grundligt på normalt sätt utan den tunga belastning som sker vid förbränning.

2 Motorn bör vara fullständigt ihopsatt, med undantag av strömfördelare och ventilkåpor. Oljefilter och oljetryckgivare måste vara på plats och vevhuset fyllt med rekommenderad oljemängd (se kapitel 1).

3 En modifierad V8 Chevrolet-fördelare behövs för denna procedur - ett skrotupplag bör kunna tillhandahålla en sådan till ett rimligt pris. För att kunna fungera som ett försmörjningsverktyg ska fördelarens drev vid axelns nedre del slipas bort **(se bild)** och, om sådana förekommer, ska centrifugalvikterna på axelns övre ände tas bort.

4 Montera försmörjningsfördelaren på den riktiga fördelarens plats och se till att axelns nedre ände griper in i den övre änden av oljepumpens drivaxel. Vrid fördelaraxeln tills de är inpassade och själva fördelaren sitter ordentligt på motorblocket. Montera fördelarens fästklämma och skruv.

5 Montera axelns övre ände i chucken på en elektrisk borrmaskin och använd borrmaskinen till att rotera försmörjningsfördelarens axel vilket driver oljepumpen och fördelar oljan i hela motorn **(se bild). Observera**: *Borrmaskinen måste gå runt medurs.*

6 Det kanske tar en eller två minuter, men oljan bör snart börja att rinna ut ur vipparmens alla hål vilket indikerar att oljepumpen fungerar ordentligt **(se bild)**. Låt oljan cirkulera i några sekunder, stäng därefter av borrmaskinen.

7 Demontera försmörjningsfördelaren, montera sedan ventilkåporna. Strömfördelaren bör monteras efter det att motorn har monterats i bilen, varför hålet bör täppas till med en ren trasa.

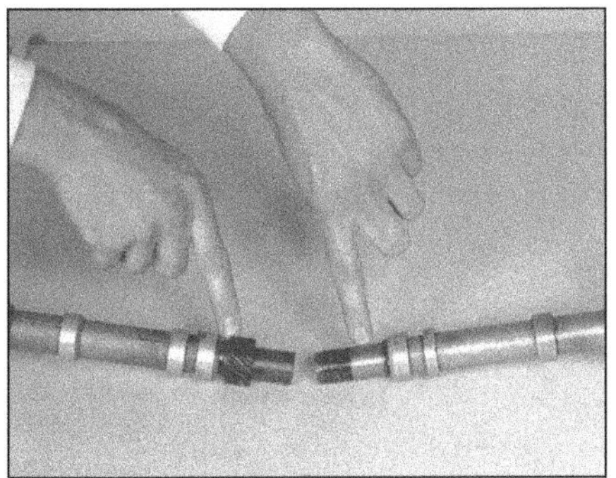

26.3 Anpassad fördelare till försmörjning av motorn (höger) har drevet avslipat och centrifugalvikter (om sådana förekommer) borttagna

26.5 En borrmaskin ansluten till den anpassade fördelarens axel driver oljepumpen - se till att borren går medurs sedd uppifrån

26.6 Olja, smörjolja eller fett börjar rinna ur vipparmens hål om oljepumpen och smörjsystemet fungerar ordentligt

27 Första start efter renovering

1 När motorn är monterad i bilen, gör ytterligare en kontroll av nivåerna för motorolja och kylvätska.
2 Demontera tändstiften. Koppla ifrån tändsystemet genom att ta bort BAT-anslutningen från fördelarlocket (på modeller med tändspole i fördelarlocket) eller tändspolskabeln (modeller med separat tändspole), låt motorn gå runt tills oljetycket är mätbart på mätaren.
3 Montera tändstiften och anslut tändkablarna, anslut strömfördelaren.
4 Starta motorn. Den kan behöva gå runt åtskilliga varv innan bränslet har nått förgasaren eller bränsleinsprutaren, men motorn bör starta utan större ansträngning.
5 Efter det att motorn har startats bör den få värmas upp till normal driftstemperatur. Medan motorn värms upp bör du utföra en ordentlig kontroll beträffande olje- och kylvätskeläckage.
6 Stäng av motorn och kontrollera motorolje- och kylvätskenivåerna på nytt.
7 Kör bilen till ett område med lite trafik, accelerera med full gas från 50 till 75 km/tim, låt därefter bilen sakta ned till 50 km/tim utan gas. Upprepa proceduren 10–12 gånger. Kolvringarna kommer nu att slitas in så att de tätar ordentligt mot cylinderväggarna. Kontrollera igen beträffande olje- och kylvätskeläckage.
8 Kör bilen försiktigt de första 100 milen (kör inte på höga hastigheter under längre perioder) och håll konstant kontroll på oljenivån. Det är inte ovanligt att en motor drar mer olja än normalt under inkörningsperioden.
9 Byt olja och oljefilter efter de första 100 milen.
10 Under de följande hundra milen, kör bilen normalt, utan överdrifter.
11 Efter cirka 150 mil ska olja och oljefilter bytas igen. Därefter kan du betrakta motorn som inkörd.

Kapitel 3
Kyl-, värme- och luftkonditioneringssystem

Innehåll

Svårighetsgrad

Enkelt, passar novisen med lite erfarenhet 

Ganska enkelt, passar nybörjaren med viss erfarenhet 

Ganska svårt, passar kompetent hemma-mekaniker 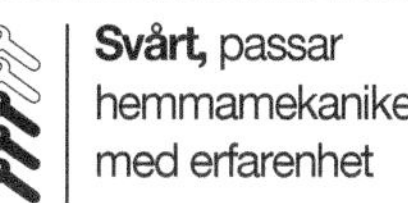

Svårt, passar hemmamekaniker med erfarenhet 

Mycket svårt, för professionell mekaniker

Specifikationer

230 kubiktum	3769 cc
250 kubiktum	4097 cc
262 kubiktum	4293 cc
283 kubiktum	4638 cc
292 kubiktum	4785 cc
305 kubiktum	4998 cc
307 kubiktum	5031 cc
350 kubiktum	5735 cc
400 kubiktum	6555 cc
Kylarens trycklock	1 kg/cm^2
Termostat	91°C
Kylvätska, volym*	
1967	
230	10,4 liter
250	11,8 liter
283	16,1 liter
1968 t o m 1970	
250	11,8 liter
292	12,3 liter
307	17,0 liter
350	17,5 liter
1971 t o m 1974	
250	11,8 liter
292	12,3 liter
307	14,9 liter
350	15,3 liter
fr o m1975	
250	14,2 liter
262	10,4 liter
292	14,2 liter
305	17,0 liter
350	17,0 liter
400	19,9 liter

**Ungefärliga volymer*

Åtdragningsmoment	**Nm**
Termostathusets skruvar	27 till 41
Vattenpumpens skruvar	
6-cylindriga radmotorer	20 till 27
V6- och V8-motorer	41

1 Allmän beskrivning

Kylsystemet består av en kylare med vattengenomströmning i horisontalled, termostat och vattenpump som drivs av ett vevaxeldrev. På vissa senare modeller förekommer kylare av aluminium med plastbehållare.

Kylfläkten är monterad på vatttenpumpens front och, på senare modeller, innehåller en viskoskoppling vilket sparar hästkrafter och reducerar ljudet. På de flesta modeller är fläkten monterad på kylarens bakre yta.

Kylsystemet är trycksatt med ett fjäderspänt påfyllningslock vilket höjer kylvätskans kokpunkt. Om kylvätsketemperaturen stiger över den höjda kokpunkten tvingar det extra systemtrycket bort trycklockets ventil från sitt säte så att överskottsröret blir synlig. På alla senare modeller leder överskottsröret till ett kylvätskeåtervinningssystem. Detta system består av en plastbehållare i vilken kylvätskan, som normalt försvinner ner i överskottsröret, behålls. När motorn svalnar dras överskottskylmedlet tillbaka in i kylaren, och systemet upprätthålls vid full kapacitet. Detta är en kontinuerlig process och, förutsatt att nivån i behållaren upprätthålls på rätt sätt, behöver inte kylmedel fyllas på i kylaren.

Det kalla vattnet i kylarens högra sida cirkulerar längs den undre kylarslangen till vattenpumpen, där den tvingas genom vattenkanalerna i motorblocket. Vattnet fortsätter sedan till cylinderhuvudet och cirkulerar runt förbränningsrummen och ventilsätena varefter det lämnar cylinderhuvudet och fortsätter förbi den öppna termostaten i den övre kylarslangen på vänster sida i kylaren med vattengenomströmning i sidled.

När motorn är kall begränsar termostaten vattencirkulationen till motorn. Termostaten är placerad framför cylinderhuvudet på 6-cylindriga radmotorer och framför inloppsröret på V6- och V8-motorer. När motorn har uppnått lägsta driftstemperatur börjar temostaten öppnas och vattnet återvänder till kylaren.

På modeller med automatisk växellåda finns ett inbyggt kylarelement i kylaren som kyler växellådsoljan.

Värmesystemet fungerar på så sätt att luft riktas genom värmeelementet som är monterat på instrumentpanelen och därefter till bilens kupé genom ett kanalsystem. Temperaturstyrning sker genom att uppvärmd luft blandas med friskluft i ett system som innehåller klaffluckor i kanalerna och en fläktmotor. Vissa modeller är utrustade med ytterligare ett värmesystem för uppvärmning av bilens baksätesdel.

Luftkonditionering förekommer som tillval. Det består av förångarens cellpaket placerat under instrumentpanelen, kondensor placerad framför kylaren, ackumulator i motorrummet och en remdriven kompressor som är monterad på motorns framsida.

2 Frostskyddsmedel - allmän beskrivning

Varning: Låt aldrig frostskyddsmedel komma i kontakt med huden eller med bilens lackering. Spola genast av berörda ytor med rikligt med vatten. Kylvätska ska alltid förvaras utom räckhåll för barn och djur, eftersom de kan lockas av den söta lukten - förtäring av frostskyddsvätska, även i små mängder, kan få dödlig utgång. Torka genast upp spilld kylvätska från garagegolv och droppskydd. Se till att förvaringskärl för frostskyddsmedel är försedda med lock. Läckage i kylsystemet ska repareras omedelbart.

Kylsystemet bör vara fyllt med en blandning av vatten och etylenglykolbaserat frostskyddsmedel vilket skyddar mot frysning ner till åtminstone -38°C. Det ger också skydd mot oxidering och höjer kylvätskans kokpunkt.

Kylsystemet bör tappas av, spolas igenom och fyllas med ny vätska åtminstone en gång om året (se kapitel 1). Om samma frostskyddsmedel används i mer än två år kan det orsaka skada och påskynda rostbildning och kalkavlagringar i systemet.

Kontrollera samtliga slanganslutningar innan du fyller på frostskydd i systemet. Frostskydd kan läcka ut genom ytterst små öppningar.

Blandningen av frostskydd i vattnet beror på rådande väderleksförhållanden. Blandningen bör innehålla minst 50 procent men aldrig mer än 70 procent frostskydd.

3 Kylare - demontering och montering

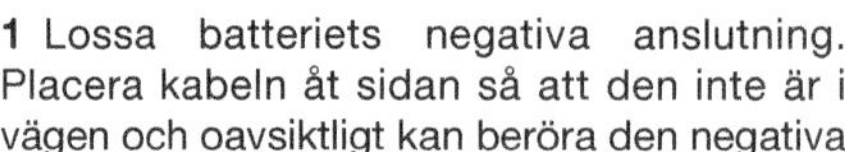

1 Lossa batteriets negativa anslutning. Placera kabeln åt sidan så att den inte är i vägen och oavsiktligt kan beröra den negativa polen på batteriet, vilket kan leda elektrisk ström in i bilen.

2 Tappa av kylsystemet enligt beskrivning i avsnitt 4.

3 Om bilen är försedd med luftkonditionering ska vakuumbehållaren demonteras.

4 Demontera spolarvätskans behållare och fäste.

5 Demontera kylarens fäste.

6 Demontera motorns oljesticka.

7 Om bilen är försedd med automatisk växellåda ska automatväxellådsoljans mätsticka demonteras.

8 Demontera kylarslangens rem från fläkthöljet.

9 Skruva loss fläkten och kopplingen från vattenpumpsflänsen.

10 Demontera fläkthöljets skruvar och lyft ut fläkthölje och fläkt tillsammans **(se bild)**.

11 Lossa huvreglagevajern.

12 Lossa den övre kylarslangen från kylaren.

13 Om bilen är försedd med automatisk växellåda ska växellådans kylslangar lossas från kylaren.

14 Lossa givaren för låg kylvätskenivå (i förekommande fall).

15 Lossa motoroljans kylrör (i förekommande fall).

16 Hissa upp bilen och stöd den på pallbockar.

17 Lossa den nedre kylarslangen.

18 Sänk ned bilen.

19 Lossa huvudcylindern i bromssystemet från bromsservon.

20 Skruva loss kylarens övre fästen och demontera kylaren från bilen **(se bild)**.

21 Montering sker i omvänd ordningsföljd.

4 Termostat - demontering och montering

1 Symptom på en defekt termostat kan vara att motorn antingen överhettas eller inte blir tillräckligt varm, långsam uppvärmning och dålig effekt på kupéuppvärmningen.

2 Tappa av tillräckligt med kylvätska (cirka 3 liter) från kylaren så att kylvätskenivån är under termostathusets nivå.

3 Lossa kylarens övre slang från termostat-

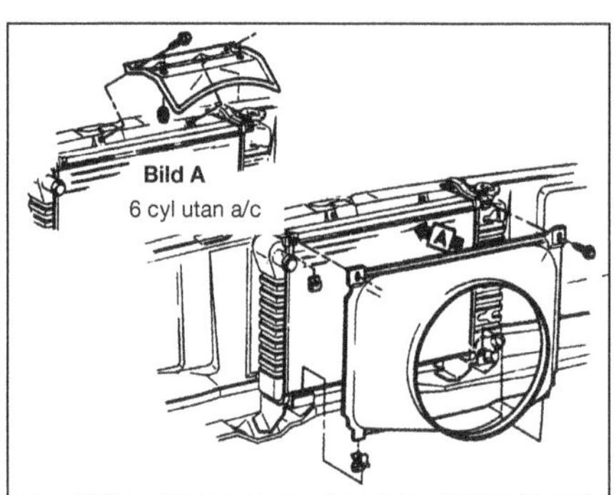

3.10 Monteringsanvisning för standardfläkt

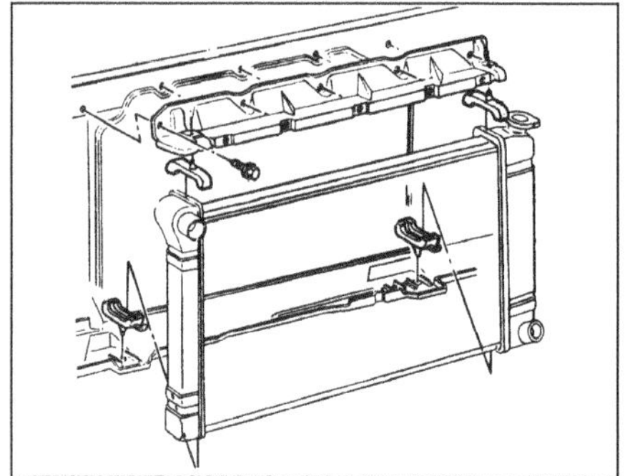

3.20 Övre kylarfästesdetaljer

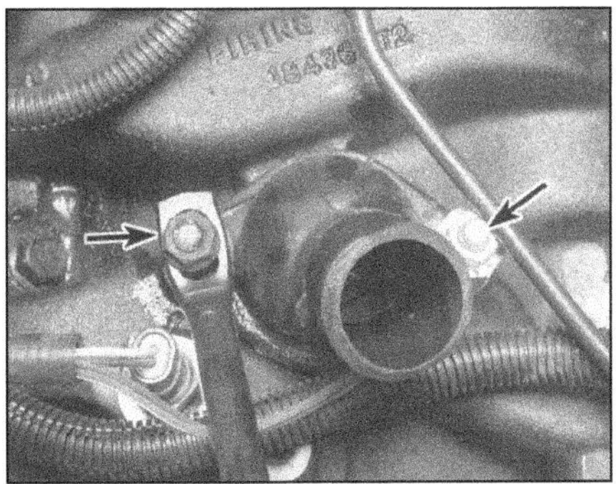

4.3 Demontera muttrar/skruvar (vid pil) och lyft upp huset (husets form kan variera)

4.5 Lyft upp termostaten - observera hur fjädern är placerad

huset, vilket är placerat på cylinderhuvudets främre ände (radmotorer) eller inloppsröret (V6- och V8-motorer) **(se bild).**

4 Demontera termostathusets skruvar och lyft bort kåpan **(se bilder).** Du behöver kanske knacka på huset med en gummiklubba för att ha sönder tätningen.

5 Lyft ut termostaten, observera i vilken riktning den är monterad **(se bild)**.

6 Avlägsna alla gamla packnings- och tätningsrester med en skrapa eller kittkniv från delningsplanen. Se till att inga packningsrester faller ned i vattenkanalerna; stoppa gärna in en trasa i kanalen.

7 Sätt den nya termostaten på plats.

8 Lägg en ny packning på plats och stryk på

4.4a Montering av termostat och termostathus på sexcylindrig radmotor

en droppe silikontätningsmedel på termostathusets delningsplan.

9 Montera termostathuset och dra åt skruvarna enligt angivet åtdragningsmoment.

10 Fyll på kylsystemet.

11 Anslut batterikabeln till batteriets negativa pol.

12 Starta motorn, vänta tills kylsystemet har nått normal driftstemperatur och kontrollera termostathus och slangar beträffande läckage.

5 Kylfläkt och fläktkoppling - demontering och montering

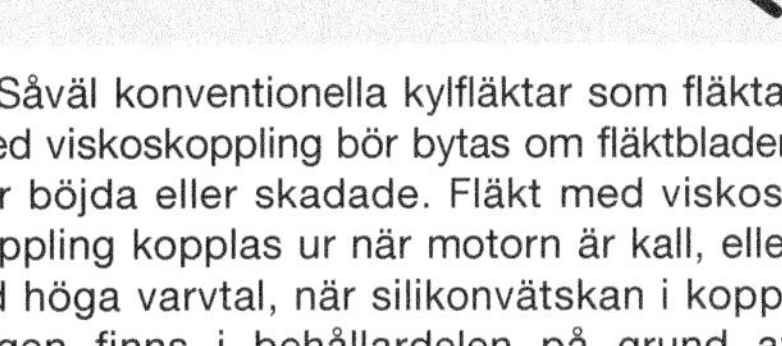

1 Såväl konventionella kylfläktar som fläktar med viskoskoppling bör bytas om fläktbladen blir böjda eller skadade. Fläkt med viskoskoppling kopplas ur när motorn är kall, eller vid höga varvtal, när silikonvätskan i kopplingen finns i behållardelen på grund av centrifugalkraften. Symptom på att fläktkopplingen är defekt kan vara ständiga missljud, lösa anslutningar som leder till vibrationer, eller tecken på silikonvätskeläckage.

2 Demontera fläkthöljet (i förekommande fall).

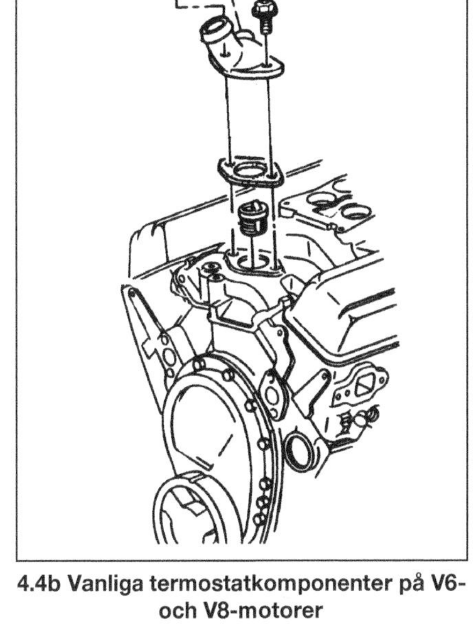

4.4b Vanliga termostatkomponenter på V6- och V8-motorer

3 Lossa generatorfästets skruvar och justerskruvarna, tryck generatorn i riktning mot motorn och lossa drivremmen. Ta bort drivremmen från vattenpumpens remskiva.

4 Skruva loss fläkten och lyft bort den från vattenpumpen **(se bild)**.

5 Var försiktigt så att remskivan inte drar runt vattenpumpen medan fläktenheten inte är monterad på vattenpumpens remskiva. Om remskivan inte går runt får du rikta in skruvhålen mellan fläkten och vattenpumpens fläns i remskivan på nytt innan fläkten kan monteras.

6 Om fläktkopplingen ska bytas kan den skruvas loss från fläktbladen.

7 Sätt tillbaka drivremmen och justera den enligt beskrivning i kapitel 1.

6 Vattenpump - kontroll

1 Om vattenpumpen går sönder kan det leda till att motorn överhettas vilket kan resultera i allvarliga skador på motorn. Det finns tre sätt att kontrollera vattenpumpens drift medan den är monterad på motorn. Om någon av följande tre snabbkontroller visar att pumpen kan vara defekt ska pumpen bytas omedelbart.

2 Starta motorn och värm upp den till normal driftstemperatur. Tryck ihop den övre kylarslangen. Om vattenpumpen fungerar korrekt ska du kunna känna en tryckvåg tills du släpper taget om slangen.

3 Vattenpumpens skovelhjullager skyddas från motorns kylvätska med en tätning. Om tätningen skulle gå sönder kommer kylvätskan att läcka ut på marken genom ett hål nederst framtill på vattenpumpens när bilen är

5.4 Kylfläkt och koppling

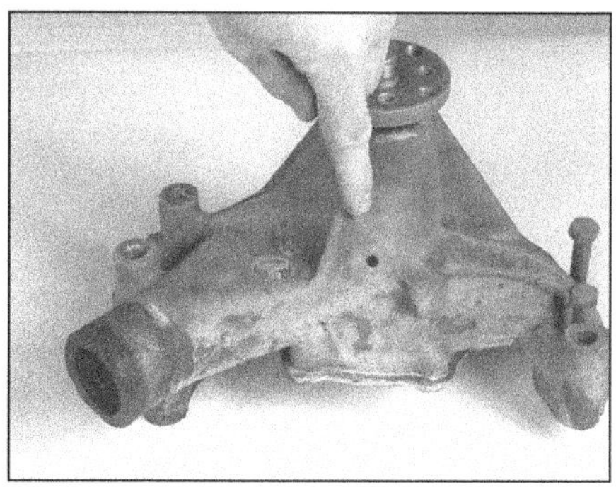
6.3 Vattenpumpens läckagekanal är placerad på pumpens nos; vissa pumpar har två hål

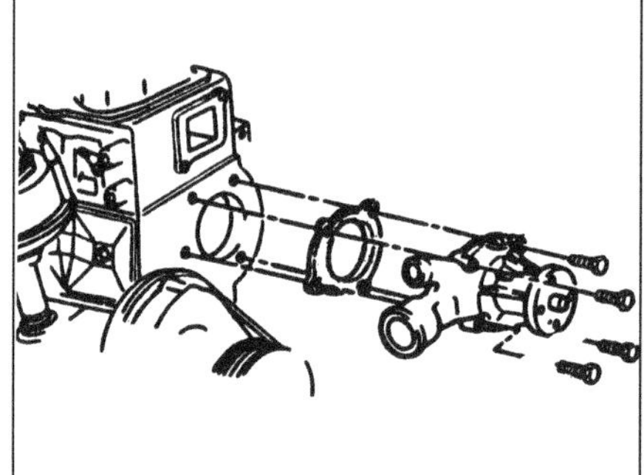
7.7a Vattenpump på sexcylindrig radmotor

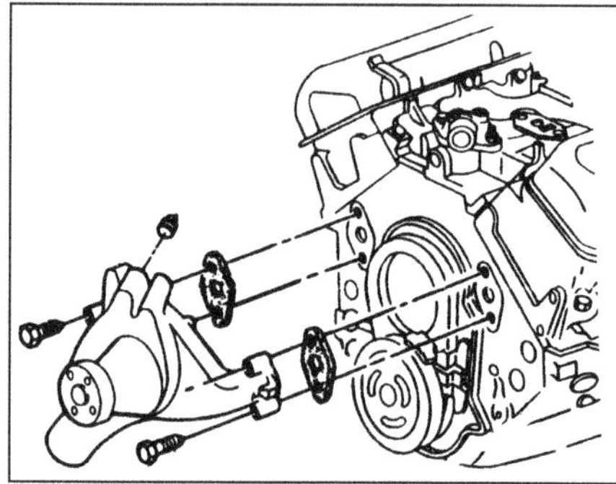
7.7b Vattenpump på V6- och V8-motorer

parkerad **(se bild)**. Om vätska kommer ut genom detta hål kommer axellagret att gå sönder. Byt vattenpumpen omedelbart.

4 Förutom att vattenpumpen kan förorenas av kylvätska om tätningen går sönder, kan axellagret till vattenpumpens skovelhjul slitas ut i förtid om drivremmen är felaktigt spänd. När lagret blir utslitet avger det ett högt gnisslande ljud. Om sådana missljud kommer från vattenpumpen när motorn är igång har axellagret gått sönder. Byt vattenpumpen omedelbart.

5 Du kan kontrollera om lagret är utslitet innan det går sönder genom att fatta tag i vattenpumpens remskiva och försöka trycka den uppåt och neråt eller från den ena sidan till den andra. Om remskivan går att flytta antingen i sidled eller i höjdled håller lagret på att ta slut. Byt vattenpumpen.

7 Vattenpump - demontering och montering

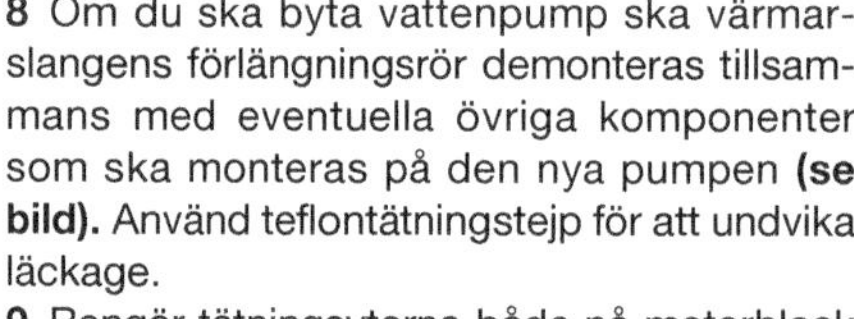

Demontering

1 Lossa batteriets negativa anslutning. Placera kabeln åt sidan så att den inte är i vägen och oavsiktligt kan beröra den negativa polen på batteriet, vilket kan leda in elektrisk ström i bilen.

2 Tappa av kylvätskan (kapitel 1).

3 Demontera alla drivremmar som tillhör vattenpumpens remskiva (kapitel 1).

4 Lossa slangklämmorna till den nedre kylarslangen och värmarslangen och lossa båda slangarna från vattenpumpen.

5 Demontera fläkten (avsnitt 5) och vattenpumpens remskiva.

6 På vissa modeller förekommer det att vattenpumpens skruvar även fäster fästen på motorns framsida, t ex generatorns eller styrservons fästen. I förekommande fall, lossa dessa komponenter så att fästena kan flyttas åt sidan när vattenpumpens skruvar demonteras.

7 Demontera skruvarna från vattenpumpen och lyft bort vattenpumpen **(se bilder)**. Du måste kanske fatta tag i pumpen ordentligt och vicka den fram och tillbaka så att den lossnar **(se bild)**.

Montering

8 Om du ska byta vattenpump ska värmarslangens förlängningsrör demonteras tillsammans med eventuella övriga komponenter som ska monteras på den nya pumpen **(se bild)**. Använd teflontätningstejp för att undvika läckage.

9 Rengör tätningsytorna både på motorblock och vattenpump med en lämplig skrapa **(se bild)**.

10 Stryk en droppe RTV-tätningsmedel på motorblockets delningsplan för vattenpumpen och montera nya vattenpumpspackningar.

11 Stryk en droppe RTV-tätningsmedel på vattenpumpens delningsplan.

12 Placera vattenpumpen på plats och montera skruvar och pinnskruvar löst. Var försiktig så att packningarna inte rubbas ur sina lägen. Kom ihåg att byta ut eventuella fästen som är infästa med vattenpumpens skruvar. Dra åt skruvarna till angivet åtdragningsmoment.

13 Montera vattenpumpens remskiva samt fläkten och dra åt remskivans skruvar ordentligt.

14 Montera den nedre kylarslangen, värmeslangen och slangklämmorna.

15 Montera drivremmarna (kapitel 1).

16 Fyll på kylvätska till rekommenderad nivå (kapitel 1).

17 Anslut kabeln till batteriets negativa pol.

18 Starta motorn och kontrollera om vattenpumpen eller slangarna läcker.

8 Expansionskärl - demontering och montering

1 Lossa batteriets negativa anslutning. Placera kabeln åt sidan så att den inte är i vägen och oavsiktligt kan beröra den negativa polen på batteriet, vilket kan leda in elektrisk ström i bilen.

2 Demontera kylvätskeöverskottsslangen från expansionskärlet.

7.7c Fatta tag i vattenpumpen och vicka den fram och tillbaka så att den lossnar

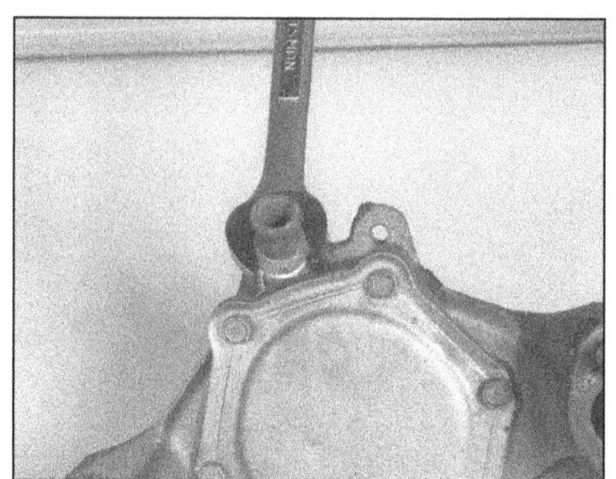
7.8 Skruva loss värmeslangens rör med en blocknyckel

7.9 Skrapa bort alla spår efter packningsrester på motorblocket

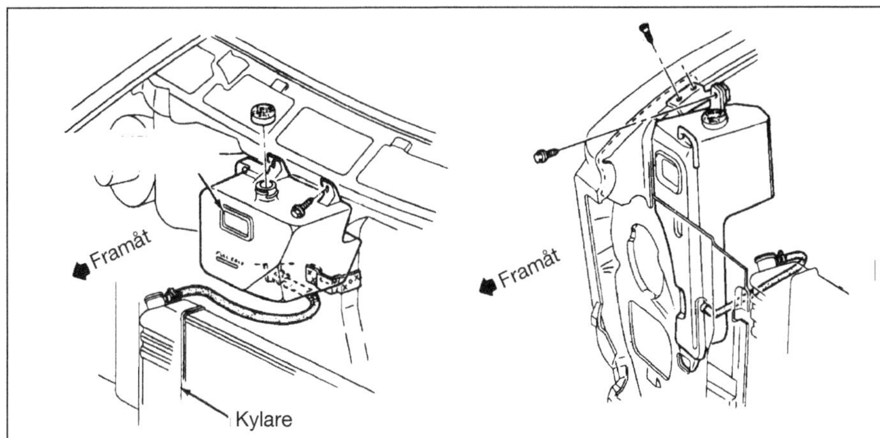

8.3 Vanlig placering av expansionskärl

3 Demontera skruvarna och lyft bort expansionskärlet ur motorrummets främre del **(se bild).**
4 Innan monteringen bör du kontrollera att expansionskärlet är rent och fritt från skräp som kan sugas in i kylaren. Tvätta ur kärlet med tvållösning vid behov.
5 Montering sker i omvänd ordningsföljd.

9 Värmesystem - demontering och montering

Observera: *Tillvägagångssättet nedan för demontering och montering av fläktmotor, värmepaket och vajrar är generellt och gäller alla modeller. Vissa skillnader i detaljernas placering och fästen kan variera mellan olika modeller och årsmodeller.*

Fläktmotor

1 Lossa batteriets negativa anslutning. Placera kabeln åt sidan så att den inte är i vägen och oavsiktligt kan beröra den negativa polen på batteriet, vilket kan leda in elektrisk ström i bilen.
2 Demontera kylvätskesystemets återvinningsbehållare samt den motordrivna radioantennen (i förekommande fall).
3 Lossa fläktmotorns kabel.
4 Markera motorflänsens läge i förhållande till fläkthuset.
5 Demontera fläktmotorns skruvar och demontera fläktmotorn genom att försiktigt bända loss flänsen från huset.

Värmefläkt - byte

6 På tidiga modeller kan fläkten demonteras från fläktmotorn genom att muttern som fäster fläkten på fläktmotorns axel skruvas loss.
7 På senare modeller är fläkten infäst på axeln med presspassning vilket kan innebära att en liten avdragare måste användas. Om en avdragare inte finns tillgänglig kan motor och fläkt demonteras tillsammans och överlämnas till en motorverkstad som demonterar fläkten.
8 Ta bort 1,25 cm av plastspetsen på motoraxelns ände med trådskärare.
9 Dra loss fläkten från fläktmotorns axel med en avdragare eller ett litet hjul eller kugghjulsavdragare med benhakar.
10 Sätt in fläkten på motoraxeln och tryck med handen tills fläkten sitter löst på axeln.
11 Använd ett lämpligt verktyg, tryck fast fläkten på axeln tills den sitter ordentligt på plats. **Observera:** *Lägg inte tryck på fläktmotorn utan bara på motorns axel, annars kan lagret ta skada.*
12 Fläktmotorn med fläkten kan nu monteras i värmeelementets hus.

Värmeelement

13 Lossa batteriets negativa anslutning. Placera kabeln åt sidan så att den inte är i vägen och oavsiktligt kan beröra den negativa polen på batteriet, vilket kan leda in elektrisk ström i bilen.
14 Demontera kylvätskans expansionskärl.
15 Lossa värmeslangarna vid elementets rör. Täpp snabbt till slangarna för att hindra att kylvätska rinner ut, placera ett spillkärl under värmeelementet för att fånga upp kylvätskan i elementet.
16 Demontera varmluftsfördelaren **(se bild).**
17 Demontera motorns hus.
18 Demontera instrumentpanelens skruvar vid vindrutan samt alla nedre skruvarna.
19 Demontera instrumentpanelens högra undre fäste vid dörrstolpen och motorns hus.
20 Sänk ned rattaxeln, höj upp instrumentpanelens högra sida och stötta den.
21 Demontera skruven mellan defrosterkanalen och fördelarkåpan samt båda skruvarna som håller fördelaren vid värmekåpan.
22 Lossa temperaturdörrens vajer och vik undan vajern för att ge bättre åtkomst.
23 Demontera de tre muttrarna från motorrumssidan av fördelaren och skruven på passagerarsidan.
24 Demontera värmekåpan och elementet tillsammans. Luta kåpans överdel bakåt medan den lyfts upp tills elementets rör går fria från öppningarna i instrumentbrädan.
25 Demontera fästbandets skruvar och demontera elementet.
26 Montering sker i omvänd ordningsföljd.

Reglage

27 Lossa batteriets negativa anslutning.
28 Demontera infattningen från instrumentpanelen.
29 Demontera de tre skruvarna som fäster reglagepanelen vid instrumentpanelen och dra ut reglagepanelen tillräckligt långt ut så att vajeranslutningarna kan nås.
30 Lossa reglagevajrarna **(se bild)** och fläktkontaktens elektriska anslutning och demontera reglagepanelen.
31 Montering sker i omvänd ordningsföljd.

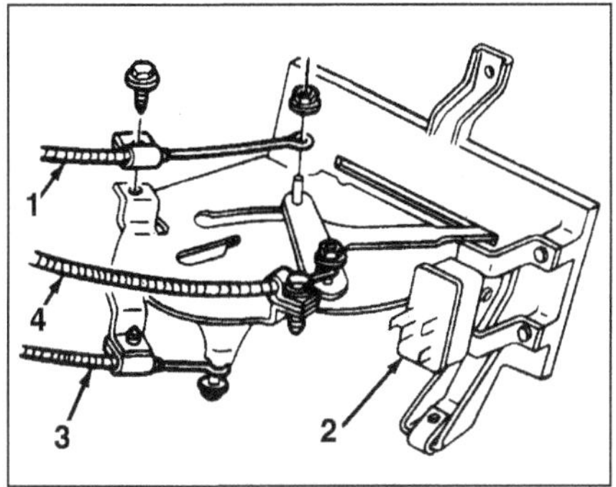

9.30 Vanlig montering av värmereglagevajer

1 Vajer till luftspjäll
2 Fläktkontakt
3 Vajer till värmekran
4 Defrostervajer

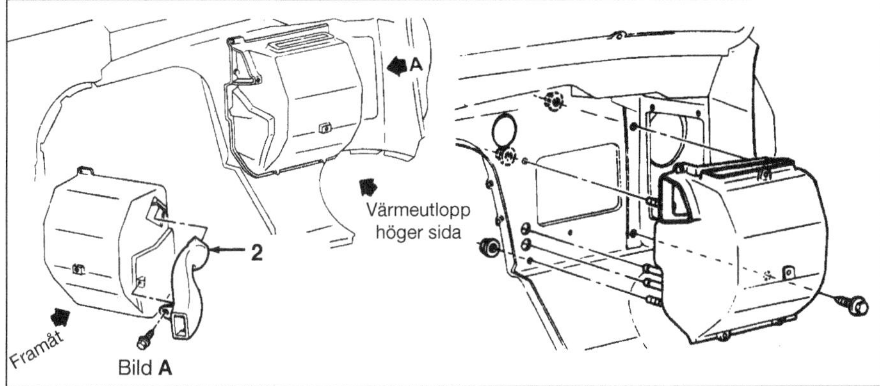

9.16 Vanlig montering av varmluftsfördelare

10 Luftkonditioneringssystem - kontroll och underhåll

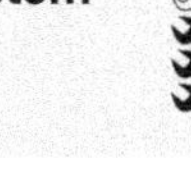

Varning: Luftkonditioneringssystemet är trycksatt från fabriken och kräver specialverktyg och speciell utrustning för underhåll och reparationsarbeten. Eventuellt arbete på luftkonditioneringssystemet ska överlåtas till en auktoriserad verkstad eller behörig luftkonditioneringsspecialist. Under inga omständigheter får slangarna i luftkonditioneringsystemet lossas så länge systemet är under tryck.

Observera: *Luftkonditioneringssystemen fr o m 1993 års modeller använder kylmedia som inte innehåller ozonförstörande ämnen, även kallade R-134a. Kylmedia av denna typ och dess smörjolja är inte kompatibla med system av R-12-typ och under inga omständigheter får de båda typerna av kylmedia och smörjolja blandas. Om de skulle blandas skulle luftkonditioneringskompressorn havererа på grund av smörjningsbrist vilket orsakar stora kostnader.*

1 Följande underhåll bör utföras regelbundet så att luftkonditioneringssystemet ska fungera effektivt.

a) *Kontrollera drivremmens spänning, justera den vid behov (kapitel 1).*

b) *Kontrollera om slangarna är i gott skick. Kontrollera beträffande sprickor, förhårdningar eller annan förslitning.*

Varning: Byt inte slangar i luftkonditioneringssystemet förrän systemtrycket har sänkts av en auktoriserad verkstad eller luftkonditioneringsspecialist.

c) *Kontrollera kondensorns lameller beträffande torra löv, insekter och andra främmande ämnen. De kan avlägsnas med en mjuk borste eller tryckluft.*

d) *Kontrollera att systemet har korrekt kylmedialaddning.*

2 Luftkonditioneringskompressorn bör köras i cirka 10 minuter minst en gång i månaden. Under vintermånaderna är detta speciellt viktigt eftersom när systemet är oanvänt under längre perioden kan de inre tätningarna hårdna.

3 Luftkonditioneringssystemet är mycket komplicerat och speciell utrustning krävs för arbete på systemet. Därför bör felsökning och reparation av systemet överlåtas till en yrkesmässig mekaniker. En möjlig anledning till ett dåligt fungerande system som kan fastställas av hemmamekanikern är låg kylmedieladdning. Om systemet inte längre har någon kylande funktion kan följande procedur underlätta vid fastställande av orsaken.

4 Värm upp motorn till normal driftstemperatur.

5 Motorhuv och dörrar ska vara öppna.

6 Ställ in väljarreglaget till *Norm-läge*.

7 Ställ in temperaturväljaren till *Cold*-läge.

8 Ställ in fläktreglaget till *Hi*-läge.

9 När kompressorn är aktiverad, känn på förångarens inloppsrör mellan öppningen och förångaren, och placera den andra handen på ackumulatorutloppets yta **(se bild)**.

10 Om båda ytorna verkar ha ungefär samma temperatur och om båda känns lite kallare än yttertemperaturen är kylmedianivån sannolikt tillräcklig, och problemet finns någon annanstans.

11 Om inloppsröret är frostbelagt eller känns kallare än ackumulatorns yta så är kylmedianivån låg.

12 Om du misstänker att kylmedialaddningens nivå är låg ska bilen köras till en luftkonditioneringsverkstad så att en auktoriserad luftkonditioneringstekniker kan åtgärda den.

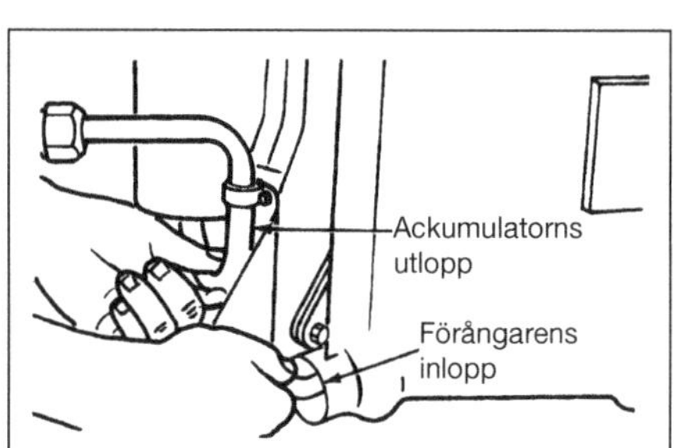

10.9 Känn på ackumulatorns utlopp och förångarens inlopp med luftkonditioneringen aktiverad för att kontrollera kylmedelsnivån

11 Luftkonditioneringskompressor - demontering och montering

Varning: Låt en auktoriserad verkstad eller luftkonditioneringsspecialist ladda ur luftkonditioneringssystemet innan arbetet påbörjas.

Demontering

1 Lossa batteriets negativa anslutning. Placera kabeln åt sidan så att den inte är i vägen och oavsiktligt kan beröra den negativa polen på batteriet, vilket kan leda in elektrisk ström i bilen.

2 Lossa det elektriska anslutningsdonet från luftkonditioneringskompressorn och demontera ledningsskruven från kompressorns baksida.

3 Demontera drivremmen (se kapitel 1).

4 Demontera skruvarna och muttrarna mellan kompressorn och fästet och lyft upp kompressorn ur motorrummet **(se bild)**.

Montering

5 Placera kompressorn på rätt plats på fästet och sätt dit muttrarna och skruvarna löst. När kompressorns alla muttrar och skruvar är ditsatta ska de dras åt ordentligt.

6 Montera drivremmen (kapitel 1).

7 Anslut den elektriska kontakten på kompressorn. Montera ledningsskruven på kompressorn, använd nya O-ringar som är insmorda med ren köldmedelsolja, och dra åt skruven ordentligt.

8 Anslut batterikabeln på batteriets negativa pol.

9 Kör bilen till en auktoriserad verkstad eller till en luftkonditioneringsspecialist för att få luftkonditioneringssystemet tömt och laddat.

12 Luftkonditioneringskondensor - demontering och montering

Varning: Låt en auktoriserad verkstad eller luftkonditioneringsspecialist ladda ur luftkonditioneringssystemet innan arbetet påbörjas.

1 Lossa batteriets negativa anslutning. Placera kabeln åt sidan så att den inte är i vägen och oavsiktligt kan beröra den negativa polen på batteriet, vilket kan leda in elektrisk ström i bilen.

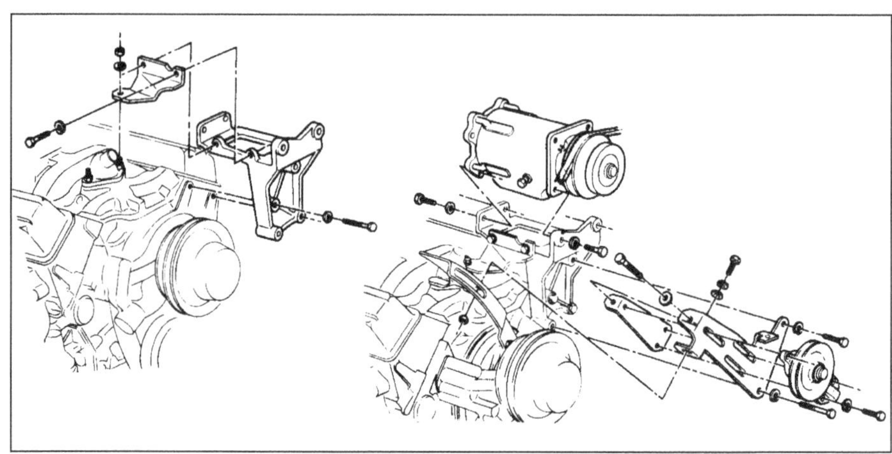

11.4 Vanlig montering av fästen till luftkonditioneringskompressorn

2 Demontera kylargrill, motorhuvens lås och motorhuvstöd tillsammans som en enhet (kapitel 11).
3 Lossa kondensorns inlopps- och utloppsledningar vid kondensorn. Se till att du använder en extra blocknyckel så att delarna inte ska skadas.
4 Demontera skruvarna som fäster kondensorns vänstra sida vid kylaren.
5 Demontera skruvarna som fäster kondensorns högra sidfäste vid kondensorn och lyft bort kondensorn från bilen **(se bild).**
6 Montering sker i omvänd ordningsföljd. Låt en luftkonditioneringsspecialist eller auktoriserad verkstad fylla på ren kylmedelsolja i kondensorn, samt tömma och ladda systemet

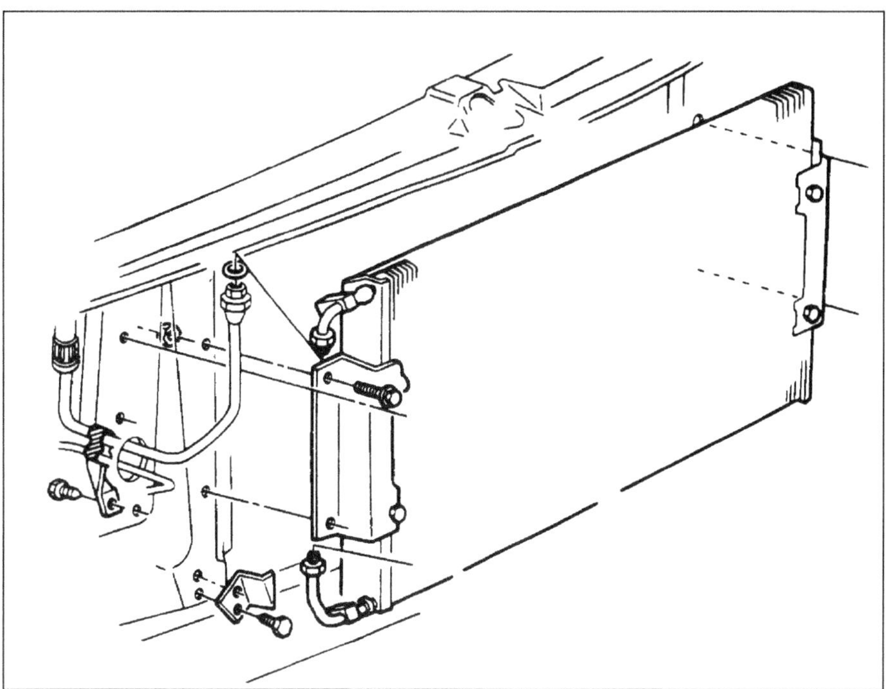

12.5 Vanlig montering av luftkonditioneringskondensorns komponenter

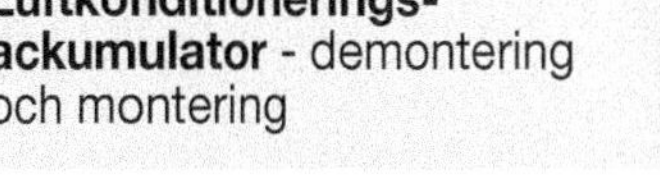

13 Luftkonditioneringsackumulator - demontering och montering

Varning: Låt en auktoriserad verkstad eller luftkonditioneringsspecialist ladda ur luftkonditioneringssystemet innan arbetet påbörjas.

Demontering

1 Lossa batteriets negativa anslutning. Placera kabeln så att den inte är i vägen och kan beröra den negativa polen på batteriet, vilket kan leda in elektrisk ström i bilen.
2 Lossa ackumulatorns inlopps- och utloppsanslutningar. Täpp till öppningarna genast.
3 Demontera ackumulatorns skruvar och ta bort hela ackumulatorn.

Montering

4 Kontrollera oljevolymen i den kalla ackumulatorn och fyll på denna volym i ny köldmedelsolja, 525-viskositet, i den nya ackumulatorn, plus 60 gram.
5 Sätt den nya ackumulatorn på plats, sätt dit skruvarna och dra åt dem ordentligt.
6 Sätt tillbaka inlopps- och utloppsanslutningarna, använd ren köldmedelsolja med 525 viskositet på de nya O-ringarna.
7 Anslut batterikabeln till batteriets negativa pol.
8 Låt en luftkonditioneringsspecialist eller auktoriserad verkstad tömma och ladda systemet.

Anteckningar

Kapitel 4
Bränsle- och avgassystem

Innehåll

Svårighetsgrad

Enkelt, passar novisen med lite erfarenhet 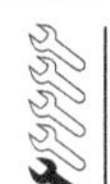	**Ganska enkelt,** passar nybörjaren med viss erfarenhet 	**Ganska svårt,** passar kompetent hemma-mekaniker	**Svårt,** passar hemmamekaniker med erfarenhet 	**Mycket svårt,** för professionell mekaniker 

Specifikationer

Observera: *Nedanstående specifikationer har sammanställts från aktuell information, Om dessa specifikationer skiljer sig från de som finns på avgasreningsdekalen bör du förutsätta att dekalen innehåller rätt information. Vidare bör du förutsätta att specifikationerna på renoveringssatsen till din bils förgasartyp är korrekta om de skulle skilja sig från nedanstående uppgifter,*

230 kubiktum	3769 cc
250 kubiktum	4097 cc
262 kubiktum	4293 cc
283 kubiktum	4638 cc
292 kubiktum	4785 cc
305 kubiktum	4998 cc
307 kubiktum	5031 cc
350 kubiktum	5735 cc
400 kubiktum	6555 cc

Bränslepump (endast på modeller med förgasare)

Tryck	
6-cylindrig radmotor	0,32 till 0,42 kg/cm^2
V6- och V8-motorer	0,35 till 0,63 kg/cm^2
Volym (alla)	284 cc eller mer på 15 sekunder

Förgasare

Radmotorer	**230**	**250**	**292**
1967 t o m 1968	M	M	-
1969	-	MV	-
1970	-	M eller MV	M eller MV
1971	-	MV	MV
1972	-	MV	MV
1973	-	MV	MV
1974	-	MV	MV
1975	-	1MV	1MV
1976	-	1MV	1MV
1977 t o m 1978	-	1ME	1ME
1979	-	1ME eller 2SE	1ME
1980 t o m 1982	-	2MSE	1ME
1983	-	1ME,E2SE eller 2SE	1ME
1984	-	1ME eller 2SE	IME

V8-motorer	**283**	**307**	**350 och 400**
1967 t o m 1968	2G	2G	-
1969	-	2G eller 2GV	-
1970	-	2GV	2G,2GV eller 4MV
1971	-	2GV	4MV
1972	-	2GV	4MV
1973	-	2GV4MV	-
1974	-	-	2GV eller 4MV
1975	-	-	2GC, M4MC eller 4MV
1976	-	-	2GC eller 4MV
1977 t o m 1978	-	2GC (**305**)	4MV eller M4MC
1979	-	M2MC (**305**)	M2MC eller M4M
1980	-	M2MC (**305**)	M4M eller M2MC
1981	-	M2ME, M4ME eller M4MC (**305**)	M2ME, M4ME eller M4MC
1982	-	M4ME eller M4MC (**305**)	M4ME eller M4MC
1983	-	E4ME, M4ME eller M4MC (**305**)	E4ME, M4ME eller M4MC
1984	-	E4ME, M4ME eller M4MC (**305**)	E4ME, M4ME eller M4MC
1985	-	M4ME, M4MC (**305**)	M4ME, M4MC

Tomgångsvarvtal - 1967 t o m 1985

I nedanstående tabeller innebär ”Hög” den ursprungliga inställningen av förgasarens tomgångsvarvtal medan ”Låg” innebär den slutgiltiga inställningen av förgasarens tomgångsvarvtal ***Observera:*** *Om nedanstående värden för tomgångsvarvtalet skulle skilja sig från de värden som finns angivna på bilens dekal gäller uppgifterna på dekalen.*

Radmotorer	**230**		**250**		**292**	
1967 (utan avgasrening)	*Hög*	*Låg*	*Hög*	*Låg*	*Hög*	*Låg*
MT	550	530	550	530	-	-
AT	500	480	500	480	-	-
1967 (med avgasrening)						
MT	700	680	700	680	-	-
AT	500	480	500	480	-	-
1968 (utan avgasrening)						
MT	550	500	500	480	-	-
AT	500	450	500	480	-	-
1968 (med avgasrening)						
MT	700	680	700	680	-	-
AT	500	480	500	480	-	-
1969 (utan avgasrening)						
MT	-	-	500	480	-	-
AT	-	-	500	480	-	-
1969 (med avgasrening)						
MT	-	-	700	680	-	-
AT	-	-	550	530	-	-

	250		**292**	
1970	*Hög*	*Låg*	*Hög*	*Låg*
MT	750	730	700	680
AT	600	580	600	580
1971				
MT	580	550	580	550
AT	530	500	530	500
1972				
MT	800	700* 450**	775	700* 450**
AT	630	600* 450**	775	700* 450**

Radmotorer (forts)	250		292	
1973	*Hög*	*Låg*	*Hög*	*Låg*
MT	750	700* 450**	775	700* 450**
AT	630	600* 450**	775	700* 450**
1974 (Fed)				
MT	900	850	-	-
	mager blandning	950/850	-	-
AT	625	600	-	-
	mager blandning	650/600	-	-
1974 (Cal)				
MT	875	850	650	600
	mager blandning	950/850	mager blandning	700/600
AT	-	-	-	-
1975				
MT	850*	450**	600	450
	mager blandning	950/850	mager blandning	700/600
AT	600	450	-	-
	mager blandning	650/600	-	-
1976 (Fed)				
MT	900	425	600	450
	mager blandning	1075/900	mager blandning	700/600
AT	550	425	1000	450
	mager blandning	575/550	mager blandning	700/600
1976 (Cal)				
MT	1000	425	600	450
	mager blandning	1150/1000	mager blandning	700/600
AT	1000	425	600	450
	mager blandning	630/600	mager blandning	700/600
1977 och framåt				
G 10				
MT (Fed)	750	425	-	-
MT (Cal)	850	425	-	-
G20-30				
MT (Fed)	600	450	600	450
MT (Cal)	-	-	-	-
G 10				
AT (Fed)	550	425	-	-
AT (Cal)	550	425	-	-
G20-30				
AT (Fed)	600	450	600	450
AT (Cal)	600	450	600	450
1979 (Fed)				
MT	1800	750	2400	700
AT	2000	600	2400	700
1979 (Cal)				
MT	2100	750	2400	700
AT	2100	600	2400	700
1980 (Fed)				
MT	2000	750	2400	700
AT	2200	650	2400	700
1980 (Cal)				
MT	2000	750	2400	700
AT	2200	600	2400	700
1981 och 1982	Se avgasreningsdekal i motorrummet för aktuella specifikationer			

V8-motorer	283	
1967 (utan avgasrening)	*Hög*	Låg
MT	550	500
AT	550	500
1967 (med avgasrening)		
MT	700	680
AT	600	580

V8-motorer (forts)	**307**		**350**	
1968 (utan avgasrening)	*Hög*	*Låg*	*Hög*	*Låg*
MT	550	500	-	-
AT	550	500	-	-
1968 (med avgasrening)				
MT	700	680	-	-
AT	600	580	-	-
1969 (utan avgasrening)				
MT	550	500	-	-
AT	550	500	-	-
1636 (med avgasrening)				
MT	700	680	-	-
AT	600	580	-	-
1970				
MT	700	680	600	580
AT	600	580	600	580
1971				
MT	700	600	675	600
AT	580	550	580	550
1972				
MT	1000	900* 450**	1000	900* 450**
AT	650	600* 450**	630	600* 450**
1973				
MT	950	900* 450**	920	900* 450**
AT	630	600* 450**	620	600* 450**

	350		
1974 (Fed)	*Hög*	Låg	*mager blandning*
	Två portar		
MT	950	900	1000/900
AT	625	600	650/600
	Fyra portar		
MT	925	900	950/900
AT	615	600	630/600
1974 (Cal)	**Fyra portar**		
MT	925	900	950/900
AT	615	600	630/600
1975	**Två portar**		
MT	900*/500**		100/900
AT	600	500	
1976 (Fed)			
MT	800	-	900/800
AT	600	-	650/600
1976 (Cal)			
MT	800	-	900/800
AT	600	-	650/600

	305		**350 och 400**	
1977	*Hög*	*Låg*	*Hög*	*Låg*
G 10				
MT (Fed)	700	600	800	700
MT (Cal)	-	-	-	-
G20-30				
MT (Fed)	-	-	875	700
MT (Cal)	-	-	800	700
G 10				
AT (Fed)	650	500	550	500
AT (Cal)	-	-	550	500
G20-30				
AT (Fed)	-	-	-	-
AT (Cal)	-	-	-	-
1979 (Fed)				
MT	1300	600	1300	700
AT	1600	500	1600	500
1979 (Cal)				
MT	-	-	1600	700
AT	-	-	1600	500

V8-motorer (forts)	**305**		**350 och 400**	
1980 (Fed)				
MT	1300	600	1300	700
AT	1600	500	1600	500
1980 (Cal)				
MT	-	-	1600	700
AT	-	-	1600	500
1981 t o m 1985	Avgasreningsdekalen i motorrummet innehåller aktuella specifikationer			

Observera: **Solenoidventil strömsatt*
***Solenoidventil frånkopplad*
MT - Manuell växellåda
AT - Automatisk växellåda
Fed - Federal
Cal - California

Om ovanstående tomgångsvärden skiljer sig från de värden som anges på den enskilda bilens dekal ska värdena på bilens dekal antas vara gällande.

Förgasarinställningar

Rochester M - 1967 t o m 1970

Flottörnivå	Vakuumventilens hus	Nålventil	Chokelänk	Snabbtomgång
7,144	1,588 till 2,381 (kolv till gasspjällspak)	3,556	3,810	2400

Rochester 2G - 1967 t o m 1970

Flottörnivå	Flottörens lägsta läge	Acceleratorpump	Chokelänk	Chokens vakuumsteg	Chokespjällöppnare	Snabbtomgång
19,050	44,450	28,575	ej tillämpligt	ej tillämpligt	ej tillämpligt	2100

Rochester 2GV

Flottörnivå	Flottörens lägsta läge	Acceleratorpump	Chokelänk	Chokens vakuumsteg	Chokespjällöppnare	Snabbtomgång
1969 t o m 1971						
18,256	44,450	44,450	15,240	3,556	5,461	2200 till 2400
1972						
16,669	32,544	33,338	1,905	2,794	5,334	2200
1973						
16,669	32,544	33,338	3,810	2,032	5,461	2400
Utom		Utom	Utom	Utom	Utom	fullt kamutslag
Nr 7043108		Nr 7043108	Nr 7403108	Nr 7403108	Nr 7403108	
19,844		11,113	5,080	6,350	6,350	
1974 t o m 1975						
15,082	32,544	32,544	5,080	3,556	6,350	1600
		Utom	Utom	Utom	Utom	
		Nr 7044114	Nr 7044114	Nr 7044114	Nr 7044114	
		Nr 7044124	Nr 7044124	Nr 7044124	Nr 7044124	
		30,163	3,302	8,255	8,255	

Rochester 2GC

Flottörnivå	Flottörens lägsta läge	Acceleratorpump	Chokelänk	Chokens vakuumsteg	Chokespjällöppnare	Snabbtomgångsvarvtal
1975						
16,669	24,606	41,275	10,16	3,302	8,890	2000
1976						
16,669	32,544	42,863	6,604	3,302	8,255	2000

Rochester MV

	Flottörnivå	Chokelänk	Chokens vakuumsteg	Chokespjällöppnare	Nålventil	Snabbtomgång
1970	6,350	4,826	5,842	8,890	1,778	2400
1971	6,350	4,572	6,604	8,890	1,778	2400
1972	6,350	4,572	6,604	12,700	1,778	2400
1973	6,350	9,525	10,922	15,240	1,778	2400
1974 t o m 1975						
7044021	7,493	6,985	8,890	12,700	2,032	1800
7044022	7,493	6,223	8,890	12,700	2,032	till
7044321	7,493	7,620	9,525	12,700	2,032	2400
7044025	6,350	6,223	7,620	13,233	2,032	fullt
7044026	6,350	6,985	8,890	13,233	2,032	kamutslag

Rochester 1MV

	Flottörnivå	Chokelänk	Chokens vakuumsteg Lågfartssteg	Högfartssteg	Chokespjällöppnare	Nålventil	Snabbtomgång
1975							
7045002	8,731	6,604	6,604	7,620	8,255	2,032	2100
7045003	8,731	6,985	7,620	7,366	8,255	2,032	2100
7045004	8,731	6,223	7,620	3,810	8,255	2,032	2100
7045005	8,731	6,858	8,890	7,366	8,255	2,032	2100
7045302	8,731	6,223	7,620	3,810	6,985	2,032	2100
7045303	8,731	6,985	8,890	4,318	6,985	2,032	2100
7045304	8,731	6,223	7,620	7,366	8,255	2,032	2100
7045305	8,731	6,985	8,890	7,366	8,255	2,032	2100
1976							
7045002	8,731	3,302	4,191	6,731	8,509	2,032	2100
7045003	8,731	3,683	7,620	7,366	8,509	2,032	2100
7045004	8,731	3,302	7,620	4,191	8,509	2,032	2100
7045005	8,731	6,985	8,890	7,366	8,255	2,032	2100
7045302	8,731	3,937	4,826	-	8,255	2,032	2100
7045303	8,731	4,572	5,715	-	8,255	2,032	2100
7045304	8,731	6,223	7,620	7,366	8,255	2,032	2100
7045305	8,731	6,985	8,890	7,366	8,255	2,032	2100

Rochester 1ME

1977 t o m 1978	Chokelänk	Chokens vakuumsteg	Chokespjällöppnare
17057001, 17057303, 17057005	3,175	3,810	8,255 (G10), 6,985 (G20-30)
17057002, 17057004	2,794	3,429	
17057302, 17057010	3,810	4,572	
17057006 t o m 17057009, 17057308, 17057309	3,810	4,572	
17081009, 17084329, 17085009, 17085036, 17085004	6,985	10,160	

Rochester 4MV

	Flottörnivå	Accelerator pump	Chokelänk	Chokens vakuumsteg	Chokespjällöppnare	Chokespjällets vakuumventil
1970 t o m 1971	6,350	7,938	0,254	6,223	11,430	0,508
1972						
7042206	6,350	10,319	0,254	6,350	11,430	0,508
7042207	8,731	10,319	0,254	6,350	11,430	0,508
7042208	4,763	9,525	0,254	5,461	11,430	0,508
7042219	8,731	9,525	0,254	6,350	11,430	0,508
7042210	4,763	9,525	0,254	5,461	11,430	0,508
7042218	6,350	9,525	0,254	6,350	11,430	0,508
7042211	4,763	9,525	0,254	5,461	11,430	0,508
7042910, 7042911	4,763	9,525	0,254	5,461	11,430	0,508
1973						
7043202, 7043203, 7043210, 7043211	5,556	10,319	10,922	5,461	11,430	0,508
7043208, 7043215	7,938	10,319	10,922	5,461	11,430	0,508
7043207, 7043216, 7043200	6,350	10,319	10,922	6,350	11,430	0,508
7043507	6,350	10,319	10,922	6,985	11,430	0,508
1974						
7044202 och 502	6,350	10,319	10,922	5,842	11,430	0,508
7044203 och 503	6,350	10,319	10,922	5,842	11,430	0,508
7044218 och 518	6,350	10,319	10,922	5,461	11,430	0,508
7044219 och 519	6,350	10,319	10,922	5,461	11,430	0,508
7044213 och 513	8,731	10,319	10,922	5,461	11,430	0,508
7044223 och 227	17,145	10,319	10,922	5,588	11,430	0,508
7044212 och 217	17,145	10,319	10,922	5,842	11,430	0,508
7044512 och 517	17,145	10,319	10,922	5,842	11,430	0,508
7044500 och 520	17,145	10,319	10,922	6,350	11,430	0,508
7044224, 7044214 och 514, 7044215 och 515, 7044216 och 516	8,731	10,319	10,922	5,461	11,430	0,508
1975						
7045212	9,525	6,985	10,922	5,715	11,430	0,381
7045213, 7045216	8,731	6,985	10,922	5,334	11,430	0,381
7045214, 7045215	8,731	6,985	10,922	5,461	11,430	0,381

	Flottörnivå	Accelerator pump	Chokelänk	Chokens vakuumsteg	Chokespjällöppnare	Chokespjällets vakuumventil
1975 (forts)						
7045583 t o m 7045586,						
7045588, 7045589	8,731	6,985	10,922	5,842	11,430	0,381
7045217	9,525	6,985	10,922	5,715	11,430	0,381
7045225	8,731	6,985	10,922	5,080	11,430	0,381
7045229	11,906	6,985	10,922	5,080	11,430	0,381
1976						
7045213 t o m						
7045216	8,731	7,144	7,366	3,683	7,493	0,381
7045225, 7045229	8,731	7,144	7,366	3,505	7,493	0,381
7045583 t o m 7045586,						
7045588, 7045589	8,731	7,144	7,366	3,937	7,493	0,381
17056212,						
17056217	9,525	7,144	7,366	3,937	7,493	0,381
1977 t o m 1978						
17056212						
17056217	9,525	7,144	7,366	3,048	7,493	0,381
17057213						
17057215	8,731	7,144	7,366	2,921	5,207	0,381
17057216						
17057525						
17057514	8,731	7,144	7,366	3,048	5,715	0,381
17057529						
17057229	8,731	7,144	7,366	2,794	5,207	0,381
7045583						
7045585						
7045586	8,731	7,144	7,366	3,048	7,493	0,381

Rochester M4

Automatchokens reglage (alla modeller) 3,048
Chokespjällets vakuumventil (alla modeller) 0,381
Snabbtomgångsvarvtal (alla modeller utom M4MC fr o m 1977) 1600

Rochester M4MCA

1975	Flottörnivå	Acceleratorpump-länk	Chokelänk (snabbtomgångskam)	Främre vakuum-steg	Chokespjäll retur	Chokespjällöppnare
7045512,						
7045517	13,494	6,985	7,620	4,572	14,288	8,255

Rochester M4ME

1976	11,113	7,144	7,620	-	22,225	8,255
1977 t o m 1978	9,525	7,144	Låga utsläpp 8,255 Höga utsläpp 7,239	-	22,225	8,255

Rochester M4MC

1975						
7045202,						
7045203	11,906	6,985	7,620	4,572	22,225	8,255
7045218,						
7045219	11,906	6,985	8,255	4,572	19,050	8,255
7045220	13,494	6,985	7,620	5,080	14,288	8,255
1976						
17056208,						
17056209,						
17056218,						
17056219,						
17056508,						
17056509	7,938	7,144	8,255	4,699	22,225	8,255
17056512						
17056517	11,113	7,144	8,255	4,699	22,225	6,985
17057518,						
17056519	7,938	7,144	8,255	4,699	22,225	8,255

Rochester M4MC (forts)

1977 t o m 1978	Flottörnivå	Acceleratorpump-länk	Chokelänk (snabbtomgångskam)	Främre vakuum-steg	Chokespjäll retur	Chokespjällöppnare
17057202, 17057204	11,906	7,144	Låga utsläpp 8,255 Höga utsläpp7,239	4,064	22,225	7,112
17057218, 17057222	11,113	7,144	Som ovan	4,064	22,225	7,112
17057219	11,113	7,144	Som ovan	4,191	22,225	7,112
17057502, 17057503, 17057504	11,906	7,144	Som ovan	4,191	22,225	7,112
17057512, 17057517	11,113	7,144	Som ovan	4,191	22,225	6,096
17057518, 17057519, 17057522	11,113	7,144	Som ovan	4,191	22,225	7,112
17057582, 17057584	11,906	7,144	Som ovan	4,572	22,225	7,112
17057586, 17057588	11,113	7,144	Som ovan	4,572	22,225	7,112

Rochester 1ME - 1979 t o m 1985

	1979	1980	1981	1982 t o m 1985
Flottörnivå	7,938	8,831	8,831	8,831
Nålventil	1,651	2,286	2,286	2,286
Automatchokens arm	3,248	3,248	-	-
Kamskiva till snabbtomgång (chokelänk)	6,985	6,985	6,985	6,985
Vakuumsteg	10,160	10,160	10,160	10,160
Chokespjällöppnare	13,233	13,208	13,208	13,208

Rochester M2M - 1979 t o m 1981

	1979	1980	1981
Flottörnivå	11,906	11,113	10,319
Pumpstång (invändigt hål)	10,319	7,144	7,938
Kamskiva till snabbtomgång (chokelänk)	38°	38°	38°
Främre vakuumsteg	29°	29°	25°
Chokespjällöppnare	-	-	38°

Rochester 2SE - 1979 t o m 1982

	1979	1980	1981	1982
Flottörnivå	3,175	3,175	4,763	4,763
Chokespjällarm	1,016	2°	1°	1°
Kamskiva till snabbtomgång (chokelänk)	17°	17°	15°	15°
Lågfartssteg				
17059641, 17059643, 17059765, 17059767	23,5°			
17080720, 17080721	-	20°		
17080722, 17080723	-	23,5°		
17081629	-	-	24°	-
17081720, 17081721, 17081725, 17081726, 17081727		-	30°	-
17082482	-	-	-	23°
17082341, 17082342, 17082344, 17082345	-	-	-	30°
17082431, 17082433	-	-	-	24°
17082486, 17082487, 17082488, 17082489	◊	-	-	28°
Övriga	20°	22°	26°	26°
Högfartssteg	37°	35°		
17081629	-	-	34°	-
17081720, 17081721, 17081725, 17081726, 17081727	-	-	37°	-
17082341, 17082342, 17082344, 17082345	-	-	-	37°
Övriga	-	-	38°	38°
Chokespjällöppnare	49°	41°	-	42°
17081720, 17081721, 17081725, 17081726, 17081727, 17081629	-	-	41°	-
Övriga	-	-	38°	-

Rochester 2SE - 1983 and 1984

	1983	1984
Flottörnivå	4,763	
17084348 t o m 17084355, 17084410, 17084412, 17084425, 17084427, 17084560, 17084562, 17084569	-	8,731
17084360, 17084362, 17084364, 17084366	-	3,969
17084390 t o m 17084393	-	11,113
Chokespjällarm	1°	1°

	1983	1984
Kamskiva till snabbtomgång (chokelänk)	15°	
17084348 t o m 17084355, 17084360, 17084362, 17084364, 17084366	-	22°
17084390 t o m 17084393	-	28°
17084410, 17084412, 17084425, 17084427, 17084560, 17084562, 17084569	-	15°
Lågfartssteg		
17083410, 17083412, 17083414, 17083416	23°	-
17083411, 17083413, 17083415, 17083417, 17083419 17083421, 17083425, 17083427	26°	-
17083423, 17083429, 17083560, 17083562, 17083565 17083569	28°	-
17084348 t o m 17084355, 17084360, 17084362, 17084364, 17084366, 17084390 t o m 17084393	-	30°
17084410, 17084412	-	23°
17084425, 17084427	-	26°
17084560, 17084562, 17084569	-	24°
Högfartssteg	38°	
17084348 t o m 17084351, 17084360, 17084362	-	32°
17084352 t o m 17084355, 17084364, 17084366	-	35°
17084390 t o m 17084393, 17084410, 17084412	-	38°
17084425, 17084427	-	36°
17084560, 17084562, 17084569	-	34°
Chokespjällöppnare	42°	
17084348 t o m 17084355, 17084360, 17084362, 17084364, 17084366	-	40°
17084390 t o m 17084393, 17084560, 7084562, 17084569	-	38°
17084410, 17084512	-	42°

Rochester E2SE - 250

	1983	1984
Flottörnivå	8,731	
17084356 t o m 17084359, 17084632, 17084633, 17084635, 17084636	-	7,144
17084368, 17084370, 17084542	-	3,175
17084430, 17084431, 17084434, 17084435	-	8,731
17084534, 17084535, 17084537, 17084538, 17084540	-	3,969
Chokespjällarm	1°	1°
Kamskiva till snabbtomgång (chokelänk)	15°	
17084356 t o m 17084359, 17084368, 17084370	-	22°
17084430, 17084431, 17084434, 17084435	-	15°
Övriga	-	28°
Lågfartssteg	26°	
17084430, 17084431, 17084434, 17084435	-	26°
Övriga	-	25°
Högfartssteg	38°	
17084356, 170843571, 17084358, 17084359, 17084368, 17084370	-	30°
17084430, 17084431, 17084434, 17084435	-	38°
Övriga	-	35°
Chokespjällöppnare	42°	
17084356 t o m 17084359, 17084368, 17084370	-	30°
17084430, 17084431, 17084434, 17084435	-	42°
Övriga	- 45°	

Rochester M4M - 1979 t o m 1980

	1979	1980
Flottörnivå		
17059212	11,113	
17059512	10,319	
17059520	9,525	
17059521, 17080213, 17080215, 17080513, 17080515, 17080229, 17080529	-	9,525
Övriga	11,906	11,906
Pumpstång	-	7,144 invändigt hål
17059377, 17059378, 17059527, 17059528	7,144 utvändigt hål	
17059212, 17059213, 7059215, 17059229, 17059510, 17059512, 17059513, 17059515, 17059520, 17059521, 17059529	7,144 invändigt hål	
Övriga	10,319 invändigt hål	

Rochester M4M - 1979 t o m 1980 (forts)

Kamskiva till snabbtomgång		
17059213, 17059215, 17059229, 17059513, 17059515, 17059529	37°	37°
Övriga	46°	46°
Främre reglage till luftventil	0,381	0,381
Bakre reglage till luftventil	0,381	0,635
Främre vakuumsteg		
17059212, 17059512	24°	24°
17059501, 17059520, 17059521	28°	
17059509, 17059510, 17059586, 17059588	30°	
Övriga	23°	23°
Bakre vakuumsteg		
17059363, 17059366, 17059368, 17059377, 17059378, 17059503, 17059506, 17059508, 17059527, 17059528	26°	
17080290, 17080291, 17080292, 17080503, 17080506, 17080508	-	26°
17080212, 17080512, 17080213, 17080215, 17080513, 17080515, 17080229, 17080529	-	30°
Övriga	23°	23°
Luftventilfjäder		
17059212, 17059512	19,050	19,050
17059213, 17059215, 17059229, 17059513, 17059515 17059529	25,400	25,400
Övriga	22,225	22,225
Chokespjällöppnare		
17059212, 17059213, 17059215, 17059229, 17059512, 17059513, 17059515, 17059529	40°	40°
Övriga	42°	42°

Rochester M4M - 1981 t o m 1982

	1981	1982
Flottörnivå		
17080212, 17080213, 17080215, 17080298, 17080507, 17080512, 17080513	9,525	9,525
17081200, 17081201, 17081205, 17081206, 17081220, 17081226, 17081227	11,906	
17082213, 17082513	-	9,525
Övriga	10,319	10,319
Pumpstång		
17081524	7,938 utvändigt hål	
17081526		
17082524, 17082526	-	7,938 utvändigt hål
Övriga	7,144 invändigt hål	7,144 invändigt hål
Kamskiva till snabbtomgång		
17080213, 17080215, 17080298, 17080507, 17080513	37°	37°
17082213, 17082513	-	37°
Övriga	46°	46°
Främre reglage till luftventil	0,635	0,635
Bakre reglage till luftventil	0,635	0,635
Bakre ventilsteg		
17081200, 17081201, 17081205, 17081206, 17081220, 17081226, 17081227	23°	
17081290 t o m 17081292	24°	
17081506, 17081508, 17081524, 17081526	36°	
17082220 t o m 17082227, 17082290 t o m 17082293	-	34°
17082230, 17082231, 17082234, 17082235, 17082524, 17082526, 17082293, 17082506	-	36°
Övriga	30°	30°
Främre ventilsteg		
17080212, 17080512, 17081200, 17081226, 17081227	24°	
17081524, 17081526	25°	
17082230, 17082231, 17082234 17082235	-	26°
17082524, 17082526	-	25°
17082506, 17082508, 17082513, 17080513, 17082213, 17080213, 17080215, 17080298, 17080507	-	23°
Övriga	23°	24°

Chokespjällets retur		
17080213, 17080215, 17080298, 17080507	25,400	25,400
17080212, 17080512, 17080513	19,050	19,050
17082213	-	25,400
Övriga	22,225	22,225
Chokespjällöppnare		
17080212, 17080213, 17080215, 17080298, 17080507, 17080512, 17070513	40°	40°
17081506, 17081508	36°	
17081524, 17081526	38°	
17082213	-	40°
Övriga	42°	39°

Rochester M4M - 1983

	305	**350**
Flottörnivå	10,319	
17080201, 17080205, 17080206, 17080290 t o m 17080292	-	3,969
17080213, 17080298, 17080507, 17080513, 17083298, 17083507	-	9,525
17082213	-	7,144
Övriga	10,319	
Pumpstång	7,144 invändigt hål	7,144 invändigt hål
Kamskiva till snabbtomgång	46°	
17080213, 17080298, 17080507, 17080513, 17082213, .17083298, 17083507	-	37°
Övriga	46°	
Reglage till luftventil	0,635	0,635
Främre ventilsteg	-	23°
Bakre ventilsteg	24°	
17080201, 17080205, 17080206	-	23°
17083290 t o m 17083293	-	24°
17080290 t o m 17080292, 17083234, 17083235	-	26°
Övriga	30°	
Chokespjällets retur (varv)	22,225	
17080213, 17080298, 17080507, 17080513, 17082213, 17083298, 17083507	-	25,400
Övriga	22,225	
Chokespjällöppnare	39°	
17080201, 17080205, 17080206, 17080290 t o m 17080292	-	42°
17083234, 17083235, 17083290 t o m 17083293	-	39°
Övriga	40°	

Rochester M4M - 1984 t o m 1985

	1984	**1985**
Flottörnivå		
17080212, 17080213, 17080298, 17082213, 17083298, 17084500 t o m 17084502	9,525	
17080212, 17080213, 17080298, 17082213, 17084500 t o m 17084502, 17085000, 17085001	-	9,525
Övriga	10,319	10,319
Pumpstång	7,144 (invändig)	-
Kamskiva till snabbtomgång		
17080213, 17080298, 17082213, 17080507, 17080513m, 17082213, 17083298, 17083507	37°	
17080213, 17080298, 17082213, 17083298, 17084500, 17084501	-	37°
17080212, 17084502, 17085000 t o m 17085004, 17085206, 17085212, 17085213, 17085215, 17085228, 17085229, 17085235, 17085290 t o m 17085294, 17085298	-	46°
Övriga	46°	20°
Reglage till luftventil	0,635	-
Främre vakuumsteg - i förekommande fall	23°	
17080212, 17084502, 17085000	-	24°
17080213, 17080298, 17082213, 17083298, 17084500, .17084501, 17085001, 17085003, 17085004, 17085212, 17085213	-	23°
Övriga	-	26°

Rochester M4M - 1984 t o m 1985 (forts)

	1984	1985
Bakre vakuumsteg		
17084226, 17084227, 17084290, 17084292	24°	
17080212, 17080213, 17080298, 17083298, 17084500, 17084501, 17084502	30°	
17080212, 17080213, 17080298, 17082213, 17083298, 17084500 t o m 17084502, 17085000, 17085001	-	30°
17085205, 17085208, 17085210, 17085216	-	38°
17085209, 17085211, 17085217, 17085219, 17085222 t o m 17085225	-	36°
17085226 t o m 17085229, 17085290, 17085292	-	24°
Övriga	26°	26°
Chokespjällets retur (varv)		
17080212, 17080213, 17080298, 17082213, 17083298, 17084500, 17084501	25,400	
17080213, 17080298, 17082213, 17083298, 17084500, 17084501, 17085001	-	25,400
17080212	-	19,050
17085217, 17085219, 17085222 t o m 17085225	-	12,700
Övriga	22,225	22,225
Chokespjällöppnare		
17080212, 17080213, 17080298, 17082213, 17083298, 17084500, 17084501, 17084502	40°	
17080212, 17080213, 17080298, 17082213, 17083298, 17084500, 17085001, 17084501, 17084502, 17085000, 17085001	-	40°
17085003, 17085004, 17085213	-	35°
17085125, 17085220, 17085221, 17085226, 17085227, 17085230, 17085231, 17085238, 17085239	-	32°
Övriga	39°	39°

Rochester E4M - 1983

	305	350
Flottörnivå	11,113	9,979
Kamskiva till snabbtomgång	20°	20°
Främre vakuumsteg	27°	-
Bakre vakuumsteg	36°	27°
Chokespjällets retur (varv)	22,225	22,225
Chokespjällöppnare	36°	38°

Rochester E4M - 1984

Flottörnivå	
17084507, 17084509, 17084527	11,113
Övriga	8,731
Kamskiva till snabbtomgång	
17084205, 17084209	38°
Övriga	20°
Främre vakuumsteg	
17084525, 17084527	25°
Övriga	27°
Bakre vakuumsteg	36° i förekommande fall
Chokespjällets retur (varv)	
17084507, 17084509, 17084525, 17084527	25,400
Övriga	22,225
Chokespjällöppnare	
17084507, 17084509, 17084525, 17084527	36°
Övriga	38°

Förgasarinställningar fr o m 1986

Rochester 1ME/1MEF fr o m 1986

1986	Flottörnivå	Nålventil	Chokelänk	Vakuumsteg	Chokespjällöppnare
17081009, 17084329, 17085009, 17085036, 17085044	8,731	2,286	6,985	10,160	13,208
1987					
17086101, 17086102	8,731	2,286	3,048	6,985	13,208

Rochester M4MC/M4ME fr o m 1986

Flottörnivå	
17085000, 17085001	9,525
17085003, 17085004, 17085206 t o m 17085213, 17085215 t o m 17085217, 17085219 t o m 17085231, 17085235, 17085238, 17085239, 17085283 t o m 17085285, 17085290, 17085291, 17085293, 17085294, 17085298	10,319

Pumpstång
17085000, 17085001, 17085003, 17085004, 17085206, .17085208, 17085210, 17085212, 17085213, 17085215 t o m 17085217, 17085219, 17085222, 17085224, 17085226 t o m 17085231, 17085235, 17085283 t o m 17085285, 17085290, 17085292, 17085294, 17085298 10,319
17085209, 17085211, 17085220, 17085221, 17085223, 17085225 17085238, 17085239, 17085291, 17085293 9,525
Kamskiva till snabbtomgång
17085000, 17085001, 17085003, 17085004, 17085206, 17085212, 17085213, 17085228, 17085229, 17085235, 17085290 t o m 17085294, 17085298 .... 46°
17085208
17085209 t o m 17085211, 17085215 t o m 17085217, 17085219 t o m 17085227, 17085230, 17085231, 17085238, 17085239, 17085283 t o m 17085285 .... 20°
Reglage till luftventil (alla) 0,025
Främre vakuumsteg
17085000 .... 24°
17085001, 17085003, 17085004, 17085212, 17085213 .... 23°
17085208 t o m 17085211, 17085216, 17085217, 17085219 17085222 t o m 17085225 .... 26°
Bakre vakuumsteg
17085000, 17085001 .... 30°
17085206, 17085215, 17085220, 17085221, 17085230, 17085231, 17085235, 17085238, 17085239, 17085284, 17085291, 17085293, 17085294, 17085298 .... 26°
17085208, 17085210, 17085216 .... 38°
17085209, 17085211, 17085217, 17085219, 17085222 t o m 17085225 .... 36°
17085226 t o m 17085229, 17085283, 17085285, 17085290°, 17085292 .... 24°
Chokespjällets retur (antal varv)
17085000, 17085003, 17085004, 17085206, 17085208 t o m 17085213, 17085215, 17085216, 17085220 t o m 17085222, 17085226 t o m 17085231, 17085235, 17085238, 17085239, 17085283 t o m 17085285, 17085290, 17085291, 17085293, 17085294, 17085298 22,225
17085217, 17085219, 17085223, 17085224, 17085225 12,700
17085001 25,400
Chokespjällöppnare
17085000, 17085001 .... 40°
17085003, 17085004, 17085212, 17085213 .... 35°
17085206, 17085208 t o m 17085211, 17085216, 17085217, 17085219, 17085222 t o m 17085225, 17085228, 17085229, 17085235, 17085290 t o m 17085294, 17085298 .... 39°
17085215, 17085220, 17085221, 17085226, 17085227, 17085230, 17085231, 17085238, 17085239, 17085283 t o m 17085285 ...... 32°

Rochester E4ME fr o m 1986

Flottörnivå 11,113
Magerblandningsskruv 33,122
Tomgångsblandningsnål (antal varv) .... 3 (bilens slutliga inställning)
Tomgångsluftningsventil 44,602
Chokearm 3,048
Chokelänkskam .... 20°
Reglage till luftventil 0,025
Främre vakuumsteg
17085502, 17085503 .... 26°
17085506, 17085508 .... 27°
17085524, 17085526 .... 25°
Bakre vakuumsteg .... 36°
Chokespjällets retur (antal varv)
17085502, 17085503, 17085506, 17085508, 17085524, 17085526 22,225
Chokespjällsöppnare
17085502, 17085503 .... 39°
17085506, 17085508, 17085524, 17085526 .... 36°

1 Allmän beskrivning

Varning: Bensin är ytterst lättantändligt, varför extra säkerhetsåtgärder ska vidtas vid arbete med bränslesystemet. Rökning, öppen eld eller nakna glödlampor bör aldrig förekomma nära arbetsplatsen.

Bränslesystem

Bränslesystemet består av en bränsletank monterad under bilens bakvagn, bränslepump, förgasare eller bränsleinsprutningssystem samt bränsletillförsel- och returledningar mellan motorn och bränsletanken.

På modeller med förgasarmotor är bränslepumpen monterad på motorn; på modeller med bränsleinsprutningssystem är den monterad på bränsletanken.

Flera olika typer av förgasare har förekommit under dessa modellers långa produktionsperiod. Vissa senare modeller (bilar utrustade med V6- eller V8-motor fr o m 1987) utrustades med spjällhusinsprutning (TBI), vilket är en typ av bränsleinsprutning.

Avgassystem

Avgassystemet består av grenrör, avgasrör, ljuddämpare, samt på vissa modeller bakre avgasrör som styr avgaserna till bilens bakre del. Senare modeller är försedda med katalysator som en del av avgassystemet (kapitel 6).

2 Bränslepump - kontroll

Varning: Bensin är ytterst lättantändligt, varför extra säkerhetsåtgärder ska vidtas vid arbete med bränslesystemet. Rökning, öppen eld eller nakna glödlampor bör aldrig förekomma nära arbetsplatsen.

Bränsleinsprutningsmotorer

1 Bränslepumpen som förekommer på bränsleinsprutningsmotorer kan endast kontrolleras med specialverktyg och specialutrustning - arbetet bör överlåtas till en auktoriserad verkstad eller annan verkstad.

Förgasarmotorer

2 Bränslepumpen är monterad på motorns framsida. Den är permanenttätad och kan inte repareras eller renoveras.

Inledande kontroll

3 Innan du kontrollerar bränslepumpen bör du kontrollera bränsleledningar och bränsleslangar såväl som bränslefiltret (kapitel 1).

4 Demontera luftrenaren och lossa bränsleledningarna vid förgasarinloppet. Lossa tändkabeln från strömfördelaren. Anslut en förbindningskabel mellan den lossade tändkabeln och en bra jordanslutning (så att bilen inte kan starta). **Observera:** *På modeller med inbyggd tändspole i fördelarlocket ska BAT-kabeln lossas från fördelarlocket så att tändsystemet kopplas från.*

5 Håll en plast- eller metallbehållare över änden på den lossade ledningen och låt en medhjälpare dra runt motorn. En kraftig bensinstråle ska spruta ut ur änden vid vartannat varv.

Tryckkontroll

6 Se till att motorn har uppnått normal driftstemperatur och att tomgångsvarvtalet motsvarar det angivna värdet på avgasreningsdekalen.

7 Lossa bränsleledningen vid förgasaren (om det inte redan är gjort).

8 Anslut en bränsletryckmätare med en mjuk slang på ledningsänden (mätaren måste hållas cirka 40 cm ovanför bränslepumpen, se till att slangen är tillräckligt lång). Kontrollera att slangens invändiga diameter inte är mindre än bränsleledningens diameter.

9 Starta motorn och låt den gå på tomgång. Observera bränsletrycket på mätaren. Trycket bör ligga inom specificerade gränsvärden i Specifikationer i början av detta kapitel.

Volymkontroll

10 Vid kontroll av bränslepumpens volym, anslut en slang till bränsleledningens ände. Den öppna änden placeras i ett graderat plastkärl. Volymmarkeringarna bör vara klart synliga på kärlet.

11 Starta motorn - den kommer att gå tills bränslet i förgasaren tar slut - och låt bränslet rinna ner i kärlet. Gör en avläsning av volymen i kärlet efter 15 sekunder. Jämför volymen med angivet gränsvärde i Specifikationer i början av detta kapitel.

12 Om volymen är under angivet gränsvärde ska en extra bränsletillförselkälla anslutas till bränslepumpens inloppssida. En liten bensinbehållare med en slang som är tätt införd i locket kan användas som en extra bränslekälla. Detta undanröjer möjligheten av att tank och/eller tillförselledning är igensatta. Upprepa testen och kontrollera volymen. Om volymen har ändrats eller om den nu är normal är bränsleledningar och/eller bränsletank igensatta. Om volymen fortfarande är för låg ska bränslepumpen bytas mot en ny.

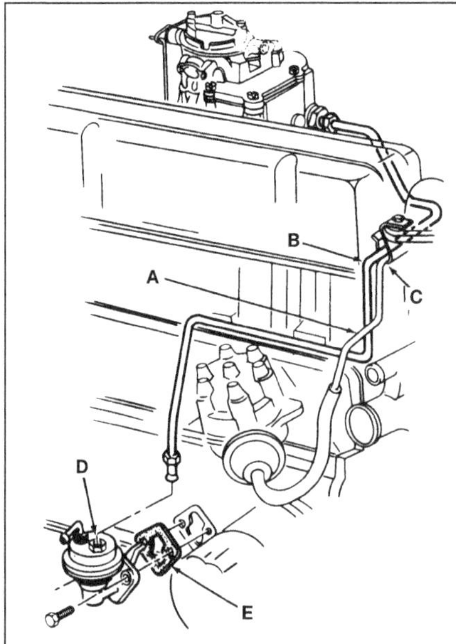

3.4a Vanlig bränslepump till sexcylindrig radmotor

A Rör till tändningens vakuumförställare
B Bränslerör
C Rörklämma
D Bränslepump
E Packning

3 Bränslepump - demontering och montering

Varning: Bensin är ytterst lättantändligt, varför extra säkerhetsåtgärder ska vidtas vid arbete med bränslesystemet. Rökning, öppen eld eller nakna glödlampor bör aldrig förekomma nära arbetsplatsen.

Förgasarmotorer

Demontering

1 Bränslepumpen är en förseglad enhet som inte kan repareras eller renoveras.

2 Lossa batteriets negativa anslutning.

Varning: Placera batterikabeln ur vägen så att den inte oavsiktligt kan beröra batteriets negativa pol vilket kan leda till gnistbildning och antändning av bensinångorna.

3 Lossa bränslepumpens slangar från dess anslutningar.

4 Demontera de två skruvarna som fäster pumpen vid motorblocket och lossa pump och packning **(se bilder)**. Notera först hur de

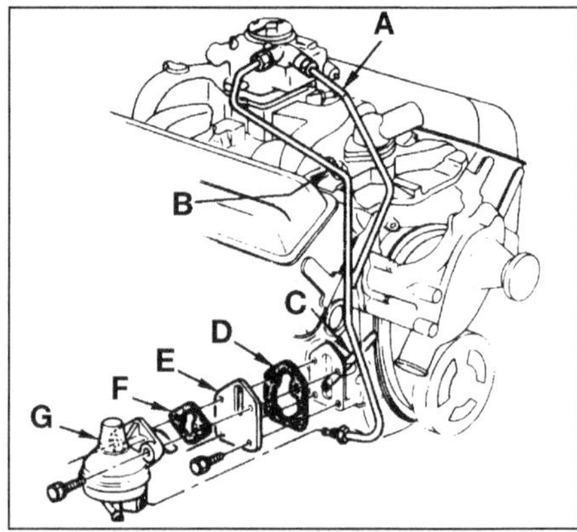

3.4b På V6- och V8-motorer aktiveras pumpen med en stötstång; notera hur den är monterad innan den tas bort

A Bränslerör
B Bränslerör
C Stötstång
D Packning
E Platta
F Packning
G Pump

är monterade och demontera sedan de två nedre skruvarna som fäster plattan på V8-motorns motorblock så att bränslepumpens stötstång blir åtkomlig.

Montering

5 Montering sker i omvänd ordningsföljd. Om bränslepumpens stötstång har demonterats och originalstötstången ska monteras tillbaka bör du kontrollera att den är placerad med rätt ände utåt. Tjockt smörjfett kan användas för att hålla stötstången på plats medan bränslepumpen monteras **(se bild)**.
6 Använd ny packning när pumpen monteras.
7 Anslut slangarna (det är ett bra tillfälle att montera nya slangar).
8 Anslut batteriet, starta motorn och kontrollera beträffande bränsleläckage.

Bränsleinsprutningsmotorer

Demontering

9 Lossa batteriets negativa anslutning.
10 Demontera bränsletanken (avsnitt 21).
11 Bränslepump/givare är placerade inuti bränsletanken och hålls på plats med en kamlåsringsmekanism **(se bild)**.
12 Vrid låsringen moturs för att låsa upp bränslepump/givare. **Observera:** *Om låsringen sitter för hårt för att kunna lossas för hand kan du lossa den genom att knacka lätt med en mässings- eller gummihammare.*

Varning: Använd inte en hammare av stål - en gnista kan orsaka explosion!

13 Ta försiktigt bort bränslepump/givare från tanken.

Varning: Bränslenivåflottör och givare är ömtåliga. Låt dem inte stöta emot något vid demonteringen, vilket kan leda till att givarens precision påverkas.

14 Kontrollera gummipackningens skick runt mynningen på låsringsmekanismen. Om den har torkat, är sprucken eller försliten ska den bytas.
15 Kontrollera silen vid bränslepumpens nedre del. Om den är smutsig ska den rengöras med lösningsmedel och genomblåsas med tryckluft. Om den är alltför smutsig ska den bytas ut.
16 Om bränslepumpen måste säras från givaren ska pumpen dras in i gummikontakten och föras bort från det nedre stödet. Var försiktig så att gummiisolatorn och bränslesilen inte skadas vid demonteringen. När pumpen går fri från det nedre stödet ska den ryckas ut ur gummikontakten och demonteras.

Montering

17 Sätt dit bränslepump/givare i bränsletanken.
18 Vrid sedan den inre låsringen medurs tills låskammen är i fullt ingrepp med fästtungorna.
19 Montera bränsletanken (avsnitt 21).

3.5 Använd tjockt smörjfett när bränslepumpens stötstång monteras för att hålla den på plats

4 Förgasare - allmän beskrivning

Förgasare av olika typer förekommer på dessa bilar beroende på modell, tillverkningsår och motorvolym. På de tidigare modellerna (1967 t o m 1970), har vissa förgasare manuell choke, medan automatchoke förekommer på de senare modellerna .

Rochester MV

Förgasarna i denna serie är enportsförgasare med tre munstycken och en förgasarhals **(se bild).** Bränsledosering kommer från ett flottörhus med luftning och ett fast munstycke. Vid acceleration och höga motorvarvtal ökas motoreffekten av högfartssystemet. På senare modeller förekommer automatchoke. Automatchoken drivs av en bimetallfjäder som värms upp av avgaser. En ventil som stänger gasspjället (och styrs via tändningskontakten) används för att se till att gasspjället stängs fullständigt när tändningen stängs av, för att motverka glödtändning.

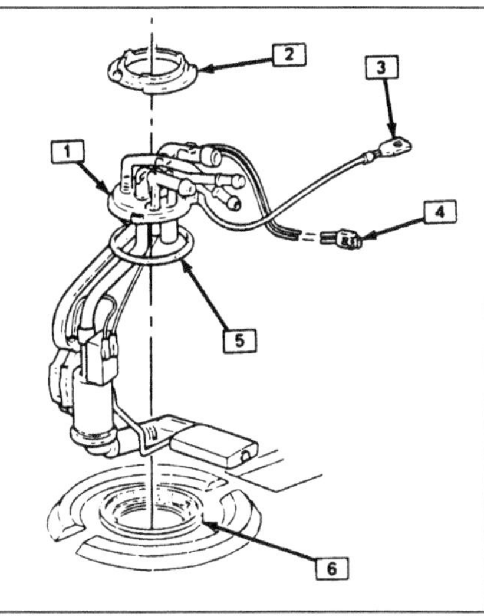

3.11 Bränslepump och dess komponenter i ett vanligt bränsleinsprutningssystem

1 Bränslepump och givare
2 Fästring
3 Jordledning
4 Kablagekontakt
5 Tätning
6 Bränsletank

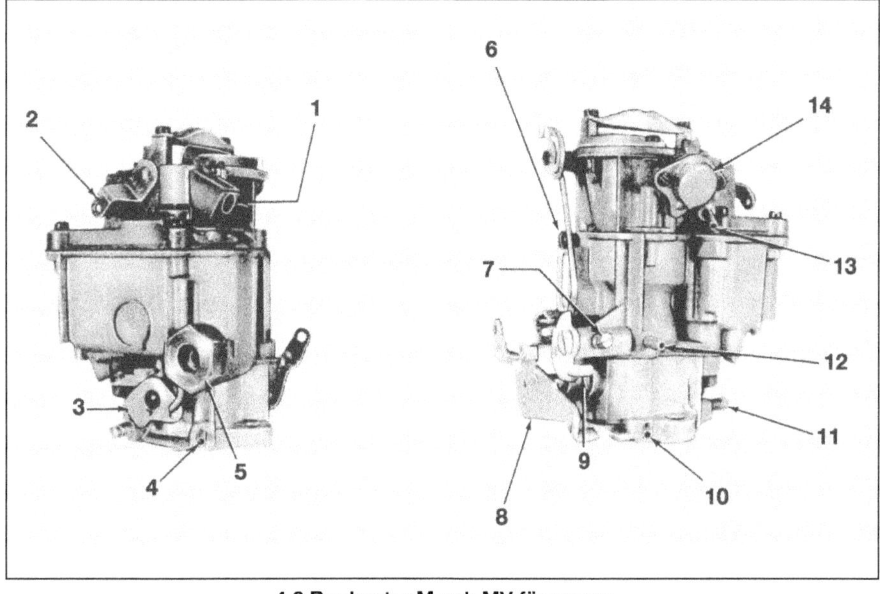

4.2 Rochester M och MV förgasare

1 Tryckreduceringsventil
2 Chokearm
3 Pumparm
4 Thermac-rör
5 Bränsleinlopp och filter
6 Hus för tomgångs-utjämnare vid varm motor
7 Tomgångsjusterskruv
8 Manöverarm
9 Snabbtomgångskam
10 Vakuumrör
11 Blandningsskruv
12 Vakuumrör till fördelare
13 Luftinlopp från luftrenare
14 Chokens vakuumsteg

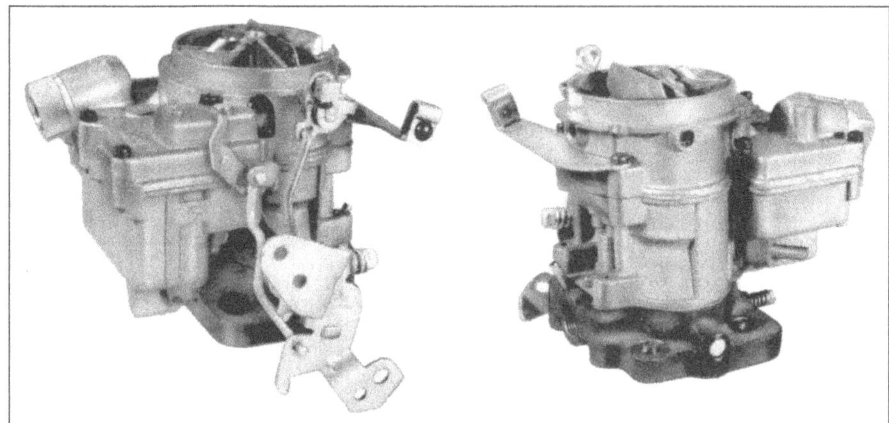

4.3 Rochester 2G förgasare

Rochester 2G

Denna Rochester-förgasare är en tvåports förgasare med flottörhuset på sidan **(se bild)**. Enheterna monterade på bilar med manuell och automatisk växellåda liknar varandra, men varierar beträffande kalibrering.

Huvudmunstyckena är fasta - kalibrering styrs av ett luftningssystem. En högfartsventil är monterad (bränslemängden styrs av lufthastigheten förbi munstyckena beroende på motorns bränslebehov).

På senare modeller används en elektroniskt styrd gasspjällventil (som styrs via tändningskontakten) så att gasspjället ska stängas fullständigt när tändningen har stängts av för att motverka glödtändning. Choken är automatisk och drivs av en spole som värms upp av avgaserna.

Rochester 4MV (Quadrajet)

Detta är en fyrports tvåstegsförgasare. Lågfartssidan använder ett system med tre munstycken **(se bild)**. Högfartssidan har två stora lopp som kompletterar lågfartssidans doseringssystem och får bränsle från en gemensam flottörkammare.

Rochester M4MC (Quadrajet)

Detta är också en fyrports tvåstegsförgasare som i huvudsak liknar 4MV-förgasaren **(se bild)**.

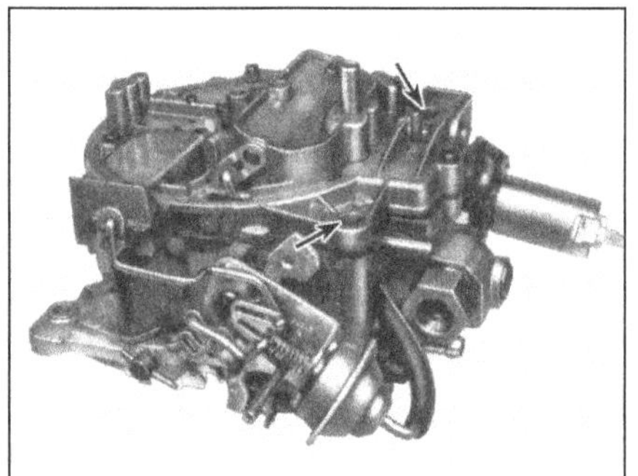

4.6 Rochester 4MV förgasare

Rochester 1ME

Förgasare av typ Rochester 1ME är enports förgasare med tre munstycken och slätt fäste för luftrenaren. Bränsledoseringen kommer från ett flottörhus från ett justerbart munstycke.

Vid acceleration och vid höga motorvarvtal ökas bränslemängden av högfartssystemet. Ett automatchokesystem finns, som drivs via en elektriskt uppvärmd spole. Tomgångssystemet har en varmtomgångskompensator som håller jämn tomgång om motorn är extremt varm.

En ventil som stänger gasspjället och styrs via tändningskontakten används för att se till att gasspjället stängs fullständigt när tändningen stängs av för att motverka glödtändning

Rochester 2SE/E2SE

Denna förgasare är en tvåstegsförgasare med två portar. Lågfartssystemet har tre munstycken. Högfartssystemet har en enda konisk nålventil. Ett automatchokesystem finns, vilket har en elektriskt uppvärmd spole som är monterad på förgasarens sekundärsida.

En backventil är monterad i bränsleinloppsledningen vilken används för att stänga av bränsleflödet i förgasaren och hindra bränsleläckage om bilen skulle rulla runt.

På senare modeller förekommer förgasare av typ Rochester E2SE Varajet, vilken är mycket lik de tidigare modellerna av typ 2SE förutom de förändringar som gjorts i och med införandet av striktare regler för avgasutsläpp. Dessa förgasare fungerar tillsammans med avgasreningssystemen genom en blandningsstyrningsventil som är monterad i flottörhuset.

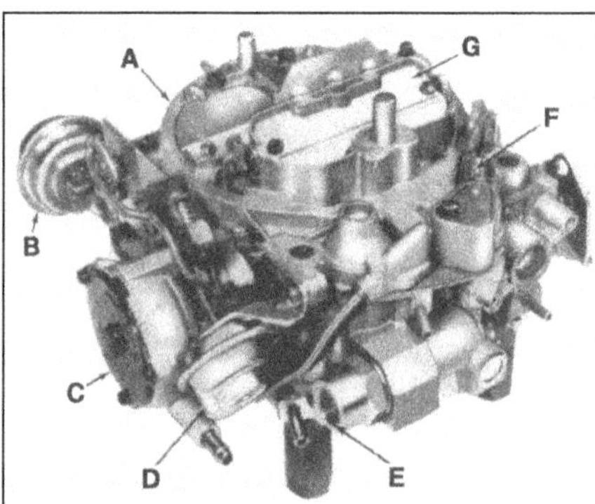

4.7 Rochester M4MC förgasare

A Förgasarhals
B Bakre vakuumsteg
C Kåpa över automatchoke
D Främre vakuumsteg
E Bränsleinlopp
F Accelerationspump
G Chokespjäll

Rochester M2M

Denna förgasare är en tvåportsförgasare med tre munstycken. Förgasaren liknar i huvudsak M4M-förgasarens lågfartssida.

Förgasare av typ M2ME används på luftkonditionerade bilar. De har en elektriskt driven luftkonditioneringstomgångsventil som upprätthåller rätt tomgångsvarvtal när luftkonditioneringen är i gång. På förgasare av modell M2M är identifikationsnumret stämplat vertikalt på flottörhusets vänstra bakre hörn.

På senare modeller förekommer förgasare av typ Rochester E2M Varajet som liknar de tidigare modellerna av typ M2M, förutom de förändringar som gjorts i och med införandet av striktare regler för avgasutsläpp. Dessa förgasare fungerar tillsammans med avgasreningssystemen genom en blandningsstyrningsventil som är monterad i flottörhuset.

5 Förgasare - demontering och montering

Varning: Bensin är ytterst lättantändligt, varför extra säkerhetsåtgärder ska vidtas vid arbete med bränslesystemet. Rökning, öppen eld eller nakna glödlampor bör aldrig förekomma nära arbetsplatsen.

1 Demontera luftrenaren (se kapitel 1).
2 Lossa bränsle- och vakuumledningar från förgasaren. Märk slangar och anslutningar med numrerade tejpbitar för att underlätta vid kommande montering.
3 Märk kablagekontakterna och lossa dem från choke och förgasare (i förekommande fall).
4 På modeller som är utrustade med avgasvärmestyrd choke ska chokens manöverarm lossas.
5 På modeller som är utrustade med manuell choke ska chokevajern lossas.
6 Lossa gasspjällslänkage och returfjädrar.
7 Lossa spjällventil eller spärrlänkage (på modeller med automatväxellåda).

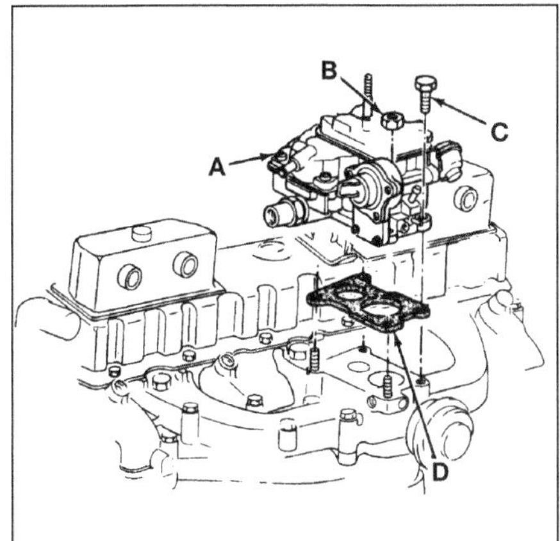

5.8a På tidiga modeller förekommer en förgasarfot mellan förgasare och inloppsrör. . .

A Förgasare *C Skruv*
B Mutter *D Förgasarfot*

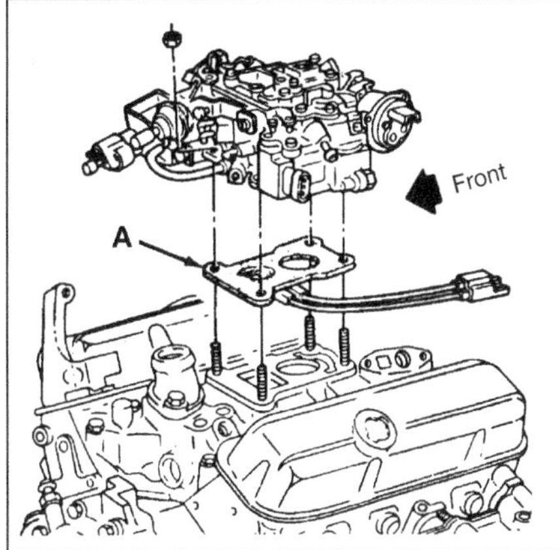

5.8b. . . medan senare modeller har EFE-värmare som måste lossas

A Eluppvärmd förgasarfot

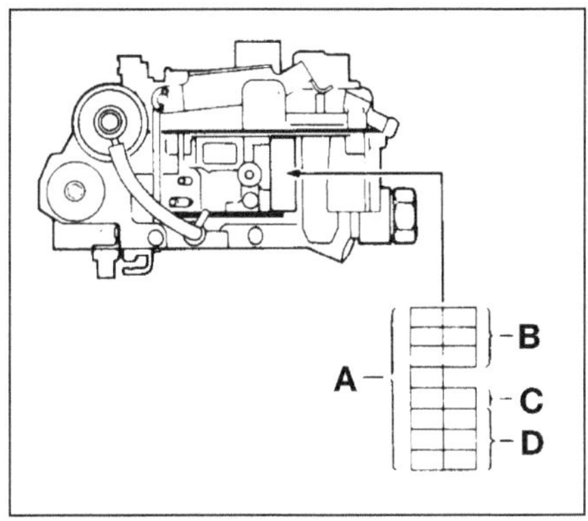

6.7 Identifikationsetikett eller stansat serienummerblock, som på bilden, finns på förgasaren - kopiera numren från etiketten när du ska köpa en renoveringssats eller ny eller renoverad förgasare

A Modell nr *C År*
B Tillverkningskod *D Dag*

8 Demontera förgasarens muttrar och skruvar, lossa förgasaren från inloppsröret **(se bilder)**.

9 Demontera förgasarfot och packningar. På senare modeller, lyft även bort EFE-värmaren.

10 Montering sker i omvänd ordningsföljd, notera dock följande punkter:

a) Om flottörhuset fylls med bränsle blir motorn lättare att starta första gången och batteriet belastas mindre.
b) Nya packningar måste användas.
c) Tomgångsvarvtal och -blandning bör kontrolleras och justeras vid behov.

6 Förgasare - underhåll

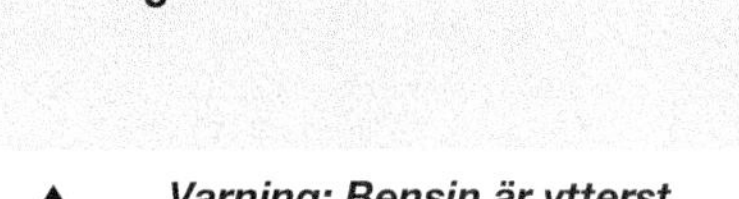

Varning: Bensin är ytterst lättantändligt, varför extra säkerhetsåtgärder ska vidtas vid arbete med bränslesystemet. Rökning, öppen eld eller nakna glödlampor bör aldrig förekomma nära arbetsplatsen.

1 Innan underhållsarbetet på förgasaren börjar ska en provkörning göras där förgasarinställningarna kontrolleras. Specifikationer för vissa justeringar finns noterade på bilens avgasreningsdekal som sitter i motorrummet.

2 Vissa problem som sätts i samband med förgasaren kan i själva verket uppstå från lösa, dåligt justerade eller defekta motor- eller elkomponenter. Andra problem kan uppstå när vakuumslangar läcker, lossas eller är felaktigt dragna. En korrekt analys av förgasarproblem bör innehålla en rutinmässig kontroll av följande:

a) Kontrollera att samtliga vakuumslangar och manöverdon är korrekt monterade.
b) Dra åt inloppsrörets och förgasarens muttrar/skruvar jämnt och ordentligt (kapitel 1 och 2).
c) Utför kompressionsprov (kapitel 2).
d) Rengör eller byt tändstift vid behov (kapitel 1).
e) Testa tändkablarnas resistens (kapitel 1).
f) Kontrollera tändningens primärkablar (kapitel 1) och kontrollera vakuumförställningen (kapitel 5). Byt eventuellt defekta delar.
g) Kontrollera tändinställningen (kapitel 1).
h) Kontrollera att värmestyrningsventilen i luftrenaren fungerar ordentligt (kapitel 1).
i) Se över luftfiltret (kapitel 1).
j) Kontrollera trycket i bränslepumpen (avsnitt 2).
k) Kontrollera PVC-ventilen (kapitel 1).

3 Tecken på problem i förgasaren är vanligen fuktig motor, startsvårigheter, motorn stannar, svårartad baktändning, dålig acceleration och att motorn inte svarar på justering av tomgångsblandning. Förgasare som läcker bränsle och/eller är täckt av våta avlagringar är i starkt behov av tillsyn.

4 För att kunna ställa diagnos på förgasarproblem kan motorn behöva startas med luftrenaren demonterad. Om motorn är i gång utan luftrenare kan den börja baktända. Baktändning kan uppstå om förgasaren inte fungerar på rätt sätt, men om luftrenaren tas bort kan den resulterande magrare bränsle/luftblandningen få motorn att baktända.

Varning: Se till att inte ha ansiktet direkt över förgasarhalsen vid kontroll- och underhållsarbeten.

5 När det är fastställt att förgasaren behöver repareras eller renoveras finns flera alternativa vägar att välja mellan. Om du ska renovera förgasaren själv bör du börja med att anskaffa en bra förgasarrenoveringssats. Du kommer också att behöva speciellt lösningsmedel samt att kunna blåsa igenom förgasarens invändiga passager med luft.

6 På grund av att ett flertal förgasare förekommer på de olika modeller som täcks av denna handbok är det omöjligt att inkludera detaljerade renoveringsbeskrivningar av var och en. Bra renoveringssatser innehåller detaljerade och väl illustrerade instruktioner. Anvisningarna är anpassade till förgasaren till din specifika bil.

7 Ett annat alternativ är att anskaffa en ny eller renoverad förgasare. Sådana finns hos återförsäljare och biltillbehörsaffärer. Det allra viktigaste att betänka vid inköp av en sådan förgasare är att se till att utbytesförgasaren är identisk med den ursprungliga förgasaren. I de flesta fall finns en flik fäst ovanpå förgasaren, för att hjälpa dig att bedöma vilken förgasartyp som finns i din bil, serienumret kan också vara instansat på förgasarens sida **(se bild)**. När du köper en renoverad förgasare eller en renoveringssats ska du verkligen försäkra dig om att satsen eller förgasaren matchar den speciella typ av förgasare som finns i din bil. Skillnader som kan tyckas obetydliga kan göra en väsentlig skillnad i hur din bil går.

8 Om du väljer att renovera förgasaren själv ska du ge dig tid att ta isär förgasaren noggrant, blötlägga vissa delar i rengöringslösning (ofta i minst en halv dag eller enligt anvisningarna på förgasarrengöringsmedlet) och sätta ihop den, kom ihåg att ihopsättningen tar mycket längre tid än isärtagningen. När du tar isär förgasaren ska du jämföra varje del med bilden i förgasarsatsen och lägga ut delarna i ordningsföljd på en ren arbetsyta. Ibland kan renovering som utförs av hemmamekaniker leda till att motorn går dåligt, eller inte alls. Undvik detta genom att arbeta metodiskt och med tålamod när förgasaren tas isär, så att du kan sätta ihop den korrekt.

9 När renoveringen väl är utförd behöver förgasaren eventuellt justeras, vilket kan ligga utanför hemmamekanikerns förmåga, speciellt på senare modeller. Om så är fallet ska bilen köras till en auktoriserad verkstad eller en inställningsspecialist för slutlig förgasarjustering. Sådan justering ska uppfylla gällande avgasreningsregler och krav på acceptabel prestanda.

7 Bränsleledningar - kontroll och byte

Varning: Bensin är ytterst lättantändligt, varför extra säkerhetsåtgärder ska vidtas vid arbete med bränslesystemet. Rökning, öppen eld eller nakna glödlampor bör aldrig förekomma nära arbetsplatsen.

1 På bilarna som behandlas i denna handbok är bränsleledningarna vanligen tillverkade av metall med korta gummislangstycken som förbinder kritiska punkter, t ex bränsletank och bränslepump. Bränsleledningarna av metall är infästa på ramen med olika clips och fästen. Vanligen kräver dessa inget underhåll. Om de har lossnat från fästena kan de emellertid vibrera tills de slutligen går av. Om en bränsleledning ska bytas måste bytet utföras på en auktoriserad verkstad eller annan verkstad (speciella krymp- och flänsverktyg krävs vid tillverkning av nya ledningar).

2 Om en kortare del av en bränsleledning är skadad går det att använda en bränsleslang av gummi som ersättning om den inte är längre än 30 cm. Skär till längre gummibränsleslang än delen som ska bytas ut och använd röravskärare för att avlägsna metallledningens skadade del. Montera gummislangen med två slangklämmor vid varje ände, och kontrollera att den inte läcker.

3 Om nya bränsleledningar behöver monteras ska bränslerör skäras till, formas och flänsas. Om du har den utrustning som krävs kan du demontera den gamla bränsleledningen från bilen och tillverka en ny.

4 Montera den nya bränsleledningen och var noggrann med att montera nya klämmor och/eller fästen där de behövs. Kontrollera att ledningen har samma diameter, form och kvalitet som den ursprungliga ledningen. Kontrollera att alla flänsade ändar motsvarar den ursprungliga bränsleledningens ändar. Kontrollera också att de bränsleledningar som är anslutna till förgasaren eller andra anslutningar är dubbelflänsade. Se också till att alla metallpartiklar har avlägsnats från rörens insida innan rören monteras.

5 Kontrollera alltid gummislangar beträffande tecken på läckage och förslitning.

6 Om en gummislang måste bytas ska även klämmorna bytas ut.

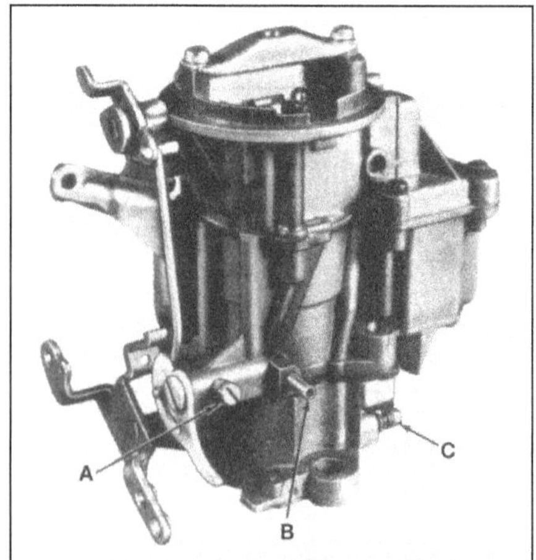

8.3 Placering av justerskruvar för tomgångsvarvtal och bränsle/luftblandning på Rochesterförgasare - blanda inte ihop skruvarna vid justering

A Tomgångsjusterskruv
B Vakuumrör till fördelare
C Blandningsskruv

8 Förgasare (Rochester M och MV) - inställningar

Inställning av tomgångsvarvtal

1967 t o m 1972

1 Låt motorn gå tills den uppnått normal driftstemperatur, kontrollera att chokespjället är fullständigt öppet och att luftrenaren är på plats. Om luftkonditionering förekommer ska den sättas igång under inställningen.

2 Kontrollera att tändinställningen är korrekt.

3 Justera justerskruven för tomgångsvarvtal till angivet varvtal har erhållits **(se bild).** En varvräknare bör anslutas till motorn så att exakta värden kan erhållas.

4 Vrid blandningsskruven inåt eller utåt för att erhålla det jämnaste och snabbaste tomgångsvarvtalet.

5 Vrid blandningsskruven inåt för att sänka tomgångsvarvtalet (mager bränsleblandning).

6 Stäng av motorn.

Från och med 1973

7 Med motorn i gång och ventilens ledning ansluten, rotera hela ventilen för att ställa in tomgången, vilken bör motsvara angivna värden på bilens avgasreningsdekal.

8 Solenoiden bör strömsättas och luftkonditioneringen (i förekommande fall) stängas av.

9 Ställ in tomgångsvarvtalet genom att först lossa ledningen från ventilen och därefter sätta in en 1/8-tums insexnyckel i änden på ventilen och vrida den tills motorns varvtal motsvarar det som angivits på bilens avgasreningsdekal.

10 Sätt tillbaka ledningen på ventilen och stäng av motorn.

Inställning av manuell choke

11 Demontera luftrenaren, tryck in chokeknappen så långt det går och dra sedan ut den 3 mm.

12 Lossa chokevajerns klämma vid förgasaren och justera vajerns läge i klämman tills chokespjället är fullständigt öppet.

13 Dra åt vajerklämmans skruv och kontrollera vajerfunktionen när chokeknappen trycks in och dras ut. Montera luftrenaren.

Inställning av automatisk choke

14 Demontera luftrenaren och lossa chokelänken från chokearmen.

15 Håll chokespjället stängt med den ena handen och dra ned chokelänken mot stoppläget med den andra. Chokelänkens överdel ska nu vara på samma nivå som hålet i chokearmen. Böj stången tills den är i detta läge, om det behövs **(se bild).**

16 Sätt tillbaka länken och montera luftrenaren.

Inställning av snabbtomgångsvarvtal

17 Kontrollera att tomgångsvarvtalet är korrekt inställt.

18 På förgasare med manuell choke, vrid snabbtomgångskammen till dess högsta läge.

19 På förgasare med automatchoke, ställ in lyftaren på kammens högsta läge **(se bild).**

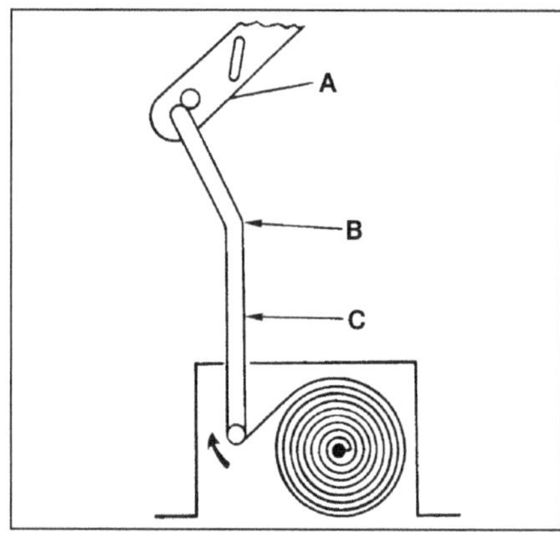

8.15 Justeringspunkter på choke - Rochester M och MV förgasare

A Chokelänkens överdel ska vara i jämnhöjd med hålets nederkant (stängd choke)
B Böj länken för att justera
C Dra länken nedåt tills den vidrör stoppläget

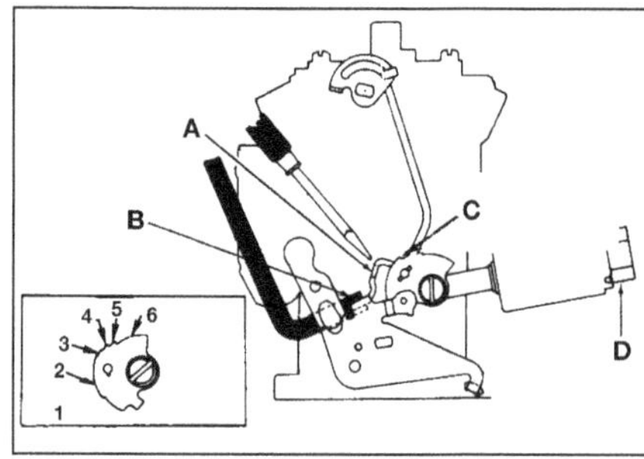

8.19 Justeringspunkter för snabbtomgång - Rochester M och MV förgasare

A Placera skruvmejsel i skåran i lyftaren, justera genom att böja lyftaren inåt eller utåt
B Håll fast armen i detta läge med specialverktyg eller tång
C Lyftare på kammens högsta steg
D Ställ in varvtal enl specifikation

1	*Snabbtomgångens kamsteg*	*4*	*Tredje*
2	*Hög*	*5*	*Låg*
3	*Andra*	*6*	*Spel*

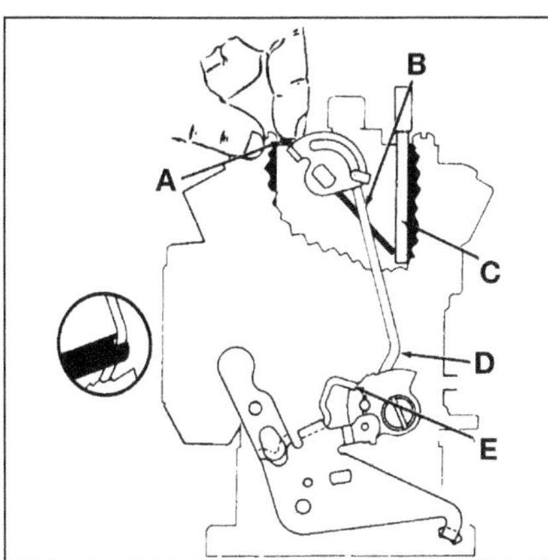

8.21 Justeringspunkter för snabbtomgångskam (chokelänk) - Rochester M och MV förgasare

A Håll ner chokespjäll
B Länkände i skåra
C Mått mellan chokespjäll och förgasarhalsens vägg
D Böj länk för att justera
E Lyftare hålls fast på snabbtomgångens andra steg mot det högsta steget

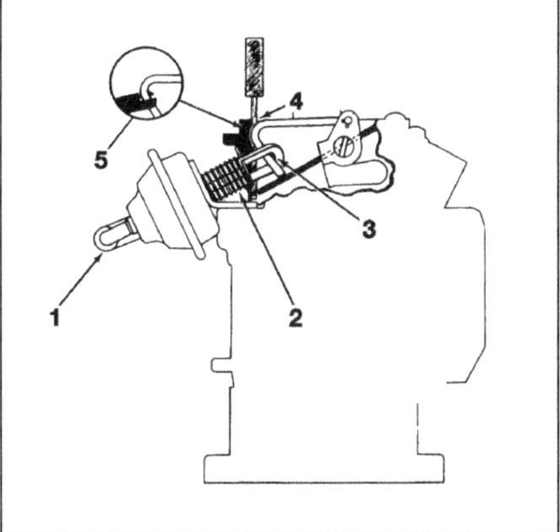

8.27 Justeringspunkter för vakuumventil - Rochester M och MV-förgasare

1 Använd en vakuumpump för att aktivera vakumventilen.
2 Tryck in vakuumklockans kolv så långt det går
3 Länkände i skåra
4 Mått mellan chokespjäll och förgasarhalsens vägg
5 Böj länken för att justera

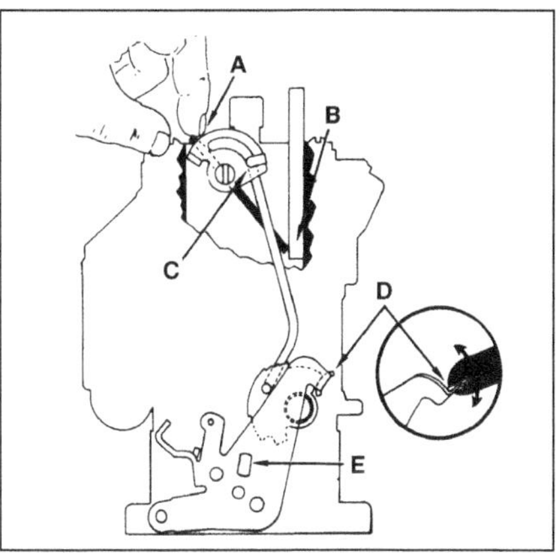

8.29 Justeringspunkter för chokespjällöppnare Rochester M och MV förgasare

A Håll ner chokespjället
B Mått mellan chokespjäll och förgasarhalsens vägg
C Länkänden i spåret.
D Böj tungan för att justera
E Håll gasspjället helt öppet

20 Böj lyftaren efter behov för att erhålla rekommenderad snabbtomgång.

Inställning av snabbtomgångskam (chokelänk)

21 När inställning av snabbtomgången har gjorts ska lyftaren ställas in på snabbtomgångskammens andra steg **(se bild).**

22 Håll ner chokespjället. Chokelänken bör nu vara placerad i skårans nedre ände.

23 Sätt in en borr med angiven storlek mellan chokespjällets underkant och förgasarhalsens vägg. Borrens diameter bör motsvara avståndet för denna inställning enligt Specifikationer beroende på förgasartyp.

24 Böj chokelänken efter behov för att justera avståndet.

Inställning av vakuumsteg

25 Använd en vakuumpump för att sätta dit vakuummembranet.

26 Vid behov, tryck in membrankolven så långt det går.

27 Sätt dit en borr med angiven storlek mellan chokespjällets underkant och förgasarhalsens vägg **(se bild).**

28 Böj länken efter behov för att ställa in avståndet enligt angivet värde.

Inställning av chokespjällöppnare

29 Tryck ned chokespjället. Chokelänken bör vara vid skårans ände **(se bild).**

30 Vrid gasreglaget så att gasspjället hålls vidöppet.

31 Sätt dit en borr av angiven storlek mellan chokespjällets underkant och förgasarhalsens vägg för att mäta avståndet. Om avståndet skiljer sig från angivet värde ska fliken på gasreglaget böjas.

9 Förgasare (Rochester 1MV) - inställningar

Inställning av tomgångsvarvtal

1 Låt motorn gå tills den uppnått normal driftstemperatur. Låt luftrenaren sitta kvar på plats. Luftkonditioneringen måste vara avstängd på G10-modeller; den bör vara på om du har en G20- eller G30-modell.

2 Anslut en varvräknare till motorn enligt tillverkarens instruktioner.

3 På G10-modeller, lossa förgasare och PVC-slangar vid kanistern och plugga igen öppningarna.

4 På G20-modeller och större, lossa bränsletankslangen från kanistern.

5 Lägg den manuella växellådan i friläge. Lägg automatväxellådan i *Drive*-läge (G10-modeller) eller *Neutral*-läge (G20- och G30-modeller). Kontrollera att parkeringsbromsen är åtdragen.

6 Medan motorn är igång, vrid tomgångsventilen (tillslagen) inåt eller utåt efter behov för att ställa in angivet tomgångsvarvtal **(se bild).**

7 Stäng av luftkonditioneringen, slå ifrån tomgångsventilen genom att dra loss den elektriska kontakten.

8 Vrid sexkantsskruven vid ventilens ände för att ställa in det låga (utgångs-) tomgångsvarvtalet till angivet varvtal.

9 Kontrollera snabbtomgångsinställningen enligt beskrivning längre fram i detta avsnitt, stäng av motorn och ta bort varvräknaren. Sätt tillbaka alla slangar.

Inställning av bränsle/luftblandning på tomgång

10 Tomgångsblandningsskruven har ett ändlägeslock. Normalt bör skruven bara vridas så långt locket tillåter (ett varv medurs - magrare blandning) för att förbättra tomgångskvaliteten.

11 Om det behövs efter omfattande renovering, eller om locket har gått sönder, ställ in blandningsskruven enligt nedanstående beskrivning men montera ett nytt lock så att

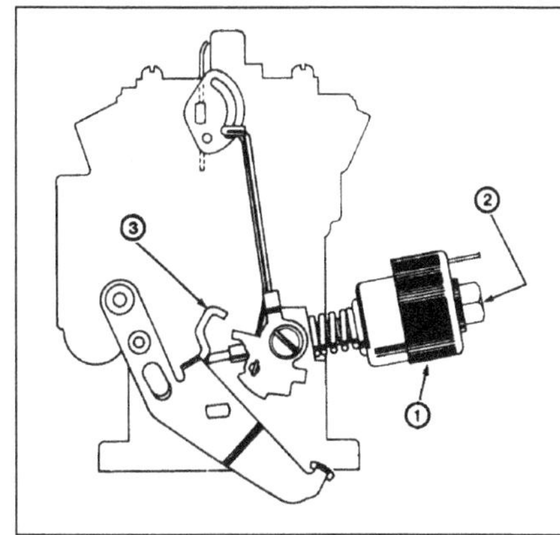

9.6 Justeringspunkter för högt tomgångsvarvtal - Rochester 1MV förgasare

1 Ställ in tomgångsvarvtal enl specifikationer (vrid ventilen inåt eller utåt för att justera) (ventilen tillslagen)
2 Vrid 3 mm sexkantsskruv för att justera långsam tomgång (ventilen ej tillslagen)
3 Motorn uppvärmd, gasspjället öppet, snabbtomgångslyftaren ovanför kamsteget

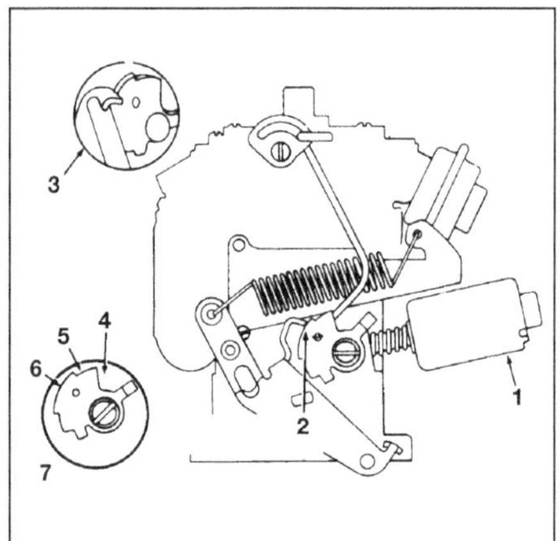

9.22 Justeringspunkter för snabbtomgång - Rochester 1MV förgasare

1 Justera tomgångsvarvtalet med tomgångsstopp ventilen (se dekal)
2 Placera lyftarläppen på kammens höga steg
3 Stöd armen med tången, böj läppen inåt eller utåt till specificerat snabbtomgångsvarvtal (se infälld bild)
4 Spel
5 Andra
6 Hög
7 Snabbtomgångskammens steg

framtida inställningar begränsas till ett varv medurs (magrare blandning).

12 Upprepa punkterna som beskrivits i steg 1 till 5 ovan.

13 Medan motorn är igång, vrid blandningsskruven efter behov för att erhålla maximalt tomgångsvarvtal.

14 Ställ in tomgångsvarvtalet till högre varvtal enligt angivet värde genom att vrida ventilen inåt eller utåt.

15 Vrid blandningsskruven medurs (magrare blandning) tills tomgångsvarvtalet ligger på det undre angivna gränsvärdet (mager bränsle/luftblandning).

16 Stäng av motorn, sätt tillbaka alla slangar och ta bort varvräknaren.

Inställning av snabbtomgång

17 Kontrollera att lågt och högt tomgångsvarvtal är korrekta.

18 När motorn har normal driftstemperatur, luftrenaren är på plats och choken fullt öppen, lossa signalledningen från EGR-systemet och täpp till den. I förekommande fall, stäng av luftkonditioneringen.

19 Anslut en varvräknare till motorn enligt tillverkarens anvisningar.

20 Lossa vakuumförställningsslangen från strömfördelaren. Plugga igen slangen om bilen är utrustad med tändförställning som styrs från växellådan.

21 Starta motorn och, med växellådan i neutralläge, ställ in snabbtomgångslyftarens läpp på kammens höga steg.

22 Böj läppen efter behov för att uppnå angivet snabbtomgångsvarvtal **(se bild).**

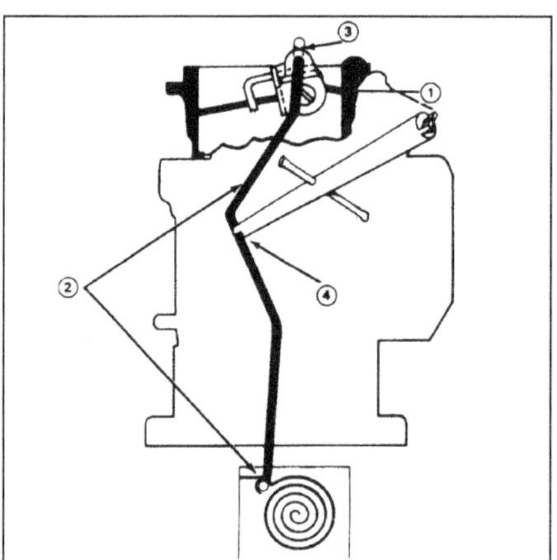

9.24 Justeringspunkter för chokelänk - Rochester 1MV förgasare

1 Gasspjället helt stängt
2 Dra upp länken så långt det går. Länken bör ligga mot husets stoppläge.
3 Länkens nederdel ska vara i jämnhöjd med armens överkant.
4 Böj länken för att justera
***Notera:** Vid justering, ta bort clipset och chokelänkens överdel. Sätt tillbaka efter justering. Montera clipset.*

Inställning av snabbtomgångskam

23 Följ beskrivningen i steg 17 t o m 20 i avsnitt 8.

Inställning av chokelänken

G10-modeller

24 Lossa chokelänkens övre ände från chokespjället **(se bild).**

25 Stäng chokespjället med handen.

26 Tryck upp chokelänken så långt det går.

27 Länkens nedre del ska nu vara på samma nivå som armens övre del. Om så inte är fallet ska länken böjas.

G20- och G30-modeller

28 Följ beskrivningen i steg 14 t o m 16 i avsnitt 8.

Inställning av primärt vakuumsteg

29 Ställ in lyftaren på snabbtomgångskammens högsta steg **(se bild).**

30 Täta luftningshålet i vakuumstegets ändkåpa med maskeringstejp.

31 Tillför vakuum med en vakuumpump till det primära vakuumsteget tills kolven sitter på plats.

32 Tryck upp chokelänken till skårans slut.

33 Kontrollera avståndet mellan chokespjällets överkant och förgasarhalsens vägg med en borr med angiven storlek. Om avståndet inte motsvarar angivet värde ska vakuumstegets länk böjas. Kom ihåg att ta bort tejpen från luftningshålet.

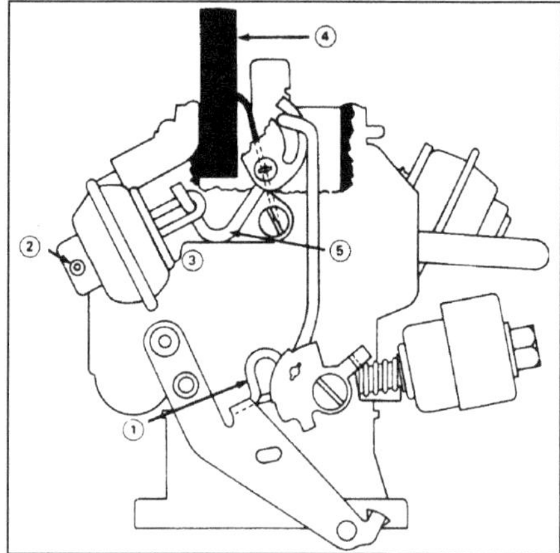

9.29 Justeringspunkter för lågfartssystemets länkage - Rochester 1MV förgasare

1 Placera lyftaren på snabbtomgångskammens högsta steg
2 Påverka membranet med externt vakuum
3 Tryck in vakuumklockans kolv så långt det går
4 Placera mått mellan chokespjäll och förgasarhalsens vägg
5 Böj länk för justering

Inställning av vakuumdämpare

34 Ställ in lyftaren på snabbtomgångskammens högsta steg **(se bild).**

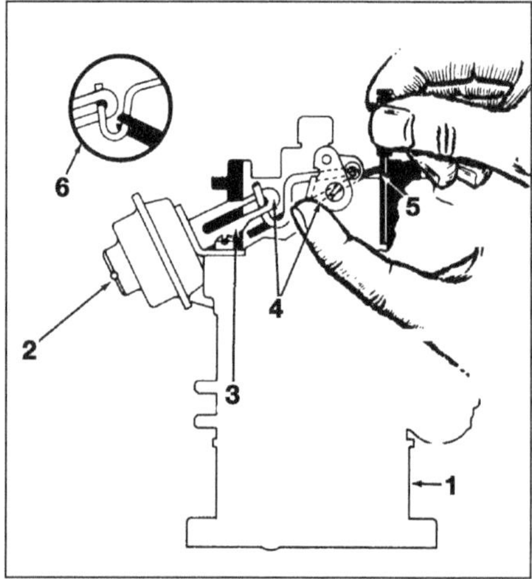

9.34 Justeringspunkter på länkaget till snabbtomgången - Rochester 1MV förgasare

1 Placera lyftaren på snabbtomgångskammens höga steg
*2 Påverka membranet med externt vakuum. **Notera:** Plugga igen luftningshålet med maskeringstejp över ändlocket, ta bort efter justering*
3 Tryck in vakuumklockans kolv så långt det går
4 Tryck upp chokelänken till skårans slut
5 Placera mått mellan chokespjäll och förgasarhalsens vägg
6 Böj länk för att justera

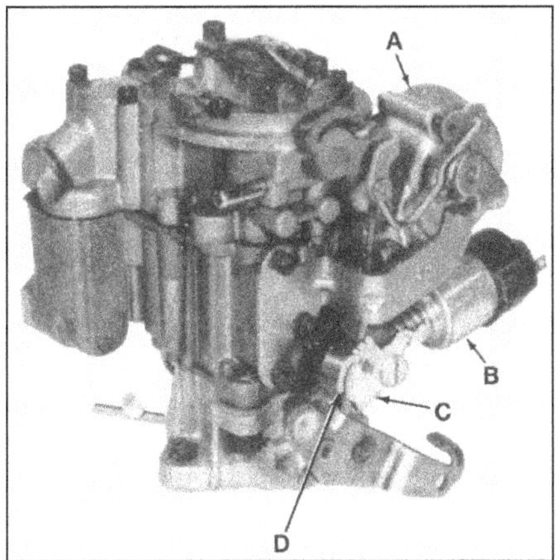

10.1a Justeringspunkter på Rochester 1ME förgasare

A Elektrisk automatchoke
B Magnetventil
C Kam
D Lyftare

35 Tillför vakuum till vakuumdämparens membran tills kolven sitter på plats.
36 Kontrollera avståndet mellan chokespjällets överkant och förgasarhalsens vägg.
37 Om avståndet inte motsvarat angivet värde ska länken böjas.

Inställning av chokespjällöppnare

38 Följ beskrivningen i steg 29 t o m 31 i avsnitt 8.

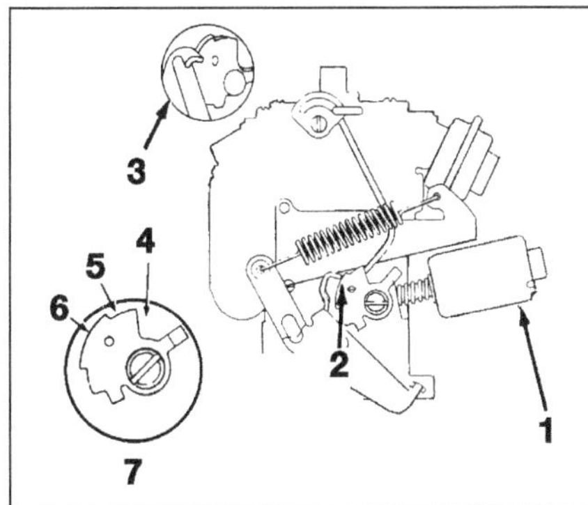

10.5 Justeringspunkter för snabbtomgång - Rochester 1ME förgasare

1 Justera tomgångsvarvtalet med tomgångsventilen (se dekal).
2 Placera lyftarens tunga på kammens höga steg (se notering nedan).
3 Stöd armen med en tång: böj tungan inåt eller utåt till specificerat tomgångsvarvtal (se infälld bild)
4 Spel
5 Andra
6 Hög
7 Snabbtomgångskamsteg

***Notera:** Modeller med manuell choke och jämn kam: vrid tomgångskammen medurs till dess högsta läge.*

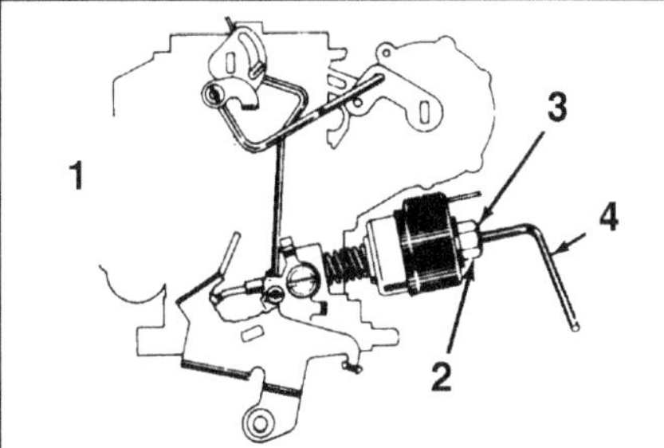

10.1b Justeringspunkter för tomgångsvarvtal - Rochester 1ME förgasare

1 Motorn ska vara varm, chokespjället fullt öppet, lyftaren ovanför kamstegen (se avgasreningsdekal)
2 Ställ in tomgången enl specifikation, vrid inåt eller utåt för att justera varvtal (ventilen tillslagen)
3 Justera grundtomgångsinställning genom att vrida på sexkantsskruven (ventilen inte tillslagen)
4 Sexkantsnyckel (insexnyckel)

10 Förgasare (Rochester 1ME) - inställningar

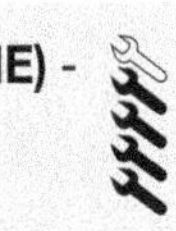

Inställning av tomgångsvarvtal

1 Följ beskrivningen för förgasare av typ M4MC i steg 1 t o m 11 i avsnitt 18, men observera att det endast är en blandningsjusterskruv som används och tomgångsvarvtalet ställs in med ventilen **(se bilder).**

Inställning av flottörnivå

2 Tryck ned flottörarmens ände och mät avståndet från ytan på förgasarens delningsplan till indexpunkten på flottören **(se bild).**
3 Om måttet inte stämmer med angivet värde ska flottörarmen böjas för att erhålla det korrekta måttet.

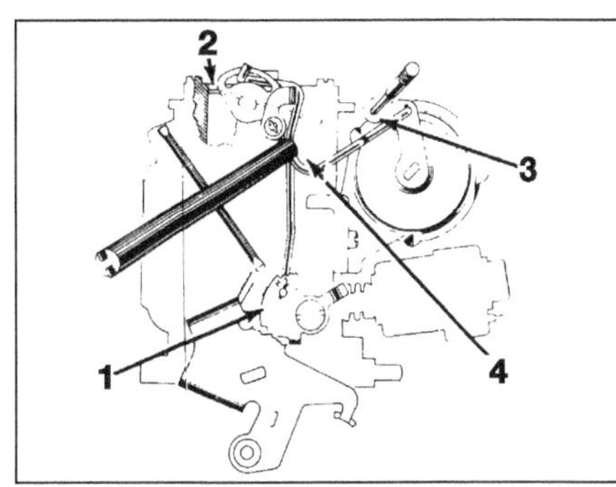

10.7 Justeringspunkter för automatchokens arm - Rochester 1ME förgasare

1 Placera lyftaren på snabbtomgångskammens högsta steg.
2 Håll gasspjället helt stängt.
3 En 3 mm tolk ska föras igenom hålet i armen och in i hålet i delningsplanet.
4 Böj länken för att justera.

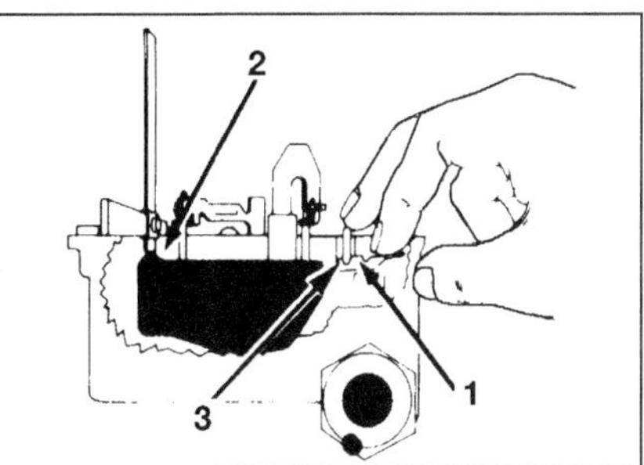

10.2 Justeringspunkter för flottörnivån - Rochester 1ME förgasare

1 Håll fast flottörens fästpinne – tryck flottörarmens ände nedåt mot flottörnålens överdel.
2 Mät från delningsplanets överdel till indexpunktens högsta del på flottörens tå.
3 Böj här för att justera flottören uppåt eller neråt.

Inställning av snabbtomgång

4 Ställ in det höga tomgångsvarvtalet med tomgångsventilen.
5 Ställ in lyftarens läpp på kammens höga steg **(se bild).**
6 Stöd armen med en tång och böj läppen för att åstadkomma angivet tomgångsvarvtal.

Inställning av automatchokens länk

7 Ställ in lyftaren på snabbtomgångskammens högsta steg **(se bild).**
8 Håll chokespjället fullständigt stängt.
9 Det ska nu gå att föra in ett bladmått 3,048 mm i diameter i armen och in i hålet i delningsplanet. Böj länken, om det behövs, för att åstadkomma angivet spel.

Inställning av automatchoke

10 Lossa de tre skruvarna som fäster chokehuset **(se bild).**
11 Placera lyftaren på kammens höga steg.

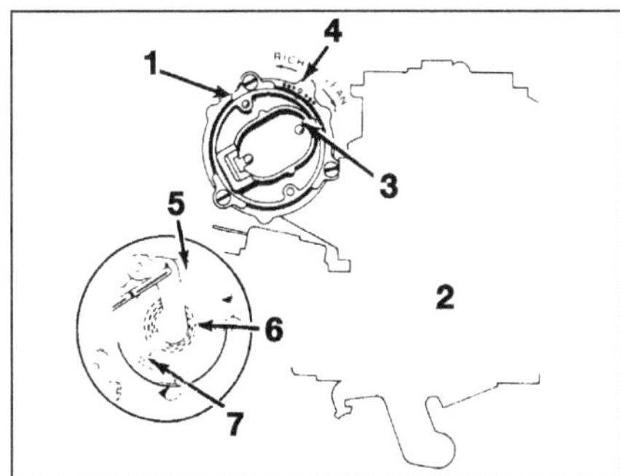

10.10 Justeringspunkter för choke - Rochester 1ME förgasare

1 Lossa de tre skruvarna
2 Placera lyftaren på kammens höga steg.
3 Med chokearmen placerad i tungan (se infälld bild) – ställ in märket på den elektriska choken vid specificerad punkt på chokehuset och dra åt skruvarna.
4 Index
5 Chokehus
6 Bimetallfjäder
7 Invändig chokearm

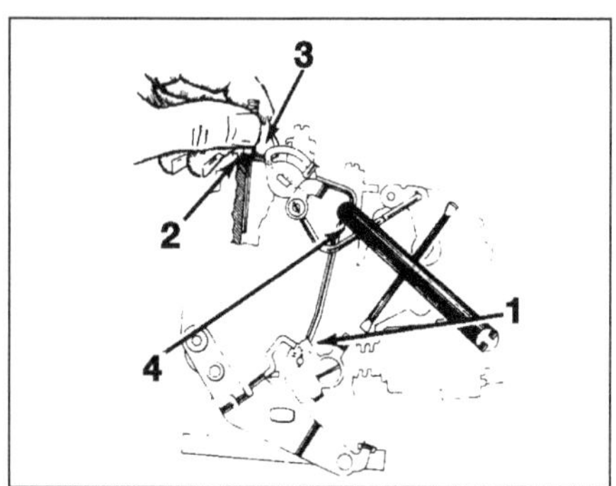

10.13 Justeringspunkter för chokelänkage - Rochester 1ME förgasare

1 *När snabbtomgångsjusteringen är gjord måste lyftaren hållas fast på snabbtomgångskammens andra steg mot det högsta steget.*
2 *Håll ned chokespjället – måttet ska vara vertikalt.*
3 *Måttet mellan gasspjällets överkant (i mitten) och förgasarhalsen.*
4 *Böj länken som bilden visar för att justera.*

12 Rikta in passmärkena och dra åt skruvarna.

Inställning av chokelänk (snabbtomgångskam)

13 Kontrollera att snabbtomgångsvarvtalet motsvarar specifikationen. Ställ därefter in lyftaren på snabbtomgångskam och mot det högsta steget **(se bild).**
14 Tryck ned chokespjället, kontrollera avståndet mellan spjällets överkant och förgasarhalsen.

Inställning av vakuumsteg

15 Placera lyftaren på det högsta steget på snabbtomgångskammen.
16 Sätt membranet på plats med vakuum.
17 Tryck upp chokespolens arm, kontrollera därefter avståndet mellan chokespjällets överkant och förgasarhalsen med en borr som har angiven storlek **(se bild).**

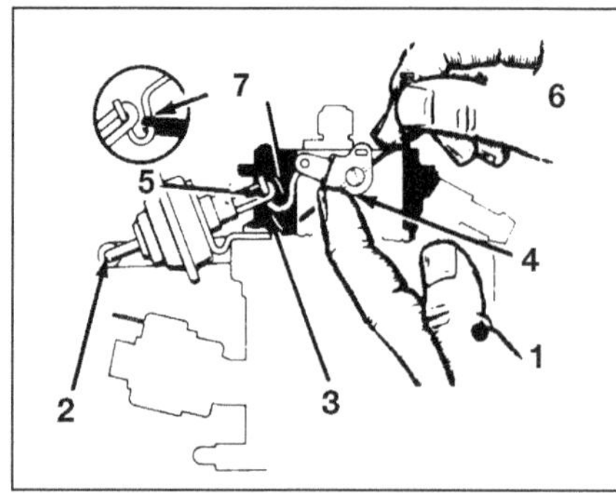

10.17 Justeringspunkter för vakuumventil - Rochester 1ME förgasare

Notera: *Håll måttet vertikalt.*
1 *Placera lyftaren på snabbtomgångskammens höga steg*
2 *Aktivera vakuumklockan med en vakuumpump.*
3 *Vakuumklockan ute och på plats. (Fjädern hoptryckt, i förekommande fall)*
4 *Tryck chokelänken uppåt.*
5 *Länken i spårets ände.* ***Notera:*** *På modeller med fördröjning ska vakuumröret täckas med maskeringstejp.*
6 *Mått mellan chokespjällets överkant (i mitten) och förgasarhalsens insida.*
7 *Böj länken för att justera.*
8 *Ta bort maskeringstejp, i förekommande fall.*

18 Böj länken för att justera avståndet, vid behov.

Inställning av chokespjällsöppnaren

19 Håll gasspjället vidöppet och tryck ned chokespjället.
20 Mät avståndet mellan chokespjällets överkant och förgasarhalsen **(se bild)**.
21 Böj läppen för att åstadkomma angivet avstånd.

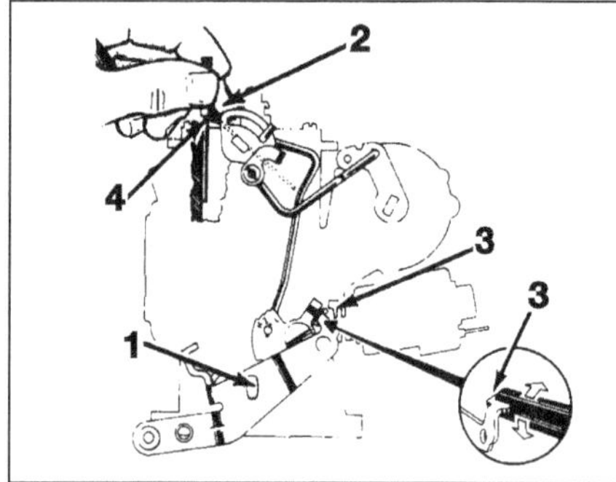

10.20 Justeringspunkter för chokespjällsöppnare - Rochester 1ME förgasare

1 *Håll gasspjället fullt öppet.*
2 *Tryck ned chokespjället, mät mellan chokespjällets överkant och förgasarhalsens insida.*
3 *Böj tungan för att justera (se infälld bild).*
Notera: *Håll måttet vertikalt.*

11 Förgasare (Rochester 2G-serien) - inställningar

Inställning av tomgångsvarvtal (1967 t o m 1973)

1 Proceduren liknar den som beskrivits för förgasare med en port i steg 1 t o m 6 i avsnitt 8, med undantag för att 2-portsversionen har två blandningsskruvar. Båda skruvarna bör justeras i tur och ordning för att uppnå bästa tomgångskvalitet **(se bild)**.

Inställning av tomgångsvarvtal (fr o m 1974)

2 Blandningsskruvarna på dessa förgasare är försedda med begränsningslock. Locken ska sitta på plats och skruvarna justeras så långt locken medger **(se bild)**.

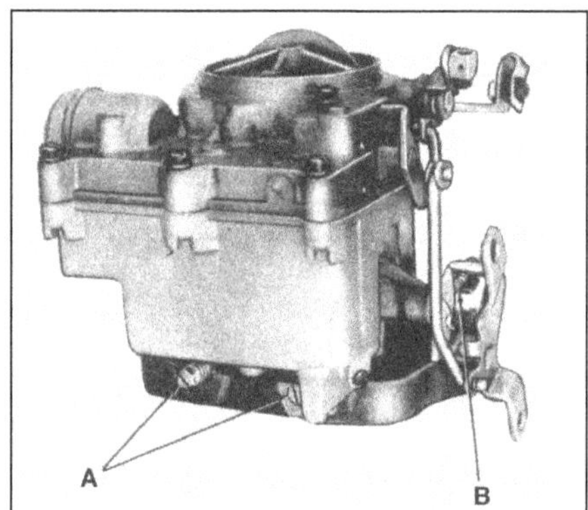

11.1 Tomgångsvarvtals- och blandningsjusterskruvar på Rochester 2G förgasare - förväxla dem inte vid justering

A *Blandningsskruvar*
B *Tomgångsjusterskruv*

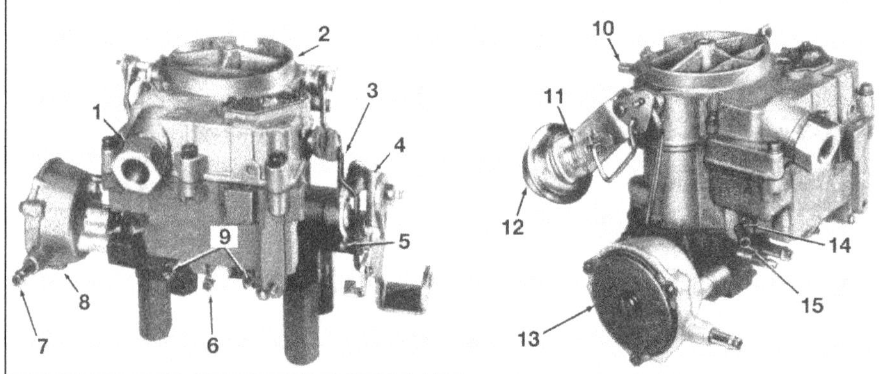

11.2 Justeringspunkter på Rochester 2G förgasare (senare modeller)

1 *Bränsleinlopp*
2 *Förgasarhals*
3 *Accelerationspumpens länk*
4 *Spjällarm*
5 *Snabbtomgångskam*
6 *Kanisterrör*
7 *Chokens varmluftinlopp*
8 *Bimetallfjäderhus*
9 *Blandningsskruv*
10 *Luftintag*
11 *Returfjäder*
12 *Vakuumklocka till choken*
13 *Bimetallfjäder*
14 *Vakuumrör till föredelare*
15 *Vakuumrör i avgasåtercirkulationssytemet*

3 Om tomgångsstoppventil förekommer ska motorn först köras tills den uppnår normal driftstemperatur. Kontrollera att luftrenaren är på plats, luftkonditioneringssystemet är avstängt och parkeringsbromsen åtdragen.

4 Lossa slangen från bränsletanksanslutningen ovanpå kolkanistern.

5 Lossa vakuumslangen från strömfördelaren, och plugga igen slangen.

6 Medan motorn är igång (manuell växellåda i friläge/automatväxellåda i *Drive*-läge), lossa den elektriska ledningen från förgasarens ventil.

7 Vrid tomgångsjusterskruven tills motorns tomgångsvarvtal motsvarar det specificerade värdet.

8 Sätt tillbaka ledningen på ventilen, öppna gasspjället tillfälligt, ställ därefter in specificerat högt tomgångsvarvtal genom att vrida på skruven på ventilen.

9 Sätt tillbaka vakuumslangen och kolkanisterns slang och stäng av motorn.

10 Om förgasaren har tagits isär så pass mycket att blandningsskruvens begränsningslock har tagits bort eller om, efter kontroll av alla övriga motortrimningsspecifikationer, tomgångsblandningen verkar vara i olag kan den justeras på följande sätt så att biltillverkarens gränsvärden avseende avgasutsläpp upprätthålls.

Mager bränsle/luftblandning

11 Lossa slangen från bränsletankens anslutning på kolkanistern.

12 Lossa strömfördelarens vakuumslang och plugga igen den.

13 Med parkeringsbromsen åtdragen, kör motorn tills den uppnår normal driftstemperatur. Kontrollera att luftrenaren är monterad och luftkonditioneringen (i förekommande fall) är avstängd.

14 På bilar med automatväxellåda, placera väljarspaken i *Drive*-läge. Ansätt handbromsen.

15 På bilar med manuell växellåda, lossa kablaget från förgasarens tomgångsstoppventil.

16 Bryt loss fliken från blandningsjusterskruvens begränsningslock, om detta inte redan är gjort.

17 Justera tomgångsstoppventilen så att motorns varvtal motsvarar angivet värde (se Specifikationer). Detta är det första tomgångsvarvtalet.

18 Skruva loss var och en av blandningsjusterskruvarna lika mycket tills tomgångsvarvtalet är så högt som möjligt, ytterligare vridning på skruvarna skulle få varvtalet att minska.

19 Vid behov, justera tomgångsstoppventilen ytterligare så att motorns varvtal återgår till tidigare inställning.

20 Vrid blandningsskruvarna inåt tills det slutgiltiga höga tomgångsvarvtalet är inställt, baserat på växellådans typ, enligt anvisning i Specifikationer.

21 Sätt tillbaka samtliga komponenter som lossats, och stäng av motorn.

CO-mätarmetod

22 Denna metod kan användas om en tillförlitlig CO-mätare kan anskaffas.

23 Utför samma procedur som beskrivits i steg 11 t o m 16 i detta avsnitt.

24 Montera mätsonden i avgasrörets bakre del.

25 Ställ in det initiala tomgångsvarvtalet enligt angivet värde i Specifikationer genom att vrida på tomgångsstoppventilen.

26 Om motorn går på jämn tomgång och CO-halten inte överskrider 0,5 behöver ytterligare justeringar inte göras.

27 Om CO-halten är för hög ska blandningsjusterskruven vridas medurs tills CO-halten vid tomgång är acceptabel. Justera det höga tomgångsvarvtalet på nytt om det behövs.

Inställning av chokelänken

28 Vrid tomgångsstoppskruven inåt tills den når snabbtomgångskammens nedersta steg, skruva därefter in skruven exakt ett helt varv.

29 Placera snabbtomgångsskruven på kammens andra steg mot det höga stegets klack **(se bild).**

30 Håll chokespjället i stängt läge (använd en gummisnodd för att hålla det på plats) och kontrollera avståndet mellan chokespjällets överkant och förgasarhalsens invändiga vägg. Använd en borr som mått.

31 Om avståndet inte motsvarar specificerat värde ska läppen böjas för att åstadkomma korrekt mått.

Inställning av chokespjällöppnare

32 Håll gasspjället vidöppet.

33 Håll chokespjället i stängt läge, använd en gummisnodd för att hålla det på plats.

34 Kontrollera avståndet mellan chokespjällets överkant och förgasarhalsens invändiga vägg. Avståndet ska motsvara angivet värde i Specifikationer **(se bild).**

35 Böj fliken på gasarmen för att justera avståndet.

Inställning av vakuumventil

36 Demontera luftrenaren. På temperaturstyrda luftrenare pluggas givarens vakuumport igen.

37 Tillför vakuum till vakuumstegets membran tills kolven sitter ordentligt på plats.

38 Tryck chokespjället mot stängt läge, mät därefter avståndet mellan chokespjällets överkant och förgasarhalsens vägg med en borr **(se bild).**

39 Avståndet bör motsvara specificerat

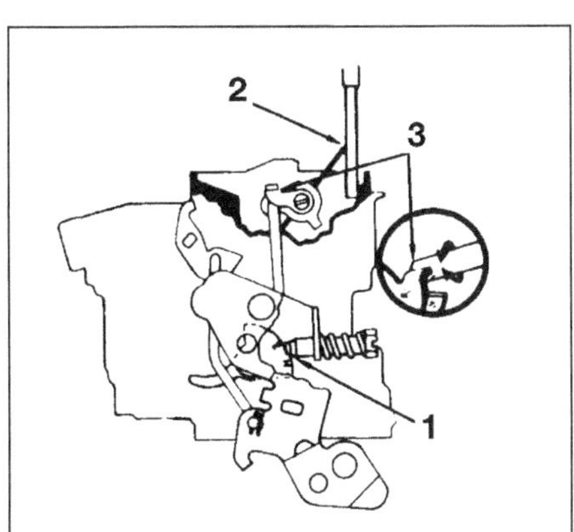

11.29 Justeringspunkter för snabbtomgång - Rochester 2G förgasare

1 *Snabbtomgångsskruv på kammens andra steg mot högsta steget.*
2 *Specificerat mått mellan chokespjällets överkant och förgasarhalsens vägg (t ex plana delen av en borr)*
3 *Böj tungan för att justera*

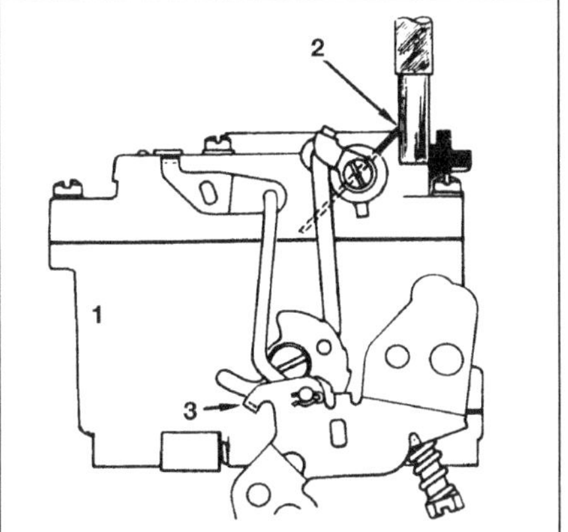

11.34 Justeringspunkter för chokespjällsöppnare - Rochester 2G förgasare

1 *Gasspjäll fullt öppet*
2 *Mått mellan chokespjällets överkant och förgasarhalsens delningsplan*
3 *Böj tungan för att justera*

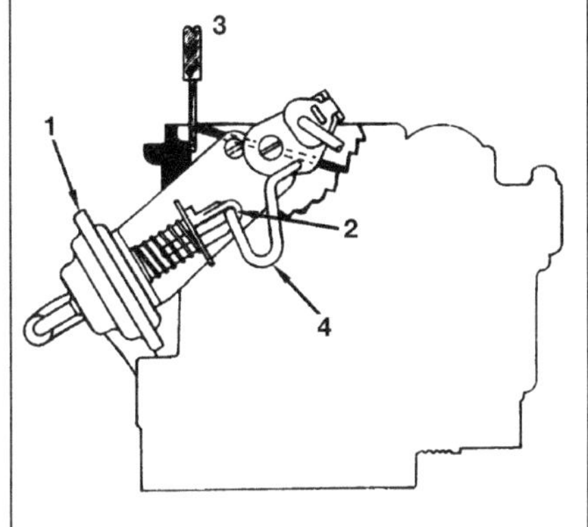

11.38 Justeringspunkter för vakuumventil - Rochester 2G förgasare

1 *Aktivera vakuumklockan med en vakuumpump*
2 *Länken längst in i spåret*
3 *Placera måttet mellan chokespjällets överkant och förgasarhalsens vägg*
4 *Böj tungan för att justera*

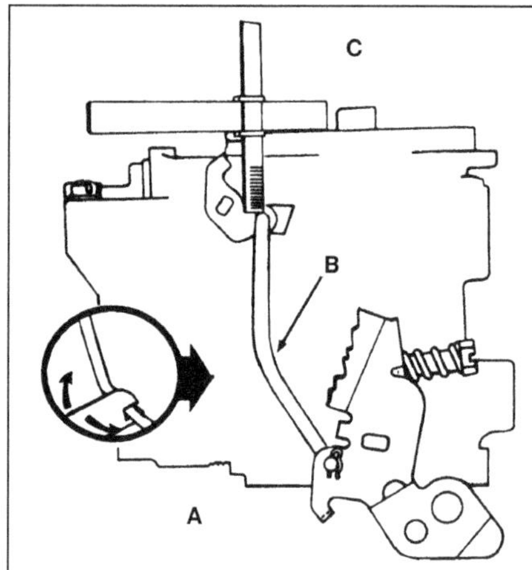

11.42 Justeringspunkter för accelerationspumpens länkage - Rochester 2G förgasare

A Gasspjällen är helt stängda.
B Böj pumplänken för att justera
C Mät från förgasarhalsens överkant till pumplänkens överkant.

värde. Om så inte är fallet ska ventilens länk böjas.

Inställning av accelerationspumpstång

40 Backa ut tomgångsvarvtalsskruven.

41 Stäng båda gasspjällen fullständigt och gör en mätning från förgasarhalsens överdel till toppen på accelerationspumpens länk.

42 Måttet bör motsvara specificerat värde. Böj länken efter behov **(se bild).**

Inställning av automatchokens länk

43 Håll chokespjället öppet. Tryck därefter ned länken så långt det går medan termostatlänken är lossad från den övre armen.

44 Länkens nederdel bör nu vara på samma nivå som nederdelen av armens förlängda hål. Om så inte är fallet ska armen böjas genom att en skruvmejsel sätts in i skåran **(se bild).**

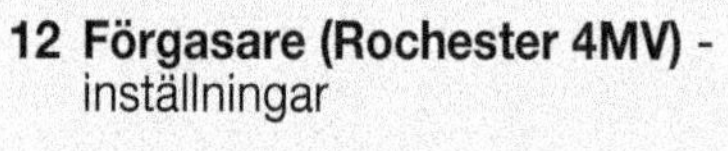

12 Förgasare (Rochester 4MV) - inställningar

Inställning av tomgångsvarvtal

1 Tillvägagångssättet är i stort sett samma som för förgasare i 2G-serien. Se beskrivning i steg 2 t o m 27 i avsnitt 11.

Inställning av snabbtomgång

2 Lägg växeln i neutralläge. Placera snabbtomgångsarmen på snabbtomgångskammens höga steg **(se bild).**

3 Kontrollera att motorn har normal driftstemperatur och att choken är helt öppen.

4 På bilar med manuell växellåda, lossa vakuumförställningsslangen.

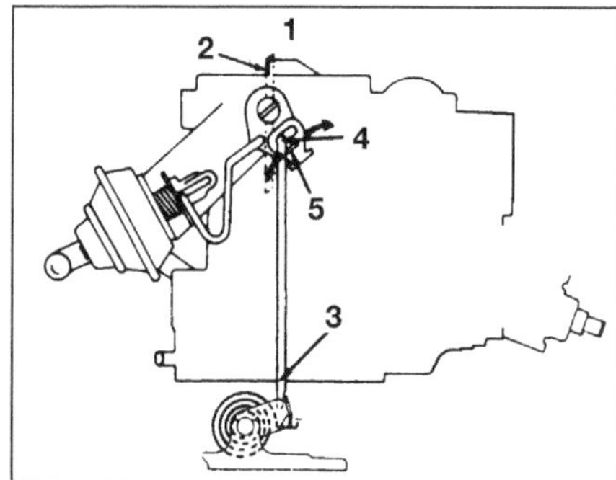

11.44 Justeringspunkter för automatchokens länk - Rochester 2G förgasare

1 Ta bort länkens överkant från spjällarmen.
2 Håll chokespjället fullt öppet.
3 Tryck ned länken så långt det går.
4 Länken passar in längst ner i spåret i armen.
5 Böj armen med skruvmejseln i spåret för att justera.

5 Anslut en varvräknare till motorn enligt tillverkarens anvisningar.

6 Vrid snabbtomgångsskruven inåt eller utåt, efter behov, för att justera snabbtomgångsvarvtalet.

Inställning av chokelänk (snabbtomgångskam)

7 Ställ in lyftaren på snabbtomgångskammens andra steg och mot det höga steget. Rotera chokeventilen mot stängt läge genom att vrida den utvändiga chokearmen moturs. Använd en borr som mått och mät avståndet mellan chokespjällets underkant (nedre delen)

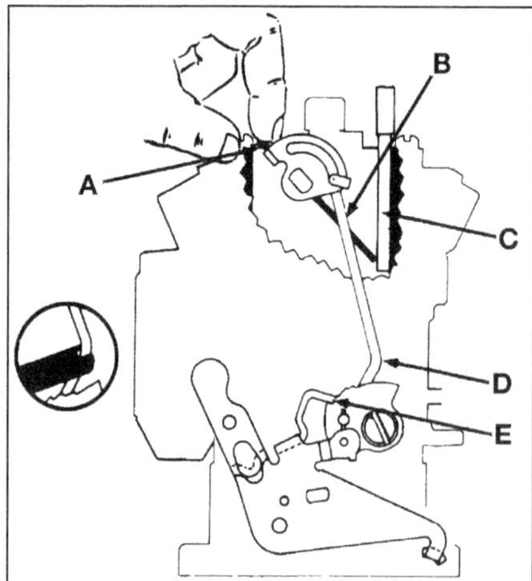

12.7 Justering av chokelänk Rochester 4MV förgasare (typexempel)

A Tryck ned chokespjället
B Länken längst in i spåret.
C Mått mellan chokespjäll och förgasarhals.
D Böj länken för att justera.
E Lyftaren ska hållas fast på snabbtomgångskammens andra steg mot det höga steget.

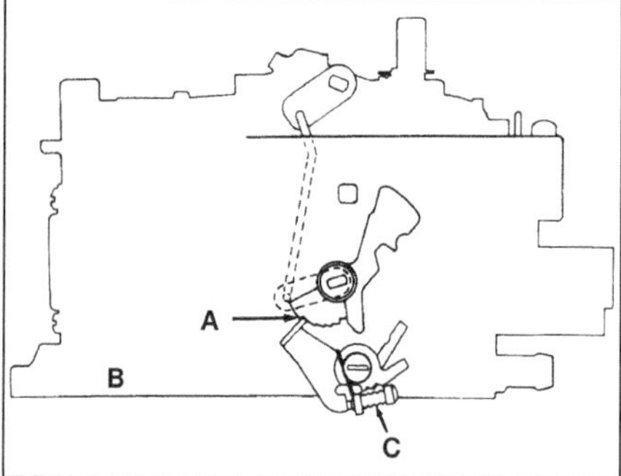

12.2 Justering av snabbtomgång - Rochester 4MV förgasare (typexempel)

A Lyftaren på kammens översta eller höga steg.
B Primärgasspjäll stängda.
C Snabbtomgångsskruv

och förgasarhalsens vägg. Böj chokelänken, om det behövs, för att uppnå angivet avstånd **(se bild).**

Inställning av chokens vakuumventil

8 Sätt membranet till chokens vakuumventil på plats med en vakuumpump. Öppna gasspjället något så att lyftaren går över snabbtomgångskammens steg. Vrid ventilarmen moturs och använd en gummisnodd för att hålla den på plats **(se bild).**

9 Kontrollera att vakuumventilens länk är placerad i membrankolvens yttre spår.

10 Mät avståndet mellan chokespjällets underkant och insidan av förgasarhalsens vägg. Använd en borr som mått. Om avståndet inte överensstämmer med angivet värde ska länkstaget böjas.

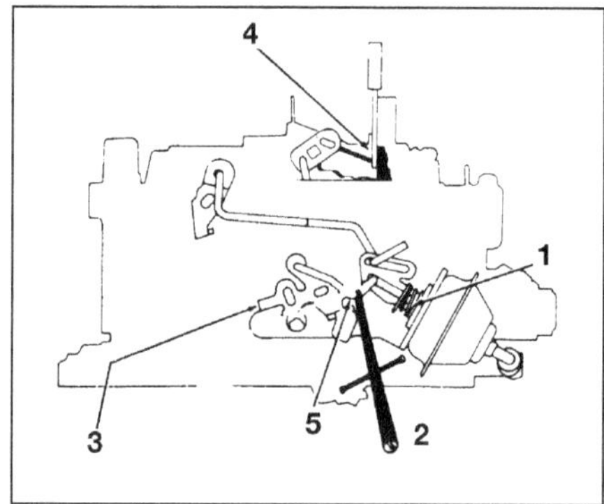

12.8 Justering av vakuumventil - Rochester 4MV förgasare (typexempel)

1 Aktivera vakuumklockan med en vakuumpump
2 Öppna primärgasspjällen så att snabbtomgångskammens lyftare är högre än stegen på snabbtomgångskammen
3 Vrid chokelänken något moturs tills länkänden är längst in i spåret i armen
4 Mått mellan förgasarhalsens vägg och chokespjällets underkant.
5 Böj vakuumlänken för att justera

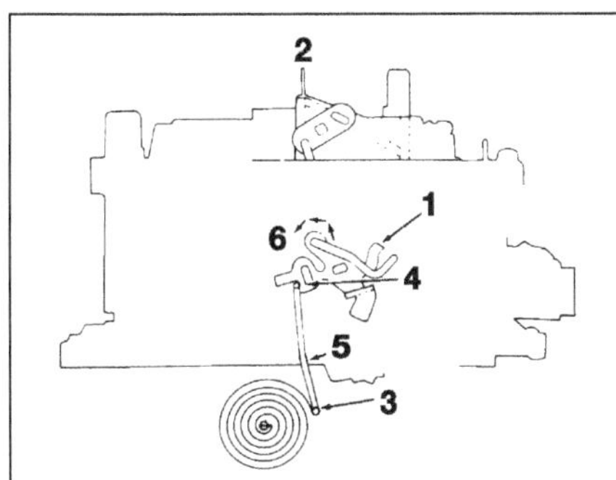

12.13 Justering av automatchokens länkage - Rochester 4MV förgasare (typexempel)

1 Ta bort automatchokens länk från armen
2 Chokespjället helt stängt
3 Tryck ner länken mot stoppläget
4 Längen bör passa in i hacket i armen
5 Böj länken för att justera
6 Vrid chokelänken moturs tills chokespjället stängs

Inställning av automatchokens länk

11 Håll chokespjället stängt genom att vrida chokearmen moturs.

12 Lossa termostatchokelänken och ta bort chokelocket, tryck därefter ned chokelänken tills länken vidrör fästets yta.

13 Kontrollera att chokelänken passar in i hacket i chokearmen. Böj länken efter behov om så inte är fallet **(se bild).**

Inställning av chokespjällets vakuumventil

14 Aktivera vakuumventilen till choken med en vakuumpump.

15 Med chokespjället helt stängt, mät avståndet mellan änden av skåran i vakuumventilens kolvarm och chokelänken. Om måttet inte stämmer med specificerat värde ska länkstaget böjas som på bilden **(se bild).**

13 Förgasare (Rochester M4MC/M4MCA) - inställningar

Justering av blandning

1 Demontera luftrenaren för att kunna komma åt förgasaren, utan att ta bort vakuumslangarna. Lossa återstående slangar från luftrenaren och plugga igen dem.

2 Innan justeringen utförs ska motorn ha normal driftstemperatur, choken ska vara öppen och luftkonditioneringssystemet (i förekommande fall) avstängt. Tändinställningen ska vara korrekt. Se till att parkeringsbromsen är åtdragen.

3 Anslut en varvräknare till motorn enligt tillverkarens anvisningar.

4 Demontera begränsningslocken från blandningsskruvarna. Vrid skruvarna inåt så långt det går, men inte för hårt, skruva därefter ut

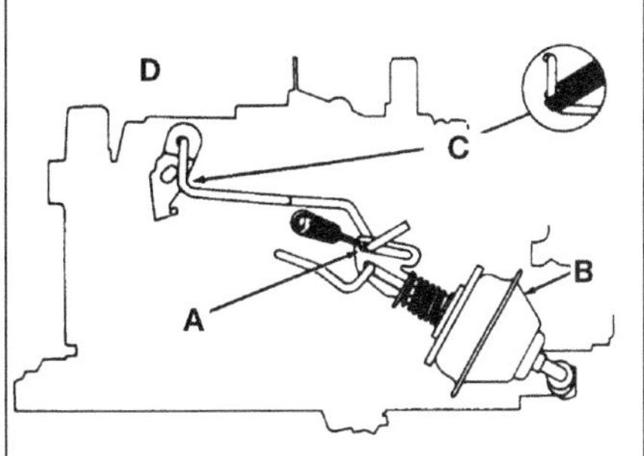

12.15 Justering av automatchokens länkage - Rochester 4MV förgasare (typexempel)

A Placera måttet mellan länken och spårets ände i armen
B Aktivera vakuumklockan med en vakuumpump
C Böj länken här till specificerat spel mellan länk och spårets ände i armen
D Chokespjället helt stängt

dem på motsvarande sätt så länge motorn är igång.

5 Lägg växeln i friläge (manuell växellåda) eller *Drive*-läge (automatväxellåda).

6 Backa blandningsskruvarna utåt ett åttondels varv vardera tills maximalt motorvarvtal har uppnåtts. Vrid nu på tomgångsskruven tills det initiala tomgångsvarvtalet stämmer med specificerat värde.

7 Upprepa justeringen för att vara säker på att det maximala varvtalet hade uppnåtts när blandningsskruvarna skruvades ut.

8 Vrid nu varje tomgångsblandningsskruv inåt ett åttondels varv på en gång tills tomgångsvarvtalet motsvarar värdet för mager bränsle/luftblandning i Specifikationerna.

9 Kontrollera att varvtalet som anges i Specifikationer är samma som varvtalet som

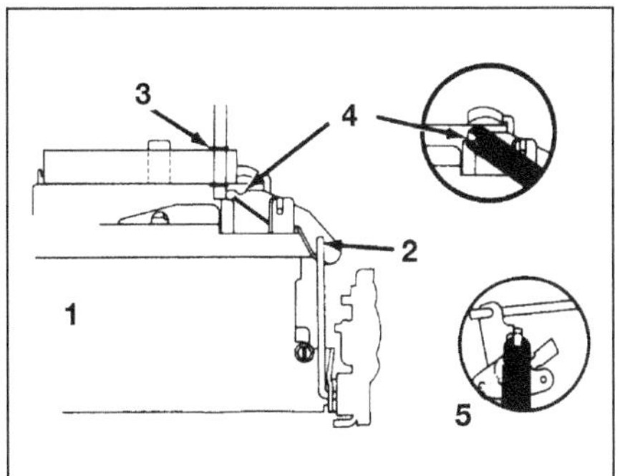

13.12 Justeringspunkter på accelerationssystemet - Rochester M4MC/M4MCA förgasare

1 Gasspjällen helt stängda
2 Länken i angivet hål i pumparmen
3 Mät från chokespjällets överkant till pumpskaftets överkant enl specifikation
4 Böj pumparmen för att justera
5 Vid behov, böj undan den sekundära tungan för att stänga primärventilerna, justera sedan

anges på avgasreningsdekalen. Om det behövs ska värdet justeras på nytt tills specificerat varvtal har uppnåtts.

10 Sätt tillbaka vakuumslangarna, montera luftrenaren och stäng av motorn.

11 Montera nya begränsningslock så att kommande justeringar ett varv medurs (magrare blandning) ska kunna utföras.

Inställning av pumpstång

12 När snabbtomgångskammens lyftare inte är på snabbtomgångskammens steg backas tomgångsvarvtalsskruven ut tills gasspjällen är fullständigt stängda i loppet. Kontrollera att högfartssystemets länk inte begränsar rörelsen. Böj tungan på högfartsarmen, vid behov, justera den sedan på nytt när pumpen har justerats **(se bild).**

13 Placera pumpstången i angivet hål i armen. På alla förgasare, med undantag för nr 17057586 och 17057588, placeras armen i det inre hålet. På förgasare 17057586 och 17057588, placeras länken i det yttre hålet.

14 Ta ett mått från förgasarhalsens övre del till pumpskaftets överdel.

15 Vid behov, gör en justering för att uppnå specificerat mått genom att böja armen medan den stöds med en skruvmejsel.

16 Justera tomgångsvarvtalet.

Inställning av snabbtomgång

17 Lägg växeln i *Park*-läge (automatväxellåda) eller friläge (manuell växellåda).

18 Håll fast lyftaren på snabbtomgångskammens högsta steg **(se bild).**

19 Lossa och plugga igen vakuumslangen vid EGR-ventilen (i förekommande fall).

20 Vrid snabbtomgångsskruven för att uppnå korrekt specificerat tomgångsvarvtal.

Inställning av automatchokens länk

21 Demontera skruvarna och lossa kåpa och bimetallfjäder från chokehuset.

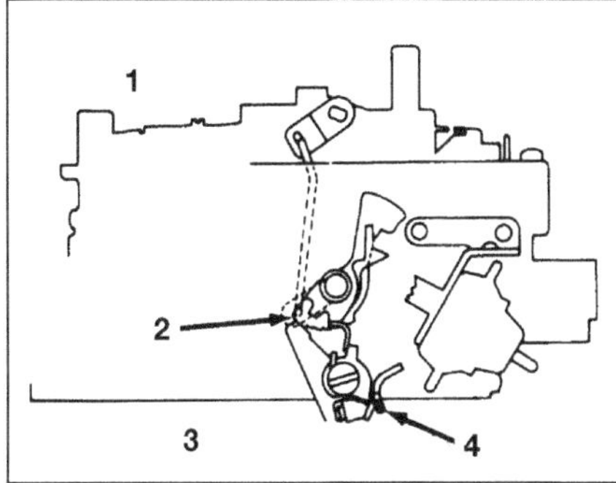

13.18 Justeringspunkter för snabbtomgång - Rochester M4MC/M4MCA förgasare

1 Lägg växelspaken i Park eller neutralläge
2 Håll fast lyftaren på snabbtomgångskammens högsta steg.
3 Lossa och plugga igen vakuumslangen vid EGR-ventilen.
4 Vrid snabbtomgångsskruven till specificerat varvtal.

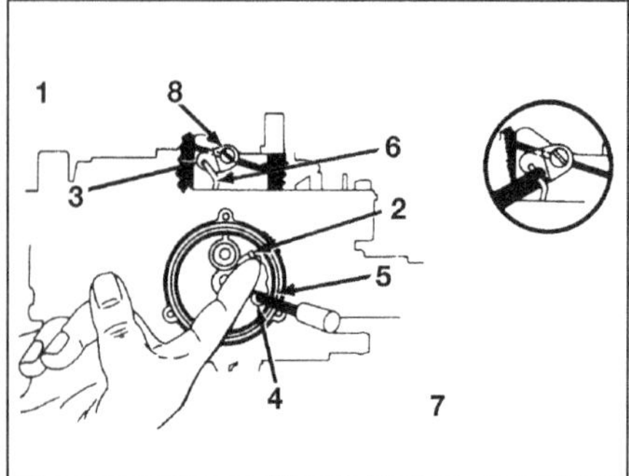

13.26 Justeringspunkter för chokespolens arm - Rochester M4MC/M4MCA förgasare

1 *Lossa de tre skruvarna och ta bort kåpan och bimetallfjädern från chokehuset*
2 *Tryck automatchokens arm uppåt, moturs, tills chokespjället är stängt*
3 *Länken längst in i spåret*
4 *Sätt in specificerad tolk*
5 *Armens underkant ska knappast vidröra tolkens sida*
6 *Böj chokelänken vid denna punkt (se infälld bild)*
7 *Sätt tillbaka kåpan, se justeringsdata för automatchoke*
8 *Chokespjället stängt*

22 Tryck upp bimetallfjäderns läpp (moturs) tills chokespjället är stängt.
23 Kontrollera att chokelänken sitter längst ner i chokearmens skåra.
24 Sätt in bakänden på en borr med specificerad storlek i chokehusets hål.
25 Chokearmens underkant bör precis beröra borrens sida.
26 Vid behov, böj chokearmen vid punkten som visas på bilden **(se bild)**.

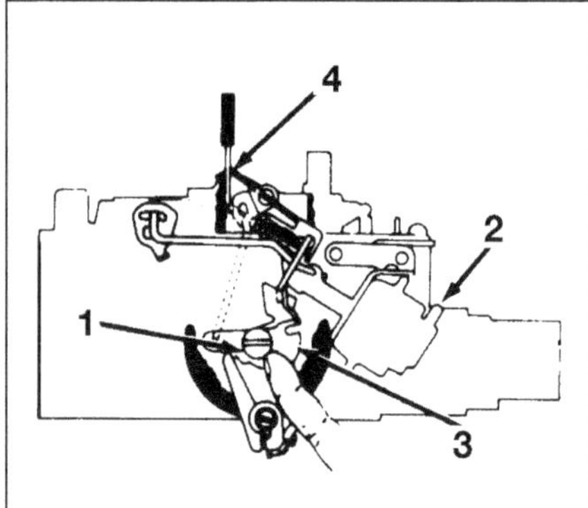

13.38 Justeringspunkter för vakuumventil - Rochester M4MC/M4MCA förgasare

1 *Placera lyftaren på snabbtomgångskammens högsta steg*
2 *Använd en vakuumpump för att aktivera vakuumklockan*
3 *Tryck den invändiga chokearmen moturs tills läppen på vakuumklockan vidrör läppen på kolven*
4 *Placera måttet mellan chokespjällets överkant och förgasarhalsens vägg*

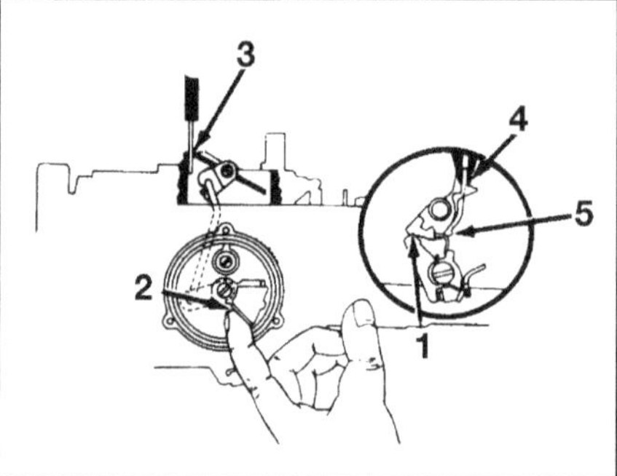

13.30 Justeringspunkter för chokelänk (snabbtomgångskam) - Rochester M4MC/M3MCA förgasare

1 *Placera lyftaren på kammens andra steg bredvid det höga steget*
2 *Tryck chokelänken uppåt för att stänga choken*
3 *Mät mellan chokespjällets överkant och förgasarhalsens insida*
4 *Böj tungan på snabtomgångskammen för att justera*
5 *Snabbtomgångskam*

Inställning av chokelänk (snabbtomgångskam)

27 Vrid snabbtomgångskammens skruv inåt tills den vidrör kammens lyftare, vrid den därefter inåt ytterligare tre hela varv. Demontera bimetallfjäderns kåpa.
28 Placera armen på snabbtomgångskammens andra steg, mot det höga stegets vertikala plan.
29 Tryck upp automatchokens arm inuti huset för att stänga chokespjället.
30 Gör en mätning mellan chokespjällets överkant och förgasarhalsens vägg med bakänden av en borr av specificerad storlek **(se bild)**.
31 Vid behov, böj snabbtomgångskammens läpp för att justera, men kontrollera att läppen ligger mot kammen efter böjningen.

Inställning av chokespjällets länk

32 Använd en extern vakuumkälla för att aktivera chokens vakuumventil.

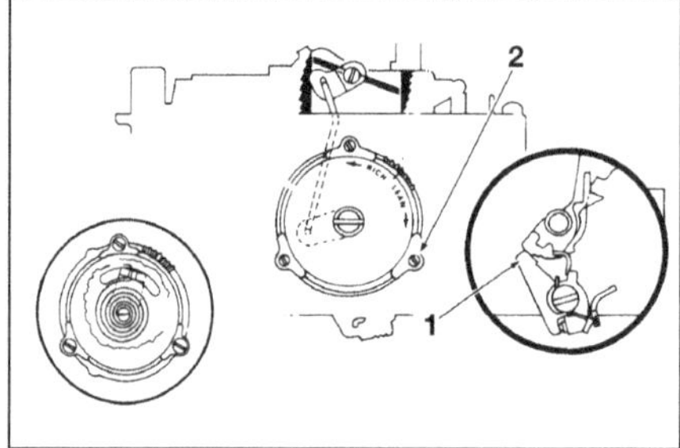

13.42 Justeringspunkter automatchoken - Rochester M4MC/M4MCA förgasare

1 *Placera lyftaren på kammens högsta steg*
2 *Lossa de tre skruvarna (**Notera:** dra åt skruvarna efter justering)*

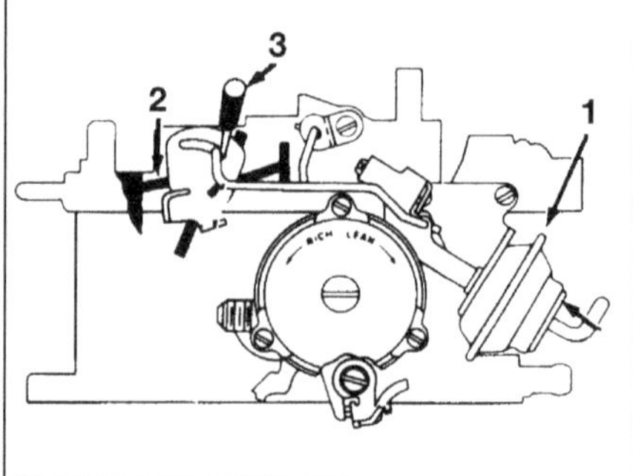

13.33 Justeringspunkter på chokespjällets länk - Rochester M4MC/M4MCA förgasare

1 *Aktivera vakuumklockan med en vakuumpump*
2 *Spjället är helt stängt*
3 *Placera mått mellan länk och längst in i armens skåra*

33 Kontrollera att chokespjällen är fullständigt stängda, gör därefter en mätning från chokespjällets vakuumventil till skårans ände i chokespjällets länk **(se bild)**.
34 Böj chokespjällets ventilarm där bilden visar, om justering är nödvändig.

Inställning av främre vakuumsteg

35 Demontera bimetallfjäderns kåpa.
36 Placera lyftaren på snabbtomgångskammens högsta steg.
37 Använd en vakuumpump för att aktivera vakuumventilen.
38 Tryck den inre chokearmen moturs tills läppen på vakuumventilens arm vidrör läppen på vakuumventilens kolv **(se bild)**.
39 Kontrollera avståndet mellan chokespjällets överkant och förgasarhalsens invändiga vägg. Använd en borr av specificerad storlek för detta ändamål.
40 Vrid justerskruven för att åstadkomma korrekt avstånd.
41 Montera kåpan och kontrollera automatchokens inställning (se steg 42 t o m 45).

Justering av automatchokens bimetallfjäder (varmluftstyp)

42 Placera lyftaren på kammens högsta punkt **(se bild)**.
43 Lossa de tre fästskruvarna och rotera fjäderns kåpa till den exakta punkten när chokespjället stängs.
44 Rikta in märket på kåpan mot en angiven punkt på huset, beroende på typ av förgasare.
45 Dra åt kåpans skruvar.

Inställning av chokespjällsöppnare

46 Kontrollera att automatchokehusets kåpa är inställd till specificerat läge (se steg 42 t o m 45).
47 Håll gasspjället vidöppet.

48 Stäng chokespjället genom att trycka på den mellersta chokearmens läpp **(se bild).**
49 Kontrollera avståndet mellan chokespjällets kant och förgasarhalsens innervägg. Använd en borr av lämplig storlek som mått.
50 Böj läppen, vid behov, som justering.

Inställning av sekundär gasspjällbegränsare

Begränsararmens spel

51 Håll chokespjäll och högfartssystemet stängt, mät därefter spelet mellan axel och begränsararm.
52 Om justering behövs ska axeln böjas så att specificerat spel kan uppnås **(se bild).**

Öppningsspel

53 Tryck ned snabbtomgångskammens bakdel så att choken hålls vidöppen.
54 Håll högfartsystemet delvis öppet, mät därefter mellan axelns ände och armens läpp.
55 Om spelet behöver justeras, fila axelns ände och se till att inget skägg finns kvar efteråt.

Inställning av sekundär stängning

56 Justera motorns tomgångsvarvtal.
57 Håll chokespjället vidöppet utan att lyftarens arm vilar på snabbtomgångskammen steg **(se bild).**
58 Mät spelet mellan skåran i gasspjällets arm och länk på högfartssystemet.
59 Om spelet behöver justeras ska stängningsläppen på lågfartssidans spjällarm böjas så att specificerat spel kan erhållas.

Inställning av öppning, högfartsspjäll

60 Öppna gasspjället på lågfartssidan tills länken precis vidrör läppen på högfartssidans spjällarm **(se bild).**
61 Böj fliken på den sekundära armen, vid behov, så att länken placeras i mitten på den sekundära armens skåra.

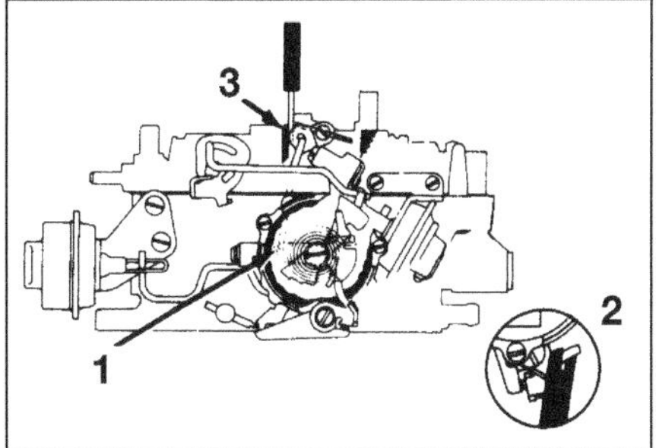

13.48 Justeringspunkter för chokespjällsöppnaren - Rochester M4MC/M4MCA förgasare

1 *Kontrollera indexmärket (steg 11 eller 12)*
2 *Håll gasspjällen fullt öppna*
3 *Mät mellan chokespjällets överkant och förgasarhalsens vägg*

Inställning av chokespjällets fjäder

62 Lossa låsskruven med en insexnyckel, vrid därefter justerskruven moturs tills chokespjället är delvis öppet **(se bild).**
63 Håll chokespjället stängt, vrid därefter justerskruven medurs specificerat antal varv efter det att fjädern har vidrört pinnen.
64 Dra åt låsskruven.

14 Förgasare (Rochester M4ME) - inställningar

1 Rochester M4ME förgasaren är mycket lik M4MC och M4MCA förgasarna, med undantag av en eluppvärmd (jämfört med varmluftsuppvärmd) choke och ett bakre vakuumsteg.
2 Med undantag för de inställningar som nämns i nedanstående steg, är alla andra inställningar desamma som för M4MC och M4MCA förgasare, vilka beskrivits i avsnitt 13.

Inställning av bakre vakuumsteg

3 Demontera kåpan på chokehuset.
4 Placera lyftaren på snabbtomgångskammens högsta steg.

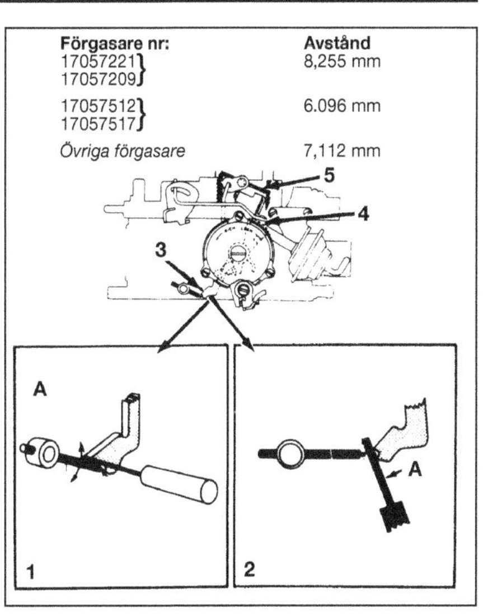

13.52 Justeringspunkter för gasspjällbegränsare - Rochester M4MC/M4MCA förgasare

1 *Sekundär gasspelbegränsares sidospel*
A *Max spel: 0,381 mm*
2 *Sekundär gasspelbegränsares öppningsspel*
A *Mätare*
3 *Begränsararm*
4 *Tryck ned kammens ände (steg 2)*
5 *Chokespjäll*

5 Använd en vakuumpump för att aktivera vakuumventilen.
6 Tryck upp armen, inuti chokehuset mot det stängda chokeläget tills skaftet dras ut och sätts på plats.
7 När chokelänken är längst ner i chokearmens spår placeras en borr med specificerad storlek mellan chokespjällets överkant

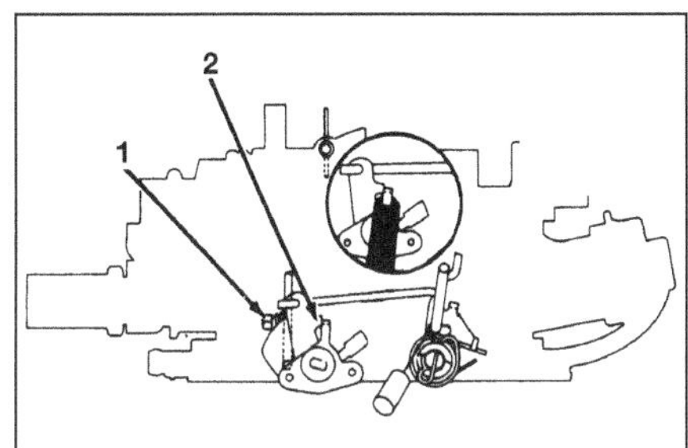

13.57 Justeringspunkter på stängning av högfartsystem - Rochester M4MC/M4MCA förgasare

1 *Motorn på tomgång, inställd på rätt tomgångsvarvtal*
2 *Armen mot läppen*

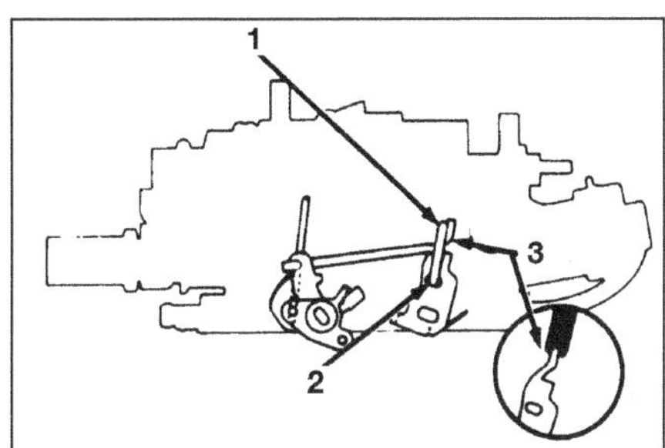

13.60 Justeringspunkter på högfartsystem - Rochester M4MC/M4MCA förgasare

1 *Öppna gasspjället på lågfartssidan tills länken vidrör läppen*
2 *Länken placeras mitt i spåret*
3 *Böj läppen för att justera*

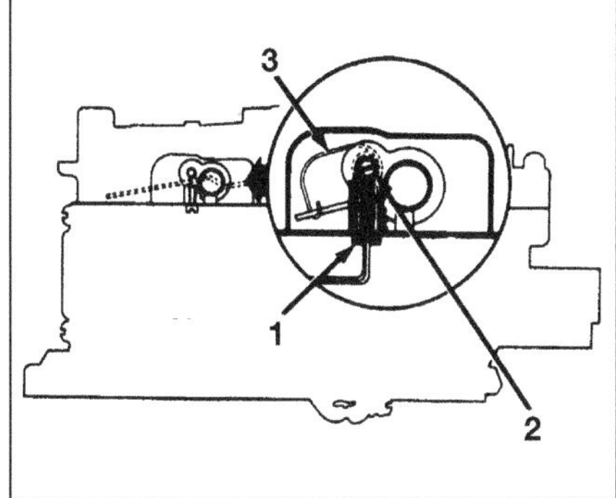

13.62 Justeringspunkter för chokespjällfjäder - Rochester M4MC/M4MCA förgasare

1 *Lossa låsskruven med speciell sexkantsnyckel*
2 *Vrid justerskruven moturs tills chokespjället är delvis öppet*
3 *Håll gasspjället stängt manuellt, vrid justerskruven medurs angivet antal varv efter det att fjädern vidrört axeln*

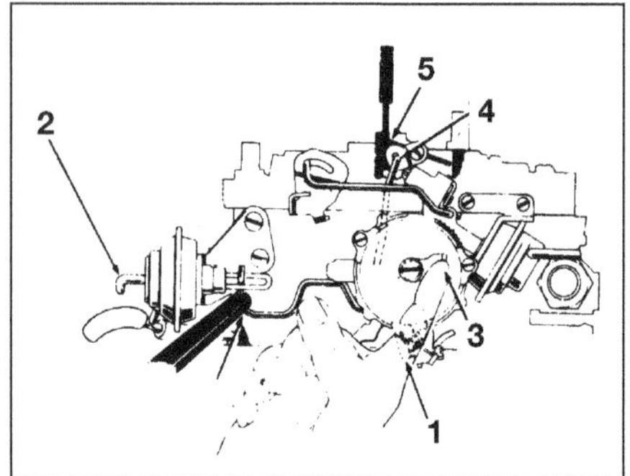

14.7 Justeringspunkter för bakre vakuumventil - Rochester M4ME förgasare

1 *Placera lyftaren på snabbtomgångskammens högsta steg*
2 *Aktivera vakuumklockan med en vakuumpump*
3 *Tryck upp armen, vakuumklockan dras ut tills den är aktiverad - fjädern ihoptryckt*
4 *Länken längst ner i spåret*
5 *Mät mellan förgasarhalsens vägg och chokespjällets överkant*

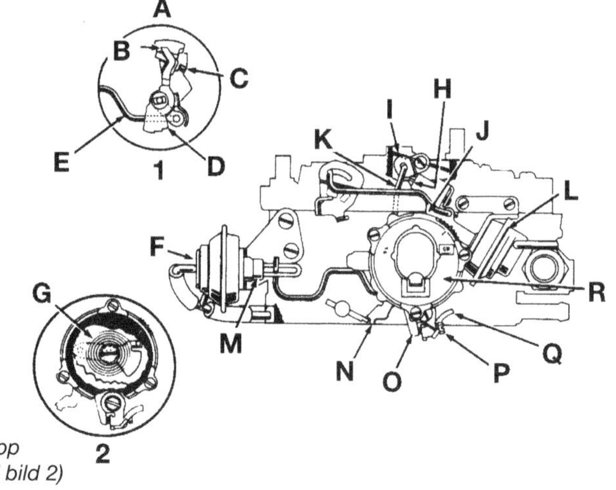

14.8 Elchokens komponenter - Rochester M4ME förgasare

och förgasarhalsens vägg. Om måttet inte motsvarar angivet mått ska länken böjas **(se bild)**.

Inställning av automatchokens bimetallfjäder (eluppvärmd)

8 Placera lyftaren på kammens högsta steg **(se bild)**.
9 Lossa fästskruvarna och rotera kåpan tills ögonblicket när chokespjället stängs **(se bild)**.
10 Rikta in passmärkena på kåpan med det specificerade märket på huset.
11 Dra åt kåpans skruvar.

15 Förgasare (2SE/E2SE) - inställningar

Inställning av flottör - på arbetsbänk

1 Håll flottörhuset ordentligt på plats medan flottören trycks varsamt mot nålventilen **(se bild)**.

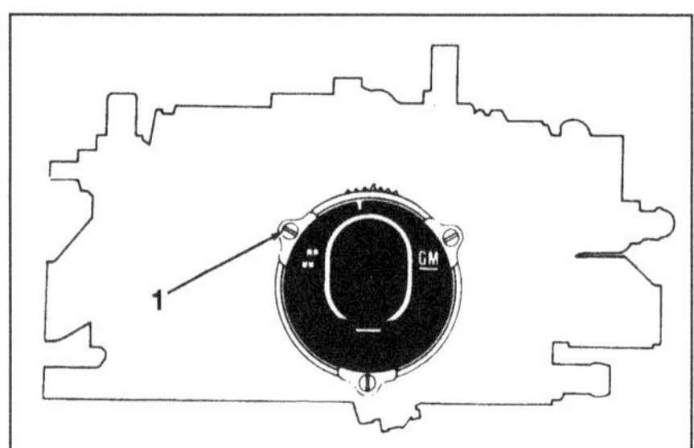

14.9 Justeringspunkter för automatchokens bimetallfjäder - Rochester M4ME förgasare

1 *Lossa de tre skruvarna*

2 Mät flottörhöjden vid punkten längst bort från gångjärnspinnen vid flottörens tå.
3 Vid behov, ta bort flottören och böj flottörarmen uppåt eller nedåt för justering.
4 Gör en visuell kontroll av flottörens läge efter justeringen. Den bör inte vidröra någon annan del av förgasaren.

Pumpinställning

5 Kontrollera att snabbtomgångsskruven inte är på snabbtomgångskammens steg samt att gasspjällen är fullständigt stängda.
6 Mät avståndet från förgasarhalsens överdel till pumpskaftets överdel. Jämför måttet med Specifikationer.
7 Pumpens inställning bör inte ändras från fabriksinställningen om inte en kontroll uppenbarar att inställningen inte motsvarar specifikationen. Om en justering behöver utföras ska pumparmens fästskruv och bricka demonteras. Pumparmen demonteras genom att armen roteras så att den lossnar från pumpstången. Placera armen i ett skruvstycke med skyddsbackar så att den inte skadas, böj armens ände närmast halssektionen. **Observera:** *Armen får inte böjas åt sidan eller vridas.*
8 Sätt tillbaka pumparm, bricka och skruv, kontrollera igen att pumpen är rätt inriktad.
9 Dra åt skruven ordentligt när pumpen är korrekt justerad.
10 Öppna och stäng gasspjällen, kontrollera att länkaget kan röra sig fritt och se till att pumparmen rör sig på rätt sätt.

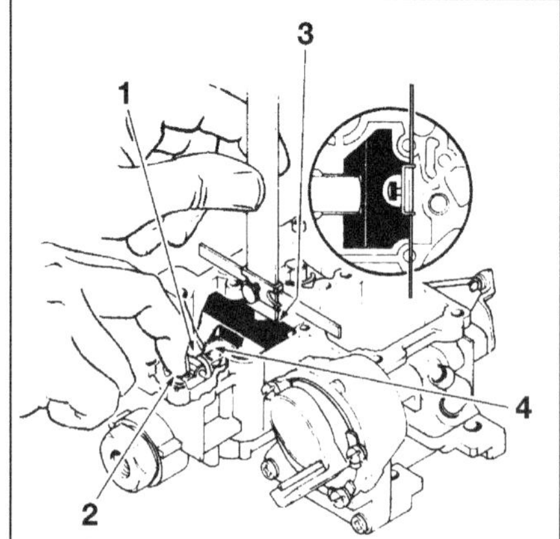

15.1 Justeringspunkter för flottör - Rochester 2SE/E2SE förgasare

1 *Håll fast flottörhållaren*
2 *Tryck varsamt ned flottören mot nålventilen*
3 *Mät vid flottörens tå vid den punkt som är längst bort från flottörens upphängning (se förstoring)*
4 *Ta bort flottören och böj flottörarmen uppåt eller nedåt för att justera*

Inställning av snabbtomgång - på arbetsbänk

11 Placera snabbtomgångsskruven på snabbtomgångskammens högsta steg **(se bild)**.
12 Vrid snabbtomgångsskruven inåt eller utåt samma antal varv som angivits på bilens avgasreningsdekal som sitter i motorrummet.

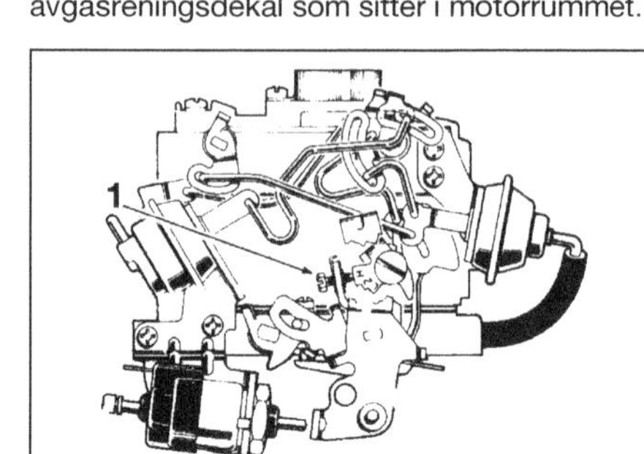

15.11 Inställning av snabbtomgång - Rochester 2SE/E2SE förgasare

1 *Placera snabbtomgångsskruven på snabbtomgångskammens högsta steg*

Inställning av automatchokens arm

13 Skaffa en renoveringssats för chokens kåpa och demontera kåpan och bimetallfjädern enligt tillverkarens anvisningar.
14 Placera snabbtomgångsskruven på snabbtomgångskammens högsta steg.
15 Tryck på den mellersta chokearmen tills chokeventilen är fullständigt stängd.
16 Sätt in en lämplig borr i det befintliga hålet.
17 Läppen på bimetallfjäderns arm bör vidröra borrens sida.
18 Böj den mellersta chokelänken för att justera fjäderns arm efter behov.

Inställning av snabbtomgångskam (chokelänk)

19 Innan du går vidare ska du justera chokelänkens arm och snabbtomgången.
20 När chokespjället är fullständigt stängt, placera en magnet rakt ovanpå spjället, montera därefter specialverktyget för chokespjällsmätning (J-26701), eller en vinkelmätare, på magneten så att skalan för rotationsgraden mäter noll och nivåbubblan är centrerad.
21 Rotera skalan så att gradantalet som är specificerat för inställningen befinner sig mitt emot pilen.
22 Placera snabbtomgångsskruven på kammens andra steg, mot det höga stegets vertikala plan.
23 Stäng choken genom att trycka på den mellersta chokearmen.
24 Tryck vakuumventilens arm mot den öppna choken tills armen befinner sig mitt emot chokearmens bakre läpp.
25 Böj snabbtomgångskammens länk tills bubblan är centrerad, utför justeringar efter behov.
26 Demontera verktyg och magnet.

Inställning av chokespjällänk

27 Anslut ett mätverktyg eller en vinkelmätare på chokespjället enligt beskrivningen i punkt 20.
28 Rotera skalan så att gradantalet som är specificerat för inställningen befinner sig mitt emot pilen.
29 Aktivera vakuumventilen med en vakuumpump.
30 Rotera chokespjället i riktning mot öppet läge genom att applicera ett lätt tryck på chokespjällets axel.
31 Utför justeringen genom att böja chokespjällets länk tills bubblan på vinkelmåttet är centrerad.

Inställning av primärsidans vakuumsteg

32 Anslut ett mätverktyg eller en vinkelmätare enligt beskrivningen av justering av snabbtomgångskammen i punkt 19.
33 Rotera skalan så att gradantalet som är specificerat för inställningen befinner sig mitt emot pilen.
34 Sätt chokens vakuummembran på plats med en extern vakuumkälla.
35 Håll chokespjället mot det stängda läget genom att trycka på den mellersta chokearmen.
36 Utför justeringen genom att böja luftventilens stång tills bubblan på vinkelmåttet är centrerad. Demontera verktyget.

Inställning av högfartsstegets vakuumventil

37 Montera ett chokespjällmätverktyg eller vinkelmätare på förgasaren enligt beskrivning av snabbtomgångskammens inställning, punkt 19.
38 Rotera skalan så att gradantalet som är specificerat för inställningen befinner sig mitt emot pilen.
39 Aktivera chokens vakuumventil med hjälp av en extern vakuumkälla. På modeller som är försedda med luftning ska ändkåpan pluggas igen med maskeringstejp. Ta bort tejpen när justeringen är utförd.
40 Läs av vinkelmåttet och tryck samtidigt den mellersta chokearmen lätt medurs (i riktning mot det stängda chokespjället), håll armen i rätt läge med en gummisnodd.
41 Inställning utförs genom att vakuumventilens länk böjs tills bubblan i vinkelmätaren är centrerad. På senare modeller: använd en 3 mm insexnyckel och vrid skruven i kåpans bakdel tills bubblan är centrerad. Ta bort vinkelmätare och maskeringstejp om sådan använts.

Inställning av chokespjällöppnare

42 Använd ett chokespjällmätverktyg eller vinkelmätare och montera det enligt beskrivning av snabbtomgångskammens inställning, punkt 19.
43 Rotera skalan så att gradantalet som är specificerat för inställningen befinner sig mitt emot pilen.
44 Montera chokens kåpa och bimetallfjäder i huset.
45 Håll lågfartssystemets gasspjäll vidöppet. Stäng chokespjället genom att trycka medurs på den mellersta chokearmen. Om motorn är varm kan ett gummiband användas för att hålla den i rätt läge.
46 Böj läppen för att justera chokespjällöppnaren tills bubblan i vinkelmätaren är centrerad. Demontera mätaren.

Inställning av högfartsspjällets begränsare

47 Håll chokespjället vidöppet genom att trycka moturs på den mellersta chokearmen.
48 Öppna gasspjället tills högfartsstegets manöverarmsände är mitt emot tån på begränsararmen.
49 Sätt in en borr av angiven storlek och mät spelet.
50 Om justering behöver utföras ska begränsararmen böjas så att den vidrör snabbtomgångskammen.

Inställning av snabbtomgång - i bilen

51 Ställ in tändinställningen enligt anvisningar på dekalen.
52 Justera det höga tomgångsvarvtalet vid behov.
53 Placera snabbtomgångsskruven på kammens högsta steg.
54 Vrid snabbtomgångsskruven inåt eller utåt för att erhålla angivet varvtal (rpm), se dekalen **(se bild).**

Inställning av tomgång

Observera: *På de flesta bilar finns anvisningar på avgasreningsdekalen i motorrummet. Läs informationen på dekalen innan du går vidare. Om motsägande information förekommer ska informationen på dekalen anses korrekt.*
55 Förbered bilen för inställningar enligt anvisningar på dekalen.
56 En medhjälpare kommer att behövas för att hålla foten på bromspedalen medan tomgången justeras.
57 När ventilen är tillslagen placeras växelväljaren i *Drive*-läge (automatväxellåda) eller friläge (manuell växellåda). Stäng av luftkonditioneringen om sådan förekommer.

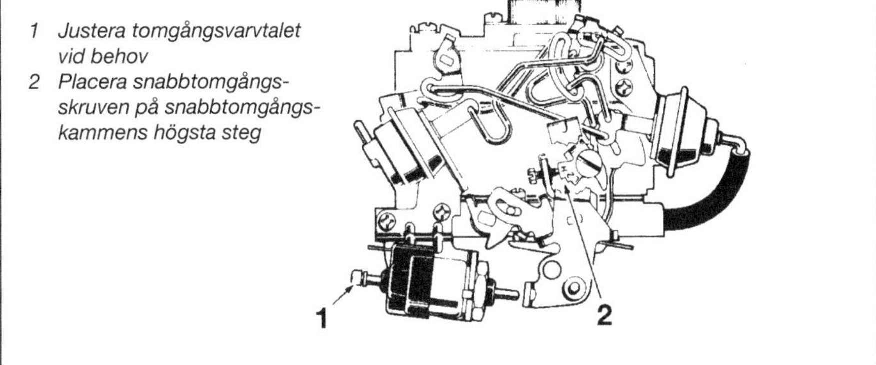

15.54 Justeringspunkter för snabbtomgångsinställning (i bilen) - Rochester 2SE/E2SE förgasare

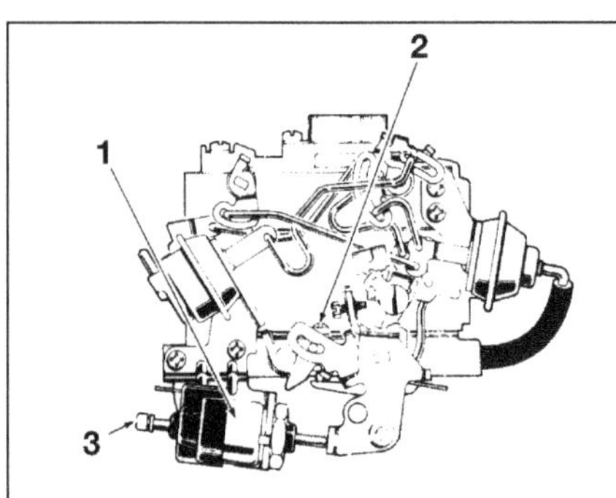

15.58 Justeringspunkter för tomgångsinställning (i bilen) - Rochester 2SE/E2SE förgasare

1 Ventil tillslagen, automatväxellåda i Drive, manuell växellåda i neutral
2 Vrid tomgångsjusterskruven för att ställa in grundvarvtalet enligt specifikationen (ventilen frånslagen)
3 Vrid ventilskruven för att justera tomgången till angivet varvtal (ventilen tillslagen)

58 Öppna gasspjället något så att ventilens kolv kan sträckas ut fullständigt **(se bild)**.

59 Vrid ventilskruven för att justera den höga tomgången enligt angivet varvtal.

60 Lossa ventilens ledning och vrid tomgångsjusterskruven för att ställa in grundvarvtalet enligt specifikationen.

61 Sätt tillbaka ventilens ledning när inställningen är gjord.

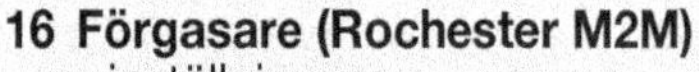

16 Förgasare (Rochester M2M) - inställningar

Inställning av flottör

1 Håll flottörfästet ordentligt på plats och tryck varsamt ned flottören mot nålen **(se bild)**.

2 Gör en mätning från delningsplanets överdel till flottörens överdel, vid en punkt 5 mm från flottöränden, vid tån.

3 Om justering behöver utföras ska flottören tas bort och flottörarmen bindas upp efter behov.

4 Sätt tillbaka flottören, gör en okulärkontroll av passningen och kontrollera flottörinställningen igen.

Inställning av pump

5 När gasspjällen är fullständigt stängda, kontrollera att snabbtomgångskammens lyftararm inte är på snabbtomgångskammens steg.

6 Sätt in en borr med rätt storlek i det angivna hålet i pumparmen.

7 Gör en mätning från överdelen på chokespjällets vägg till pumpskaftets överdel, enligt specifikation.

8 Om justering behöver utföras ska pumparmen stödas med en skruvmejsel medan den böjs.

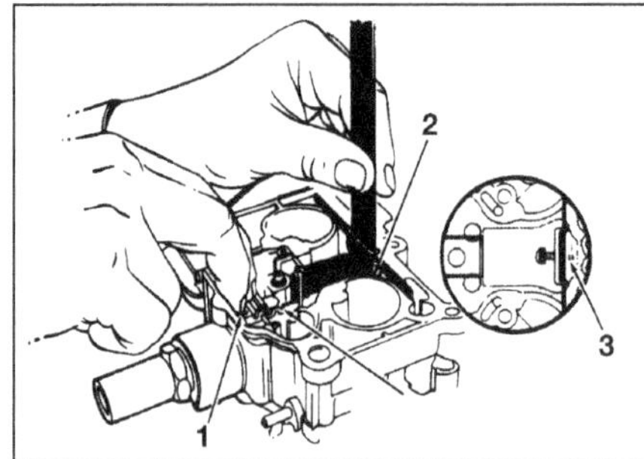

16.1 Justeringspunkter för flottörnivå - Rochester M2M förgasare

1 Tryck varsamt ned flottören mot nålen
2 Mät från delningsplanets överdel till flottörens överdel, vid en punkt 5 mm från flottöränden, vid tån (se förstoring)
3 Mätpunkt: 5 mm från tån

Inställning av automatchokens arm

9 Följ samma metod som för 2SE förgasaren (avsnitt 15, punkt 13 t o m 18).

Inställning av snabbtomgång - på arbetsbänk

10 Håll fast lyftaren på snabbtomgångskammens högsta steg.

11 Vrid snabbtomgångsskruven utåt tills lågfartsstegets gasspjäll är stängda. Vrid skruven så att den vidrör armen, vrid den därefter ytterligare två hela varv **(se bild)**.

Inställning av snabbtomgångskam

12 Denna procedur liknar i huvudsak den som används vid justering av 2SE förgasaren (avsnitt 15, punkt 19 t o m 26).

13 Efter punkt 22, stäng choken genom att trycka upp armen eller läppen på vakuumventilens arm. Håll fast i det läget med en gummisnodd.

14 Utför justeringen genom att böja läppen på snabbtomgångskammen tills bubblan på vinkelmätaren är centrerad.

15 Ta bort vinkelmätaren.

Inställning av främre vakuumventil

16 Detta arbete kan utföras på samma sätt som justeringen av lågfartsstegets vakuumventil enligt beskrivning i avsnitt 15, punkt 32 t o m 36 för 2SE förgasare.

Inställning av automatchokens bimetallfjäder (1979)

17 Placera lyftaren på kammens högsta steg.

18 Lossa de tre skruvarna på chokehuset.

19 Rotera kåpan och fjädern moturs tills exakt när chokespjället stängs.

20 Rikta in märket på kåpan mot punkten på huset, dvs ett hack åt den magra sidan. **Observera:** *Kontrollera att skåran i armen griper i fjäderns läpp.*

Inställning av chokespjällöppnare (1980 t o m 1982)

21 Detta arbete liknar i stort sett inställningen av 2SE förgasare (punkt 42 t o m 46).

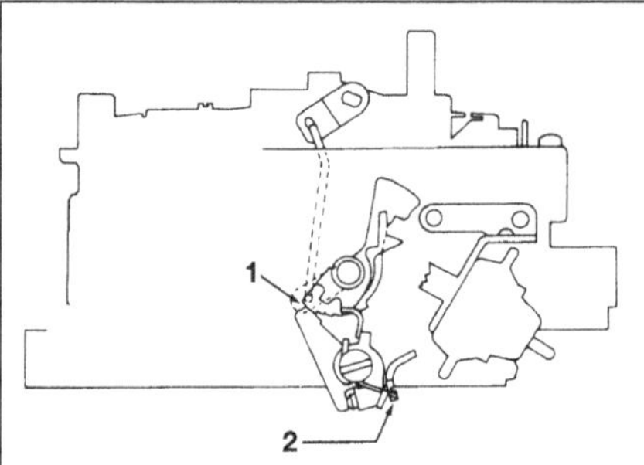

16.11 Justeringspunkter för snabbtomgång (i bilen) - Rochester M2M förgasare

1 Håll fast lyftaren på rätt steg på snabbtomgångskammen enligt avgasreningsdekalen
2 Vrid snabbtomgångsskruven till det varvtal som anges på avgasreningsadekalen

22 Efter punkt 44, håll gasspjällen vidöppna.

23 När motorn är varm stängs chokespjället genom att läppen på vakuumventilens arm trycks upp. Håll kvar detta läge med en gummisnodd.

24 Justering utförs genom att läppen på snabbtomgångsarmen böjs tills bubblan i vinkelmätaren är centrerad. Ta bort mätaren.

Inställning av tomgångsvarvtal

25 Denna procedur är i stort sett samma som den som används vid justering av 2G förgasaren. Se avsnitt 11, punkt 2 t o m 27.

Inställning av snabbtomgång

26 Följ anvisningarna för 2SE förgasare (punkt 52 t o m 54).

17 Förgasare (Rochester E4ME/E4MC) - inställningar

1 Förutom där andra anvisningar lämnas är inställningarna samma som för tidigare modeller (avsnitt 13). På förgasare som

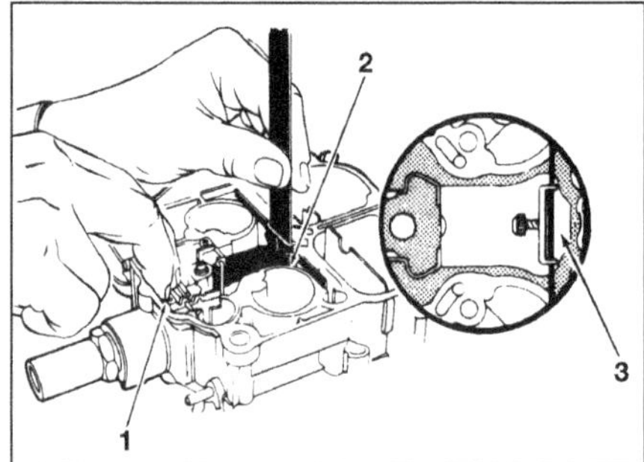

17.2 Justeringspunkter för flottörnivå - Rochester E4ME/E4MC förgasare

1 Tryck varsamt ned flottören tills den vidrör nålen
2 Mät från delningsplanets överdel till flottörens överdel, vid en punkt 5 mm från flottöränden, vid tån (se förstoring)
3 Mätpunkt: 5 mm från tån

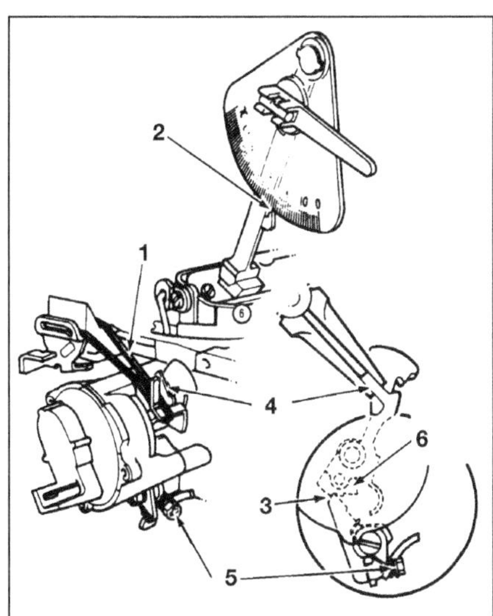

17.7 Justeringspunkter för chokelänk - Rochester E4ME/E4MC förgasare

1 Gummiband
2 Vinkelmätare inställd på specificerat värde
3 Lyftare på andra steget
4 Böj läpp med tång
5 Snabbtomgångsskruv
6 Snabbtomgångskam

används tillsammans med C3-systemet behöver pumpstången inte justeras.

Inställning av flottörnivå - på arbetsbänk

2 Håll fast flottörfästet, tryck ned flottören tills den vidrör nålen, mät flottörnivån med mätaren. Mätpunkten ska vara 5 mm från flottörens tå **(se bild).**
3 På förgasare som används i C3-systemet bör flottören justeras om höjden avviker från angivet värde i avsnittet Specifikationer i detta kapitel med plus/minus 1,5 mm.
4 Om nivån är för hög ska fästet hållas på plats och flottörens mellersta del tryckas ned tills angivet värde erhålls.
5 Om nivån är för låg på förgasare utan stängningsventil ska länken, nålventilens arm, plastskydd och flottör tas bort. Böj upp flottörarmen för att ställa in den. Sätt tillbaka

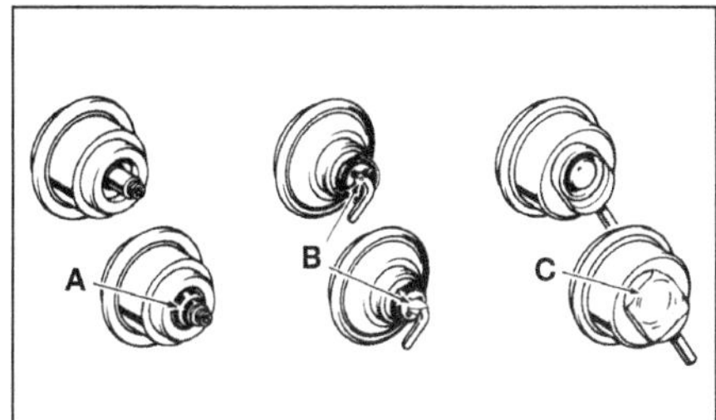

17.14 Olika sätt att plugga igen vakuumfördröjningsluftning

A Pumpskål eller ventiltätning
B Tejpa hål i rör
C Tejpa kåpans ände

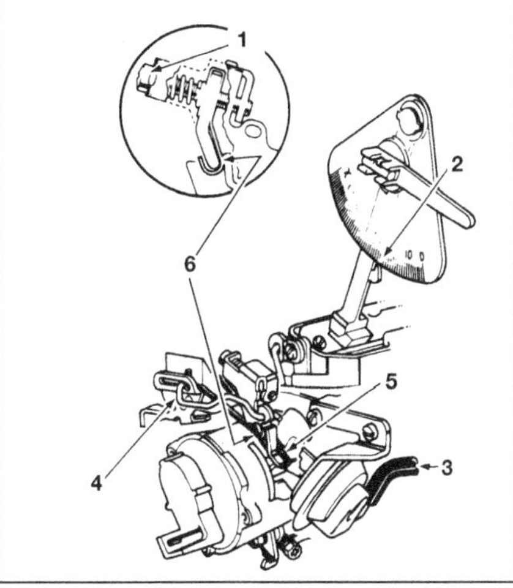

17.12 Justeringspunkter för främre vakuumventil - Rochester E4ME/E4MC förgasare

1 Justerskruv
2 Vinkelmätare inställd på specificerat värde
3 Vakuumrör
4 Chokelänk
5 Gummiband
6 Fjädern, om sådan förekommer, måste vila mot armen

delarna och gör en okulärgranskning av flottören.
6 Om nivån är för låg på förgasare som är försedda med ventil ska nålventilerna och ventilkontaktens skruv tas bort. För att underlätta monteringen, räkna och notera antalet varv som behövs för att magerblandningsskruven ska gå ner i botten. Skruva ut skruven och ta bort den, tillsammans med ventilkontakten och flottören. Böj flottörarmen uppåt för att justera. Sätt tillbaka delarna och ställ in blandningsskruven med det noterade antalet varv.

Inställning av chokelänk (1983 t o m 1986)

7 Sätt fast ett gummiband på den mellersta chokeaxelns gröna läpp **(se bild).**
8 Stäng choken genom att öppna gasspjället.
9 Sätt dit en chokevinkelmätare, t ex GM-verktyg J-26701, och ställ in angiven vinkel.
10 Placera lyftaren på kammens andra steg, mot det höga steget. Om lyftaren inte vidrör kammen ska snabbtomgångsskruven vridas tills det sker. Den slutgiltiga snabbtomgångsjusteringen måste göras enligt anvisningarna på avgasreningsdekalen i motorrummet.
11 Böj snabbtomgångskammens läpp tills bubblan är centrerad.

Inställning av främre vakuumventil (1983 t o m 1986)

12 Sätt fast ett gummiband på den mellersta chokeaxelns gröna läpp och öppna gasspjället så att choken ska kunna stängas **(se bild).**
13 Sätt dit mätningsverktyget GM J-26701 och ställ in vakuumventilen på angiven vinkel.
14 Tillför minst 18 in-Hg med vakuum så att ventilens kolv dras tillbaka. Plugga igen eventuella luftningshål **(se bild).**
15 På förgasare med fyra portar kan ibland chokelänken hindra kolven från att helt dras tillbaka och länken kan behöva böjas något. Det slutgiltiga spelet ska ställas in efter det att vakuumstegsjusteringen är slutförd.
16 Tillför vakuum och justera skruven tills bubblan är centrerad.

Inställning av bakre vakuumventil (1983 t o m 1986)

17 Sätt fast ett gummiband på den mellersta chokeaxelns gröna läpp **(se bild).**
18 Öppna gasspjället tills choken stängs.
19 Anslut vinkelmätare GM J-26701 på förgasaren och ställ in vinkeln enligt specifikationen.
20 Tillför vakuum så att vakuumventilens kolv dras tillbaka, kom ihåg att plugga igen eventuella luftningshål.
21 På förgasare med fyra portar kan ibland chokespjällets länk hindra kolven från att helt dras tillbaka. Vid behov kan länken böjas så att kolven kan röra sig längs hela sin bana.
22 För att centrera bubblan kan någon av två metoder användas. Medan vakuum tillförs vrids justerskruven (A på bilden) med en 1/8 tums (3 mm) insexnyckel. Alternativt kan vakuumventilens länk stödas vid punkt S och länken (B på bilden) böjas medan vakuum tillförs.

Inställning av chokespjällöppnare

23 Sätt fast ett gummiband på den mellersta

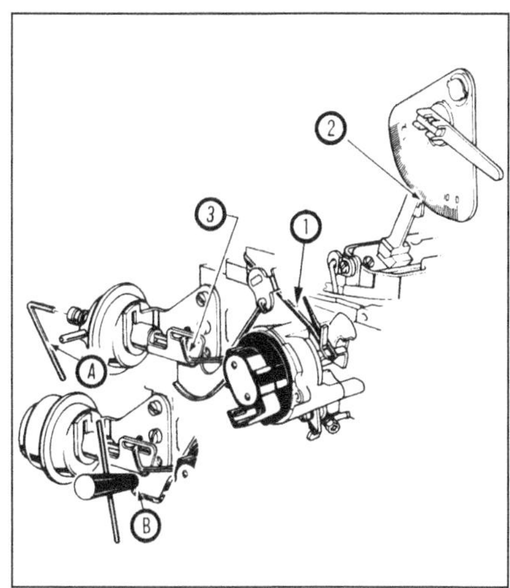

17.17 Justeringspunkter för bakre vakuumventil - Rochester E4ME/E4MC förgasare

1 Fast ett gummiband i den gröna läppen på mellanaxeln
2 Ställ in vinkelmätaren till specificerad vinkel
3 Luftventilstång
A Justera här - använd en 1/8 tums nyckel
B Justera här genom att böja vakuumstågen medan den stöds vid punkt S

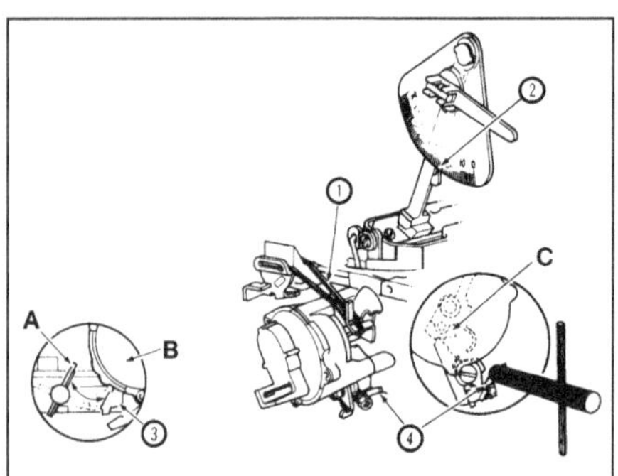

17.23 Justeringspunkter för chokeöppnare - Rochester E4ME/E4MC förgasare

1 *Sätt fast ett gummiband på den mellersta chokeaxelns gröna läpp*
2 *Ställ in vinkelmätaren i specificerad vinkel*
3 *Begränsararm på förgasare med 4 portar*
4 *Justering utförs genom att man böjer snabbtomgångsarmens läpp*
A *Stift*
B *Lock på chokehus*
C *Snabbtomgångskam*

chokeaxelns gröna läpp **(se bild).** Öppna gasspjället tills choken stängs.

24 Anslut vinkelmätare J-26701 och ställ in vinkeln enligt specifikationen.

25 Håll högfartsstegets öppnararm på avstånd från pinnen, enligt bild 17.23.

26 Håll fast gasarmen i vidöppet läge och böj snabbtomgångsläppen tills bubblan är centrerad.

Tomgångsinställning - förberedelser

27 Innan tomgångsinställningen utförs ska motorn ha normal driftstemperatur och tändinställningen inställd enligt specifikationen på avgasreningsdekalen.

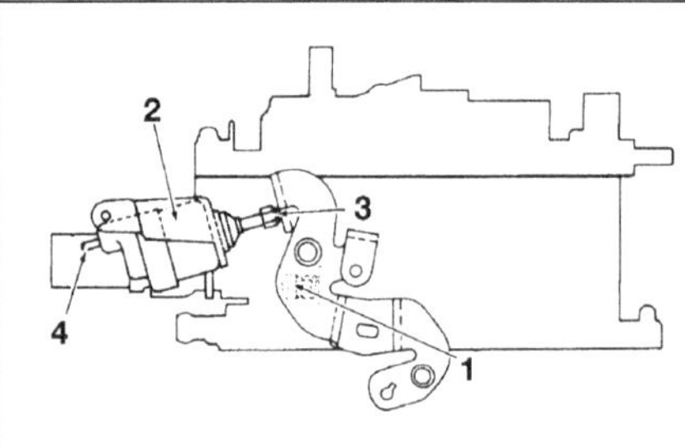

17.31 Justeringspunkter för Rochester E4ME/E4MC förgasare utan ventil

1 *Vrid tomgångsjusterskruven för att ställa in tomgångsvarvtalet enligt specifikationen (se avgasreningsdekal)*
2 *Ventilen tillslagen – luftkonditioneringskompressorns elkabel lossad från kompressorn, luftkonditionering på. Automatväxellåda i Drive, manuell växellåda i friläge*
3 *Vrid ventilskruven för att justera till angivet varvtal (anslut luftkonditioneringskompressorns elkabel efter justeringen)*
4 *Elektrisk anslutning*

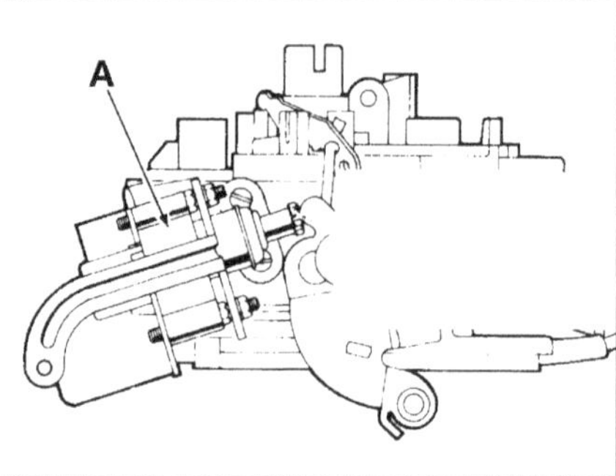

17.28 Tomgångvarvtalsstyrning med C4-systemet på Rochester E4ME/E4MC

A *Tomgångsstyrning*

28 Vissa modeller som är utrustade med C3-systemet har tomgångsstyrning (ISC) som är monterad på förgasaren, och som styrs av den elektroniska styrenheten (ECM). Försök aldrig att justera tomgången på tomgångsvarvtalskontrollen **(se bild).** Justering av tomgångsvarvtalskontrollen ska överlåtas till en auktoriserad verkstad eller annan verkstad.

Inställning av högt tomgångsvarvtal

Utan ventil

29 Med luftkonditioneringen avstängd, justera det höga tomgångsvarvtalet enligt specifikationen på avgasreningsdekalen **(se bild)**.

Med ventil

30 Justera det höga tomgångsvarvtalet enligt beskrivningen i föregående steg.

31 Med luftkonditioneringen på, kompressorns elkabel lossad från kompressorn, ventilen tillslagen och växellådan i friläge (manuell) eller *Drive*-läge (automatväxellåda), öppna gasspjället något så att ventilkolven kan gå fram fullständigt **(se bild).**

32 Justera det höga tomgångsvarvtalet enligt angivet värde för varvtal genom att vrida ventilskruven.

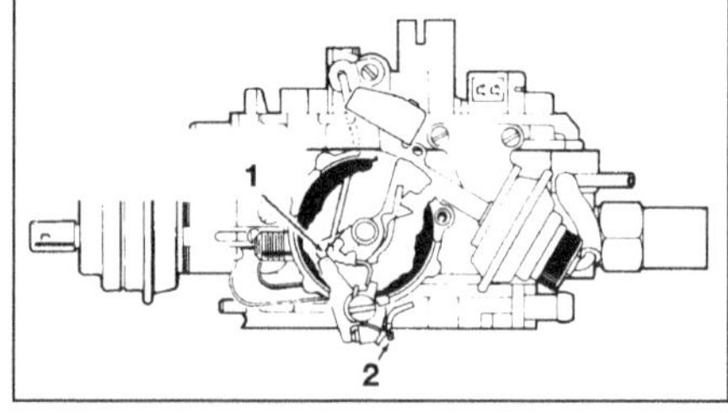

17.37 Justeringspunkter för snabbtomgångsvarvtal - Rochester E4ME/E4MC

1 *Håll fast lyftaren på det steg på snabbtomgångskammen som anges på avgasreningsdekalen*
2 *Vrid snabbtomgångsskruven till det snabbtomgångsvarvtal som anges på dekalen*

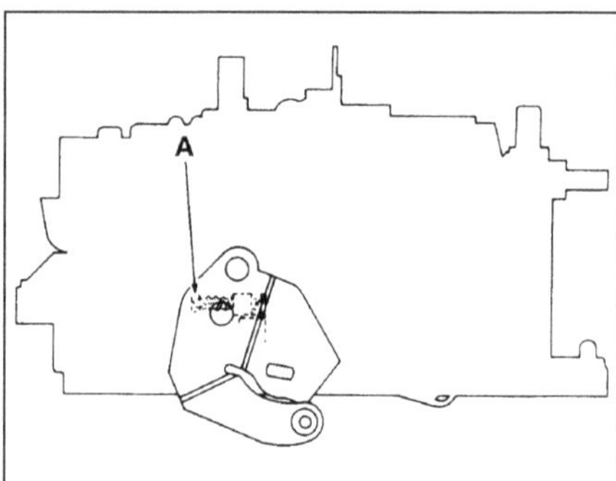

17.29 Justeringspunkter för Rochester E4ME/E4MC förgasare utan ventil

A *Vrid tomgångsjusterskruven för att ställa in tomgångsvarvtalet enligt specifikationen – luftkonditioneringen avstängd (se avgasreningsdekalen)*

33 Sätt tillbaka luftkonditioneringskompressorns elkabel efter justeringen.

Inställning av snabbtomgångsvarvtal

Utan ventil

34 Med växeln i *Park*-läge (automatväxellåda) eller friläge (manuell), håll lyftaren på det steg som anges på avgasreningsdekalen. Vrid skruven så att korrekt snabbtomgångsvarvtal kan erhållas.

Med ventil

35 Med växeln i *Park*-läge (automatväxellåda) eller friläge (manuell), håll lyftaren på det steg på snabbtomgångskammen som anges på avgasreningsdekalen.

36 Lossa vakuumslangen vid EGR-ventilen och plugga igen den.

37 Vrid på snabbtomgångsskruven för att erhålla det snabbtomgångsvarvtal som anges på dekalen **(se bild).**

18 Bränsleinsprutningssystem - allmän beskrivning

Bränsleinsprutningssystemet ger optimala blandningsförhållanden vid alla stadier i förbränningscykeln samt omedelbar gasrespons. Med bränsleinsprutning kan motorn köras med magrast möjliga bränsle/luftblandning vilket avsevärt reducerar avgasutsläppen.

På motorer fr o m 1987 samt på senare modeller med V6- eller V8-motorer förekommer spjällhusinsprutningssystem (TBI) istället för förgasare. Detta system styrs av en elektronisk styrenhet (ECM), vilken övervakar motorns förmåga och justerar bränsle/luftblandningen efter behov (fullständig beskrivning av bränslestyrningssystemet finns i kapitel 6).

En elektrisk bränslepump, placerad i bränsletanken tillsammans med en bränslenivågivare, pumpar bränslet till TBI genom bränsletillförselledningen och ett bränslefilter i ledningen. En tryckregulator i TBI tillför bränsle till insprutaren med ett konstant tryck mellan 0,63 och 0,97 kg/cm². Överskottsbränsle returneras till bränsletanken genom en särskild ledning. Insprutaren, som är placerad i TBI, styrs av den elektroniska styrenheten. Den levererar bränsle på ett av flera sätt (en fullständig beskrivning av ECM-driften finns i kapitel 6).

En TBI-enhet i standardutförande består av tre huvuddelar: spjällhus, bränslemätarkåpa och bränslemätare. Spjällhuset innehåller tomgångsstyrningsventilen (IAC) som styr luftflödet, spjällägesgivare (som övervakar spjällvinkeln) och två gasspjäll. Bränslemätarkåpan innehåller en inbyggd tryckregulator. Bränslemätaren har två bränsleinsprutare som tillför bränsle till motorn.

TBI-enhetens spjällhusdel innehåller öppningar som är belägna vid, över och under gasspjället. Dessa öppningar genererar vakuumsignaler till avgasåterledningsventilen (EGR), givaren för grenrörstryck (MAP) och evakueringssystemet för kolkanistern.

Bränsleinsprutarna drivs av ventiler som styrs av den elektroniska styrenheten. ECM slår till ventilerna som lyfter en kulventil, som normalt är stängd, från sitt säte i varje insprutare. Bränslet, som är trycksatt, sprutas in i en konisk stråle mot spjällhusloppets väggar ovanför gasspjället. Bränslet som inte används av insprutaren leds genom tryckregulatorn innan det returneras till bränsletanken.

Tryckregulatorn är en membrandriven tryckreduceringsventil med insprutartryck på den ena sidan och luftrenartryck på den andra. Regulatorns funktion är att alltid upprätthålla ett konstant tryck vid insprutaren genom att styra flödet i returledningen. På dessa modeller har regulatorn en konstantluftningsfunktion så att trycket utjämnas när motorn är avstängd. Det finns därför inget behov av att lätta på systemtrycket innan du börjar att arbeta med systemet eller lossar bränslesystemets ledningar.

Syftet med tomgångsluftventilen är att styra motorns tomgångsvarvtal samtidigt som den förhindrar motorstopp på grund av förändringar i motorns belastning.

IAC-ventilen, som är monterad på spjällhuset, styr den förbipasserande luften runt gasspjället. Genom att flytta en konisk ventil inåt, för att minska luftflödet, eller utåt för att öka luftflödet, kan en avvägd luftmängd flöda runt gasspjället. Om varvtalet är för lågt passerar mer luft förbi gasspjället för att öka motors varvtal. Om varvtalet är för högt passerar mindre luft runt gasspjället för att sänka motorns varvtal.

När motorn går på tomgång beräknas rätt läge för IAC-ventilen av den elektroniska styrenheten baserat på batteriets spänning, kylvätskans temperatur, motorns belastning och motorns varvtal. Om varvtalet sjunker under ett specificerat värde och gasspjället stängs känner den elektroniska styrenheten av att motorn är nära att stanna. ECM beräknar sedan ett nytt ventilläge baserat på barometertrycket för att undvika att motorn stannar.

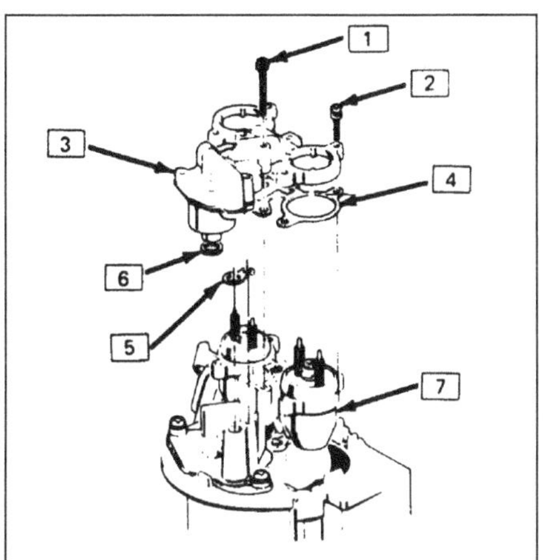

19.4 Komponenter i bränslemätarkåpan - sprängskiss

1 *Lång skruv*
2 *Kort skruv*
3 *Bränslemätarens kåpa*
4 *Kåpans packning*
5 *Utloppspackning*
6 *Dammtätning*
7 *Bränslemätare*

19 Spjällhusinsprutning (TBI) - isärtagning och ihopsättning

1 Lossa batteriets negativa anslutning. Placera kabeln ur vägen så att den inte kan beröra batteriets negativa pol oavsiktligt, eftersom detta kan göra bilens elsystem strömförande.

2 Demontera luftrenaren.

Isärtagning

3 Demontera varje insprutares elkontakt genom att trycka ihop båda flikarna och dra den rakt upp.

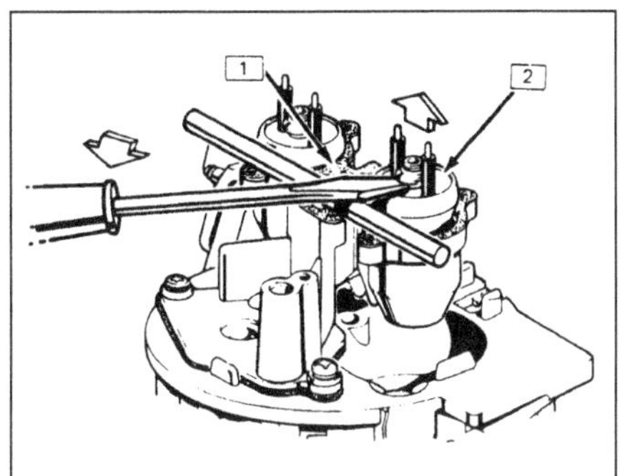

19.7 Bästa sättet att demontera bränsleinsprutarna är att bända loss dem med en skruvmejsel; den andra skruvmejseln används som stöd

1 *Gammal packning till bränslemätarens kåpa*
2 *Bränsleinsprutare*

4 Demontera skruvar och låsbrickor som fäster bränslemätarens kåpa vid bränslemätaren. Notera hur de korta skruvarna är placerade **(se bild)**.

5 Demontera bränslemätarens kåpa.

Varning: Dränk inte in bränslemätaren i lösningsmedel. Det kan skada tryckregulatorns membran och packning.

6 Bränslemätarens kåpa innehåller bränsletryckregulatorn. Regulatorn är förinställd och igenpluggad på fabriken. Om den går sönder kan den inte repareras. Den måste bytas som en komplett enhet.

Varning: Ta inte bort skruvarna som fäster tryckregulatorn vid bränslemätarens kåpa. Den innehåller en stor, starkt sammantryckt fjäder. Om den lossas oavsiktligt kan den orsaka skada. Isärtagningen kan även orsaka bränsleläckage mellan membranet och regulatorbehållaren.

7 Låt den gamla bränslemätarkåpan sitta kvar för att förhindra skador på delningsplanet och bänd försiktigt loss varje insprutare från bränslemätaren med en skruvmejsel tills den kan lyftas bort **(se bild)**.

Varning: Demontera insprutaren mycket varsamt för att inte skada de elektriska anslutningarna, insprutarens bränslefilter, O-ringen och munstycket.

8 Bränslemätaren bör tas bort från spjällhuset om den behöver rengöras. Lossa den genom att demontera bränsletillförsel- och retur-

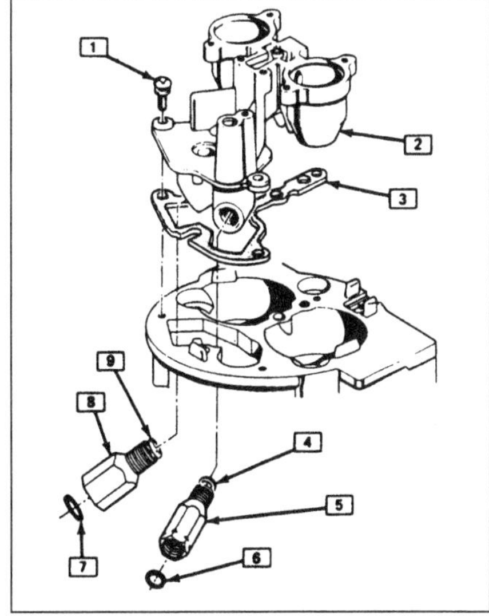

19.8 Komponenter i bränslemätaren - sprängskiss

1 *Skruv*
2 *Bränslemätare*
3 *Packning*
4 *Packning vid utloppsmutter*
5 *Utloppsmutter*
6 *O-ring vid utlopp*
7 *O-ring vid inlopp*
8 *Inloppsmutter*
9 *Packning vid inloppsmutter*

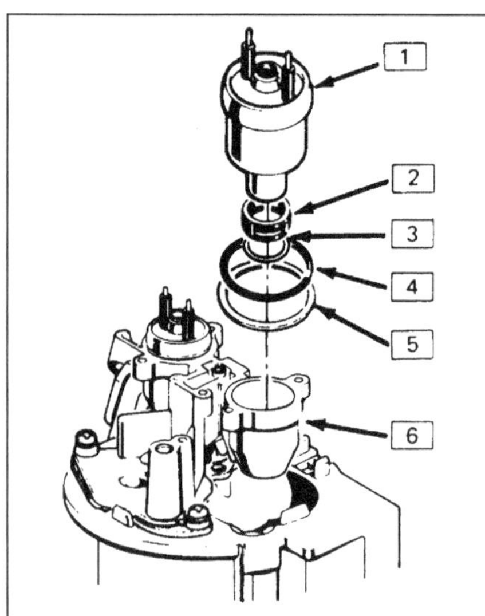

19.9 Demontera den stora O-ringen och backup-brickan av stål från varje insprutarsäte i bränslemätaren

1 Bränsleinsprutare
2 Filter
3 Liten O-ring
4 Stor O-ring
5 Backup-bricka i stål
6 Bränslemätare

ledningarna **(se bild)** samt Torx-skruvarna som fäster bränslemätaren vid spjällhuset.

9 Demontera den gamla packningen från bränslemätarens kåpa och kasta den. Demontera den stora O-ringen och stålbrickan från den övre försänkningen i varje bränslemätares insprutarhålighet **(se bild).** Rengör bränslemätaren noggrant med lösningsmedel och blås den torr.

10 Demontera den lilla O-ringen från varje insprutares munstycksände. Vrid insprutarens bränslefilter försiktigt framåt och bakåt och ta bort filtret från varje insprutares nederdel **(se bild).** Rengör filtret med lösningsmedel och låt det torka. Filtret är för litet och ömtåligt för att torkas med tryckluft.

Varning: Själva bränsleinsprutaren är en elektrisk komponent. Sänk inte ner den i lösningsmedel av något slag.

11 Bränsleinsprutarna går inte att reparera. Om de går sönder ska de bytas ut.

Ihopsättning

12 Montera det rena filtret till bränsleinsprutarens munstycke på änden av varje bränsleinsprutare med den större änden riktad mot insprutaren (filtret måste täcka den upphöjda ribban vid insprutarens nederdel). Vrid fast filtret mot varje insprutares nederdel.

13 Smörj in de nya små O-ringarna med automatväxellådsolja. Tryck fast en O-ring på varje insprutares munstycksände tills den trycker mot insprutarens bränslefilter.

14 Sätt in stålbrickorna i försänkningarna i bränslemätarens insprutarsäte.

15 Smörj in de nya stora O-ringarna med automatväxellådsolja och montera dem direkt över stödbrickorna. Se till att varje O-ring

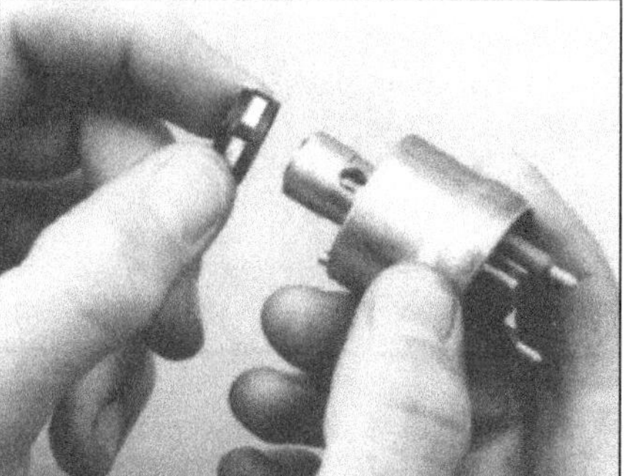

19.10 Vrid bränsleinsprutarens filter varsamt bakåt och framåt och dra försiktigt loss den från munstycket

sitter ordentligt i sätet, jäms med bränslemätarens gjutna överdel.

Varning: Backup-brickorna och de stora O-ringarna måste monteras före insprutarna, annars kan de stora O-ringarna bli felplacerade vilket kan leda till bränsleläckage.

16 Montera varje insprutare i sätet i bränslemätaren, rikta in den upphöjda klacken på insprutarens underdel mot det gjutna hacket i bränslemätarens säte. Tryck varje insprutare rakt nedåt med båda tummarna **(se bild)** tills de sitter ordentligt i varje säte. **Observera:** *Varje insprutares elektriska anslutning bör vara ungefärligt parallell med spjällhusets axel.*

17 Montera en ny packning till bränsleutloppspassagen på bränslemätarens kåpa och en ny packning till bränslemätarens kåpa på bränslemätaren.

18 Montera en ny dammtätning i sätet i bränslemätaren.

19 Montera bränslemätarens kåpa på bränslemätaren, se till att tryckregulatorns

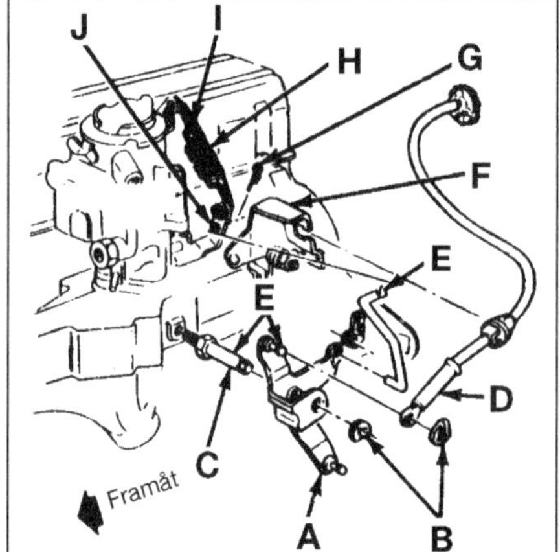

20.1A Vanlig montering av gasvajer på 6-cylindrig radmotor

A Arm
B Hållare
C Pinnskruv
D Gasvajer
E Smörjhål
F Stöd
G Hållare
H Yttre fjäder
I Inre fjäder
J Arm

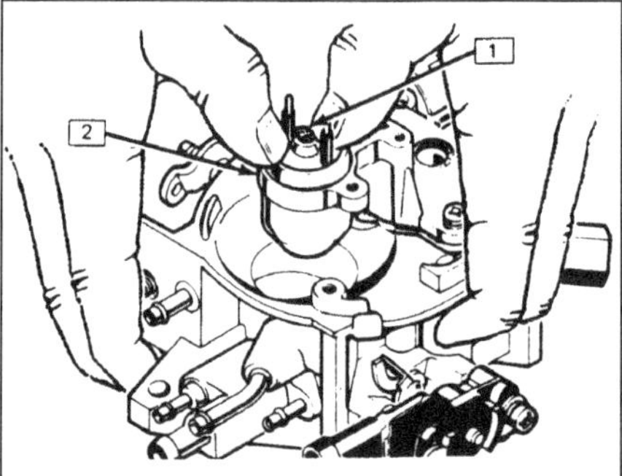

19.16 Tryck rakt ned med båda tummarna för att montera varje insprutare i bränslemätarens säte

1 Bränsleinsprutare
2 Bränslemätare

dammtätning och kåpans packningar är på plats.

20 Bestryk gängorna på bränslemätarkåpans skruvar med låsvätska. Montera skruvarna (de två korta skruvarna placeras bredvid insprutaren) och dra åt dem till angivet åtdragningsmoment. **Observera:** *Reparationssatser innehåller en liten tub med gängvätska tillsammans med bruksanvisning. Om sådan inte finns att tillgå, kan Loctite 262 (GM reservdelsnummer 1052624) eller motsvarande användas. Använd inte låsvätska med högre styrka än vad som rekommenderas, eftersom det kan försvåra kommande demontering av skruvarna eller göra så att skruvhuvudena går sönder om demontering blir nödvändig.*

21 Sätt tillbaka insprutarens kablage.

22 Montera luftrenaren.

20 Gaslänkage - byte

1 Arbeta i motorrummet, lossa länkaget från förgasaren, eller spjällhuset och dess fästen **(se bilder)**.

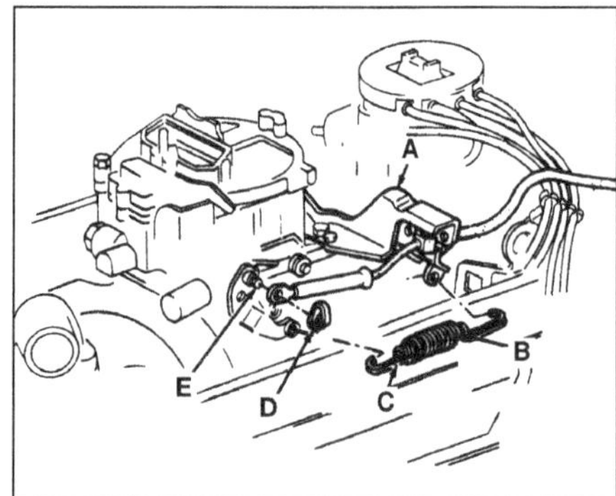

20.1b Vanlig montering av gasvajer på V6- och V8-motorer i senare årsmodeller

A Stöd
B Yttre fjäder
C Inre fjäder
D Fäste
E Kulled

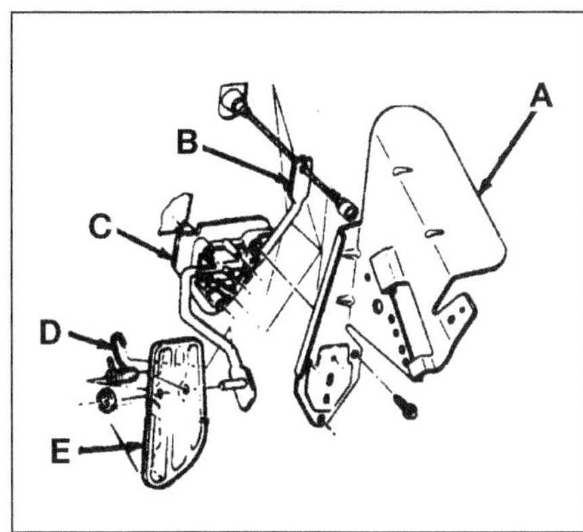

20.2 Vanlig montering av gaspedal på senare årsmodeller

A Förstärkning
B Arm
C Stöd
D Fjäder
E Pedal

2 Arbeta inne i bilen, lossa länkaget eller vajern från gaspedalen **(se bild)**.

3 Tryck ned läpparna och tryck ut huset genom öppningen i torpedväggen. Dra ut vajern ur motorrummet.

4 Montering sker i omvänd ordningsföljd. Kontrollera att länkaget är korrekt draget - det får inte vara för nära någon del av motorn som är rörlig eller kan vara varm. Se också till att kablarna inte är vikta eller klämda.

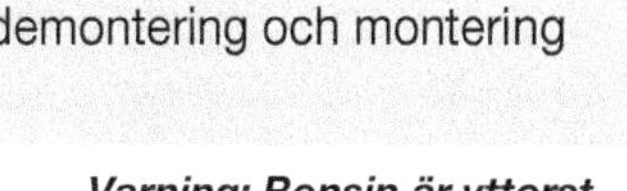

21 Bränsletank - demontering och montering

Varning: Bensin är ytterst lättantändligt, varför extra säkerhetsåtgärder ska vidtas vid arbete med bränslesystemet. Rökning, öppen eld eller nakna glödlampor bör aldrig förekomma nära arbetsplatsen.

1 För säkerhet och bekvämlighet bör bränsletanken om möjligt vara tömd innan den demonteras. Om det är möjligt bör bilen köras tills tanken är nästan eller helt tom. På grund av formen på vissa modellers bränsletankar går det inte att suga upp bränsle genom påfyllningshålet - den enda lösningen är att pumpa upp eller sifonera bränsle från bränsletillförselledningen.

2 Lossa batteriets negativa anslutning. Placera kabeln ur vägen så att den inte kan beröra batteriets negativa pol oavsiktligt, eftersom detta kan göra bilens elsystem strömförande.

3 Du kan behöva hissa upp bilen och stöda den ordentligt på pallbockar för att göra delarna som du ska arbeta med åtkomliga.

Varning: ARBETA INTE under en bil som stöds endast av domkraften.

4 Lossa den övre påfyllningshalsen och luftningsslangen **(se bild)**.

5 Lossa bränslemätarens slangar vid ramänden.

6 Stöd tanken med en garagedomkraft och ta bort tankens byglar **(se bild)**.

7 Sänk ned tanken och lossa bränslemätarens elkabel.

8 Montering sker i omvänd ordningsföljd.

22 Bränsletank - rengöring och reparation

1 Om bränsletanken är förorenad med rost eller avlagringar måste sådant avlägsnas och tanken rengöras.

2 När tanken har demonterats bör den spolas med varmt vatten och tvållösning. Skicka den helst till en kylarverkstad för kemisk spolning.

Varning: Den tomma bränsletanken får aldrig svetsas, lödas eller utsättas för reparation av något slag! Överlåt sådana arbeten till en verkstad.

3 Att använda tätningsmedel av kemisk typ för reparation av tanken medan den är monterad i bilen rekommenderas endast i nödfall. Tanken bör demonteras och överlämnas till en verkstad som kan utföra mer permanenta reparationer snarast möjligt.

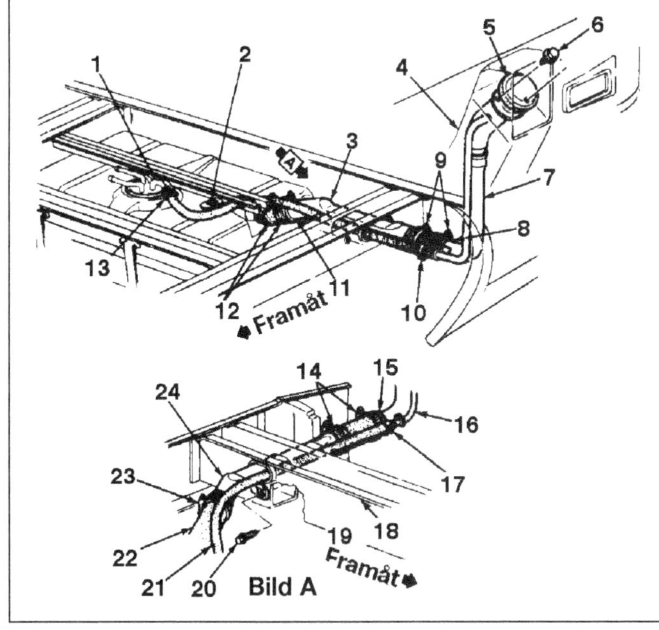

21.4 Vanlig bränslepåfyllningshals och slang

1 Bränslemätare
2 Mutter
3 Hals
4 Påfyllningshals
5 Lock
6 Skruv
7 Hals
8 Slang
9 Klämma
10 Klämma
11 Slang
12 Klämma
13 Klämma
14 Klämma
15 Slang
16 Hals
17 Klämma
18 Vänster sidobalk
19 Nedre hals
20 Skruv
21 Slang
22 Slang
23 Klämma
24 Hals

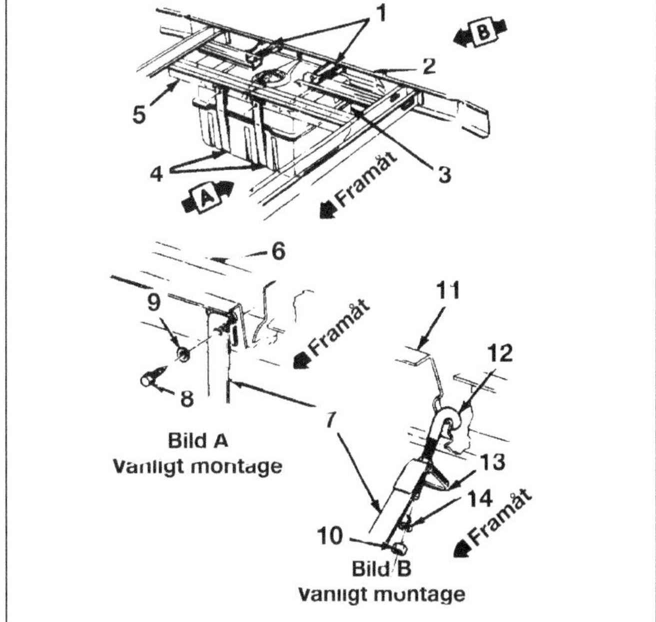

21.6 Vanlig montering av bränsletankens skruvar och byglar

1 Fästen
2 Bakre tvärbalk
3 Bränsletank
4 Band
5 Tvärbalk
6 Tvärbalk
7 Bygel
8 Skruv
9 Bricka
10 Mutter (13 Nm)
11 Bakre tvärbalk
12 Hake
13 Distans
14 Bricka

Notera: *Dra åt den övre muttern efter det att den undre muttern har dragits åt till angivet moment.*

4 Förvara aldrig en bensintank i ett stängt utrymme där bensinångor kan ansamlas vilket kan leda till explosion eller brand.

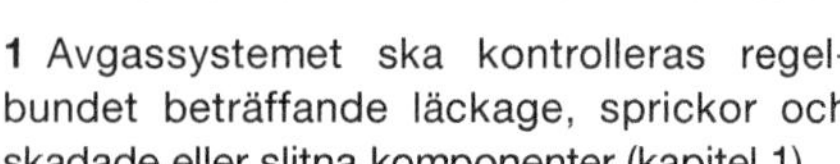

23 Avgassystem - byte av komponenter

1 Avgassystemet ska kontrolleras regelbundet beträffande läckage, sprickor och skadade eller slitna komponenter (kapitel 1).

2 Låt avgassystemet svalna i minst tre timmar innan kontroll utförs eller innan arbetet kan börja.

3 Hissa upp bilen och stöd den ordentligt med pallbockar.

Varning: ARBETA INTE under en bil som stöds endast av domkraften.

4 Komponenter i avgassystemet kan demonteras genom att värmesköldarna demonteras (i förekommande fall), skruvas loss och/eller lossas från hängarna och tas bort från bilen. Rören på båda sidorna om ljuddämparen måste sågas bort. Montera den nya ljuddämparen med avgasrörsklammor. Applicera rostlösningsolja och låt den verka en stund innan demontering, om delarna har rostat ihop.

5 Om någon del i avgassystemet har bytts ut ska en noggrann kontroll utföras beträffande läckage innan bilen körs igen.

Kapitel 5
Motorns elsystem

Innehåll

Svårighetsgrad

Enkelt, passar novisen med lite erfarenhet 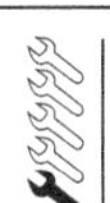	**Ganska enkelt,** passar nybörjaren med viss erfarenhet 	**Ganska svårt,** passar kompetent hemma-mekaniker 	**Svårt,** passar hemmamekaniker med erfarenhet 	**Mycket svårt,** för professionell mekaniker 

Specifikationer

Observera: *Nedanstående specifikationer har sammanställts av vid tidpunkten aktuell information. Om specifikationerna på avgasreningsdekalen (placerad i motorrummet) skiljer sig från nedanstående värden ska värdena på dekalen betraktas som korrekta.*

230 kubiktum	3769 cc
250 kubiktum	4097 cc
262 kubiktum	4293 cc
283 kubiktum	4638 cc
292 kubiktum	4785 cc
305 kubiktum	4998 cc
307 kubiktum	5031 cc
350 kubiktum	5735 cc
400 kubiktum	6555 cc

Laddningssystem

Drivremmens nedböjning	Se kapitel 1
Extern spänningsregulator (årsmodeller 1967 t o m 1972)	
Laddningsrelä	
Luftspalt	3,810 mm
Avstånd brytarkontakter	0,762 mm
Magnetiseringsspänning	2,3 till 3,7 volt
Spänningsregulator	
Luftspalt	1,702 mm
Avstånd brytarkontakter	0,356 mm
Spänningsinställning	13,8 till 14,8 volt (vid 30°C)

Tändsystem

Cylindernummer	Se kapitel 2
Tändföljd	
6-cylindriga radmotorer	1-5-3-6-2-4
V6-motor	1-6-5-4-3-2
V8-motor	1-8-4-3-6-5-7-2
Strömfördelarens rotation (alla)	Medurs
Elektrodavstånd	Se kapitel 1
Kamvinkel	Se kapitel 1
Kondensatorns kapacitet	0,18 till 0,23 mfd
Tändspole (med mekaniska brytarkontakter)	
Primär resistans	1,77 till 2,05 ohm
Sekundär resistans	3000 till 20 000 ohm
Resistor	1,35 ohm
Tändspole (med HEI-fördelare)	
Primär resistans	0,41 till 0,51 ohm
Sekundär resistans	3000 till 20 000 ohm
Resistor	0,43 till 0,68 ohm

Tändinställning (1967 t o m 1978)

Radmotorer

1967 t o m 1972	4° FÖD
1973	
250 kubiktum	6° FÖD
292 kubiktum	
Federal	4° FÖD
Kalifornien	8° FÖD
1974	8° FÖD
1975	
250 kubiktum	
manuell växellåda	6° FÖD
automatväxellåda	10° FÖD
292 kubiktum	8° FÖD
1976	
250 kubiktum	
Kalifornien	10° FÖD
automatväxellåda	10° FÖD
manuell växellåda	6° FÖD
292 kubiktum	8° FÖD
1977/1978	
250 kubiktum	
Federal/manuell växellåda	8° FÖD
Federal/automatväxellåda	12° FÖD
Kalifornien/manuell växellåda	6° FÖD
Kalifornien/automatväxellåda	10° FÖD
292 kubiktum	8° FÖD

V8-motorer

1967	4° FÖD
1968/1969	2° FÖD
1970/1971	
307 kubiktum	2° FÖD
350 kubiktum	
manuell växellåda	FÖD
automatväxellåda	4° FÖD
1972	
manuell växellåda	4° FÖD
automatväxellåda	8° FÖD
1973	
307 kubiktum	
manuell växellåda	4° FÖD
automatväxellåda	8° FÖD
350 kubiktum	
manuell växellåda	8° FÖD
automatväxellåda	12° FÖD

1974	
förgasare med 2 portar	8° FÖD
förgasare med 4 portar	
Federal/manuell växellåda	8° FÖD
Federal/automatväxellåda	12° FÖD
Kalifornien/manuell växellåda	4° FÖD
Kalifornien/automatväxellåda	8° FÖD
1975	
Lätt drift	6° FÖD
Tung drift	8° FÖD
Kalifornien	2° FÖD
1976	
förgasare med 2 portar	
manuell växellåda	2° FÖD
automatväxellåda	6° FÖD
förgasare med 4 portar	
Federal	8° FÖD
Kalifornien	6° FÖD
1977/1978	
305 kubiktum	8° FÖD
350 kubiktum	
förgasare med 2 portar (Federal)	8° FÖD
förgasare med 2 portar (Kalifornien)	6° FÖD
förgasare med 4 portar (Federal)	8° FÖD
förgasare med 4 portar (Kalifornien)	2° FÖD
400 kubiktum (lätt drift)	4° FÖD

Tändstift (1967 t o m 1978)

1967	
230/250 kubiktum radmotor	AC-46N (0,889 mm elektrodavstånd)
283 V8	AC-44 (0,889 mm elektrodavstånd)
1968	
250 kubiktum radmotor	AC-46N (0,889 mm elektrodavstånd)
307 kubiktum V8	AC-44S (0,889 mm elektrodavstånd)
1969	
250 kubiktum radmotor	AC-R46N (0,889 mm elektrodavstånd)
307 kubiktum V8	AC-R44 (0,889 mm elektrodavstånd)
1970	
250/292 kubiktum radmotor	AC-R46T (0,889 mm elektrodavstånd)
307 kubiktum V8	AC-R45 (0,889 mm elektrodavstånd)
350 kubiktum V8	AC-R44T (0,889 mm elektrodavstånd)
1971	
250 kubiktum radmotor	AC-R46TS (0,889 mm elektrodavstånd)
292 kubiktum radmotor	AC-R44T (0,889 mm elektrodavstånd)
307/350 kubiktum V8	AC-R45TS (0,889 mm elektrodavstånd)
1972 t o m 1974	
250 kubiktum radmotor	AC-R46T (0,889 mm elektrodavstånd)
292 kubiktum radmotor	AC-R44T (0,889 mm elektrodavstånd)
307/350 kubiktum V8	AC-R44T (0,889 mm elektrodavstånd)
1975	
250 kubiktum radmotor	AC-R46TX (1,624 mm elektrodavstånd)
292 kubiktum radmotor	AC-R44TX (1,624 mm elektrodavstånd)
350 kubiktum V8	AC-R44TX (1,624 mm elektrodavstånd)
1976 t o m 1978	
250 kubiktum radmotor	AC-R46TS (0,889 mm elektrodavstånd)
292 kubiktum radmotor	AC-R44T (0,889 mm elektrodavstånd)
350 och 400 kubiktum V8	AC-R45TS (1,143 mm elektrodavstånd)

Tändinställning/tändstiftstyp/strömfördelare (1979 och 1980)

1979

250 kubiktum radmotor (Federal)	
strömfördelare nummer	1110717
centrifugalförställning	0° @ 1100 rpm, 14° @ 2300 rpm, 24° @ 4100 rpm
vakuumförställning	0° @ 102 mm-Hg, 18° @ 305 mm-Hg
tändinställning vid tomgång	10° FÖD
tändstift och elektrodavstånd	AC-R46TS (0,889 mm)

Tändinställning/tändstiftstyp/strömfördelare (1979 och 1980)

1979 (forts)

250 kubiktum radmotor (Kalifornien)
- strömfördelare nummer 1110749
- centrifugalförställning . . . . . 0° @ 1100 rpm, 7° @ 2300 rpm, 16° @ 4200 rpm
- vakuumförställning . . . . . 0° @ 102 mm-Hg, 10° @ 203 mm-Hg
- tändinställning vid tomgång . . . . . 10° FÖD
- tändstift och elektrodavstånd . . . . . AC-R46TS (0,889 mm)

250 kubiktum radmotor (Kalifornien)
- strömfördelare nummer 1110717
- centrifugalförställning . . . . . 0° @ 1100 rpm, 14° @ 2300 rpm, 24° @ 4100 rpm
- vakuumförställning . . . . . 0° @ 102 mm-Hg, 18° @ 305 mm-Hg
- tändinställning vid tomgång . . . . . 6° FÖD (manuell växellåda)/8° FÖD (automatväxellåda)
- tändstift och elektrodavstånd . . . . . AC-R46TS (0,889 mm)

292 kubiktum radmotor
- strömfördelare nummer 1110753
- centrifugalförställning . . . . . 0° @ 1100 rpm, 14° @ 2300 rpm, 24° @ 4100 rpm
- vakuumförställning . . . . . 0° @ 102 mm-Hg, 10° @ 203 mm-Hg
- tändinställning vid tomgång . . . . . 8° FÖD
- tändstift och elektrodavstånd . . . . . AC-R44T (0,889 mm)

305 kubiktum V8 (Federal)
- strömfördelare nummer 1103381
- centrifugalförställning . . . . . 0° @ 1200 rpm, 8° @ 2000 rpm, 20° @ 4200 rpm
- vakuumförställning . . . . . 0° @ 76 mm-Hg, 20° @ 191 mm-Hg
- tändinställning vid tomgång . . . . . 6° FÖD
- tändstift och elektrodavstånd . . . . . AC-R45TS (1,143 mm)

305 kubiktum V8 (Federal)
- strömfördelare nummer 1103374
- centrifugalförställning . . . . . 0° @ 1200 rpm, 8° @ 2000 rpm, 20° @ 4200 rpm
- vakuumförställning . . . . . 0° @ 102 mm-Hg, 16° @ 191 mm-Hg
- tändinställning vid tomgång . . . . . 6° FÖD
- tändstift och elektrodavstånd . . . . . AC-R45TS (1,143 mm)

305 kubiktum V8 (Federal)
- strömfördelare nummer 1103369
- centrifugalförställning . . . . . 0° @ 1200 rpm, 8° @ 2000 rpm, 20° @ 4200 rpm
- vakuumförställning . . . . . 0° @ 76 mm-Hg, 16° @ 165 mm-Hg
- tändinställning vid tomgång . . . . . 6° FÖD
- tändstift och elektrodavstånd . . . . . AC-R45TS (1,143 mm)

350 kubiktum V8
- strömfördelare nummer 1103375
- centrifugalförställning . . . . . 0° @ 1150 rpm, 17° @ 2900 rpm, 22° @ 4200 rpm
- vakuumförställning . . . . . 0° @ 102 mm-Hg, 10° @ 203 mm-Hg
- tändinställning vid tomgång . . . . . 4° FÖD
- tändstift och elektrodavstånd . . . . . AC-R44T (1,143 mm)

350 kubiktum V8 (Federal)
- strömfördelare nummer 1103372
- centrifugalförställning . . . . . 0° @ 1100 rpm, 12° @ 1600 rpm, 16° @ 2400 rpm, 22° @ 4600 rpm
- vakuumförställning . . . . . 0° @ 102 mm-Hg, 14° @ 203 mm-Hg
- tändinställning vid tomgång . . . . . 8° FÖD
- tändstift och elektrodavstånd . . . . . AC-R45TS (1,143 mm)

350 kubiktum V8
- strömfördelare nummer 1103302
- centrifugalförställning . . . . . 0° @ 1100 rpm, 12° @ 1600 rpm, 16° @) 2400 rpm, 22° @ 4600 rpm
- vakuumförställning . . . . . 0° @ 152 mm-Hg, 15° @ 305 mm-Hg
- tändinställning vid tomgång . . . . . 8° FÖD
- tändstift och elektrodavstånd . . . . . AC-R45TS (1,143 mm)

350 kubiktum V8
- strömfördelare nummer 1103339
- centrifugalförställning . . . . . 0° @ 1100 rpm, 12° @ 1600 rpm, 16° @ 2400 rpm, 22° @ 4600 rpm
- vakuumförställning . . . . . 0° @ 102 mm-Hg, 10° @ 203 mm-Hg
- tändinställning vid tomgång . . . . . 8° FÖD
- tändstift och elektrodavstånd . . . . . AC-R45TS (1,143 mm)

350 kubiktum V8 (Federal)
- strömfördelare nummer 1103353
- centrifugalförställning . . . . . 0° @ 1100 rpm, 12° @ 1600 rpm, 16° @ 2400 rpm, 22° @ 4600 rpm
- vakuumförställning . . . . . 0° @ 102 mm-Hg, 20° @ 254 mm-Hg
- tändinställning vid tomgång . . . . . 8° FÖD
- tändstift och elektrodavstånd . . . . . AC-R45TS (1,143 mm)

350 kubiktum V8 (Kalifornien)
strömfördelare nummer . . . 1103286
centrifugalförställning . . . 0° @ 1100 rpm, 12° @ 1600 rpm, 16° @ 2400 rpm, 22° @ 4600 rpm
vakuumförställning . . . 0° @ 102 mm-Hg, 18° @ 305 mm-Hg
tändinställning vid tomgång . . . 8° FÖD
tändstift och elektrodavstånd . . . AC-R45TS (1,143 mm)

1980

250 kubiktum radmotor (Federal)
strömfördelare nummer . . . 1110717/1110755
centrifugalförställning . . . 0° @ 1100 rpm, 14° @ 2300 rpm, 24° @ 4100 rpm
vakuumförställning . . . 0° @ 127 mm-Hg, 16° @ 292 mm-Hg
tändinställning vid tomgång . . . 10° FÖD
tändstift och elektrodavstånd . . . AC-R46TS (0,889 mm)

250 kubiktum radmotor (Kalifornien)
strömfördelare nummer . . . 1110747
centrifugalförställning . . . 0° @ 1100 rpm, 14° @ 2300 rpm, 24° @ 4100 rpm
vakuumförställning . . . 0° @ 102 mm-Hg, 15° @ 305 mm-Hg
tändinställning vid tomgång . . . 10° FÖD
tändstift och elektrodavstånd . . . AC-R46TS (0,889 mm)

250 kubiktum radmotor (Kalifornien)
strömfördelare nummer . . . 1110749
centrifugalförställning . . . 0° @ 1100 rpm, 7° @ 2300 rpm, 16° @ 4200 rpm
vakuumförställning . . . 0° @ 102 mm-Hg, 10° @ 203 mm-Hg
tändinställning vid tomgång . . . 10° FÖD
tändstift och elektrodavstånd . . . AC-R46TS (0,889 mm)

250 kubiktum radmotor (Kalifornien)
strömfördelare nummer . . . 1110717
centrifugalförställning . . . 0° @ 1100 rpm, 14° @ 2300 rpm, 24° @ 4100 rpm
vakuumförställning . . . 0° @ 102 mm-Hg, 18° @ 305 mm-Hg
tändinställning vid tomgång . . . 8° FÖD
tändstift och elektrodavstånd . . . AC-R46TS (0,889 mm)

292 kubiktum radmotor
strömfördelare nummer . . . 110753
centrifugalförställning . . . 0° @ 1100 rpm, 14° @ 2300 rpm, 24° @ 4100 rpm
vakuumförställning . . . 0° @ 102 mm-Hg, 10° @ 203 mm-Hg
tändinställning vid tomgång . . . 8° FÖD
tändstift och elektrodavstånd . . . AC-R44T (0,889 mm)

305 kubiktum V8 (Federal)
strömfördelare nummer . . . 1103381
centrifugalförställning . . . 0° @ 1200 rpm, 8° @ 2000 rpm, 20° @ 4200 rpm
vakuumförställning . . . 0° @ 76 mm-Hg, 20° @ 191 mm-Hg
tändinställning vid tomgång . . . 8° FÖD
tändstift och elektrodavstånd . . . AC-R45TS (1,143 mm)

305 kubiktum V8 (Federal)
strömfördelare nummer . . . 1103369
centrifugalförställning . . . 0° @ 1200 rpm, 8° @ 2000 rpm, 20° @ 4200 rpm
vakuumförställning . . . 0° @ 76 mm-Hg, 16° @ 165 mm-Hg
tändinställning vid tomgång . . . 6° FÖD
tändstift och elektrodavstånd . . . AC-R45TS (1,143 mm)

305 kubiktum V8 (Federal)
strömfördelare nummer . . . 1103369
centrifugalförställning . . . 0° @ 1200 rpm, 8° @ 2000 rpm, 20° @ 4200 rpm
vakuumförställning . . . 0° @ 76 mm-Hg, 16° @ 165 mm-Hg
tändinställning vid tomgång . . . 8° FÖD
tändstift och elektrodavstånd . . . AC-R45TS (1,143 mm)

350 kubiktum V8
strömfördelare nummer . . . 1103436
centrifugalförställning . . . 0° @ 1100 rpm, 12° @ 1600 rpm, 16° @ 2400 rpm, 22° @ 4600 rpm
vakuumförställning . . . 0° @ 76 mm-Hg, 10° @ 191 mm-Hg
tändinställning vid tomgång . . . 8° FÖD
tändstift och elektrodavstånd . . . AC-R45TS (1,143 mm)

350 kubiktum V8
strömfördelare nummer . . . 1103435
centrifugalförställning . . . 0° @ 1100 rpm, 12° @ 1600 rpm, 16° @ 2400 rpm, 22° @ 4600 rpm
vakuumförställning . . . 0° @ 76 mm-Hg, 16° @ 165 mm-Hg
tändinställning vid tomgång . . . 8° FÖD
tändstift och elektrodavstånd . . . AC-R45TS (1,143 mm)

Tändinställning/tändstiftstyp/strömfördelare (1979 och 1980)

1980 (forts)

350 kubiktum V8	
strömfördelare nummer	1103372
centrifugalförställning	0° @ 1100 rpm, 12° @ 1600 rpm, 16° @ 2400 rpm, 22° @ 4600 rpm
vakuumförställning	0° @ 102 mm-Hg, 14° @ 203 mm-Hg
tändinställning vid tomgång	8° FÖD
tändstift och elektrodavstånd	AC-R45TS (1,143 mm)
350 kubiktum V8	
strömfördelare nummer	1103339
centrifugalförställning	0° @ 1100 rpm, 12° @ 1600 rpm, 16° @ 2400 rpm, 22° @ 4600 rpm
vakuumförställning	0° @ 102 mm-Hg, 10° @ 203 mm-Hg
tändinställning vid tomgång	6° FÖD (Federal)/8° FÖD (Kalifornien)
tändstift och elektrodavstånd	AC-R45TS (1,143 mm)
350 kubiktum V8 (Federal)	
strömfördelare nummer	1103375
centrifugalförställning	0° @ 1150 rpm, 17° @ 2900 rpm, 22° @ 4200 rpm
vakuumförställning	0° @ 102 mm-Hg, 10° @ 203 mm-Hg
tändinställning vid tomgång	4° FÖD
tändstift och elektrodavstånd	AC-R44T (1,143 mm)
350 kubiktum V8 (Kalifornien)	
strömfördelare nummer	1103420
centrifugalförställning	0° @ 1800 rpm, 24° @ 4000 rpm
vakuumförställning	0° @ 254 mm-Hg, 10° @ 330 mm-Hg
tändinställning vid tomgång	6° FÖD
tändstift och elektrodavstånd	AC-R44T (1,143 mm)
350 kubiktum V8 (Federal)	
strömfördelare nummer	1103439
centrifugalförställning	0° @ 1100 rpm, 8° @ 1600 rpm,19° @ 3450 rpm
vakuumförställning	0° @ 102 mm-Hg, 14° @ 203 mm-Hg
tändinställning vid tomgång	4° FÖD
tändstift och elektrodavstånd	AC-R44T (1,143 mm)

Tändstiftstyp och elektrodavstånd (fr o m 1981)

Observera: *Specifikationer för tändsystem finns inte tillgängliga för senare årsmodeller, Se avgasreningsdekalen (placerad i motorrummet) eller bilens instruktionsbok.*

250 kubiktum L6	AC R45TS eller motsvarande @ 0,889 mm.
292 kubiktum L6	AC R44T eller motsvarande @ 0,889 mm.
262 kubiktum V6	
1984 t o m 1986	AC R43TS eller motsvarande @ 0,889 mm.
1987 och senare	AC CR43TS eller motsvarande @ 0,889 mm.
305 kubiktum V8	
1981 t o m 1983	AC R45TS eller motsvarande @ 1,143 mm.
1984 t o m 1986	AC R43TS eller motsvarande @ 1,143 mm.
1987 och senare	AC CR43TS eller motsvarande @ 0,889 mm.
350 kubiktum V8	
1981 t o m 1983	
lätt drift	AC R45TS eller motsvarande @ 1,143 mm.
tung drift	AC R44T eller motsvarande @ 1,143 mm.
1984 t o m 1986	
lätt drift	AC R43TS eller motsvarande @ 1,143 mm.
tung drift	AC R44T eller motsvarande @ 1,143 mm.
fr o m 1987	
med bränsleinsprutning	AC CR43TS eller motsvarande @ 0,889 mm.
med förgasare	AC R44T eller motsvarande @ 1,143 mm.

1 Tändsystem - allmän beskrivning och säkerhetsanvisningar

Allmän beskrivning

Tändsystemet består av tändningslås, batteri, tändspole, primära (lågspänning) och sekundära (högspänning) kretsar, strömfördelare och tändstift.

Tändsystem med mekaniska brytarkontakter

På modeller som tillverkades mellan 1967 och 1974 utgjordes standardutrustningen av ett tändsystem med mekaniska brytarkontakter. I detta system omvandlades primärkretsens lågspänning av tändspolen till sekundärkretsens högspänning genom att brytarkontakterna öppnades och stängdes. Spänningen riktades till aktuellt tändstift av fördelarlocket och rotorn. Varje gång rotorn riktas in mot en av anslutningarna i fördelarlocket (vilka är anslutna till tändkablarna) gör brytarkontakternas öppning och stängning att spänningen byggs upp och hoppar över elektrodavståndet vid tändstiftet. Gnistan vid tändstiftet tänder bränsle/luftblandningen i förbränningsrummet. Tändförställningen hanteras av en kombination av vakuummekanism och mekanisk förställningsmekanism som är inbyggda i strömfördelaren.

Högenergitändningssystem (HEI)

Senare årsmodeller är försedda med GMs version av elektronisk tändning som kallas HEI (högenergitändning). I vissa HEI-fördelare finns alla tändkomponenter samlade i samma enhet. Tändspolen finns i fördelarlocket och ansluts till rotorn via en resistansborste. På andra HEI-fördelare är tändspolen monterad separat.

Vissa HEI-system (tidiga modeller) använder vakuummekanismer och mekaniska förställningsmekanismer som är inbyggda i strömfördelaren medan andra (senare modeller) är utrustade med elektroniska komponenter som hanterar gnistförställning.

Säkerhetsanvisningar

HEI-systemets sekundär- (tändstifts-) kabel är en kolimpregnerad ledare som är innesluten i en gummikärna (8 mm) med ett yttre silikonhölje. Denna typ av kabel motstår mycket höga temperaturer och är en mycket bra isolator för HEI-systemets höga spänningsnivåer. Om byte behöver utföras, kontrollera att de nya kablarna är av samma typ som originalutrustningen (se kapitel 1).

Tändstiftsmuffar av silikon utgör en välsittande tätning på varje tändstift. Muffarna ska vridas ett halvt varv när de demonteras (mer information om tändstift finns i kapitel 1).

Varning: HEI-systemet genererar mycket höga spänningsnivåer varför stor försiktighet bör iakttas vid arbete med komponenter i tändsystemet. Dessa omfattar inte bara strömfördelare, tändspole och tändkablar utan också anslutande delar såsom tändstiftsanslutningar och testutrustning.

2 Batteri - demontering och montering

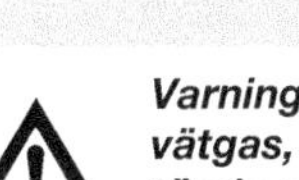

Varning: Batteriet genererar vätgas, varför öppen eld och tända cigaretter alltid måste hållas borta från batteriet. Bär alltid ögonskydd vid arbete i närheten av ett batteri. Skölj omedelbart bort eventuellt spilld elektrolytvätska med rikligt med rent vatten.

1 Batteriet är placerat på passagerarsidan i motorrummet.

Demontering

2 Lossa båda batterikablarna från anslutningarna.

Varning: Lossa alltid den negativa (-) kabeln först, och därefter den positiva (+).

3 Ta bort skruven och lossa hållaren **(se bild)**.

4 Lyft försiktigt ut batteriet ur hållaren.

Varning: Håll alltid batteriet i upprätt läge för att undvika att elektrolytvätskan spills ut. Om du spiller batterivätska på huden ska den omedelbart sköljas bort med rikligt med vatten.

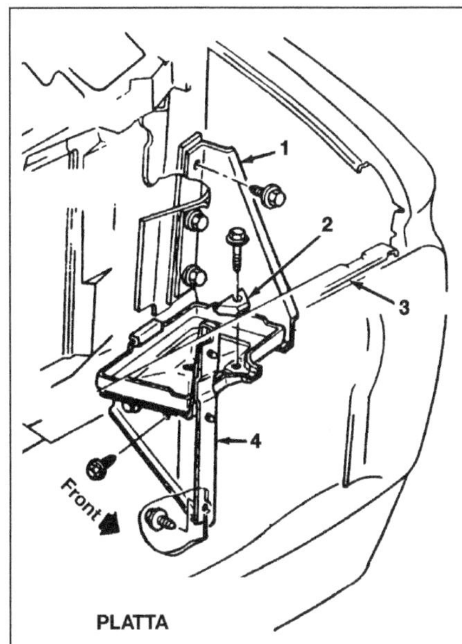

2.3 Batteriet måste hållas ordentligt på plats på batterihållaren med bygel och skruv - om batteriet rör sig kan det skadas

1 Yttre stöd
2 Hållare
3 Stänkplåt
4 Inre stöd

Montering

Observera: *Batteriets hållare och fästbyglar ska alltid vara rena och fria från oxidering innan batteriet sätts tillbaka. Hållaren ska vara i gott skick så att batteriet kan vila säkert på den, på jämn nivå. Kontrollera att ingenting ligger på hållaren innan batteriet sätts tillbaka.*

5 Sätt försiktigt tillbaka batteriet på batterihållaren. Vicka inte på batteriet.

6 Montera fästbygeln och skruven. Skruven bör sitta fast ordentligt. Om den dras åt för hårt kan den skada batterilådan.

7 Sätt tillbaka båda batterikablarna - först den positiva, därefter den negativa kabeln.

Observera: *Batteripoler och kabeländar ska vara rengjorda innan de ansluts (se kapitel 1).*

3 Batteri - starthjälp

1 Se avsnittet *Starthjälp* i början av denna handbok.

4 Batterikablar - kontroll och byte

1 Hela batterikabelns längd bör kontrolleras regelbundet beträffande skador, sprucken eller bränd isolering eller korrosion. Dåliga batterikabelanslutningar kan orsaka problem och ge reducerad körförmåga.

2 Kontrollera anslutningarna mellan kabel och pol vid kabeländarna beträffande sprickor, lösa trådar och oxidering. Vita, porösa beläggningar under isoleringen vid kabelns polanslutning är tecken på att kabeln är korroderad och ska bytas. Kontrollera anslutningarna beträffande skevhet, saknade skruvar eller muttrar samt oxidering.

3 Om endast den positiva kabeln ska bytas, kom ihåg att den negativa kabeln ska tas bort först från batteriet. ***Lossa alltid batteriets negativa kabel först, och sätt tillbaka den sist.***

4 Lossa och ta bort kabeln **(se bild)**. Kontrollera att utbyteskabeln har samma längd och diameter.

5 Avlägsna rost och oxidering från startmotorns eller jordanslutningens gängor med en borste. Stryk ett tunt lager vaselin på gängorna så att monteringen går lättare och framtida oxidering undviks.

6 Anslut en kabel till startmotorns anslutning eller jordanslutningen och dra åt muttern hårt.

7 Kontrollera, innan den nya kabeln ansluts till batteriet, att den når fram till polen utan att behöva sträckas.

8 Anslut först den positiva kabeln och därefter den negativa. Dra åt muttrarna och stryk ett tunt lager vaselin på poler och kabelanslutningar.

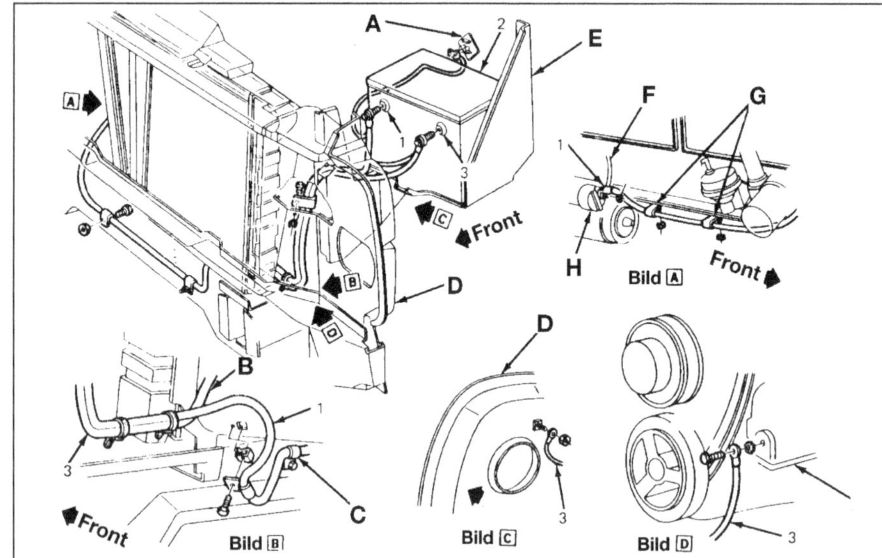

4.4 Detaljer i kabeldragning (typexempel)

A Förgreningsdosa
B Till jord
C Clips (kablage)
D Stänkplåt
E Batterihållare
F Motorkablage
G Clips (kablage)
H Startmotorsolenoid
1 Batterikabel - pos
2 Batteri
3 Batterikabel - neg

5 Tändsystem - kontroll

Varning: Stor aktsamhet bör iakttagas vid denna kontroll på grund av den mycket höga sekundärspänningen som genereras i tändsystemet - speciellt i högenergisystemet (HEI).

HEI-system

Kalibrerad tändningsprovare

1 Om motorn drar runt men inte startar ska tändkabeln lossas från något av tändstiften och anslutas till en kalibrerad tändningsprovare.

2 Jorda klämman på provaren till exempelvis ett metallfäste **(se bild)**, dra runt motorn och observera provarens ände för att se om klarblåa gnistor uppstår.

3 Om gnistor uppstår når tillräcklig spänning fram till tändstiften för att motorn ska kunna gå igång. Emellertid kan själva tändstiften vara smutsiga. Ta därför bort tändstiften och kontrollera dem enligt beskrivningen i kapitel 1, eller sätt dit nya tändstift.

4 Om ingen gnista uppstår, ta bort fördelarlocket och kontrollera lock och rotor enligt beskrivningen i kapitel 1. Om lock och rotor är fuktiga, använd elektronikspray för att torka dem, sätt sedan tillbaka fördelarlocket och upprepa gnistprovet.

5 Om fortfarande ingen gnista uppstår ska provaren anslutas till kabeln från tändspolen (detta prov kan inte utföras på bilar som har strömfördelare med inbyggd spole) varefter provet utförs på nytt.

6 Om ingen gnista uppstår, kontrollera primärledningarnas anslutningar för att se att de är rena och ordentligt åtdragna. Utför de reparationer som behövs och upprepa kontrollen.

7 Om gnistor uppstår nu kan fördelarlock, rotor, tändkabel/kablar eller tändstift vara defekta. Om fortfarande ingen gnista uppstår kan ledningen mellan tändspole och fördelarlock vara defekt. Om en ersättningsledning inte gör någon skillnad bör systemet kontrolleras på en auktoriserad verkstad eller annan verkstad.

Alternativ metod

Observera: *Om du inte kan få tag på en HEI-provare kan nedanstående metod användas för att fastställa om gnista uppstår i tändsystemet. Provet kan däremot inte fastställa huruvida det finns tillräcklig spänning för att starta förbränning.*

8 Ta bort tändkabeln från ett av tändstiften. Håll i kabeln med ett isolerat verktyg cirka 5 mm från en bra jordningspunkt. Låt en medhjälpare dra runt motorn.

9 Om klarblå, väldefinierade gnistor uppstår når tillräcklig spänning fram till tändstiften för att motorn ska starta. Emellertid kan själva tändstiften vara smutsiga. Ta därför bort tändstiften och kontrollera dem enligt beskrivningen i kapitel 1, eller sätt dit nya tändstift.

10 Om ingen gnista uppstår, kontrollera ytterligare en tändkabel på samma sätt. Några gnistor som inte följs av flera gnistor innebär samma tillstånd som ingen gnista alls.

11 Om ingen gnista uppstår, ta bort fördelarlocket och kontrollera lock och rotor enligt beskrivning i kapitel 1. Om lock och rotor är fuktiga, använd elektronikspray för att torka

5.2 Tändsystemet bör kontrolleras med en gnistprovare (vid pil) som är kalibrerad för HEI-spänning - om tändsystemet genererar en gnista som hoppar över provarens elektrodavstånd fungerar det normalt och motorn bör starta om tändstiften inte är smutsiga

dem, sätt sedan tillbaka fördelarlocket och upprepa gnistprovet.

12 Om fortfarande ingen gnista uppstår, lossa kabeln från fördelaren, håll kabeln cirka 5 mm från en bra jordanslutning och dra runt motorn igen (detta kan inte utföras på bilar med tändspolen inbyggd i fördelarlocket).

13 Om ingen gnista uppstår, kontrollera primärledningarnas anslutningar för att se att de är rena och ordentligt åtdragna. Utför de reparationer som behövs och upprepa kontrollen

14 Om gnistor uppstår nu kan fördelarlocket, rotorn, tändkabel/kablar, eller tändstift vara defekta. Om fortfarande ingen gnista uppstår kan ledningen mellan tändspole och fördelarlock vara defekt. Om en ersättningsledning inte gör någon skillnad bör systemet kontrolleras på en auktoriserad verkstad eller annan verkstad.

Brytarkontaktsystem

15 Följ samma arbetsmetod som beskrivits i steg 8 t.o.m 13 ovan.

16 Om gnistor uppstår efter det att anvisningarna i steg 13 utförts, kan fördelarlock, rotor, tändkabel/kablar eller tändstift vara defekta.

17 Om fortfarande ingen gnista uppstår kan ledningen mellan tändspole och fördelarlock vara defekt. Fortsätt enligt nedan om en ersättningsledning inte gör någon skillnad.

18 Se anvisningarna i kapitel 1, demontera fördelarlocket och kontrollera tändkontakterna.

19 Om kontakterna verkar vara i bra skick och primärkablarna är ordentligt anslutna och inte skadade ska kontakterna justeras och gnistkontrollen upprepas.

20 Om primärkretsen är komplett (batterispänning föreligger vid kontakterna), kontakterna är rena och ordentligt justerade och den sekundära tändkretsen fungerar korrekt, ska gnistor uppstå vid tändkablarna. Om fortfarande inga gnistor uppstår ska systemet kontrolleras av en auktoriserad verkstad eller annan verkstad.

6 Strömfördelare - demontering och montering

Demontering

1 Lossa den negativa anslutningen från batteriet. Om strömfördelaren ska demonteras för demontering av kamaxeln, ska transmissionskåpan demonteras först och tändmärkena riktas in (se kapitel 2A, avsnitt 10).

2 Lossa kabelnätets anslutningsdon som är fästa vid ledningarna som går till strömfördelaren, se därefter kapitel 1 och lossa fördelarlock och tändkablar. Placera dem åt sidan, ur vägen.

3 På modeller med vakuumförställning, lossa vakuumslangen från strömfördelaren.

4 Gör passmärken på strömfördelarens underdel och på motorblocket eller grenröret för att se till att strömfördelaren kan sättas tillbaka i samma relativa läge (och på så sätt undvika drastiska förändringar i tändtidpunkten).

5 Gör en markering på strömfördelaren strax under rotorns beröringspunkt. Detta säkerställer att när strömfördelaren har monterats tillbaka kommer rotorn att vara riktad mot samma tändkabel.

6 Ta bort strömfördelarens fästskruv och klämma, dra därefter strömfördelaren rakt uppåt för att separera den från motorn. Om den sitter fast kan du spruta rostlösande olja runt basen, vänta tills oljan verkar och strömfördelaren kan tas bort. Om rostlösande olja inte fungerar kan strömfördelaren brytas loss med en oljefilternyckel.

Varning: Vrid inte vevaxeln medan strömfördelaren är demonterad från motorn.

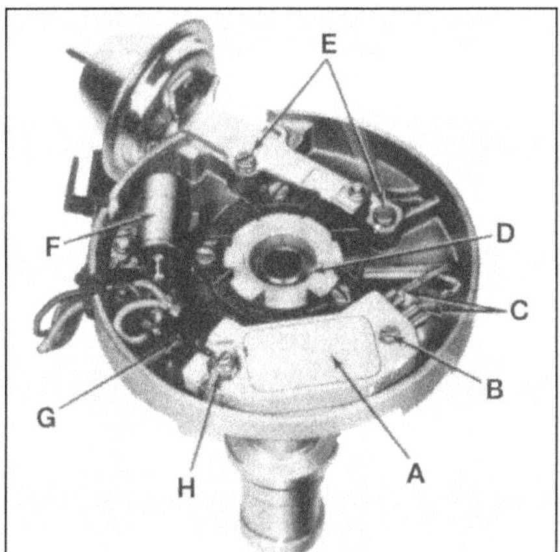

7.4 Anslutningsdonen är fästa vid enhetens båda ändar (vissa modeller) och skruvarna skruvas i strömfördelaren

A Tändenhet
B Styrenhet för tändningen
C Kablar
D Tunn C-bricka
E Skruvar till vakuumförställare
F Kondensator
G Modulanslutning
H Jordskruv

Montering

7 Kontrollera att O-ringen eller packningen vid strömfördelarens nederdel är i gott skick. Om den är skadad eller deformerad kan oljeläckage uppstå.

8 Vid montering av strömfördelaren (förutsatt att vevaxeln inte har rubbats), omplacera rotorn cirka ett åttondels varv medurs, förbi märket som du gjorde på strömfördelaren före demonteringen.

9 Tryck in strömfördelaren tills den är på plats. Kuggarna ska gå i ingrepp ordentligt och oljepumpens drivaxel måste gripa i änden på strömfördelarens axel. Rotorn ska rotera något när kuggarna går i ingrepp och stanna vid märket som gjordes när strömfördelaren demonterades.

10 Återstående steg sker på samma sätt som vid demonteringen men i motsatt ordningsföljd. Se till att märkena på strömfördelare och motorblock eller grenrör riktas in, och kontrollera tändtidpunkten (kapitel 1).

7 Tändmodul (HEI-tändning) - byte

Observera: *Strömfördelaren behöver inte demonteras från motorn vid byte av tändmodul.*

1 Lossa den negativa anslutningen från batteriet. Ta bort luftrenaren för att bereda utrymme för arbete runt strömfördelaren.

2 Ta bort fördelarlocket och ledningarna tillsammans och placera dem så att de inte är i vägen.

3 Ta bort skruvarna och lossa rotorn.

4 Lossa försiktigt ledningarna från anslutningarna på enheten **(se bild)**. Om ledningarna är fästa vid ett anslutningsdon av plast ska klämmorna lossas innan anslutningsdonet dras loss från anslutningarna. Om ledningarna är svåra att demontera kan det underlätta om enhetens skruvar först tas bort, enheten lossas och därefter dras loss från ledningarna.

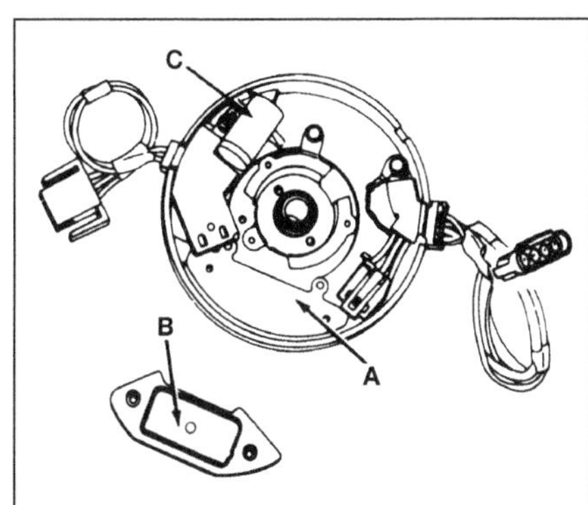

7.6 Stryk silikondielektriskt fett (som levererats med enheten) på den nya enhetens monteringsplatta

A Stryk på silikonsmörjfett här
B Tändenhet
C Kondensator

Varning: Dra inte i ledningarna - det kan skada anslutningsdonen.

5 Ta bort skruvarna och lyft ut enheten. **Observera:** *Enheten går bara att testa med specialutrustning. Om du misstänker att enheten är defekt ska den kontrolleras av en auktoriserad verkstad.*

6 Montering sker i omvänd ordningsföljd. Kom ihåg att stryka det silikondielektriska smörjfettet, som levereras tillsammans med den nya enheten, på strömfördelarens monteringsplatta **(se bild)** - ANVÄND INTE någon annan typ av smörjfett. Om fel smörjfett används kommer enheten att överhettas och förstöras.

8 Impulssensor (HEI-tändning) - kontroll och byte

1 Demontera strömfördelaren från motorn (avsnitt 6).

2 Lossa rotorns och impulssensorns ledningar från enheten enligt beskrivning i avsnitt 7.

Kontroll

3 Anslut en ohmmätare till varje anslutning på impulssensorns kontakt eller kabel och jorda den (en anslutning åt gången) **(se bild).** Ohmmätaren bör indikera oändlig resistans. Om så inte är fallet är sensorn defekt.

4 Anslut ohmmätaren mellan båda kontakterna eller kablarna på impulssensorns anslutningsdon. Anslut en vakuumförställningsenhet till strömfördelaren och tillför vakuum från en extern källa, observera ohmmätaren beträffande indikation på intermittent öppning (om vakuumenhet inte används kan ledningarna böjas för hand). Ohmmätaren bör indikera ett

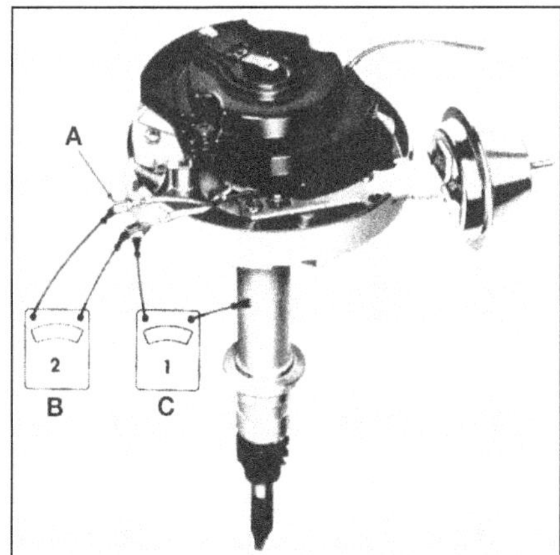

8.3 Vid kontroll av impulssensorn, anslut en ohmmätare till varje kabel, jorda den, en åt gången, och notera värdet på ohmmätaren (1). Vid den andra kontrollen (2) ska en ohmmätarledning anslutas till varje kabel på sensorn

A Lossa ledningarna från tändningens styrenhet
B & C Ohmmätare

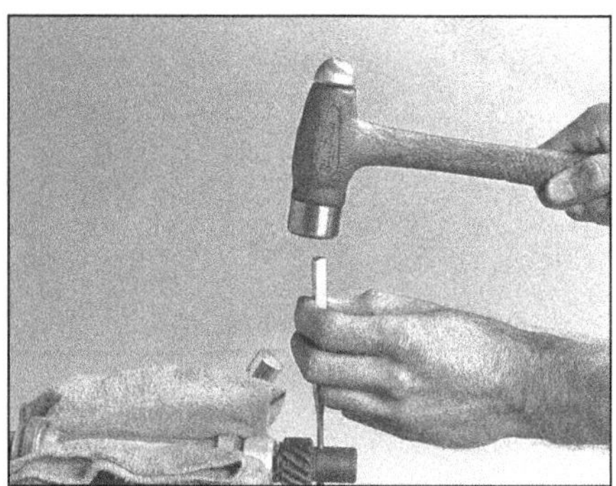

8.7 Placera strömfördelaren i ett bänkskruvstycke och driv ut låspinnen som låser drevet vid axelns underdel

stadigt värde inom området 500 till 1500 ohm när ledningarna böjs. Om så inte är fallet är sensorn defekt.

5 Om impulssensorn inte klarar någon test ska den bytas.

Byte

6 Märk strömfördelarens axel och drev så att de kan sättas ihop på motsvarande sätt.

7 Sätt fast strömfördelaraxelns hus i ett bänkskruvstycke och driv ut låspinnen med hammare och pinndorn **(se bild).**

8 Demontera drev och tungförsedd bricka, kontrollera sedan axeln beträffande filspån. Om inga filspån finns ska axeln dras loss från strömfördelaren.

9 Ta bort de tre skruvarna och separera magnetskölden **(se bild).**

10 Ta bort låsringen **(se bild)** och lossa impulssensorn.

11 Montera den nya impulssensorn och kontrollera att låsringen är på plats i spåret.

12 Montera axeln. Kontrollera att den är ren och väl smord.

13 Montera den tungförsedda brickan (med tungorna riktade uppåt), drevet och valstappen.

14 Vrid axeln för att kontrollera att tänderna på strömfördelarens axel inte vidrör tänderna på axeldelen på impulssensorn.

15 Om tänderna vidrör varandra, ska axeldelen lossas, justeras och dras åt igen så att kontakt undviks.

16 Montera strömfördelaren i motorn (avsnitt 6).

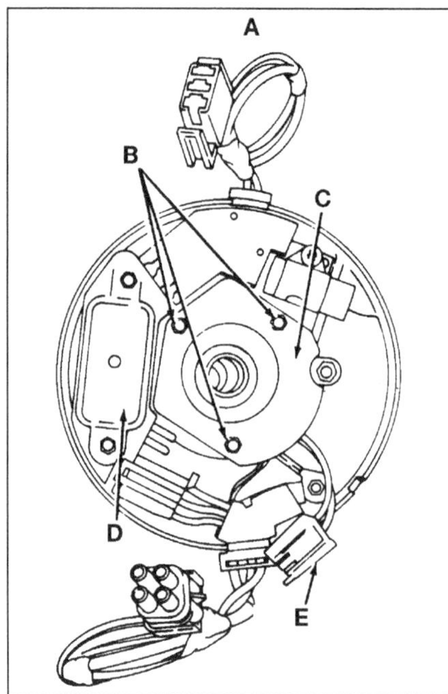

8.9 Ta bort de tre skruvarna som fäster magnetskölden vid strömfördelarens underdel, lossa skölden

A Demonterad axel
B Tre fästskruvar
C Magnetsköld
D Styrenhet för tändningen
E Impulssensorns ledningar från tändningens styrenhet

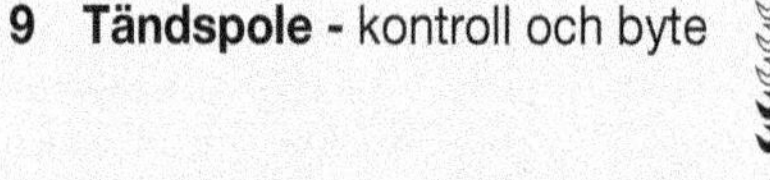

9 Tändspole - kontroll och byte

Separat tändspole (mekaniskt brytarkontaktsystem)

1 Märk upp ledningar och kontakter med etiketter, lossa därefter ledningarna från spolen. Kontrollera resistansen i primär- och sekundärkretsarna med en ohmmätare. Resistansen bör vara 1 eller 2 ohm i primärkretsen och 3 K till 20 K ohm i sekundärkretsen. Om kontrollen indikerar öppen krets eller kortslutning i tändspolen ska den bytas ut mot en ny genom att klämskruven lossas och spolen förs ut ur sitt fäste. Rengör fästet innan den nya tändspolen monteras, dra inte åt klämskruven för hårt.

Observera: *Elektriska delar kan vanligen inte returneras när de väl är köpta, så det är klokt att låta en verkstad bekräfta dina testresultat innan du inhandlar den nya tändspolen.*

8.10 Impulssensor och axeldel kan demonteras när låsringen försiktigt bänts loss

Separat tändspole (HEI-tändningssystem)

Kontroll

2 Kontrollera spänningen vid spolens batterianslutning med en testlampa eller voltmätare **(se bild)**. Tändningslåset ska vridas till On-läge. Om ingen spänning indikeras, kontrollera beträffande lösa anslutningar vid spole och tändningslås, och utför reparationerna som ska göras.

3 Lossa tändspolens kabelnätanslutning och anslut en ohmmätare enligt beskrivningen till Test 1 **(se bild)**. Om avläsningen är över 1 ohm ska tändspolen bytas ut mot en ny.

4 Om det avlästa värdet ligger mellan 0 och 1 ohm, ska en ohmmätare anslutas enligt beskrivningen till Test 2 **(se bild)**. Om det avlästa

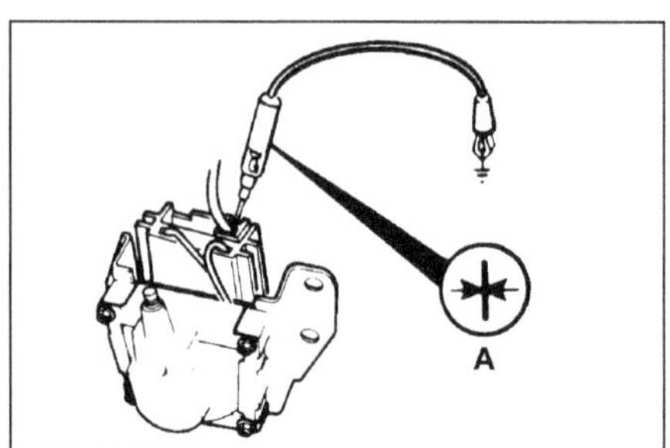

9.2 Kontrollera batterispänningen vid anslutningskontakten till tändspolens kabelnät på bilden - använd testlampa eller voltmätare

A Anslut testlampa till batterikabelns anslutning

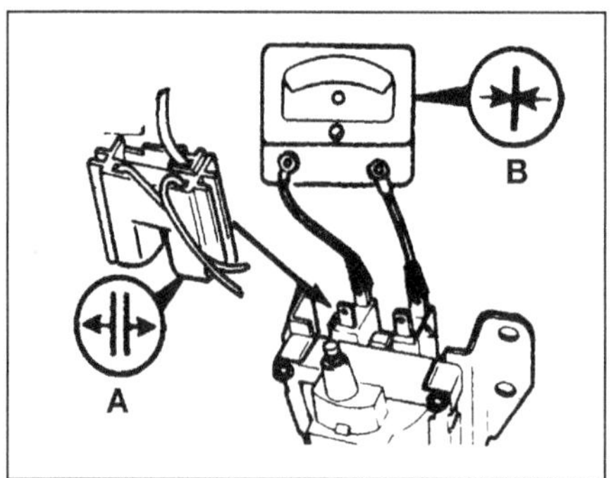

9.3 Resistansprov nr 1 för separat tändspole

A Ta bort anslutningsdon
B Anslut ohmmätare

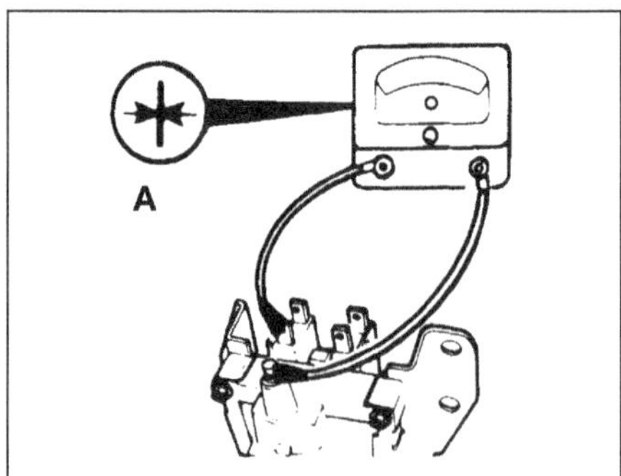

9.4 Resistansprov nr 2 för separat tändspole

A Anslut ohmmätare

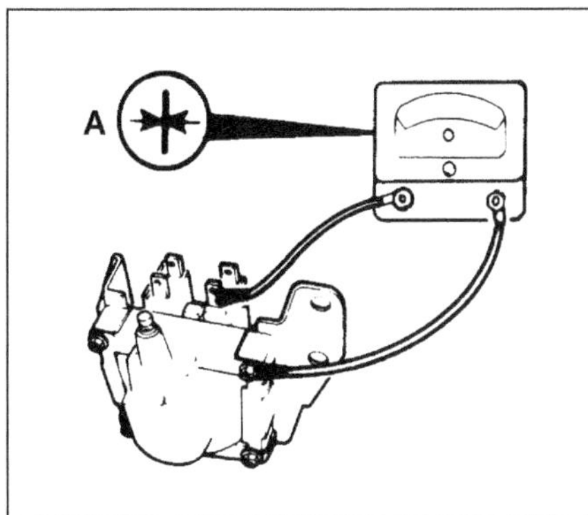

9.5 Resistansprov nr 3 för separat tändspole

A Anslut ohmmätare

9.11 Prov 1: Vid kontroll av tändspole som är inbyggd i fördelarlocket, anslut först en ohmmätare till varvräknar- och batterianslutningarna - avläsningen bör vara nästan eller exakt 0

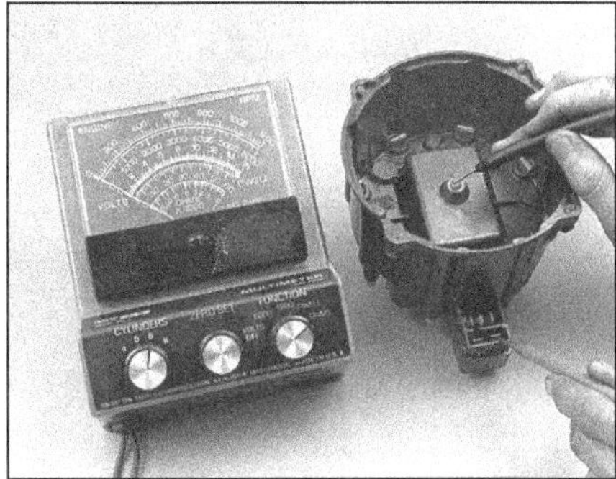

9.12A Prov 2: Anslut ohmmätaren mellan tändspolens varvräknarkontakt och den mellersta elektroden i strömfördelarlocket . . .

värdet är lägre än 6 000 ohm eller högre än 30 000 ohm ska tändspolen bytas mot en ny.

5 Om det avlästa värdet ligger mellan 6 000 och 30 000 ohm ska ohmmätarledningar anslutas enligt beskrivningen till Test 3 **(se bild)**. Om ohmmätaravläsningen ligger under oändlig resistans ska tändspolen bytas ut. Om det avlästa värdet är oändlig fungerar tändspolen.

Byte

6 Om det inte redan är gjort ska tändspolens högspänningskabel och primärkretsens kabelnätkontakt lossas.

7 Ta bort muttrarna och separera tändspolen från motorn.

8 Montering sker i omvänd ordningsföljd.

Modeller med tändspole i fördelarlock (HEI-tändsystem)

Kontroll

9 Lossa den negativa anslutningen från batteriet.

10 Demontera strömfördelarlocket.

11 Placera locket upp och ned så att du kan se flatkontakterna inuti huvan som skjuter ut från spollocket. Anslut en ohmmätare till de två yttre kontakterna **(se bild)**. Ohmmätaren bör visa ett resistansvärde på nästan 0. Om så inte är fallet ska tändspolen bytas ut.

12 Anslut ohmmätaren mellan varvräknarkontakten och den mellersta kontakten på strömfördelarlocket, notera ohmmätarens avläsning **(se bild)**. Flytta ohmmätarens ledning till jordanslutningen (den mellersta kontakten på den inre raden) **(se bild)** och låt den andra ledningen vara kvar på strömfördelarlockets mellersta kontakt. Kom ihåg att använda den höga skalan. Om ohmmätarens båda avläsningar visar oändlig resistans är tändspolen defekt.

Byte

13 Ta bort tändspolekåpans skruvar **(se bild)** och lyft bort kåpan.

14 Tryck försiktigt tändspolens stiftanslutning genom huvens överdel med en liten skruvmejsel **(se bild)**.

15 Ta bort tändspolens skruvar och lossa spolen tillsammans med ledningarna från fördelarlocket.

16 Ta bort isolatorn **(se bild)**.

17 Rengör tändspolens hus och resten av fördelarlocket med en mjuk trasa, kontrollera fördelarlocket beträffande defekter. Byt ut vid behov.

9.12B . . . anslut därefter ohmmätaren mellan strömfördelarlockets jordanslutning och den mellersta elektroden i strömfördelarlocket - om båda avläsningarna indikerar oändlig resistans ska tändspolen bytas

18 Montera isolatorn.

19 Montera den nya tändspolen och dra åt skruvarna ordentligt.

20 Placera kontakterna i rätt spår, montera därefter tändspolekåpan på fördelarlocket och dra åt skruvarna ordentligt.

21 Montera strömfördelarlocket.

22 Sätt tillbaka batteriets negativa anslutning.

9.13 Ta bort de båda skruvarna (vid pilarna) och lossa kåpan

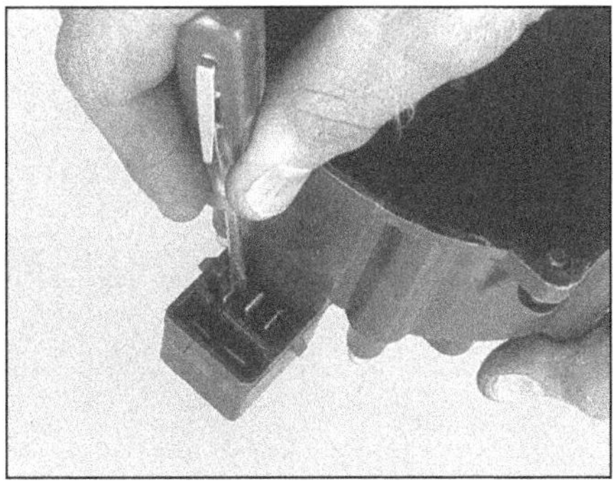

9.14 Innan tändspolen tas bort från locket ska flatstiftkontakten tryckas ut ur huven med en liten skruvmejsel

9.16 Ta bort tändspolens isolator från sätet i strömfördelarlocket

10 Laddningssystem - allmän beskrivning och säkerhetsanvisningar

Laddningssystemet omfattar generator, spänningsregulator och batteri. Tillsammans tillför dessa komponenter elektrisk ström till tändsystem, lysen, radio, etc. Generatorn drivs av en drivrem i motorns främre del.

Syftet med en spänningsregulator är att begränsa generatorns spänning till ett förinställt värde. Detta förhindrar spänningsvågor, överbelastning på kretsarna, etc., vid hög spänningsproduktion. På modeller tillverkade t.o.m 1972 är spänningsregulatorn monterad separat, medan den på senare modeller är placerad i generatorhuset.

Laddningssystemet kräver inte schemalagt underhåll. Dock bör drivremmar, ledningar och anslutningar kontrolleras vid samma intervall som föreslås i kapitel 1.

Var mycket försiktig vid arbete på det elektriska systemet och observera nedanstående säkerhetsanvisningar.

a) När anslutningar görs till generatorn från batteriet, se alltid till att de görs negativ-till-negativ, och positiv-till-positiv.

b) Innan bågsvetsningsutrustning används för reparation av någon del av bilen ska kablarna lossas från generatorn och batteriets poler.

c) Starta aldrig motorn om en batteriladdare är ansluten.

d) Lossa båda batterikablarna innan batteriladdare används.

Laddningslampan tänds när tändningsnyckeln vrids om och släcks när motorn är i gång. Om laddningslampan är tänd medan motorn är i gång tyder det på defekt i laddningssystemet.

11 Laddningssystem - kontroll

Observera: *Två typer av generatorer förekommer. Tidigare modeller använder SI-typen, medan senare modeller är utrustade med CS-typen. Du kan fastställa vilken typ av generator som finns på din bil genom att titta på fästanordningarna som är monterade på generatorhusets båda halvor. På samtliga CS-modeller används nitar istället för skruvar. CS-generatorerna kan renoveras om nitarna borras ut. Vi kan dock inte rekommendera detta förfarande. Praktiskt sett kan man säga att CS-generatorer inte är renoverbara och bör bytas mot nya eller renoverade enheter om de utvecklar defekter. Generatorer av CS-typ har inget testhål. Riktigt utförd testning kräver specialutrustning och bör utföras av en auktoriserad verkstad eller motorelektrisk verkstad.*

1 Om fel uppstår i laddningssystemet behöver man inte genast dra slutsatsen att det är generatorn som orsakar problemet. Kontrollera först nedanstående punkter:

a) Batterikablarna vid anslutningen till batteriet. Se till att anslutningarna är rena och ordentligt åtdragna.

b) Batterivätskans specifika vikt. Om den är låg ska batteriet bytas.

c) Kontrollera generatorns utvändiga kabelnät och anslutningar. Dessa måste vara i gott skick.

d) Kontrollera drivremmens skick och spänning (kapitel 1).

e) Se till att generatorns fästskruvar är ordentligt åtdragna.

f) Låt motorn vara igång och kontrollera om generatorn har ett onormalt ljud.

2 Kontrollera batterispänningen med en voltmätare när motorn är avstängd. Spänningen bör vara cirka 12 volt.

3 Starta motorn och kontrollera batterispänningen på nytt. Den bör nu vara cirka 14 till 15 volt.

4 Leta reda på testhålet i generatorns baksida och jorda tungan inuti hålet genom att sätta in ett skruvmejselblad och vidröra tungan och huset samtidigt **(se bild).**

Varning: Låt inte motorn vara igång med tungan jordad längre än vad som är nödvändigt för att få en avläsning på voltmätaren. Om generatorn laddar går den oreglerad under provet vilket kan överbelasta det elektriska systemet och skada komponenterna.

5 Avläsningen på voltmätaren bör vara 15 volt eller högre när tungan är jordad.

6 Om avläsningen visar låg batterispänning är generatorn defekt och bör ersättas med en ny (avsnitt 13).

7 Om det avlästa spänningsvärdet är 15 volt eller högre och generatorn inte laddar ligger felet i regulatorn eller fältkretsen. Demontera generatorn (avsnitt 13) och låt den kontrolleras av en motorelektrisk verkstad.

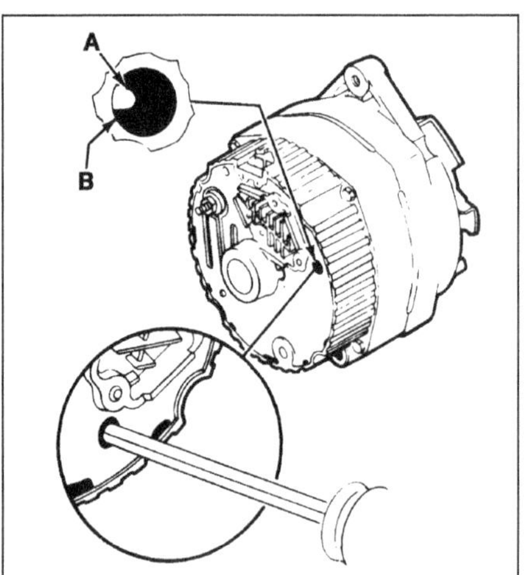

11.4 Leta reda på testhålet när tungan i generatorn ska jordas - testa inte för länge eftersom generatorn kan skadas!

A Tunga B Hål

12 Extern spänningsregulator - kontroll och byte

1 Om batteriet urladdas kan det bero på fel i spänningsregulatorn. Kontrollera först nedanstående punkter innan regulatorn undersöks:

a) Drivremmens spänning (kapitel 1).

b) Batteri och kablar (kapitel 1 och avsnitt 4).

c) Laddningskrets och anslutningar (avsnitt 10).

d) Kontrollera att lysen och andra elektriska tillbehör inte har lämnats på oavsiktligt.

2 Lossa batteriets negativa anslutning innan regulatorns kåpa demonteras. Regulatorkåpan är infäst med två skruvar.

3 Laddningsregulatorns kontakter får aldrig, under inga omständigheter, rengöras - slipverkande ämnen förstör kontaktmaterialet. Reläkontakts- och luftspaltjustering kan kontrolleras med bladmått för att få ungefärliga inställningsvärden.

4 Fältreläkontaktens öppning kan justeras genom böjning av stoppanslaget. Luftspalten kontrolleras när kontakterna vidrör varandra och justeras genom böjning av den platta kontaktfjädern **(se bild)**. **Observera:** *Fältreläet fungerar normalt tillfredsställande även om luftspaltens värde ligger utanför rekommenderade gränsvärden och bör inte justeras om systemet för övrigt fungerar normalt.*

5 Kontrollera att batteriets negativa anslutning har tagits bort innan regulatorn demonteras, lossa därefter ledningarna från regulatorn.

6 Lossa skruvarna och ta bort regulatorn från bilen.

7 Montering sker i omvänd ordningsföljd. Kontrollera att gummipackningen är ordentligt på plats i regulatorns bottendel.

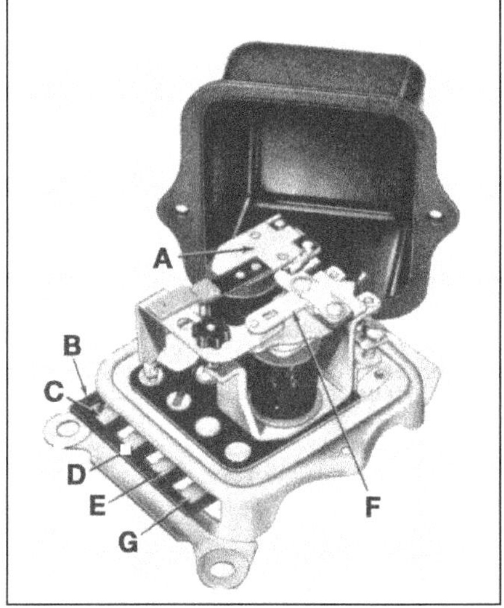

12.4 Den externa spänningsregulatorns komponenter

A Fältrelä
B Spärr
C F-anslutning
D Anslutning nr 2
E Anslutning nr 3
G Anslutning nr4
F Spänningsregulator

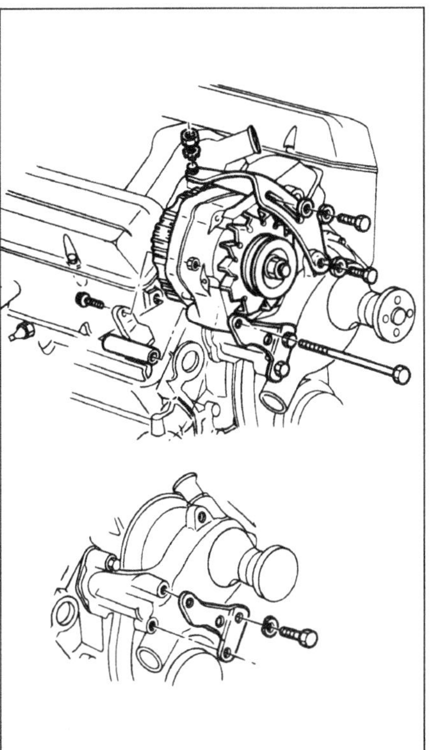

13.4a Monteringsdetaljer för generator i 6-cylindrig radmotor (typexempel)

13.4b Monteringsdetaljer för generator i V6- och V8-motorer (typexempel)

14.2 Gör märken på generatorns gavlar för att underlätta inriktningen vid ihopsättningen

14.5a Ta bort de tre skruvarna (vid pilarna) (tidig modell visad) . . .

13 Generator - demontering och montering

1 Lossa den negativa anslutningen från batteriet.

2 Lossa skruvarna och ta bort drivremmen (kapitel 1).

3 Lossa ledningarna från generatorns baksida. Om risk för förväxling föreligger ska ledningar och kontakter förses med etiketter.

4 Ta bort ledskruvar och justerskruvar **(se bilder)**.

5 Ta bort generatorn.

6 Montering sker i omvänd ordningsföljd. I kapitel 1 finns en beskrivning om justering av drivremmen. ANSLUT INTE batteriets jordkabel förrän ledningarna har anslutits till generatorns kontakter.

14 Generatorborstar - byte

Observera: *Denna procedur gäller endast generatorer i 10-S1-serien fr o m 1973.*

1 Demontera generatorn från bilen (avsnitt 13).

2 Rista, stansa eller måla märken på generatorns främre och bakre gavel för att underlätta vid ihopsättningen **(se bild)**.

3 Ta bort de fyra genomgående skruvarna som håller ihop de främre och bakre gavlarna, separera därefter drivdelen från likriktardelen.

4 Ta bort muttrarna som fäster statorns ledningar vid den bakre gaveln (likriktarbrygga) och separera statorn från gaveln.

5 Ta bort skruvarna som fäster regulator/borstar vid gaveln och lossa borsthållaren **(se bilder)**.

6 Ta bort borstbygeln för att demontera borstarna från hållaren **(se bild)**.

7 Ta bort fjädrarna från borsthållaren.

8 Montering sker i omvänd ordningsföljd.

9 När borstarna monteras i borsthållaren ska borsten som är närmast gaveln monteras först. Sätt in ett gem genom gavelns bakdel för att hålla fast borsten, sätt därefter in den andra borsten och tryck in gemet för att hålla fast båda borstarna medan ihopsättningen pågår **(se bild)**. Gemet bör inte tas bort förrän den främre och den bakre gaveln har skruvats ihop.

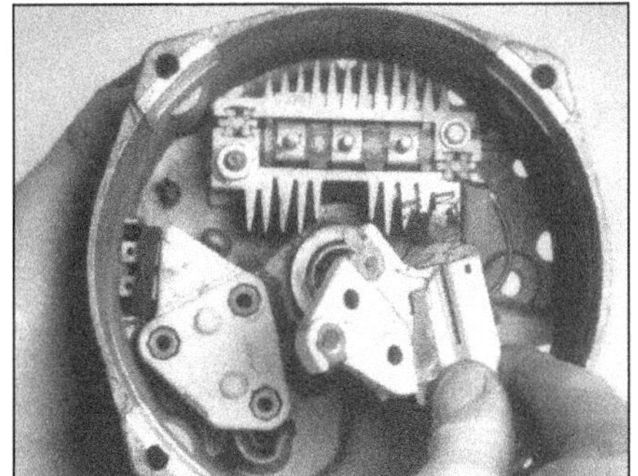

14.5b . . . och lyft ut borsthållaren (tidig modell visad)

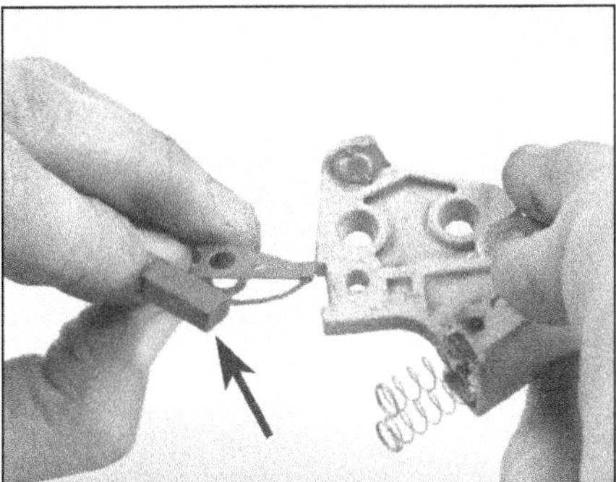

14.6 Borstarna kan separeras från hållaren och de nya monteras (tidig modell visad)

14.9 Sätt in ett gem genom hålet bredvid lagernavet (vid pil) så att borstarna hålls fast i indraget läge

15 Startsystem - allmän beskrivning

Startmotorsystemets funktion är att dra runt motorn. Startmotorsystemet består av startmotor, startsolenoid, kontakt och anslutande ledningar. Batteriet sänder elektrisk energi till startsolenoiden, när den stänger kretsen till startmotorn, vilken fysiskt drar runt motorn.

De elektriska kretsarna är konstruerade så att startmotorn endast drivs när kopplingspedalen är nedtryckt (manuell växellåda) eller när växelväljaren är i Park- eller Neutralläge (automatväxellåda).

Varning: Låt startmotorn gå i högst 30 sekunder, och låt den sedan svalna i minst två minuter. Om startmotorn får dra runt för länge kan den överhettas och skadas.

16 Startmotor - kontroll i bilen

Observera: *Se till att batteriet är fulladdat innan felsökning av startsystemet påbörjas.*

1 Om startmotorn inte går runt alls när tändningslåset vrids om, kontrollera att växelväljaren är i Neutral- eller Park-läge (automatväxellåda) eller att kopplingspedalen är nedtryckt (manuell växellåda).

2 Kontrollera att batteriet är laddat och att alla ledningar, såväl vid batteriet som vid startmotorsolenoidens anslutningar är ordentligt anslutna.

3 Om startmotorn går igång men inte orkar dra runt motorn är det kopplingen i startmotorn som slirar varför startmotorn måste demonteras från motorn och tas isär.

4 Om, när kontakten aktiveras, startmotorn inte fungerar alls men startmotorsolenoiden ger ifrån sig ett klickande ljud, ligger felet antingen i batteriet, startmotorsolenoidens kontakter eller själva startmotorn.

5 Om startmotorsolenoidens kolv inte kan höras när kontakten aktiveras är själva startmotorsolenoiden defekt eller solenoidens elektriska krets öppen.

6 Anslut en startsladd mellan batteriets positiva pol (+) och S-kontakten på startmotorsolenoiden när den ska kontrolleras. Om startmotorn nu fungerar är startmotorsolenoiden felfri och felet ligger i tändningslåset, neutralstartkontakten eller ledningarna.

7 Om startmotorn fortfarande inte fungerar ska startmotor och startmotorsolenoid demonteras för ytterligare prov och reparation.

8 Om startmotorn drar runt motorn alltför långsamt, kontrollera att batteriet är laddat och att alla anslutningar är rena och ordentligt åtdragna. Om det finns ett mekaniskt problem i motorn eller om motorolja med fel viskositet har använts drar startmotorn runt långsamt.

9 Låt motorn gå tills normal driftstemperatur har uppnåtts, lossa därefter tändspolens kabel från strömfördelarlocket och jorda den på motorn. På bilar med tändspole i fördelarlocket ska BAT-kabeln lossas från fördelarlocket.

10 Anslut en voltmätares positiva kabel till startmotorsolenoidens startmotoranslutning och den negativa kabeln till en bra jordanslutning **(se bild)**.

11 Aktivera tändningslåset och läs av voltmätarens värden så snart värdet blir stadigt. Låt inte startmotorn gå runt i mer än 30 sekunder utan uppehåll. Om avläsningen ligger på 9 volt eller mer, och startmotorn drar runt med normal hastighet är värdet normalt. Om avläsningen ligger på 9 volt eller mer men startmotorn drar runt långsamt, är motorn defekt. Om det avlästa värdet är lägre än 9 volt och startmotorhastigheten är långsam, är sannolikt solenoidens kontakter utbrända.

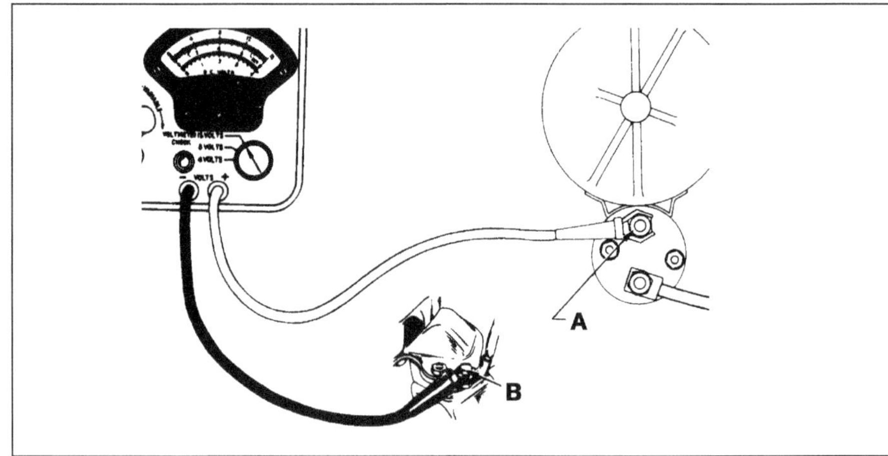

16.10 Anslutningar för voltmätare vid kontroll av startmotorns spänning

A Startmotoranslutning
B Jordanslutning på motorfäste

17.3 Startmotorsolenoidens anslutningar har ofta olika storlek för att underlätta montering av ledningarna till rätt anslutning

1 Batterikabelanslutning (+)
2 Anslutningen för elkabeln från tändningslåset
3 Startmotorns bandkabel

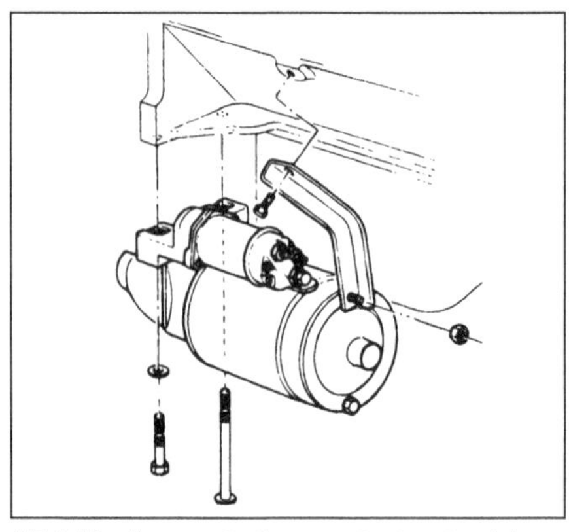

17.4 Vanlig montering av startmotor (vissa startmotorer har shims placerade mellan motorn och monteringsplattan - notera hur de är placerade och sätt tillbaka dem i respektive ursprungsläge)

17 Startmotor - demontering och montering

Demontering

1 Lossa batteriets negativa anslutning.

2 Hissa upp bilens framvagn och stöd den säkert på pallbockar. Dra åt parkeringsbromsen eller placera stoppklossar vid bakhjulen för att undvika att bilen rullar.

3 Arbeta under bilen, lossa kontaktledning och batterikabel från anslutningarna på solenoidens baksida **(se bild)**.

4 Ta bort fästet, i förekommande fall, samt skruvarna och lossa startmotorn **(se bild)**.

Montering

5 Sätt dit startmotorn och montera skruvarna löst.

6 Sätt dit fästet, i förekommande fall, och dra åt startmotorns skruvar ordentligt.

7 Fäst kontaktledningen och batterikabeln vid anslutningarna på solenoidens baksida.

8 Sänk ned bilen.

9 Anslut batteriets negativa kabel.

18 Startmotorsolenoid - demontering och montering

1 Demontera startmotorn (avsnitt 17).
2 Lossa bandkabeln från startmotorsolenoiden till startmotorn **(se bild 17.3)**.
3 Ta bort de två skruvarna som fäster startmotorsolenoiden vid startmotorn.
4 Vrid startmotorsolenoiden 90 grader medurs för att lossa flänsen från startmotorn **(se bild)**.
5 Startmotorsolenoiden kan normalt bytas som en hel enhet om den är defekt. Emellertid kan kåpan demonteras och kontaktringens läge ändras så att de brända ytorna flyttas bort från anslutningarna och dess funktion återställs **(se bild)**.
6 Kontrollera att returfjädern är på plats på kolven, sätt därefter in startmotorsolenoiden i startmotorhuset och vrid den moturs så att flänsen griper tag.
7 Montera de två skruvarna på startmotorsolenoiden och sätt tillbaka bandkabeln på startmotorn.

18.4 Vrid solenoiden medurs så att tungan lossnar, lyft därefter upp startmotorn

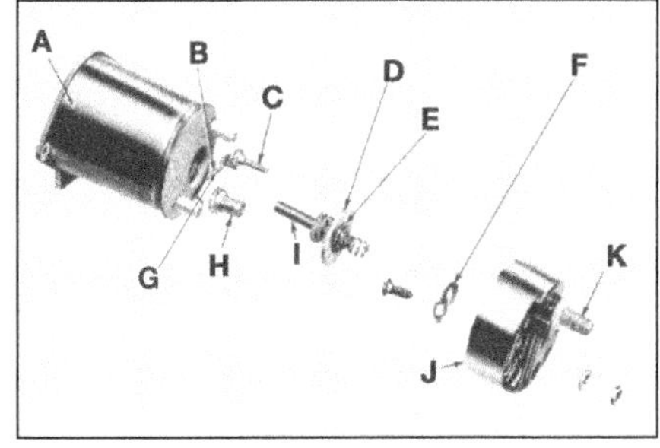

18.5 Startmotorns solenoid - sprängskiss

A Startmotor-solenoid
B Hållspole
C Kontaktanslutning
D Kontaktringar
E Fiberbricka
F Kontaktfinger
G Indragningsspole
H Bandkabel-anslutning
I Kolv
J Kåpa
K Batterianslutning

Anteckningar

Kapitel 6
Avgasreningssystem

Innehåll

Svårighetsgrad

Enkelt, passar novisen med lite erfarenhet 	**Ganska enkelt,** passar nybörjaren med viss erfarenhet 	**Ganska svårt,** passar kompetent hemma-mekaniker 	**Svårt,** passar hemmamekaniker med erfarenhet 	**Mycket svårt,** för professionell mekaniker

Specifikationer

Åtdragningsmoment

	Nm
Muttrar till katalysatorns avgasklamma	47
Syresensor	41
Motortemperaturgivare (EFE-system)	11

1 Allmän beskrivning

Ett antal avgasreningsanordningar är monterade på bilar av senare modell för att undvika att luften förorenas av ofullständigt förbrända och förångade gaser samt för att upprätthålla god körförmåga och god bränsleförbrukning. Dessa omfattar:

Elektronisk tändreglering (EST)
Elektroniskt tändstyrsystem (ESC)
Avgasåtercirkulation(EGR)
Sluten tankventilation (EECS)
Vevhusventilation (PCV)
Termostatstyrd luftrenare (Thermac)
Luftinblåsningssystem (AIR)
Tidig bränsleförångning (EVAP)
Pulsstyrd luftinblåsning (PAIR)
Växellådsstyrt tändsystem (TCS)
Styrning av gasspjällsretur (TRC)
Katalysator

Ovanstående system har installerats under olika år på olika modeller och motorutföranden. Vilka system som installerades på de olika modellerna berodde också på var bilen skulle marknadsföras.

De förekommande bränslesystemen (förgasare med två eller fyra portar och spjällhusinsprutning) har också medfört skillnader i de installerade systemen. Läs om systemen som beskrivs och illustreras i denna handbok och jämför dem med utrustningen på motorn i din bil för att kunna fastställa exakt vilka system som förekommer i din bil.

På senare modeller har vissa av systemen länkats, direkt eller indirekt, med det datorstyrda kontrollsystemet (CCC eller C3).

Avsnitten i detta kapitel innehåller generella beskrivningar, kontroller som hemmamekanikern kan utföra samt metoder för komponentbyte (när så är möjligt) för vart och ett av ovanstående system.

Innan du fastställer att fel föreligger i ett avgasreningssystem, ska bränsle- och tändsystemen kontrolleras ordentligt. För att kunna ställa diagnos på vissa avgasreningsanordningar krävs specialverktyg, specialutrustning och utbildning. Rådgör alltid med en auktoriserad verkstad om du känner att kontroller och reparationer är för komplicerade för dina förutsättningar.

Detta behöver inte betyda att avgasreningssystem är speciellt svåra att underhålla och reparera. Du kan själv snabbt och enkelt utföra många av kontrollerna och göra de flesta (om inte alla) av underhållspunkterna hemma med vanliga justerings- och handverktyg. **Observera:** *Det vanligaste avgasreningsproblemet är helt enkelt en lös eller trasig vakuumslang eller elanslutning, kontrollera därför alltid först slang- och elanslutningarna.*

Var speciellt uppmärksam på de särskilda säkerhetsanvisningarna i detta kapitel. Det bör noteras att illustrationerna av de olika systemen kanske inte exakt motsvarar systemet som är installerat i din bil på grund

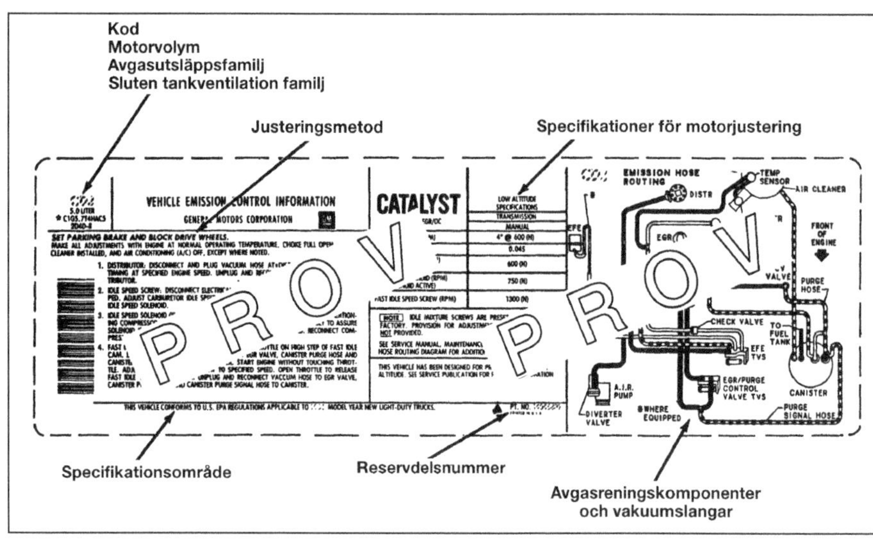

1.8 Avgasreningsdekalen ger information om motorns storlek, bilens avgasreningssystem, motorinställningsprocedurer och specifikationer, samt schematisk översikt för avgasreningskomponenter och vakuumslangar

av ändringar som gjorts av tillverkarna under produktionsförloppet från år till år.

På de flesta senare modeller finns en avgasreningsdekal placerad i motorrummet **(se bild)**. På denna dekal finns viktig information om avgasutsläppsspecifikationer och inställningsprocedurer, samt ett vakuumslangschema med markerade utsläppskomponenter. Vid underhåll eller reparation av motor- eller avgasreningskomponenter ska alltid avgasreningsdekalen i din bil kontrolleras beträffande aktuell information.

2 Datorstyrt kontrollsystem (CCC) och felkoder

Det datorstyrda kontrollsystemet (CCC) förekommer på senare modeller och består av en elektronisk styrenhet (ECM) samt ett antal givare vilka övervakar motorns olika funktioner och sänder information tillbaka till den elektroniska styrenheten, ECM **(se bilder)**.

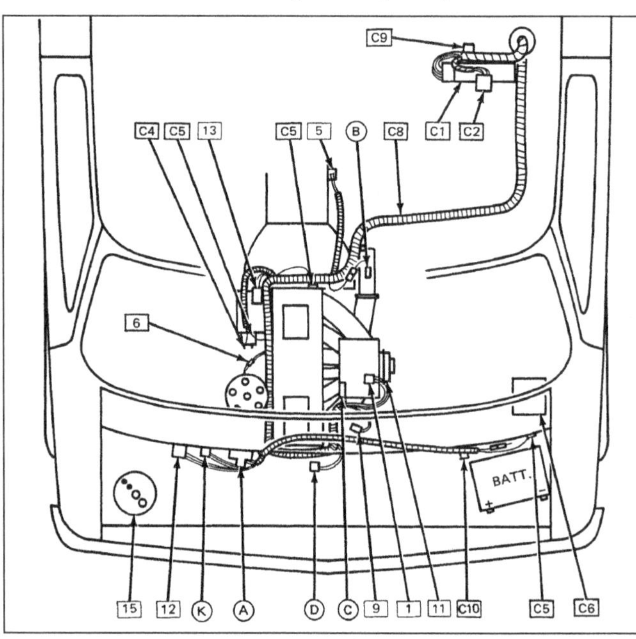

2.1a Placering av komponenter på vanlig 6-cylindrig radmotor

Datorsystem
C1 Elektronisk styrenhet (ECM)
C2 Anslutning för kommunikationslänk (ALCL)
C4 Systemspänning
C5 Systemjord
C6 Säkringspanel
C8 Datorkablage
C9 Lampstyrning
C10 Kamanslutning

Luft/bränslesystem
1 Blandningsstyrning

Styrsystem för växellådans momentomvandlare
5 Växellådans moment-omvandlaranslutning

Luftinblåsningssystem
9 Sekundärluftventil

Avgasåtercirkulation (EGR)
11 EGR-ventil
12 Solenoid till EGR-ventil

Styrsystem för bränsleångor
13 Kanisterventil
15 Förångningskanister

Tändsystem
6 EST-anslutning

Sensorer/givare
A Vakuumsensor
B Syresensor
C Spjällägesgivare
D Kylvätsketempgivare
K WOT-relä (manuell växellåda)

2.1b Placering av komponenter på vanlig V6-motor med Kalifornien-modellers avgasrening

Datorsystem
C1 Elektronisk styrenhet (ECM)
C2 Anslutning för kommunikationslänk (ALCL)
C3 Motorservicelampa
C5 ECM kablage jord
C6 Säkringspanel
C7 Lampstyrning
C10 Kamanslutning

Avgassystem (ej ECM-styrt)
N1 Vevhusventilation ventil (PCV)
N2 Bränsleförångningsventil (EFE)
N3 Retardationsventil
N4 Acceleratorpump solenoid
N8 Luftpump

ECM-styrda komponenter
1 Blandningsstyrning solenoid
5 Växellådans moment-omvandlaranslutning
6 Elektronisk tändreglering
7 ESC-modul
9 Sekundärluftventil
12 EGR-solenoid
17 Förångningskanister solenoid
18 Kickdown
18a Kickdown solenoid
E EGR-ventil

Informationsgivare
A Tryckfall i grenrör
B Syresensor
C Spjällägesgivare
D Kylvätsketempgivare
J ESC knacksensor

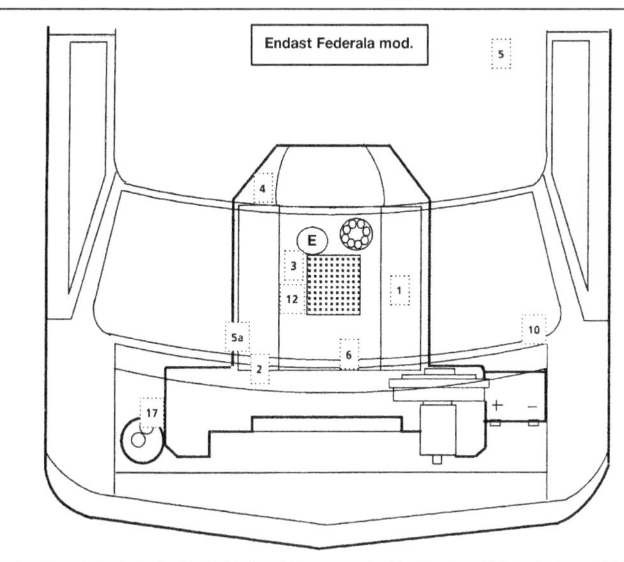

2.1c Placering av komponenter på vanlig V8 förgasarmotor med Federala modellers *(49-state)* avgasrening

Avgassystemkomponenter

1 Vevhusventilation ventil
2 Luftpump
3 Sekundärluftventil
4 Bränsleförångningsventil (EFE)
5 Elektroniskt tändstyrsystem (ESC) modul
5a ESC knacksensor
6 Retardationsventil
10 Säkringspanel
12 EGR-solenoid
17 Förångningskanister

E EGR-ventil

2.1d Placering av komponenter på vanlig V8-förgasarmotor med Kalifornien-modellers avgasrening

Datorsystem
C1 Elektronisk styrenhet (ECM)
C2 Anslutning för kommunikationslänk (ALCL)
C5 Systemjord
C6 Säkringspanel
C8 Datorkablage
C9 Lampstyrning
C10 Kamanslutning

Luft/bränslesystem
1 Blandningsstyrning

Styrsystem för växellådans momentomvandlare
5 Växellådans momentomvandlaranslutning

Luftinblåsningssystem
9 Sekundärluftventil

Avgasåtercirkulation
11 EGR-ventil
12 Solenoid till EGR-ventil

Styrsystem för bränsleångor
15 Förångningskanister

Tändsystem
C6 EST-anslutning

Givare/kontakter
A Vakuumsensor
B Syresensor
C Spjällägesgivare
D Kylvätsketempgivare
K WOT-relä

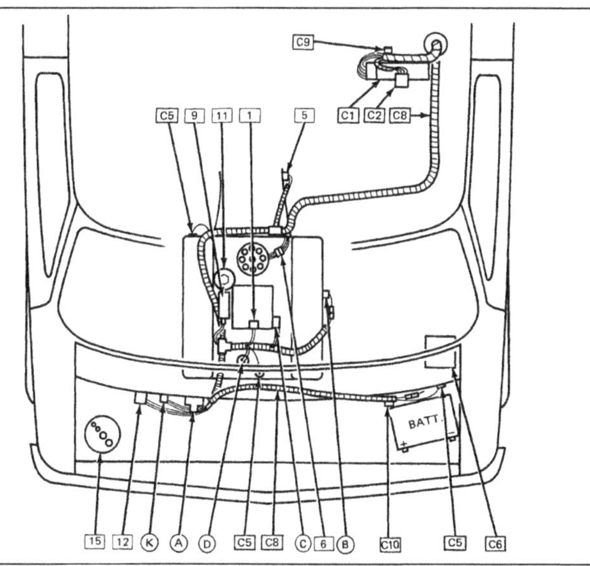

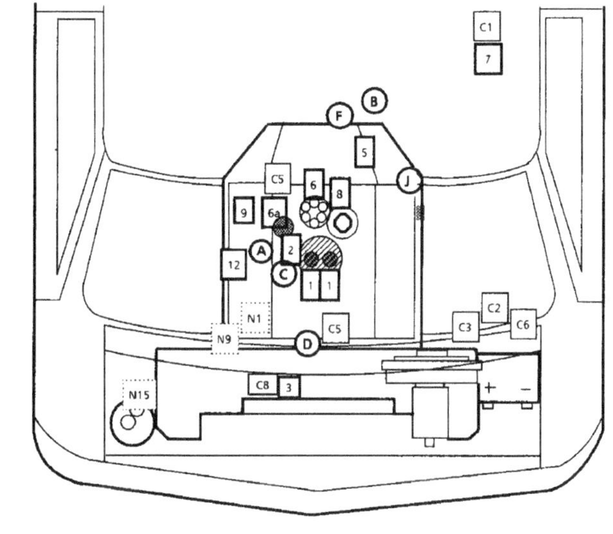

2.1e Placering av komponenter på vanlig V6-motor av senare modell (1992)

Datorstyrning
C1 Elektronisk styrenhet (ECM)
C2 Diagnostisk datalänk (ALDL)
C3 Motorservicelampa
C5 Jordanslutning för ECM
C6 Säkringsplint
C8 Bränslepumpens testanslutning

ECM-styrda komponenter
1 Bränsleinsprutare
2 Tomgångsstyrning (IAC)
3 Bensinpumprelä
5 Växellådsanslutning
6 Fördelare för elektronisk tändreglering (EST)
6a Tändspole
7 Elektroniskt tändstyrsystem (ESC) modul
8 Oljetryckvakt
9 Elstyrd luftkontroll (EAC) solenoid
12 EGR vakuumsolenoid

Avgassystemkomponenter (ej ECM-styrda)
N1 Vevhusventilation ventil (PCV)
N9 Luftpump
N15 Förångningskanister

Sensorer/givare i ECM-systemet
A Givare för absolut grenrörstryck (MAP)
B Syresensor
C Spjällägesgivare (TPS)
D Kylvätsketemperaturgivare
F Hastighetsgivare
J ESC knacksensor

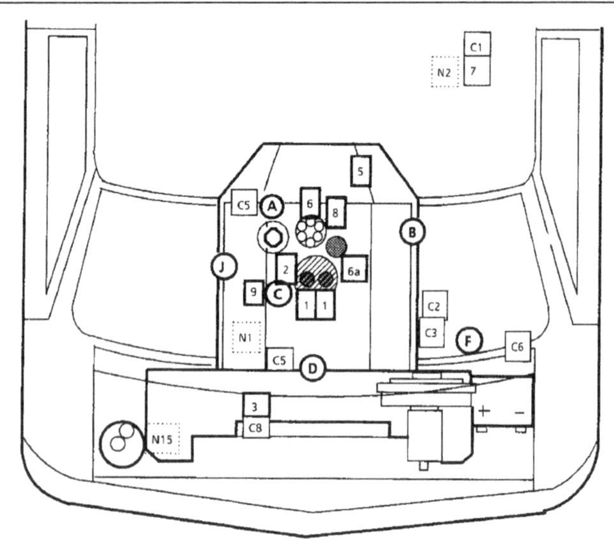

2.1f Placering av komponenter på vanlig V8-motor av senare modell (1992)

Datorstyrning
C1 Elektronisk styrenhet (ECM)
C2 Diagnostisk datalänk (ALDL)
C3 Motorservicelampa
C5 Jordanslutning för ECM
C6 Säkringsplint
C8 Bränslepumpens testanslutning

ECM-styrda komponenter
1 Bränsleinsprutare
2 Tomgångsstyrning (IAC)
3 Bensinpumprelä
5 Växellådsanslutning
6 Fördelare för elektronisk tändreglering (EST)
6a Tändspole
7 Elektronisk tändstyrning (ESC) modul
8 Oljetryckvakt
9 EGR vakuumsolenoid

Avgassystemkomponenter (icke ECM-styrda)
N1 Vevhusventilation ventil (PCV)
N15 Förångningskanister

Sensorer/givare i ECM-systemet
A Givare för absolut grenrörstryck (MAP)
B Syresensor
C Spjällägesgivare (TPS)
D Kylvätsketemperaturgivare
F Hastighetsgivare
J ESC knacksensor

2.1g Placering av komponenter på 4,3 liters V6-motor (fr o m 1993)

Datorstyrning
C1 Drivlinans styrmodul (PCM)
C2 Datalänkanslutning (DLC)
C3 Felfunktionslampa (MIL)
C5 PCM-kablagets jordanslutning
C6 Säkringsplint
C8 Bränslepumpens testanslutning

PCM-styrda komponenter
1 Bränsleinsprutare
2 Tomgångsstyrning (IAC)
3 Bensinpumprelä
5 Växellådsanslutning
6 Styrenhet för tändningen (IC)
6a Tändspole
8 Oljetryckvakt
11 EGR-ventil
12 EGR vakuumsolenoid
13 Luftkonditionering, lågtryckskontakt (tryckfördelning) (1994)
14 Luftkonditionering, högtryckskontakt (1994)

Sensorer/givare i PCM-systemet
A Givare för absolut grenrörstryck (MAP)
B Uppvärmd syresensor
C Spjällägesgivare (TPS)
D Kylvätsketemperaturgivare
F Hastighetsgivare
J Knacksensor

Icke styrda avgaskomponenter
N1 Vevhusventilation
N15 Förångningskanister

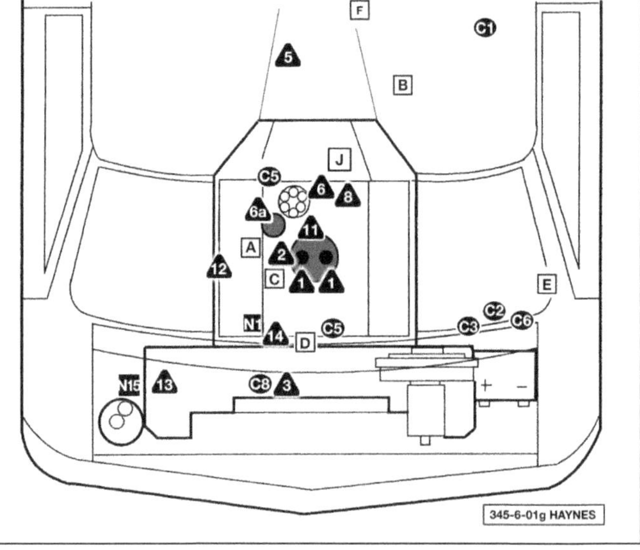

2.1h Placering av komponenter på vanlig V8-motor (fr o m 1993)

Datorstyrning (PCM)
C1 Drivlinans styrmodul (PCM)
C2 Datalänkanslutning (DLC)
C3 Felfunktionslampa (MIL)
C5 PCM-kablagets jordanslutning
C6 Säkringsplint
C8 Bränslepumpens testanslutning

PCM-styrda komponenter
1 Bränsleinsprutare
2 Tomgångsstyrning (IAC)
3 Bensinpumprelä
4 EGR-ventil
5 Växellådsanslutning
6 Tändstyrningsfördelare (IC)
6a Tändspole
8 Oljetryckvakt
9 EGR-solenoid
13 Luftkonditionering, lågtryckskontakt (tryckfördelning) (1994)
14 Luftkonditionering, högtryckskontakt (1994)

Sensorer/givare i PCM-systemet
A Givare för absolut grenrörstryck (MAP)
B Uppvärmd syresensor
C Spjällägesgivare (TPS)
D Kylvätsketemperaturgivare
E Hastighetsgivare buffert
F Hastighetsgivare
J Knacksensor (KS)

Icke styrda avgaskomponenter
N1 Vevhusventilation
N15 Förångningskanister

345-6-01h HAYNES

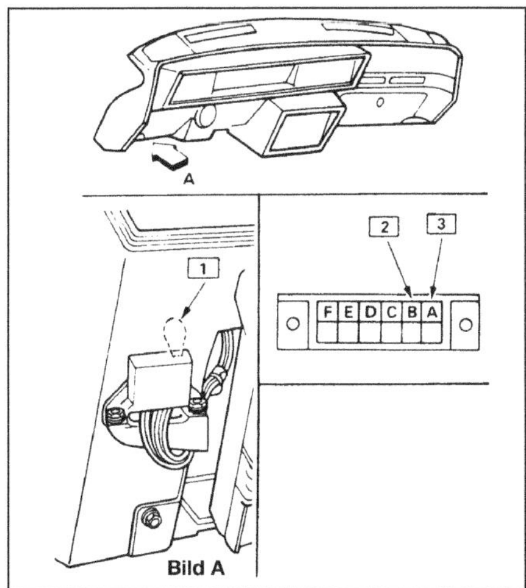

2.5a Anslutningsdon på tidig och. . .

1 *Förbindningstråd "B" till "A" för visning av diagnoskoder*
2 *Testanslutning*
3 *Jordanslutning*

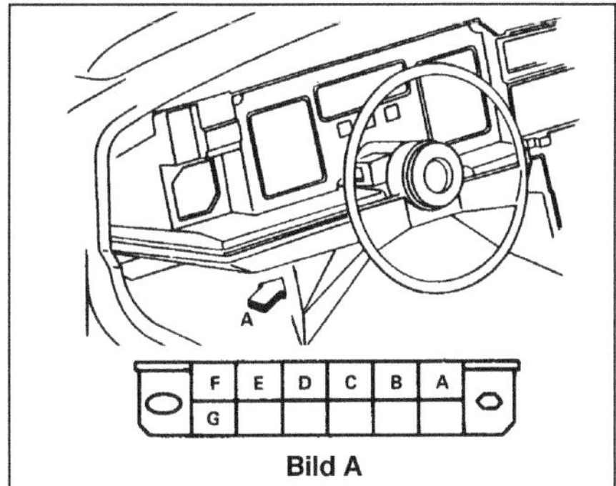

2.5b. . . sen modell för kommunikations- eller datalänk (ALCL/ALDL) - de två aktuella kontakterna är A (jord) och B (diagnos)

A *Jord*
B *Diagnosanslutning*
C *AIR*
D *C.E. lampa*
E *Seriellt data (se specialverktyg)*
F *TCC*
G *Bränslepump*

CCC-systemet är analogt med den mänskliga hjärnans centrala nervsystem: Givarna (nervändarna) återför hela tiden information till ECM (hjärnan), som behandlar uppgifterna och, vid behov, sänder ut kommandon för att ändra motorns (kroppens) driftsparametrar.

Här är ett specifikt exempel på hur en del av detta system fungerar: En syresensor som är placerad i avgasgrenröret, övervakar hela tiden syrehalten i avgaserna. Om procentsatsen syre i avgasen inte är korrekt, vilket indikerar en alltför mager eller fet blandning, sänds en elektrisk signal till ECM. ECM tar in denna information, behandlar den och skickar därefter ett kommando till bränsleinsprutningssystemet eller förgasarens blandningsstyrningsventil, som talar om hur luft/bränsleblandningen ska ändras. Detta sker på en bråkdel av en sekund och fortsätter kontinuerligt på samma sätt så länge bilen är i gång. Slutresultatet är en luft/bränsleblandning som alltid upprätthålls på ett förbestämt förhållande, oavsett körförhållanden.

Man kan tycka att ett system som styrs av en dator i bilen och innehåller elektriska givare kan vara svårt att diagnosticera. Det behöver det emellertid inte vara. CCC-systemet har en inbyggd diagnosanordning som visar fel som uppstår genom att blinka en felkod: Lampan *Check engine/Service engine soon* på instrumentpanelen. När varningslampan tänds under färd betyder det att ett fel har upptäckts i någon av givarnas kretsar eller i själva ECM. Det är viktigt att veta att felkällan är lagrad i den elektroniska styrenhetens minne.

Denna information kan hämtas från ECM-minnet med en kort förbindningstråd som jordar en diagnosterminal. Terminalen är en del av en ledningskontakt som kallas kommunikationslänk (ALCL) eller datalänk (ALDL) **(se bilder).** Länkarna ALCL/ALDL är placerade under instrumentpanelen, på den vänstra väggen (1983 årsmodeller) eller strax under instrumentpanelen, till vänster om mittkanalen (årsmodeller fr o m 1984).

Vid användning av länkarna ALCL/ALDL avlägsnar du plastkåpan genom att föra den mot dig. När anslutningsdonet är synligt, tryck den ena änden av förbindelsetråden in i diagnosterminalen (terminal B) och jorda den andra änden.

När diagnosterminalen är jordad med tändningen på och motorn avstängd går systemet in i diagnosläge. I detta läge visar ECM en kod, "Kod 12", genom att blinka lampan *Check engine/Service engine soon* vilket betyder att systemet är i drift. Kod 12 innebär helt enkelt en blinkning, som följs av en kort paus, därefter två blinkningar i snabb följd. Denna kod blinkar tre gången. Om ingen annan kod är inlagrad fortsätter Kod 12 att blinka tills diagnosterminalens jordanslutning tas bort.

När Kod 12 har blinkats tre gånger visar ECM andra felkoder som eventuellt lagrats. Varje kod blinkas tre gånger, varpå Kod 12 blinkas på nytt, vilket betyder att visningen av lagrade felkoder har avslutats.

När ECM ställer in en felkod tänds lampan *Check engine/Service engine soon* och felkoden lagras in i minnet. Om problemet är intermittent släcks lampan efter 10 sekunder, eller om felet försvinner. Felkoden stannar emellertid i ECM-minnet tills batterispänningen till ECM bryts. Om batterispänningen bryts i 10 sekunder raderas samtliga felkoder. Felkoder bör alltid raderas vid avslutad reparation.

Varning: Undvik att skada ECM genom att kontrollera att tändningslåset är i OFF-läge när strömmen till den bryts.

Nedan finns en förteckning över vanliga felkoder vilka kan förekomma vid diagnosticering av det datorstyrda kontrollsystemet.

Här finns även förenklade felsökningsprocedurer. Om ett problem inte försvinner när kontrollerna är genomgångna bör mer detaljerade felsökningar utföras av en auktoriserad verkstad.

Felkoder	Krets eller system	Sannolik orsak
Kod 12 (1 blinkning, paus, 2 blinkningar)	Ingen referenspuls från fördelaren	Koden blinkar när diagnosterminalen är referenspulsjordad, med tändningslåset vridet till "On" och motorn avstängd. Om ytterligare felkoder är lagrade i ECM kommer de att visas när denna kod har blinkats tre gånger. Om koden blinkar medan motorn är igång betyder det att inga referenspulser från fördelaren når fram till ECM.
Kod 13 (1 blinkning, paus, 3 blinkningar)	Syresensorns krets	Kontrollera om spjällägesgivaren fastnat. Kontrollera ledningar och anslutningar från syresensorn. Byt syresensor.
Kod 14 (1 blinkning, paus, 4 blinkningar)	Kylvätsketemperaturgivare	Om motorn överhettas måste felet åtgärdas innan kontrollen fortsätter. Kontrollera alla kablar och kontakter som är anslutna till kylvätsketemperaturgivaren. Byt givare*.
Kod 15 (1 blinkning, paus, 5 blinkningar)	Kylvätsketemperaturgivare	Se ovan, kontrollera sedan kabelanslutningarna vid ECM.
Kod 21 (2 blinkningar, paus, 1 blinkning)	Spjällägesgivare	Kontrollera om givaren har fastnat eller är feljusterad. Kontrollera alla kablar och anslutningar mellan givaren och ECM. Justera eller byt givare.
Kod 22 (2 blinkningar, paus, 2 blinkningar)	Spjällägesgivare	Kontrollera givarens inställning. Kontrollera ECM-kontakten. Byt givare.
Kod 23 (med förgasare) (2 blinkningar, paus, 3 blinkningar)	Blandningsventil	Orsakas av öppen krets eller kortslutning i blandningsventilens krets. Kontrollera alla kablar och kontakter.

Felkoder	Krets eller system	Sannolik orsak
Kod 23 (med EFI) (2 blinkningar, paus, 3 blinkningar)	Lufttemperaturgivare (IAT) eller krets	Låg temperatur visas. Orsakas av öppen krets i givare, anslutningar eller kablar. Kontrollera alla anslutningar och kablar.
Kod 24 (2 blinkningar, paus, 4 blinkningar)	Hastighetsgivare	Kretsfel bör endast visas när bilen är i rörelse. Bortse från Kod 24 om den registreras när drivhjulen inte roterar. Kontrollera anslutningarna till ECM. Kontrollera spjällägesgivarens inställning.
Kod 25 (2 blinkningar, paus, 5 blinkningar)	Lufttemperaturgivarens (IAT) krets	Hög temperatur visas. Orsakas av jordad givare eller krets. Kontrollera alla kablar och anslutningar.
Kod 28 (2 blinkningar, paus, 8 blinkningar)	Tryckvakt i inloppsrö, kontroll (bilar med 4L80-E växellåda)	Koden registreras när "illegala" tryckvaktskombinationer upptäcks av datorn. Tala med auktoriserad verkstad.
Kod 32 (3 blinkningar, paus, 2 blinkningar)	EGR-system	EGR-solenoiden bör inte slås till och vakuum bör inte nå fram till EGR-ventilen. Diagnoskontakten bör stängas vid cirka 5 cm vakuum. När vakuum tillförs bör kontakten stängas. Byt EGR-ventil*.
Kod 33 (fr o m 1987) (3 blinkningar, paus, 3 blinkningar)	MAP-sensor	Kontrollera vakuumslangarna från MAP-sensorn. Kontrollera de elektriska anslutningarna vid ECM. Byt MAP-sensor*.
Kod 34 (1984 t o m 1986) (3 blinkningar, paus, 4 blinkningar)	Tryckfallsgivare	Kontrollera givarens ledningar för att se om de är anslutna till (vakuum) givarens terminaler.
Kod 34 (fr o m 1987) (3 blinkningar, paus, 4 blinkningar)	MAP-sensor	Kod 34 registreras när signalspänningen från MAP-sensorn är för låg. ECM ersätter istället ett fast MAP-värde och använder spjällägesgivaren för styrning av bränsletillförsel. Byt MAP-sensor*.
Kod 35 (3 blinkningar, paus, 5 blinkningar)	Tomgångsstyrningssystem (IAC)	ECM har upptäckt fel i IAC-systemet.
Kod 41 (4 blinkningar, paus, 1 blinkning)	Inga referenspulser till ECM	Denna kod betyder inga fördelarreferenspulser vid vissa vakuumförhållanden. Med motorn på tomgång tillförs vakuum till VAC- eller MAP-sensorn, dra loss vakuumslangen. Om förändringen är under 1 volt föreligger fel i MAP- eller VAC-sensorns krets. Om spänningen ändras mer än 1 volt ska ledningar och anslutningar kontrolleras beträffande lösa eller jordade anslutningar.
Kod 42 (4 blinkningar, paus, 2 blinkningar)	Elektronisk tändreglering	Om bilen inte startar ska kablarna kontrolleras mellan HEI-enheten och EST och förbipasseringsterminalen (19 och 10 på modeller 1984 t o m 1986, B4 och D5 på 1987). Kontrollera beträffande dålig anslutning vid tändenheten. Kontrollera, och byt vid behov, HEI-enheten*.
Kod 43 (4 blinkningar, paus, 3 blinkningar)	Elektronisk tändstyrning	Kontrollera spänningen vid ECM A-B kontakt terminal L (1984 t o m 1986) eller vid A-B kontakt terminal B7 (1987). Den bör vara över 6 volt om inte systemet känner av tändningsknack. Gör kontroll beträffande lös anslutning. Byt ESC-sensor och/eller enhet*.
Kod 44 (4 blinkningar, paus, 4 blinkningar)	Mager avgas	Kontrollera ECMs terminaler 9 och 14 (1984 t o m 1986) eller D6 och D7 (1987). Låt någon kontrollera bränsletrycket. Kontrollera syresensorns kabel. Kontrollera packning till förgasare eller spjällhus, vakuumslangar och inloppsrörspackningar beträffande läckage. Byt syresensor*.
Kod 45 (4 blinkningar, paus, 5 blinkningar)	Fet avgas	Kontrollera kolkanistern och dess komponenter beträffande bränsletrycket. Kontrollera bränsletyckregulatorns vakuumslang om bränsle förekommer. Byt syresensor*.
Kod 51 (5 blinkningar, paus, 1 blinkning)	PROM	Se till att PROM är ordentligt monterad i ECM. Om alla stift är helt insatta i uttaget ska PROM bytas*. Radera minnet och gör ny kontroll. Om Kod 51 visas igen ska ECM* bytas.
Kod 52 (5 blinkningar, paus, 2 blinkningar)	Bränsle CALPAK	Kontrollera att CALPAK PROM är ordentligt monterad. Byt PROM*.
Kod 53 (5 blinkningar, paus, 3 blinkningar)	För hög systemspänning	Kod 53 registreras om spänningen vid ECM-kontakt B2 är större än 17,1 volt i två sekunder. Kontrollera laddningssystemet.
Kod 54 (1984 t o m 1986) (5 blinkningar, paus, 4 blinkningar)	Blandningsstyrning ventilkrets	Kod 54 registreras när spänningen är konsekvent för hög vid ECMs kontakt 18. Ta loss blandningsstyrningsventilens kontakt och kontrollera att det finns mer än 10 ohm vid ventilen. Om värdet är lägre än 10 ohm är ventil och ECM defekta.
Kod 54 (fr o m 1987) (5 blinkningar, paus, 4 blinkningar)	Bränslepumpkrets	Kod 54 registreras om spänningen vid kontakt B2 är lägre än 2 volt i 1,5 sekunder efter senaste referenspuls togs emot. Kontrollera bränslepumpens relä, krets och anslutningar. Kontrollera oljetryckvakten. Reparera eller byt defekta komponenter*.
Kod 55 (1984 t o m 1986) (5 blinkningar, paus, 5 blinkningar)	ECM- eller syresensorkretsar	Kod 55 betyder hög spänning vid syresensorn eller felaktig spänning mellan kontakterna 21 och 22 (ECM). Lossa testplugg och syresensor och låt motorn gå på tomgång i en minut. Om *Check Engine*-lampan tänds föreligger fel i syresensorkretsen. Om den inte tänds finns felet i ECM-kretsen.
Kod 55 (fr o m 1987) (5 blinkningar, paus, 5 blinkningar)	ECM	Se till att ECMs jordanslutningar är ordentligt gjorda. Om de är bra ska ECM* bytas.

**Komponentbyte löser inte alltid problemet. Sök därför råd från fackman innan reservdelar införskaffas.*

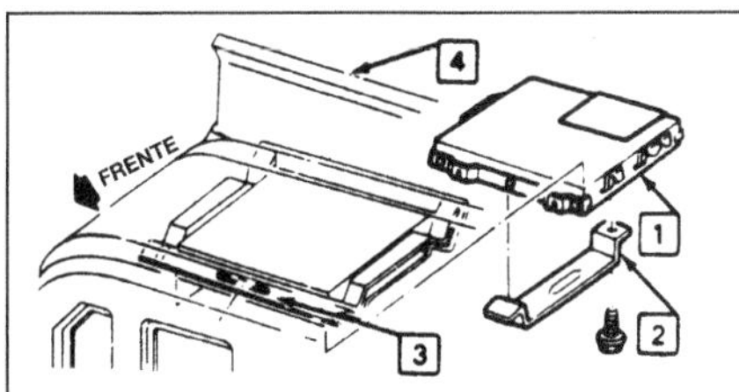

3.4a Montering av ECM på tidiga modeller

1 ECM *3 ECM-hus*
2 Hållare *4 Databox*

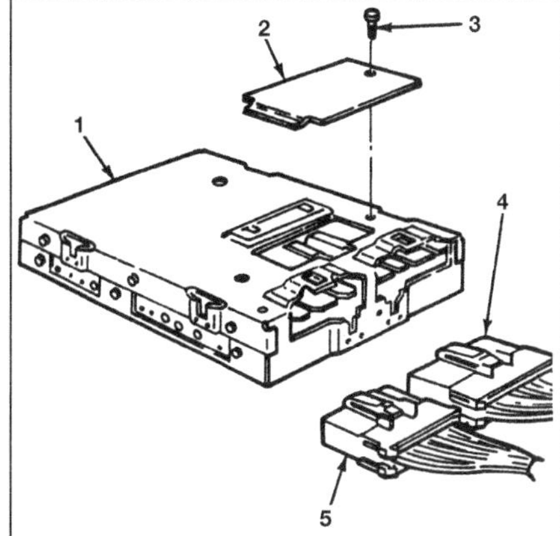

3.6a På tidigare årsmodeller är PROM-locket fäst med en skruv. . .

1 ECM *4 Numrerade kontaktdon*
2 Lock *5 Kontaktdon med bokstäver*
3 Skruv

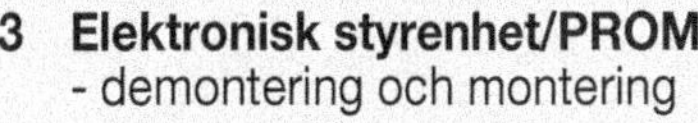

3 Elektronisk styrenhet/PROM - demontering och montering

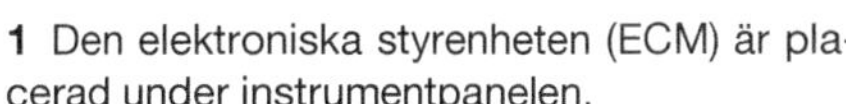

1 Den elektroniska styrenheten (ECM) är placerad under instrumentpanelen.

2 Lossa batteriets negativa anslutning. Placera kabeln ut vägen så att den inte oavsiktligt kan vidröra batteriets negativa pol vilket skulle strömsätta elsystemet i bilen.

3 Lossa kabelnätet från ECM.

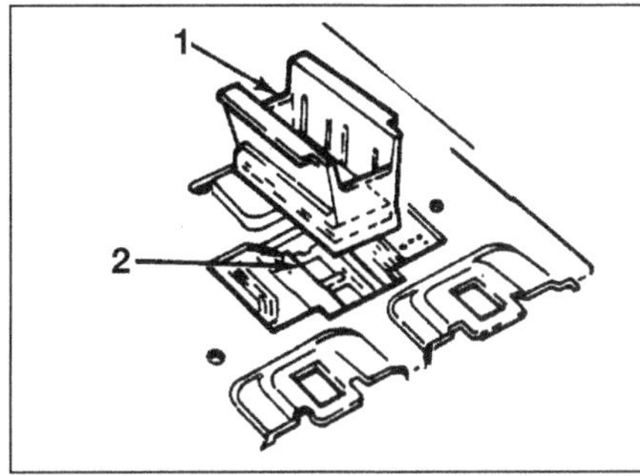

3.10a På tidigare modeller, observera hur änden av PROM-locket och stift 1 i uttaget är inpassade

1 PROM-hållarens referensände
2 Stift 1 på PROM-fattningen vid referensänden

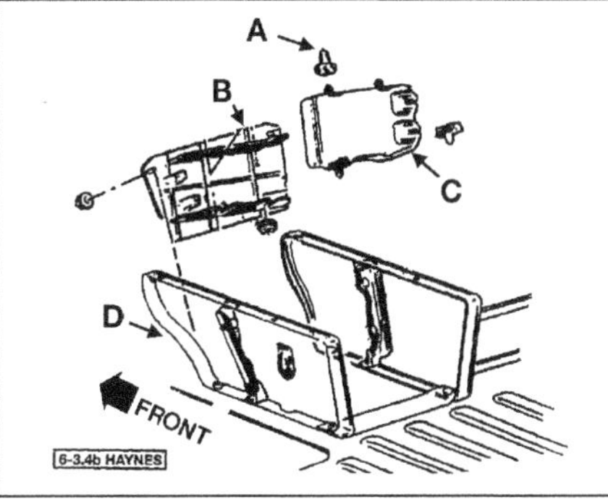

3.4b Montering av ECM på senare modeller

A Hållare *C Elektronisk styrenhet (ECM)*
B ECM-hus *D Stolfäste*

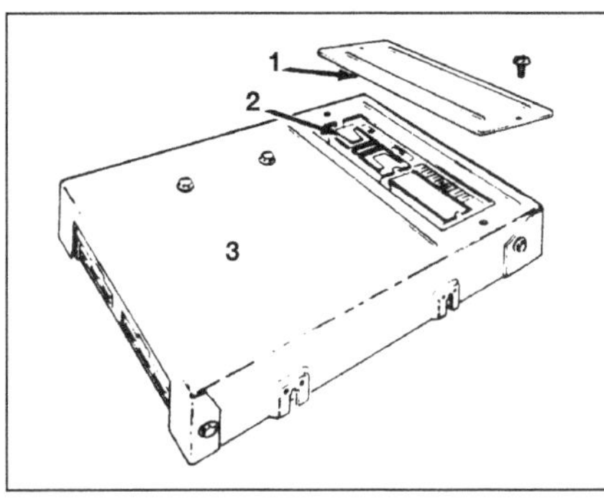

3.6b. . . medan senare årsmodeller har två skruvar

1 Lock till PROM *2 ECM-kåpa*

Varning: Tändningslåset ska vara i off-läge när ECMs anslutningar demonteras eller monteras.

4 Ta bort skruvar och fäste och lossa försiktigt ECM **(se bilder).**

5 Vrid ECM så att den undre kåpan är riktad uppåt **(se bild)** och placera den varsamt på en ren arbetsyta.

6 Ta bort skruven/skruvarna och lyft bort PROM-locket **(se bilder).**

7 Om själva ECM-enheten ska bytas kommer den nya ECM-enheten inte att innehålla en PROM. Den gamla PROMen ska demonteras från den gamla ECM och monteras i den nya enheten.

8 Använd ett PROM-demonteringsverktyg (kan anskaffas från återförsäljare), fatta tag i PROM-hållaren vid de smala ändarna **(se bild).** Vicka varsamt hållaren från den ena sidan till den andra och tryck den samtidigt uppåt. PROM-hållaren och PROMen bör lossna lätt från PROM-hylsan.

9 Observera: *PROM-hållaren bör endast demonteras med ett speciellt PROM-demonteringsverktyg av vipptyp. Om PROM demonteras utan detta verktyg eller med annan typ av verktyg kan PROM eller PROM-uttag skadas.*

10 Notera PROM-hållarens referensände **(se bilder)** innan den sätts undan.

11 Om du ska byta ECM, ska den nya ECM tas ut från sin behållare och reservdelsnumret kontrolleras så att det bär samma nummer som den gamla ECM **(se bild).**

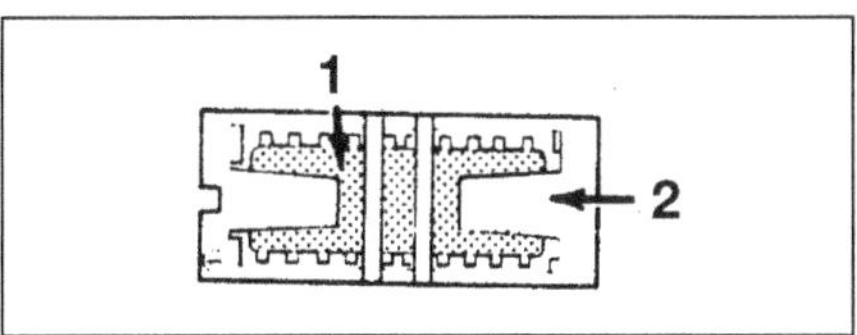

3.10b På senare modeller passas hacket i PROM in mot det mindre hacket på locket

1 PROM *2 PROM-hållare*

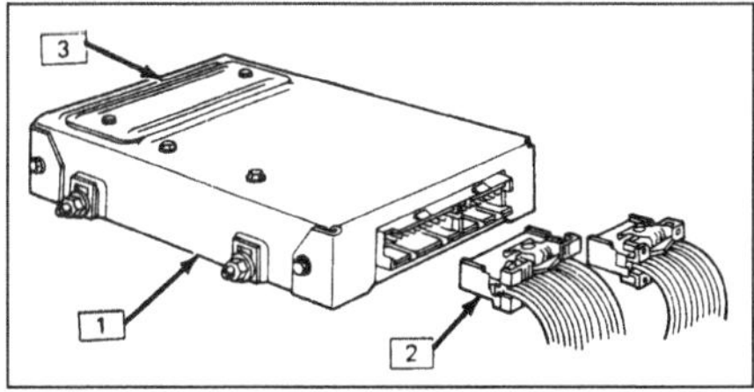

3.5 Placera ECM försiktigt på en ren, plan arbetsyta med locket till PROMen riktat uppåt, ta bort locket

1 ECM *3 Lock till PROM*
2 ECM kablagekontakt

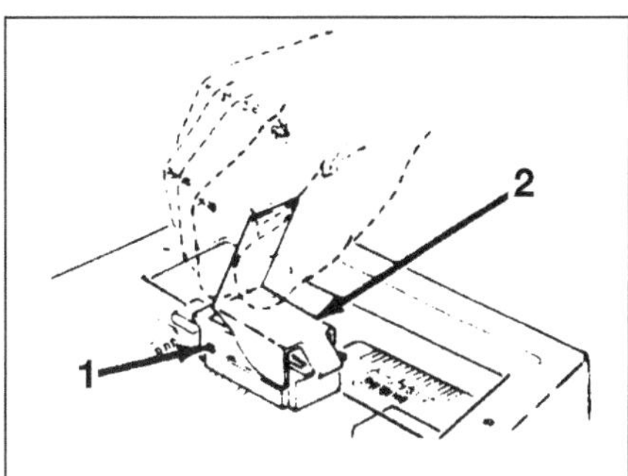

3.8 Fatta tag i PROM-hållaren vid de smala ändarna med PROM-demonteringsverktyget (finns hos återförsäljare) och vicka varsamt demonteringsverktyget tills PROM har lossnat

1 PROM-hållare *2 Demonteringsverktyg*

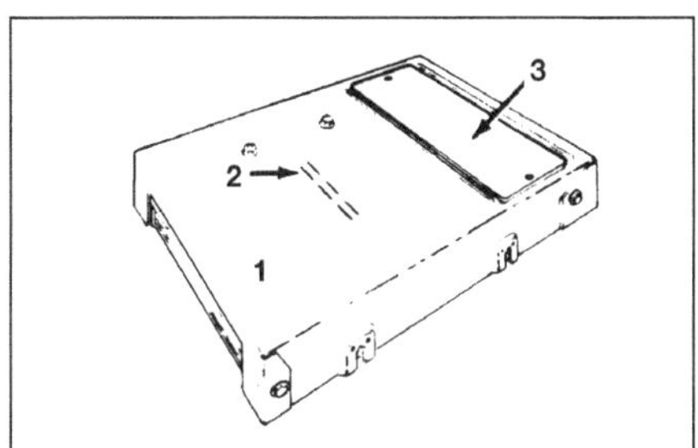

3.11 Kontrollera att reservdelsnumren på ECM och PROM är desamma - annars, beroende på vad som byts ut, får du antingen fel ECM eller fel PROM

1 ECM-kåpa *2 Serienummer* *3 Lock*

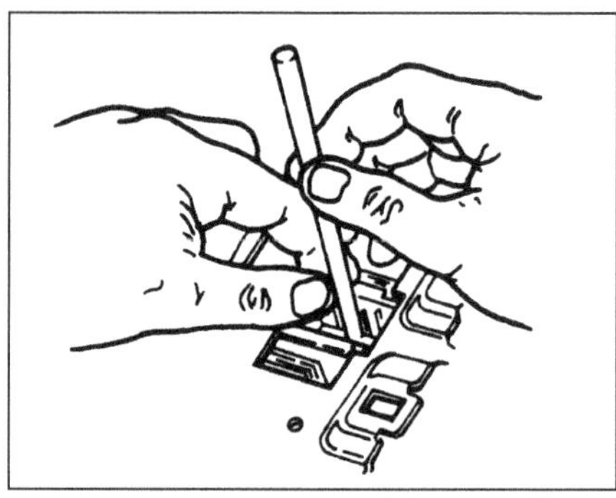

3.13 På tidiga modeller, tryck ned hållaren och använd ett trubbigt verktyg för att sätta PROMen på plats

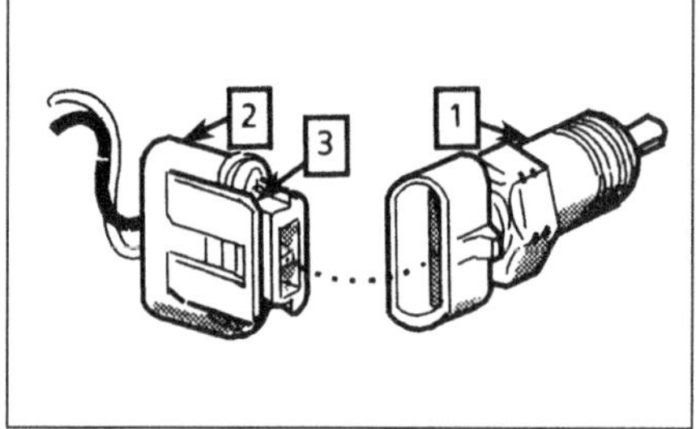

4.3 Ta loss kylvätsketemperaturgivarens kontakt efter det att tungan har lyfts upp

1 Givare
2 Kabelnätsanslutning till ECM
3 Låstunga

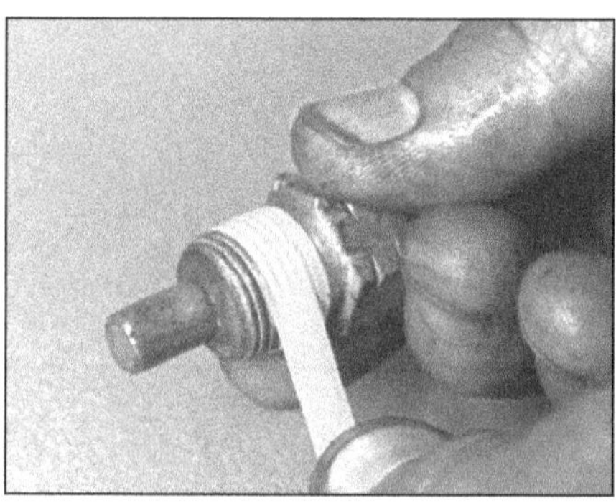

4.4 Linda gängorna på motortemperaturgivaren med teflontejp för att undvika läckage och gängkorrosion

12 Om du ska byta PROM ska den nya enheten tas ut från sin behållare och reservdelsnumret kontrolleras så att det är samma nummer som den gamla PROM.

13 Placera PROM/PROM-hållaren rakt över PROM-uttaget med hållarens lilla hackförsedda ände inriktad mot det lilla hacket i uttaget vid änden med stift 1. Tryck på PROM-hållaren tills den sitter ordentligt på plats i uttaget. Om PROMen är ny bör man kontrollera att hacket i PROM passas in mot det lilla hacket i hållaren **(se bilder 3.10a och 3.10b).**

Varning: Om PROMen monteras bakåt och tändningsnyckeln är omvriden kan PROM förstöras.

Använd specialverktyget och montera den nya PROM-hållaren i ECMs PROM-uttag. Det lilla hacket på hållaren bör riktas in mot det lilla hacket i uttaget. Tryck på PROM-hållaren tills den sitter ordentligt i uttaget.

Observera: *Tryck inte på PROMen - tryck bara på hållaren.* På tidigare modeller ska PROMen tryckas ned ytterligare genom att hållaren trycks med fingrarna medan ett lämpligt smalt och trubbigt verktyg används till att trycka ned själva PROMen **(se bild).** Tryck alternativt på någon av PROMens ändar för att få den på plats.

14 Sätt tillbaka kåpan på ECM och dra åt båda skruvarna.

15 Montera ECM i sitt fäste, sätt i de elektriska kontakterna till ECM och montera panelen.

16 Starta motorn.

17 Gå in i diagnostikläge genom att jorda ALCL/ALDL-länkens diagnosledning (se avsnitt 2). Om inga felkoder visas är PROM korrekt installerad.

18 Om felkod 51 visas, eller om *Check engine/Service engine soon*-lampan tänds och lyser konstant är PROMen inte helt på plats, har monterats bakvänd, har böjda stift eller är defekt.

19 Om PROMen inte är helt på plats, tryck ned den genom att trycka hårt på hållarens båda ändar för att korrigera.

20 Det är möjligt att montera en PROM bakåt. Om det skulle ske, och tändningsnyckeln är i ON-läge, kan PROM-kretsen förstöras och PROMen måste ersättas.

21 Om stiften har blivit böjda, demontera PROMen enligt föregående beskrivning, räta ut stiften och sätt dit PROMen igen. Om de böjda stiften bryts eller spricker när du rätar ut dem, ska PROMen kasseras och bytas mot en ny.

22 Om, vid en noggrann granskning, det visar sig att PROMen sitter ordentligt på plats, att den inte är monterad bakåt och inte har böjda stift, men *Check engine/Service engine soon*-lampan är fortfarande tänd är PROMen defekt och måste bytas ut.

4 Informationsgivare

1 På modeller som är utrustade med ECM förekommer ett antal olika givare. Dessa förser ECM med information som den använder för styrning av motorn. Beroende på modell kan följande givare/sensorer förekomma:

Kylvätsketemperaturgivare

2 Kylvätsketemperaturgivaren är monterad i en kylvätskepassage, oftast i inloppsrörets främre del. Defekt i temperaturgivaren kan registrera antingen kod 14 eller kod 15. Dessa felkoder visar på fel i kretsen för kylvätsketemperaturen varför en lämplig åtgärd är att antingen reparera en ledning eller att byta givare.

3 Givaren demonteras genom att låstungan på kontakten lossas med en liten skruvmejsel och tas bort från givaren **(se bild).** Skruva försiktigt bort själva givaren.

Varning: Hantera kylvätsketemperaturgivaren varsamt. Om givaren skadas kan driften av hela bränslesystemet påverkas.

4 Innan den nya givaren monteras ska gängorna lindas med teflontejp för att undvika läckage och gängkorrosion **(se bild).** Montering sker i omvänd ordningsföljd.

Givare för grenrörstryck (MAP)

5 Givaren för grenrörstryck (MAP) **(se bild)** är monterad på ett fäste på inloppsröret. MAP-givaren övervakar tryckväxlingar i inloppsröret som beror på förändringar i motorns belastning och varvtal, och omvandlar informationen till utgående spänning. ECM använder MAP-givaren för styrning av bränsletillförsel och tändtidpunkt.

6 Om defekt uppstår i MAP-givarens krets bör felkod 13 eller 34 registreras.

Tryckfallsgivare

7 Tryckfallsgivaren är placerad i motorrummet på torpedväggen nära bromshuvudcylindern **(se bild),** den mäter motorns vakuum. Vid högt vakuum sänder givaren en högspänningssignal (nästan 5 volt) till ECM och vid lågt vakuum en lågspänningssignal.

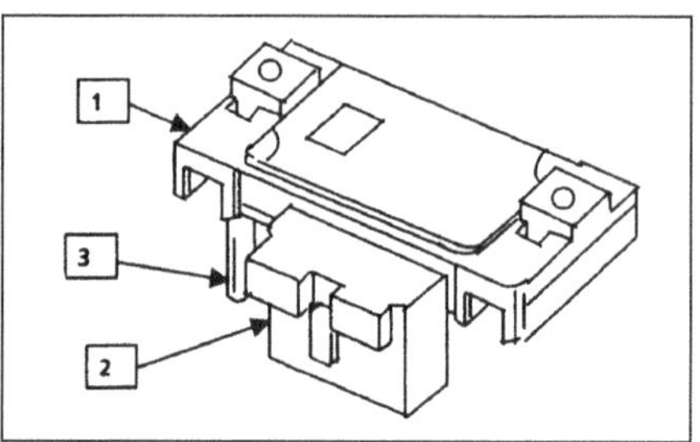

4.5 Givare för grenrörstryck (MAP)

1 MAP-givare
2 Grenrörets vakuumslang
3 ECMs anslutningsdon till MAP-givare

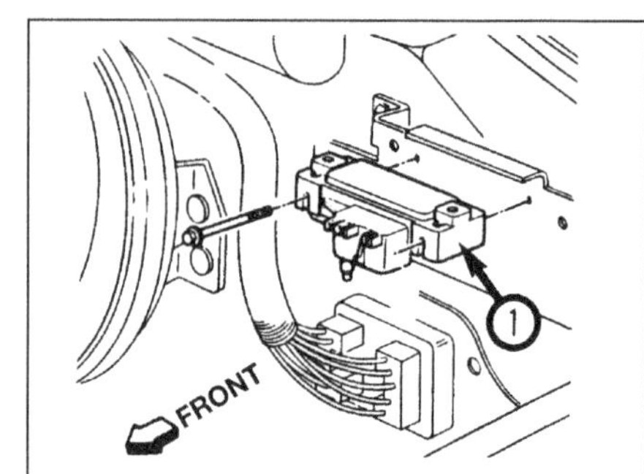

4.7 Tryckfallsgivaren (1) är monterad i motorrummet

8 Om defekt uppstår i tryckfallsgivaren bör felkod 34 registreras. Motorn bör ha gått på tomgång i cirka två minuter innan koden registreras.

Syresensor

9 Syresensorn är monterad i avgassystemet där den övervakar syrehalten i avgaserna.
10 Genom att övervaka syresensorns utgående spänning vet ECM vilket blandningskommando som ska sändas till bränslesystemet.
11 Om syresensorkretsen är öppen bör felkod 13 registreras. Låg spänning i kretsen bör registrera felkod 44. Hög spänning i kretsen bör registrera felkod 45. Koderna 44 och 45 kan också registreras vid fel i bränslesystemet.
12 Beskrivning av byte av syresensor finns i avsnitt 5.

Spjällägesgivare (TPS)

13 Spjällägesgivaren (TPS) är placerad i flottörhuset på modeller med förgasare och på gasspjällets axel på motorer med spjällhusinsprutning.
14 Genom att övervaka den utgående spänningen från TPS, kan ECM fastställa bränsletillförseln baserat på spjällvinkeln (förarens krav). Trasig eller lös TPS kan orsaka oregelbunden bränsleinsprutning från insprutaren och instabil tomgång på grund av att ECM uppfattar att gasspjället rör sig.
15 Vid problem i någon av TPS-kretsarna registreras antingen felkod 21 eller 22. När felkoden har registrerats kan ECM använda ett konstgjort standardvärde för TPS vilket i viss mån återställer körförmågan.

Park/Neutral-kontakt (endast modeller med automatväxellåda)

16 Park/Neutral (P/N)-kontakten visar ECM när växellådan är i *Park-* eller *Neutral*-läge. Informationen används till drift av växellådsöverföringskopplingen (TCC) och tomgångsstyrningsventilen (IAC).

Varning: Bilen bör inte köras när Park/Neutral-kontakten är frånkopplad på grund av att tomgångskvaliteten kan påverkas negativt och en falsk felkod 24 kan registreras (fel i hastighetsgivares krets).

För mer information om P/N-kontakten, som utgör en del av startspärr- och backljuskontakten, se kapitel 7 och 12.

Hastighetsgivare

17 Hastighetsgivaren (VSS) sänder en pulserande spänningssignal till ECM, vilken ECM omvandlar till km/h. Denna givare styr driften av TCC-systemet.

Fördelarens referenssignal

18 Strömfördelaren sänder en signal till ECM med information om motorns varvtal och vevaxelns läge. Mer information finns i avsnitt 6 om Elektronisk tändreglering (EST).

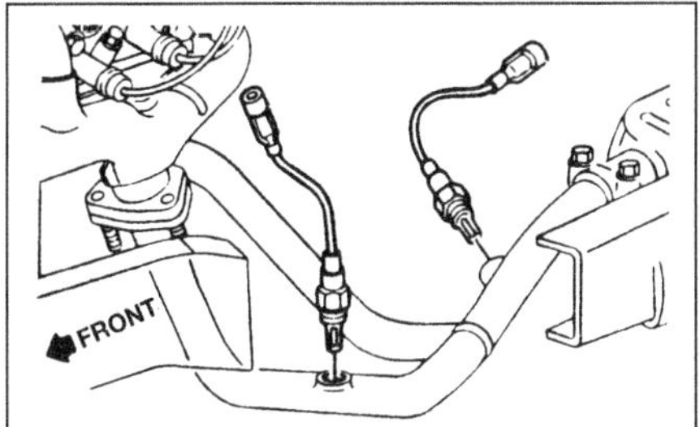

5.1 Vanlig installation av syresensor

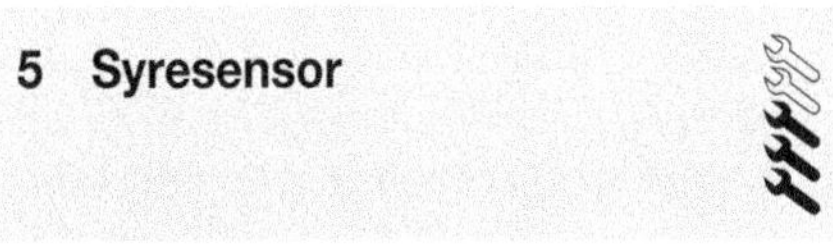

5 Syresensor

Allmän beskrivning

1 Syresensorn (kallas även lambdasond), som är placerad i avgasröret nära fogen mellan grenröret och avgasröret **(se bild)**, övervakar syrehalten i avgaserna. Syrehalten i avgasen reagerar med syresensorn så att en varierande utgående spänning uppstår. Den elektroniska styrenheten, ECM, övervakar denna utspänning för att fastställa förhållandet syre/bränsle i blandningen. ECM varierar luft/bränsleblandningen genom att styra insprutarnas pulsbredd (öppningstid), vilka drivs med en konstant tryckdifferens mellan bränsletrycket och grenrörstrycket. På grund av att tryckdifferensen hålls konstant, styr den tid som ECM håller bränsleinsprutaren öppen den tillförda bränslemängden. På modeller med förgasare är det en blandningsstyrningsventil som varierar luft/bränsleblandningen genom att låta en större eller mindre bränslemängd flöda genom förgasarens kanaler. Styrventilen, som är placerad i förgasaren, styrs av ECM som utgör en grund för ventilen. När ventilen slås till reduceras bränsleflödet genom förgasaren vilket ger en magrare blandning. När ECM tar bort grunden slås ventilen från vilket gör att mer bränsle rinner genom förgasaren. En blandning med 14,7 delar luft till 1 del bränsle är det optimala förhållandet för att minimera avgasutsläppen, vilket gör att katalysatorn kan arbeta med maximal effektivitet. Det är detta förhållande, 14,7:1, som ECM och syresensorn ständigt strävar efter att upprätthålla.
2 Syresensorn liknar en öppen krets och genererar ingen spänning när den är i drift under sin normala driftstemperatur på 315°C. Under uppvärmningsperioden fungerar ECM i öppen-kretsläge.
3 God syresensordrift är beroende av fyra driftsförhållanden:

a) ***Elektrisk*** *- Den låga spänningen och de låga strömstyrkorna som genereras av sensorn är beroende av bra och rena anslutningar vilka bör kontrolleras när en felfunktion i sensorn misstänks eller indikeras.*
b) ***Tillförsel av frisk luft*** *- Sensorn är konstruerad så att luften kan cirkulera till sensorns inre delar. När sensorn demonteras och monteras tillbaka eller byts ut bör man kontrollera att luftpassagerna inte är tilltäppta.*
c) ***Rätt driftstemperatur*** *- ECM kan inte reagera på sensorsignaler förrän sensorn uppnår en temperatur på cirka 315°C. Denna faktor måste inkluderas vid utvärdering av sensorns kapacitet.*
d) ***Oblyat bränsle*** *- Oblyat bränsle är en nödvändighet för att sensorn ska fungera korrekt. Kontrollera att bränslet som används är av denna typ.*

4 Dessutom måste nedanstående förhållanden observeras, var alltid mycket försiktig när sensorn repareras eller servas.

a) *Syresensor har en svans och ett anslutningsdon som är permanent infästa. Dessa får aldrig tas bort från sensorn. Om dessa delar skadas eller demonteras kan sensorns drift påverkas negativt.*
b) *Fett, smuts eller andra föroreningar bör hållas borta från det elektriska anslutningsdonet och sensorns känselkropp.*
c) *Lösningsmedel får inte användas på syresensorn.*
d) *Sensorn får inte tappas eller hanteras ovarsamt.*
e) *Silikondamasken måste monteras i rätt läge för att hindra att damasken smälter och så att sensorn kan fungera korrekt.*

Byte

Observera: *På grund av att syresensorn är placerad i avgasröret kan det vara svårt att demontera den när motorn är kall. Om den inte lossnar kan du starta motorn och låta den gå på tomgång en eller ett par minuter varefter den stängs av. Var försiktig så att du inte bränner dig när du arbetar enligt nedanstående metod.*

5 Lossa den negativa anslutningen från batteriet.
6 Hissa upp bilen och stöd den ordentligt med pallbockar, om det behövs bättre arbetsutrymme.
7 Lossa försiktigt clipset från ledningen på svansen.
8 Lossa den elektriska kontakten från sensorn.
9 Observera hur silikondamasken är placerad, i förekommande fall, och skruva försiktigt loss sensorn från avgasgrenröret. Var försiktig - alltför hård kraft kan skada gängorna.
10 Använd antikärvningsmedel på sensorns gängor för att underlätta vid framtida demontering. Gängorna på nya sensorer är redan bestrukna med sådant medel, men om en gammal sensor har tagits bort och satts tillbaka ska gängorna bestrykas på nytt.
11 Montera sensorn och dra åt till angivet åtdragningsmoment.
12 Anslut svansledningens elektriska kontakt till motorns ledningsstam.

13 Sätt igen svansledningens clips.
14 Sänk ned bilen och sätt tillbaka batteriets negativa anslutning.

6 Elektroniskt tändregleringssystem (EST)

Allmän beskrivning

1 Den elektroniska styrenheten (ECM) styr strömfördelarens inställning av tändgnistan (tändtidpunkt) med det elektroniska tändregleringssystemet (EST) för att höja motorns prestanda, minska bränsleförbrukningen och kontrollera avgasutsläppen.
2 ECM tar emot referenspuls från strömfördelaren vilken indikerar både motorns varvtal och vevaxelns läge. Därefter fastställer ECM korrekt inställning av tändgnistan för motorns aktuella driftsförhållanden och sänder en EST-puls till strömfördelaren.

Kontroll

3 ECM ställer in EST på ett specifikt värde när diagnostestterminalen i ALCL/ALDL-konakten är jordad. Driften hos EST-systemet kontrolleras genom att tändtidpunkten bekräftas vid 2000 rpm med terminalen ojordad. Därefter jordas testterminalen. Om tändtidpunkten ändras vid 2000 rpm fungerar EST felfritt. Vid fel i EST-systemet registreras normalt felkod 42.

Inställning

4 Lossa tändtidpunktkontakten nära motorns baksida när en grundinställning av tändtidpunkten ska göras **(se bild).**
5 Ställ in tändtidpunkten enligt specifikation på avgasreningsdekalen. Detta gör att felkod 42 registreras och lagras i ECM-minnet. Kom ihåg att radera minnet när tändtidpunkten är inställd (se avsnitt 2).
6 Ytterligare information om arbetssättet vid test och byte av komponenter i HEI/EST-fördelaren finns i kapitel 5.

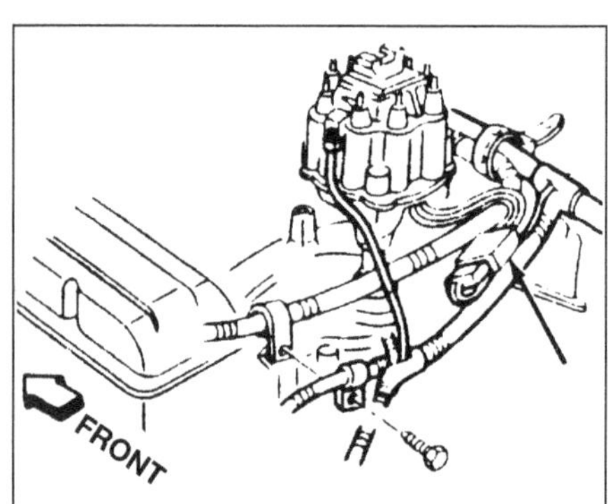

6.4 EST-kontakten (vid pilen) är placerad i den elektriska kabelstammen nära motorns bakre del (V8-motor på bild)

7 Elektroniskt tändstyrsystem (ESC), (1968 - 1992) eller knacksensor (KS) (fr o m 1993)

Allmän beskrivning

Observera: *Namnet på det elektroniska tändstyrsystemet (ESC) ändrades 1993. Systemet fungerar fortfarande på exakt samma sätt som tidigare men fr o m 1993 benämns det Knacksensorsystem (KS).*

1 Oregelbundna oktanhalter i modern bensin kan orsaka detonationer i högpresterande motorer. Detonation kallas ibland "knackning" och kan allvarligt skada motorns inre delar.
2 Det elektroniska tändstyrsystemets (ESC) funktion är att sänka tändtidpunkten upp till 20 grader för att reducera knackningen i motorn. Det gör att motorn kan använda maximal tändförställning för att förbättra bilens körförmåga och bränsleförbrukning.
3 ESC-systemets knacksensor, som är placerad på motorblockets övre högra sida, sänder en spänningssignal på 8 till 10 volt till ECM när ingen knackning sker varvid ECM ombesörjer normal förställning. När knacksensorn känner av normala vibrationer (knackning) stänger ECM av kretsen till ECM. Därefter sänker ECM tändtidpunkten i EST-systemet tills knackningen har eliminerats.
4 Om knacksignal inte uppstår i ECS-systemet eller om ESC-enheten inte är jordad fortsätter signalen till ECM att vara hög. Under sådana omständigheter fortsätter ECM att styra EST som om ingen knackning uppstått. Av denna anledning sker ingen sänkning och knackningarna kan förvärras vid hög motorbelastning. I detta läge registrerar ECM felkod 43.
5 Om ingen ESC-signal når fram till ECM fortsätter den konstant att sänka tändtidpunkten. Sådana förhållanden leder till dålig motorprestanda och får ECM att registrera felkod 43.

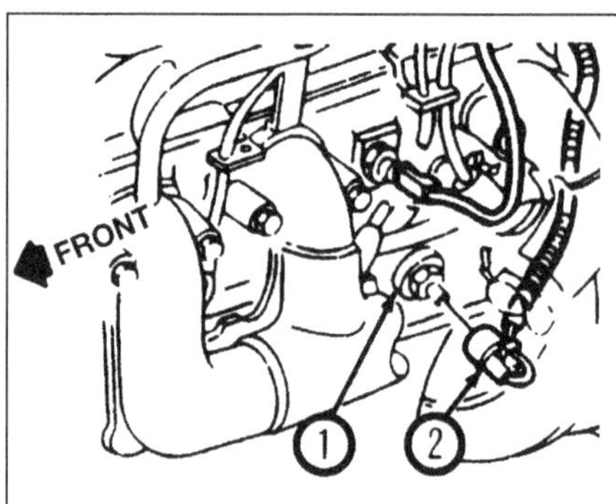

7.8 Givaren i det elektroniska tändsystemet är placerad på motorblockets nedre högra sida eller på cylinderhuvudet

1 ESC knacksensor
2 Kontakt till ledningsnät

Byte av komponenter

ESC-givare

6 Lossa den negativa anslutningen från batteriet.
7 Hissa upp bilen och stöd den på pallbockar om större arbetsutrymme behövs. Se beskrivning i kapitel 1 och tappa av kylsystemet.
8 Lossa ledningsstammens kontakt från ESC-givaren **(se bild).**
9 Ta bort ESC-givaren från motorblock eller cylinderhuvud. Kylvätska kommer att rinna ut ur hålet så var försiktigt så att det inte sprutar in i ögonen.
10 Stryk gängtätning i ESC-givarens gängor.
11 Montering sker i omvänd ordningsföljd. Fyll på kylvätska i kylsystemet.

ESC-enhet

12 Lossa den negativa anslutningen från batteriet.
13 Lossa den elektriska kontakten från enheten, den är placerad på torpedväggen **(se bild).**
14 Skruva loss och ta bort enheten.
15 Montering sker i omvänd ordningsföljd.

8 Avgasåtercirkulation (EGR)

Allmän beskrivning

1 EGR-systemet leder ut avgaser till inloppsröret. Därifrån förs avgaserna vidare till förbränningsrummet för att sänka förbränningstemperaturen, vilket leder till minskad kväveoxidbildning (NOx).
2 Systemets viktigaste del är EGR-ventilen som är monterad på inloppsröret, vilken återför små avgasmängder till förbränningsrummet.
3 Den intagna avgasmängden regleras av EGR-ventilen som styrs av vakuum eller undertryck beroende på motorns driftsförhållanden.

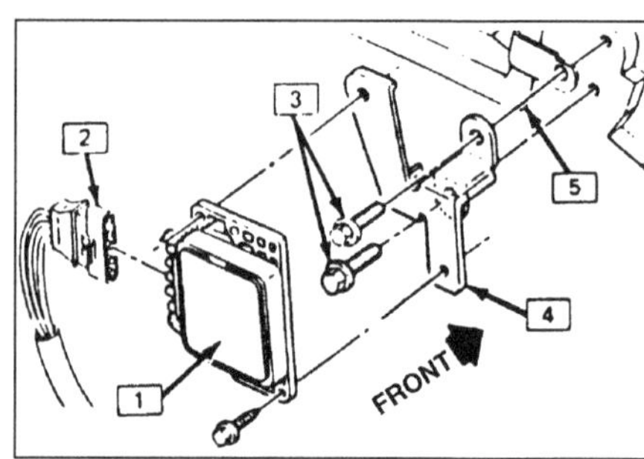

7.13 Den elektroniska tändenheten (ESC) är fäst på torpedväggen i motorrummet

1 ESC-enhet
2 Kontakt till ledningsstam
3 Skruvar
4 Fäste
5 Luftrör

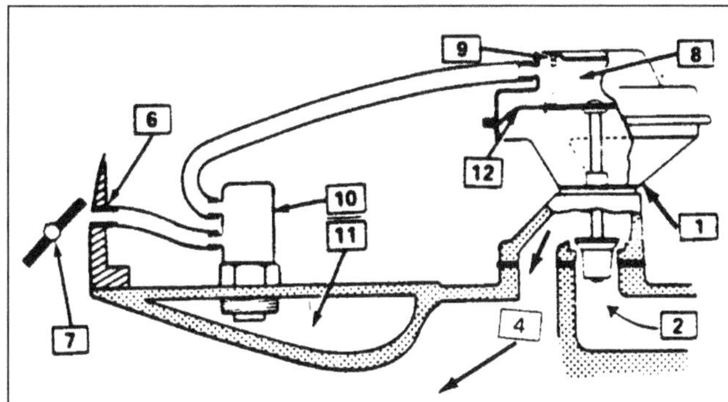

1 EGR-ventil
2 Avgaser
4 Inloppsflöde
6 Vakuumport
7 Gasspjäll
8 Vakuumkammare
9 Returfjäder
10 Temperaturstyrd vakuumkontakt
11 Kylvätskekanal
12 EGR-ventilens membran

8.4 EGR-ventilen är monterad på inloppsröret och styrs, på vissa modeller, av den temperaturstyrda vakuumkontakten

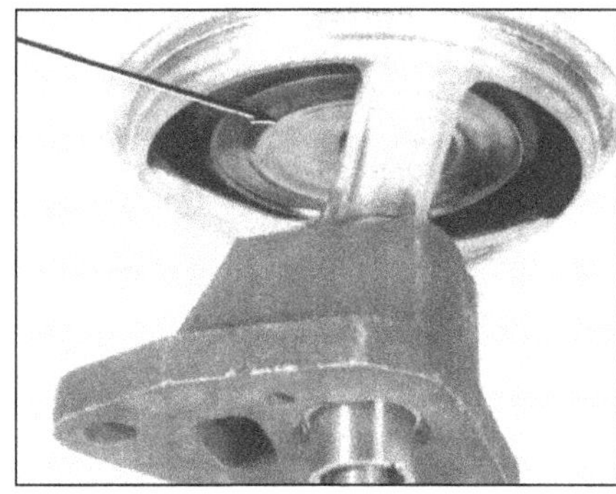

8.8 Tryck på membranet (vid pil) vid kontroll av EGR-ventilen - om membranet sitter fast eller kärvar ska ventilen bytas ut

4 På tidigare modeller stoppar en temperaturstyrd vakuumkontakt (TVS) EGR-ventilens drift när motorn är kall **(se bild).**

5 På senare modeller styrs EGR-systemet av en elektronisk styrenhet (ECM). En ECM-styrd solenoidventil används i vakuumledningen för finstyrning av EGR-flödet. ECM använder informationen från motortemperaturgivaren, spjälläges- och grenrörstryckgivarna till att reglera vakuumsolenoiden.

6 Vanliga motorproblem som hänför sig till EGR-systemet är ojämn tomgång, motorn stannar på tomgång efter inbromsning, motorn rusar vid marschfart och stannar efter kallstart. Motor som överhettas och knackar kan också orsakas av problem i EGR-systemet.

Kontroll

7 Utför en fysisk granskning av slangarna och de elektriska anslutningarna för att kontrollera att ingenting sitter löst.

8 När motorn är avstängd, sätt fingret under EGR-ventilen och tryck membranets undersida uppåt **(se bild)** - använd skyddshandske om motorn är varm för att undvika brännskador. Membranet bör kunna röra sig fritt och inte fastna eller kärva. Om det inte rör sig eller om det fastnar ska ventilen ersättas med en ny.

9 När motorn är i gång vid normal driftstemperatur trycks membranet uppåt. Motorns varvtal bör nu sjunka.

10 Om det inte sjunker, rengör EGR-ventil och passager, eller byt ut EGR-ventilen om det behövs.

11 Om motorns varvtal sjunker ska motorns varvtal ökas från tomgång till cirka 2000 rpm. EGR-ventilens membran bör röra sig när detta utförs.

12 Om den rör sig fungerar EGR-ventilen korrekt.

13 Om den inte rör sig ska en vakuummätare monteras på vakuumslangen som är ansluten till EGR-ventilen (anslut mätaren med ett T-stycke). Starta motorn och öka varvtalet från tomgång till 2000 rpm och låt motorn därefter återgå till tomgång. När motorn går på tomgång, bör cirka 15 cm vakuum indikeras.

14 Om så är fallet är EGR-ventilen defekt.

15 Om så inte är fallet, kontrollera om vakuumslangen läcker, är igensatt eller sitter löst.

16 Åtgärda slangen efter behov. Om det inte är fel på slangen ska den temperaturstyrda vakuumkontakten (modeller utan ECM) eller EGR-magnetventilen (modeller med ECM) kontrolleras på följande sätt.

Temperaturstyrd vakuumkontakt

17 Demontera slangen mellan förgasare och kontakt från kontakten vid ett varvtal på cirka 2000 rpm **(se bilder).** Mätaren bör visa cirka 25 cm vakuum.

18 Om så är fallet ska kontakten ersättas med en ny. Om så inte är fallet bör en kontroll utföras för att se om slangen är igensatt eller sprucken, eller om förgasarpassagen är igensatt.

EGR-magnetventil

Observera: *Felkod 32 innebär fel i EGR-systemet.*

19 Anslut en vakuummätare på EGR-magnetventilens plats. Där bör vara minst 25 cm vakuum.

20 Om så inte är fallet och vakuumslangen varken är skadad eller läcker är magnetventilen defekt och bör bytas ut mot en ny.

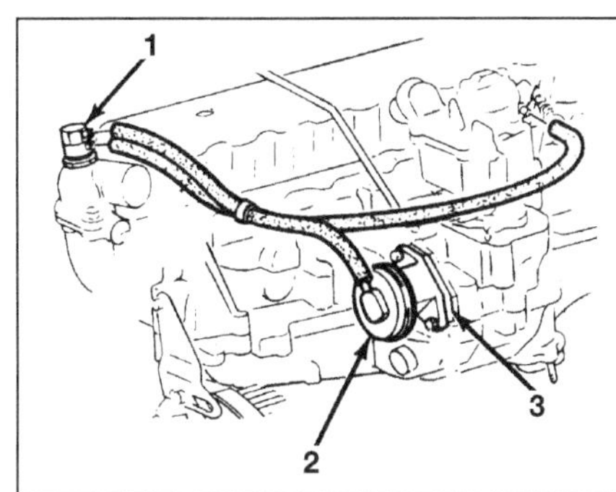

8.17a Den temperaturstyrda vakuumkontakten är inskruvad i termostathusets kåpa och EGR-ventilen är fastskruvad i grenröret (6-cylindrig radmotor på bilden)

1 Temperaturstyrd vakuumkontakt
2 EGR-ventil
3 Packning

21 Om vakuum har uppstått ska vakuummätaren sitta kvar, vrid om tändningsnyckeln och, med motorn avstängd, anslut en testlampa över kontakterna till magnetventilens ledningsstam. Lampan bör tändas.

22 Om lampan inte tänds, testa båda kontakterna till ledningsstammen med testlampan jordad. Om ingen spänning föreligger vid någon av kontakterna finns en öppen krets i ledningsstammen som leder till magnetventilen.

23 Om lampan inte tänds ska ALCL/ALDLs diagnoslänk jordas. Notera om lampan tänds. Om den tänds kan det finnas en kortslutning i krets 435 i kabelstammen (se kopplingsscheman i slutet av kapitel 12). Om den är bra är ECM defekt.

Observera: *Innan ECM byts ut ska en ohmmätare användas för kontroll av resistansen mellan TCC-ventilens och EGR-ventilens kontakter. Identifiera spolens kontakt på kopplingsschemat för ECM-systemet (i slutet av kapitel 12). Byt ventilen om det avlästa resistansvärdet är mindre än 20 ohm. Om lampan inte tänds ska ventilen sättas tillbaka. Starta motorn och observera vakuummätarens avläsning medan motorn går på tomgång. Om vakuum föreligger ska EGR-ventilen bytas. Om inget vakuum föreligger är magnetventilen felfri*

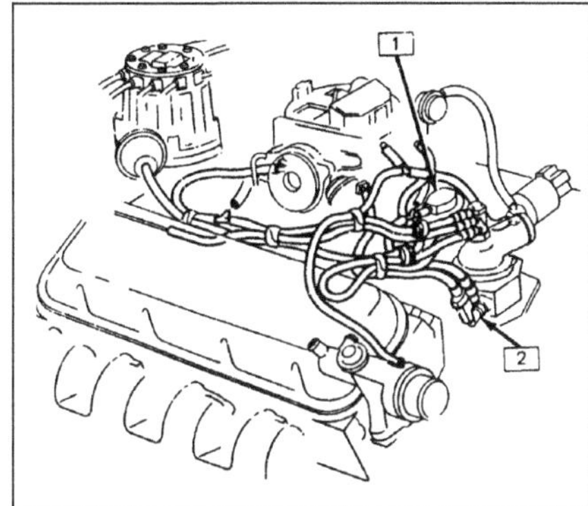

8.17b Vanlig placering av EGR och TVS på V6- och V8-motorer

1 EGR (avgasåtercirkulation)
2 TVS (temperaturstyrd vakuumkontakt)

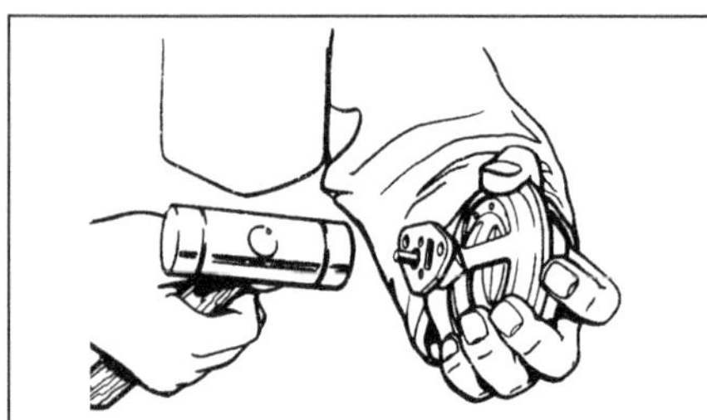

8.29 Plastklubba kan användas vid rengöring av EGR-ventilens tapp

Byte av komponenter

EGR-ventil

24 Lossa luftrenaren (kapitel 1).

25 Lossa EGR-ventilens vakuumledning från ventilen.

26 Ta bort skruvarna från EGR-ventilen.

27 Demontera EGR-ventilen från inloppsröret.

28 När EGR-ventilen är demonterad ska passagerna kontrolleras om de innehåller mycket sot. Skrapa bort eventuella avlagringar och dammsug för att avlägsna skräpet.

Varning: Tvätta inte EGR-ventilen i lösningsmedel eller avfettningsmedel vilket kan leda till att ventilmembranet skadas permanent. Sandblästring av ventilen är inte heller att rekommendera på grund av att det kan påverka ventilens funktion.

29 EGR-ventilen kan rengöras genom att tappänden knackas med en mjuk hammare **(se bild).**

30 Leta efter avgasavlagringar i ventilens utlopp. Avlägsna avlagringar med en skruvmejsel.

31 Rengör delningsplanen mellan inloppsröret och ventilen.

32 Rengör ventilens delningsplan med en roterande stålborste och tappen med en stålborste.

33 Tryck ned ventilmembranet och titta genom ventilens utlopp för att kontrollera att sätet är rent och inte slitet. Om tappen eller sätet inte är helt rena ska proceduren i steg 32 upprepas.

34 Håll ordentligt i ventilens bottendel och försök rotera ventilens överdel fram och tillbaka. Byt ventilen om den känns lös.

35 Kontrollera om ventilens utlopp innehåller avlagringar. Avlägsna eventuella avlagringar med skruvmejsel eller annat lämpligt vasst verktyg.

36 Använd en ny packning och montera den gamla (rengjorda) eller den nya EGR-ventilen på inloppsröret.

37 Sätt dit EGR-ventilens skruvar och dra åt den ordentligt.

38 Anslut vakuumslangen på ventilen.

39 Montera luftrenaren (kapitel 4).

Temperaturstyrd vakuumkontakt

40 Se beskrivning i kapitel 1 och tappa av cirka 1 liter kylvätska från systemet.

41 Ta bort luftrenaren och lossa slangarna från kontakten (eftersom kontakten även kan utnyttjas för styrning av vakuum till andra komponenter, kan mer än två slangar vara anslutna - förse slangar och portar med etiketter så att de kan sättas tillbaka på rätt plats).

42 Skruva loss kontakten och ta bort den från motorn **(se bild 8.17a och 8.17b).**

43 Stryk en icke-härdande tätning på kontaktens gängor (se till att kontaktens ände inte bestryks) och montera kontakten. Dra åt den ordentligt, anslut därefter slangarna och fyll på kylvätska, vid behov.

EGR-magnetventil

44 Lossa den negativa anslutningen från batteriet.

45 Ta bort luftrenaren (kapitel 4).

46 Lossa den elektriska kontakten vid magnetventilen.

47 Lossa vakuumslangen från magnetventilen.

48 Ta bort muttern och lossa magnetventilen.

49 Montera den nya magnetventilen och dra åt muttern ordentligt. Återstoden av monteringen sker i omvänd ordningsföljd.

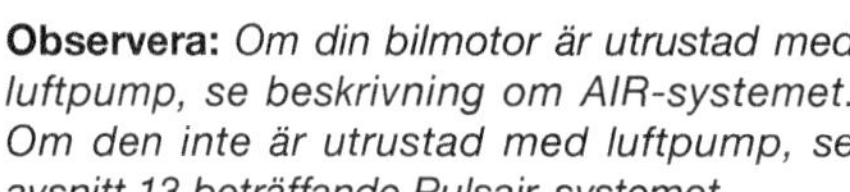

9 Luftinblåsningssystem (AIR)

Observera: *Om din bilmotor är utrustad med luftpump, se beskrivning om AIR-systemet. Om den inte är utrustad med luftpump, se avsnitt 13 beträffande Pulsair-systemet.*

Allmän beskrivning

1 AIR-systemet hjälper till att reducera kolväte- och koloxidhalter i avgaserna genom att blåsa in luft i avgasportarna på varje cylinder när motorn är kall, eller direkt i katalysatorn under normal drift. Systemet hjälper också katalysatorn att snabbt uppnå rätt driftstemperatur medan motorn värms upp. På tidigare modeller blåses luft endast in i avgasportarna.

2 I AIR-systemet används en luftpump för att tvinga in luft i avgasflödet. En luftstyrningsventil, som styrs av bilens elektroniska styrenhet (ECM) (på senare modeller) riktar luften mot korrekt plats, beroende på motorns temperatur och körförhållandena. Under vissa förhållanden, t ex inbromsning, styrs luften till luftrenaren för att undvika baktändning på grund av för mycket syre i avgassystemet. Backventiler används också i AIR-systemets luftledningar för att undvika att avgaserna tvingas tillbaka genom systemet.

3 Komponenterna i AIR-systemet omfattar en motordriven luftpump, ventiler för luftstyrning, luftväxling och luftavledning, luftflödes- och kontrollslangar, backventiler och katalysator.

Kontroll

4 På grund av att detta är ett komplicerat system är det svårt för hemmamekanikern att ställa en korrekt diagnos. Om systemet inte fungerar väl kan enskilda komponenter kontrolleras.

5 Börja med att noggrant kontrollera samtliga slangar, vakuumledningar och kablar. Se till att de är i gott skick och att samtliga anslutningar är rena och ordentligt gjorda. Kontrollera även att pumpens drivrem är i gott skick och väl justerad (kapitel 1).

6 När pumpen kontrolleras ska motorn först ha uppnått normal driftstemperatur och gå på cirka 1500 rpm. Hitta slangen som löper från luftpumpen **(se bild)** och tryck ihop den för att

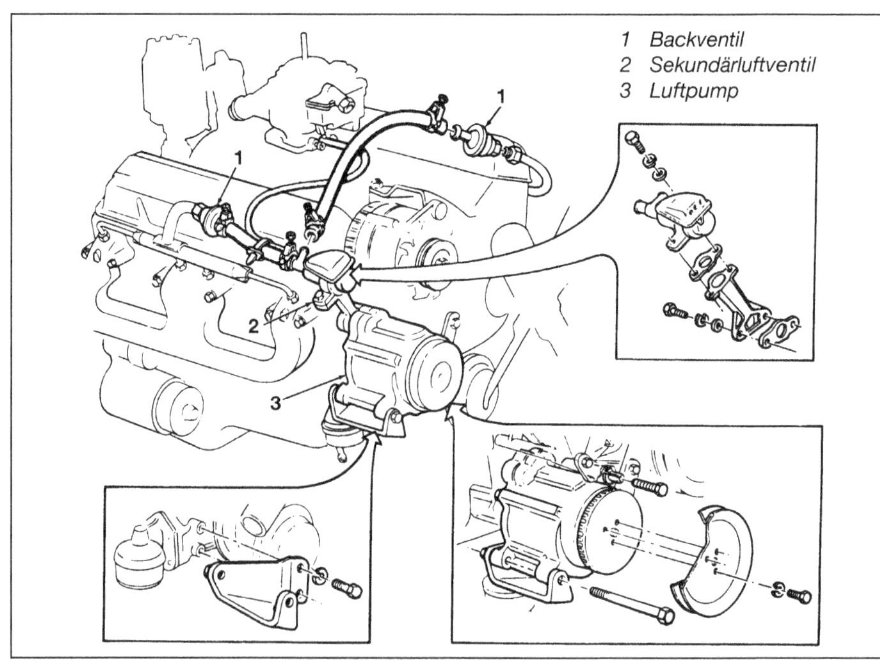

9.6 Vanlig placering av komponenterna i luftinblåsningssystemet (AIR)

1 *Luftpump*
2 *Sekundärluftventil*
3 *Rör till luftrenare*
4 *Inblåsningsrör*
5 *Backventiler*
6 *Rör*

9.7 På senare modeller förekommer två backventiler

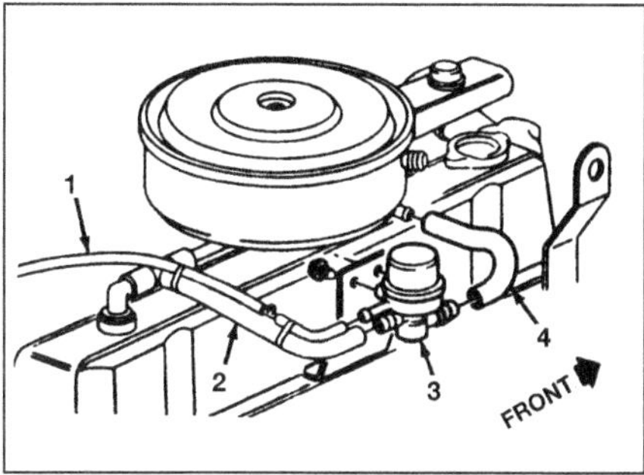

9.9 Placering av retardationsventil (6-cylindrig radmotor)

1 *Grenrörets vakuumslang*
2 *Slang mellan retardationsventil och inloppsrörslang*
3 *Retardationsventil*
4 *Slang mellan luftrenare och ventil*

känna efter om den pulserar. Låt en medhjälpare öka motorns varvtal och kontrollera om en motsvarande ökning sker i luftflödet. Om en ökning noteras fungerar pumpen korrekt. Om så inte är fallet föreligger fel i pumpen.

7 Varje backventil kan granskas när den har demonterats från slangen **(se bild).** Kontrollera att motorn har svalnat helt innan detta utförs. Försök att blåsa genom backventilen från båda ändar. Luft bör endast kunna passera igenom ventilen i samma riktning som normalt luftflöde. Om den har fastnat i antingen öppet eller stängt läge bör ventilen bytas ut.

8 Vid kontroll av backventilen ska vakuumsignalslangen lossas vid ventilen. När motorn är i gång, kontrollera beträffande vakuum vid slangen. Om inget vakuum föreligger är ledningen igensatt.

9 Vid kontroll av retardationsventilen ska vakuumkällan till luftrenaren pluggas igen. Sätt därefter tillbaka signalslangen och lyssna om luften passerar genom ventilationsröret in i retardationsventilen **(se bild).** Motorns varvtal bör också sjunka märkbart när signalslangen tas bort. Om luftflödet inte fortsätter i minst en sekund, eller om motorns varvtal inte sjunker märkbart ska retardationsventilens slangar kontrolleras beträffande igensättning och läckage. Om ingen igensättning och inga läckage upptäcks ska retardationsventilen bytas ut.

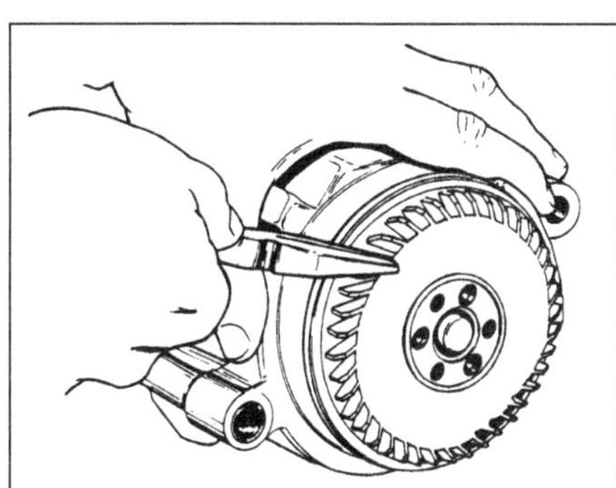

9.16 Filtret kan dras ut ur luftpumpen med en näbbtång

Byte av komponenter

Drivrem

10 Lossa pumpens fästskruv och skruven från pumpens justeringsfäste.

11 Flytta pumpen inåt tills drivremmen kan tas bort.

12 Sätt dit en ny drivrem och justera den (se kapitel 1).

AIR-pumpens remskiva och filter

13 Tryck ihop drivremmen så att remskivan inte vrids runt, lossa remskivans skruvar.

14 Ta bort drivremmen enligt ovanstående beskrivning.

15 Ta bort skruvarna och lyft bort remskivan.

16 Om det solfjäderliknande filtret ska tas bort ska det lyftas upp med en näbbtång **(se bild)** och dras bort från pumpen.

Observera: *Använd inte en skruvmejsel mellan filter och pumphus eftersom kanten på huset kan skadas. Filtret blir ofta skevt när det dras loss. Se till att inga småbitar faller ned i luftinloppsslangen.*

17 Det nya filtret monteras genom att det sätts på plats på pumpen, remskivan placeras över filtret och remskivans skruvar dras åt jämnt så att filtret dras in i pumpen. Försök inte att montera ett filter genom att trycka eller hamra det på plats. **Observera***: Det är vanligt att det nya filtret har en presspassning i pumphuset och kan, vid första användning, gnissla tills det har slitits in.*

18 Sätt dit drivremmen och dra åt remskivans skruvar ordentligt medan drivremmen trycks ihop.

19 Justera drivremmens spänning.

Slangar och rör

20 Vid byte av slang eller rör, notera antingen med en ritning eller numrerade tejpbitar hur slangen eller röret har varit dragen.

21 Ta bort den defekta slangen eller röret och ersätt delen med en ny av samma material och storlek, dra åt alla anslutningar.

Backventil

22 Lossa pumpens utloppsslang vid backventilen.

23 Skruva loss backventilen från röret. Se till att enheten inte böjs eller vrids.

24 Montera en ny ventil som ska vara en exakt kopia av den som demonterats, dra åt alla anslutningar.

Luftregleringsventil

25 Lossa den negativa anslutningen från batteriet. Ta bort luftrenaren.

26 Lossa vakuumsignalledningen från ventilen. Lossa luftslangarna och ledningsanslutningarna.

27 Om skruvarna är låsta med låsbleck ska bleckens öron böjas tillbaka, skruvarnas ta bort och ventilen lyftas bort från adapter eller fäste.

28 Montering sker i omvänd ordningsföljd. Använd ny packning när ventilen monteras.

Luftpump

29 Ta bort luftventil och adapter, som sådana förekommer.

30 Om remskivan ska demonteras från pumpen bör detta göras innan drivremmen tas bort.

31 Om remskivan inte ska demonteras tas drivremmen bort.

32 Ta bort pumpskruvarna och sära pumpen från motorn.

33 Montering sker i omvänd ordningsföljd. **Observera:** *Dra inte åt pumpens skruvar förrän alla komponenter har monterats.*

34 När monteringen är gjord ska drivremmens spänning justeras (kapitel 1).

Retardationsventil

35 Lossa vakuumslangarna från ventilen.

36 Ta bort skruvarna som fäster ventilen vid motorfästet (i förekommande fall).

37 Montera ny ventil och anslut alla slangar.

10 Sluten tankventilation (EECS)

Allmän beskrivning

1 Systemet är konstruerat att fånga upp och förvara bränsleångor som förångas från bränsletank, förgasare eller spjällhus och inloppsrör.

2 Det slutna tankventilationssystemet (EECS) består av en kolfylld kanister och ledningar som ansluter kanistern till bränsletank, slutet vakuum och inloppsrörets vakuum **(se bild).**

3 Bränsleångor överförs från bränsletank, förgasare eller gasspjäll och inloppsrör till en kanister för förvaring när motorn inte är igång. När motorn är igång suger inloppsluften ut bränsleångorna ur kanistern för normal förbränning i den förbränningsprocessen.

4 På senare modeller är en evakueringsventil placerad i kanistern och, på vissa modeller, en tanktryckregleringsventil. På vissa modeller styrs evakueringsventilen av ECM.

5 Ett tecken på att systemet inte fungerar ordentligt kan vara en stark bränslelukt. Dålig tomgång, motorstopp och försämrad körförmåga kan orsakas av defekt evakueringsventil, skadad kanister, spruckna eller trasiga slangar eller slangar som är anslutna till fel rör.

Kontroll

6 Kontroll- och underhållsrutiner för kanistern och slangarna i EECS-systemet beskrivs i kapitel 1.

7 Kontrollera evakueringsventilen genom att sätta fast en kort slangbit på evakueringsventilens nedre rör, försök att blåsa igenom slangen. Lite luft eller ingen luft alls bör komma in i kanistern (en liten luftmängd kan tränga in på grund av att kanistern är försedd med ett hål för konstantevakuering).

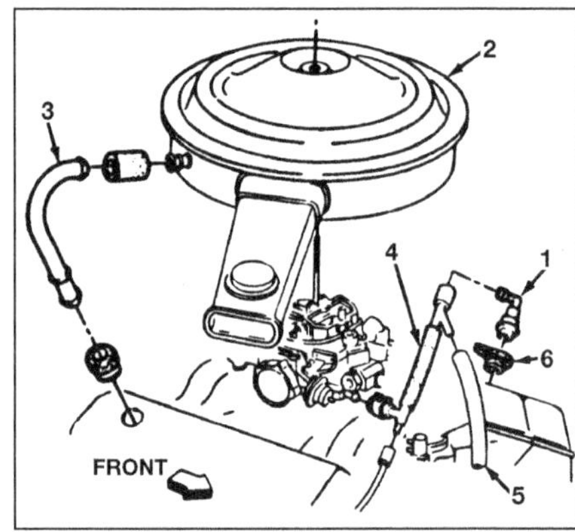

11.1 Vanligt montage av komponenter i PCV-system av senare modell

1 *PCV-ventil*
2 *Luftrenarhus*
3 *Vevhusventilation*
4 *PCV-ventilens slang*
5 *Slang till kanister i EVAP-system*
6 *Genomföring*

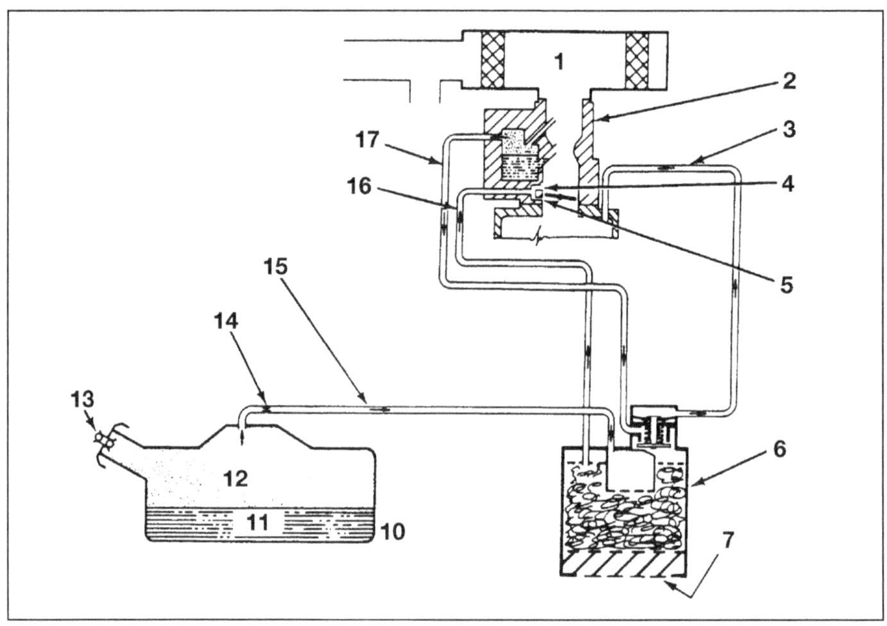

10.2 Komponenter i EECS-system (senare modell)

1 *Luftrenare*
2 *Förgasare*
3 *Vakuumsignalledning*
4 *Avluftningsport tomgång, övre*
5 *Avluftningsport tomgång, konstant*
6 *Kolkanister*
7 *Öppen botten*
10 *Bränsletank*
11 *Bränsle*
12 *Ånga*
13 *Tryck-vakuum avluftningslock*
14 *Strypning*
15 *Bränsletanksavluftning*
16 *Avluftningsrör tomgångssida*
17 *Avluftning flottörhus*

8 Tillför vakuum med en handvakuumpump genom vakuumröret till evakueringsventilens membran. Om membranet inte förmår att hålla vakuumet i minst 20 sekunder läcker membranet och kanistern måste bytas ut.

9 Om membranet kan hålla vakuumet, försök att blåsa på nytt genom slangen under det att vakuum tillförs. En större luftström bör nu noteras. Om så inte är fallet ska kanistern bytas ut.

Byte av kanister

10 Lossa slangarna från kanistern.

11 Ta bort klämskruven och lossa på klämman.

12 Ta bort kanistern.

13 Montering sker i omvänd ordningsföljd.

11 Vevhusventilation (PCV)

Allmän beskrivning

1 Vevhusventilationssystemet (PCV) reducerar kolväteutsläpp genom att frisk luft cirkuleras genom vevhuset så att vevhusgaser fångas upp varefter de omdirigeras genom en PCV-ventil till förgasare eller inloppsrör **(se bild)** för slutlig förbränning i motorn.

2 Huvudkomponenterna i PCV-systemets är vakuumslangar och PCV-ventil vilka reglerar gasflödena allt efter motorns varvtal och grenrörets undertryck.

Kontroll

3 PCV-systemet är enkelt och snabbt att kontrollera. Det bör kontrolleras regelbundet eftersom kol och smuts som vevhusgaserna för med sig täpper slutligen till PCV-ventilen och slangarna i systemet. Vanliga tecken på igensatt eller tilltäppt PCV-ventil kan vara ojämn tomgång, motorstopp eller lågt tomgångsvarvtal, oljeläckage, olja i luftrenaren eller slam i motorn.

4 Se beskrivning av kontroll och byte av PCV-ventil i kapitel 1.

12 Termostatstyrd luftrenare (Thermac)

Allmän beskrivning

1 Det termostatstyrda luftrenarsystemet (THERMAC) förbättrar motorns effektivitet och körförmåga under olika väderleksförhållanden genom att styra temperaturen på luften som kommer in i luftrenaren. En enhetlig temperatur på den inkommande luften ger magrare luft/bränsleblandning medan motorn värms upp vilket reducerar kolväteutsläppen.

2 I systemet används en dämpare som är placerad i luftrenarhusets snorkel, för att styra förhållandet mellan kall och varm luft som dirigeras till förgasaren eller gasspjället. Dämparen styrs av en vakuummotor vilken i

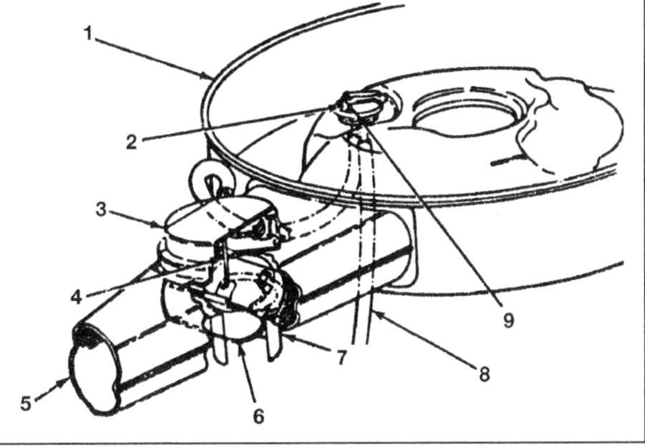

12.2a Vanligt montage av komponenter i Thermacsystem

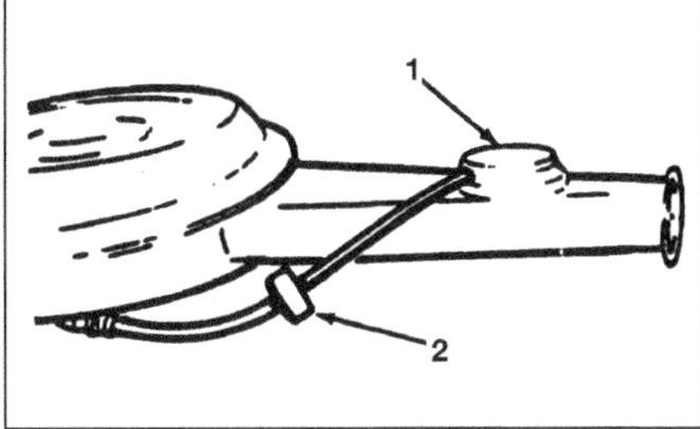

12.2b Vakuumfördröjningsventil (där sådan förekommer) är placerad i vakuumslangen mellan givare och vakuummotor

1 Vakuummotor
2 Fördröjningsventil

sin tur moduleras av en temperaturgivare i luftrenaren **(se bild).** I vissa motorer används en backventil i givaren, vilken fördröjer öppnandet av dämparens tunga när motorn är kall och vakuumsignalen låg **(se bild).**

3 Det är under de första körda kilometerna (beroende på utomhustemperaturen) som systemet har störst effekt på motorns prestanda och på avgasutsläppen. När motorn är kall blockerar dämparens tunga luftrenarinloppets snorkel, och låter endast varmluften från området kring avgasgrenröret tränga in i motorn. Medan motorn värms upp öppnar tungan undan för undan kanalen i snorkeln, därmed ökas mängden kall luft som kommer in i luftrenaren. När motorn har uppnått normal driftstemperatur öppnas tungan fullständigt vilket gör att endast kall luft kan komma in.

4 På grund av "endast kall motor"-funktionen är det viktigt att systemet kontrolleras då och då för att undvika att motorns prestanda försämras när den är kall eller överhettas av bränsleblandningen när motorn har uppnått normal driftstemperatur. Om luftrenarens dämpare fastnar i läget "ingen värme" kommer motorn att gå dåligt, stanna och använda för mycket bränsle innan motorn har värmts upp på egen hand. Om ventilen fastnar i läget "värme" kommer motorn att gå som om den är dåligt inställd på grund av det konstanta varmluftflödet till förgasaren eller spjällhuset.

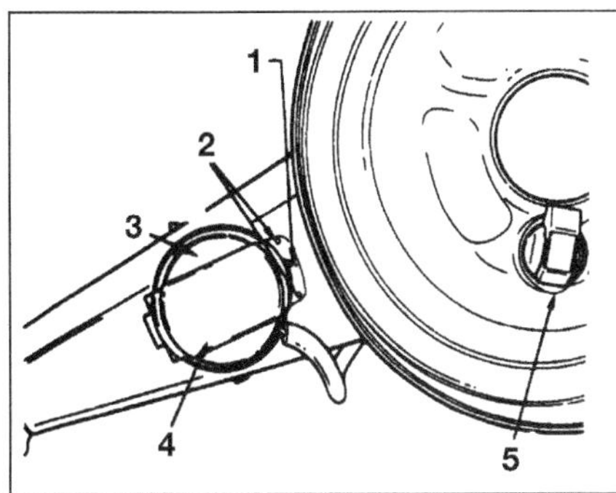

12.9 Borra ut punktsvetsningarna och lossa vakuummotorns fästbygel för att demontera vakuummotorn

1 Borra ett hål, ca 3 mm, i bygelns mittpunkt
2 Punktsvetsning
3 Vakuummotor
4 Bygel
5 Montera ny sensor i den tidigare sensorns ursprungsläge

Kontroll

5 Se beskrivning av underhålls- och kontrollrutiner för Thermacsystemet i kapitel 1. Om något av ovanstående problem uppdagas vid rutinkontroller bör man gå tillväga på följande sätt.

6 Om dämpardörren inte stänger till luften i snorkeln vid kallstart, lossa vakuumslangen vid snorkels vakuummotor och sätt tummen över slangänden, kontrollera om vakuum föreligger. Byt ut vakuummotorn om slangdragningen är korrekt och dämpardörren kan röra sig obehindrat.

7 Om inget vakuum kommer fram till motorn vid ovanstående prov, kontrollera om slangarna är spruckna eller veckade och om de är ordentligt anslutna. Om slangarna är rena och i gott skick ska temperaturgivaren i luftrenarhuset bytas ut.

Byte av komponenter

Luftrenarens vakuummotor

8 Demontera luftrenaren från motorn och lossa vakuumslangen från motorn.

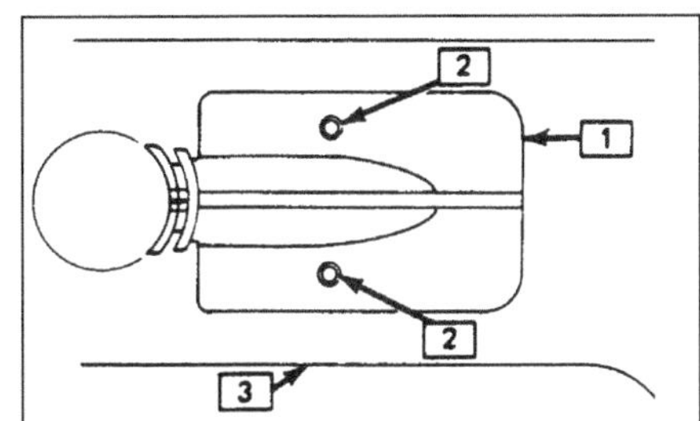

12.15 Montering av bränsleinsprutarens manöverdon i Thermacsystemet

1 Manöverdon 2 Nitar 3 Snorkel

Modeller med förgasarmotor

9 Borra ut båda punktsvetsningarna som fäster vakuummotorns fästbygel på snorkelröret **(se bild).**

10 Ta bort motorns fästbygel.

11 Lyft upp motorn, luta den åt ena sidan för att kunna haka loss motorlänkaget vid styrdämparen.

12 Vid montering borras ett hål på 2,78 mm i snorkelröret i mitten av vakuummotorns fästbygel.

13 Sätt fast vakuummotorns länkage i styrdämparen.

14 Sätt fast motor och fästbygel på snorkeln med plåtskruven som levererades tillsammans med underhållssatsen. Se till att plåtskruven inte hindrar dämpardörrens rörelse. Korta av skruven om det behövs.

Modeller med elektronisk bränsleinsprutning

15 Borra ut nitarna som fäster vaxtermostatens manöverdon och lyft ut manöverdonet från luftrenarhuset **(se bild).**

16 Vid montering, placera manöverdonet i huset, montera fjädern och nya nitar.

17 Anslut vakuumslangen på motorn och montera luftrenaren.

Luftrenarens temperaturgivare

18 Demontera luftrenaren från motorn och lossa vakuumslangarna vid givaren.

19 Gör en noggrann notering över hur givaren är monterad. Den nya givaren måste monteras i exakt samma läge.

20 Bänd upp givarens fästclips och ta bort givare och clips från luftrenaren **(se bild).**

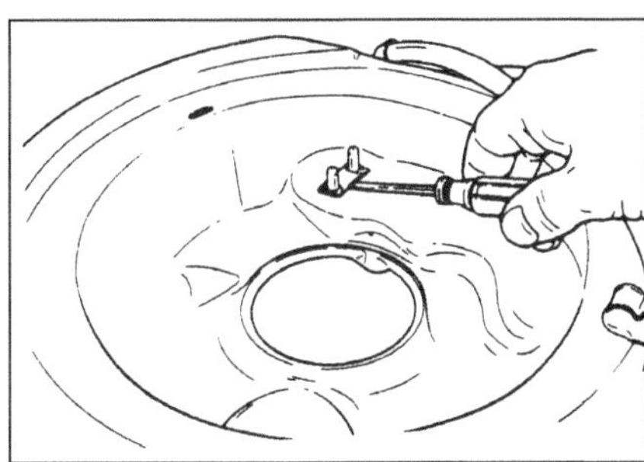

12.20 Givarens fästclips bänds loss med en skruvmejsel

21 Montera den nya givaren, med en ny packning, i samma läge som den gamla.
22 Tryck fast fästclipset på givaren. Skada inte styrmekanismen som sitter i mitten på givaren.
23 Anslut vakuumslangarna och fäst luftrenaren på motorn.

13 Pulsstyrd luftinblåsning (PAIR)

Observera: *Läs informationen om ditt AIR-system (avsnitt 9) om din motor är försedd med luftpump. Om din motor inte är försedd med luftpump och bilen är tillverkad efter det att AIR/PAIR-systemen introducerades så har din bil ett PAIR-system.*

Allmän beskrivning

1 I detta system utförs några av AIR-systemets funktioner, det utnyttjar emellertid avgaspulser istället för luftpump för att suga in luft i avgassystemet. Frisk luft, som filtreras i luftrenaren för att undvika ansamling av smuts på backventilens säte, tillförs systemet på kommando från den elektroniska styrenheten (endast senare modeller). På andra modeller används en retardationsventil för att hindra att baktändning uppstår i avgassystemet vid inbromsning.
2 PAIR-systemet består av fyra pulseair-ventiler. Motorns förbränning skapar ett pulserande avgasflöde, antingen som övertryck eller undertryck. Ett övertryck tvingar igen backventilen och tillåter inga avgaser att flöda förbi ventilen in i friskluftledningen. Ett undertryck vid pulseairventilerna leder till att friskluften flödar in i avgassystemet. Den friska luften reducerar avgasutsläppen genom att gynna grundligare förbränning.

Kontroll

3 Kontrollera pulseairventilerna, rören, genomföringarna och slangarna beträffande läckage och sprickor, byt ut sådana delar som behöver förnyas.
4 Systemet kan testas på ett enkelt och funktionellt sätt medan motorn är igång. Lossa gummislangen från luftventilen **(se bild)** och håll handen över ventilens inloppshål. När motorn går på tomgång bör det vara ett konstant insugningstryck vid ventilen. Låt en medhjälpare trycka på gasen. När motorns varvtal ökar, kontrollera att insugningstrycket ökar. Om så inte är fallet kan läckage förekomma i ledningarna, de kan vara igensatta eller backventilen kan ha fastnat. Kontrollera även att luften inte blåses ut ur luftventilen, vilket också är ett tecken på att backventilen har fastnat i öppet läge. Reparera eller byt ut defekta komponenter. Om andra problem misstänks förekomma i PAIR-systemet bör en auktoriserad verkstad eller annan verkstad få ställa diagnos på systemet eftersom de eventuellt kan härröra från den elektroniska styrenheten/ datorstyrningssystemet.

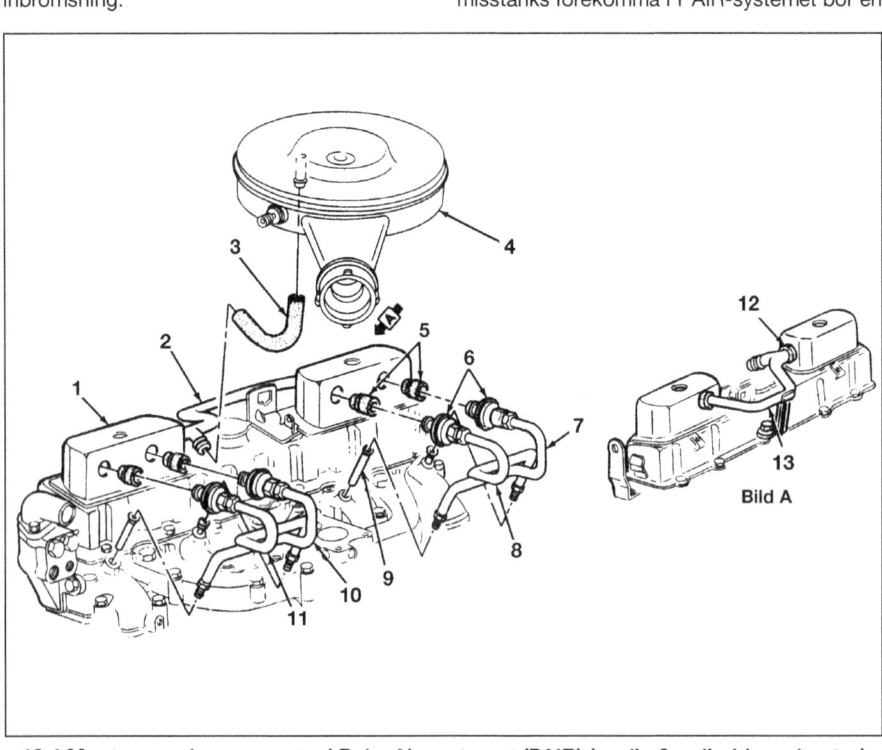

13.4 Montage av komponenter i PulseAir-systemet (PAIR) (vanlig 6-cylindrig radmotor)

1 Luftkammare
2 Inloppsrör
3 Slang
4 Luftrenare
5 Genomföringar
6 Backventiler
7 B-rör
8 A-rör
9 Förlängningsrör
10 B-rör
11 A-rör
12 Genomföring
13 Anslutningsrör

Byte av komponenter

5 När pulseairventilen ska demonteras tas luftrenaren bort först varefter gummislangen lossas från anslutningsröret till luftkammaren.
6 Lossa backventilens fyra rör vid cylinderhuvudet och demontera backventilen från röret.
7 Sätt ihop backventilerna med backventilrören på en arbetsbänk innan de monteras tillbaka.
8 Montera rörbackventilerna på cylinderhuvudet och dra åt anslutningarna löst.
9 Använd en stor skiftnyckel eller liknande verktyg som hävarm och rikta in backventilen mot luftkammarens genomföring. Montera backventilen i genomföringen med handflatan. Applicera smörjmedel på genomföringarna för att underlätta monteringen.
10 Dra åt anslutningarna ordentligt och sätt tillbaka luftrenare och slang.

14 Styrning av gasspjällsretur (TRC)

Allmän beskrivning

1 Detta system påverkar gasreglaget något när bilen rullar med motorn obelastad så att utsläppen av kolväten reduceras.
2 Systemet består av gasreglagets manöverdon som är monterat på förgasaren som styrs av magnetstyrventil och motorvarvtalskontakt.

Kontroll

3 Kontrollera att slangarna och de elektriska kablarna inte har veck eller sprickor och att de är ordentligt anslutna. Kontrollera om manöverdonets länkage kärvar på grund av oxidering eller smuts, rengör efter behov.
4 Vid kontroll av manöverdonets ventil lossas vakuumslangen och en vakuumpump ansluts till ventilen. Tillför 508 mm-Hg vakuum. Om de avlästa värdena på pumpens mätare sjunker föreligger läckage i manöverdonets ventil varför den bör bytas ut mot en ny.
5 Anslut en varvräknare enligt tillverkarens anvisningar. Starta motorn och låt den gå på tomgång vid normal driftstemperatur, med växellådan i neutralläge (manuell växellåda) eller Park-läge (automatväxellåda).
6 Tillför ett vakuumtryck på 508 mm-Hg till manöverorganet och öppna gasen manuellt något, låt den därefter stängas mot manöverdonets kolv.
7 Notera motorns varvtal vilket bör motsvara varvtalet som anges på avgasreningsdekalen i motorrummet. Om så inte är fallet, vrid tomgångsjusterskruven på kolven och upprepa

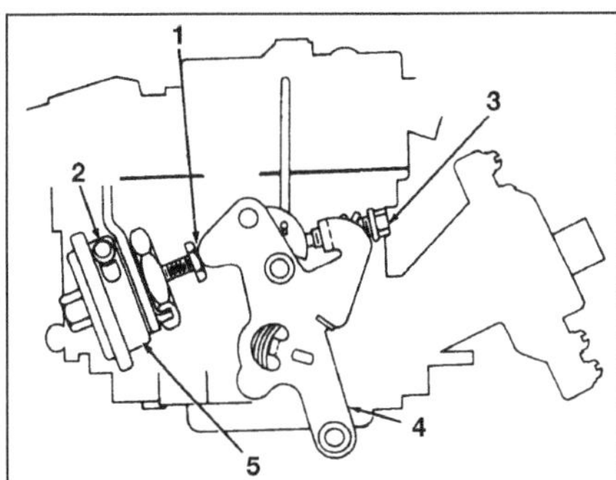

14.7 Justering av gasspjällreturens styrning (TRC)

1 Justerskruv
2 Anslut till vakuumkälla
3 Vrid justerskruv till specificerat varvtal
4 Gasreglage
5 Gasreglagets manöverdon

kontrollen tills varvtalet ligger inom angivna gränsvärden **(se bild).**

8 Gör en kontroll beträffande spänningen mellan varvtalskontakten och styrventilen genom att sätta en voltmätares negativa spets på en god jordningspunkt och den positiva spetsen i kontaktens spänningskälla. Kontakten behöver inte tas loss för denna kontroll. Sätt in provspetsen i själva kontakten så att den vidrör metalldelen.

9 Om det finns spänning i kontakten och inte i ventilen, och vice versa, föreligger fel i kabelnätet. Om det inte finns spänning i vare sig kontakt eller ventil ligger felet i kabelnätet vid torpedväggskontakten eller strömfördelarkontakten.

Byte av komponenter

Magnetstyrventil

10 Lossa vakuumslangarna och den elektriska kontakten, ta bort fästmutter och lyft upp ventilen från motorn **(se bilder).**

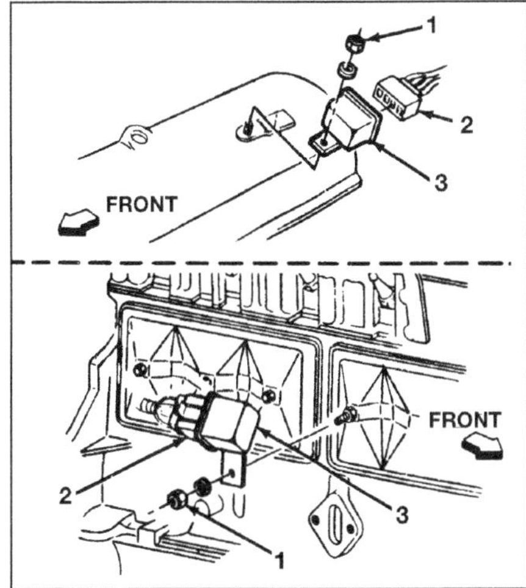

14.12 Montage av motorvarvtalskontakt (V8 överst, 6-cylindrig radmotor underst)

1 Mutter 2 Anslutningsdon 3 Kontakt

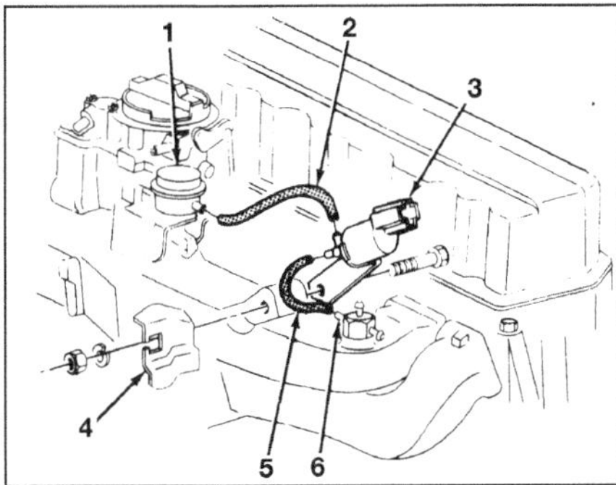

14.10a Vanligt montage av TRC-komponenter på 6-cylindrig radmotor

1 Gasreglagets manöverdon
2 Slang
3 TRC-magentventil
4 Stöd för gasreglage
5 Slang
6 Vakuumanslutning

Gasreglagets manöverdon

11 Lossa vakuumslangen, skruva loss den stora muttern som fäster manöverdonet på fästet på förgasaren, lossa manöverdonet från fästet och lyft upp den från motorn.

Varvtalskontakt

12 Ta loss den elektriska kontakten, ta bort mutter och bricka och lyft bort kontakten **(se bild).**

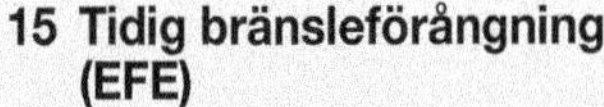

15 Tidig bränsleförångning (EFE)

Allmän beskrivning

1 Detta system värmer snabbt upp inloppsluften vilket har gynnsam inverkan på bränsleförångningen när motorn startas kall. På tidigare modeller öppnas och stängs en ventil i avgasröret av en fjäder som aktiveras av avgasernas värme. Underhåll av denna ventiltyp finns beskrivet i kapitel 1. På senare modeller dirigerar en vakuumstyrd värmeventil, placerad i avgasröret, avgaserna till inloppsröret så att det värms upp när motorn är kall.

2 EFE-driftens komponenter omfattar avgasvärmeventil, vakuumstyrningens manöverdon samt länk eller länkage, och en kylvätske- eller oljetemperaturkontakt plus vakuumslangar. **Observera:** *Generellt förekommer en kylvätsketemperaturkontakt på V6- och V8-motorer medan oljetemperaturkontakt förekommer på 6-cylindriga radmotorer.*

3 Kylvätske- eller oljetemperaturgivaren är stängd när motorn är kall för att låta vakuumet stänga servon och rikta avgaserna till grenröret. Allt efter det att motorn värms upp stängs vakuumkontakten vilket stänger av vakuumtillförseln till servon så att den öppnas och avgaserna inte längre riktas mot grenröret.

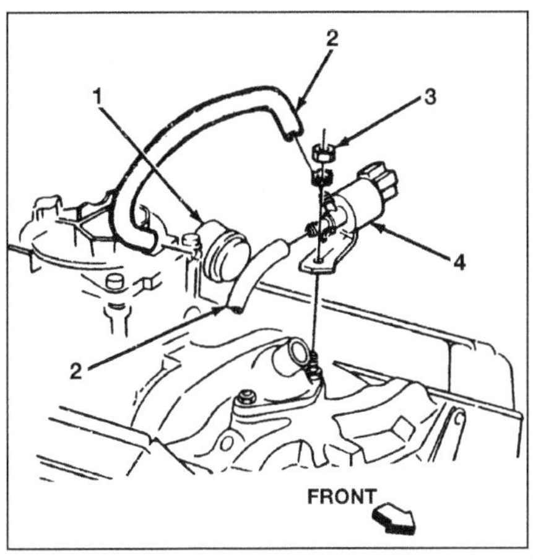

14.10b Vanligt montage av TRC-magnetventil på V8-motor

1 Gasspjällets manöverdon
2 Slang
3 Mutter
4 TRC-magnetventil

4 Om EFE-systemet inte fungerar leder det till dålig motorprestanda. Om systemet inte stängs av när motorn har värmts upp kommer motorn att gå som om den vore dåligt inställd och den kan även överhettas.

Kontroll

5 Starta motorn när motorn är kall och växellådan i friläge (manuell) eller *Park*-läge (automatisk). Notera manöverdonets länk som leder till värmeventilen inuti avgasröret. Den bör omedelbart flytta ventilen till stängt läge **(se bilder).** Om så är fallet fungerar systemet korrekt.

6 Om manöverdonets länk inte flyttas, lossa vakuumslangen vid manöverdonet och sätt tummen över den öppna änden. När motorn är kall och går på tomgång bör du kunna känna ett vakuumtryck vilket är tecken på korrekt vakuum. Om vakuum föreligger i detta läge ska manöverdonet bytas mot ett nytt.

7 Om inget vakuum föreligger i ledningen är det tecken på att antingen är slangen veckad

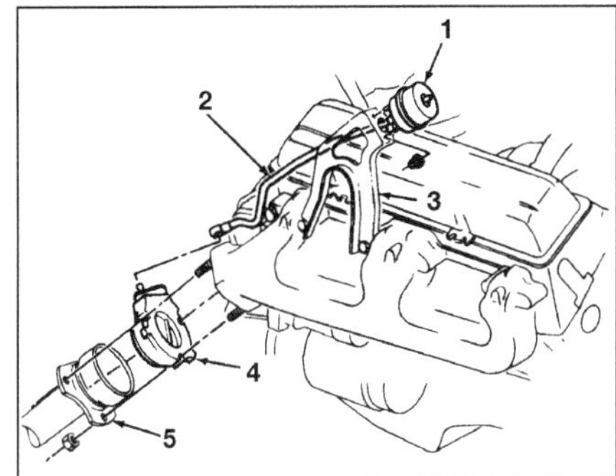

15.5a På vissa modeller är EFE-manöverdonet monterat på avstånd från värmeventilen. . .

1 Vakuumstyrningens manöverdon
2 Manöverdonets länk
3 Fäste
4 Spjäll i avgasrör
5 Avgasrör

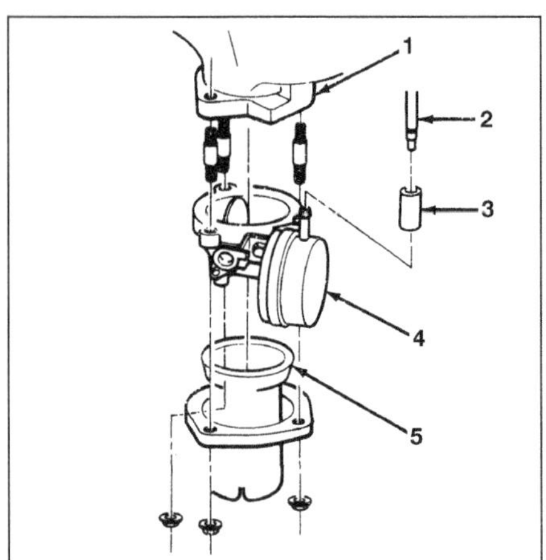

15.5b. . . medan på andra är manöverdon och ventil kombinerade

1 Avgasgrenrör
2 Vakuumkälla
3 Vakuumslang
4 EFE-manöverdon
5 Avgasrör

eller igensatt, eller också fungerar inte den temperaturstyrda vakuumkontakten som är fastskruvad i vattenkanalen eller oljetemperaturkontakten som är fastskruvad i motorblocket ordentligt. Byt slang eller kontakt efter behov.

8 Kontrollera att systemet kopplas ur när motorn är uppvärmd, se till att länken flyttar avgasvärmeventilen till öppet läge när motorn når normal driftstemperatur (cirka 160°C).

9 Om ventilen inte har öppnats när motorn har nått normal driftstemperatur, dra i vakuumslangen vid manöverdonet och kontrollera med tummen om vakuum föreligger. Om inger vakuum föreligger ska manöverdonet bytas. Om vakuum föreligger ska vatten- eller oljetemperaturkontakten bytas.

Byte av komponenter

Manöverdon och länk

10 Lossa vakuumslangen från manöverdonet.

11 Ta bort muttrarna som fäster manöverdonet vid fästet **(se bilderna 15.5a och 15.5b).**

12 Lossa länken från värmeventilen och ta bort manöverdonet och länken från motorn.

13 Montering sker i omvänd ordningsföljd.

Avgasvärmeventil

14 Demontera det korsande avgasröret om det behövs för att åstadkomma bättre arbetsutrymme.

15 Om manöverdonet utgör en del av värmeventilen ska vakuumslangen lossas. Om manöverdonet är monterad på avstånd lossas länken från värmeventilen.

16 Demontera muttrar och fjädrar mellan avgasröret och grenröret.

17 Demontera värmeventilen från avgasrörets insida.

18 Montering sker i omvänd ordningsföljd.

Vakuumkontakt för kylvätskans temperatur

19 Se beskrivning i kapitel 1 och tappa av cirka 1 liter kylvätska från systemet.

20 Lossa vakuumslangen från temperaturkontakten (placerad i termostathusets kåpa).

21 Skruva loss kontakten.

22 Applicera icke-härdande tätningsmedel på den nya kontaktens gängor (se till att inget tätningsmedel kommer på kontaktens ände) och montera den i termostathusets kåpa. Dra åt den ordentligt.

23 Sätt tillbaka vakuumslangen och fyll på kylvätska om det behövs (kapitel 1).

Temperaturstyrd vakuumkontakt för oljans temperatur

24 Lossa vakuumslangarna från temperaturkontakten (placerad i motorblocket).

25 Skruva loss kontakten.

26 Montera den nya kontakten och dra åt den ordentligt.

27 Sätt tillbaka vakuumslangarna.

16 Växellådsstyrt tändsystem (TCS)

Allmän beskrivning

1 Syftet med detta system är att reducera utsläppen av vissa avgaser genom att eliminera tändsystemets vakuumförställning när bilen körs framåt på låg växel på vissa modeller.

2 Vakuumförställningen styrs av en magnetventildriven kontakt som aktiveras av en växellådskontakt **(se bild).** När kontakten är aktiverad släpps det vakuum som normalt tillförs strömfördelaren ut i luften varefter tändförställningen styrs av strömfördelarens förställningsmekanism.

3 En kylvätsketemperaturkontakt är ansluten till magentventilens krets för att hindra att vakuum till strömfördelaren stängs av vid temperaturer under 34°C **(se bild).**

4 För att kompensera för den sänkta gnistan och för att förhindra eventuell glödtändning när motorn stängs av är vissa förgasare försedda med en magnetventil så att gasspjället ska kunna stängas mer än vid dess normala, (lätt öppna) tomgångsläge **(se bild).**

5 Symptom på defekter i TCS-systemet är:

a) Långsam tomgång eller glödtändning när motorn stängs av (defekt magnetventil)
b) Dåliga motorprestanda i höga växlar (trasig säkring)
c) Alltför hög bränsleförbrukning (defekt temperaturkontakt)
d) Baktändning vid inbromsning (växellådskontakten defekt)
e) Svårt att starta när motorn är kall (defekt i vakuumförställning)

Kontroll

6 Kontroll av detta system begränsas till granskning av att de elektriska anslutningarna och vakuumanslutningarna är ordentligt utförda.

17 Katalysator

Allmän beskrivning

1 Katalysatorn är en anordning i avgassystemet som reducerar föroreningarna i avgaserna. Katalysatorn innehåller platina och

16.2 Kontakten i det växellådsstyrda tändsystemet (TCS) är placerad på växellådan

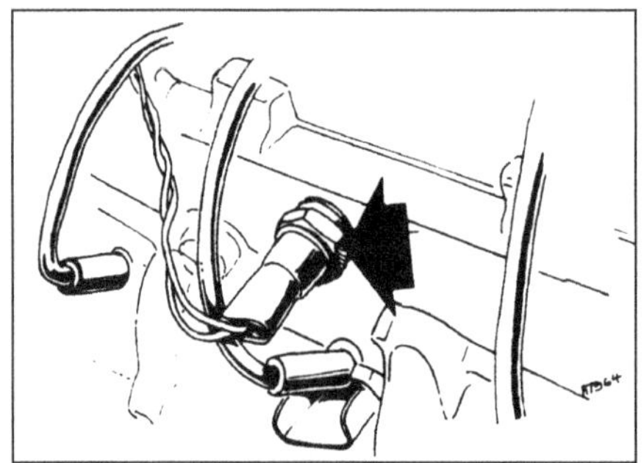

16.3 Kylvätsketemperaturkontakten i TCS-systemet placeras vanligen i cylinderhuvudet

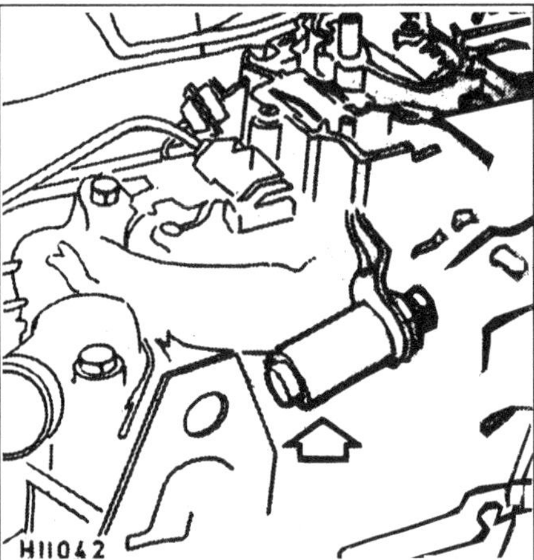

16.4 Magnetventilen (tomgångsstopp) är monterad på förgasaren

rodium vilka sänker såväl kvävoxidhalter (NOx) som kolväten (HC) och kolmonoxid (CO).

Kontroll

2 Testutrustningen för katalysatorer är dyr och mycket avancerad. Om du misstänker att katalysatorn i din bil inte fungerar korrekt ska du ta med den till en auktoriserad verkstad för diagnos och reparation, eller till en bilprovningsstation.

3 Katalysatorn är placerad under passagerarplatsen. Därför bör katalysatorn helst kontrolleras beträffande läckage, oxidering och annan skada när helst bilen hissas upp för annat underhåll eller reparation. Om någon skada på katalysatorn upptäcks kan den helt enkelt skruva loss från avgassystemet och bytas ut.

Byte av komponenter

4 Hissa upp bilen och placera den säkert på pallbockar.

5 Ta bort avgasklammans muttrar från katalysatorns båda ändar.

6 Lossa katalysatorn från avgasrören och sänk ned den från bilen **(se bild).**

7 Montering sker i omvänd ordningsföljd.

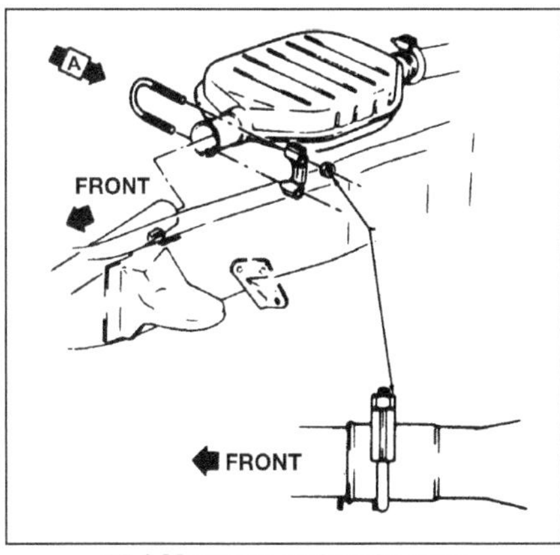

17.6 Montage av katalysator

Anteckningar

Kapitel 7 Del A:
Manuell växellåda

Innehåll

Svårighetsgrad

Enkelt, passar novisen med lite erfarenhet 	**Ganska enkelt,** passar nybörjaren med viss erfarenhet 	**Ganska svårt,** passar kompetent hemma-mekaniker 	**Svårt,** passar hemmamekaniker med erfarenhet 	**Mycket svårt,** för professionell mekaniker 

Specifikationer

Allmänt

Växellådsolja ... Se kapitel 1

Åtdragningsmoment

3-växlad 76 mm växellåda	Nm
Skruv mellan urtrampningslagrets styrhylsa och växellåda	20
Skruv mellan sidokåpa och växellåda	20
Skruv mellan förlängningshus och växellåda	61
Skruv mellan växelspak och växelaxel	34
Oljepåfyllningsplugg	18
Skruv mellan växellåda och kopplingskåpa	102
Skruv mellan tvärbalk och underrede	75
Skruv mellan tvärbalk och fäste	54
Muttrar till 2:ans/3:ans axelfästen	24
1:ans/backväxels ledskruv	27
Skruv mellan motorfäste och växellåda	61
3-växlad 77 mm växellåda	
Skruv mellan urtrampningslagrets styrhylsa och växellåda	47
Skruv mellan sidokåpa och växellåda	41
Skruv mellan förlängningshus och växellåda	61
Skruv mellan växelspak och växelaxel	34
Oljepåfyllningsplugg	20
Skruv mellan växellåda och kopplingskåpa	102
Mutter mellan tvärbalk och underrede	34
Skruv mellan tvärbalk och underrede	61
Muttrar till 2:ans/3:ans axelfästen	24
1:ans/backväxels ledskruv	27
Skruv mellan motorfäste och växellåda	61

4-växlad 89 mm växellåda	Nm
Växelspakens mutter	24
Skruv mellan förlängningshus och växellåda	68
Skruvar till urtrampningslagrets stödhylsa	41
Skruv mellan sidokåpa och växellåda	20
Backljuskontakt	20
Oljepåfyllningsplugg	20
Skruv mellan växellåda och kopplingskåpa	102
Skruv mellan tvärbalk och underrede	75
Skruv mellan tvärbalk och motorfäste	54
Mellan växelspak/fäste och växellåda	49
Justermuttrar till reglerstång	20
Skruvar mellan motorfäste och växellåda	54
4-växlad 117 mm växellåda	
Skruv mellan urtrampningslagrets styrhylsa och växellåda	34
Skruv mellan sidokåpa och växellåda	27
Skruv mellan förlängningshus och växellåda	41
Mutter mellan växelspak och växlingsaxel	27
Oljepåfyllningsplugg	41
Skruv mellan växellåda och kopplingskåpa	102
Mutter mellan tvärbalk och underrede	41
Skruv mellan tvärbalk och motorfäste	54
Växellådans avtappningsplugg	27
Skruv mellan motorfäste och växellåda	68

1 Allmän beskrivning

De bilar som beskrivs i denna handbok är utrustade med 3- eller 4-växlade manuella växellådor, eller 3-eller 4-växlade automatväxellådor. All information om manuella växellådor finns i denna del av kapitel 7. Information om automatväxellådor återfinns i del B.

Manuella växellådor identifieras genom antalet framåtväxlar och avståndet mellan huvudaxeln and bottenstocken, mätt mellan axelns mittlinjer. Den 3-växlade 76 mm växellådan har identifikationsnumret stansat ovanpå växellådan, under sidokåpan. Den 3-växlade 77 mm växellådan har identifikationsnumret stansat på växellådans övre vänstra sida.

Denna växellåda används främst för tunga tillämpningar.

Samtliga växlar framåt i den 4-växlade 89 mm växellådan är helt synkroniserade. Den fjärde växeln används som överväxel. Den 4-växlade 117 mm växellådan är endast synkroniserad i 2:ans, 3:ans och 4:ans växlar.

Beroende på kostnaden att renovera en växellåda kan det vara bättre att överväga att byta den mot antingen en ny växellåda eller mot en som är renoverad. En auktoriserad verkstad eller växellådsverkstad kan ge råd beträffande kostnad, tillgänglighet och utbytespolicy. Oavsett hur du beslutar att lösa ditt växellådsproblem kan du spara mycket pengar genom att själv demontera och montera tillbaka växellådan.

2 Svårt att lägga i växel - diagnos

Observera: *Innan du ställer diagnos på problem i växellådan ska du kontrollera att kopplingspedalens fria spel är rätt justerat (kapitel 1).*

1 Om du måste anstränga dig för att byta till en speciell växel går det relativt enkelt att fastställa om felet ligger i växlingsmekanismen eller i växellådan.

2 Fastställ vilken växellänk som kärvar, lossa den från växellådans sida.

3 Skruva fast två muttrar på växlingsaxeln som skjuter ut från växellådan, lås samman båda muttrarna och flytta växellänkaget manuellt i och ur olika växellägen med en nyckel.

4 Använd en momentnyckel och mät vilket åtdragningsmoment som behövs att lägga växellådan i en växel. Det bör inte överskrida 8 Nm.

5 Ett högre åtdragningsmoment tyder på problem i växellådan. Ett Positraction-smörjmedel kan förbättra situationen. Detta specialsmörjfett kan, tillsammans med ytterligare bruksanvisning, anskaffas från en GM-återförsäljare.

6 Om det i detta läge inte är alltför svårt att byta växel ligger problemet sannolikt i växelspaken eller växelväljaren. Kontrollera beträffande kärvning, rost, smuts el dyl.

3 Rattaxelns växellänkage - justering

1 Placera båda växelspakarna på växellådan i neutralläge.

2 Lossa reglerstängerna från armarna på rattaxelröret.

3 Ställ in spakarna på rattaxelröret i neutralläge och sätt in en mätpinne (4,5 mm i diameter) genom hålen i spakarna så att huvudreglerspaken behålls i neutralläge **(se bild).**

4 Anslut reglerstängerna på rattaxelrörets armar genom att justera klämmorna. Armarna får inte rubbas från neutrallägena.

5 Ta bort mätpinnen och kontrollera att växlingen fungerar korrekt.

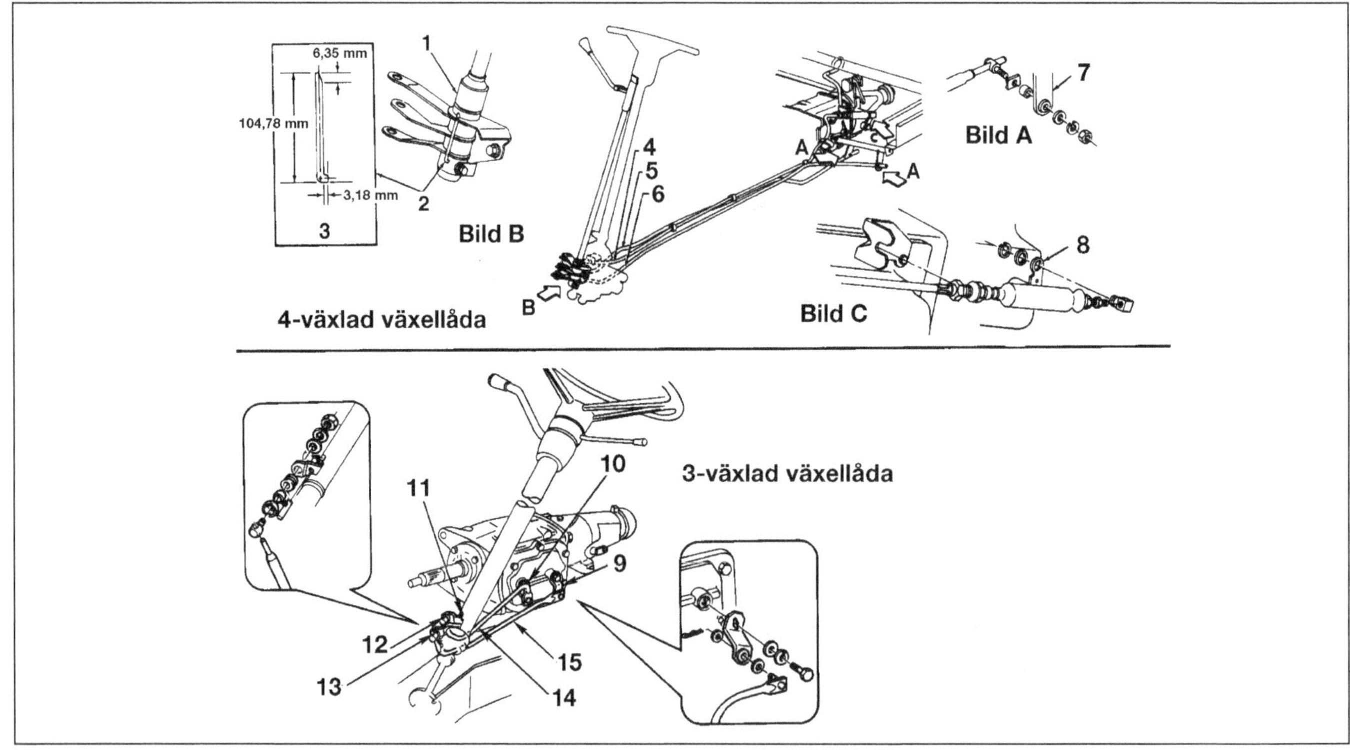

3.3 Justeringsdetaljer på växlingslänkage

1 Övre reglage och fäste
2 Tillverkad pinne
3 Tillverkas av rör 3/16" diameter
4 Backvajer
5 3:ans/4:ans växellänk
6 1:ans/2:ans växellänk
7 Arm
8 Backväxelns hävarm
9 1:ans/backens arm
10 2:ans/3:ans arm
11 Växelstång
12 2:ans/3:ans växellänk
13 1:ans/backens växellänk
14 2:ans/3:ans arm
15 1:ans/backens arm

4 Bakre oljetätning - byte

1 Hissa upp bilen och stöd den säkert på pallbockar.
2 Tappa av växellådsoljan (se kapitel 1).
3 Demontera kardanaxeln (kapitel 8).
4 På 117 mm 4-växlade växellådor, demontera kardanknutens fläns och mutter för att komma åt oljetätningen **(se bild)**.
5 Bänd försiktigt loss tätningen ur huset med en skruvmejsel **(se bild)**. Var försiktig så att den utgående axelns splines inte skadas.
6 Rengör försänkningen och kontrollera om den är skadad. Stryk växellådsolja på den nya tätningens läppar och stryk ett tunt lager RTV-tätning på ytterkanten.
7 Placera den nya tätningen i försänkningen med den öppna sidan inåt, knacka tätningen försiktigt på plats med en stor hylsa och hammare. Om en stor hylsa inte finns till hands kan en rörbit gå lika bra, förutsatt att den har rätt diameter.
8 Montera kardanaxeln och eventuella övriga delar som demonterats.

5 Hastighetsmätarens drev - byte

1 Hissa upp bilen och stöd den säkert på pallbockar.
2 Lossa hastighetsmätarvajern, ta bort skruven och lossa låsblecket **(se bild)**.
3 Sätt en skruvmejsel i låsblecket och bänd loss drev och axel ur växellådan.
4 Bänd loss O-ringen.
5 Montering sker i omvänd ordningsföljd. Smörj in O-ringen med växellådsolja.

1 Låsbricka
2 Skruv
3 Påfyllningsplugg
4 Avtappningstapp
5 Växellådshus
6 Bakre oljetätning
7 Låsning
8 Skruv
9 Hastighetsmätardrev (drivet)
10 Tätning
11 Hylsa
12 Adapter
13 Hastighetsmätarvajer
14 Tätning
15 Plugg
16 Kablage
17 Packning
18 Bakre lagerhållare
19 Kardanknutens medbringare
20 Mutter
21 Skruv
22 Skruv

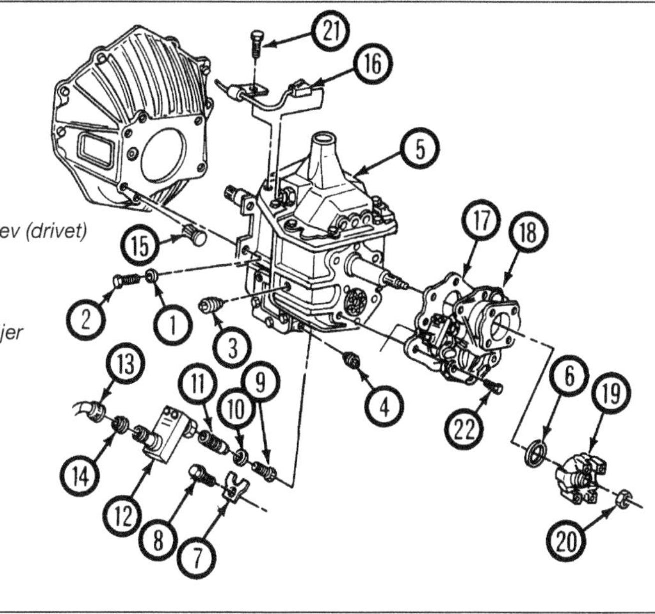

4.4 Delar i 4-växlad (117 mm) växellåda

6 Växellåda - demontering och montering

1 Hissa upp bilen, stöd den på pallbockar.
2 Tappa av växellådsoljan (kapitel 1).
3 Lossa hastighetsmätarvajer, backljuskontaktens elkabel och, i förekommande fall, bränsledoseringskontakten.
4 Demontera växelreglagen från växellådan.
5 På bilar som är utrustade med 117 mm växellåda demonteras växelspaken. Placera en ren, luddfri trasa över växellådsöppningen för att hindra att smuts tränger in.
6 I förekommande fall, lossa parkeringsbromsspak och reglage.
7 Demontera kardanaxeln (kapitel 8).
8 Stöd växellådan med en domkraft.
9 Lossa eventuella ledningar, slangar, kablar eller fästen som kan komma i vägen när växellådan demonteras.
10 Lossa kopplingskåpan och skruvarna mellan växellådan och kopplingskåpan.
11 Flytta växellådan rakt bakåt, bort från motorn. Se till att växellådans ingående axel är inriktad mot lamellcentrumets nav.
Observera: *När växellådan demonteras bör två eller flera medhjälpare bära upp växellådans tyngd. Låt inte tyngden hänga ned på lamellcentrumets nav eftersom lamellcentrumet kan bli skevt, vilket kan starkt påverka kopplingens funktion.*
12 När växellådan är fri ska den sänkas ner på marken och demonteras från bilen.
13 Montering sker i omvänd ordningsföljd. Fyll på växellådan med rekommenderad växellådsolja (kapitel 1).

4.5 Den bakre oljetätningen kan bändas loss från växellådan med en lång skruvmejsel - arbeta runt tätningen, bänd lite åt gången, och var försiktig så att den utgående axeln inte skadas

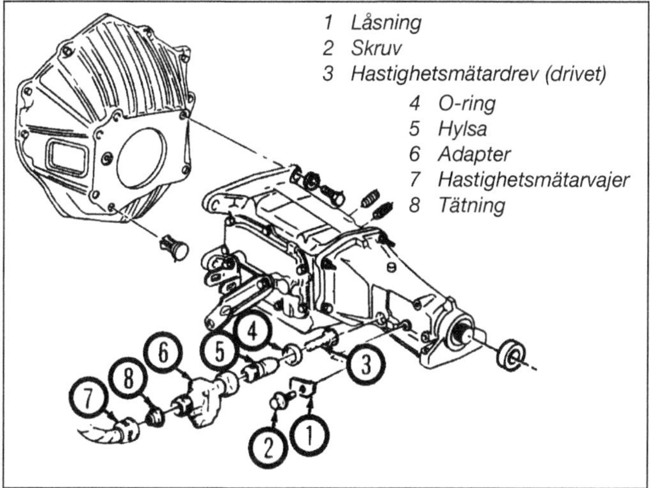

5.2 Delar i hastighetsmätarens drivning

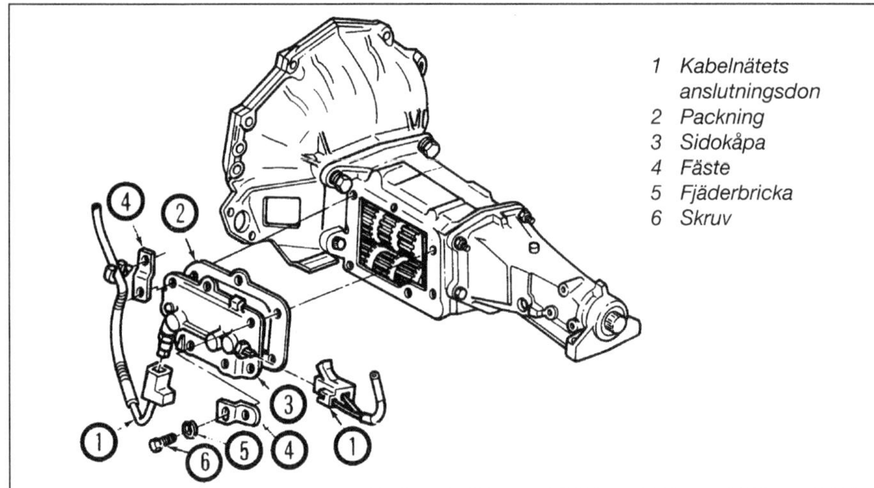

7.3 Sidokåpa (3-växlad 76 mm växellåda)

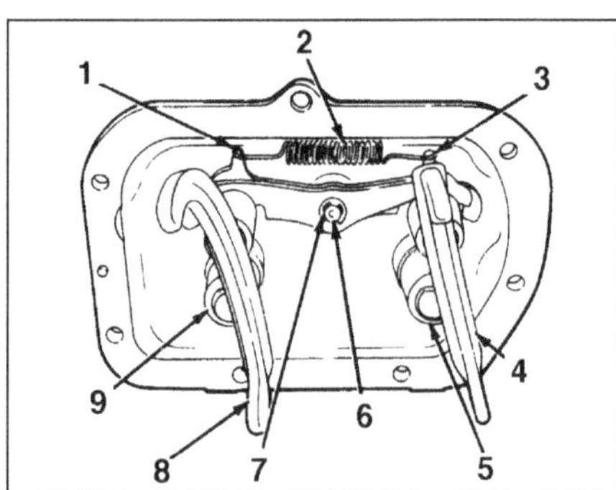

7.6 Sidokåpa (3-växlad 76 mm växellåda)

1 Spärrkam
2 Fjäder
3 Spärrkam
4 2:ans/3:ans växelförargaffel
5 2:ans/3:ans växelväljare
6 Spärrkammens ledpinne
7 Låsbricka
8 1:ans & backens växelförargaffel
9 1:ans & backens växelväljare

7 Växellåda (3-växlad 76 mm) - isärtagning, renovering och montering

Renovering av sidokåpa

1 Lägg växeln i neutralläge, hissa upp bilen för att komma åt underifrån och stöd den ordentligt på pallbockar.

2 Lossa länkaget från armarna på växellådans sida.

3 Demontera kåpan från växellådan och tappa av växellådsoljan **(se bild).**

4 Demontera båda växelväljargafflarna från axlarna och båda axlarna från kåpan.

5 Bänd loss axelns O-ringar om de behöver bytas.

6 Demontera spärrkammens fjäder och C-clips. Demontera båda spärrkammarna **(se bild).**

7 Undersök om delarna är skadade eller slitna, byt ut delar efter behov.

8 När spärrfjäderns tunga står upp över öppningen till 2:ans och 3:ans växelväljaraxelkåpa, montera 1:ans/backväxelns spärrkam på spärrkammens ledpinne. När spärrfjäderns tunga står upp över hålet till kåpan för 1:ans/backväxelns växelväljaraxel, montera 2:ans och 3:ans spärrkam.

9 Montera C-clipset på ledaxeln och haka fast fjädern på spärrkammens hack.

10 Montera växelväljaraxlarna försiktigt i kåpan och växelförargafflarna på väljaraxlarna. Lyft upp spärrkammen för att låta gafflarna komma ordentligt på plats.

11 Ställ in växlingsarmarna i neutralläge (mittläge) och placera packningen i kåpan.

12 Sätt försiktigt tillbaka sidokåpan, och kontrollera att växelförargafflarna är inriktade mot respektive huvudaxels kopplings glidhylsor.

13 Montera kåpans skruvar. Dra åt skruvarna till angivet åtdragningsmoment.

14 Fyll på växellådsolja efter behov i växellådan.

Isärtagning av växellådan

15 Demontera växellådan enligt beskrivning i avsnitt 6 och demontera sidokåpan **(se bild)** (se steg 1 t o m 7, vid behov).

16 Demontera låsringen från ingående axelns lagerskaft, dra därefter ut ingående axeln tills axelns lager kan bändas ut med en stor skruvmejsel.

17 Demontera hastighetsmätarens kugghjul från det bakre förlängningshuset, demontera därefter skruvarna från förlängningshuset.

18 Demontera E-låsningen från backdrevsaxeln.

19 Ta bort drivhjul, huvudaxel och förlängningshus tillsammans med den bakre kåpan.

20 Lossa drivhjulets nållager och synkroniseringsring från huvudaxeln.

21 Dra ut låsringen i det bakre förlängningshuset som fäster den bakre lagertungan.

22 Ta bort det bakre förlängningshuset.

23 Använd en blindaxel eller GMs specialverktyg nr J-2246 och driv ut bottenstocken (tillsammans med Woodruffkilen) ur växellådshusets bakdel. Demontera försiktigt blindaxeln och ta bort bottenstock, lager och tryckbrickor från växellådshusets insida.

24 Driv ut huvudaxeln ur växellådshusets baksida med en lång dorn.

25 Huvudaxeln bör endast tas isär om en press eller lageravdragare finns till hands, ta annars med axeln till en auktoriserad verkstad. Se till att alla komponenter förvaras isärtagna och i rätt ordningsföljd för att underlätta vid ihopsättningen.

26 Demontera låsringen från 2:ans/3:ans synkroniseringsnav från huvudaxeln. Blanda inte ihop komponenterna i synkroniseringsenheten. Trots att de är identiska är komponenterna i varje enhet matchade i tillverkningen.

27 Demontera synkroniseringsenheten, 2:ans synkroniseringsring och 2:ans drev från huvudaxelns främre del.

28 Tryck ihop clipset på hastighetsmätarens drivhjul och demontera hjulet från huvudaxeln.

29 Demontera det bakre lagrets låsring från spåret i huvudaxeln.

30 Stöd backväxeln och tryck ut huvudaxeln från det bakre lagret. Demontera låsringen från huvudaxelns baksida.

31 Demontera låsringens på 1:ans/backens synkroniseringsnav från huvudaxeln och demontera synkroniseringsenheten.

32 Demontera 1:ans synkroniseringsring och 1:ans kugghjul från huvudaxeln.

Renovering av växellåda

33 Rengör alla komponenter i lösningsmedel och torka dem ordentligt. Kontrollera om kuggarna är slitna eller hackiga. Om växelbyten åtföljt av högt missljud har förekommit, eller om synkroniseringsverkan varit dålig ska aktuell synkroniseringsenhet bytas.

34 Ta bort oljetätningen från det bakre förlängningshusets baksida och driv in en ny packning med en rörformig dorn.

35 Rengör växellådshusets in- och utsida och kontrollera beträffande sprickor, speciellt runt skruvhålen.

36 Ta bort tätningen på ingående axelns lager och montera den nya tätningen.

Ihopsättning av växellåda

37 Börja renoveringsarbetet på växellådan med att sätta ihop huvudaxeln **(se bild).** Montera 2:ans växel så att dess bakre yta stöter emot flänsen på huvudaxeln.

38 Montera synkroniseringsringen följt av 2:ans/3:ans synkroniseringsenhet (växelväljargaffelns spår nära huvudaxelns bakre ände). Kontrollera att hacken på synkringen är inriktade mot kilarna i synkroniseringsenheten.

39 Montera låsringen som fäster synkroniseringsnavet på huvudaxeln.

40 Montera 1:ans växel, följt av synkringen på huvudaxelns baksida.

41 Montera 1:ans/backväxelns synkroniseringsenhet (växlingsgaffelns spår närmare

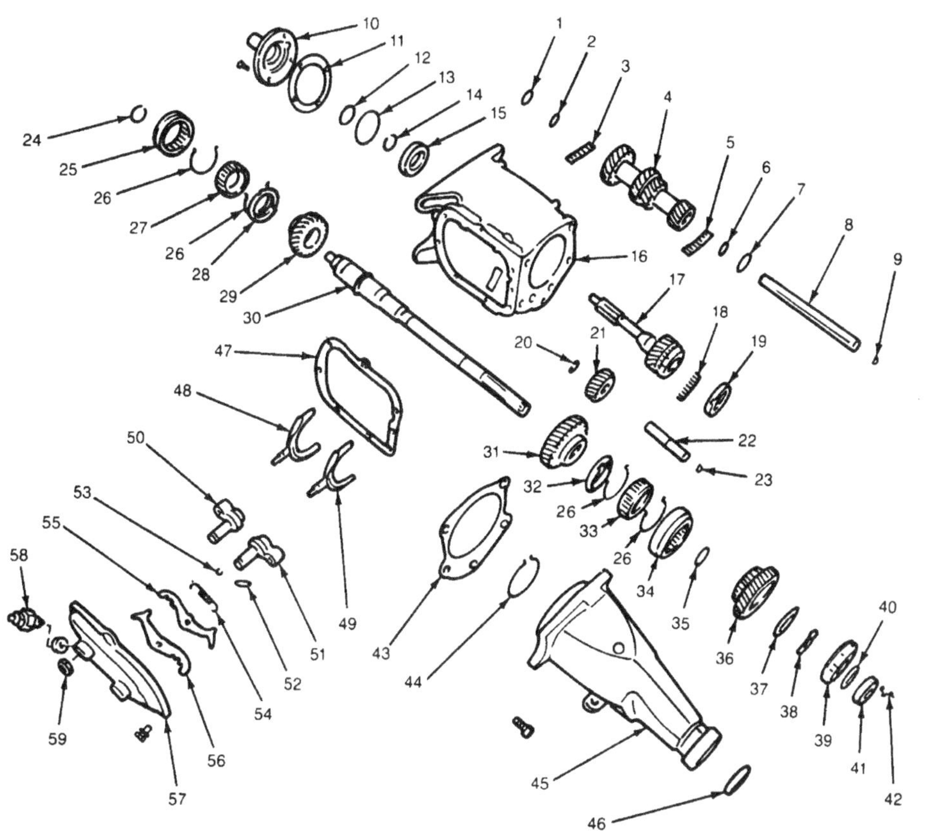

1 *Tryckbricka (främre)*
2 *Lagerbricka*
3 *Nållager*
4 *Bottenstock*
5 *Nållager*
6 *Lagerbricka*
7 *Tryckbricka (bakre)*
8 *Bottenstockens axel*
9 *Woodruffkil*
10 *Urtrampningslagrets styrhylsa*
11 *Packning*
12 *Oljetätning*
13 *Låsring (mellan lager och kåpa)*
14 *Låsring (mellan lager och ingående axel)*
15 *Lager på växellådans ingående axel*
16 *Växellådshus*
17 *Drivhjul*
18 *Styrlager*
19 *3:ans synkroniseringsring*
20 *E-låsring*
21 *Mellanbackdrev*
22 *Axel, mellanbackdrev*
23 *Woodruffkil*
24 *Låsring (mellan nav och axel)*
25 *2:ans/3:ans synkroniseringshylsa*
26 *Låsfjäder, synkroniseringsenhet*
27 *2:ans/3:ans synkroniseringsnav*
28 *2:ans synkroniseringsring*
29 *2:ans drev*
30 *Huvudaxel*
31 *1:ans drev*
32 *1:ans synkroniseringsring*
33 *1:ans/2:ans synkroniseringsnav*
34 *1:ans/2:ans synkroniseringshylsa*
35 *Låsring (mellan nav och axel)*
36 *Backväxel*
37 *Tryckbricka*
38 *Fjäderbricka*
39 *Bakre lager*
40 *Låsring (mellan lager och axel)*
41 *Hastighetsmätardrev*
42 *Clips*
43 *Packning*
44 *Låsring (mellan bakre lager och förlängningshus)*
45 *Förlängningshus*
46 *Oljetätning*
47 *Packning*
48 *2:ans/3:ans växelförargaffel*
49 *1:ans/backens växelförargaffel*
50 *2:ans/3:ans växelväljare*
51 *1:ans/backens växelväljare*
52 *O-ring*
53 *E-ring*
54 *Fjäder*
55 *2:ans/3:ans spärrkam*
56 *1:ans/backens spärrkam*
57 *Sidokåpa*
58 *TSC kontakt och packning*
59 *Läpptätning*

7.15 3-växlad 76 mm växellåda - sprängskiss

1 *Växellådans ingående axel*
2 *Lager på växellådans ingående axel*
3 *3:ans synkroniseringsring*
4 *Huvudaxelns styrlager (14 st)*
5 *Låsring*
6 *2:ans/3:ans synkroniseringsenhet*
7 *2:ans synkroniseringsring*
8 *2:ans drev*
9 *Klack (del av huvudaxel)*
10 *1:ans drev*
11 *1:ans synkroniseringsring*
12 *1:ans synkroniseringsenhet*
13 *Låsring*
14 *Backväxel - drev*
15 *Backväxelns tryckbricka*
16 *Fjäderbricka*
17 *Bakre lager*
18 *Låsring*
19 *Hastighetsmätarens drev och clips*
20 *Huvudaxel*

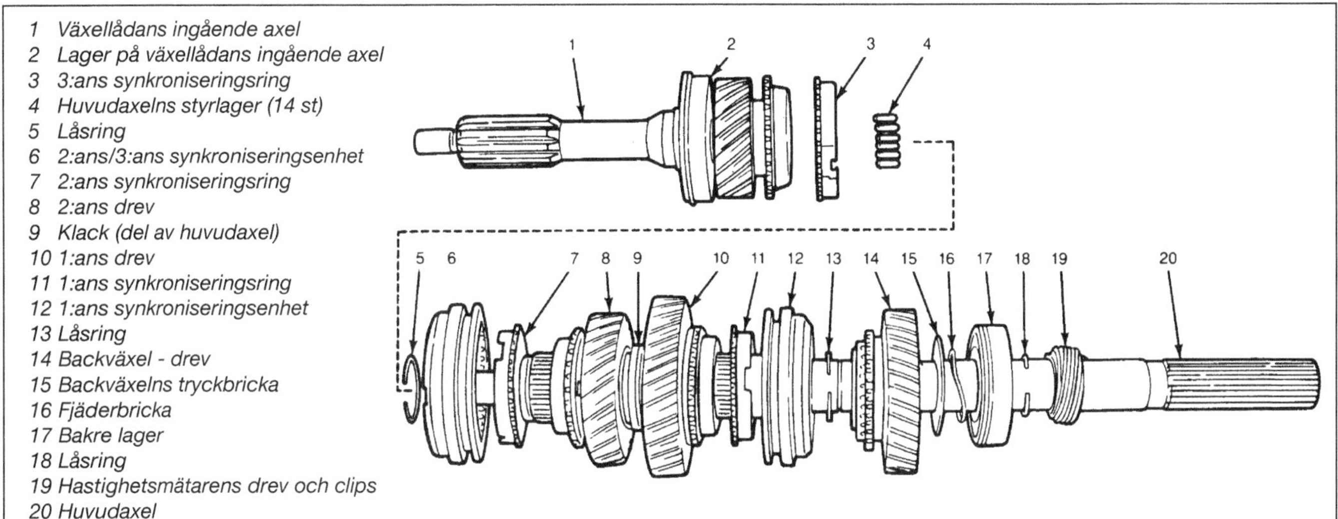

7.37 Växellådans ingående axel (3-växlad 76 mm växellåda)

huvudaxelns främre ände), kontrollera även här att hacken på synkringen är inriktade mot kilarna på synkroniseringsenheten.

42 Montera låsring, backväxelns tryckbricka och fjäderbricka.

43 Montera huvudaxelns bakre kullager med det yttre låsringsspåret närmare axelns front.

44 Montera det bakre lagrets låsring.

45 Montera hastighetsmätarens drev och clips.

46 Sätt in en blindaxel genom bottenstocken och sätt fast rullagren (27 st på varje sida), nålbrickor och växellådshusets tryckbrickor på plats med tjockt fett. Observera att tungorna på tryckbrickorna är riktade från hjulens yta. **Observera**: *Om en blindaxel inte finns till hands kan rullagren klistras försiktigt på plats, se emellertid till att de inte rubbas när axeln monteras.*

47 Montera backmellandrev och backdrevsaxel med Woodruffkil på baksidan av växellådshuset. Montera inte backdrevsaxelns E-låsning ännu.

48 Montera bottenstocken från växellådshusets baksida och sätt därefter dit bottenstocksaxeln så att den griper i rullagren och tryckbrickorna samtidigt som den tränger undan blindaxeln eller verktyget (i förekommande fall). Mellanaxeln bör sättas in så att dess skåra placeras vid den bakre änden när den är monterad.

49 Expandera låsringen i det bakre förlängningshuset och placera huset över huvudaxelns bakdel och på de bakre lagren. Kontrollera att låsringen sitter på plats i det bakre lagrets spår.

50 Sätt dit huvudaxelns styrlager (14 st) i försänkningen för kopplingsdrevet och sätt sedan ihop 3:ans synkroniseringsring i kopplingens drivhjul.

51 Placera växellådans ingående axel, styrlager och 3:ans synkring över huvudaxelns främre del. Montera inte ingående axelns lager ännu. Kontrollera att hacken i synkringen är inriktade mot kilarna i 2:ans och 3:ans synkroniseringsenhet.

52 Sätt fast en ny packning (med fett) på den bakre sidan av växellådshuset och sätt därefter in huvudaxel och bakre förlängningshus på den ingående axeln. Kontrollera att 2:ans/3:ans synkroniseringshylsa är fullt intryckt framåt så att den ingående axelns drev går mot i bottenstockens tryckbrickor.

53 Montera skruvarna mellan bakre förlängningshus och växellåda. Dra åt skruvarna till angivet åtdragningsmoment.

54 Montera den yttre låsringen på den ingående axelns lager och montera lagret över axeln och i växellådshusets främre del.

55 Montera låsringen på lageraxeln på den ingående axeln.

56 Montera lagerhylsan på den ingående axeln och dess packning, kontrollera att oljereturhålet är vänt nedåt på lagerhylsan.

57 Montera backdrevsaxelns E-låsning på axeln.

58 Med synkroniseringshylsorna i neutral-

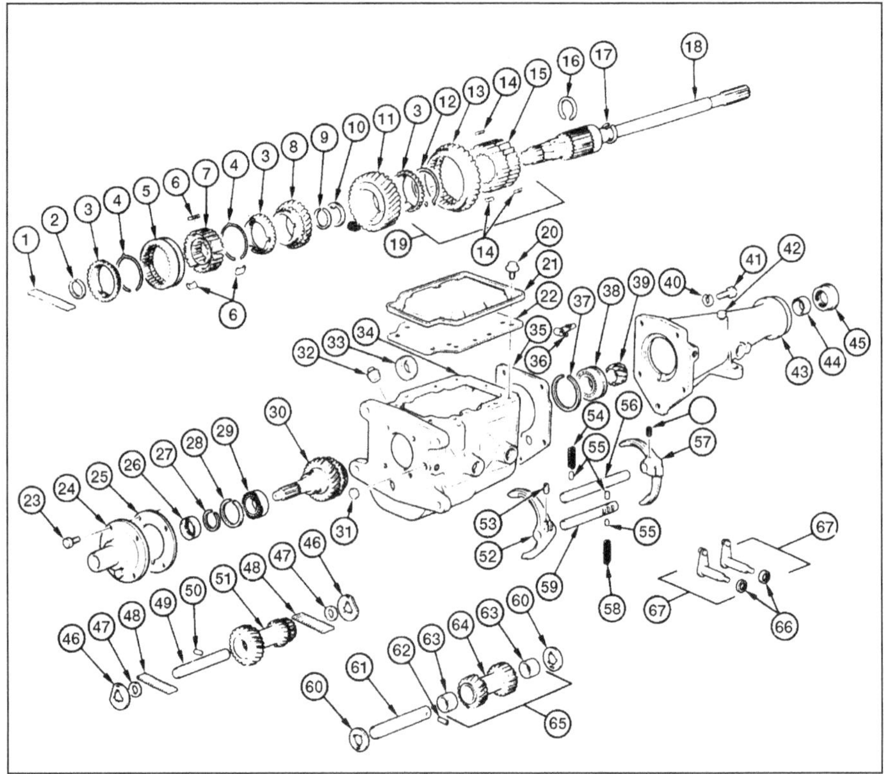

8.3 3-växlad 77 mm växellåda - sprängskiss

1 Huvudaxelns rullager
2 Låsring till 2:ans/3:ans synkroniseringsnav
3 Synkroniseringsringar
4 2:ans/3:ans synkroniseringsring
5 2:ans/3:ans synkroniseringshylsa
6 2:ans/3:ans synkroniseringskilar
7 2:ans/3:ans synkroniseringsnav
8 2:ans drev
9 1:ans låsring
10 Bricka
11 1:ans drev
12 Backväxelns låsfjäder
13 1:ans/backens synkroniseringshylsa och drev
14 Backens synkroniseringskilar
15 1:ans/backens synkroniseringsnav
16 1:ans/backens låsring
17 Bakre lagrets låsring
18 Växellådans utgående axel
19 Backens synkroniseringsenhet
20 Täcklockets skruvar
21 Täcklock
22 Täcklockets packning
23 Växellådshusets skruvar till urtrampningslagrets styrhylsa
24 Urtrampningslagrets styrhylsa
25 Packning till urtrampningslagrets styrhylsa
26 Tätning till urtrampningslagrets styrhylsa
27 Distans till lager på växellådans ingående axel
28 Låsring till växellådans ingående axel
29 Lager på växellådans ingående axel
30 Växellådans ingående axel
31 Expansionsplugg
32 Påfyllningsplugg
33 Växellådshusets magnet
34 Växellådshus
35 Packning mellan förlängningshus och växellådshus
36 Clips till hastighetsmätarens drivna kugghjul
37 Låsring till växellådans bakre lager
38 Huvudaxelns lager
39 Hastighetsmätarens drev
40 Bricka mellan förlängningshus och växellådshus
41 Skruv mellan förlängningshus och växellådshus
42 Förlängningshusets ventilator
43 Förlängningshus
44 Förlängningshusets bussning
45 Förlängningshusets oljetätning
46 Tryckbricka till mellanbackdrev
47 Distans till mellanbackdrev
48 Rullager till mellanbackdrev
49 Mellanbackaxel
50 Fjädrande pinne till mellanbackaxel
51 Mellanbackdrev
52 2:ans/3:ans växlingsgaffel
53 Växlingsgaffelns låsskruv
54 1:ans/2:ans låsfjäder
55 Låsplugg
56 1:ans/backens växelaxel
57 1:ans/backens växlingsgaffel
58 2:ans/3:ans låsfjäder
59 2:ans/3:ans växelaxel
60 Backdrevets tryckbricka
61 Backaxel
62 Backaxelns fjädrande pinne
63 Backdrevets bussning
64 Backdrev
65 Backdrev med axel komplett
66 Tätningar
67 Växelväljare

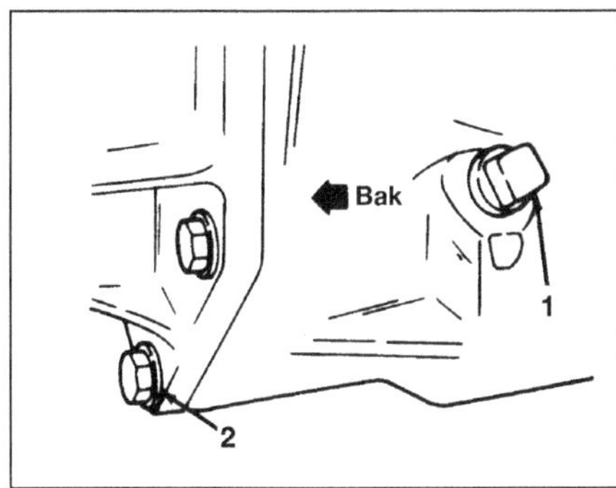

8.7 Avtappningsplugg (3-växlad 77 mm växellåda)

1 Påfyllningsplugg
2 Avtappningsplugg

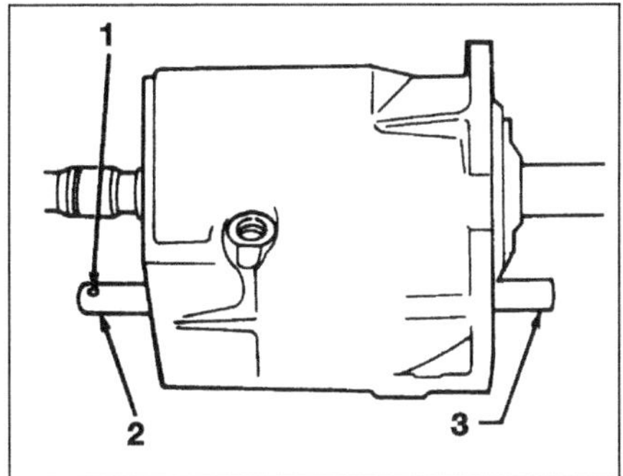

8.8 Sätt dit en blindaxel för att demontera mellanaxeln (3-växlad 77 mm växellåda)

1 Hål för låspinne
2 Bottenstocksaxel
3 Blindaxel (J-25232)

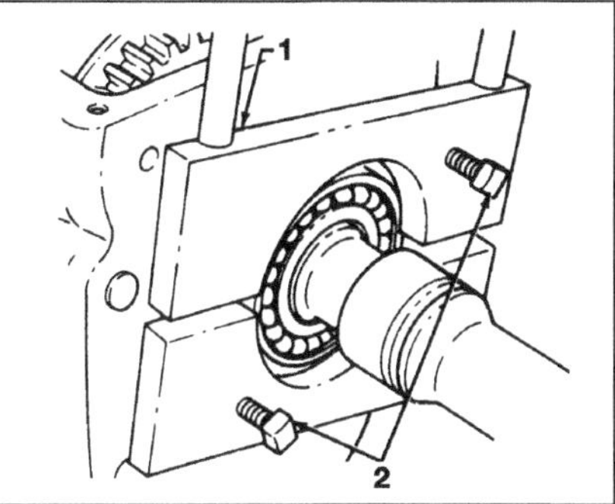

8.13 Demontera bakre lagret med specialverktyget (3-växlad 77 mm växellåda)

1 Lageravdragare
2 Avdragarskruvar

läge, montera sidokåpan, packningen och gaffeln (steg 8 t o m 13). Dra åt skruvarna till angivet åtdragningsmoment.

59 Montera hastighetsmätarens kugghjul i det bakre förlängningshuset.

8 Växellåda (3-växlad 77 mm) - isärtagning, renovering och montering

1 Lägg växeln i neutralläge, hissa sedan upp bilen och stöd den ordentligt på pallbockar.

2 Tappa av oljan och demontera växellådan enligt beskrivningen i avsnitt 6.

Isärtagning

3 Skruva loss täckluckan och ta bort den tillsammans med packningen från växellådshuset **(se bild)**.

4 Lyft ut den långa fjädern som håller fast spärrpluggen i huset och ta bort spärrpluggen med en liten magnet.

5 Skruva loss förlängningshuset och ta bort det tillsammans med packningen.

6 Tryck på hastighetsmätarens drevfäste och ta bort drevfästet från den utgående axeln.

7 Demontera påfyllningspluggen från växellådshusets högra sida **(se bild)**. Arbeta genom plugghålet, använd en 4,5 mm pinndorn och driv ut bottenstockens låspinne. Låt tappen falla ner, den kan tas upp senare.

8 Sätt dit blindaxelverktyg nr J-25232 i hålet i husets framsida **(se bild)**. Knacka lätt på verktyget för att trycka ut bottenstocksaxeln ur husets baksida. Låt bottenstocken ligga på husets golv.

9 Gör passmärken med körnare och hammare i den främre lagerhylsan och växellådshuset för att vara säker på att hopsättningen sker korrekt. Demontera främre lagerhylsa och packning.

10 Demontera låsringen som håller fast det främre lagret och den ingående axeln.

11 Använd specialverktyg nr J-6654-01 och verktyg nr J-8433-1, demontera den ingående axelns främre lager.

12 Demontera låsringarna från det bakre lagret och från den utgående axeln. Det kan bli nödvändigt att placera ett brytjärn eller en skruvmejsel mellan 1:ans/backväxelns hylsa och drev, och växellådshuset. Den utgående axeln hålls därmed på plats medan det bakre lagret demonteras.

13 Använd specialverktyg nr J-8 157-01 eller motsvarande avdragare för att demontera det bakre lagret från den utgående axeln **(se bild)**.

14 Demontera stoppskruven från 1:ans/backens växlingsgaffel och tryck ut axeln från huset.

15 Tryck in 1:ans/backens hylsa och drev så långt det går framåt och rotera 1:ans/backens spärrplugg från huset.

16 Tryck 2:ans/3:ans växlingsgaffel bakåt för att bereda åtkomst till stoppskruven. Demontera stoppskruven. Vrid sedan växelföraren 90° med en tång för att undvika den nedre spärrpluggen och ta bort den inre låspluggen med en magnet **(se bild)**.

17 Sätt in en pinndorn som är 6 mm i diameter genom demonteringshålet i husets bakre del för att driva ut växelaxel och expanderlåsning som är placerade i växelaxelns lopp i husets främre del.

18 Vrid 2:ans/3:ans växlingsgaffel uppåt och lyft ut den ur huset.

19 Demontera den nedre spärrpluggen och dess korta spärrfjäder från huset.

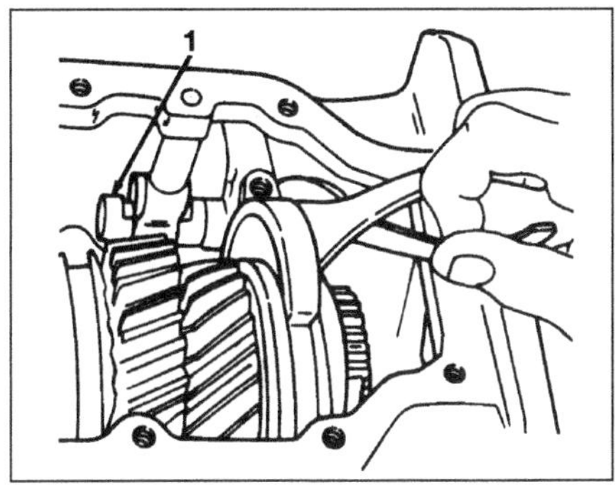

8.16 Vrid växelföraraxeln 90° med en tång (3-växlad 77 mm växellåda)

1 Växelföraraxel

20 Lossa den ingående axeln från den utgående axeln och demontera den utgående axeln. Detta görs genom att axelns splinesförsedda ände tippas nedåt och drevänden lyfts uppåt och utåt ur huset. Vid husets högra bakre del finns ett hack genom vilket 1:ans och backväxelns hylsa och växel måste passera.

21 Lyft ut den ingående axeln med drev genom husets överdel.

22 Demontera båda växlingsgaffelaxlarna.

23 Demontera bottenstock, tryckbricka och låspinne medan verktyget fortfarande är på plats.

24 Knacka backdrevsaxeln med en hammare tills änden med låspinnen går fri från försänkningen i husets bakdel **(se bild)**. Demontera axel, backmellandrev och tryckbricka.

25 Ta bort den ingående axelns rullager eller bottenstockens nållager eller eventuellt annat som kan ha fallit ned i växellådshuset vid isärtagningen.

26 Huvudaxeln bör endast tas isär om en press eller lageravdragare finns till hands. Tag annars med huvudaxeln till en auktoriserad verkstad. Se till att alla komponenterna förvaras separat så att hopsättningen kan ske korrekt.

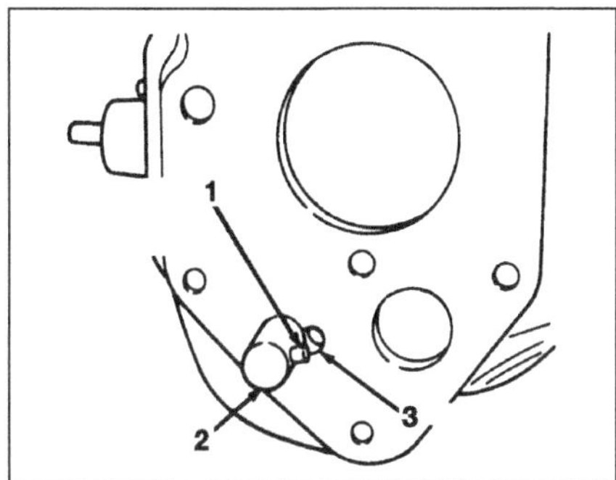

8.24 Placera låspinnen i backdrevsaxeln i förhållande till hålet i växellådshuset (3-växlad 77 mm växellåda)

1 Låspinne *3 Hål*
2 Backmellandrev

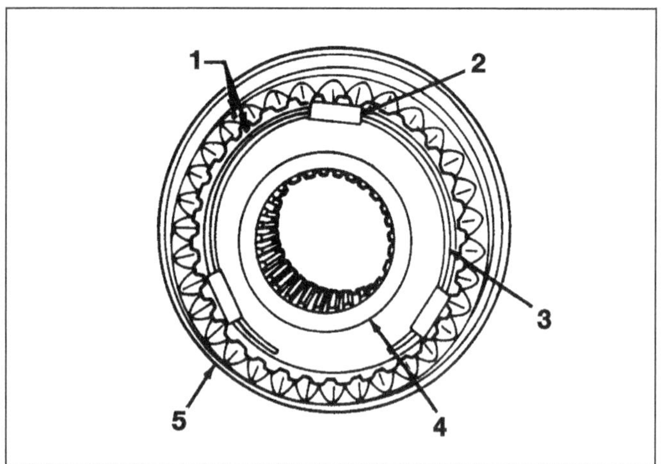

8.27 2:ans/3:ans synkroniseringsenhet (3-växlad 77 mm växellåda)

1 Passmärken
2 Kilar
3 Fjäder (under killäpp)
4 Synkroniseringsnav
5 Synkronoseringshylsa

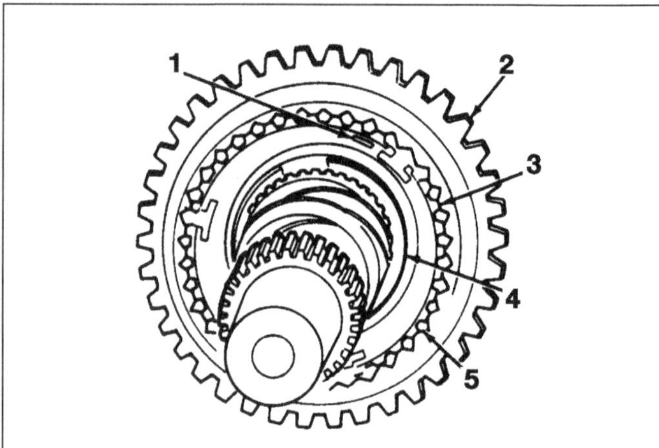

8.30 1:ans/backens synkroniseringsenhet (3-växlad 77 mm växellåda)

1 Fjäder under killäpp
2 1:ans/backens synkroniseringshylsa och drev
3 Synkroniseringsnav
4 Låsring
5 1:ans/backens synkronisering

27 Demontera den främre utgående axelns låsring och lyft ut 2:ans/3:ans synkroniseringsenhet och 2:ans kugghjul **(se bild).** Gör passmärken på nav och hylsa för att underlätta vid ihopsättningen.

28 När låsringen och den flikförsedda tryckbrickan demonterats från axeln demonteras 1:ans kugghjul och synkroniseringsring.

29 Notera hur fjädrar och kilar är monterade i backväxelns nav och hylsa för att underlätta vid ihopsättningen.

30 Demontera låsringen från 1:ans/backens nav, separera därefter styrhylsans fjäder och tre kilar från navet **(se bild).**

31 Separera navet från den utgående axeln med en press.

Renovering

32 Rengör alla komponenter i lösningsmedel och torka dem ordentligt. Kontrollera om kuggarna är slitna eller hackiga. Kontrollera att lagren löper jämnt i banan. Om växelbyten med högt misslјud har förekommit eller om synkroniseringsverkan fungerar dåligt ska aktuell synkroniseringsenhet bytas.

33 Om bussningen i det bakre förlängningshuset måste bytas ut ska den bakre tätningen drivas ut, därefter drivs den nya bussningen in med rörformiga dorn. Driv in en ny bussning bakifrån med en hylsa eller dorn i rätt storlek. Smörj in bussningens innerdiameter och montera den nya bakre tätningen med en lämpligt rörformig dorn.

34 Rengör växellådshusets in- och utsida och kontrollera beträffande sprickor, speciellt runt skruvhålen.

35 Ta bort tätningen från urtrampningslagrets lagerhylsa och driv in den nya tätningen.

Ihopsättning

36 Börja växellådans ihopsättning genom att först sätta ihop huvudaxeln.

37 Montera 1:ans/backens synkroniseringsnav på den utgående axelns splines. Navets skårade ände bör vara riktad mot axelns främre del. Använd en press för att avsluta monteringen av navet på axeln. I det bakre spåret monteras låsringen. **Observera:** *Du måste använda en press; försök inte driva navet på axeln med en hammare.*

38 Skjut på 1:ans/backens hylsa och drev halvvägs på navet med hylsans drevände mot axelns bakre del. Rikta in hylsa och nav med märkena som gjordes vid isärtagningen.

39 Placera fjädern i 1:ans/backens nav och se till att fjädern sitter längst ner i navet och täcker alla tre kilspåren. Placera alla tre synkroniseringskilarna i navet med kilens mindre ände i navskåran och den större änden inuti navet. Tryck in kilarna så långt det går i navet så att de placeras på fjädern, för därefter över 1:ans/backens hylsa och drev över kilarna tills de griper i synkroniseringshylsan.

40 Montera synkroniseringsringen till 1:ans växel på 2:ans växelns koniska yta och montera 2:ans växel på den utgående axeln med den koniska ytan riktad mot axelns front.

41 Med den skarpa kanten utåt monteras tryckbrickan och låsringen på den utgående axeln **(se bild).**

42 Fäst 2:ans växels synkroniseringsring på 2:ans växelns koniska yta och montera 2:ans växel på den utgående axeln med den koniska ytan riktad framåt.

43 Montera 2:ans/3:ans synkroniseringsenhet på den utgående axeln. Kontrollera att synkroniseringsnavets platta del är riktad bakåt. Vrid 2:ans växel tills kilarna i 2:ans/3:ans synkroniseringsenhet griper i hacken i låsringen. Knacka på synkroniseringsenheten med en plasthammare för att underlätta ihopsättningen.

44 Montera låsringen på den utgående axeln och mät axialspelet mellan låsringen och 2:ans/3:ans synkroniseringsnav. Om axialspelet överskrider 0,356 mm ska tryckbrickan och alla låsringar bytas ut på den utgående axeln.

45 Bestryk tryckbrickan i växellådshusets backmellandrev med vaselin och placera tryckbrickan i huset. Se till att tryckbrickan sätts ordentligt på plats och placera tryckbrickan i huset. Se till att tryckbrickans styrflikar griper i styrspåren i huset.

46 När de spiralformade kuggarna är riktade mot husets främre del monteras backmellandrevet. Backaxeln monteras bakifrån i huset och tryckbrickan riktas in i växellådshusets lopp. Rikta in och sätt låspinnen

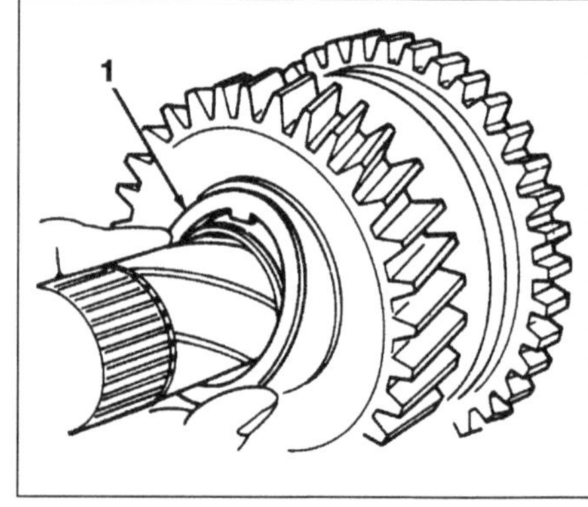

8.41 Sätt tryckbrickan på plats på den utgående axeln (vassa kanten utåt) (3-växlad 77 mm växellåda)

1 Tryckbricka

på plats i axeln, i mellanaxelns lopp i husets bakdel.

47 Mät axialspelet mellan drev och tryckbricka. Om spelet överskrider 0,457 mm måste drevet demonteras och tryckbrickan bytas ut.

48 Bestryk bottenstockens lopp med ett tjockt lager smörjfett och sätt dit blindaxel nr J-25232, ladda sedan in en rad med 25 st nållager i varje ände av axeln. Montera därefter en nållagerhållare på bottenstockens båda ändar för att hålla nållagren på plats.

49 Täck bottenstockens tryckbricka med vaselin och placera axeln i huset. Se till att tryckbrickans styrningar griper i styrspåren i huset.

50 För in bottenstocksaxeln genom loppet i husets bortre del, tillräckligt långt för att hålla fast den bakre tryckbrickan när bottenstocken monteras.

51 Sätt in bottenstocksaxeln i bottenstocken, rikta in loppet i bottenstocken mot bottenstocksaxeln och den främre tryckbrickan. Innan bottenstocksaxeln är fullt monterad, se till att låspinnen i axeln är inriktad mot hålet i växellådshuset. När hålen är inpassade, demontera verktyg nr J-25232 från bottenstocken och knacka bottenstocksaxeln på plats.

52 Mät bottenstocksaxelns axialspel mellan tryckbrickan och bottenstocken med ett bladmått. Om axialspelet överskrider 0,457 mm, ska bottenstocken demonteras och tryckbrickan bytas ut.

53 När korrekt axialspel har erhållits monteras valstappen i växellådshuset.

54 Placera den kortare spärrfjädern i sitt lopp i växellådshuset. Fjädern ska monteras längst ner i 2:ans/3:ans växelaxellopp. Montera därefter den undre spärrpluggen i spärrloppet, ovanpå fjädern.

55 Montera växlingsgaffelns axlar i respektive växellådslopp med svängklackarna riktade uppåt. **Observera:** *Växlingsgaffelaxlar är utbytbara.*

56 Bestryk den ingående axelns lopp med vaselin eller motsvarande lätt smörjfett och montera de 15 rullagren. Använd inte tjockt chassismörjfett som kan täppa till smörjhålen.

57 Fäst synkringen på den ingående axeln och sätt axeln, genom växellådshusets överdel, på plats i det främre loppet i växellådshuset.

58 Lägg 1:ans/backens hylsa och drev i neutralläge (centrerat) på navet. Montera den utgående axeln i växellådshuset. Var försiktig så att hylsans drevände går fri från hacket i växellådshusets överdel.

59 Låt den utgående axeln gå i ingrepp med den ingående axeln.

60 För 2:ans/3:ans hylsa bakåt tills den är i läget för 2:ans växel och placera 2:ans/3:ans växlingsgaffel i spåret på hylsan. Se till att skruvhålet för växlingsgaffelns inställningsskruv är riktat uppåt. **Observera:** *2:ans/3:ans gaffel är den mindre av de två växlingsgafflarna.*

61 Låt 2:ans/3:ans växlingsgaffel gå i ingrepp med växlingsgaffelns axel.

62 För 2:ans/3:ans växelaxel (med den koniska änden riktad mot växellådshusets front) genom det främre loppet i växellådshuset och in i växlingsgaffeln.

63 Rotera växelaxeln tills spärrhacken i axeln är riktade nedåt.

64 Tryck in den undre spärrpluggen med en stjärnskruvmejsel och tryck in växelaxel i det bakre loppet. Tryck in axeln tills spärrpluggen griper i det främre hacket i växelaxeln (2:ans växelläge).

65 Montera låspluggen i spärrloppet. Pluggens överdel bör placeras något under ytan på 1:ans/backens växelaxels yta.

66 För 1:ans/backens synkroniseringsenhet framåt till 1:ans växelläge. Placera 1:ans/backens växlingsgaffel (med skruvhålet till inställningsskruven riktat uppåt) i hylsans spår. Låt gaffeln gå i ingrepp med växlingsgaffelns axel, för därefter 1:ans/backens växelaxel genom växellådshusets bakre lopp och växlingsgaffel.

67 Vrid växelaxeln tills spärrhacken i axeln är riktade uppåt. Rikta in inställningsskruvens lopp i växelaxeln mot inställningsskruvens hål i gaffeln, fäst med inställningsskruven. Lägg in 1:ans/backens hylsa och drev i neutralläge (centrerat).

68 Montera den stora låsringen på det främre lagret.

69 Montera det främre lagret på den ingående axeln för hand. Driv lagret på den ingående axeln med en rördorn.

70 Montera den lilla låsringen på den ingående axeln.

71 Placera lagerhållarpackningen på växelådshuset, se till att oljereturhålet i växellådshuset inte är igentäppt.

72 Rikta in märkena som gjordes vid isärtagningen på den främre lagerhylsan och växellådshuset, kontrollera att oljereturhålet är inriktat mot oljereturhålet i växellådshuset. Fäst skruvarna och dra åt till angivet åtdragningsmoment.

73 Montera den stora låsringen på det bakre lagret.

74 Montera det bakre lagret för hand på den utgående axeln. Driv in lagret på axeln och in i växellådshuset med en rördorn av rätt storlek. Kontrollera att låsringens spår är riktat mot axelns bakre del.

75 Montera den lilla låsringen på den utgående axeln för att hålla det bakre lagret på plats.

76 Låt hastighetsmätardrevets hållare gå i ingrepp i den utgående axelns hål. För hastighetsmätardrevet över den utgående axeln och på plats med hållarplattan riktad framåt.

77 Placera förlängningshusets nya packning på växellådshuset och montera förlängningshuset. Dra åt skruvarna till angivet åtdragningsmoment.

78 Sätt dit expansionslåsningen i 2:ans/3:ans växelaxellopp i växellådshusets främre del. När pluggen är helt på plats i loppet bör den sitta cirka 1,5 mm under växellådshusets främre yta.

79 Montera den övre spärrpluggen i spärrloppet, montera därefter den långa spärrfjädern ovanpå pluggen.

80 Placera en ny packning på växellådshuset och montera toppkåpan. Dra åt skruvarna till angivet åtdragningsmoment.

81 Glöm inte att fylla på växellådsolja i växellådan och dra åt påfyllningspluggen.

9 Växellåda (4-växlad 89 mm) - isärtagning, renovering och montering

1 Demontera växellådan från bilen enligt beskrivning i avsnitt 6.

Isärtagning

2 Lossa backväxelspaken, ta bort skruvarna, lossa sidokåpan och växlingsgafflarna **(se bild).** Var försiktig när du demonterar kåpan från växellådshuset eftersom backväxelns spärrfjäder och kula kan falla ut.

3 För att kunna demontera bottenstocksaxeln, ta bort skruvarna från förlängningshuset och vrid huset på den utgående axeln så att bottenstocksaxelns bakdel blir synlig. Sätt tillbaka en skruv i mittenhålet på höger sida för att hålla fast förlängningshuset i inverterat läge.

4 Gör ett hål i bottenstocksaxelns expanderlåsning på växellådshusets framsida med en körnare eller borr.

5 Använd hålet och tryck bottenstocksaxeln bakåt tills Woodruffkilen kan tas bort. När kilen är borttagen trycks bottenstocksaxeln framåt mot expanderlåsningen. Knacka på bottenstocksaxeln med en mässingsdorn tills pluggen har drivits ut ur växellådshuset.

6 Driv ut bottenstocksaxeln ur växellådshusets baksida med specialverktyg nr J-29793. Verktyget håller rullagren på plats i axelns lopp. Sänk ned bottenstocksaxeln till växellådshusets golv.

7 Flytta förlängningshuset bakåt till dess ursprungliga läge.

8 Demontera ingående axel och lager genom växellådshusets framsida genom att knacka med en mässingsdorn.

9 Flytta 3:ans och överväxelns synkroniseringshylsa framåt, för därefter backmellandrevet till axelns mitt. Knacka förlängningshuset bakåt med en mjuk klubba. Dra därefter bort huvudaxel och hus från växellådshuset.

10 Lyft ut bottenstocksaxeln från växellådshusets golv.

11 För demontering av backdrevsaxeln från växellådan behöver du en 3/8 x 3-1/2 inch skruv med mutter och 7/16 inch djup hylsa. Skruva muttern på skruven så långt som möjligt, sätt därefter dit skruven genom den djupa hylsan. Placera skruv och hylsa i växellådshuset med hylsan mot axeln och skruvhuvudet mot växellådshuset. Håll fast skruven så att den inte vrider sig, vrid muttern mot hylsan med en nyckel. Detta arrangemang fungerar som en press och demonterar hjulet från axeln **(se bild).** Demontera axeln och Woodruffkilen från växellådshuset.

12 Tryck in backväxelspakens axel och demontera den från växellådshuset. Demontera hållaren och O-ringen från växellådshusets lopp.

13 Demontera backljuskontakten från växellådshuset.

14 Du behöver en press eller lageravdragare för att ta isär huvudaxeln. Om inget av dessa verktyg finns till hands är det bättre att låta en auktoriserad verkstad överta detta arbete.

15 Demontera låsringen och för bort 3:ans och överväxelns synkroniseringsenhet från huvudaxeln **(se bild)**.

16 För bort överväxelns kugghjul och stoppring från huvudaxeln. Gör passmärken på synkroniseringsdelarna för att underlätta vid ihopsättningen.

17 Öppna huvudaxellagrets låsring och demontera huvudaxeln från förlängningshuset.

18 Demontera hastighetsmätarens drev från huvudaxeln.

19 Demontera huvudaxellagrets låsring från axeln. Demontera lagret från huvudaxeln genom att placera en stålplatta på framsidan av 1:ans växel, tryck sedan bort lagret från huvudaxeln. Var försiktig så att hjulets kuggar inte skadas.

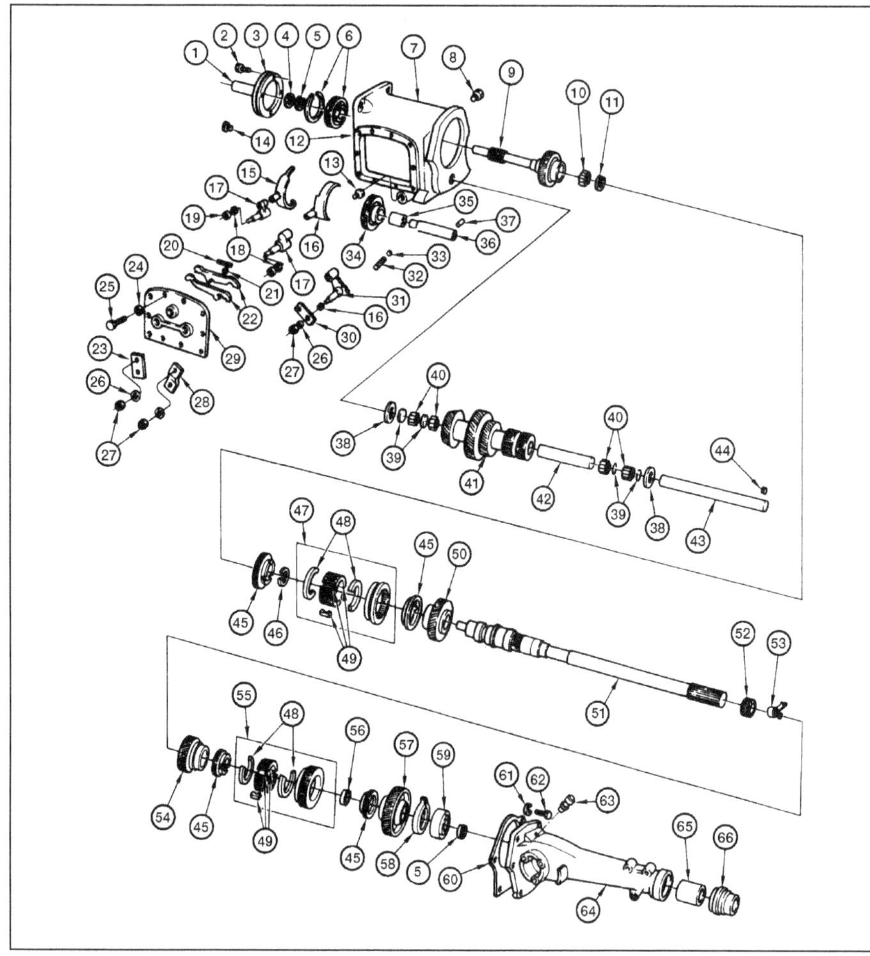

9.2 4-växlad (89 mm) växellåda - sprängskiss

1 *Urtrampningslagrets styrhylsa*
2 *Skruv*
3 *Packning till urtrampningslagrets styrhylsa*
4 *Oljetätning till urtrampningslagrets styrhylsa*
5 *Låsring på växellådans ingående axel*
6 *Låsring till lager på växellådans ingående axel*
7 *Växellådshus*
8 *Påfyllningsplugg*
9 *Växellådans ingående axel*
10 *Huvudaxelns rullager*
11 *Styrlagrets låsring*
12 *Packning till växelförarhus*
13 *Avtappningsplugg*
14 *Expansionsplugg*
15 *3:ans/4:ans växlingsgaffel*
16 *1:ans/2:ans växlingsgaffel*
17 *Framåtväxelns växelväljare*
18 *Växelväljarens O-ring*
19 *Växelväljarens tätning*
20 *Spärrfjäder*
21 *E-ring*
22 *Spärrkam*
23 *3:ans/4:ans växelarm*
24 *Låsbricka*
25 *Skruv*
26 *Planbricka*
27 *Mutter*
28 *1:ans/2:ans växelspak*
29 *Kåpa*
30 *Backens växelarm*
31 *Backens växelväljare*
32 *Fjäder till spärrkula på backens växelväljare*
33 *Stålkula*
34 *Backdrev*
35 *Backdrevets bussning*
36 *Backaxel*
37 *Backaxelkil*
38 *Bottenstockens tryckbricka*
39 *Distans till bottenstockens lager*
40 *Bottenstockens rullager*
41 *Bottenstock*
42 *Distans till bottenstockens lager*
43 *Bottenstocksaxel*
44 *Bottenstockskil*
45 *Synkroniseringsring*
46 *3:ans/4:ans synkroniseringslåsring*
47 *3:ans/4:ans synkroniseringsenhet*
48 *Kilfjäder*
49 *Kil*
50 *4:ans drev*
51 *Huvudaxel*
52 *Hastighetsmätarens drev*
53 *Clips till hastighetsmätarens drev*
54 *2:ans drev*
55 *1:ans/2:ans synkroniseringsenhet*
56 *Synkkopplingsdrevets låsring*
57 *1:ans drev*
58 *Huvudaxellagrets yttre låsring*
59 *Lager*
60 *Förlängningshusets packning*
61 *Fjäderbricka*
62 *Skruv*
63 *Förlängningshusets ventilator*
64 *Växellådans förlängningshus*
65 *Bussning till växellådans förlängningshus*
66 *Förlängningshusets oljetätning*

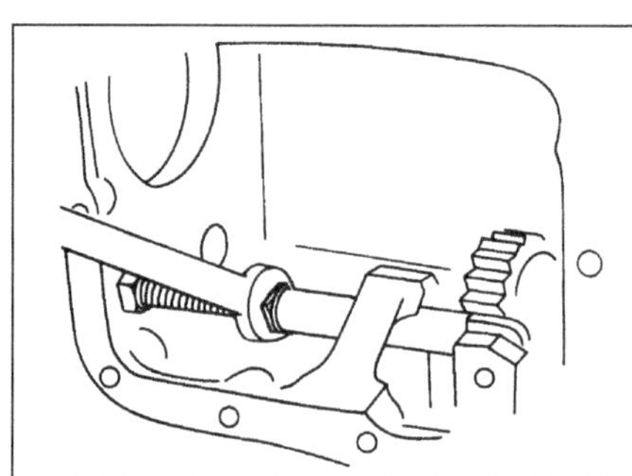

9.11 Dra åt muttern för att trycka ut backdrevsaxeln ur växellådshuset (4-växlade 89 mm växellåda)

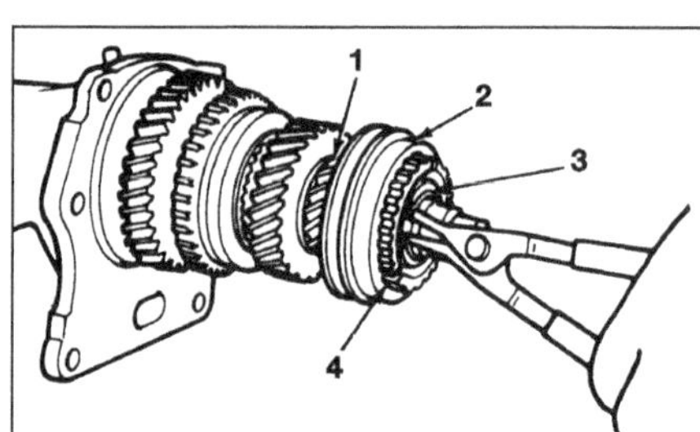

9.15 Demontera låsringen innan utgående axeln tas isär (4-växlad 89 mm växellåda)

1 *Överväxel*
2 *Synkroniseringshylsa*
3 *Låsring*
4 *3:ans/överväxelns synkronisering*

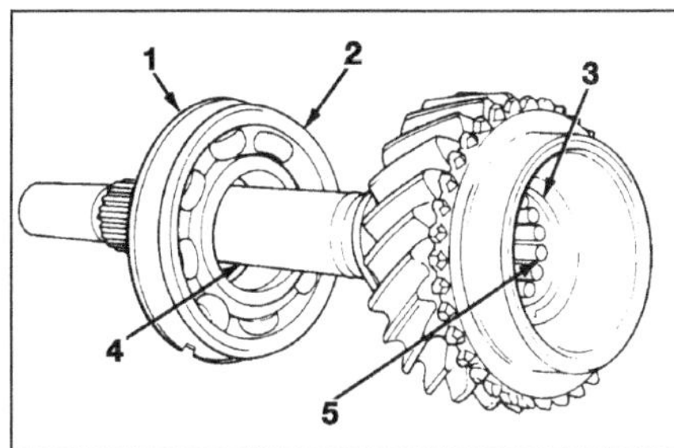

9.25 Växellådans ingående axel och lager (4-växlad 89 mm växellåda)

1 Yttre låsring mot fronten
2 Lager
3 Låsring
4 Växellådans ingående axel
5 Lagerrullar

20 Demontera lager, lagerhållarring, 1:ans växel och 1:ans stoppring från axeln.
21 Gör passmärken på synkroniseringshylsan till 1:ans och 2:ans växlar, demontera därefter låsringen och för bort drev och hylsa från huvudaxeln.
22 Kontrollera lagerytorna på huvudaxelns hjul beträffande repor och slitage (eller andra problem som gör att axeln inte kan återanvändas).
23 Demontera specialverktyg nr J-29793 från bottenstocksaxeln och demontera försiktigt de 76 nållagren, tryckbrickorna och distanserna.
24 Demontera den yttre låsringen från den ingående axeln. Om lagret ska bytas ut ska en press användas för att demontera lagren från axeln.
25 Demontera den inre låsringen och de 15 lagerrullarna från axeln **(se bild).**

Renovering

26 Rengör alla komponenter i lösningsmedel och torka dem ordentligt. Kontrollera om kuggarna är slitna eller hackiga. Om växelbyten med starka missljud har förekommit eller om synkroniseringsverkan fungerar dåligt ska aktuell synkroniseringsenhet bytas.
27 Rengör växellådshusets in- och utsida och kontrollera beträffande sprickor, speciellt runt skruvhålen.
28 Synkroniseringsnav och glidhylsor hör ihop och ska förvaras tillsammans, men kilar och fjädrar kan bytas om de är utslitna eller trasiga. Om de inte redan är märkta ska passmärken göras på synkroniseringsenheten.
29 Tryck bort navet från glidhylsan varpå kilarna faller loss. Fjädern går nu lätt att ta bort.
30 Placera kilarna i rätt läge, medan de hålls fast på plats ska hylsan föras på navet med uppmärksamhet på passmärkena som gjordes före isärtagningen. Placera de båda fjädrarna i rätt läge, en på vardera sidan om navet så att alla tre kilarna hålls fast av fjädrarna.
31 Ta bort oljetätningen från förlängningshusets baksida.
32 Driv ut bussningen ur huset med en hylsa eller dorn i rätt storlek.
33 För in en ny bussning i förlängningshusets bakdel och driv den på plats med en hylsa eller dorn i rätt storlek.
34 Placera en ny tätning i förlängningshusets öppning och driv in den med en rörformig dorn eller hylsa.
35 Bänd loss oljetätningen till den ingående axelns lagerhållare och byt ut tätningen mot en ny. Driv in tätningen, med en dorn av rätt storlek, tills den sitter längst ner i loppet. **Observera:** *Smörj in tätningens innerdiameter med växellådssmörjning.*
36 Demontera muttrarna som ansluter växelföraren på axeln. Kontrollera att det inte finns filspån på axlarna innan växelföraren demonteras. Om de är fria från filspån ska växelföraren lossas från axlarnas plana delar och demonteras.
37 Demontera växelförarnas axlar från sidokåpan.
38 Bänd loss E-låsningen från låsspakens ledpinne och för bort låsspakar och fjäder från kåpan.
39 Om låsspakarna är spruckna eller slitna ska de bytas ut. För över spakarna på ledpinnen och fäst dem med E-låsningen. använd en tång för att montera fjädern på låsspakarnas hängare.

Ihopsättning

40 Stryk smörjfett på loppen och huset, tryck in varje axel i rätt lopp. Därefter monteras de insmorda O-ringarna och hållarna.
41 Montera manöverspakarna (se till att 3:ans/överväxelns manöverspakar är riktade neråt) och dra åt muttern till angivet åtdragningsmoment.
42 Smörj in bottenstockens lopp och montera en distans och verktyg nr J-29793. Centrera distansen i dornen.
43 Montera 19 rullager i slutet av bottenstocken följt av en distansring och ytterligare 19 lager och den slutliga distansringen.
44 Stryk smörjfett på bottenstockens tryckbrickor och montera en framför bottenstocken på dornen med styrningarna riktade mot växellådshusets lopp. Montera den andra brickan efter det att bottenstocken har placerats på växellådshusets golv.
45 Med det yttre låsringsspåret riktat framåt trycks lagret fast på den ingående axeln. Se till att lagret sitter mot klacken på den ingående axeln.
46 Montera en låsring av rätt storlek på axeln för att hålla fast lagret. Denna låsring har utvald passning för minimalt axialspel.
47 Placera den ingående axeln i ett skruvstycke med skyddsbackar. Montera de 16 lagerrullarna i axelns fördjupning. Stryk smörjfett på lagerrullarna och montera låsringen i spåret.
48 Med synkroniseringskonan riktad bakåt förs 2:ans växel över huvudaxeln och ner mot klacken på axeln.
49 Sätt ihop synkringen med klackarna inriktade i navspåren och för över den kompletta 1:ans/2:ans synkroniseringsenhet över huvudaxeln och ner mot 2:ans lagerkona. Montera en ny låsring. Dra nästa synkring över axeln och rikta in klackarna i kopplingshylsans navspår.
50 Med synkroniseringskonan riktad mot kopplingshylsans hjul som just monterades, placera 1:ans drev över huvudaxeln och i sitt läge mot kopplingshylsans hjul.
51 Montera huvudaxelns lagerhållarring, för därefter på huvudaxelns lager. Tryck lagret på plats med en rördorn och ett lämpligt verktyg. Montera en låsring av lämplig storlek på axeln för att fästa lagret. Låsringen har utvald passning för att uppnå minimalt axialspel.
52 För in huvudaxeln i förlängningshuset tills lagrets fästring griper i skåran i förlängningshuset. Vicka låsringen med en tång så att huvudaxelns kullager kan glida in i och sätta sig mot tryckbrickan i förlängningshuset. Lossa ringen och sätt den hela vägen runt spåret i förlängningshuset.
53 Med synkroniseringskonan riktad framåt, dra överväxelns hjul över huvudaxeln följt av överväxelns synkring.
54 Med växlingsgaffelns skåra riktad bakåt, montera 3:ans/överväxelns hjul över huvudaxeln följt av synkringen till överväxelns hjul.
55 Smörj in den främre synkringen och placera den över den ingående axeln och rikta in ringklackarna mot fjäderbenen.
56 Med växlingskåpans öppning mot dig, placera växellådshuset på sidan.
57 Dra in bottenstocken i växellådshuset och rikta in styrningarna på den främre brickan mot spåren i växellådshuset. Montera den bakre brickan och rikta in dess styrningar mot spåren på växellådshusets baksida. Ställ bottenstocken på golvet i växellådshuset. Se till att tryckbrickorna stannar på plats.
58 Placera en ny förlängningspackning, bestruken med smörjfett, på plats på förlängningshuset.
59 För in huvudaxeln i växellådshuset, var försiktig så att bottenstocken inte rubbas.
60 Rotera förlängningshuset tills baksidan på bottenstocksaxelns lopp blir synlig. Sätt dit en skruv för att hålla förlängningshuset i inverterat läge och hindra det från att röra sig bakåt.
61 Sätt in den ingående axeln genom växellådshusets front och placera den i det främre loppet. Montera den yttre låsringen i lagerspåret. När allt sitter på rätt plats, knacka lätt på axeln med en mjuk hammare tills den yttre låsringen sitter mot växellådshusets yta. Om den inte lätt kommer på plats, kontrollera för att se om fjäderhållare, rullager eller synkring sitter i vägen.
62 Lyft upp bottenstocken på plats, låt tänderna gå i ingrepp med den ingående axelns drev. Se till att tryckbrickorna stannar på plats på dornens ändar och att styr-

ningarna är inriktade mot skårorna i växellådshuset.

63 Placera bottenstocksaxeln i växellådshusets bakre lopp, tryck därefter framåt tills axeln är ungefär halvvägs genom axeln. I detta läge monteras Woodruffkilen och tryck axeln framåt tills änden är i jämnhöjd med växellådshuset. Demontera specialverktyget.

64 Placera backens växelspaksaxel i växellådshusets lopp, sätt sedan dit den insmorda O-ringen och hållaren.

65 Demontera förlängningshusets skruv och rotera huset för att åstadkomma utrymme för montering av backmellandrevet i änden av växellådshuset.

66 Placera axeln tillräckligt långt in för att kunna placera backaxeldrevet på axelns utskjutande ände med gaffelskåran riktad bakåt. Låt samtidigt skåran gripa i backens växlingsgaffel.

67 Placera Woodruffkilen på axeln och driv in axeln i jämnhöjd med änden på växellådshuset.

68 Rikta in förlängningshuset och växellådshuset samt sätt dit skruvarna. Dra åt dem till angivet åtdragningsmoment.

69 Placera urtrampningslagrets styrhylsa och packning i rätt läge, bestryk på skruvarnas gängor med tätningsmassa och montera dem. Dra åt dem till specificerat åtdragningsmoment.

70 Bestryk en ny expansionsplugg med tätningsmedel och montera den i bottenstocksaxelns lopp på växellådshusets front.

71 Lägg båda synkroniseringshylsorna i neutralläge och placera 1:ans/2:ans växlingsgaffel i spåret på 1:ans/2:ans synkroniseringshylsa; tryck sedan mellanaxeldrevet i neutralläge.

72 Vrid varje växelspak till neutralläge (rakt upp) och montera 3:ans/överväxelns växlingsgaffel i loppet under båda låsspakarna.

73 Smörj in sidokåpans packning och placera den på växellådshuset. Montera därefter backväxelns spärrkula, följt av fjädern, i loppet i växellådshuset.

74 Börja att sänka ner sidokåpan på växellådshuset, för in 3:ans/överväxelns växlingsgaffel i dess synkroniseringsspår, för därefter in 1:ans/2:ans växlingsgaffel i dess lopp i sidokåpan. Håll fast backväxelns låslänk mot 1:ans/2:ans växelspak för att åstadkomma utrymme när sidokåpan sänks ner på plats. Använd en skruvmejsel och höj låsspaken mot spänningen så att 1:ans/2:ans växlingsgaffel kan glida under spakarna. Se till att backväxelns spärrfjäder placeras i kåpans lopp.

75 En av de åtta skulderskruvarna som används till att fästa sidokåpan har en något längre skuldra vilken fungerar som styrtapp

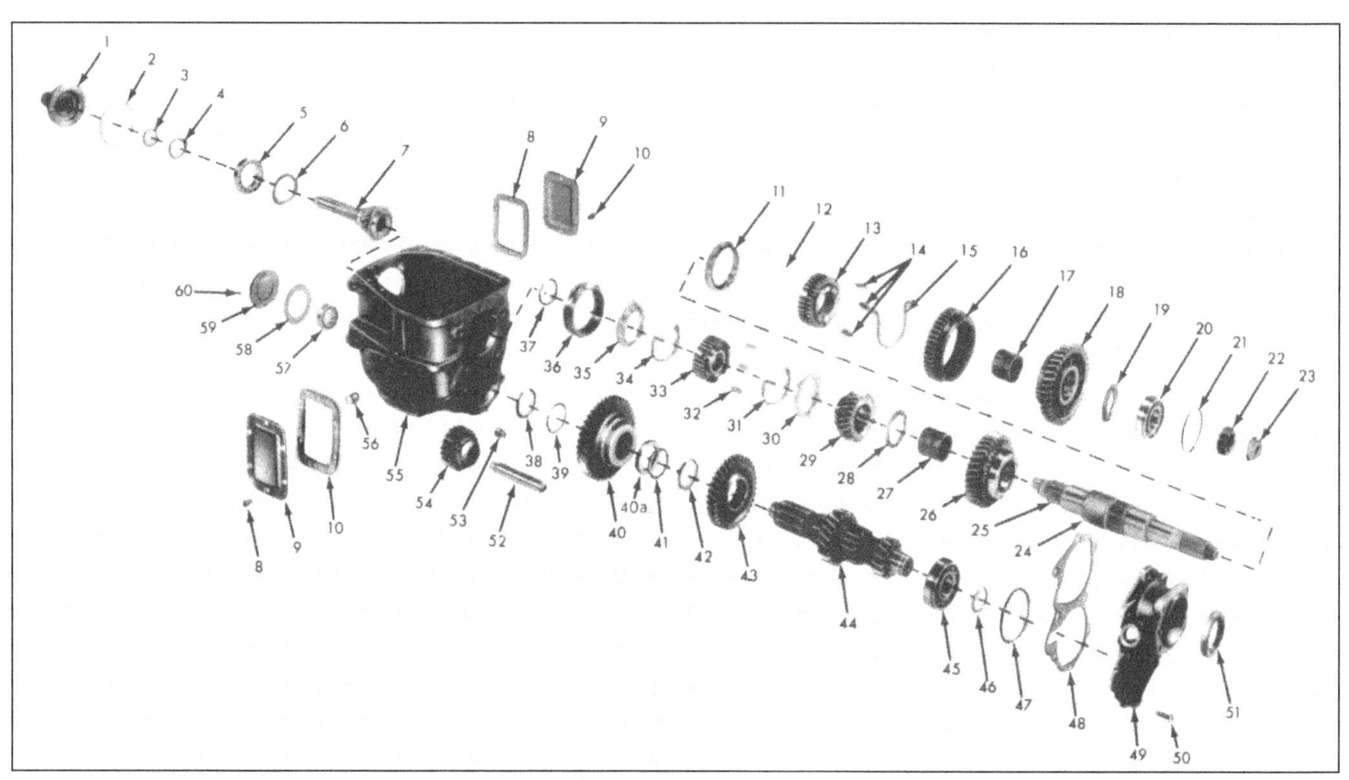

10.5 4-växlad (117 mm) växellåda - sprängskiss

1 Urtrampningslagrets styrhylsa
2 Packning
3 Tätning
4 Låsring
5 Lager på växellådans ingående axel
6 Oljekastarbricka
7 Växellådans ingående axel och lager
8 Packning kraftuttag
9 Lock kraftuttag
10 Skruvar
11 1:ans-2:ans synkroniseringsring
12 Fjäder
13 1:ans-2:ans synkroniseringsnav
14 Kilar
15 Fjäder
16 Backens kugghjul
17 1:ans bussning
18 1:ans drev
19 Tryckbricka
20 Bakre huvudlager
21 Lagerlåsring
22 Hastighetmätarens drev
23 Bakre huvudaxelns låsmutter
24 2:ans bussning (på axel)
25 Huvudaxel
26 2:ans drev
27 3:ans bussning
28 Tryckbricka
29 3:ans drev
30 3:ans synkr. ring
31 Synkfjäder
32 Synkkilar
33 3:ans-4:ans synkroniseringsnav
34 Synkfjäder
35 3:ans-4:ans synkroniseringsring
36 3:ans-4:ans synkroniseringshylsa
37 Låsring
38 Låsring
39 Tryckbricka
40 1:ans kugghjul på bottenstocken
40a Distans
41 Låsring
42 Låsring
43 3:ans kugghjul på bottenstocken
44 Bottenstocksaxel
45 Bottenstockens bakre lager
46 Låsring
47 Lagrets yttre låsring
48 Bakre packning
49 Bakgavel
50 Skruvar
51 Packbox i bakgavel
52 Backdrevsaxel
53 Avtappningsplugg
54 Mellanbackdrev
55 Växellådshus
56 Påfyllningsplugg
57 Bottenstockens främre lager
58 Packning
59 Främre kåpa
60 Kåpans skruvar

för att placera sidokåpan i rätt läge. Montera kåpans skruvar löst och lägg in alla växlarna för att kontrollera att de fungerar ordentligt.

76 Dra åt sidokåpornas skruvar jämnt till angivet åtdragningsmoment.

77 Montera muttern till backväxelns växelspak och dra åt till specificerat värde. Lägg i alla växlarna för att kontrollera att spaken rör sig korrekt och inte kärvar. En lätt rörelse i 1:ans/2:ans växelspak mot låg växel är normalt vid växling till backväxel.

78 Backväxelns växelspak och 1:ans/2:ans växelspak har kamytor som passar in i backväxelläge, vilket låser 1:ans/2:ans spak, gaffel och synkroniseringsenhet i neutralläge.

79 Montera backljuskontakten och dra åt den till angivet åtdragningsmoment.

10 Växellåda (4-växlad 117 mm) - isärtagning, renovering och montering

Växellåda - isärtagning

1 Ta isär växellådan på en ren arbetsbänk.

2 Demontera skruvarna som fäster växellådans kåpa på växellådshuset. Demontera växellådans kåpa.

Observera: *Flytta backens växlingsgaffel så att backmellandrevet är delvis i ingrepp innan kåpan demonteras. Växlingsgafflarna måste vara placerade så att bakkanten på skåran i backens växlingsgaffel är inriktad mot framkanten på skåran i de andra gafflarna, sett genom öppningen i tornet.*

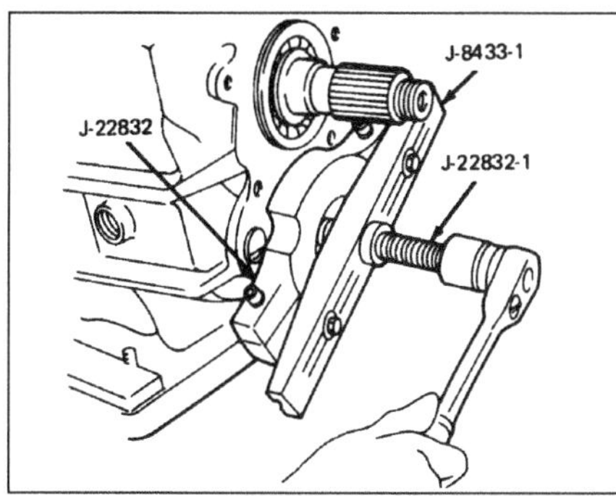

10.11 Demontera bottenstocken med specialverktyg eller motsvarande

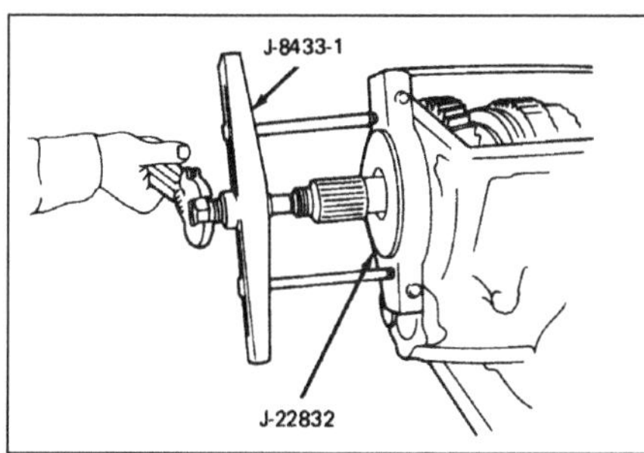

10.15 Huvudaxelns bakre lager demonteras med specialverktyg

3 Lägg in två växlar samtidigt i växellådan för att låsa växlarna.

4 Lossa och demontera den bakre gavelns flänsmutter, demontera därefter den bakre gaveln.

5 Demontera skruvarna som fäster den bakre lagerhållaren och packningen **(se bild).**

6 Dra hastighetsmätarens drev från huvudaxeln.

7 Vid växellådans främre del lossas och demonteras skruvarna som fäster styrhylsan. Demontera hylsa och packning.

8 Demontera skruvarna på bottenstockens frontkåpa och bänd loss kåpa och packning.

9 Använd två stora skruvmejslar, bänd försiktigt loss bottenstockens främre lager. Placera skruvmejslarna i skårorna i växellådshusets gjutna spår.

10 Använd en låsringstång, demontera bottenstockens bakre lagers låsring från axel och lager.

11 Använd avdragare eller specialverktyg nr J-22832 och J-8433-1 och demontera bottenstockens bakre lager **(se bild).** När bottenstockens bakre lager har demonterats kan bottenstocken ligga kvar på golvet i växellådshuset.

12 Demontera låsringen som fäster den ingående axelns lager vid växellådshuset.

13 Använd en mässingsdorn och knacka lätt bort ingående axel och lager från växellådshuset. **Observera:** *Den utskurna delen i axeln ska vara riktad nedåt för att skapa utrymme för demontering av den ingående axeln.*

14 Demontera 3:ans/4:ans synkroniseringsring.

15 Demontera det bakre huvudaxellagrets låsring. Använd en avdragare eller specialverktyg nr J-22832 och J-8433-1 och demontera huvudaxelns bakre lager från växellådshuset **(se bild).** Dra loss 1:ans växels tryckbricka från huvudaxeln.

16 Lyft upp huvudaxelns bakre ände och tryck den bakåt i växellådshusets lopp, sväng därefter upp axelns främre ände. Demontera huvudaxeln från växellådshuset, demontera därefter 3:ans/4:ans synkroniseringskona från axeln.

17 Dra backdrevet bakåt och flytta bottenstocken bakåt tills den främre änden inte vidrör växellådshuset. I detta läge kan bottenstocken lyftas bort från växellådshuset.

18 Om det behövs kan backdrevet demonteras genom att kopplingsaxeln drivs ut ur växellådshuset. När axeln är demonterad kan backdrevet lyftas ut.

19 Växellådan har nu tagits isär i dess huvudbeståndsdelar. Följande avsnitt beskriver hur de olika beståndsdelarna tas isär och sätts ihop.

Växellådslock

Isärtagning

20 Driv ut pinnarna som fäster 1:ans/2:ans samt 3:ans/4:ans växlingsgafflar på växlingsaxlarna i kåpan med en liten dorn **(se bild).** Driv också ut de tre pluggarna från växlingsaxlarnas lopp. **Observera:** *Pinnen som fäster 3:ans/4:ans växlingsgaffel på axeln måste demonteras och växlingsgaffeln demonteras från kåpan innan backens växlingspinne kan demonteras.*

21 Placera alla växlingsaxlarna i neutralläge och driv ut 1:ans/2:ans och 3:ans/4:ans axlar ur kåpan och växlingsgafflarna. **Observera:** *Var försiktig vid demontering av axlarna så att axelns spärrkulor och fjädrar samt låspinnen*

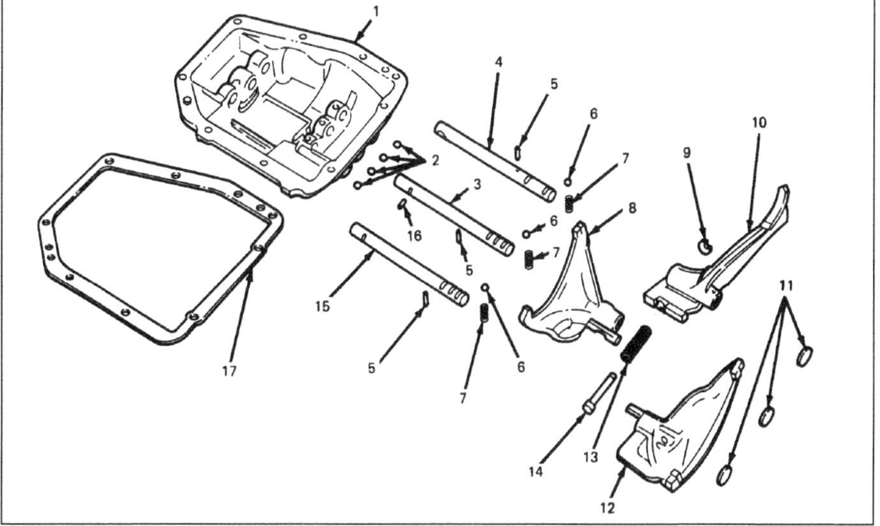

10.20 Växellådslocket

1 Växellådslock
2 Låskulor
3 3:ans/4:ans växlingsaxel
4 Backens växlingsaxel
5 Gaffelns fästpinne
6 Spärrkula
7 Spärrfjäder
8 3:ans/4:ans växlingsgaffel
9 C-clips
10 Backens växlingsgaffel
11 Växlingsaxelloppets pluggar
12 1:ans/2:ans växlingsgaffel
13 Låskolvsfjäder
14 Backens låskolv
15 1:ans/2:ans växlingsaxel
16 Låspinne
17 Packning

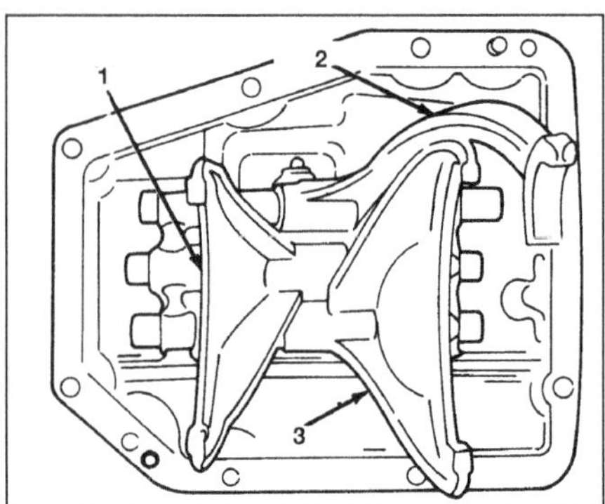

10.26 Växellådslockets växlingsaxel

1 3:ans/4:ans växelförargaffel
2 Backens växelförargaffel
3 1:ans/2:ans växelförargaffel

som är placerad i kåpan inte tappas bort när växlingsaxlarna demonteras.

22 Lyft ut 1:ans/2:ans och 3:ans/4:ans växlingsgafflar.

23 Driv ut pinnen som fäster backens växlingsgaffel på axeln, driv därefter ut växlingsaxeln och demontera växlingsgaffeln.

Renovering

24 Rengör samtliga delar noggrant med lösningsmedel och torka dem med en ren, luddfri trasa.

25 Kontrollera alla delar beträffande tecken på slitage eller skada. Byt alla skadade eller slitna komponenter mot nya, vid behov.

Ihopsättning

26 Växlingsaxlarna monteras först i rekommenderad ordningsföljd - backen först, följt av 3:an/4:an, och sedan 1:an/2:an **(se bild)**.

27 Arbeta enligt den rekommenderade ordningsföljden i punkt 26 och placera växlingsgaffelns spärrfjädrar och kula på plats i respektive hål i kåpan. Montera växlingsaxlarna i kåpan, tryck ned rätt spärrkula med en dorn och tryck in växlingsaxeln i kåpan. Börja med backens växlingsaxel, håll gaffeln på plats och tryck axeln genom loppet i gaffeln. Rikta in pinnhålen i gaffellopp och växlingsaxel, montera därefter fästpinnen. Lägg gaffeln i neutralläge, montera därefter 3:ans/4:ans and 1:ans/2:ans växlingsgafflar.

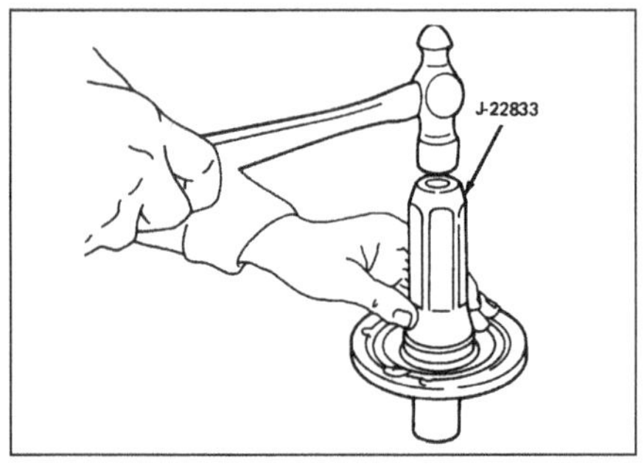

10.43 Knacka in tätningen i urtrampningslagrets styrhylsa med specialverktyg, en stor hylsa eller rörbit och hammare

28 När 1:ans/2:ans växlingsgaffel är monterad placeras de två låskulorna mellan 1:ans/2:ans växlingsaxel och 3:ans/4:ans växlingsaxel i tvärloppet på det främre stödnavet. Montera låspinnen i hålet i 3:ans/4:ans (mittläge) växlingsaxel och smörj den för att hålla den på plats. Fortsätt att trycka in växlingsaxeln genom kåpans lopp och växlingsgaffel tills hålen i axeln och gaffeln är inriktade, montera därefter en fästpinne. Flytta axeln till neutralläge.

29 Placera de båda låskulorna i tvärloppet i det främre stödnavet mellan backens och 3:ans/4:ans växlingsaxlar. Tryck igenom den återstående axeln genom gaffelns och kåpans lopp, håll båda kulorna i rätt läge mellan axlarna tills fästpinnarnas hål i gaffeln och axeln är inriktade. Montera fästpinnen.

30 Montera nya pluggar i växlingsaxlarnas lopp och expandera den på plats.

Växellådans ingående axel och huvudaxel

Isärtagning

31 Om det inte redan är gjort ska rullarna i huvudaxelns styrlager demonteras (17 st) från den ingående axeln. Demontera inte låsringen på axelns insida.

32 Demontera låsringen som fäster lagret på den ingående axeln.

33 Lagret demonteras med specialverktyg nr J-22872 för att stöda lagret, därefter trycks den ingående axeln ut ur lagret med en press och specialverktyg J-358-1. Om dessa verktyg inte finns till hands bör den ingående axeln tas till en auktoriserad verkstad för demontering av lagret.

Renovering

34 Tvätta samtliga delar grundligt med lösningsmedel och torka dem med en ren, luddfri trasa.

35 Kontrollera rullagren beträffande gropbildning och tydligt slitage. Kontrollera lagrets yta på axeln beträffande repor och kontrollera om kuggarna är skadade eller utslitna.

Ihopsättning

36 Tryck lagret, med ny oljekastarbricka, på axeln med specialverktyg nr J-22872. **Observera:** *Oljekastarbrickan bör vara placerad i jämnhöjd med lagrets skuldra på hjulet. Om verktygen inte finns till hands bör den ingående axeln tas till en auktoriserad verkstad eller svarvspecialist för att få komponenterna pressade på axeln.*

37 Montera låsringen för att fästa lagret på axeln.

38 Montera lagrets låsring i spåret på lagrets utsida.

39 Montera en låsring på insidan av loppet till huvudaxelns styrlager (om den demonterades tidigare).

40 Stryk litet smörjfett på lagerytan i axelns fördjupning, montera därefter styrrullager (17 st) på växellådans huvudaxel och montera rullagerhållaren. **Observera:** *Denna rullagerhållare håller lagret på plats. I ingående axeln trycks den framåt in i fördjupningen av huvudaxeln.*

41 Om det inte redan är gjort ska skruvarna tas bort från styrhylsan.

42 Använd en skruvmejsel och bänd ut oljetätningen från styrhylsan.

43 Använd en stor hylsa eller specialverktyg nr J-22833, och placera en ny tätning på plats (med läppen uppåt) och driv försiktigt in den i tätningsloppet **(se bild).**

44 Montera en ny packning på styrhylsans fläns och, när växellådan sätts ihop, sätt fast packning och fläns på växellådshuset.

Huvudaxel

Isärtagning

45 Demontera 1:ans kugghjul **(se bild)**.

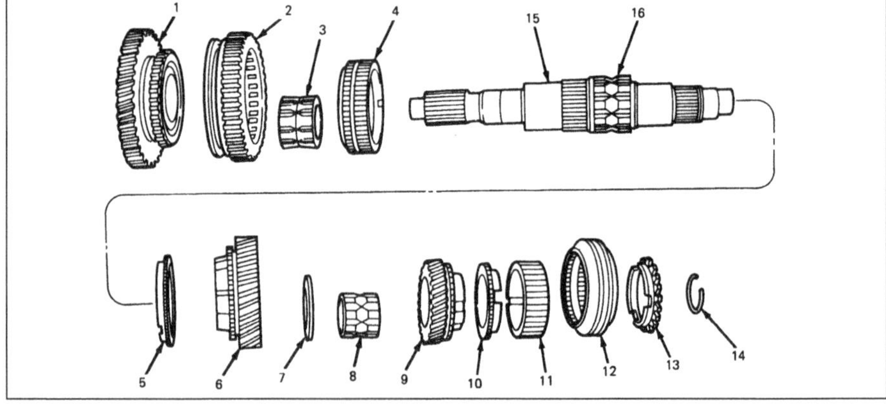

10.45 Huvudaxel - sprängskiss

1 1:ans kugghjul
2 Backens kugghjul
3 Bussning till 1:ans drev
4 1:ans/2:ans synkroniseringsnav
5 2:ans synkroniseringsring
6 2:ans kugghjul
7 Tryckbricka
8 Bussning till 3:ans kugghjul
9 3:ans kugghjul
10 3:ans synkroniseringsring
11 3:ans/4:ans synkroniseringsnav
12 3:ans/4:ans synkroniseringshylsa
13 4:ans synkroniseringsring
14 Låsring
15 Huvudaxel
16 Bussning till 2:ans kugghjul

46 Demontera låsringen framför 3:ans/4:ans synkroniseringsenhet.
47 Demontera backens drivna kugghjul.
48 Använd en press och lägg kraft bakom 2:ans kugghjul för att demontera 3:ans/4:ans synkroniseringsenhet, 3:ans kugghjul och 2:ans kugghjul tillsammans med 3:ans kugghjuls bussning och tryckbricka. Om ingen press finns till hands ska hela huvudaxeln tas med till en auktoriserad verkstad eller svetsspecialist för att låta pressa bort komponenterna.
49 Demontera synkroniseringsringen och synkroniseringskilarna från 2:ans kugghjul.
50 Stöd synkroniseringsnavet på 2:ans kugghjul vid den främre ytan, tryck igenom huvudaxeln och demontera 1:ans kugghjuls bussning och 2:ans kugghjuls synkroniseringsnav.
51 För att kunna demontera bussningen på 2:ans kugghjul från huvudaxeln ska bussningen delas med hammare och huggmejsel. **Observera:** *Var försiktig så att axeln inte får hack eller annan skada under detta arbete.*

Renovering

52 Tvätta samtliga delar grundligt med lösningsmedel och torka dem med en ren, luddfri trasa.
53 Kontrollera huvudaxeln för att se om den är repad eller starkt sliten, speciellt vid tryck- eller splinesytorna. Kontrollera synkroniseringsnavet och synkroniseringshylsan grundligt och se till att hylsan glider fritt på synkroniseringsnavet. Kontrollera också synkroniseringsnavets passning på huvudaxelns splines. **Observera:** *Synkhylsan på 3:ans/4:ans hjul bör glida fritt på synkroniseringsnavet men navet bör ha en snäv passning på axelns splines.*
54 Kontrollera tryckytorna på 3:ans kugghjul beträffande djupa repor och kontrollera om huvudaxelns bussning på 3:ans kugghjul visar starkt slitage. 3:ans kugghjul ska kunna rotera fritt på huvudaxelns bussning medan bussningen bör ha en presspassning på axeln.
55 Kontrollera tryckbrickan på 2:ans kugghjul beträffande tecken på repor och kontrollera synkroniseringsringen på 2:ans kugghjul beträffade starkt slitage på tryckytan. Kontrollera om synkroniseringsfjädrarna är lösa eller trasiga.
56 Kontrollera synkroniseringsringen på 2:ans kugghjul beträffande starkt slitage och kontrollera om synkroniseringskonan av brons på 2:ans kugghjul är sliten eller skadad. Undersök den ingående axelns synkroniseringskona och synkroniseringskonan på 3:ans kugghjul beträffande slitage eller skada.
57 1:ans/backens glidhjul måste kunna glida på synkroniseringsnavet och bör inte ha alltför stort radiellt eller perifert spel. Om glidhjulet inte rör sig fritt på navet ska den främre änden av de halvtandade invändiga splines kontrolleras beträffande spån. Spån kan avlägsnas med en brynsten eller mycket fin fil.

Ihopsättning

58 Ta med huvudaxeln till en auktoriserad verkstad eller svetsspecialist för att montera bussningen till 2:ans kugghjul, synkroniseringsnavet på 1:ans/2:ans kugghjul, bussningen på 1:ans kugghjul, synkroniseringsringen, 2:ans kugghjul, bussningen till 3:ans kugghjul och 3:ans/4:ans synkroniseringsenhet på huvudaxeln.
59 Montera backdrevet med gaffelspåret riktat bakåt.
60 Montera 1:ans kugghjul på huvudaxeln mot 1:ans/2:ans synkroniseringsnav. Montera tryckbrickan till 1:ans kugghjul.

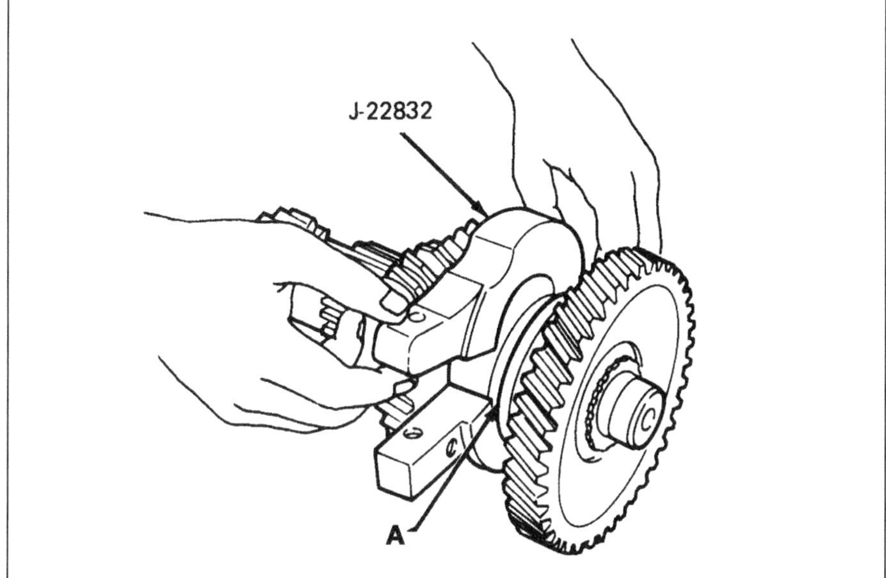

10.62 Bottenstocken måste demonteras med specialverktyg

A Distans

Bottenstocksaxel

Isärtagning

61 Demontera den främre bottenstockens låsring och lyft bort tryckbrickan.
62 Montera specialverktyg nr J-22832 eller andra stödblock på bottenstocksaxeln med den öppna sidan mot dämparen. Stöd bottenstocksaxeln i en press och tryck ut axeln ur bottenstocken **(se bild).** Om en press inte finns till hands bör detta arbete överlåtas till en auktoriserad verkstad eller svarvspecialist.
63 Tryck bort axeln från 3:ans bottenstockshjul.

Renovering

64 Kontrollera samtliga komponenter beträffande tecken på skador eller slitage, byt komponenter efter behov.

Ihopsättning

65 Ta med bottenstocken till en auktoriserad verkstad eller svarvspecialist för att få bottenstocken till 3:ans kugghjul, kopplingens bottenstock och tryckbrickan till kopplingens bottenstock monterade på axeln.

Växellåda - ihopsättning

66 Sänk ned bottenstocken i växellådshuset och låt den vila på golvet i växellådshuset.
67 Placera backmellandrevet i växellådshuset med drevets tänder riktade framåt. Montera backdrevsaxeln (bakifrån och framåt), se till att skåran i axelns ände riktas nedåt. Axelns yta med skåran måste åtminstone vara i jämnhöjd med växellådshuset.
68 Montera huvudaxeln i växellådshuset, axelns bakre del ska skjuta ut ur det bakre lagerloppet.
69 Placera specialverktyg nr J-22874-5 i den ingående axelns öppning och låt huvudaxelns främre del gå i ingrepp (tryckbrickan på 1:ans kugghjul bör monteras innan detta utförs, om den inte redan finns på plats). Montera låsringen nu i ytterloppet på huvudaxelns bakre lager och placera lagret på axeln. Använd specialverktyg nr J-22874-1 eller en rörbit och driv fast lagret på axeln och in i växellådshusets lopp. Rikta in tungorna på låsringen mot smörjskårorna i växellådshuset innan lagret drivs in.
70 Montera synkroniseringskonan på huvudaxelns styrände och för upp den längs synkroniseringsnavet. Se till att de tre utskurna delarna på synkroniseringskonan på 4:ans kugghjul riktas in mot de tre kilarna i kopplingen.
71 Montera låsringen i ytterbanan i drivhjulets lager. Indexera den utskurna delen på tänderna för att få utrymme över bottenstockaxelns tänder och montera den ingående axeln i växellådshuset. Höj upp huvudaxeln så att den kan gå i ingrepp med den ingående axeln och knacka lagrets ytterbana på plats.
72 Montera hylsan och en ny packning. Montera skruvarna och dra åt dem till angivet åtdragningsmoment.

73 Montera verktyg nr J-22874-2 i bottenstockens främre lagerlopp för att stödja bottenstocken, vrid därefter växellådshuset på den främre änden.

74 Montera låsringen i ytterbanan till bottenstockens bakre lager, placera lagret på bottenstocken och, driv in lagret på plats med verktyg nr J-22874-1 eller en rörbit. Vrid växellådshuset, montera låsringen på bottenstockens bakre lager och ta bort verktyget.

75 Knacka in bottenstockens främre lager i växellådshuset.

76 Montera bottenstockens främre lagerskål (med ny packning), montera skruvarna och dra åt dem till angivet åtdragningsmoment.

77 Dra hastighetsmätarens drev över huvudaxeln till lagret.

78 Montera den bakre lagerhållaren (med ny packning). Kontrollera att låsringens ändar är placerade i smörjskåran och utskärningen i lagerhållaren. Montera hållarens skruvar och dra åt dem till angivet åtdragningsmoment.

79 Montera kardanaxelns medbringare.

80 Lås växellådan i två växlar samtidigt. Montera låsmuttern på kardanaxelns medbringare och dra åt den till angivet moment.

81 Lägg samtliga växlar i neutralläge, utom backmellandrevet, vilken bör läggas i cirka 10 mm (framkanten på backmellandrevets koniska ände riktas in mot framkanten på 1:ans kugghjul). Montera växellådskåpan med en ny packning. Växlingsgafflarna måste glida in i respektive lägen på synkroniseringsenhetens hylsor och backmellandrevet.

82 Montera växellådskåpans skruvar och dra åt dem till angivet åtdragningsmoment.

83 Montera växelspaken och kontrollera att den fungerar ordentligt i samtliga växellägen.

Kapitel 7 Del B: Automatväxellåda

Innehåll

Svårighetsgrad

Enkelt, passar novisen med lite erfarenhet 	**Ganska enkelt,** passar nybörjaren med viss erfarenhet 	**Ganska svårt,** passar kompetent hemma-mekaniker 	**Svårt,** passar hemmamekaniker med erfarenhet 	**Mycket svårt,** för professionell mekaniker

Specifikationer

Åtdragningsmoment	**Nm**
Skruv mellan momentomvandlare och medbringarskiva	
1968 t o m 1990	47
1991 t o m1992	43
Fr o m 1993	62
Oljesumpskruv	22 till 24
Skruv mellan växellåda och motor	
1968 t o m 1990	47
1991 t o m 1992	43
Fr o m 1993	31
Hastighetsmätarens fästskruv	8
Skruv mellan filter och ventilhus	14

1 Allmän beskrivning

Sedan introduktionen av dessa modeller har olika 3-växlade och 4-växlade automatväxellådor använts. Växellådorna THM 350 och THM 400 förekommer i olika former. Under 1982 kom automatväxellådan 700-R4, 4-växlad med automatisk överväxel. THM 350 försvann så småningom och i början av 1991 ersatte den elektroniskt styrda automatväxellådan, Hydra-matic 4L80-E, THM 400 i tyngre fordon. Under 1992 vidareutvecklades 700-R4 varefter den döptes om till 4L60 och fanns tillgänglig på lättare V6- och V8-modeller. Sedan 1993 monteras den elektroniskt styrda automatväxellådan, Hydra-matic 4L60-E i alla V6-modeller och lättare V8-modeller medan 4L80-E monteras i modeller för tyngre drift. Diagnos och reparation av dessa elektroniskt styrda växellådor måste utföras av en auktoriserad verkstad eller annan verkstad.

Somliga senare modeller är försedda med låsbar momentomvandlare som innehåller en koppling. Kopplingen aktiveras vid hastigheter över 40 km/h och ger direkt förbindelse mellan motorn och drivhjulen vilket innebär bättre effektivitet och lägre bränsleförbrukning.

Kopplingen och hydraulsystemet är komplicerade system och renovering av automatväxellådan kräver tillgång till specialverktyg och expertis varför sådan inte bör utföras av hemmamekanikern. Arbetsbeskrivningarna i detta kapitel är därför begränsade till allmän diagnos, rutinmässigt underhåll, justering och demontering och montering av växellådan.

Om större reparationer behöver utföras på växellådan ska den överlåtas till en auktoriserad verkstad eller en växellådsspecialist. Du kan emellertid demontera och montera växellådan själv och spara den utgiften, även om reparationsarbetet görs av växellådsspecialisten.

Justeringar som hemmamekanikern kan utföra omfattar sådana som berör startspärrkontakt och -vajer, kickdown-vajer och växellänkage, eller växelvajerjustering på årsmodeller fr o m 1993.

Varning: Fordon med automatväxellåda får aldrig bogseras vid högre hastighet än 50 km/h eller längre sträckor än 80 km.

2 Diagnostisering - allmänt

1 Problem i automatväxellådan kan ha ett antal orsaker, exempelvis dålig motorprestanda, felaktiga justeringar, fel i hydraulsystemet samt mekaniska problem.

2 Den första kontrollen bör omfatta växellådsoljans nivå och skick. Mer information finns i kapitel 1. Om växellådsolja och filter inte nyligen har bytts ska oljan tappas av och filtret bytas ut (se även kapitel 1).

3 Gör ett körtest och kör bilen i alla olika växellägen, observera eventuella felfunktioner.

4 Kontrollera att det inte är motorn som krånglar. Om motorn inte har servats på senaste tid, se kapitel 1 och kontrollera att alla motorns delar fungerar korrekt.

5 Kontrollera justeringen på startspärrkontakten eller på tillhörande vajer och kickdownvajern (beroende på modell).

6 Kontrollera att alla vakuum- och elledningar och anslutningar på eller till växellådan är i gott skick.

7 Kontrollera att växellänkaget är korrekt justerat (avsnitt 3).

8 Om problemet består, återstår endast en enda kontroll innan växellådan demonteras för renovering. Bilen bör köras till en specialist som kan ansluta en speciell oljetrycksmätare för kontroll av ledningstrycket i växellådan.

3 Växelväljarlänkage - justering

1 För att kontrollera att länkaget har rätt justering, lyft handreglaget mot ratten och välj *Drive*-läge med växellådans spärrverkan. Låt dig inte styras av indikatornålen eftersom den kan vara feljusterad.

2 Släpp handreglaget och kontrollera att *Low*-läge inte kan väljas eftersom reglaget är upplyft.

3 Lyft slutligen handreglaget mot ratten och låt växellådsspärrens verkan ställa in reglaget i neutralläge.

4 Släpp reglaget och kontrollera att backväxeln inte kan väljas om inte reglaget lyfts upp först. När länkaget är korrekt justerat hindrar länkaget handreglaget från att röra sig förbi *Neutral*- och *Drive*-lägenas spärrar om inte reglaget först lyfts upp så att det kan föras över det mekaniska stoppet.

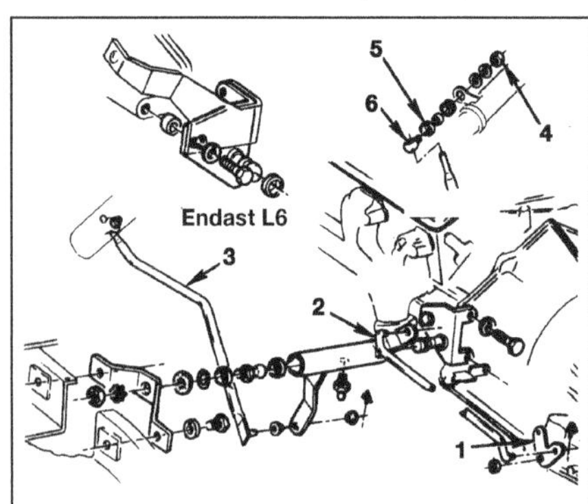

3.5 Justeringspunkter på vanligt växelväljarlänkage (årsmodeller 1967 t o m 1976)

1 Växelarm
2 Länk
3 Länk
4 Mutter
5 Bygel
6 Led

Justering

Årsmodeller 1967 t o m 1976

5 Lossa muttern (4) på rattaxelns växelarm så att den rörliga leden (6) och bygeln (5) kan röra sig obehindrat på länken (3) **(se bild).**

6 Ställ in armen (1) på växellådssidan i *Neutral*-läge. Du gör detta genom att flytta armen moturs till L1-spärren och därefter medurs förbi tre spärrar till Neutral-läge.

7 Placera växelväljaren i Neutral-läge och dra åt muttern (A). Justera, vid behov, indikatornålen och startspärrkontakten.

Årsmodeller fr o m 1977

8 Placera växelarmen (3) **(se bild)** i neutralläge genom att flytta den medurs till *Park*-spärren och därefter moturs förbi två spärrar till neutralläge.

9 Placera rattaxelns reglage i neutrallägets skåra. Detta görs genom att växelarmen vrids tills växelväljaren faller ned i neutrallägets skåra (använd inte växelindikatorvisaren som guide).

10 Anslut länk (12) till axel (2).

11 Dra den rörliga delen och bygeln till länken (12) och anslut den. **Observera:** *På senare modeller sitter den rörliga delen och muttern på länkens nedre del (växellådsänden) istället för den övre delen.*

12 Håll rattaxelns reglage mot neutralstoppet på *Park*-lägets sida och dra åt muttern ordentligt.

Alla modeller

13 Vid behov, justera indikatornålen och startspärrkontakten.

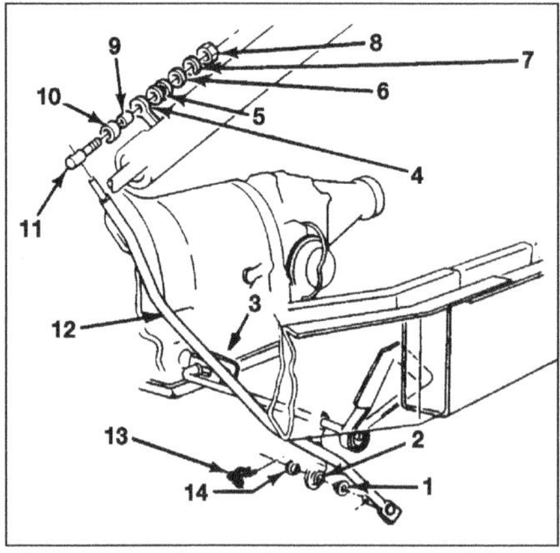

3.8 Justeringspunkter på vanligt växelväljarlänkage på årsmodeller fr o m 1977

1 Bussning
2 Axel
3 Arm
4 Rattaxelns växelstång
5 Bussning
6 Bricka
7 Bricka
8 Mutter
9 Bussning
10 Bygel
11 Led
12 Länk
13 Fäste
14 Bussning

4 Växelväljarvajer och växelväljarindikator - justering (fr o m 1993)

Observera: *Följande justering är den enda som kan utföras på växelväljarvajern.*

1 Kontrollera och bekräfta att bilen kan endast starta i *Neutral*- eller *Park*-läge.

2 Lägg växellådan i neutralläge och notera växelväljarindikatorns läge. Indikatorn måste vara mellan "N":ets uppåtgående staplar.

3 På modeller med standardrattaxel, lossa indikatorns fästskruv och flytta indikatorn till korrekt läge, dra åt skruven. På lutande rattaxlar, tryck ned indikatorns fjäderclips och flytta indikatorn till rätt läge, lossa sedan clipset.

4 Kontrollera visarens lägen på nytt i de återstående växellägena i växelväljarindikatorns, justera igen om det behövs.

5 Vajer till rörelsekontakt - justering

1 Demontera luftrenaren.

Tidigare modeller

2 Leta reda på skruven till klammern på vajern till rörelsekontakten och lossa den **(se bild).**

3 Med choken av, placera förgasarens hävarm i vidöppet gasspjällsläge.

4 Dra vajer till rörelsekontakten bakåt tills det vidöppna gasspjället i växellådan blir kännbart. **Observera:** *Vajern måste dras igenom spärrläget för att kunna nå det vidöppna gasspjällsläget.*

5 Dra åt skruven till vajer till rörelsekontaktens klammer och kontrollera att länkaget fungerar som det ska.

Senare modeller

6 På senare modeller som har klämlås istället för vajerklammer ska man kontrollera att låset

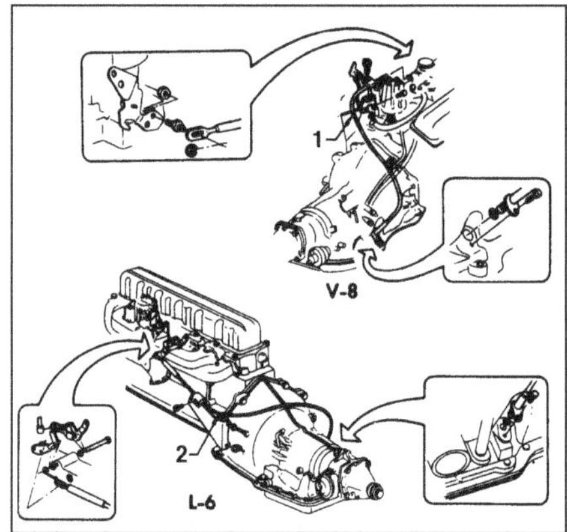

5.2 Justeringspunkter på vanlig rörelsekontaktvajer på tidig årsmodell

1 & 2 Rörelsekontaktvajer

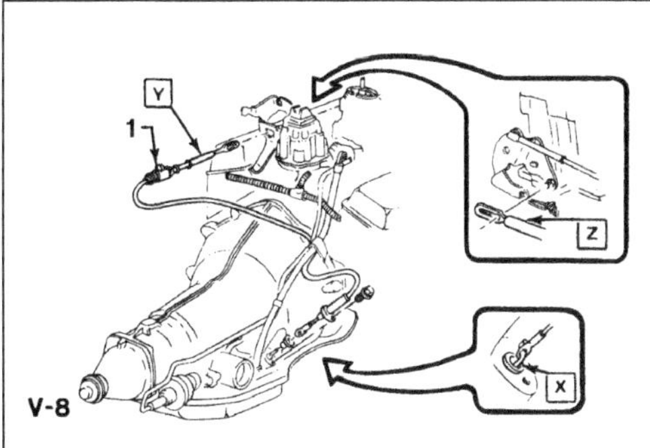

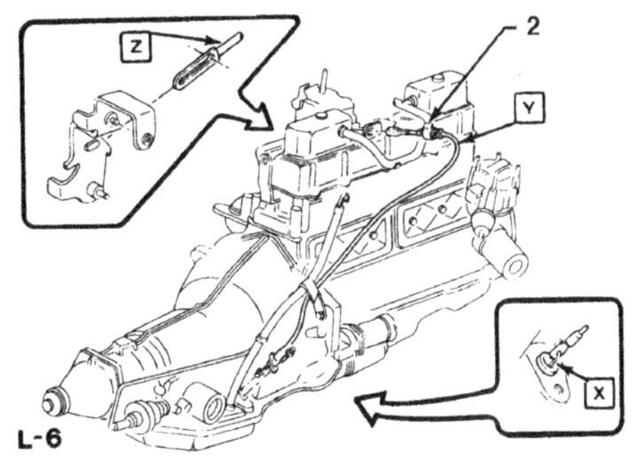

X *Montera tätningen i växellådan innan vajern monteras*
Y *Dra vajern framför oljepåfyllningsröret, under fästet, och därefter framför kabelnät och vakuumrör*
Z *Kontrollera att alla mjuka detaljer dras åtminstone 5 cm från de rörliga delarna*
1 & 2 Snabbkoppling i öppet läge.

5.6 Justeringspunkter på rörelsekontaktvajer

är frånkopplat **(se bild)** och att vajern kan löpa obehindrat genom låset.

7 När vajern och låset är i fästet och vajeränden är fäst vid förgasarens hävarm ska gasspjället öppnas helt.

8 Håll gasspjället i helöppet läge och tryck ned klämlåsets monteringstunga tills den är jäms med resten av klämlåset.

6 Rörelsekontakt - justering

Modeller 1967 t o m 1972

1 Lossa skruvarna från kontakten och vrid förgasarens hävarm för att åstadkomma vidöppet gasspjällsläge.

2 Håll gasspjället i vidöppet läge, flytta kontakten så att ett spel på 5,08 mm (350 V8-motor) eller 1,27 mm (övriga motorer) finns mellan förgasarens hävarm och kontaktens kolv **(se bild).**

3 När rätt spel har erhållits ska kontaktens skruvar dras åt hårt.

Modeller fr o m 1972

4 När den nya kontakten har monteras ska kontaktkolven tryckas in helt. Kontakten kan sedan justera sig själv genom gaspedalens första vidöppna gasspjällsläge **(se bild).**

7 Kickdown-vajer - beskrivning och justering (1986 t o m 1992)

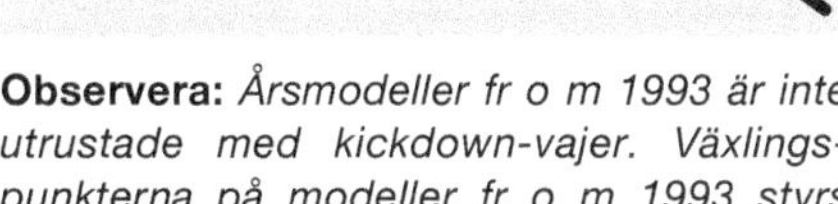

Observera: *Årsmodeller fr o m 1993 är inte utrustade med kickdown-vajer. Växlingspunkterna på modeller fr o m 1993 styrs elektroniskt och inte mekaniskt.*

Beskrivning

1 Kickdown-vajern som används i senare års växellådor bör inte endast betraktas som en "nedväxlingsvajer" som på tidigare modeller. Kickdown-vajern styr ledningstryck, växlingspunkter, växlingsjämnhet, nedväxling vid delvis öppet gasspjäll och manuella nedväxlingar

2 Om kickdown-vajern är trasig, kladdig, feljusterad eller om fel reservdel för bilmodellen har monterats, kommer ett antal problem att uppstå i bilen.

Kontroll

3 Kontroll bör utföras med motorn på tomgång och växelväljaren i neutralläge. Dra åt parkeringsbromsen hårt och blockera hjulen så att bilen inte kan rulla. Som ytterligare säkerhetsåtgärd kan en medhjälpare sitta i bilen och ha foten på bromspedalen.

4 Fatta tag i innervajern ca 10 cm bakom punkten där den fästs in på gasspjällets länkage och dra vajern framåt. Den bör glida lätt genom vajeranslutningen till gasspjällets länkage.

5 Lossa vajern, den bör nu återgå till sitt ursprungliga läge med vajerstoppet mot vajeranslutningen.

6 Om kickdown-vajern inte fungerar som beskrivits är vajern defekt eller feljusterad, eller komponenterna på vardera sidan om vajern skadade.

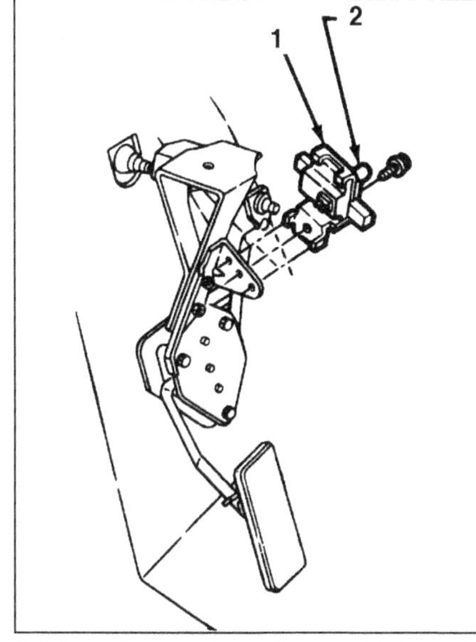

6.4 Justeringspunkter på startspärrkontakt på senare årsmodeller

1 Växellådans reglagekontakt
2 Kolv

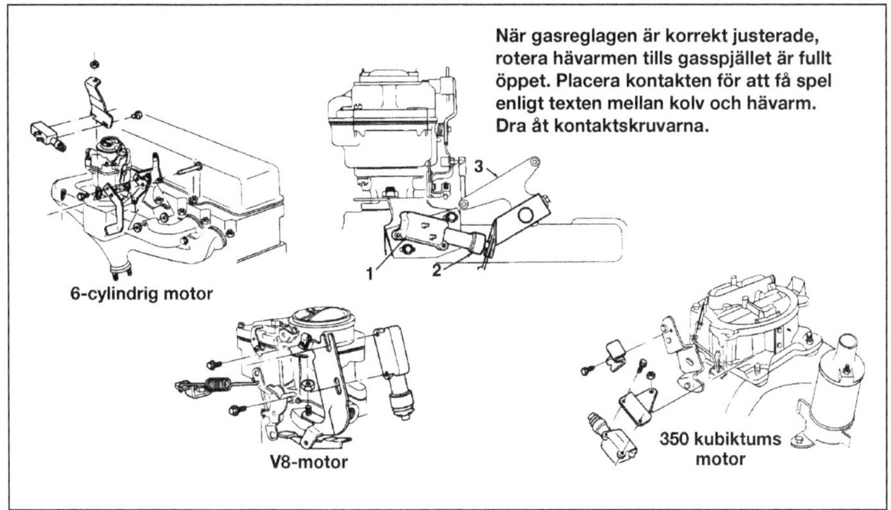

6.2 Justeringspunkter på rörelsekontakt (årsmodeller före 1972)

1 Kontakt *2 Kolv* *3 Hävarm*

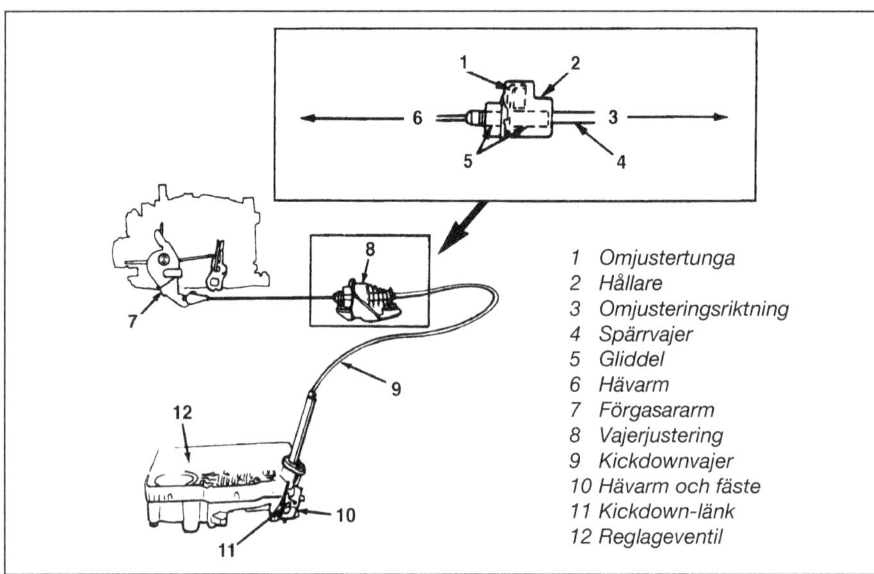

7.8 Justeringspunkter på kickdown-vajer

Justering

7 Motorn ska inte vara igång vid denna justering.

8 Tryck ned omjusteringstungan och flytta den glidande delen bakåt genom hållaren, bort från gasspjällslänkaget tills den glidande delen stannar mot hållaren **(se bild)**.

9 Lossa omjusteringstungan.

10 Vrid förgasarens hävarm manuellt till "vidöppet läge" vilket automatiskt justerar vajern. Lossa förgasarens hävarm.

Observera: *Använd inte för mycket kraft vid förgasarens hävarm för att justera kickdown-vajern. Om mycket kraft behövs för att justera vajern ska den lossas vid växellådsänden, kontrollera om vajern kan röra sig obehindrat. När vajern är fri kan problemet vara en böjd länk till kickdown-vajern i växellådan eller fel i förgasarens hävarm. Om det fortfarande är svårt att justera kickdown-vajern ska den bytas ut.*

11 När justeringen är gjord, kontrollera att kickdown-vajern fungerar ordentligt enligt beskrivning i steg 3 t o m 6 ovan.

8 Kickdown-vajer - byte (1986 t o m 1992)

Observera: *Årsmodeller fr o m 1993 är inte utrustade med kickdown-vajer. Växlingspunkterna på modeller fr o m 1993 styrs elektroniskt och inte mekaniskt.*

1 Lossa den negativa anslutningen från batteriet. Placera kabeln ur vägen så att den inte kommer i kontakt med batteriets pol vilket skulle göra systemet strömbärande.

2 Demontera luftrenaren.

3 Tryck ned omjusteringstungan på kickdown-vajern och tryck den glidande delen genom hållaren, och bort från förgasarens hävarm.

4 Separera kickdown-vajern från förgasarens hävarm.

5 Tryck på låstungorna och separera vajern från fästet.

6 Ta bort skruven som fäster kickdown-vajern på växellådan. Dra upp vajern och lossa den från länken. Ta bort eventuella clips eller band som håller kickdown-vajern på plats **(se bild)**.

7 Byt tätningen i hålet till växellådshuset. Anslut den nya vajern till länken och skruva fast vajern på växellådshuset.

8 Dra vajern och montera eventuella nya band och clips som håller fast vajern.

9 För vajern genom fästet tills låstungorna griper tag.

10 Fäst vajeranslutningen på förgasarens hävarm.

11 Justera vajern genom att trycka in omjusteringstungan. Tryck den glidande delen

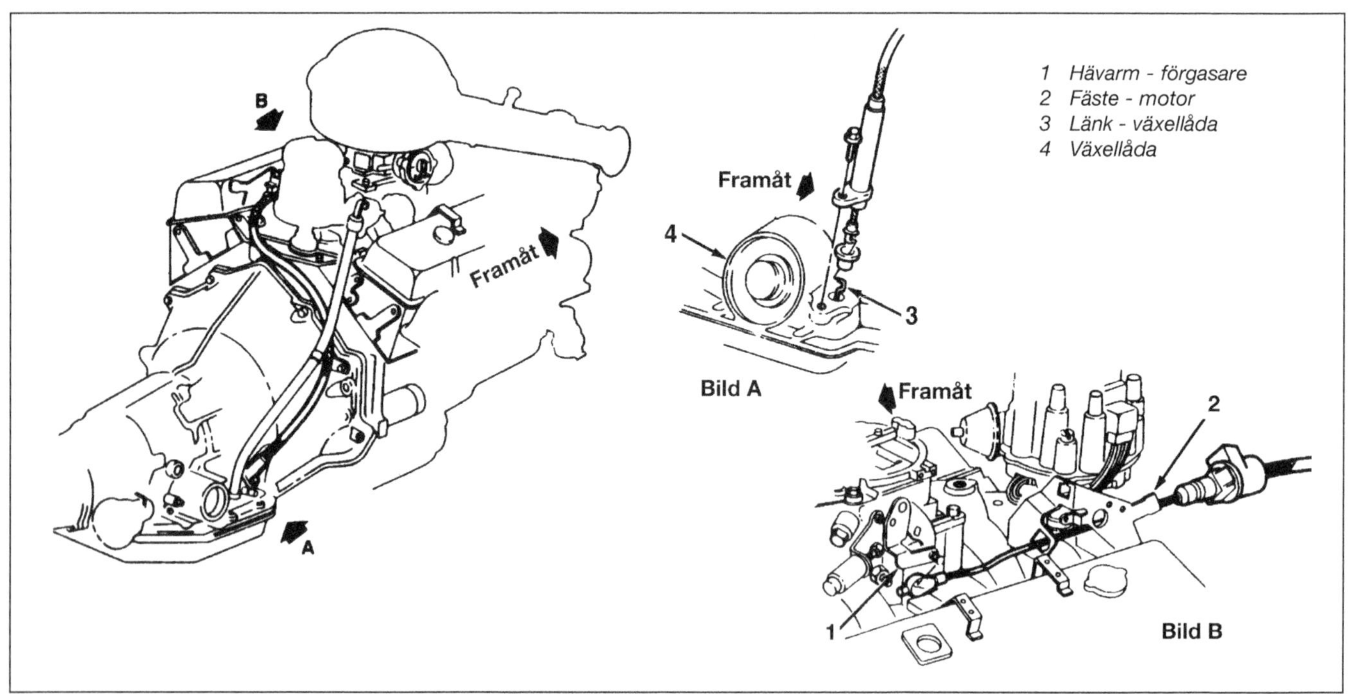

8.6 Montage av kickdown-vajer

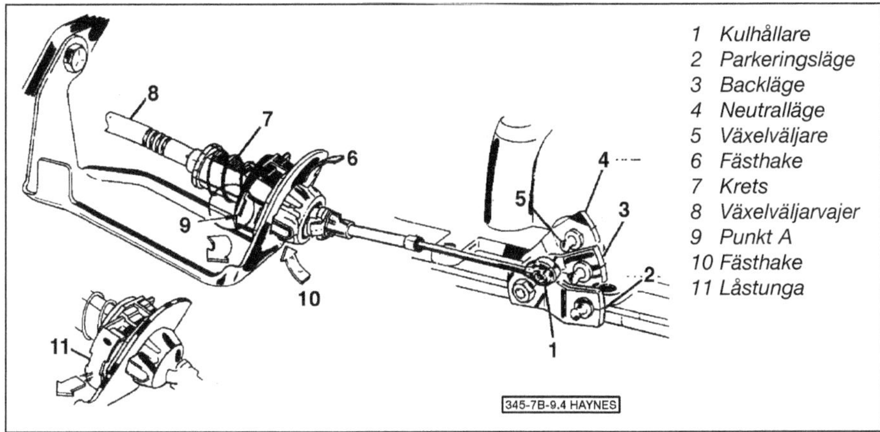

9.4 Växelväljarvajerns infästning på växellådans växelreglage

genom hållaren, bort från spjällhuset tills den glidande delen stannar mot hållaren.

12 Lossa omjusteringstungan. Öppna förgasarens hävarm så långt som möjligt så att vajern justeras automatiskt.

13 Kontrollera om vajern kärvar eller fastnar. Om gasspjället fortfarande är vidöppet eller om växlingen ske för sent ska bilen överlåtas till en auktoriserad verkstad för reparation.

9 Växelväljarvajer - byte (fr o m 1993)

1 Lossa den negativa anslutningen från batteriet. Placera kabeln ur vägen så att den inte kommer i kontakt med batteriets pol vilket skulle göra systemet strömförande.

2 Lossa motorns kåpa och dra den bakåt tills den stannar vid framsätena.

3 Blockera bakhjulen så att bilen inte kan rulla åt något håll, ta därefter växeln ur *Park*-läge.

4 Använd en skruvmejsel, bänd loss kulhållaren av nylon, som sitter på växelväljarvajers växellådssida, från kulleden på växellådans växelspak och lossa växelväljarvajern **(se bild).**

5 Sätt in en kort skruvmejsel i skåran på vajerns fliklås och bänd uppåt cirka 1 cm tills växelväljarvajern kan röra sig fritt innanför fästet. Vajerns fliklås behöver inte demonteras helt från kretsen.

6 Tryck ihop växelväljarvajerledningens fästhakar och flytta vajern halvvägs ut ur växellådshuset.

7 Tryck ihop låstungan med en tång och ta bort växelväljarvajer och ledningar från fästet.

8 Under instrumentpanelen, demontera clipset från växelväljarvajern och lossa vajern från rattaxeln **(se bild).**

9 Ta bort växelväljarvajerns clips och ta bort växelväljarvajern från motorkåpan.

10 Dra försiktigt ut växelväljarvajern genom gummigenomföringen i instrumentpanelen, ta bort vajern.

11 På bilar med ställbar rattaxel, placera rattaxeln två lägen nedanför det översta läget.

12 Lägg växelväljaren i neutralläge. Placera ett gummiband (9 cm långt och 6 mm brett) i reglageknoppens skåra och sätt fast den andra änden på motorkåpans låspinnskruv för att låsa växelväljaren i neutralläge.

13 Dra vajern samma väg som den gamla **(se bild).**

14 Sätt dit växelväljarvajer och hölje i fästet. Kontrollera att höljet kan röra sig obehindrat i fästet innan låstungan monteras. Om så inte är fallet, kontrollera på nytt om vajerdragningen är rätt och justera den vid behov.

15 Vid växellådshuset, flytta växelreglaget till neutralläge (två spärrhack från *Park*-läge; *Park*-läget ligger medurs) **(se bild 9.4).**

16 Montera växelväljarvajerns kulhållare av nylon (plan sida mot växellådan) på kulleden på växellådans växelreglage **(se bild 9.4).** Kontrollera att den sitter ordentligt på plats och är låst i rätt läge.

17 Tryck fast låstungan i sitt läge på höljet, lås hölje och vajer på fästet. Flytta inte ledningen medan du låser fast tungan.

18 Fäst växelväljarvajerens clips på motorkåpan.

19 Växelväljarvajern är nu korrekt justerad och gummibandet kan tas bort från växelväljaren.

20 Kontrollera och bekräfta att bilen endast kan starta i *Park*-läge eller neutralläge.

21 Tryck tillbaka motorkåpan på sin plats och lås båda spärrarna på kåpan.

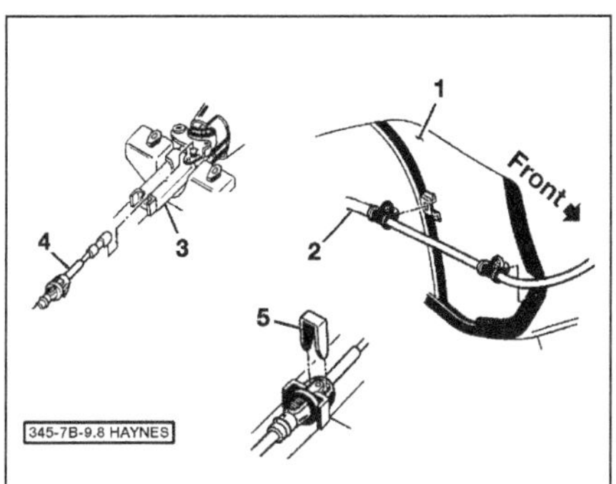

9.8 Växelväljarvajerns infästning på växellådans reglage

1 Motorkåpa
2 Växelväljarvajer
3 Rattaxel
4 Växelväljarvajer
5 Clips

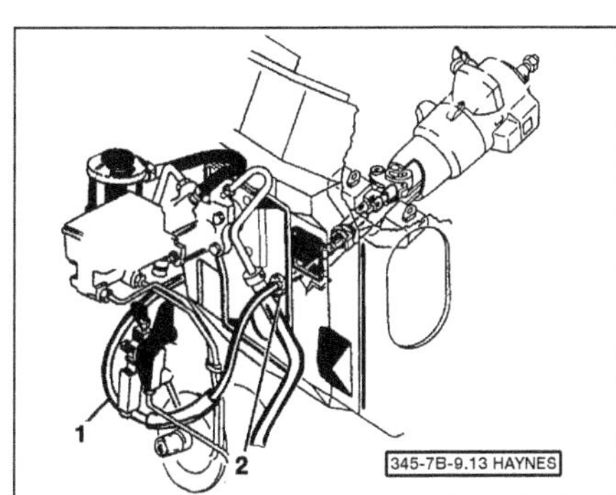

9.13 Rätt dragning av växelväljarvajer

1 Växelväljarvajer
2 Bussning

10 Startspärrkontakt - justering

Powerglide

1 Kontaktens funktion kontrolleras genom att strömfördelarens centrumkabel (sekundär) demonteras från mitten av strömfördelaren.

2 Dra åt parkeringsbromsen och lägg växelväljaren i *Drive*-läge.

3 Vrid tändningsnyckeln till Start-läge. Startmotorn bör nu inte kunna fungera. Om den fungerar justeras kontakten enligt följande två punkter.

4 Lossa skruven till kontaktens fästklämma och flytta växelreglagets rörliga del till den punkt där startmotorn endast kan fungera när växelväljaren är i neutralläge eller *Park*-läge **(se bild).**

5 Anslut centrumkabeln på strömfördelaren.

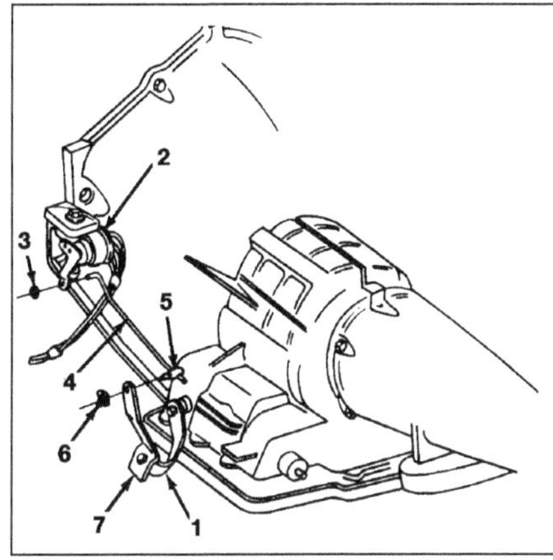

10.4 Powerglide startspärrkontakt

1 Manuell växelväljare
2 Startspärrkontakt
3 Mutter
4 Länk
5 Led
6 Clips
7 Förlängning

Turbo Hydra-matic (tidig modell)

6 Lossa länken från kontaktens arm **(se bild).**
7 Rikta in hålet i armen mot motsvarande hål i kontakten med en styrpinne (2,41 mm diameter).
8 Ställ in armen på växellådans sida i neutralläge.
9 Justera den ledade delen på kontaktens länk så att den kan anslutas till kontakten utan att den behöver tryckas in från sidan. Montera clipset.

Turbo Hydra-matic (sen modell)

10 Denna startspärrkontakts funktion liknar dem som beskrivits i punkterna 6 t o m 9 med undantag för att kontakten har avlånga skruvhål vilket ger justeringsmöjligheter. Länkarna har fast längd utan justerbara ledade delar **(se bild).**

11 Hastighetsmätarens drev - byte

1 Detta arbete kan utföras utan att växellådan behöver demonteras från bilen.
2 Tillvägagångssättet är identiskt för både manuella och automatiska växellådor - se kapitel 7, del A.

12 Automatväxellådans bakre tätning - byte

1 Hissa upp bilen och stöd den säkert på pallbockar.
2 Stöd växellådan med en domkraft.
3 Demontera kardanaxeln (se kapitel 8).
4 Använd en tätningsdemonterare eller en lång skruvmejsel och bänd loss den gamla tätningen från växellådsänden.
5 Jämför den nya tätningen med den gamla för att vara säker på att de motsvarar varandra.
6 Driv in den nya tätningen på sin plats med en stor hylsa eller en rörbit som har samma diameter som tätningen.

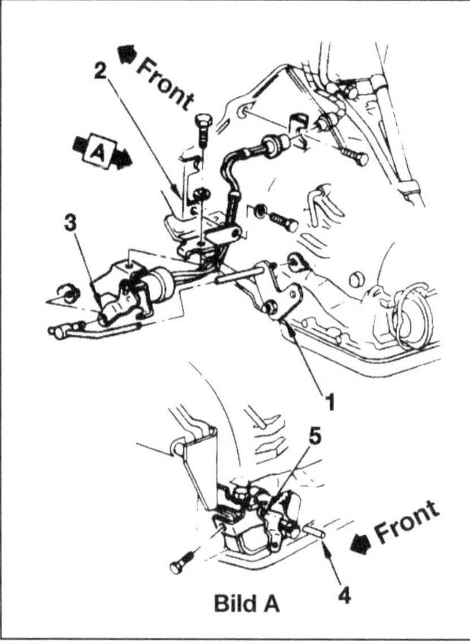

10.6 Turbo Hydra-matic startkontakt för neutralläge, tidig modell

1 Växelarm
2 Reglagefäste
3 Arm till kontakt
4 Justerpinne
5 Hål

7 När tätningen är på sin plats ska den nya tätningens läppar bestrykas med automatväxellådsolja.
8 Montera tillbaka de olika komponenterna i motsatt ordningsföljd till demonteringen, se beskrivningarna i respektive kapitel vid behov.

13 Automatväxellåda - demontering och montering

1 Lossa batteriets jordkabel.
2 Hiss upp bilen och stöd den säkert på pallbockar.
3 Lossa vakuumledningen och hastighetsmätarvajern vid växellådan. Knyt upp ledning och vajer så de inte är i vägen.
4 Lossa alla elektriska anslutningar vid växellådan.
5 Lossa växelväljarlänkage och startspärrkontaktens vajer från växellådan.

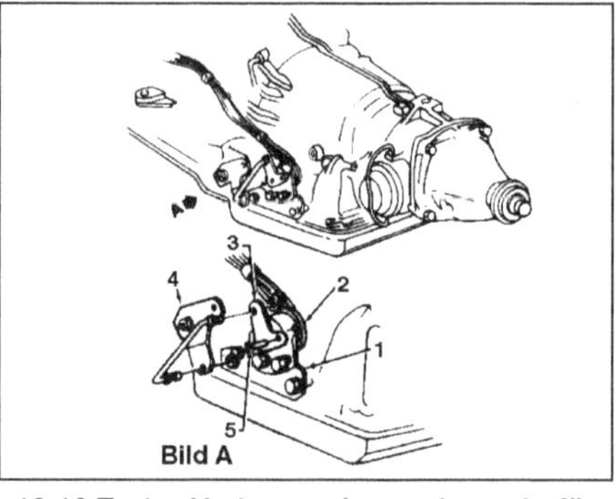

10.10 Turbo Hydra-matic startkontakt för neutralläge, sen modell

1 Fäste
2 Kontakt
3 Arm
4 Växelarm
5 Låspinne

6 Se beskrivning i kapitel 8 och lossa kardanaxeln.
7 Stöd växellådans tyngd på en domkraft.
8 Lossa det bakre motorfästet vid växellådans förlängningshus och demontera växellådans tvärbalk.
9 Demontera momentomvandlarens kåpa, markera förhållandet mellan medbringarskiva och momentomvandlare för att underlätta vid monteringen. Demontera skruvarna mellan medbringarskivan och momentomvandlaren.
10 Stöd motorn vid oljesumpens balk med domkraft eller pallbock.
11 Sänk ned växellådans bakre del något så att skruvarna mellan växellådans över del och motorn kan nås med en universalhylsa och en lång förlängare. Ta bort de övre skruvarna.
12 Demontera återstoden av skruvarna mellan växellådshuset och motorn.
13 Ta en medhjälpare till hjälp och demontera växellådan genom att skjuta den bakåt och nedåt. Sänk ned växellådan till marken och demontera den under bilen.

Observera: *Observera momentomvandlaren när växellådan skjuts bakåt. Om den inte flyttar sig med växellådan ska den bändas loss från medbringarskivan innan arbetet fortsätter. Vid demontering av växellådan, håll den främre delen uppåt för att undvika att momentomvandlaren faller ut.*

14 Montering sker i omvänd ordningsföljd. Dra åt alla skruvar till angivet åtdragningsmoment.

Kapitel 8
Koppling och drivaggregat

Innehåll

Svårighetsgrad

Enkelt, passar novisen med lite erfarenhet 	**Ganska enkelt,** passar nybörjaren med viss erfarenhet 	**Ganska svårt,** passar kompetent hemma-mekaniker 	**Svårt,** passar hemmamekaniker med erfarenhet 	**Mycket svårt,** för professionell mekaniker 

Specifikationer

Koppling

Pedalspel	Se kapitel 1
Kopplingslamellens tjocklek (minimum)	1,6 mm

Åtdragningsmoment

	Nm
Koppling	
Skruvar mellan tryckplatta och svänghjul	15 till 24
Kultapp till kopplingsgaffelns arm	34
Skruvar mellan svänghjulets kåpa och motor	41
Kardanaxel	
Skruv (av bandtyp) mellan kardanaxel och bakaxel	16 till 23
Fjäderkrampa mellan kardanaxel och bakaxel	24 till 30
Skruv mellan mellanlagerfäste och hängare	27 till 41
Skruv mellan hängare och ram	54 till 68
Axlar	
Differentialkåpans skruv	14 till 27
Navets yttre låsmutter	217 till 278

1 Allmän beskrivning

I olika avsnitt i detta kapitel beskrivs komponenterna från motorns bakre del till bakhjulen (med undantag för växellådan som behandlas i kapitel 7). Komponenterna grupperas i tre olika kategorier: koppling, kardanaxlar och andra axlar (differentialaxel och bakaxlar). I olika avsnitt beskrivs kontroller och reparationer för komponenterna i var och en av dessa tre grupper.

Nästan alla av de beskrivna arbetsrutinerna innebär att man arbetar under bilen. Se därför till att bilen stöds på kraftiga pallbockar eller använd en lyft så att bilen kan höjas och sänkas på ett tillförlitligt sätt.

2 Koppling - beskrivning och kontroll

Samtliga modeller som är utrustade med manuell växellåda har en enkel torrlamellkoppling och en fjädermonterad tryckplatta **(se bild)**. På samtliga modeller påverkas kopplingen av ett mekaniskt länkage.

När kopplingspedalen trycks ned påverkar länkaget kopplingsgaffeln i svänghjulskåpan. Kopplingsgaffeln flyttar urtrampningslagret tills det vidrör solfjäderfingrarna och lyfter bort tryckplattan från svänghjulet.

Terminologin beträffande komponenter i kopplingssystemet kan ibland orsaka problem eftersom benämningar i vanligt bruk kan skilja sig från de benämningar som används av tillverkarna. Exempelvis kan driven platta också kallas kopplingslamell eller platta, kopplingens urtrampningslager kallas ibland urkopplingslager och kopplingsgaffeln kan även kallas utlösningsarm.

Vissa inledande kontroller bör utföras när du ska ställa diagnos på ett problem i kopplingen.

a) *Vid kontroll av kopplingens ansättningstid, låt motorn gå på tomgång med växellådan i neutralläge (kopplingspedalen uppe). Trampa ner kopplingspedalen, vänta nio sekunder och lägg växeln i backläge. Inget missljud får höras. Ett malande ljud tyder på defekt komponent i tryckplattan eller kopplingslamellen.*

b) *Vid kontroll av fullständig urkoppling, låt motorn gå (med bromsarna anlagda så att bilen inte kan röra sig) och håll kopplingspedalen cirka 1 cm ovanför golvet. Flytta växelspaken mellan ettans växel och backväxeln flera gånger. Om växlingarna inte går lätt att göra är det fel på någon komponent.*

c) *Gör en visuell kontroll av kopplingspedalens bussning vid pedalens överdel för att kontrollera att den inte kärvar eller är utsliten.*

d) *Arbeta underifrån bilen och kontrollera om kopplingsgaffeln är ordentligt infäst vid kultappen.*

3 Koppling - justering

Se beskrivning i kapitel 1 av kontroll och justering av kopplingspedalens bana.

4 Kopplingens komponenter - demontering, kontroll och montering

Varning: Damm som uppstår från allmänt slitage på kopplingen och som finns på kopplingens delar kan innehålla asbest, vilket är hälsovådligt. Blås inte bort dammet med tryckluft och andas inte in det. Använd inte bensin eller bensinbaserade lösningsmedel för att tvätta bort dammet. Speciell bromssystemrengörare eller T-sprit bör användas för dammrengöring och för att spola ner dammet i en lämplig behållare. När kopplingens komponenter har torkats med rena trasor ska de förorenade trasorna och rengöringsmedlet placeras i en tillsluten och märkt behållare.

Demontering

1 Komponenterna i kopplingssystemet blir ofta åtkomliga om växellådan först demonteras medan motorn får sitta kvar i bilen. Om motorn ska demonteras för utförande av större reparationer bör man utnyttja tillfället till att kontrollera om kopplingen är sliten och att byta ut slitna delar efter behov. Nedanstående arbetsrutiner förutsätter att motorn finns kvar i bilen.

2 Se beskrivning i kapitel 7 och demontera växellådan. Stöd motorn ovanifrån med en motorlyft eller med en domkraft under oljesumpen. Om en domkraft placeras under motorn ska en träkloss placeras mellan domkraften och oljesumpen för att fördela tyngden.

Varning: På vissa modeller sitter oljepumpens insugningsrör mycket nära oljesumpens botten. Om sumpen är skev eller på något sätt missformad kan oljebrist uppstå.

3 Demontera svänghjulskåpan.

4 Stöd kopplingen under demonteringen, montera fast en lamellcentreringsdorn genom lamellcentrums nav **(se bilder)**.

5 Gör en noggrann kontroll för att se om det finns passmärken på svänghjulet och tryckplattan. Märkena är oftast ett "X" eller ett "O" eller en vitmålad bokstav. Om inga märken är synliga kan du använda en körnare för att göra egna märken så att tryckplatta och svänghjul kan monteras korrekt i förhållande till varandra.

6 Vrid var och en ett halvt varv åt gången, lossa skruvarna mellan tryckplattan och svänghjulet långsamt. Arbeta med ett väx-

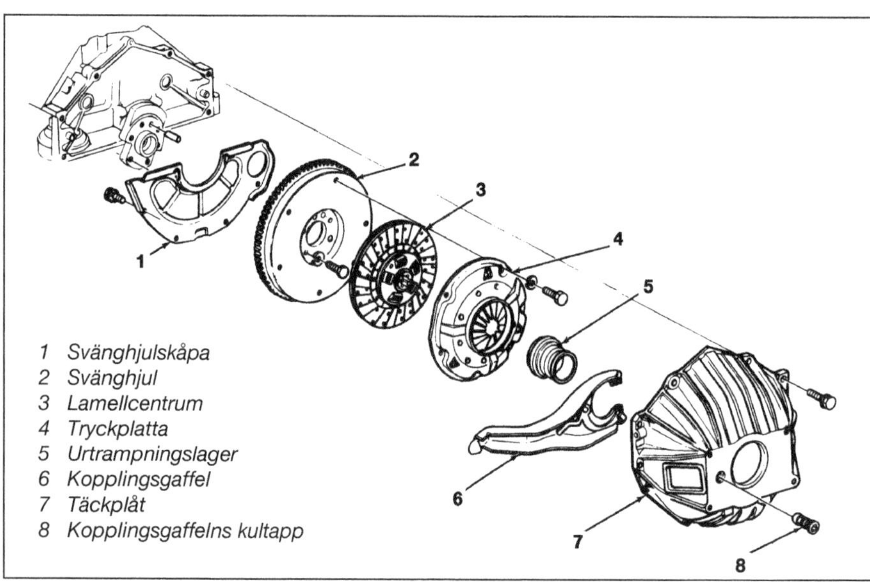

2.1 Kopplingens delar - sprängskiss

4.4a Lamellcentreringsverktyg för koppling (på bilden) . . .

4.4b . . . eller en gammal växellådas ingående axel kan användas för att centrera lamellcentrum innan tryckplattans skruvar lossas eller dras åt

lande mönster och lossa skruvarna lite åt gången tills fjädertrycket har lättat. Håll i tryckplattan så att den inte faller ned, ta bort skruvarna fullständigt, demontera därefter tryckplattan och lamellcentrum från svänghjulet.

Kontroll

7 Ofta när ett problem uppstår i kopplingen kan det hänföras till slitage i kopplingens lamell, men alla komponenter bör emellertid granskas vid detta tillfälle.

8 Granska svänghjulet ingående beträffande repor, sprickor, tecken på överhettning (som syns som blå fläckar) och skadade tänder i startkransen. Om skador eller slitage observeras ska svänghjulet demonteras enligt beskrivning i kapitel 2. Ta med svänghjulet till en verkstad för att se om det kan slipas om, annars måste det bytas ut.

9 Kontrollera lamellbeläggen. Åtminstone 1,5 mm belägg bör finns kvar över nithuvudena. Kontrollera beträffande lösa nitar, skevhet, sprickor, trasiga fjädrar och annan uppenbar skada **(se bild)**. Enligt föregående beskrivning byts normalt lamellcentrum varje gång det demonteras, så om dess skick är tvivelaktigt ska den bytas mot en ny.

10 Demontera kopplingsgaffeln från kultappen genom att trycka ut den från kultappens clips med en skruvmejsel **(se bild)**.

11 Vrid urtrampningslagret med händerna för att kontrollera beträffande ojämnhet och

4.16 När lamellcentrum och tryckplatta monteras, se till att friktionsytorna är rena och fettfria

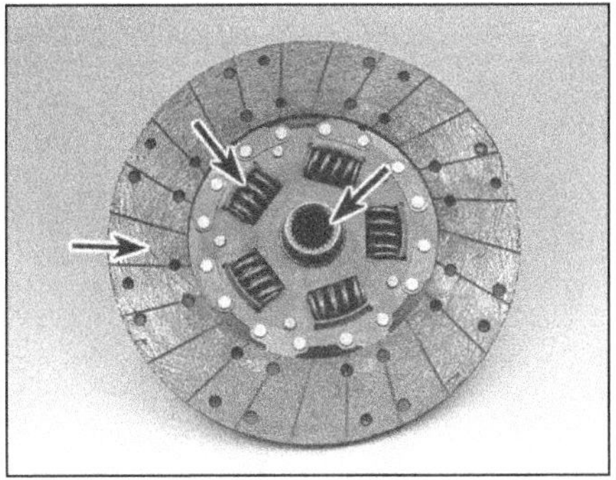

4.9 Kontrollera om lamellcentrums belägg, fjädrar och splines (vid pilarna) är slitna

starkt slitage. Urtrampningslagret byts vanligen varje gång det demonteras (kostnaden är relativt låg jämfört med det arbete som krävs för att komma åt lagret).

12 Om kultappen är sliten kan den bytas genom att den skruvas loss från svänghjulskåpan och en ny kultapp monteras.

13 Demontera kopplingsgaffelns fästfjäder genom att bända loss den från gaffeln med en liten skruvmejsel.

14 Kontrollera tryckplattans slipade yta beträffande repor, sprickor och tecken på överhettning (blå fläckar på friktionsytan). Kontrollera också beträffande skeva och spruckna fjädrar och fingrar. Om en ny tryckplatta behöver installeras finns renoverade tryckplattor tillgängliga.

Montering

15 Innan svänghjulet monteras ska svänghjulet och tryckplattans slipade ytor rengöras. Det är viktigt att olja eller smörjfett inte kommer i kontakt med beläggen på lamellcentrum. Arbeta med rena händer.

16 Sätt fast lamellcentrum och tryckplatta på svänghjulet **(se bild)**. Se till att lamellcentrum monteras med rätt sida mot svänghjulet (de

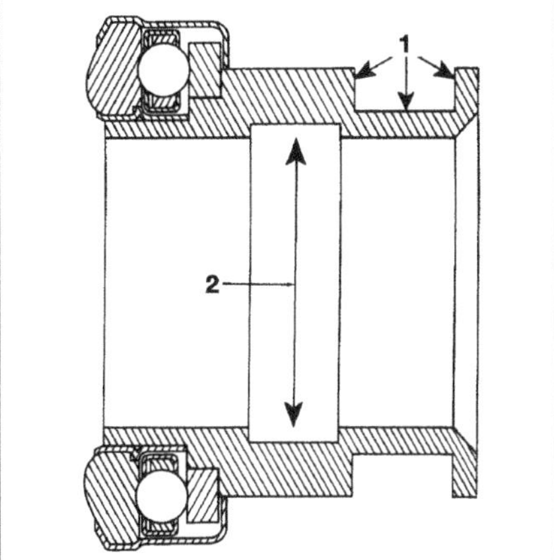

4.20a Smörj försänkningen i urtrampningslagret . . .

1 Smörj in spåret
2 Fyll utrymmet

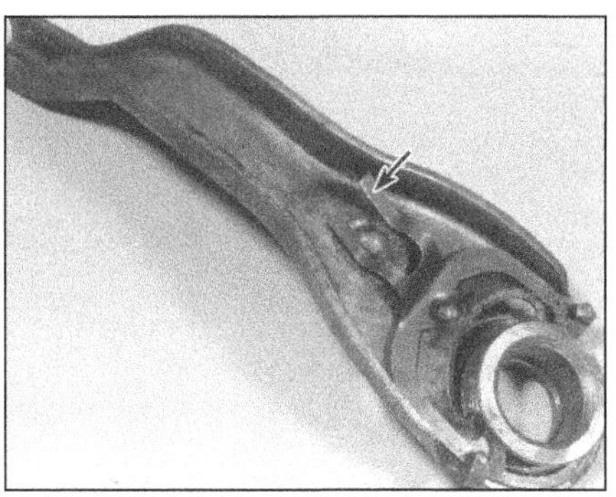

4.10 Bänd upp kopplingsgaffelns clips (vid pilen) med en skruvmejsel för att lossa gaffeln från kultappen

flesta utbyteskopplingar är märkta med "flywheel side" eller liknande för att undvika förväxling). Kontrollera också att passmärkena är inriktade så att balansen blir rätt mellan koppling och tryckplatta.

17 Dra åt skruvarna löst mellan tryckplattan och svänghjulet, arbeta runt hela tryckplattan.

18 Om ett lamellcentreringsverktyg inte har använts hittills ska lamellcentrum nu centreras. Flytta lamellcentrum tills det är centrerat så att splines på växellådans ingående axel kan lätt passera genom lamellcentrum och in i stödlagret.

19 Med ett varv i taget dras skruvarna åt mellan tryckplattan och svänghjulet. Arbeta med växelvis åtdragning för att undvika att tryckplattan blir skev när skruvarna dras åt till angivet åtdragningsmoment.

20 Använd värmebeständigt smörjfett och smörj in urtrampningslagrets hela invändiga yta **(se bild)**. Se till att spåret är fullständigt fyllt invändigt. Smörj också in kultappen och kopplingsgaffeln där urtrampningslagrets bana går **(se bild)**.

21 Montera svänghjulskåpan, fäst urtrampningslagret på kopplingsgaffeln, för därefter lagret över växellådans axel och genom öppningen i svänghjulskåpan. Kontrollera att gaffeln griper i kultappen **(se bild)**.

22 Montera växellådan (kapitel 7).

23 Justera kopplingen (kapitel 1).

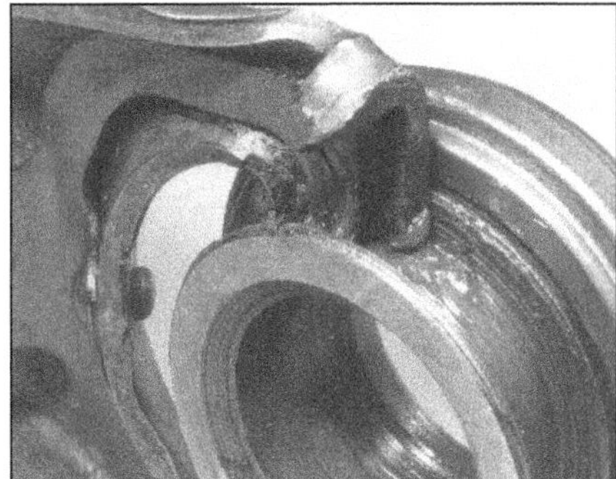

4.20b . . . samt spåret där gaffelns fingrar ligger an med värmebeständigt smörjfett

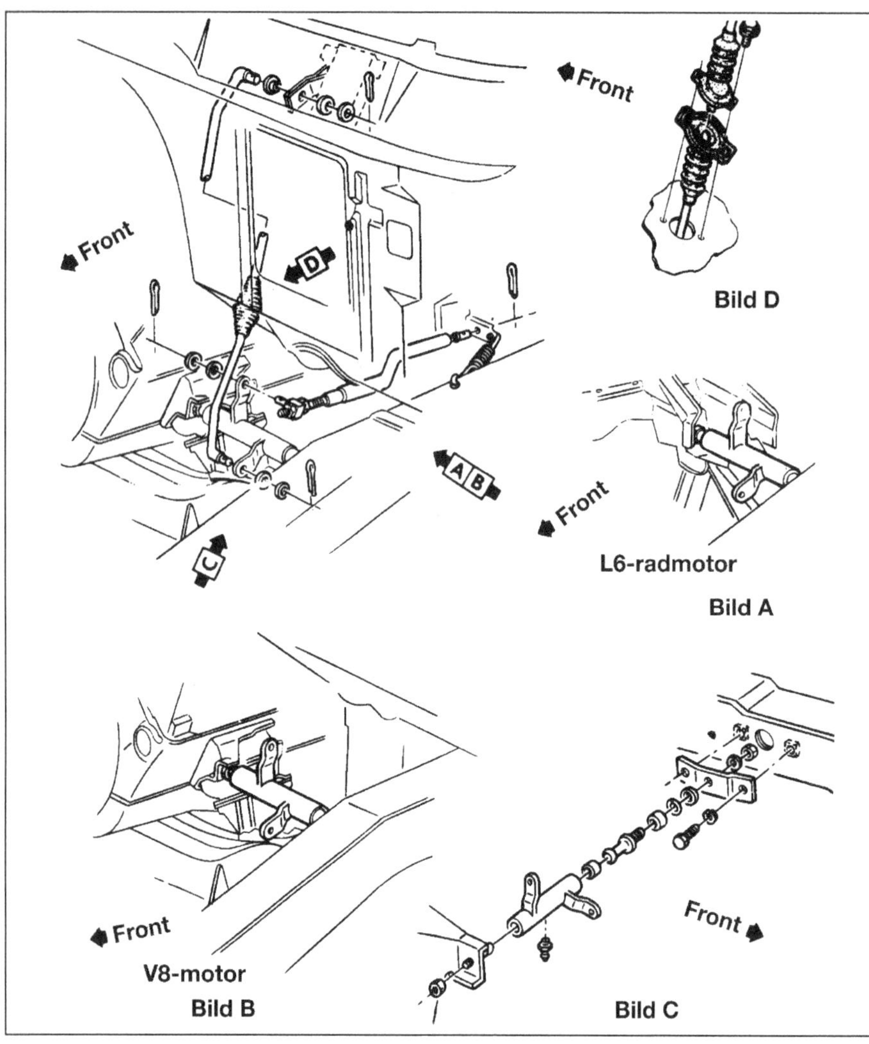

5.9 Delar i pedallänkaget samt hävarm och tvärlänk

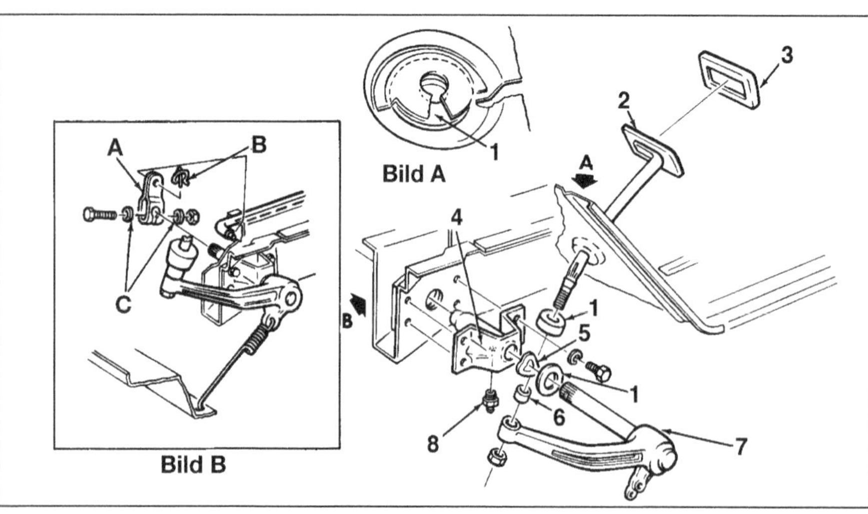

6.1 Kopplingspedalens delar (tidig modell)

A Hävarm
B Clips
C Planbricka

1 Tätning
2 Kopplingspedal
3 Pedalgummi
4 Hylsa och bussning
5 Fjäderbricka
6 Distans
7 Pedalarm
8 Smörjnippel

5 Kopplingens trycklänk och axel - demontering och montering

Tidigare modeller med pedaler monterade genom golvet

1 Se bild 6.1 i avsnittet om demontering av kopplingspedalen och demontera kopplingspedalen.
2 Lossa returfjädern från ramfästet.
3 Demontera fästclipset som fäster kopplingens manöverlänk vid hävarmen och för ut länken från hävarmen.
4 Demontera klämskruven från hävarmen och för bort hävarmen över den tvärgående axeln.
5 Demontera axeln från ramhylsa och bussning.
6 Montering sker i omvänd ordningsföljd.

Senare modeller med hängande pedaler

7 Lossa den negativa anslutningen från batteriet. Placera kabeln ur vägen så att den inte oavsiktligt kan vidröra batteriets negativa pol, vilket skulle göra hela bilens elsystem strömförande.
8 Lossa och ta bort kopplingsgaffelns returfjäder.
9 Lossa pedalens och kopplingsgaffelns manöverlänk från tvärlänken **(se bild).**
10 Ta bort skruvarna från tvärlänkens ramfäste, ta därefter bort tvärlänken från kultappen till motorn.
11 Rengör och kontrollera samtliga komponenter beträffande slitage, byt komponenter efter behov.
12 Börja ihopsättningen med att montera manöverlänken på kultappen och sätt tillbaka fästet på ramen.
13 Anslut pedalens och kopplingsgaffelns manöverlänk på tvärlänken.
14 Justera kopplingens länkage enligt beskrivning i kapitel 1.

6 Kopplingspedal (tidiga modeller) - demontering och montering

1 Lossa kopplingspedalen från pedalarmen **(se bild)** genom att ta bort mutter, tätning och distans.
2 Demontera returfjäder, fästesskruv, brickor och mutter från ramens insida.
3 Demontera pedalarm och tväraxel.
4 Montering sker i omvänd ordningsföljd.

7 Kopplingspedal (senare modeller) - demontering och montering

1 Lossa den negativa anslutningen från batteriet. Placera kabeln ur vägen så att den inte oavsiktligt kan vidröra batteriets negativa pol, vilket skulle göra hela bilens elsystem strömförande.

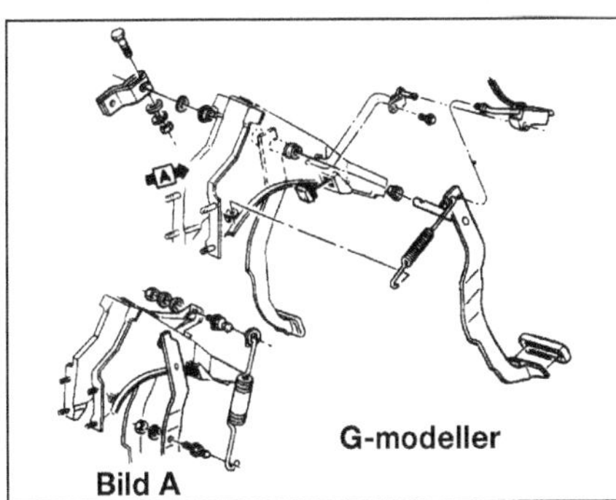

7.3 Kopplingspedalens länkage (senare modell)

2 Lossa startspärrkontakten från pedalarmen.
3 Ta bort skruven vid kopplingspedalens hävarm, ta därefter bort armen från pedalens axel **(se bild).**
4 Håll fast pedalplattan med en hand och för kopplingspedal och axel utåt tillräckligt långt så att de inte ska vidröra pedalklacken.
5 Sätt in en axel eller stång genom pedalstället och bromspedalen för att hålla bromspedalens delar på plats medan kopplingspedalens axel demonteras.
6 Dra upp pedalen tillräckligt högt för att kunna haka loss fjädern från pedalarmen.
7 Demontera pedal och axel från fästet.
8 Smörj in axelns bussningar med fett.
9 Montering sker i omvänd ordningsföljd. När monteringen är avslutad bör kopplingspedalens fria spel kontrolleras och justeras enligt beskrivningen i kapitel 1.

8 Startspärrkontakt - demontering och montering

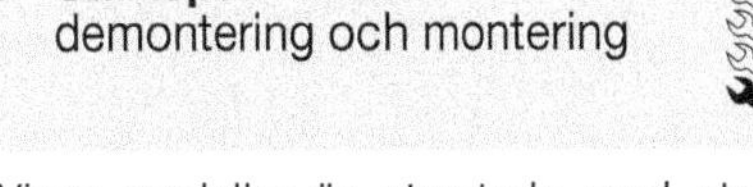

1 Vissa modeller är utrustade med startspärrkontakt som är monterad på pedalstället vilket gör att bilen endast kan starta när kopplingspedalen är fullt nedtryckt.
2 Lossa den negativa anslutningen från batteriet. Placera kabeln ur vägen så att den inte oavsiktligt kan vidröra batteriets negativa pol, vilket skulle göra hela bilens elsystem strömförande.
3 Ta bort skruven och lyft bort kontakten från pedalstället.
4 Lossa det elektriska anslutningsdonet från kontakten, ta bort kontakten.
5 Montera den ny kontakt i omvänd ordningsföljd. Kontrollera att bilen endast kan startas när kopplingspedalen är helt nedtryckt.

9 Kardanaxel och kardanknutar - beskrivning och kontroll

Kardanaxeln förbinder växellådan och slutväxeln.

Alla kardanaxlar har kardanknutar av nållagertyp. Axlar som är tillverkade i ett stycke har en splinesförsedd glidhylsa på framsidan, som ansluter växellådans utgående axel, medan tvådelade axlar har en centralt placerad glidled. Syftet med dessa anordningar är att, genom indragning eller förlängning, rymma axelns varierande längd som skapas av bakaxelns rörelse på grund av bakvagnsupphängningens flexibilitet.

På tvådelade axlar stöds axeln nära mitten av ett stödlager som är monterat i ett fäste som i sin tur är infäst på ramens tvärbalk.

Vissa kardanknutar kan smörjas medan andra är permanentsmorda.

Eftersom kardanaxeln är en balanserad enhet är det viktigt att inget smuts, etc. får ansamlas på den. Om bilen hissas upp när underhåll ska utföras är det klokt att rengöra kardanaxeln och kontrollera om den har uppenbara skador. Kontrollera även att de små vikterna som användes vid balansering av kardanaxeln är på plats och ordentligt infästa.

När helst kardanaxeln demonteras måste den sättas tillbaka i exakt samma relativa läge så att balansen ska bevaras.

Problem med kardanaxeln uppenbaras ofta genom att bilen vibrerar eller att missljud uppstår under körning. En provkörning bör bekräfta om problemet verkligen är kardanaxeln eller om det är någon annan komponent.

a) *Gör en provkörning på en avskild väg utan trafik, kör bilen och notera vid vilket varvtal (rpm) som problemet är tydligast.*
b) *Lägg detta på minnet och kör bilen igen. Kör denna gång i varje växel under en längre tid och låt motorn komma upp i samma varvtal som det som noterades.*
c) *Om missljudet eller vibrationerna uppstår vid samma varvtal oavsett vilken växel som är ilagd är det inget fel på kardanaxeln eftersom kardanaxelns varvtal varierar i varje växel.*
d) *Om missljudet eller vibrationerna minskar eller försvinner ska du göra en visuell kontroll av kardanaxeln beträffande skador, ämnen på kardanaxeln som kan påverka balansen, tyngder som saknas och skadade kardanknutar.*

Kontrollera om kardanknutarna är utslitna:

a) *Gör en provkörning på en avskild väg utan trafik, kör bilen långsamt tills den högsta växeln är ilagd. Släpp gaspedalen och låt bilen rulla, accelerera därefter. Ett klonkande eller knackande ljud tyder på slitna kardanknutar.*
b) *Kör bilen i cirka 15 till 25 km/h, lägg därefter växeln i friläge och låt bilen rulla. Lyssna efter onormala ljud i drivaggregatet.*

10 Kardanaxel - demontering och montering

1 Hissa upp bilen och stöd den ordentligt på pallbockar.
2 Märk förhållandet mellan de olika komponenterna med krita eller vit färg så att de får rätt inriktning vid monteringen. Det är mycket viktigt att kopplingsflänsen mellan kardanaxeln och slutväxeln märks på detta sätt **(se bild).**
3 Skruva loss de bakre U-klammorna eller banden, beroende på vilka som förekommer **(se bilder).** Det är klokt att tejpa fast kardanknutarnas lagerskålar på lagertapparna för att undvika att skålarna eller nålrullarna förskjuts.
4 På bilar som har tvådelad axel demonteras skruvarna från mellanlagrets fäste.
5 Tryck axeln framåt något för att lossa den från bakaxeln. Därefter, medan den sänks ned, dras hela axeln ut bakåt. Den främre splinesförsedda hylsdelen dras bort från växellådans utgående axel under demon-

10.2 Märk förhållandet mellan kardanaxel och pinjongens medbringare med färg före isärtagningen

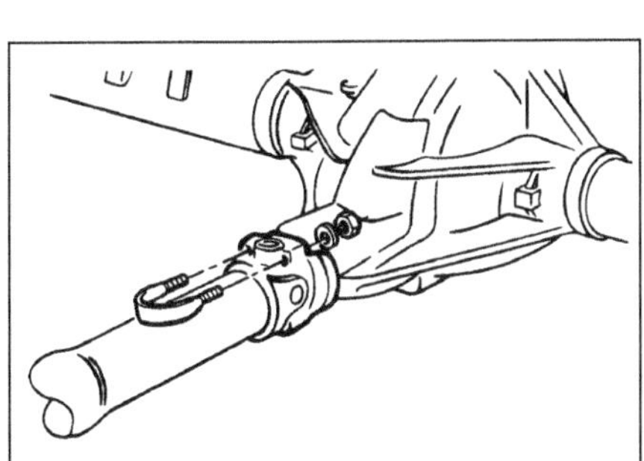

10.3a Fästanordning av U-typ mellan kardanaxeln och axelns medbringare

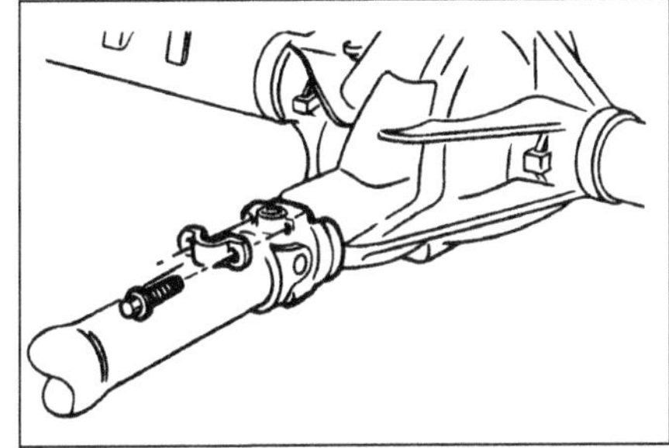

10.3b Fästanordning av bandtyp mellan kardanaxeln och axelns medbringare

10.7 Tvådelade kardanaxlar har inriktningskil på kardanaxelns splines

teringen varför litet olja kan rinna ut på bilar med manuell växellåda.

6 Montering av axel i ett stycke sker i omvänd demonteringsföljd.

7 Vid montering av tvådelad axel, för in axelns främre del i växellådan. Den mellersta gemensamma splinsen har en inriktningskil varför det inte går att montera den på fel sätt **(se bild).**

8 Återstoden av monteringen sker i omvänd ordningsföljd.

11 Kardanaxelns mellersta stödlager - demontering och montering

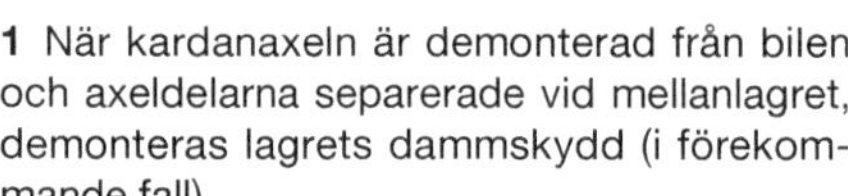

1 När kardanaxeln är demonterad från bilen och axeldelarna separerade vid mellanlagret, demonteras lagrets dammskydd (i förekommande fall).

2 Ta bort skruvarna som fäster lagret på lagerfästet (**se bild**).

3 Separera den främre kardanaxeln och sänk ned lagret från bilen.

4 Montering sker i omvänd ordningsföljd.

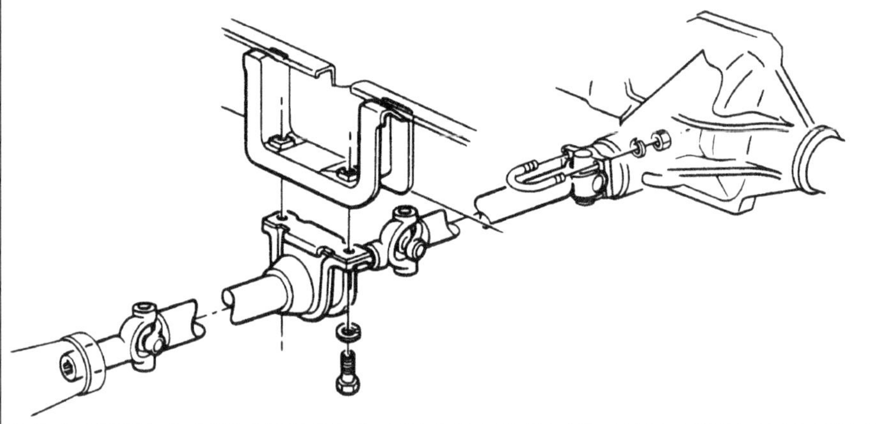

11.2 Detaljer i kardanaxelns mellersta stödlager

12 Kardanknutar - demontering, renovering och montering

Yttre låsring

1 När drivaxeln är demonterad, markera hur knutens ok är placerade i förhållande till varandra.

2 Ta bort låsringarna från lagerskålarnas ändar **(se bild).**

3 Använd hylsor eller rörbitar med lämplig diameter, och ett skruvstycke, för att trycka på en skåls ändar så motsatt skål skjuts in i en större hylsa eller ett större rör **(se bild)**. Lagerskålen kommer inte att skjutas ut helt och den bör hållas fast med en svetstång och vridas ut ur oket fullständigt **(se bild)**.

4 Demontera den första lagerskålen genom att trycka lagertappen i motsatt riktning, upprepa detta på de andra båda skålarna.

5 Rengör oken och kontrollera dem beträffande skada eller sprickor.

6 Skaffa in en lämplig reparationssats som ska innehålla ett knutkors, skålar, nålrullar, tätningar, brickor och låsringar med knutkorset, tätningarna och lagren ihopsatta **(se bild)**.

7 Före ihopsättningen fylls behållarna i knutkorset med fett, arbeta också in fettet i nållagren, se till att nållagren inte rubbas från deras placering runt lagerskålarnas insida.

8 Placera knutkorset i oket, montera en skål delvis i oket och sätt in lagertappen en bit. Montera delvis den motsatta skålen och centrera lagertappen. Använd ett skruvstycke och pressa sedan båda skålarna på plats med hylsor med olika diameter som ska vara något mindre än lagerskålarnas. Kontrollera att nållagren inte rubbas eller fastnar under arbetet.

9 Montera låsringarna.

10 Rikta in axeloket och montera övriga lagerskålar på samma sätt.

Insprutad plasttyp (invändig låsring)

11 Denna typ av kardanknut återfinns på senare årsmodeller. Tryck ut lagerskålarna enligt beskrivningen i steg 3 och 4. När skålarna trycks ut skärs det gjutna plastmaterialet sönder.

12.2 Ta bort låsringarna med en liten polygriptång

12.3a Demontera kardanknutens lagerskålar genom att trycka ut dem, använd skruvstycke och lämplig hylsa

12.3b En svetstång kan användas för att lossa lagerskålarna från knutkorset

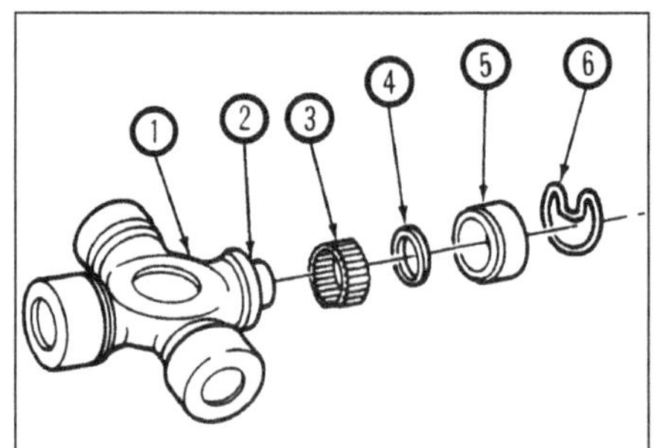

12.6 Reparationssats för knutkors

1 Knutkors 2 Tätning 3 Nålrullar 4 Bricka 5 Skål 6 Låsring

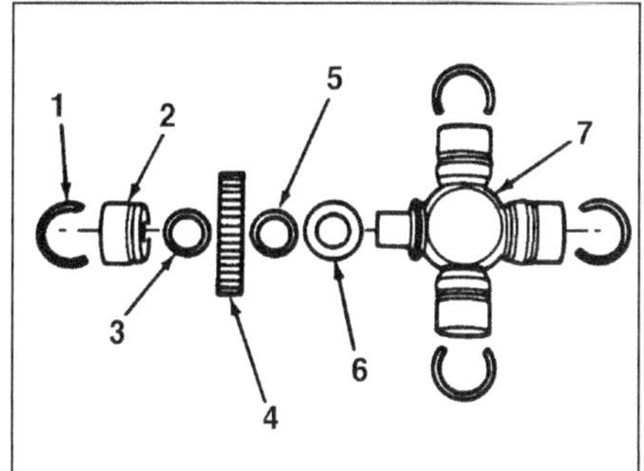

12.13 Reparationssatsen för universalknuten innehåller alla nödvändiga delar samt fullständiga instruktioner - följ dem noggrant!

1 Låsning
2 Lagerskål
3 Rund plastbricka
4 Rullager
5 Plan plastbricka
6 Tätning
7 Knutkors

12 Gör rent efter lagerskålarnas plastfästen. Arbetet kan underlättas om man sonderar genom plastinsprutningshålen.

13 Skaffa en reparationssats för universalknutar. En sådan sats ska innehålla en färdigsmörjd lagertapp, lagerskålar, tätningar och andra delar **(se bild)**.

14 Sätt ihop kardanknuten enligt beskrivningen i steg 7 t o m 10 i detta avsnitt. Observera att på denna typ av led är låsringarna monterade på okens insida **(se bild)**.

15 Om leden rör sig stelt när ihopsättningen är fullbordad, kan man knacka på oket med en lämplig hammare för att lossa lagerskålarna från låsringarna **(se bild)**.

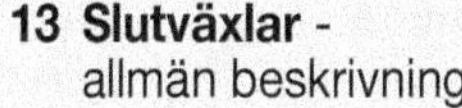

13 Slutväxlar - allmän beskrivning

Samtliga slutväxlar är av hypoiddrevtyp med gjutna medbringare stansade i axelrör. Vissa modeller är utrustade med differentialbroms eller låsta differentialer som ska ge bättre dragkraft när ett hjul har bättre dragkraft än de övriga.

Två typer av drivaxlar förekommer, halvt eller helt avlastade.

Halvt avlastade drivaxlar stöds vid axelns ytterände av lager som är inpressade i axelrörets ytterände och hålls fast i differentialens splines med ett C-clips.

Helt avlastade drivaxlar löper i differentialens splines på respektive innerändar och rullager som är monterade på axelrörets ytterände. De hålls på plats av en navmonterad fläns som kan skruvas loss så att drivaxeln kan demonteras med hjulet på plats.

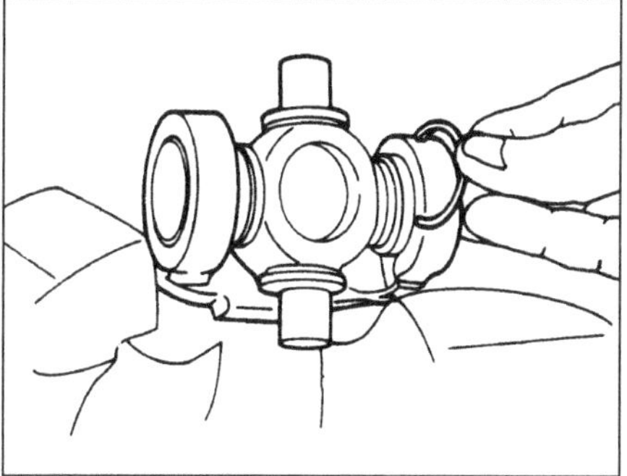

12.14 Montering av låsring på insprutad universalknut av plast

14 Halvt avlastad bakre drivaxel - demontering och montering

Demontering

1 Hissa upp bilens bakvagn, stöd den ordentligt på pallbockar och demontera hjulet och bromstrumman. På modeller med låst differential behöver båda bakhjulen och bromstrummorna demonteras.

2 Demontera differentialkåpan och låt oljan rinna ner i ett lämpligt kärl (kapitel 1, avsnitt 37).

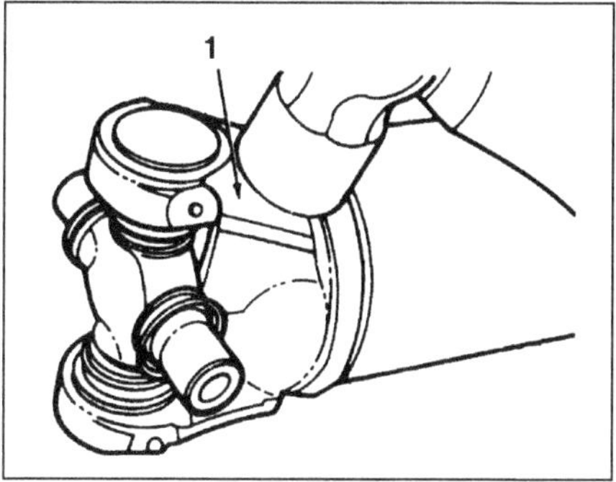

12.15 Knacka på oket med en hammare för att centrera lagertappen och sätta låsringarna på plats

1 Slå på oket här

Konventionell differential

3 Skruva loss låsskruven och demontera differentialaxeln **(se bild)**.

4 Låt en medhjälpare trycka in drivaxelns yttre flänsade ände medan du demonterar C-låset från spåret i axelns inre ände **(se bild)**.

Låst differential

5 Vrid differentialen för att få bättre utrymme, stöd differentialaxeln så att den inte faller ned i kåpan när låsskruven demonteras, skruva loss låsskruven **(se bild)**.

6 Ta delvis bort differentialaxeln. Rotera differentialen tills axeln vidrör kåpan och ger tillräckligt utrymme för C-låsen **(se bild)**.

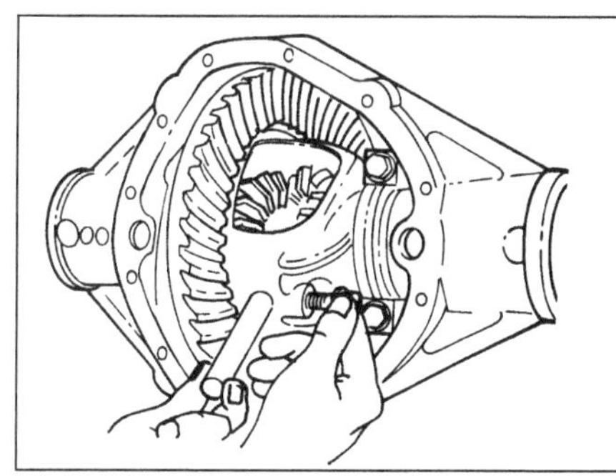

14.3 Demontera låsskruven och ta bort differentialaxelns låspinne

14.4 Låt en medhjälpare trycka in drivaxeln i differentialen. Låsbrickan (C-låset) kan sedan dras ut ur spåret i drivaxelns ände (halvt avlastad axel)

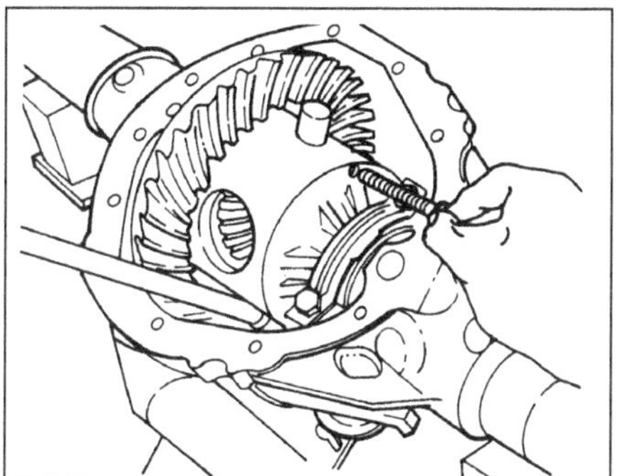

14.5 Stöd differentialaxeln med ett fälgjärn eller liknande och demontera låsskruven (låst differential)

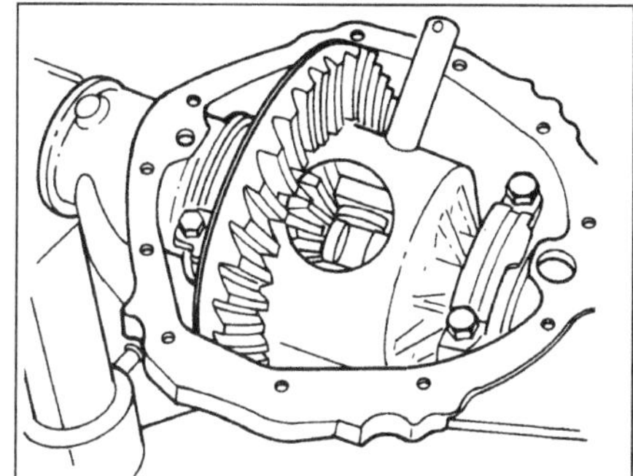

14.6 Demontera differentialaxeln och vrid krondrevet tills axeln vilar på kåpan (låst differential)

14.7 Låsbrickan måste placeras enligt bilden innan drivaxeln kan demonteras (låst differential)

1 Drivaxel
2 Differentialhjul (Eaton differentialspärr)
3 C-lås
4 Lagerbock
5 Differentialaxel

7 Använd en skruvmejsel för att rotera C-låset tills de öppna ändarna pekar inåt **(se bild).**

8 När C-låset är i ett läge så att den kan föras igenom axiallagret trycks drivaxeln inåt och C-låset demonteras. Upprepa detta på motsatt drivaxel.

Alla modeller

9 När C-låset är demonterat, tas drivaxeln bort, var försiktig så att inte oljetätningen skadas. Vissa modeller har en tryckbricka i differentialen; se till att den inte faller ut när drivaxeln demonteras.

Montering

Alla modeller

10 Sätt in drivaxeln försiktigt i huset och sätt den ordentligt på plats i differentialen.

Konventionell differential

11 Montera C-låset i drivaxelspåret och dra flänsen utåt för att låsa den.

12 Sätt dit differentialaxelns lås, rikta in hålet i axeln mot låsskruvens hål och montera låsskruven. Dra åt låsskruven till angivet åtdragningsmoment.

Låst differential

13 Montera C-låsen med differentialaxeln fortfarande delvis utdragen, kontrollera att C-låsen är placerade enligt bild 18.7.

14 Ta bort drivaxeln försiktigt tills C-låset inte vidrör axiallagret.

15 När C-låsen är monterade trycks differentialaxeln på plats när spåret är inriktat mot låsskruvens hål, montera låsskruven. Dra åt låsskruven till angivet åtdragningsmoment.

15.2 Drivaxelns ände kan användas för att bända loss den gamla tätningen ur axelhuset

Alla modeller

16 Montera kåpan och fyll differentialen med rekommenderad olja.

17 Montera bromstrummorna och hjulen, sänk ned bilen.

15 Oljetätning (halvt avlastad axel) - byte

1 Demontera drivaxeln (avsnitt 14).

2 Bänd loss den gamla oljetätningen från banjons ände med en stor skruvmejsel eller med innerkanten av drivaxeln som hävarm **(se bild).**

3 Stryk högtemperaturfett på oljetätningens fördjupning och knacka den nya tätningen på plats med hammare och tätningsmonteringsverktyg **(se bild)** eller med en hylsa med lämplig storlek eller en rörbit, så att läpparna riktas inåt och metallytan är synlig från banjons ände. När oljetätningen är rätt monterad ska tätningens yta sitta jäms med banjons ände.

16 Axellager (halvt avlastad axel) - byte

1 Demontera drivaxel och oljetätning.

2 Du behöver en lageravdragare som fäster bakom lagret till detta arbete.

3 Fäst en glidhammare och ta bort lagret från banjon **(se bild).**

4 Rengör lagerfördjupningen och driv in det nya lagret med en rörbit som placeras mot den yttre lagerbanan **(se bild).** Se till att lagret knackas in i fördjupningen så långt det går och att numren på lagret är synliga från banjons ytterände.

5 Kasta den gamla oljetätningen och montera en ny, montera därefter drivaxeln.

6 På vissa tidigare modeller är lagren inpressade i själva drivaxeln. Dessa måste överlämnas till en auktoriserad verkstad för demontering eftersom de sitter mycket snävt och en fästkrage måste skäras bort.

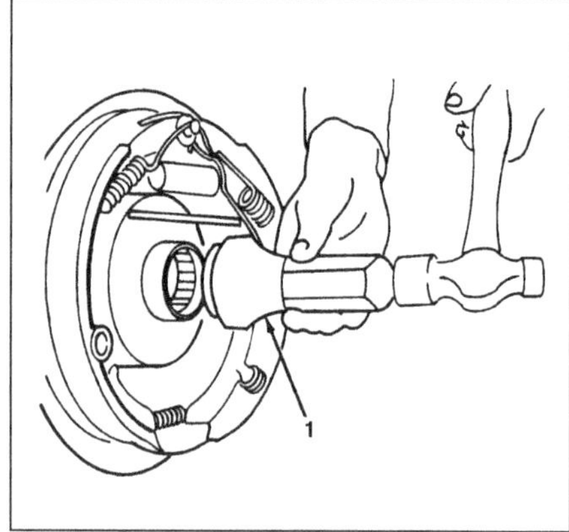

15.3 Använd ett monteringsverktyg, hylsa av lämplig storlek eller rörbit för att knacka tätningen på plats

1 Monteringsverktyg för axeltätningen

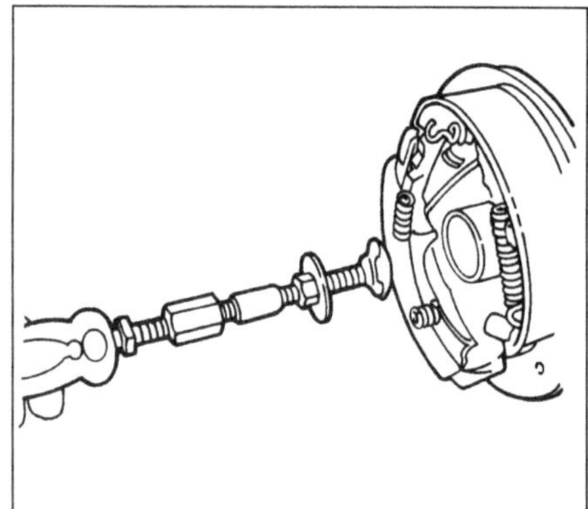

16.3 En glidhammare behövs för att demontera den halvt avlastade drivaxelns hjullager

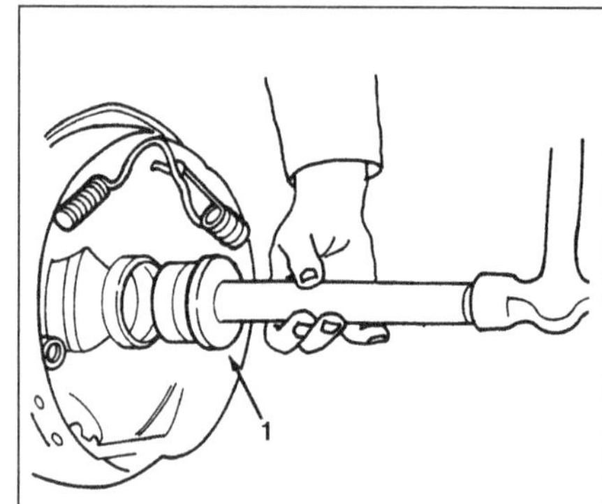

16.4 Använd ett specialverktyg för montering, hylsa av lämplig storlek eller rörbit för att knacka lagret på plats i banjon

1 Monteringsverktyg för hjullagret

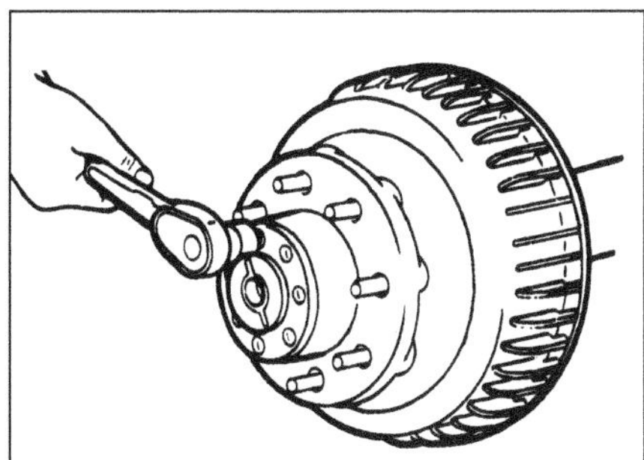

17.1 En helt avlastad drivaxel kan demonteras utan att bilen behöver hissas upp när flänsen har tagits loss (hjulet demonterat på bilden)

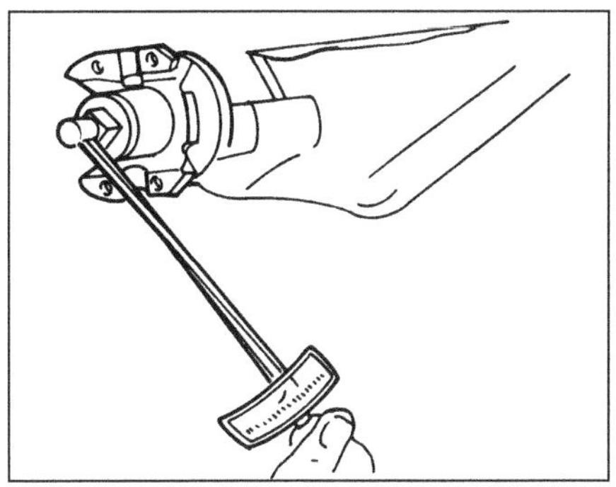

18.3 Kontrollera, med en momentnyckel, det åtdragningsmoment som behövs för att vrida pinjongaxeln

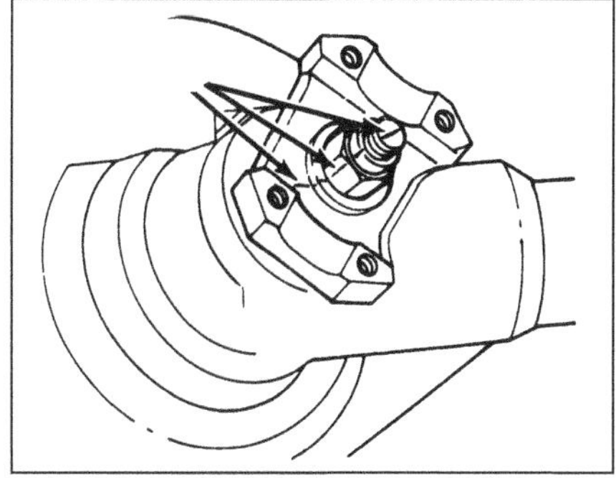

18.4 Markera axelns, mutterns och flänsens inbördes lägen (vid pilar) innan muttern demonteras

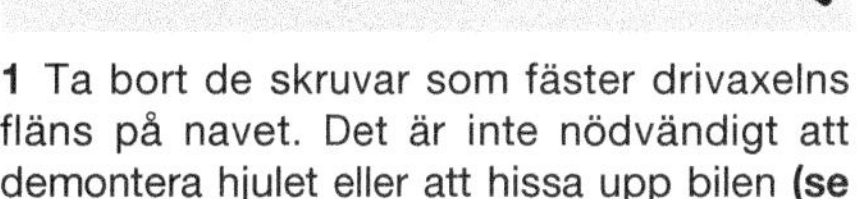

17 Helt avlastad drivaxel - demontering och montering

1 Ta bort de skruvar som fäster drivaxelns fläns på navet. Det är inte nödvändigt att demontera hjulet eller att hissa upp bilen **(se bild).**

2 Knacka på flänsen med en mjuk hammare för att lossa axeln. Fatta tag i räfflan på flänsytan med en självlåsande tång. Vrid axeln något åt båda håll och ta sedan bort den ur banjon.

Placera ett droppkärl under banjons yttre ände för att fånga upp eventuell olja som kan läcka ut medan banjon demonteras.

3 Montering sker i omvänd ordningsföljd. Se till att drivaxeln hålls rakt så att splinesen på dess inre ände kan gripa i differentialens sidodrev. Använd alltid en ny packning på flänsen och se till att flänsens eller navets delningsplan är fria från fett eller olja.

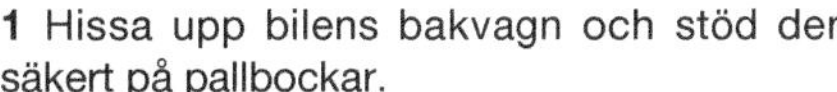

18 Pinjongaxelns oljetätning (alla axlar) - byte

1 Hissa upp bilens bakvagn och stöd den säkert på pallbockar.

2 Lossa kardanaxeln och fäst den så att den inte är i vägen.

3 På halvt avlastade axlar används en momentnyckel för att kontrollera vilket åtdragningsmoment som krävs för att rotera pinjongaxeln, notera detta för senare användning **(se bild).**

4 Rista eller stansa riktningsmärken på pinjongaxel, mutter och medbringare **(se bild).**

5 Räkna antalet gängor som syns mellan mutterns kant och kanten på pinjongaxeln, notera dessa för senare bruk.

6 Ett lämplig verktyg (GM specialverktyg nr J-861401 eller motsvarade) ska nu användas för att hålla fast medbringaren så att den inte rör sig medan den självlåsande pinjongmuttern demonteras **(se bild).**

7 Skruva loss och ta bort pinjongmuttern.

8 Ta bort medbringaren. Det kan bli nödvändigt att använda en två- eller trebent avdragare som fästs bakom medbringaren för att dra ut den. Försök inte att bända bakom medbringaren eller hamra på pinjongaxelns kant.

9 Bänd loss den gamla tätningen och kasta den.

10 Smörj in den nya tätningens läppar med litiumbaserat högtemperaturfett och knacka den på plats med lämpligt verktyg eller hylsa, kontrollera att tätningen förs rakt in i huset så långt det går **(se bild).**

11 Rikta in passmärkena som gjordes före isärtagningen och montera medbringaren. Vid behov, använd en rörbit av lämplig storlek som distans och dra åt pinjongmuttern för att dra medbringaren på plats. Medbringaren får inte hamras på plats.

12 Stryk ett lager icke-härdande tätningsmassa på splines ändar, vilka är synliga mitt på flänsen, så att eventuellt oljeläckage tätas.

13 Montera brickan (i förekommande fall) och pinjongmuttern. Dra åt muttern ordentligt så att det ursprungliga antalet gängor blir synliga.

14 På halvt avlastade axlar, mät åtdragningsmomentet som behövs för att rotera pinjongen och dra åt muttern litet i taget tills antalet gängor som noterades i steg 5

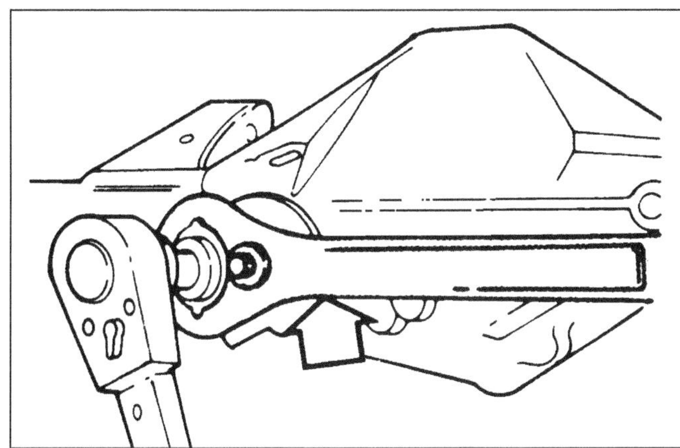

18.6 Ett speciallåsverktyg eller motsvarande behövs vid demontering av pinjongaxelns mutter

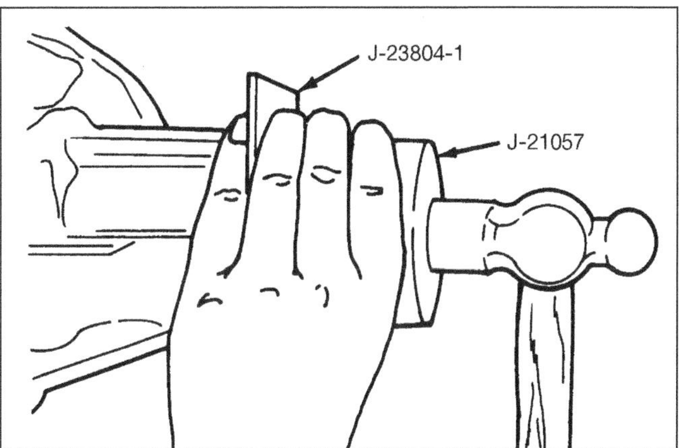

18.10 Använd ett speciellt monteringsverktyg, hylsa med lämplig storlek eller en rörbit för att knacka oljetätningen på plats

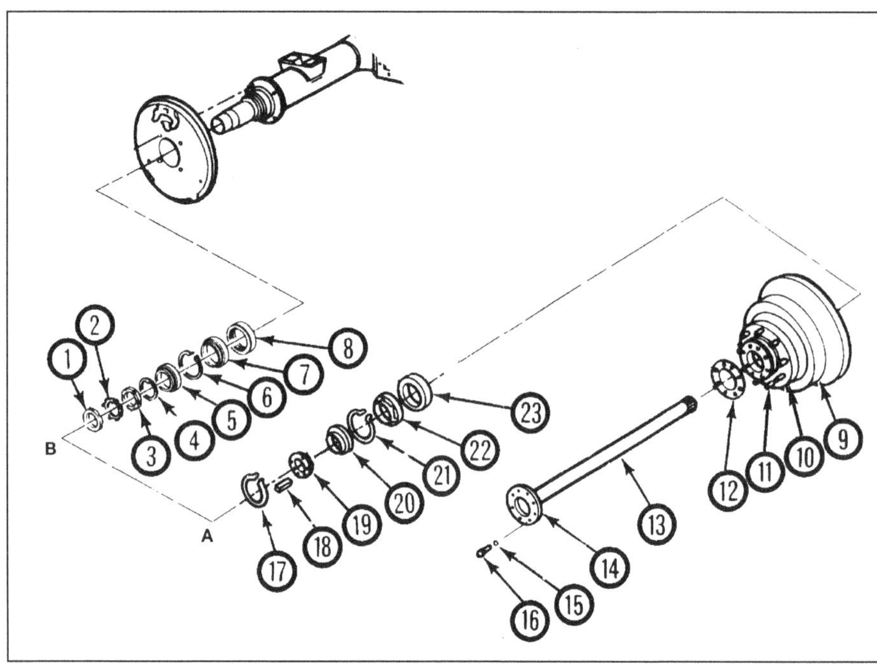

20.3a Delar i en helt avlastad axel

A Tillverkare: Chevrolet
B Tillverkare: Dana
40 Mutter
41 Låsbricka
42 Justermutter
43 Bricka
44 Ytterlager
45 Låsring
46 Innerlager
47 Oljetätning
48 Trumma
49 Nav
50 Hjulpinnskruv
51 Packning
52 Drivaxel
53 Drivaxelfläns
54 Bricka
55 Skruv
56 Låsring
57 Kil
58 Justermutter
59 Ytterlager
60 Låsring
61 Innerlager
62 Oljetätning

motsvaras. För att kompensera motståndet från den nya oljetätningen bör muttern dras åt ytterligare så att pinjongdrevets rullmotstånd överskrider det noterade värdet med högst 0,6 Nm.

15 Sätt dit kardanaxeln och sänk ned bilen.

19 Bakaxel - demontering och montering

1 Hissa upp bilens bakvagn och stöd den säkert på pallbockar. Demontera hjulen.

2 Placera en domkraft under slutväxeln.

3 Lossa kardanaxeln från bakaxelns medbringare. Gör fast kardanaxeln så att den inte är i vägen.

4 Lossa stötdämparens undre fästen.

5 Lossa ventilationsslangen från anslutningen på slutväxeln och gör fast den så att den inte är i vägen.

6 Lossa bromsslangen från slutväxeln och plugga igen den.

7 Demontera bromstrummorna.

8 Lossa parkeringsbromsens vajrar från hävarmarna vid bromsskölden (se kapitel 9).

9 Lossa kramporna. Demontera distanserna och fästplattorna.

10 Sänk ned domkraften under slutväxeln och demontera bakaxeln under bilen.

11 Montering sker i omvänd ordningsföljd. Sänk ned bilen och låt hjulen bära upp tyngden, dra åt krampornas muttrar till angivet åtdragningsmoment.

12 Lufta bromssystemet (kapitel 9).

20 Nav/trumma och hjullager (helt avlastad axel) - demontering, montering och justering

Demontering

1 Demontera drivaxeln (avsnitt 21).

2 Hissa upp bilen, stöd den ordentligt på pallbockar och demontera bakhjulen.

3 Demontera låsringen och kilen (i förekommande fall) från kanten på banjon **(se bild)**. Demontera låsmuttern med GM specialverktyg nr J-2222 eller motsvarande verktyg **(se bild)**.

4 Lossa låsningen från justermuttern och demontera mutterlåset.

5 Demontera justermuttern, använd specialverktyget om det behövs.

6 Demontera tryckbrickan.

7 Dra loss navet/trumman rakt ut från banjon. På vissa modeller kan trumman demonteras separat när de försänkta skruvarna har tagits bort.

8 Demontera och kasta oljetätningen.

20.3b Demontera låsmutter och justermutter med specialverktyget

9 Ta isär navet ytterligare med hammare och en lång stång, eller dorn för att knacka ut innerlager, skål (bana) och oljetätning.

10 Demontera den yttre låsringen och knacka sedan ut ytterlagret och skålen från navet med GMs specialverktyg GM nr J-24426 eller en rörbit av lämplig storlek.

11 På modeller där bromstrumman inte är infäst med skruvar kan trumman lossas från navet när enheten har demonterats från bilen, genom att hjulpinnskruvarna trycks ut. Pinnskruvarna kan behöva demonteras och monteras tillbaka av en verkstad på grund av att en press antagligen kommer att behövas. Vid ihopsättning av nav av detta slag, kontrollera att avtappningshålen är inriktade, stryk på ett tunt lager RTV-tätning på kontaktytan på navets oljefälla innan skruvarna monteras.

12 Avlägsna rester av gammal tätningsmassa från oljetätningens lopp i navet.

13 Tvätta ren lagren, navet och banjon med lämpligt lösningsmedel. Låt delarna lufttorka.

HAYNES TiPS ***En liten borste kan användas men se till att ingen borst bäddar in sig i lagerrullarna.***

14 Kontrollera lagren noggrant beträffande sprickor, slitage och skador. Kontrollera banjons fläns, pinnskruvar och navsplines beträffande skador och korrosion. Kontrollera lagerskålarna (loppen) beträffande gropbildning eller repor. Slitna eller skadade delar ska bytas mot nya.

15 Kontrollera bromstrumman beträffande repor eller skador (kapitel 9).

16 Smörj in lagren och banjons kontaktytor med hjullagerfett. Arbeta helt in fettet i lagren, tvinga in det mellan rullarna, lagerkonan och hållaren.

17 På grund av de specialverktyg och den teknik som krävs måste eventuellt nav och lager tas med till en auktoriserad verkstad för att låta installera lagren, de nya skålarna och oljetätningarna i navet.

Montering

18 Kontrollera att banjons oljefälla är på plats. Placera navet på banjon, var försiktig så att oljetätningarna inte skadas.
19 Montera tryckbrickan med tungan i dess innerdiameter i banjons kilspår.
20 Montera justermuttern och justera lagren enligt nedan.

Justering

21 Montera nav/hjul, tryckbricka och justermutter. Tungan på tryckbrickan måste gripa i axelns kilspår.
22 Rotera hjulet och kontrollera att navet snurrar fritt utan att bromsarna gör motstånd.
23 Rätt justering av hjullagren kan göras med GM specialverktyg nr J-2222, eller motsvarande, vilket har tungor eller pinnar som griper i justermuttern, beroende på modell.
24 När hjulet roteras, dra åt justermuttern till 68 Nm med en momentnyckel **(se bild).**
25 Backa muttern tills mutterskåran riktas in mot axelns kilspår, montera kilen. På modeller med mutterlås böjs den kvadratiska tungan över skåran eller låsmutterns plana yta. Backa inte muttern mer än ett spår.
26 Montera låsmuttern och dra åt den ordentligt.
27 Montera låsringen i änden av spindeln (i förekommande fall).
28 Montera drivaxeln och sänk ned bilen.

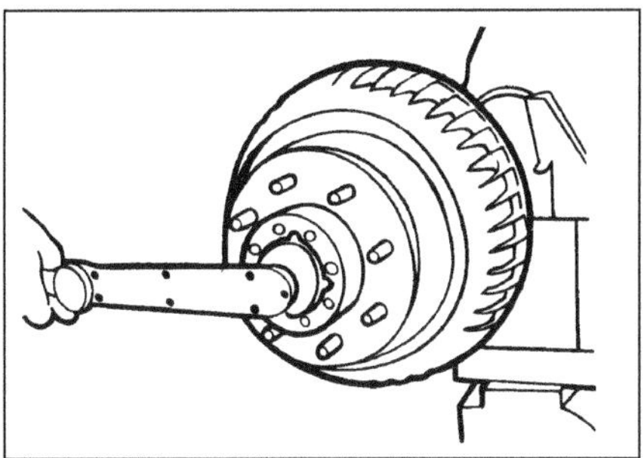

20.24 När navet och hjulet roterar dras justermuttern åt med en momentnyckel (hjulet demonterat på bilden)

Anteckningar

Kapitel 9
Bromssystem

Innehåll

Svårighetsgrad

Enkelt, passar novisen med lite erfarenhet
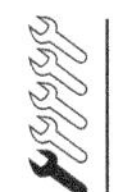

Ganska enkelt, passar nybörjaren med viss erfarenhet

Ganska svårt, passar kompetent hemma-mekaniker

Svårt, passar hemmamekaniker med erfarenhet

Mycket svårt, för professionell mekaniker

Specifikationer

Bromsskivor

Min tjocklek, belägg	Se kapitel 1
Max sidokast, bromsskiva	0,102 mm
Max tjockleksvariation, bromsskiva	0,013 mm
Min tjocklek, bromsskiva	Ingjuten i bromsskivan

Trumbromsar

Max omslipning diameter, trumma	Ingjuten i trumman

Åtdragningsmoment

	Nm
Huvudcylinderns muttrar	34
Bromsservons muttrar	30
Pedalens ledskruv	34
Bakbromsens ankarbult	190
Bromssadelns skruv	47
Bromsservons skruvar	34
Bromsservons inlopps- och utloppsanslutningar	34

1 Allmän beskrivning

Modeller som tillverkades t o m 1970 är utrustade med självjusterande trumbromsar på alla fyra hjulen. Senare modeller har skivbromsar på framhjulen och självjusterande trumbromsar på bakhjulen.

Parkeringsbromssystemet verkar mekaniskt endast på bakhjulen. På tidigare modeller regleras parkeringsbromsen med handreglage medan en fotpedal används på senare modeller.

Huvudcylindern utgörs av en tandemkonstruktion med separata behållare för de båda kretsarna. Om läckage eller fel skulle uppstå i den ena hydraulkretsen är den andra kretsen fortfarande i funktion.

En varningslampa ger en synlig varning på att fel har uppstått i en krets, åtföljt av en rörelse i kombinationskontakten (tryckfallsvarning).

Servoassisterade bromsar finns att få som tillval. På de flesta modeller ger ett vakuumservosystem med vakuum i motorns grenrör och ytterluftens tryck servoassistans i servobromssystemet. Somliga modeller i tyngre bruk är utrustade med ett bromsförstärkarsystem. I detta system fungerar förstärkaren i kombination med styrservosystemets hydraulpump. Somliga modeller utan styrservo är utrustade med styrservopump som ger hydraultryck i detta system.

2.3 Placera en stor tving på bromssadeln med den rörliga delen mitt på den yttre bromsklossen och tryck tillbaka kolven i cylinderloppet

2.5 Skruva loss bromssadelns skruvar med en insexnyckel

2.6a Lyft bromssadel och klossar rakt uppåt, bort från bromsskivan

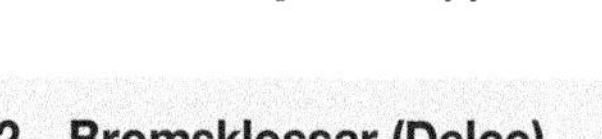

2 Bromsklossar (Delco) - byte

Varning: Bromsklossar måste bytas samtidigt på båda hjulen - byt aldrig klossar på endast ett hjul. Bromsdamm innehåller asbest vilket är mycket skadligt för hälsan. Använd inte tryckluft för att blåsa ut bromsdamm och skräp och andas inte in bromsdammet. Använd aldrig bensin eller lösningsmedel för att avlägsna dammet. Använd endast bromsrengöringsvätska eller denaturerad sprit.

2.6b Demontera den yttre bromsklossen från bromssadeln

1 Hissa upp bilens framvagn och stöd den säkert på pallbockar.

2 Tappa av två tredjedelar av vätskan i huvudcylinderns behållare. När kolvarna trycks in för att skapa utrymme så att klossarna kan demonteras tvingas överskottsvätskan tillbaka i behållaren.

3 Låt en tving med justerbar sida vila mot bromsskölden på den yttre klossen så att sadelns kolv trycks ihop **(se bild)**. Dra åt tvingen för att flytta bromssadeln så att kolven trycks ihop längst ner i sitt lopp.

4 Ta bort tvingen och notera att bromsklossarna inte längre går mot bromsskivan.

5 Ta bort de två skruvarna från bromssadeln **(se bild)**.

6 Lyft upp bromssadeln från skivan och demontera den yttre bromsklossen **(se bilder)**.

7 Dra ut den inre bromsklossen ur bromssadeln **(se bild)**. Fäst bromssadeln så att den inte är i vägen med en ståltrådsbit för att undvika skador på bromsslangen.

8 Ta bort bromsklossens stödfjäder från fördjupningen i kolven om den inte följde med bromsklossen ut.

9 Demontera hylsorna från bromssadlarnas inre handtag och ta bort gummibussningarna från alla bromssadlarna.

10 Rengör bromssadeln och skruvarna och gör en kontroll beträffande oxidering och skador. Ersätt skruvarna med nya skruvar om de är starkt oxiderade eller skadade.

11 Börja ihopsättningen genom att montera de nya gummibussningarna och hylsorna i bromssadlarna. Kontrollera att hylsorna är monterade med änden närmast bromsklossarna i jämnhöjd med den slipade ytan på bromssadeln.

12 Bänd loss den gamla inre bromsklossens clips med en liten skruvmejsel **(se bild)**. Tryck fast clipset på den nya bromsklossen så att änden med en tunga sitter över hacket i mitten av bromsklossens kant. Tryck fast de båda tungorna, som sitter på den inre bromsbackens ände, över bromsklossens underkant.

13 Placera den inre bromsklossen tillsammans med clipset i bromssadeln så att slitageindikatorn är riktad mot bromssadelns baksida.

14 Placera den yttre bromsklossen i bromssadeln så att tungan i bromsklossens nedre del griper tag i utskärningen i bromssadeln.

15 Håll bromssadeln på plats över skivan och skruva fast skruvarna (insmorda med vitt litiumbaserat fett) genom hylsorna i bromssadelns invändiga handtag och fästet **(se bild)**. Låt skruvarna gå igenom de utvändiga hålen och dra åt dem till angivet åtdragningsmoment.

16 Montera bromsklossarna på motsatt hjul, montera därefter hjulen och sänk ned bilen.

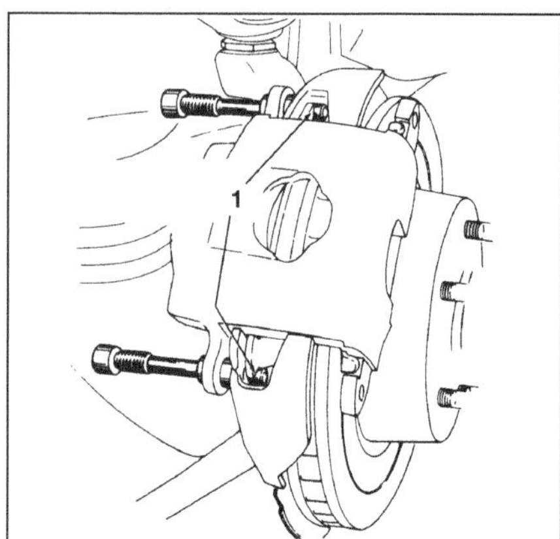

2.15 När skruvarnas gängor är insmorda sätts skruvarna in genom hylsorna i fästet (Delco bromssadel)

1 Skruvspetsen går under bromsokets öra.

2.7 Dra den inre bromsklossen och clipset ur bromssadeln

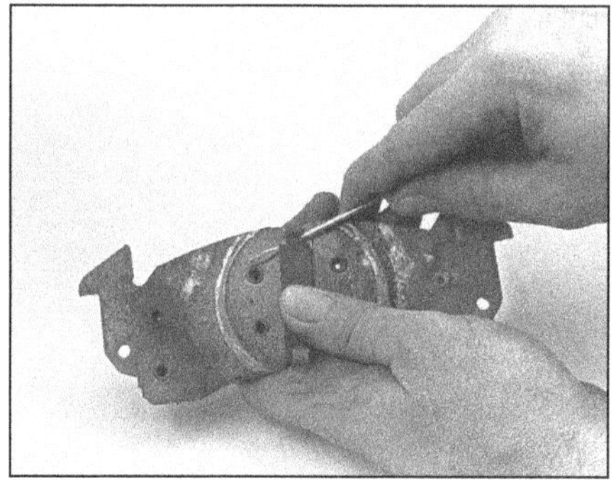

2.12 Bänd loss clipset från bromsklossen med en liten skruvmejsel

Fyll på bromsvätska i behållaren till 5 mm från överkanten (se kapitel 1).

17 Pumpa bromsarna flera gånger så att bromsklossarna sätts an mot skivan, kontrollera därefter vätskenivån på nytt.

18 Kontrollera att bromsarna fungerar ordentligt innan bilen körs i trafik. Försök att undvika hårda inbromsningar tills bromsarna har ansatts lätt flera gånger och bromsklossarna har slitits in.

3 Bromsklossar (Bendix) - byte

Varning: Bromsklossar måste bytas samtidigt på båda hjulen - byt aldrig klossar på endast ett hjul. Bromsdamm innehåller asbest vilket är mycket skadligt för hälsan. Använd inte tryckluft för att blåsa ut bromsdamm och skräp och andas inte in bromsdammet. Använd aldrig bensin eller lösningsmedel för att avlägsna dammet. Använd endast bromsrengöringsvätska eller denaturerad sprit.

1 Hissa upp bilens framvagn och stöd den säkert på pallbockar.

2 Tappa av två tredjedelar av vätskan i huvudcylinderns behållare.

3 Låt en tving vila mot bromsskölden på den yttre klossen så att bromssadelns kolv trycks ihop. Dra åt tvingen för att flytta bromssadeln så att kolven trycks ihop längst ner i sitt lopp.

4 Demontera låsskruven, använd sedan en mässingsdorn för att driva ut bromssadelns stödkil och fjäder **(se bild)**.

5 Lyft upp bromssadeln från skivan och fäst det med en ståltrådsbit på länkarmen så att bromsslangen inte tänjs ut.

6 Demontera den inre bromsklossen **(se bild)** och kasta bromsklossens clips.

7 Demontera den yttre bromsklossen från bromssadeln.

8 Rengör bromskomponenterna med bromsrengörare. Andas inte in bromsdammet.

9 Stryk silikonfett på bromssadelns glidytor och montera ett nytt clips på den inre bromsklossen, kontrollera att öglan på fjädern riktas bort ifrån skivan.

10 Montera den inre bromsklossen i hjulspindelns spår, och den yttre bromsklossen i bromssadeln.

11 Placera bromssadeln över skivan och kontrollera att bromsslangen inte är vriden.

12 Knacka stödkil och fjäder på plats och montera låsskruven. Kontrollera att skruvens nav griper tag i hacket i kilen.

13 Montera bromsklossarna på motsatt hjul, montera därefter hjulen och sänk ned bilen. Fyll på bromsvätska i behållaren till 5 mm från överkanten (se kapitel 1).

14 Pumpa bromsarna flera gånger så att bromsklossarna slits in mot skivan, kontrollera därefter vätskenivån på nytt.

15 Kontrollera att bromsarna fungerar ordentligt innan bilen körs i trafik. Försök att undvika hårda inbromsningar tills bromsarna har anlagts lätt flera gånger och bromsklossarna har slitits in.

4 Bromsskiva - kontroll, demontering och montering

Kontroll

1 Hissa upp bilen och stöd den säkert på pallbockar. Demontera hjulet och håll bromsskivan på plats (vid behov) med två styrmuttrar.

2 Kontrollera bromsskivans yta beträffande repor och skador. Lätta repor och grunda spår är normalt efter normalt bruk och skadar inte bromsarnas verkan. Djupa repor - över 0,4 mm - kräver att bromsskivan demonteras och slipas om på en verkstad. Kontrollera båda sidorna på bromsskivan.

3 Kontrollera bromsskivans skevhet genom att placera en indikatorklocka vid en punkt drygt en cm från rotorns ytterkant a **(se bild)**. Nollställ indikatorn och vrid rotorn. Indikatoravläsningen bör inte överskrida 0,15 mm. Om så är fallet bör bromsskivan slipas om på en verkstad.

4 Det är ytterst viktigt att bromsskivan inte slipas till en tjocklek som underskrider minimitjockleken som är instansad på själva bromsskivan.

Demontering och montering

5 Bromsskivan är inbyggd i det främre navet. Demontering och montering av navet utgör en del av underhållet av framhjulslagret. Se beskrivning i kapitel 1 och 8.

5 Bromssadel (Delco) - demontering, renovering och montering

1 Utför arbetet som beskrivits i steg 3 t o m 7 i avsnitt 2 till den punkt där bromssadeln demonteras från skivan.

2 Markera bromsslangens anslutning i förhållande till bromssadelns anslutning och demontera skruven som fäster slangen på bromssadeln. Ta vara på skruven och de två kopparbrickorna (en på varje sida om anslutningsblocket).

3 Demontera bromssadeln och rengör det med bromsrengöringsvätska.

Linda en plastpåse runt slangens ände för att undvika vätskeförlust och föroreningar.

4 Lägg ut flera trasor i bromssadelns mitt, tvinga därefter ut kolven ur loppet genom att rikta tryckluft in i inloppet. Bara ett lätt lufttryck behövs - en fot- eller handdriven däckpump räcker.

5 När kolven är demonterad ska kolvens och

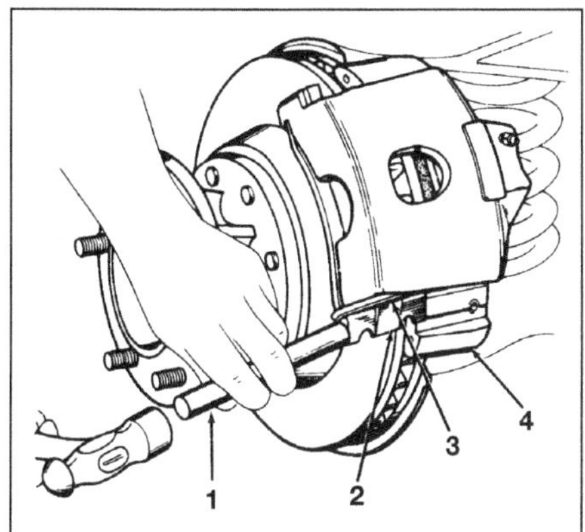

3.4 Montera bromssadelns kil genom att knacka på den med ett mässingsdorn och hammare (Bendix bromssadel)

1 Mässingsdorn
2 Stödkil
3 Fjäder
4 Hjulspindel

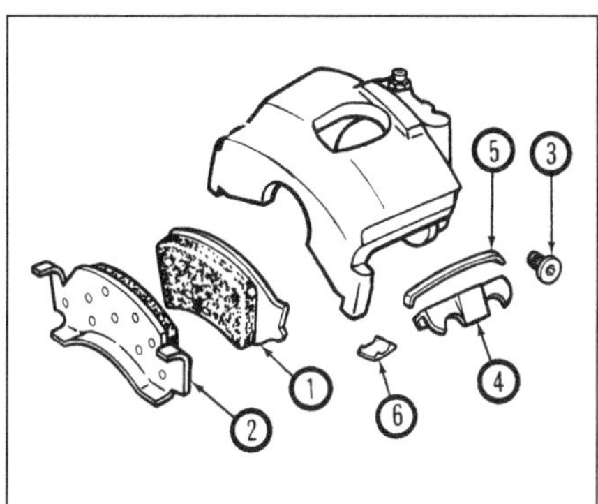

3.6 Bendix bromssadel och bromskloss

1 Inre bromskloss
2 Yttre bromskloss
3 Skruv
4 Kil
5 Fjäder
6 Dämpfjäder

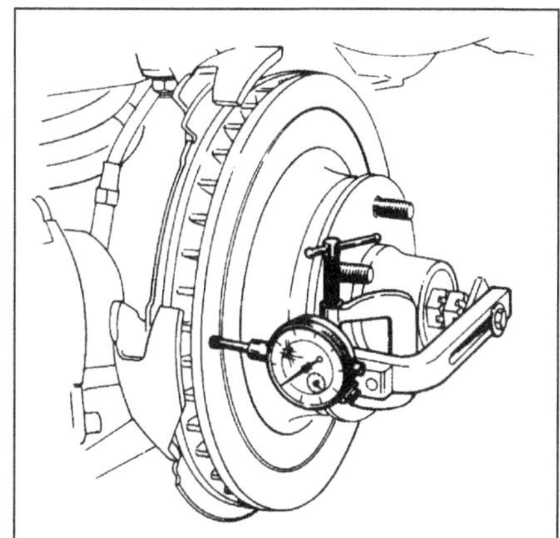

4.3 Kontrollera bromsskivans skevhet med indikatorklocka

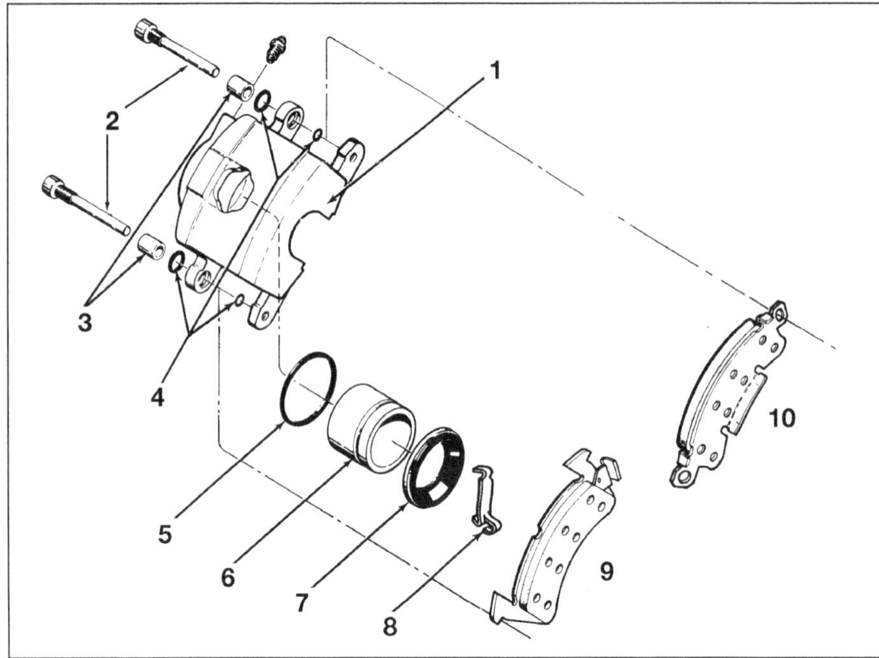

5.5 Delco bromssadel - sprängskiss

1 Bromssadel
2 Skruvar
3 Hylsor
4 Bussningar
5 Tätning
6 Kolv
7 Dammskydd
8 Fjäder
9 Invändig bromskloss
10 Utvändig bromskloss

cylinderns ytor kontrolleras **(se bild)**. Om det finns några tecken på repor eller blanknötta ytor måste bromssadeln bytas mot en ny.

6 Om komponenterna är i gott skick ska kolvtätningen och dammskyddet kastas, skaffa en renoveringssats som innehåller alla utbytbara delar.

7 Tvätta kolv och cylinder med ren bromsvätska eller denaturerad sprit.

8 Montera den nya kolvtätningen i dess spår i cylindern med fingrarna.

9 Placera det nya dammskyddet i spåret i kolvänden. Doppa kolven i ren bromsvätska och montera den rakt in i cylindern. Tryck in kolven till botten av cylinderloppet.

10 Sätt in dammskyddet i bromssadelns försänkning med en lämplig rörbit.

11 Anslut bromsslangen på bromssadeln, kontrollera att kopparpackningarna är på plats, rikta in anslutningen med märkena som gjordes före isärtagningen som försäkran om att slangen inte nöts mot något eller vrids.

12 Montera bromssadeln enligt beskrivningen i avsnitt 2, lufta därefter den främre bromskretsen.

6 Bromssadel (Bendix) - demontering, renovering och montering

1 Utför arbetet som beskrivits i avsnitt 3 fram till punkten när bromssadeln demonteras från skivan.

2 Markera bromsslangens anslutnings förhållande till bromssadelns anslutning och demontera skruven som fäster slangfästet på bromssadeln. Ta vara på skruven och de två kopparbrickorna (en på varje sida om anslutningsblocket). Linda en plastpåse runt slangens ände för att undvika vätskeförlust och föroreningar

3 Demontera bromssadeln och rengör det med bromsrengöringsspray.

4 Lägg ut flera trasor i bromssadelns mitt, tvinga därefter ut kolven ur loppet genom att rikta tryckluft in i inloppet. Bara ett lätt lufttryck behövs - en fot- eller handdriven däckpump är allt som behövs.

5 När kolven är demonterad ska kolvens och cylinderns ytor kontrolleras **(se bild).** Om det finns några tecken på repor eller blanknötta ytor måste bromssadeln bytas mot ett nytt.

6 Om komponenterna är i gott skick ska kolvtätningen och dammskyddet kastas, skaffa in en renoveringssats som innehåller alla utbytbara delar.

7 Tvätta kolv och cylinder med ren bromsvätska eller denaturerad sprit.

8 Montera den nya kolvtätningen i dess spår i cylindern med fingrarna.

9 Sätt in det nya dammskyddet med spåret i kolvens ände. Doppa kolven i ren bromsvätska och montera den rakt in i cylindern. När kolven monteras kan den tryckas ned halvvägs i cylindern med trähandtaget på en hammare.

10 Anslut bromsslangen på bromssadeln, kontrollera att kopparpackningarna är på plats, rikta in anslutningen med märkena som gjordes före isärtagningen som försäkran om att slangen inte gnider eller vrids

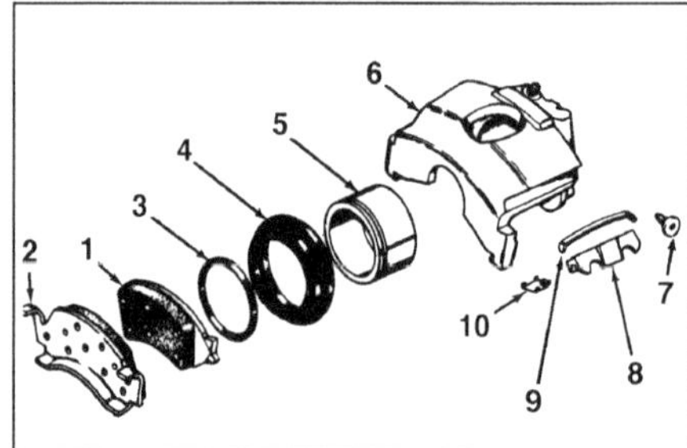

6.5 Bendix bromssadel - sprängskiss

1 Invändig bromskloss
2 Utvändig bromskloss
3 Tätning
4 Dammskydd
5 Kolv
6 Bromssadel
7 Skruv
8 Stödkil
9 Fjäder
10 Clips

11 Montera bromssadeln enligt beskrivningen i avsnitt 2, lufta därefter den främre bromskretsen.

7 Bromsbackar - kontroll, demontering och montering

Varning: Bromsbackar måste bytas samtidigt på båda hjulen - byt aldrig bromsbackar på endast ett hjul. Bromsdamm innehåller asbest vilket är mycket skadligt för hälsan. Använd inte tryckluft för att blåsa ut bromsdamm och skräp och andas inte in bromsdammet. Använd aldrig bensin eller lösningsmedel för att avlägsna dammet. Använd endast bromsrengöringsvätska eller denaturerad sprit.

1 Hissa upp bilen, stöd den säkert på pallbockar och demontera hjulen.

2 Demontera bromstrumma/nav (se kapitel 8 vid behov). Om bromstrummorna har fastnat på grund av korrosion mellan axelflänsarna eller mellan hjulpinnskruvar och bromstrumma, ska rostlösande vätska sprejas runt fläns och pinnskruvar, låt vätskan sjunka in. Knacka med en hammare runt pinnskruvar och fläns för att bryta loss trumman, arbeta sedan runt trummans bakre kant för att demontera den. Om trumman sitter fast på bromsbackarna på grund av kraftigt slitage (som låser backarna i spåren på trummans slityta), måste bromstrummans perforerade bricka knackas ut. Rotera trumman tills spärrhaken kan lossas från justerskruven, dra den utåt med en klen skruvmejsel som sätts in genom öppningen. **Observera:** *Om den perforerade brickan knackas ut, se till att den tas bort från trumman. Montera en plugg efteråt för att skydda bromsarna.*

3 Tvätta bromsarna med bromsrengöringsspray innan arbetet påbörjas.

4 Haka loss bromsens returfjädrar **(se bild)**.

5 Demontera fjädrarna genom att trycka ned fjädern och vrida den skårade brickan 90° för

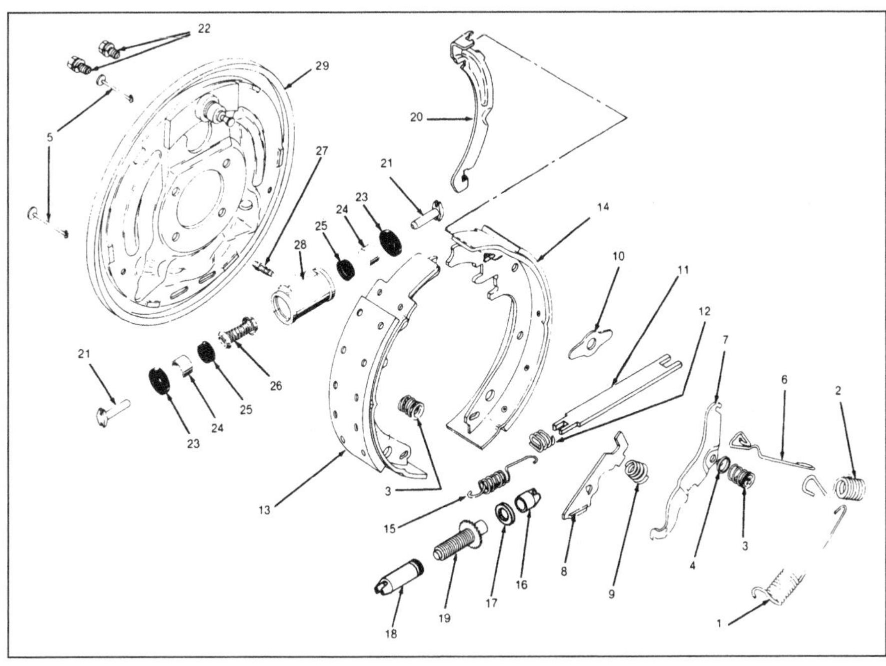

7.4 Sprängskiss av trumbroms

1 Returfjäder
2 Returfjäder
3 Hållfjäder
4 Bricka
5 Fästpinne
6 Manöverlänk
7 Hävarm till självjustering
8 Spärrhake
9 Returfjäder
10 Bromsbackstyrning
11 Parkeringsbromsens mellanlänk
12 Fjäder
13 Primärback
14 Sekundärback
15 Justerskruvens fjäder
16 Hylsa
17 Bricka
18 Ledmutter
19 Justerskruv
20 Parkeringsbromsens hävarm
21 Cylinderlänk
22 Skruv
23 Dammskydd
24 Kolv
25 Tätning
26 Fjäder
27 Luftningsventil
28 Cylinder
29 Bromssköld

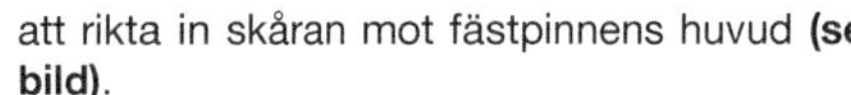

att rikta in skåran mot fästpinnens huvud **(se bild)**.

6 Demontera manöverdonets länk, fjäder, spakens ledade del, manöverdonets länk, spärrhake och spakens returfjäder **(se bild)**.

7 Separera bromsbackarna genom att demontera justeranordning och fjäder **(se bild)**.

8 Demontera parkeringsbromsens hävarm och fjäder, demontera hävarmen från sekundärbacken.

9 Rengör bromstrumman och kontrollera beträffande repor, djupa spår, hårda fläckar (vilka syns som små missfärgade ytor) och sprickor. Om trumman är sliten, repad eller skev kan den slipas om på en verkstad. Om sådan slipning utförs får inte trummans maximidiameter (stansad på utsidan) överskridas. Smärre fel kan avlägsnas med en fin slipduk.

10 Om det finns tecken på bromsvätskeläckage vid hjulcylindrarna måste cylindrarna bytas ut eller renoveras (se avsnitt 8).

11 Kontrollera att bromssköldens skruvar är ordentligt åtdragna. Rengör kontaktytorna mot bromsbacken på bromsskölden från rost och smuts med en fin slipduk.

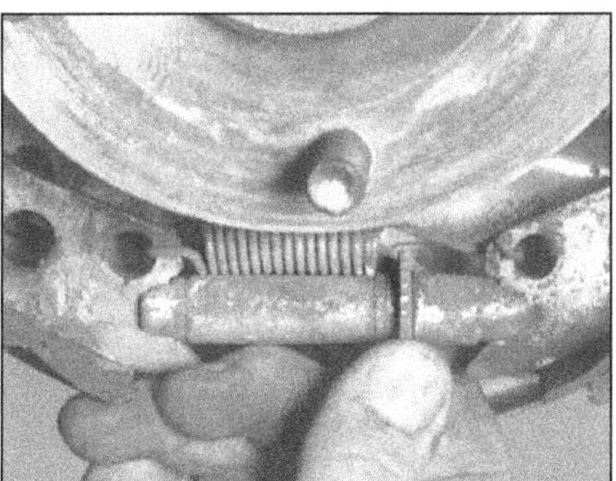

7.7 Demontera justeranordning och fjäder

7.14a Spakens ledade del smörjs in med bromssmörjfett

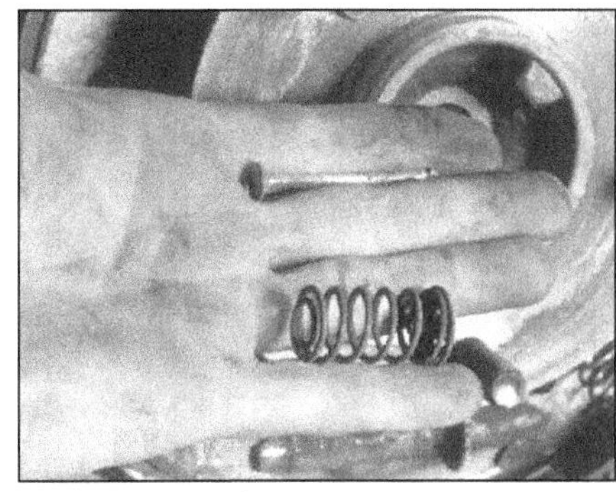

7.5 Fjäder, skårad bricka och fästpinne

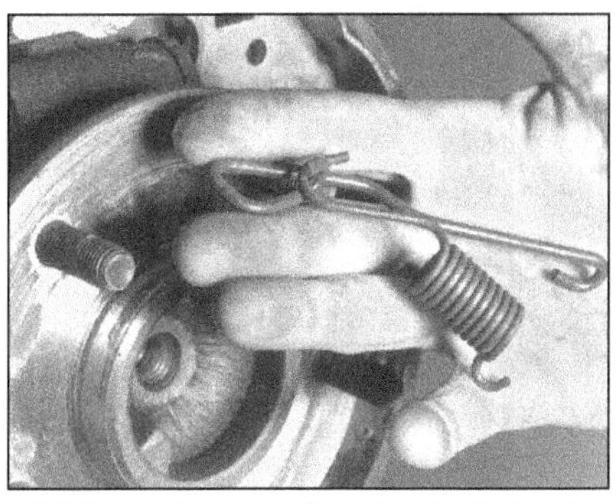

7.6 Demontera manöverdonets länk och returfjäder

12 Kontrollera justeranordningens funktion. Om justerarna sitter fast, är hårt slitna eller lösa bör justeranordningen bytas mot en ny.

13 Smörj in parkeringsbromsvajern och dess ledade ände med bromssmörjfett eller vitt litiumbaserat fett. Anslut hävarmen på bromsbacken och kontrollera att den kan röra sig obehindrat.

14 Stryk bromssmörjfett eller vitt litiumbaserat fett på spakens ledade del och på bromssköldens kontaktytor mot bromsbacken **(se bilder)**. Se till att inget fett kommer på bromsbeläggen.

15 Anslut bromsbackarna till justerskruvens fjäder, placera därefter hela skruvenheten på plats.

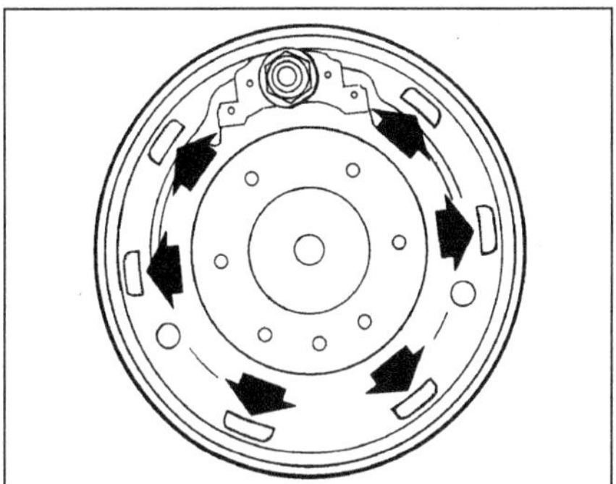

7.14b Stryk på bromssmörjfett på ytorna på bromsskölden som bär upp bromsbackarna (om för mycket smörjfett används kan det komma på backarna eller bromstrumman)

7.19 Montera styrningen över ankarbulten

16 Anslut parkeringsbromsens vajer till bromshävarmen (endast bakre bromsbackar).
17 Fäst primärbacken (kort belägg) med fästpinne, fjäder och lock. Placera parkeringsbromsens mellanlänk och fjäder mellan backarna (bakre bromsarna).
18 Montera manöverdonet och den sekundära backen med fästpinne, fjäder och lock. Placera parkeringsbromsens fjäderben och fjäder (bakre bromsbackar) mellan backarna.
19 Montera bromsbackstyrningen över ankarbulten, montera manöverlänken **(se bild)**.
20 Haka fast returfjädrarna i bromsbackarna, montera därefter fjädern från primärbacken över ankarbulten och därefter fjädern från sekundärbacken.
21 Kontrollera justerarmens funktioner genom att flytta den för hand, vrid därefter tillbaka justerskruven så att backarna dras in.
22 Montera trumma och hjul. Använd ett justerverktyg för att justera ut bromsbackarna tills hjulet börjar kärva, vrid därefter justerskruven inåt ett halvt varv. Montera en plugg i trummans justerhål.
23 Sänk ned bilen och testa bromspedalens läge. Om bromspedalen går ner till golvet krävs ytterligare justering av bromsarna. Om bromspedalen är låg, backa bilen och stanna flera gånger för att aktivera självjusteringen, vilka endast fungerar när bilen backas. Testa att bromsarna fungerar ordentligt innan tas ut i trafiken.

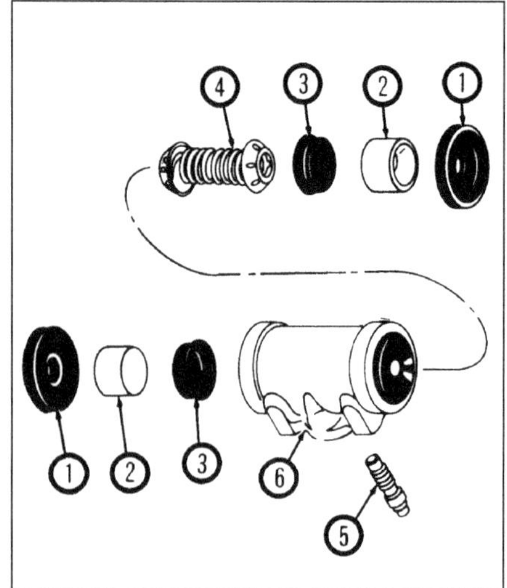

8.6 Hjulcylinder - sprängskiss

23 Damask
24 Kolv
25 Packning
26 Packningens returfjäder med expander
27 Luftningsskruv
28 Hjulcylinder

8 Hjulcylinder - demontering, renovering och montering

Demontering

1 Se beskrivning i avsnitt 7 och demontera bromsbackarna.
2 Skruva loss bromsledningsbeslaget från hjulcylinderns bakre del. Dra inte ut metallledningen från hjulcylindern - den kan böjas och försvåra monteringen.
3 Ta bort de båda skruvarna som fäster hjulcylindern på bromsskölden.
4 Demontera hjulcylindern.
5 Plugga igen bromsledningens ände för att undvika att bromsvätska rinner ut och smuts kommer in.

Renovering

Observera: *Köp in två satser för hjulcylinderrenovering innan arbetet påbörjas. Renovera aldrig bara en cylinder - renovera alltid båda på samma gång.*

6 Ta isär hjulcylindern genom att först demontera gummidamasken från cylinderns båda ändar, tryck ut båda kolvarna, packningarna och expanderfjädern **(se bild).** Kasta gummidelarna och använd nya delar från renoveringssatsen vid ihopsättningen av hjulcylindern.
7 Kontrollera kolvarna beträffande repor och slitage. Om sådant förekommer bör kolvarna bytas ut mot nya.
8 Granska cylinderloppets insida beträffande slitage och oxidering. Om sådant förekommer kan cylindern återställas genom lätt finslipning, byte av cylinder är dock att rekommendera.
9 Om cylindern är i gott skick ska den rengöras med bromsrengöringsvätska eller denaturerad sprit.

Varning: Bensin eller bensinbaserade lösningsmedel får aldrig, under några omständigheter, användas för rengöring av bromssystemets delar!

10 Demontera luftningsskruven och kontrollera att hålet är rent.
11 Smörj cylinderloppet med ren bromsvätska, sätt därefter in en av de nya packningarna i loppet. Kontrollera att läppen på packningen är riktad inåt.
12 Placera expanderfjädern i loppets motsatta ände och tryck in den tills den vidrör packningens bakre del.
13 Montera den återstående packningen i cylinderloppet.
14 Fäst gummidamaskerna på kolvarna, montera därefter kolvarna och damaskerna.
15 Hjulcylindern är nu färdig att monteras.

Montering

16 Montering sker i omvänd ordningsföljd. Fäst bromsledningen på hjulcylindern innan skruvarna monteras, dra åt ledningsbeslaget efter det att hjulcylinderns skruvar har dragits åt.
17 Lufta bromsarna innan bilen tas i bruk.

9 Huvudcylinder (Delco) - demontering, renovering och montering

Observera: *Köp in en sats för huvudcylinderrenovering innan detta arbete påbörjas. En sådan sats innehåller alla reservdelar som behövs för renoveringen. Gummidelarna, speciellt tätningarna, är nyckeln till vätskestyrningen i huvudcylindern. Som sådana är det mycket viktigt att de monteras på rätt sätt. Var försiktig så att de inte kommer i kontakt med bensinbaserade lösningsmedel eller smörjmedel.*

1 Demontera huvudcylinderns muttrar och lossa den från bilen **(se bild).** Tappa av den gamla vätskan och kasta bort den.
2 Rengör huvudcylinderns utsida med bromsrengöringsvätska och torka av den med en luddfri trasa.

Varning: Bensin eller bensinbaserade lösningsmedel får aldrig, under några omständigheter, användas för rengöring av delar i bromssystemet

3 På tidigare modeller, demontera behål-

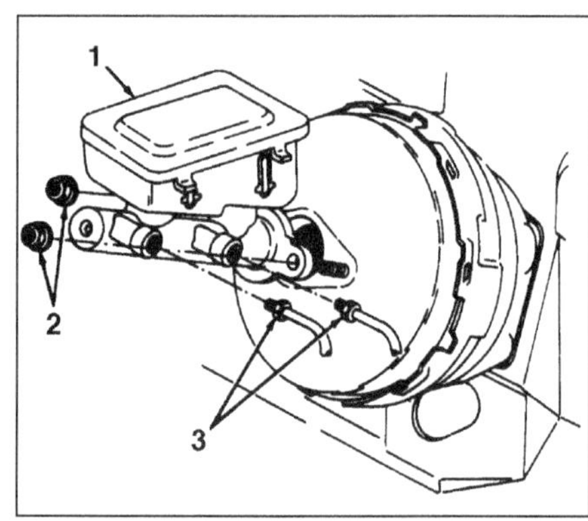

9.1 Vanlig huvudcylinder

1 Huvudcylinder
2 Muttrar
3 Rörmuttrar

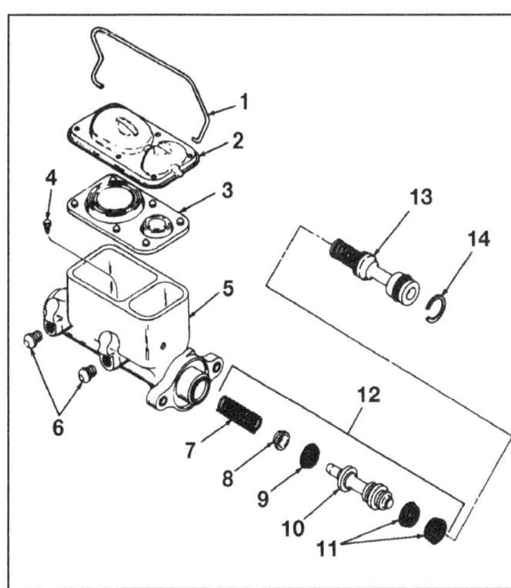

9.3 Tidigare modell av Delco huvudcylinder - sprängskiss

4 Stoppskruv
1 Bygel
2 Lock
3 Behållarmembran
5 Huvudcylinder
6 Gängade pluggar
7 Fjäder
8 Fjäderhållare
9 Primär tätning
10 Sekundärkolv
11 Sekundära tätningar
12 Sekundärkolv
13 Primärkolv
14 Låsring

larens lock och häll ut eventuellt kvarvarande bromsvätska **(se bild)**.

4 På senare modeller som är utrustade med plastbehållare, demontera behållaren genom att bända loss den från huvudcylindern med en stor skruvmejsel **(se bilder)**.

5 Tryck ned primärkolven med en trätapp för att tränga ut hydraulvätskan från huvudcylindern.

6 Granska den främre vätskebehållarens botten. Om någon stoppskruv är synlig ska den skruvas loss och tas bort.

7 Sätt fast huvudcylindern i ett skruvstycke, använd en träkloss för att skydda huvudcylinderns yta, ta därefter bort låsringen från cylinderänden.

8 Ta bort primärkolv och sekundärkolv och fjäder. Den senare kan tryckas ut med tryckluft vid det främre vätskeutloppet.

9 Granska ytorna på cylinderloppet och sekundärkolven. Om det finns tecken på repor eller blankslitna fläckar ska huvudcylindern bytas ut mot en ny.

10 Om komponenterna är i gott skick ska de tvättas med ren bromsvätska. Kasta alla gummikomponenter och primärkolvenheten. Reparationssatsen innehåller alla nödvändiga utbytbara reservdelar inklusive en ny (fullständigt ihopsatt) primärkolv.

11 Montera de nya tätningarna i sekundärkolvens spår, använd fingrarna för att bearbeta dem tills de är på plats **(se bild)**. Den främre tätningen ska ha läppen riktad mot kolvens spetsiga ände. Tätningen med den minsta innerdiametern är den främre tätningen.

12 Den andra tätningen bör monteras på sekundärkolven så att läpparna riktas mot kolvens spetsiga ände. Den tredje tätningen bör monteras i sekundärkolvens bakre spår så att läpparna riktas mot kolvens plana ände.

13 Smörj in cylinderlopp och kolvenheter med ren bromsvätska.

14 Montera fjädern över den sekundära kolvens spetsiga ände och sätt in hela enheten i huvudcylinderloppet. Var försiktig så att tätningens läppar inte fastnar eller blir skeva.

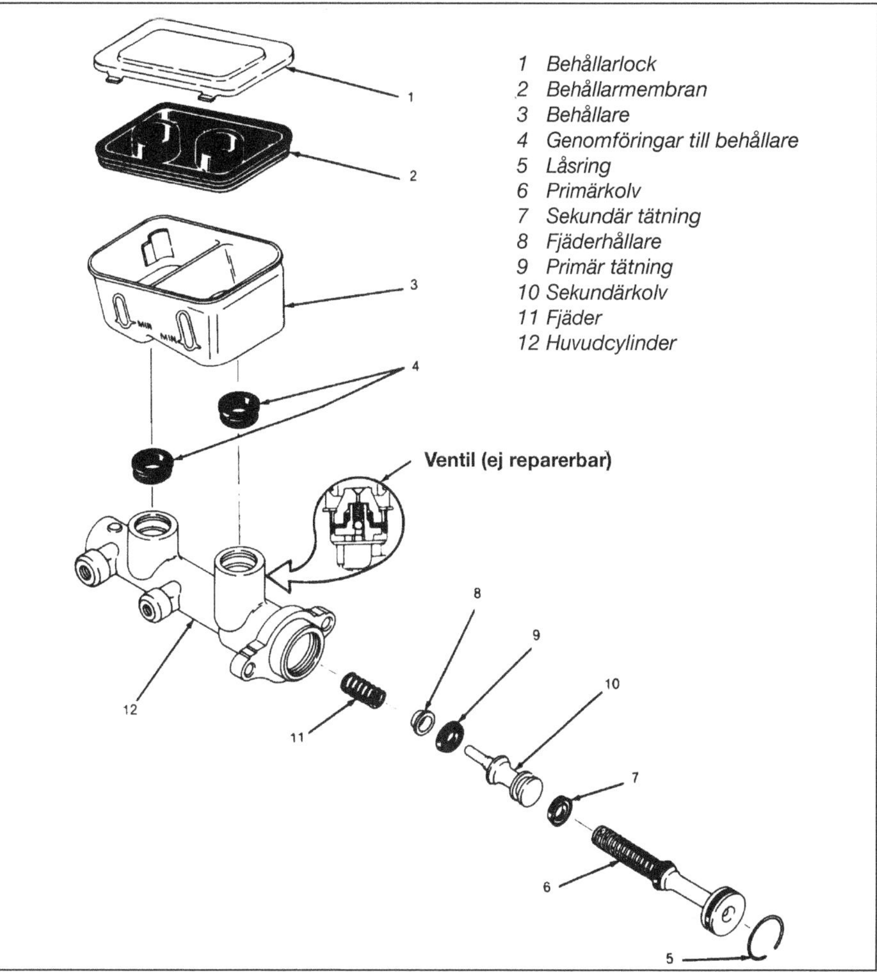

9.4a Senare modell av Delco huvudcylinder - sprängskiss

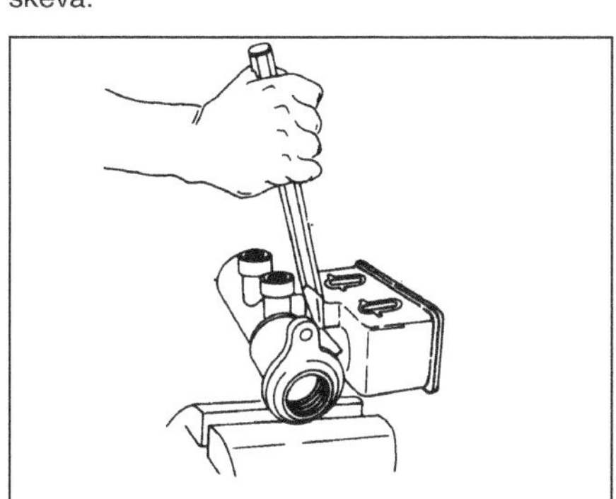

9.4b Bänd loss behållaren från huvudcylinderns genomföringar (Delco huvudcylinder)

15 Sätt dit primärkolv och tryckstång (tillsammans med hållare) i huvudcylinderns lopp. Tryck på tryckstången och montera låsringen. Montera stoppskruven.

16 På modeller med avtagbar plastbehållare, sätt in behållarens genomföringar i huvudcylindern och tryck på cylindern tills den sitter ordentligt på plats.

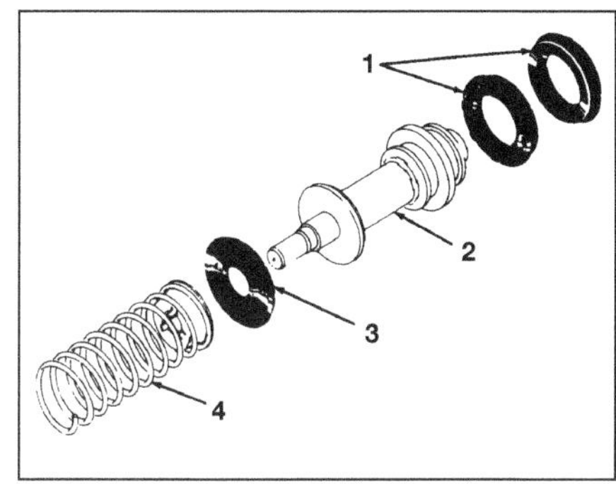

9.11 Sekundärkolvens tätning på Delco huvudcylinder

1 Sekundära tätningar
2 Sekundärkolv
3 Primär tätning
4 Fjäder och hållare

17 Fyll på huvudcylinderns behållare med ren bromsvätska.

18 Tryck ned primärkolven med en smal skruvmejsel två till tre gånger tills cylindern är fylld med vätska.

Luftning på arbetsbänk

19 Innan den nya huvudcylindern monteras ska den luftas på en arbetsbänk. Eftersom det är nödvändigt att tillföra tryck på huvudcylinderns kolv och samtidigt kontrollera flödet från bromsledningens utlopp, rekommenderas att huvudcylindern monteras i ett skruvstycke. Dra inte åt skruvstycket för hårt eftersom det kan skada cylinderkroppen.

20 Placera gängade pluggar i bromsledningens utloppshål och tryck in dem ordentligt så att luft inte kan läcka förbi dem, men inte så hårt att de inte kan tas bort.

21 Fyll behållaren med bromsvätska av rekommenderad typ (se *Rekommenderade smörjmedel och vätskor* i kapitel 1).

22 Demontera en plugg och tryck in kolvenheten i huvudcylinderloppet så att luften trycks ut från huvudcylindern. En stor stjärnmejsel kan användas till att trycka på kolvenheten.

23 Pluggen ska sättas tillbaka med tät passning för att undvika att luft sugs tillbaka in i huvudcylindern innan trycket på kolvenheten lättas.

24 Upprepa proceduren tills det bara är bromsvätska som kommer ut från bromsledningens utloppshål. När bara bromsvätska kommer ut ska proceduren upprepas på det andra utloppshålet och pluggen. Kontrollera att huvudcylinderns behållare fylls med bromsvätska för att undvika att luft kommer in i systemet.

25 Eftersom högt tryck inte krävs vid luftning på arbetsbänk finns ett alternativ till demontering och byte av pluggarna med varje kolvslag. Innan kolvenheten trycks in ska pluggen tas bort. Innan kolven släpps sätter du helt enkelt fingret tätt över hålet så att luften inte kan sugas tillbaka in i huvudcylindern, istället för att sätta tillbaka pluggen. Vänta flera sekunder så att bromsvätskan sugs ur behållaren och in i kolvloppet, tryck därefter ned kolven igen, ta bort fingret när bromsvätskan stöts ut. Sätt tillbaka fingret över hålet varje gång kolven släpps, och när luftningsproceduren är avslutad för varje utlopp sätts pluggen tillbaka med tät passning innan nästa port luftas.

26 Montera huvudcylindern på servon och anslut bromsledningarna.

27 Lufta systemet enligt beskrivningen i avsnitt 21.

10 Huvudcylinder (Bendix) - demontering, renovering och montering

Observera: *Köp in en sats för huvudcylinderrenovering innan detta arbete påbörjas. En sådan sats innehåller alla reservdelar som behövs för renoveringen. Gummidelarna, speciellt tätningarna, är nyckeln till vätskestyrningen i huvudcylindern. Som sådana är det mycket viktigt att de monteras på rätt sätt. Var försiktig så att de inte kommer i kontakt med bensinbaserade lösningsmedel eller smörjmedel.*

1 Demontera huvudcylinderns muttrar och lossa den från bilen **(se bild 9.1).** Tappa av den gamla vätskan och kasta bort den.

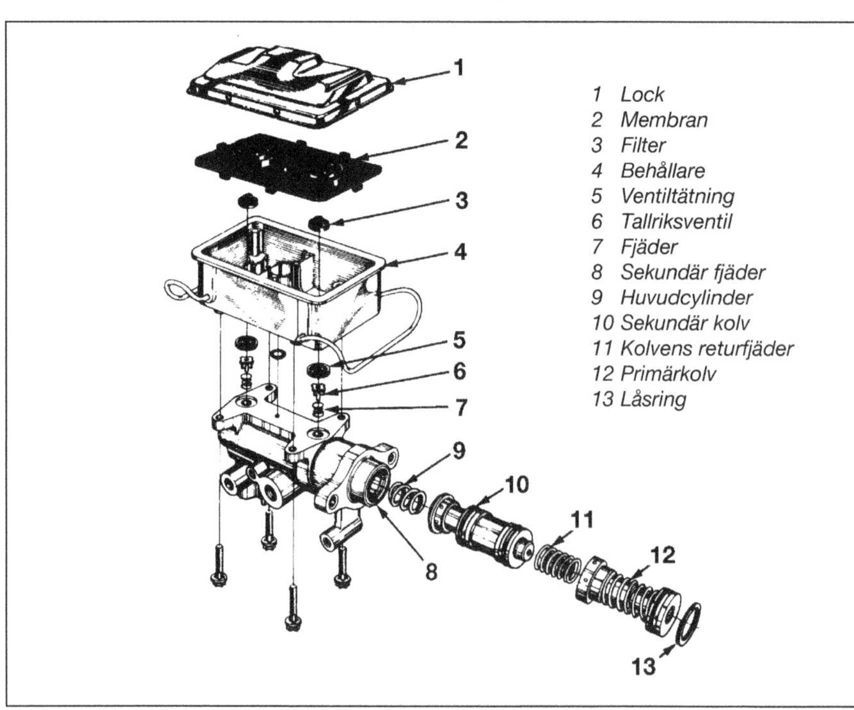

10.3 Bendix huvudcylinder - sprängskiss

2 Rengör huvudcylinderns utsida med bromsrengöringsvätska och torka av den med en luddfri trasa.

Varning: Bensin eller bensinbaserade lösningsmedel får aldrig, under några omständigheter, användas för rengöring av delar i bromssystemet

3 Demontera de fyra skruvarna som fäster cylinderkroppen vid behållaren **(se bild).**

4 Demontera den lilla O-ringen och de två ventiltätningarna från fördjupningarna på behållarens undersida. Demontera inte de två små filtren om de inte är skadade och behöver bytas ut.

5 Tryck ned primärkolven med en smal skruvmejsel, demontera därefter tallriksventilerna och fjädrarna.

6 Ta bort låsringen från huvudcylinderns ände och dra ut kolvarna.

7 Granska kolvarnas och cylinderloppens ytor beträffande repor eller slitna fläckar. Om sådana är tydliga ska huvudcylindern bytas.

8 Om komponenterna är i gott skick ska tätningarna och kolvenheterna bytas.

9 Rengör alla delarna i bromsvätska eller denaturerad sprit - ingenting annat.

10 Montera den sekundära (kortare) fjädern i den öppna änden av sekundärkolvens manövreringsorgan, montera därefter kolvens returfjäder på den utskjutande delen av sekundärkolven.

11 Montera sekundärkolven (manövreringsänden först in i huvudcylindern) och tryck in den helt.

12 Doppa primärkolven i bromsvätska och sätt in den (manövreringsänden först) i huvudcylindern.

13 Tryck ned kolvarna med en smal skruvmejsel så att låsringen kan monteras.

14 Montera ventiltätningarna och O-ringen i behållarens fördjupningar.

15 Håll kolvarna nedtryckta och montera ventilfjädrarna och tallrikarna, fäst därefter behållaren och dra åt skruvarna till angivet åtdragningsmoment.

Luftning på arbetsbänk

16 Innan den nya huvudcylindern monteras ska den luftas på en arbetsbänk. Eftersom det är nödvändigt att tillföra tryck på huvudcylinderns kolv och samtidigt kontrollera flödet från bromsledningens utlopp, rekommenderas att huvudcylindern monteras i ett skruvstycke. Dra inte åt skruvstycket för hårt eftersom det kan skada cylinderkroppen.

17 Placera gängade pluggar i bromsledningens utloppshål och tryck in dem tätt så att luft inte kan läcka förbi dem, men inte så hårt att de inte lätt kan tas bort.

18 Fyll behållaren med bromsvätska av rekommenderad typ (se *Rekommenderade smörjmedel och vätskor* i kapitel 1).

19 Demontera en plugg och tryck in kolvenheten i huvudcylinderloppet så att luften trycks ut från huvudcylindern. En stor stjärnmejsel kan användas till att trycka på kolvenheten.

20 Pluggen ska sättas tillbaka med tät passning för att undvika att luft sugs tillbaka in i huvudcylindern innan trycket på kolvenheten lättas.

21 Upprepa proceduren tills det bara är bromsvätska som kommer ut från bromsledningens utloppshål. När bara bromsvätska kommer ut ska proceduren upprepas på det andra utloppshålet och pluggen. Kontrollera att huvudcylinderns behållare fylls med bromsvätska för att undvika att luft kommer in i systemet.

22 Eftersom högt tryck inte krävs vid luftning på arbetsbänk finns ett alternativ till demontering och byte av pluggarna med varje kolvslag. Innan kolvenheten trycks in ska pluggen tas bort. Innan kolven släpps sätter du helt enkelt fingret tätt över hålet så att luften inte kan sugas tillbaka in i huvudcylindern, istället för att sätta tillbaka pluggen. Vänta flera sekunder så att bromsvätskan sugs ur behållaren och in i kolvloppet, tryck därefter ned kolven igen, ta bort fingret när bromsvätskan stöts ut. Sätt tillbaka fingret över hålet varje gång kolven släpps, och när luftningsproceduren är avslutad för varje utlopp sätts pluggen tillbaka med tät passning innan nästa port luftas.

23 Montera huvudcylindern på servon och lufta systemet enligt beskrivning i avsnitt 21.

11 Tryckregleringsventil - kontroll, demontering och montering

1 Tryckregleringsventilen är placerad bredvid bromshuvudcylindern och innehåller de dubbla bromskretsarnas tryckventil och varningslampans kontakt.

2 Lossa den elektriska ledningen från kontakten och anslut den till en bra jordanslutning.

3 Vrid tändningsnyckeln till On-läge. Varningslampan på instrumentpanelen bör nu tändas. Om den inte tänds, kontrollera om glödlampan är trasig eller ledningarna defekta.

4 Demontera ventilen genom att lossa ledningen och bromsledningarna, demontera därefter skruvarna.

5 Montering sker i omvänd ordningsföljd. Lufta till sist bromssystemet (avsnitt 21).

12 Parkeringsbroms (handreglerad) - justering

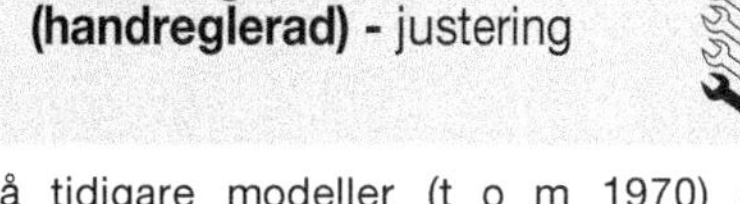

1 På tidigare modeller (t o m 1970) är parkeringsbromsen av handreglerad typ. Justering kan behövas om spakens bana blir för lång på grund av att vajern har blivit utsträckt eller av slitage i länkaget, och även efter montering av nya komponenter.

2 Vid justering, lossa spaken helt och dra därefter upp den två hack.

3 Hissa upp bilens bakvagn tills hjulen inte längre vilar på marken, stöd bilen säkert på pallbockar.

4 Lossa låsmuttrarna på vajerns utjämnare och justera tills lätt motstånd blir kännbart när bakhjulen roteras.

5 Lossa handreglaget helt och kontrollera att bakhjulen kan rotera utan motstånd.

6 Dra åt utjämnarens låsmuttrar.

13 Parkeringsbromsspak och vajrar (handreglerad) - demontering och montering

1 Lossa spaken helt.

2 Lossa den främre vajern från utjämnaren genom att demontera låsmuttern på vajerns bakre ände.

3 Dra upp spaken tills vajerns kulände kan dras ut ur spaken.

4 Ta bort skruvarna som fäster spaken på den främre torpedväggen.

5 De bakre vajrarna demonteras genom att handspaken lossas helt, därefter demonteras utjämnarens låsmutter och den främre vajerns anslutningsgaffel så att all spänning försvinner från de bakre vajrarna.

6 Lossa bakvajerns gaffel från utjämnaren.

7 Ta bort den U-formiga hållaren från ramens bakre vajerfäste. Dra loss vajern från fästet.

8 Demontera den bakre bromstrumman och bromsbackarna enligt beskrivning i avsnitt 7.

9 Lossa änden på parkeringsbromsvajern från parkeringsbromsens hävarm.

10 Tryck ihop fingrarna som håller fast vajerkretsen i bromsskölden och dra ut hela vajern.

11 Montering av alla komponenterna sker i omvänd ordningsföljd. Justera vajrarna enligt beskrivning i avsnitt 12.

14 Parkeringsbroms (med fotpedal) - justering

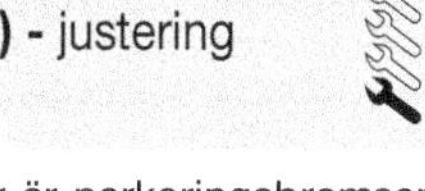

1 På senare modeller är parkeringsbromsen av fotpedaltyp, vanligen självjusterande genom de automatiska justerarna i de bakre bromstrummorna. Ytterligare justering kan emellertid behövas om vajern har blivit utsträckt, länkaget har slitits ut eller nya komponenter har monterats.

2 Hissa upp bilens bakvagn tills hjulen inte längre vilar på marken, stöd bilen säkert på pallbockar. Lossa parkeringsbromsen helt genom att dra i reglagearmen.

3 Lägg an parkeringsbromsen fyra hack i spärren.

4 Lossa låsmuttern på vajerutjämnaren och dra därefter åt justermuttern tills lätt motstånd blir kännbart när bakhjulen roteras.

5 Lossa parkeringsbromspedalen och kontrollera att bakhjulen nu kan rotera utan motstånd.

6 Dra åt utjämnarens låsmuttrar och sänk ned bilen på marken.

15 Parkeringsbromspedal och vajrar (med fotpedal) - demontering och montering

1 Lossa parkeringsbromspedalen helt.

2 Demontera pedalens muttrar och skruvar och sänk ned pedalen **(se bild)**.

3 Dra ut vajerns kulände ur gaffeln på parkeringsbromspedalen.

4 Den främre vajern demonteras genom att justermuttern demonteras från utjämnaren, därefter tas clipset bort från den främre vajerns bakre del och från spakarmen. Lossa vajern.

5 Mittenvajern demonteras genom att justermuttern demonteras vid utjämnaren. Haka loss anslutningsdonet vid vajerns båda ändar och lossa hakar och styrningar.

6 Den bakre vajern demonteras genom att den bakre bromstrumman demonteras enligt beskrivning i avsnitt 7. Lossa justermuttern vid utjämnaren. Koppla loss den bakre vajern vid anslutningsdonet och från bromsbackens spak. Tryck ihop kretsens fingrar och dra bort hela vajern från bromsskölden.

7 Montering sker i omvänd ordningsföljd. Justera parkeringsbromsen enligt beskrivning i avsnitt 14.

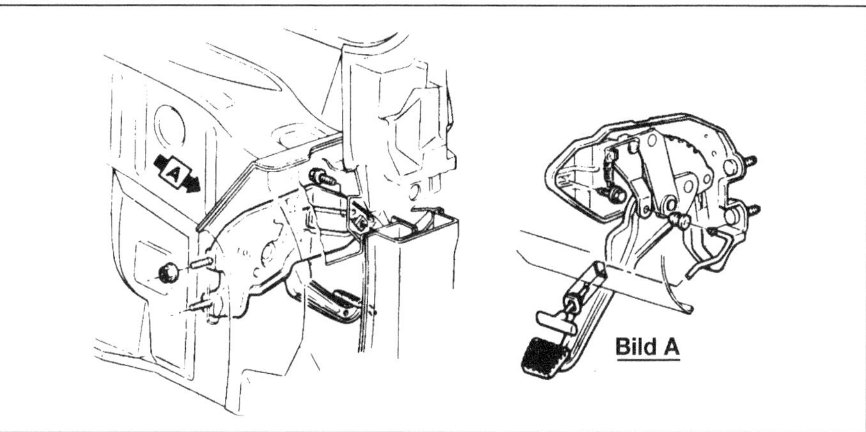

15.2 Parkeringsbromspedal

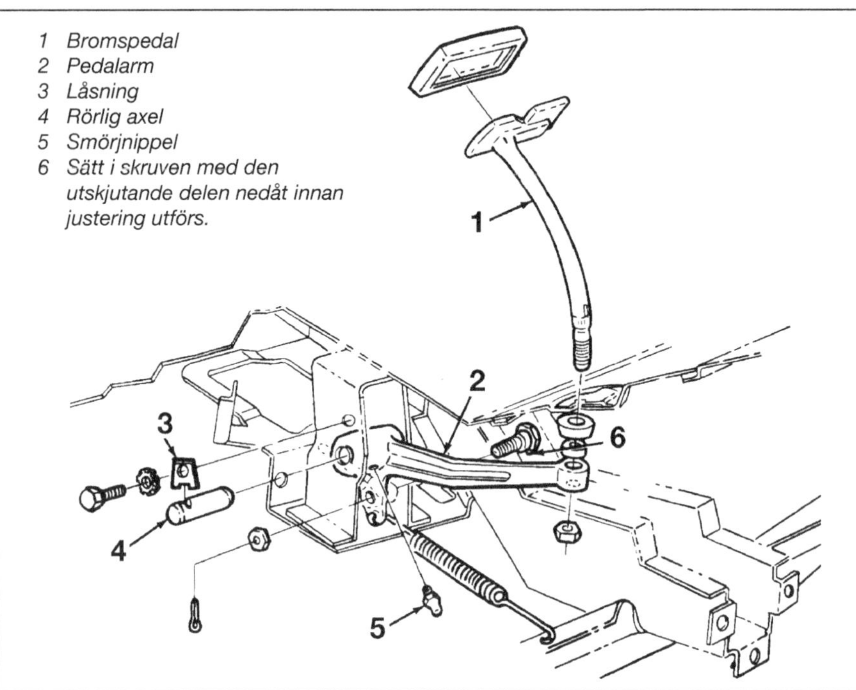

16.2 Vanlig tidigare modell av bromspedal (genom golvet) - sprängskiss

16 Bromspedal - demontering och montering

Tidigare modeller

1 Tidigare modeller med bromspedaler som går rakt ner igenom golvplåten har en bromspedal som kan skruvas loss och en pedalarm placerad under golvplåten.

2 Demontera bromspedalen **(se bild)** genom att demontera skruven, brickan och distansen som ansluter den vid pedalarmen, knacka ut den med en mjuk hammare.

3 Demontera bromspedalen genom att lossa returfjädern, demontera skruven och låsningen från ramfästet, driv ut axeln.

4 Montering sker i omvänd ordningsföljd.

Senare modeller

5 På modeller med manuell växellåda är kopplings- och bromspedalerna placerade på en gemensam ledad axel (kapitel 7), medan bromspedalen på modeller med automatväxellåda demonteras efter det att muttern har skruvats loss från ledskruvens ände och tryckstången lossats.

6 På båda modelltyperna demonteras pedalen efter det att muttern och den genomgående skruven demonterats **(se bild).**

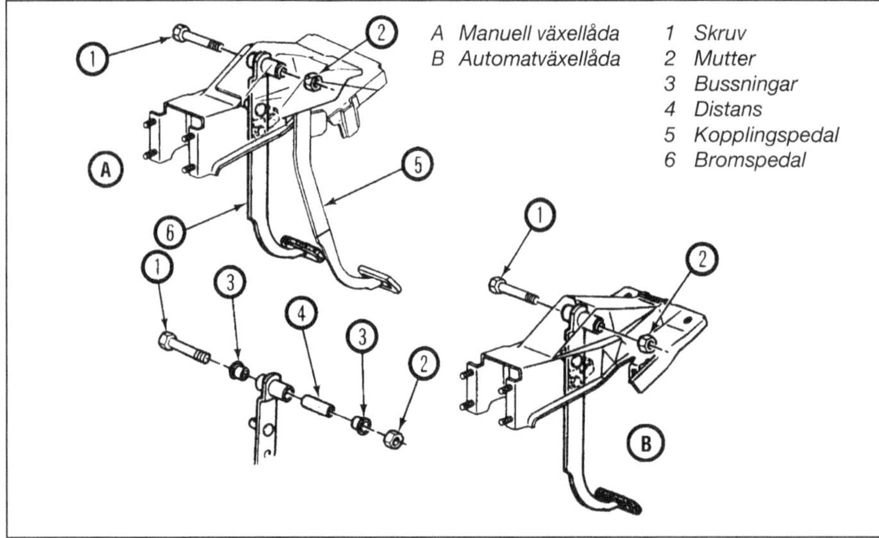

16.6 Vanlig senare modell av bromspedal

17 Bromsljuskontakt - demontering, montering och justering

1 Lossa den negativa anslutningen från batteriet. Placera kabeln så att den inte är i vägen och oavsiktligt kan komma i kontakt med batteriets negativa pol, vilket skulle göra elsystemet strömförande.

2 På tidigare modeller, dra ut det elektriska anslutningsdonet och lossa låsmuttern från kontakten tills kontakten kan skruvas loss från fästet. Kontaktens läge kan justeras genom att den skruvas inåt eller utåt för att påverka bromsljusen när pedalen trycks ned mellan 9 och 15 mm **(se bild)**.

3 På senare modeller, dra ut ett eller flera anslutningsdon, tryck ned bromspedalen och dra ut kontakten ur clipset **(se bild)**. Sätt ner kontakten i det rörformade clipset när bromspedalen är nedtryckt tills kontakten sitter på rörclipset. Ett klickande ljud ska höras. Dra kontakten bakåt mot pedalstoppet tills det klickande ljudet slutar. Släpp bromspedalen och kontrollera att det klickande ljudet inte hörs. Kontakten bör vidröras efter det att bromspedalen tryckts ned mellan 1,5 och 2,5 cm.

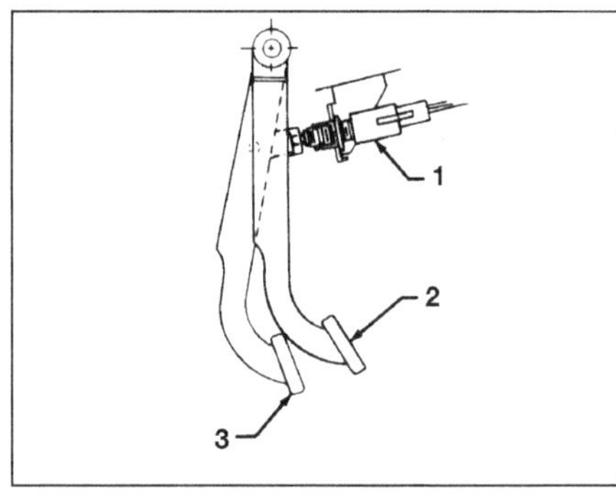

17.2 Bromsljuskontakt, tidigare modell

1 Bromsljuskontakt
2 Pedal i oaktiverat läge
3 Pedalläge när bromsljuskontakten är aktiverad

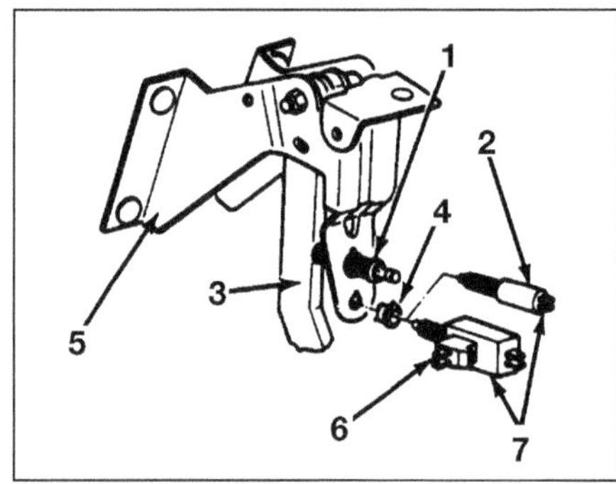

17.3 Bromsljuskontakt, senare modell

1 Endast med farthållare
2 (utan farthållare)
3 Bromspedal
4 Clips
5 Pedalfäste
6 (med farthållare)
7 Bromsljuskontakt

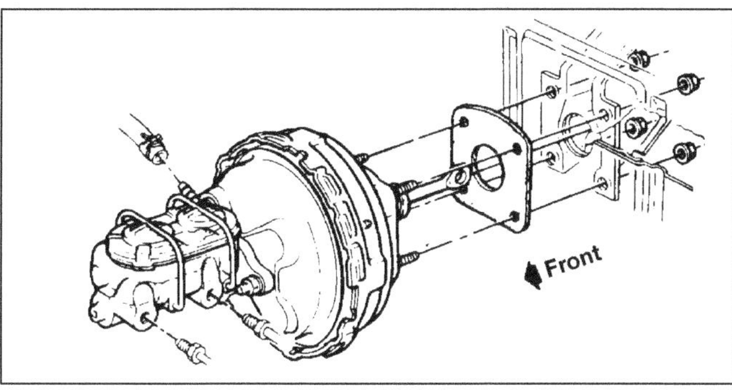

18.6 Bromsförstärkare

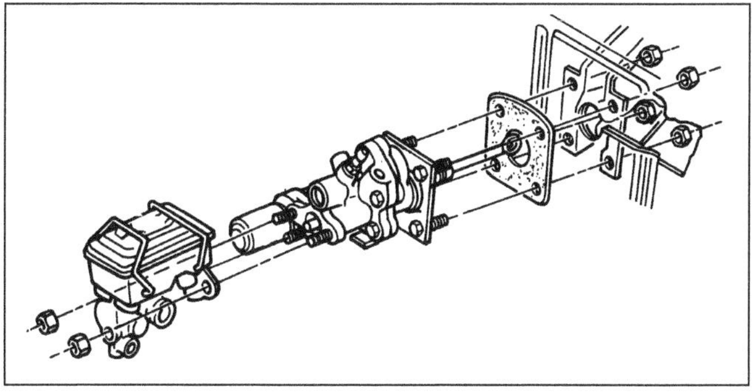

19.3 Bromsförstärkarenhet, infästningsdetaljer

18 Bromsservons vakuumförstärkare - kontroll, demontering och montering

1 Bromsservons vakuumförstärkare är underhållsfri med undantag för regelbundna kontroller av vakuumslangen och huset. Tidigare modeller kan ha ett inbyggt luftfilter vilket bör kontrolleras regelbundet och bytas ut om det är igensatt eller skadat.
2 Specialverktyg krävs vid isärtagning av servoenheten vilket är ett arbete som hemmamekanikern normalt inte bör utföra. Om problem uppstår rekommenderas att en ny eller fabriksrenoverad servoenhet monteras.
3 Ta bort muttrarna som fäster huvudcylindern på vakuumförstärkaren och dra försiktigt huvudcylindern framåt tills den inte längre vidrör pinnskruvarna. Var försiktig så att bromsledningarna inte böjs eller veckas.
4 Lossa vakuumslangen där den ansluts till bromsförstärkaren.
5 Från bilens kupé, lossa bromsservons tryckstång från överdelen på bromspedalen.
6 Ta bort muttrarna som fäster förstärkaren på torpedväggen **(se bild)**.
7 Lyft försiktigt bort förstärkaren från torpedväggen.
8 Montera förstärkaren på plats och dra åt muttrarna. Anslut bromspedalen.
9 Montera huvudcylinder och vakuumslang.
10 Prova bromsarna noggrant innan bilen tas ut i trafiken igen.

19 Bromsförstärkarenhet - demontering och montering

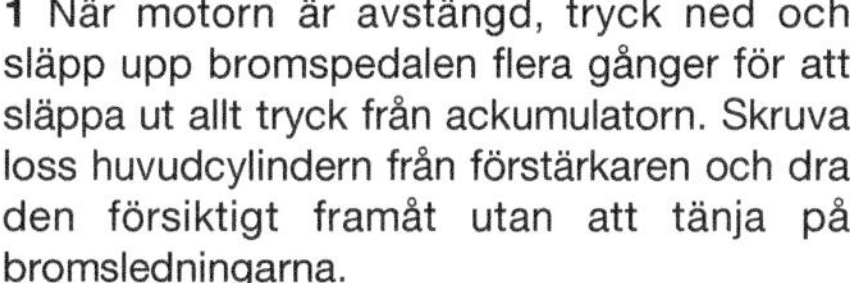

1 När motorn är avstängd, tryck ned och släpp upp bromspedalen flera gånger för att släppa ut allt tryck från ackumulatorn. Skruva loss huvudcylindern från förstärkaren och dra den försiktigt framåt utan att tänja på bromsledningarna.
2 Lossa förstärkarens tryckstång från förstärkarfästets ledpinne och lossa broms-(styrvätske-)ledningarna från förstärkaren. Täpp till alla öppningar.
3 Demontera förstärkarens fästbyglar och demontera fästbygeln och själva förstärkaren **(se bild)**. Montering sker i omvänd ordningsföljd. När monteringen är avslutad ska systemet luftas enligt beskrivningen i avsnitt 22.

20 Bromsslangar och ledningar - kontroll och byte

1 Ungefär var sjätte månad, med bilen upphissad och stöttad på pallbockar, ska slangarna som ansluter stålbromsledningarna till de främre och bakre bromsarna kontrolleras beträffande sprickor, nötning av det yttre lagret, läckage, bulor eller andra skador. Dessa slangar är viktiga och sårbara delar i bromssystemet och kontrollen bör vara fullständig. Om någon slang visar tecken på skador av ovanstående slag ska den bytas ut mot en ny.

Lampa och spegel underlättar vid en noggrann kontroll.

Byte av bromsslang

2 Gör slangändarna rena från all smuts.
3 Lossa bromsledningen från slangen med en extra skiftnyckel på anslutningen. Böj inte ramfästet eller ledningen. Vid behov kan anslutningarna lösas upp med rostlösande olja.
4 Demontera U-clipset från honanslutningen vid fästet **(se bild)** och demontera slangen från fästet.
5 Lossa slangen från bromssadeln, kasta kopparbrickorna som sitter på anslutningsblockets båda sidor.
6 Använd nya kopparbrickor, anslut den nya slangen på bromssadeln.
7 Dra honanslutningen genom ramen eller ramfästet. När slangen är vriden så lite som möjligt monteras anslutningen i detta läge. **Observera:** *Bilens tyngd ska vila på upphängningen varför bilen inte ska hissas upp när slangen läggs på plats.*
8 Montera U-clipset på honanslutningen vid ramfästet.
9 Anslut bromsledningen på slanganslutningen och håll fast anslutningen med en öppen ringnyckel.
10 Kontrollera noggrant att inga upphängnings- eller styrkomponenter vidrör slangen. Låt en medhjälpare rulla bilen och även vrida ratten från sida till sida med fullt utslag under kontrollen.
11 Lufta bromssystemet enligt beskrivningen i avsnitt 21.

Byte av bromsledning

12 Vid byte av bromsledningar är det viktigt att korrekta reservdelar införskaffas. Använd inte kopparrör för några som helst anslutningar i bromssystemet. Köp riktiga bromsledningar från auktoriserad verkstad eller bromsspecialist.
13 Färdiga bromsledningar, med flänsade rörändar och monterade anslutningar, finns hos biltillbehörsaffärer eller verkstäder. Sådana ledningar kan också böjas till rätt form vid behov.
14 Om färdiga rörlängder inte finns att tillgå, skaffa stålrör och anslutningar av rekommenderad typ, som passar ledningen som ska ersättas. Gör en uppskattning av längden som behövs genom att mäta den gamla bromsledningen (ett snöre går ofta bra att använda) och kapa den nya ledningen till rätt längd med cirka 1,5 cm marginal för att flänsa ändarna.

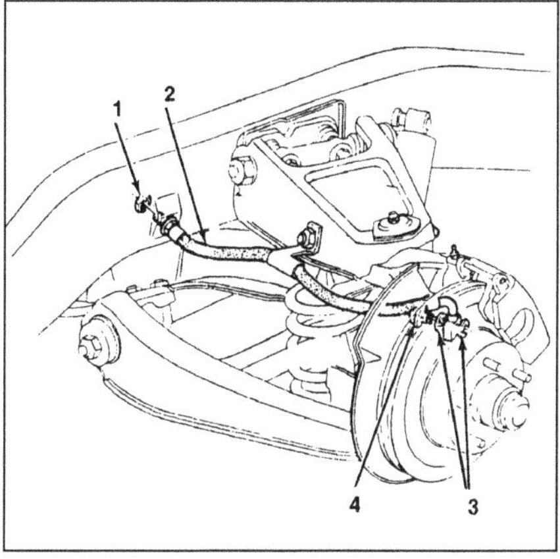

20.4 Montering av vanlig bromsslang

1 U-clips eller mutter *3 Bricka*
2 Bromsslang *4 Skruv*

15 Montera anslutningen på den tillskurna rörledningen och flänsa ändarna med ett ISO-flänsverktyg.
16 Vid behov, böj ledningen varsamt så att de får rätt form. En rörböjare rekommenderas för detta arbete. Ledningen får inte veckas eller skadas.
17 När den nya ledningen monteras, kontrollera att den stöds ordentligt i fästena med gott om utrymme mellan rörliga eller heta delar.
18 Efter monteringen, kontrollera vätskenivån i huvudcylindern och fyll på vätska vid behov. Lufta bromssystemet enligt beskrivning i nästa avsnitt och prova bromsarna noggrant innan bilen tas i bruk bland trafik igen.

21 Luftning av bromssystemet

Observera: *Bromssystemet måste luftas för att avlägsna eventuell luft som söker sig in i systemet när det har öppnats på grund av demontering och montering av slang, ledning, bromssadel eller huvudcylinder.*
1 Systemet behöver antagligen luftas vid alla fyra bromsarna om luft har kommit in i systemet på grund av låg vätskenivå eller om bromsledningarna har varit lossade vid huvudcylindern.
2 Om en bromsledning lossats vid endast ett hjul behöver bara den bromssadeln eller den hjulcylindern luftas.

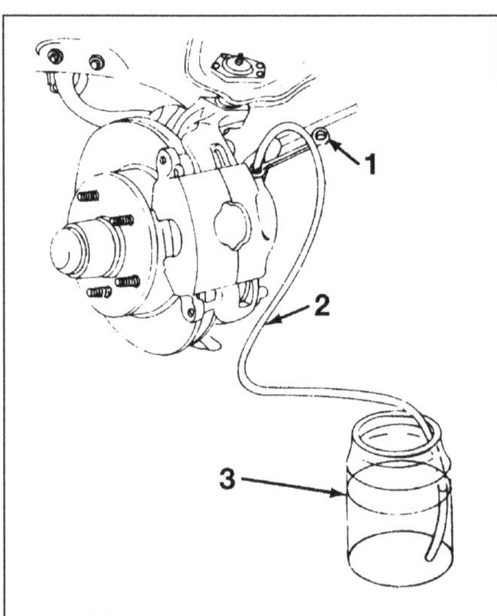

21.8 Vid luftning av bromsarna ansluts en genomskinlig slang till luftningsnippeln och sänks ner i bromsvätska - det är lätt att se luftbubblorna i slangen och i kärlet. När vätskan är fri från bubblor har luften avlägsnats från bromssadeln eller hjulcylindern

1 Bromsluftningsnyckel
2 Luftningsslang
3 Slangen ska vara nedsänkt i bromsvätskan

3 Om en bromsledning lossas vid en anslutning mellan huvudcylindern och någon av bromsarna, måste den del av systemet som betjänas av den lossade ledningen luftas.
4 Avlägsna eventuellt kvarvarande vakuum från bromsförstärkaren genom att trampa ned bromspedalen flera gånger med motorn avstängd.
5 Ta bort locket till huvudcylinderns behållare och fyll på behållaren med bromsvätska. Sätt tillbaka locket. **Observera:** *Kontrollera bromsvätskan ofta under luftningsprocessen och fyll på bromsvätska efter behov för att hindra att vätskenivån sjunker så lågt att luftbubblor kommer in i huvudcylindern.*
6 Ha en medhjälpare till hands, såväl som ny bromsvätska, ett tomt genomskinligt plastkärl, en bit 9 mm slang av plast eller gummi som passar över luftningsnippeln samt en bromsluftningsnyckel för att öppna och stänga luftningsnippeln.
7 Börja vid höger bakhjul, lossa luftningsnippeln något, dra därefter åt den till en punkt där den sitter tätt men kan ändå lossas snabbt och enkelt.
8 Placera slangens ena ände över luftningsnippeln och sänk ner den andra änden i bromsvätskan i kärlet **(se bild)**.
9 Låt medhjälparen pumpa bromsarna flera gånger för att få upp trycket i systemet, håll därefter pedalen hårt nedtryckt.
10 Medan pedalen hålls nedtryckt öppnas luftningsnippeln precis tillräckligt så att vätska kan komma ut ur nippeln. Observera luftbubblorna som kommer ut genom den nedsänkta slangänden. När vätskeflödet avtar efter ett par sekunder, stäng nippeln och låt medhjälparen släppa upp pedalen.
11 Upprepa steg 9 och 10 tills vätskan som kommer ut genom slangen är fri från luftbubblor, dra åt luftningsnippeln och fortsätt med vänster bakhjul, höger framhjul och vänster framhjul, i den ordningen, och upprepa samma procedur. Gör täta kontroller av vätskan i huvudcylinderns behållare.
13 Använd aldrig gammal bromsvätska. Den innehåller fukt och kan försämra komponenterna i bromssystemet.
14 Fyll på huvudcylindern med vätska vid slutet av luftningsproceduren.
15 Kontrollera att bromsarna fungerar ordentligt. Bromspedalen bör kännas fast vid nedtrampning, utan svampighet. Om det behövs ska hela processen upprepas.

Varning: Kör inte bilen om du inte är säker på att bromssystemet är effektivt.

16 Om problem uppstår vid luftning av bromssystemet, eller om en medhjälpare inte finns till hands, kan en tryckluftningssats vara en god investering. Om en sådan sats ansluts enligt instruktionerna kan varje luftningsnippel öppnas i tur och ordning för att låta vätskan rinna ut av trycket tills den är fri från luftbubblor, utan att huvudcylindern behöver fyllas på under arbetets gång.

22 Bromsförstärkarsystem - luftning

1 På bilar med bromsförstärkare som används i anslutning till styrservosystem eller pump, ska luftning av bromssystemet utföras enligt beskrivningen i föregående avsnitt. Styrservons förstärkningssystem bör emellertid luftas på följande sätt, när helst brist på styrservo visar att det behövs.
2 Om styrservovätskan har löddrat på grund av att vätskenivån är för låg, ska behållaren fyllas på och bilen parkeras med behållarlocket avtaget tills löddret har försvunnit.
3 Fyll på styrservobehållaren med rekommenderad vätska (kapitel 1). Låt behållarens lock vara avtaget.
4 Starta motorn och låt den gå i några sekunder.
5 Upprepa proceduren som beskrivits i steg 3 och 4 tills vätskenivån är konstant när motorn har varit i gång.
6 Höj bilens framvagn tills hjulen inte vilar på marken.
7 Med motorn på tomgång på cirka 1500 rpm, vrid ratten varsamt från sida till sida med fullt utslag med lätt beröring vid stopplägena. Kontrollera nivån i behållaren.
8 Sänk ned bilen.
9 Vrid hjulen från sida till sida med fullt utslag med motorn igång medan bromspedalen trycks ned flera gånger.
10 Stäng av motorn och tryck ned bromspedalen fyra till fem gånger.
11 Kontrollera vätskenivån i behållaren och fyll på vid behov.
12 Om vätskan löddrar starkt ska proceduren upprepas.
13 På modeller som är utrustade med styrning utan servo och en styrservopump genererar nödvändigt bromstryck för bromsförstärkaren, använd luftningsproceduren för styrservosystem som beskrivs i kapitel 10.

23 Låsningsfria bromsar - allmän beskrivning

Beskrivning

Låsningsfria bromsar (ABS-bromsar) är konstruerade att bibehålla bilens manövreringsförmåga, körriktningsstabilitet och optimala inbromsningsförmåga vid svåra bromsningsförhållanden på de flesta vägunderlag. Systemet övervakar hjulens hastighet i relation till de andra hjulen och kontrollerar trycket i bromsledningarna under inbromsningen. Detta gör att hjulen inte låser sig för tidigt.

Två typer av ABS-system förekommer: Låsningsfria bakhjul (RWAL) och låsningsfria fyra hjul (4WAL). RWAL styr endast låsning på de bakre hjulen medan 4WAL hindrar låsning på alla fyra hjulen.

Komponenter

Manöverdon

Manöverdonet omfattar huvudcylinder och styrventil som består av snabbtömningsreglage och skalventil. Ventilen fungerar på så sätt att den ändrar trycket i bromsvätskan efter signaler som styrenheten sänder.

Styrenhet

Styrenheten för låsningsfria bromsar kallas elektrohydraulisk styrenhet (EHCU) på 4WAL-system och styrmodul på RWAL-system. Enheten är monterad i motorrummet under huvudcylindern och utgör systemets "hjärna" **(se bilder)**. Styrenhetens funktion är att ta emot och behandla information som kommer från en eller flera hastighetsgivare och bromsljuskontakten för att styra trycket i hydraulledningarna och därmed undvika att hjulen låser sig. Styrenheten övervakar systemet konstant, även under normala körförhållanden, för att upptäcka eventuella fel i systemet.

Om fel skulle uppstå i systemet tänds varningslampan för BRAKE (RWAL-system) eller ANTI-LOCK (4WAL-system) på instrumentpanelen. En diagnoskod lagras, vilken indikerar det område eller den komponent där felet har uppstått. Koden måste avläsas av en servicetekniker.

Hjulsensorer

På 4WAL-system har varje hjul en sensor. På RWAL-system är en sensor placerad i växellådans förlängningshus. Sensorn (-erna) sänder en signal till styrenheten som indikerar hjulens varvtal.

Bromsljuskontakt

Bromsljuskontakten signalerar till styrenheten när föraren trycker ned bromspedalen. Utan denna signal kan ABS-systemet inte aktiveras.

Diagnos och reparation

Om varningslampan för BRAKES eller ANTI-LOCK tänds på instrumentpanelen och fortsätter att lysa, kontrollera att parkeringsbromsen inte är anlagd och att inget problem föreligger i hydraulsystemet. Om ingetdera orsakar problemet är förmodligen ABS-systemet defekt. Speciella testprocedurer behövs visserligen för att ställa en korrekt diagnos på systemet, men hemmamekanikern kan utföra några inledande kontroller innan bilen körs till en auktoriserad verkstad.

a) *Kontrollera att bromsar, bromssadlar och hjulcylindrar är i gott skick*

b) *Kontrollera de elektriska anslutningsdonen på styrenheten.*

c) *Kontrollera säkringarna.*

d) *Följ kabelnätet till sensorerna eller givarna och bromsljuskontakten och kontrollera att alla anslutningar är ordentligt ihopkopplade och att ledningarna inte är skadade.*

Om problemet inte kan åtgärdas med ovanstående inledande kontroller bör en auktoriserad verkstad få ställa diagnos på bilen.

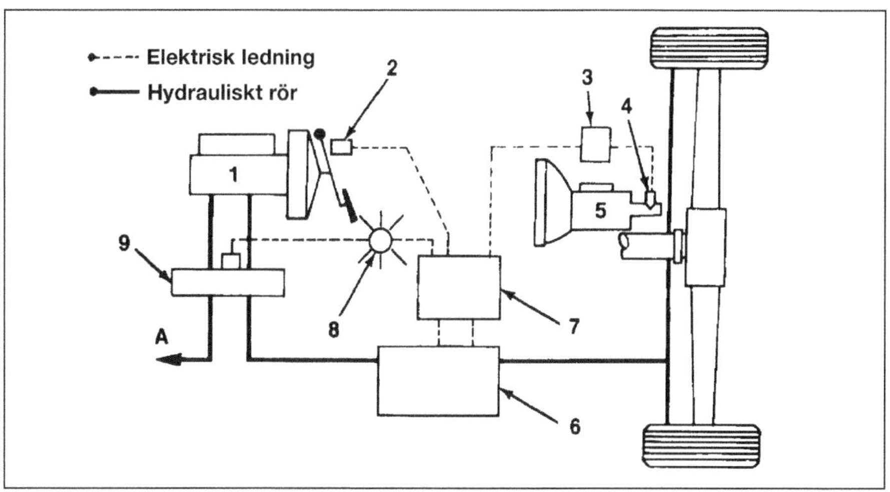

23.2a Låsningsfria bromsar på bakhjul

A Till frambromsar
1 Huvudcylinder
2 Bromsljuskontakt
3 Digital förhållandeadapter (del av instrumentpanel)
4 Hastighetssensor
5 Växellåda
6 Skalventil/snabbtömningsreglage
7 RWAL styrenhet
8 Bromsvarningslampa
9 Kombinationsventil

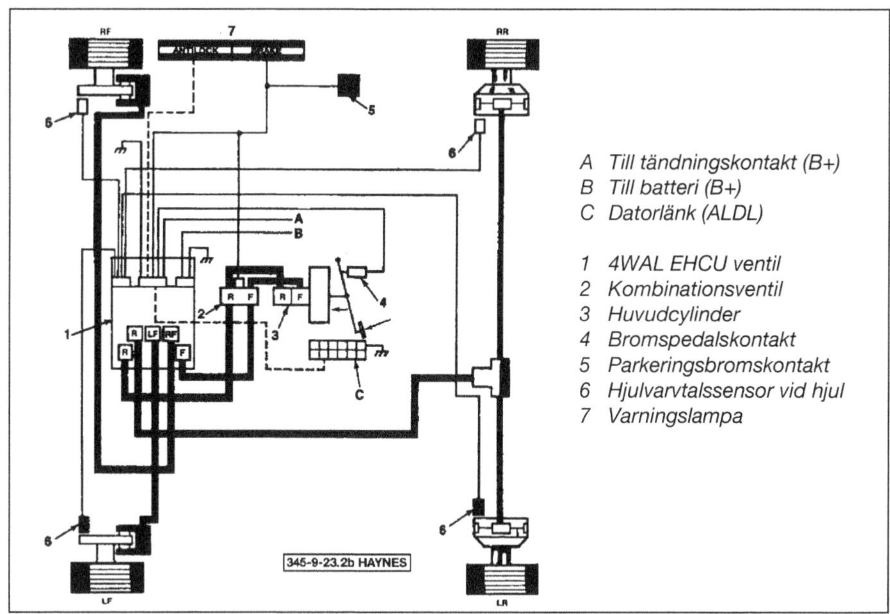

23.2b Låsningsfria bromsar på fyra hjul

A Till tändningskontakt (B+)
B Till batteri (B+)
C Datorlänk (ALDL)

1 4WAL EHCU ventil
2 Kombinationsventil
3 Huvudcylinder
4 Bromspedalskontakt
5 Parkeringsbromskontakt
6 Hjulvarvtalssensor vid hjul
7 Varningslampa

Anteckningar

Kapitel 10
Fjädring och styrning

Innehåll

Svårighetsgrad

Enkelt, passar novisen med lite erfarenhet 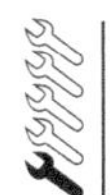	**Ganska enkelt,** passar nybörjaren med viss erfarenhet 	**Ganska svårt,** passar kompetent hemma-mekaniker 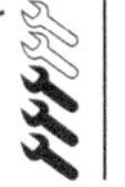	**Svårt,** passar hemmamekaniker med erfarenhet 	**Mycket svårt,** för professionell mekaniker 

Specifikationer

Styrsystem

Styrväxelns förspänningar

Styrning utan servo 1967 t o m 1971	
Snäckskruvlagrets förspänning	0,57 till 1,02 Nm
Förspänning i mittläge	0,45 till 1,13 Nm
Total maximal förspänning	1,58 Nm
Servostyrning 1967 t o m1971	
Snäckskruvlagrets förspänning	0,79 till 1,02 Nm
Förspänning i mittläge	0,68 till 1,13 Nm
Total maximal förspänning	2,03 Nm
Styrning utan servo fr o m 1972	
Snäckskruvlagrets förspänning	0,45 till ,068 Nm
Förspänning i mittläge	0,45 till 1,13 Nm
Total maximal förspänning	1,58 Nm
Servostyrning fr o m 1972	
Styrväxelns kulmutter	0,34 Nm max
Snäckskruvlagrets förspänning	0,11 till 1,81 Nm
Förspänning i mittläge	0,34 till 0,68 Nm
Total maximal förspänning	1,58 Nm
Rattaxelns förspända fjäders ihoptryckta längd	12,700 mm ± 1,016 mm
Inställningsvärden på rattaxelns flexibla medbringare	6,35 till 9,525 m

Åtdragningsmoment

	Nm
Framvagnsfjädring	
Framaxel	
krängningshämmarens fäste	34
krängningshämmarens länk	27
spindeltappens lagerskål	4
spindeltappens låsskruv	41
stötdämparens övre fäste	102
stötdämparens undre fäste	75
fjäderkrampans muttrar	108
fjäderns främre fjäderfäste	102
fjäderns bakre hänke	68
Undre länkarmsaxelns krampa	
G10 t o m 1974	61
G10, fr o m 1975	115
G20 och G30	115
Övre länkarmsaxelns muttrar	
G10	95
G20 och G30	142
Länkarmsbussningens skruv (G10)	190
Skruv till övre länkarmens stålbussning (G20 and G30)	
ny	258
använd	156
Skruv till undre länkarmens stålbussning (G20 och G30)	
ny	380
använd	176
Övre spindelledens mutter	
G10	68
G20 och G30	122
Skruv mellan framaxelbalk och sidobalk	88
Skruv mellan framaxelbalk och nedre sidobalk	122 till 136
Skruv till hållare för bromsslang på framaxelbalken	81
Skruv mellan krängningshämmare och länkarm	34
Skruv mellan krängningshämmare och ram	34
Skruv till stötdämparens övre fäste	190
Skruv till stötdämparens undre fäste	81
Skruv till bromssadel	47
Bakvagnsfjädring	
Fjäderkrampa mellan fjäder och axel	190
Fjäderns främre fjäderfäste	122
Fjäderns bakre hänke	122
Skruv till övre stötdämparfäste	190
Skruv till undre stötdämparfäste	156
Skruv mellan bakre krängningshämmare och fäste	37
Styrning	
Mutter till styrstagets pinnskruv	
G10	50
G20 och G30	61
Skruv till styrstagets klamma	30
Skruv till hjälpstyrarm	41
Mellersta styrstagets styrleds mutter på hjälpstyrarm	81
Mutter mellan Pitmanarm och parallellstag	81
Mutter mellan Pitmanarm och sektoraxel	
Styrning utan servo	190
Servostyrning	244
Styrväxelns skruv	88 till 102
Rattmutter	41
Mutter till styrservopumpens remskiva	81
Skruv till styrservopumpens fäste och stöd	34
Klämskruv till rattaxelns undre koppling	41
Låsmutter till styrväxelns justerskruv	
Styrning utan servo	115
Servostyrning	108
Låsmutter till justerskruv	47
Mellan rattaxelfäste och instrumentbräda	20
Skruv mellan instrumentbrädfäste och instrumentbräda	27
Fjäderskruv till låsregel (ställbar rattaxel)	4
Skruv till lagerhusets stöd (ställbar rattaxel)	7

1 Allmän beskrivning

På tidigare modeller består framvagnsupphängningen av bladfjädrar som håller upp en stel axel, och på senare modeller utgörs den av individuellt fjädrande övre och undre länkarmar, spiralfjäder och teleskopstötdämpare.

Bakvagnsupphängningen består av längsgående bladfjädrar och teleskopstötdämpare.

2 Underhåll och kontroll

1 Smörj fjädringens och styrlänkagets leder med regelbundna intervall enligt rekommendationer i avsnittet *Rutinmässigt underhåll* (kapitel 1). På tidigare modeller med stel axel finns ett antal smörjpunkter inklusive smörjpunkterna på bladfjädrarnas hänken.

2 Styrväxeln utan servo fylls med smörjmedel på fabriken och behöver generellt aldrig fyllas på. Kontrollera emellertid regelbundet att smörjmedlet inte läcker ut från packningarna eller husets tätningar.

3 Kontrollera styrsystemets komponenter och fjädringen beträffande slitage. Låt en medhjälpare vrida ratten i båda riktningarna medan du kontrollerar om glapp eller kärvning förekommer i styrsystemets komponenter.

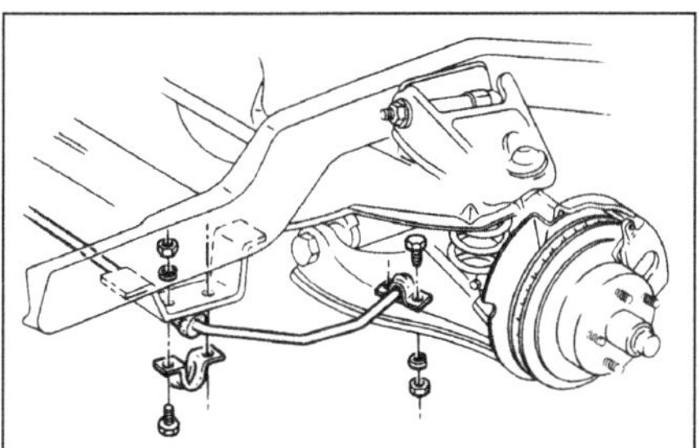

3.2a Vanlig krängningshämmare i individuell framvagnsfjädring

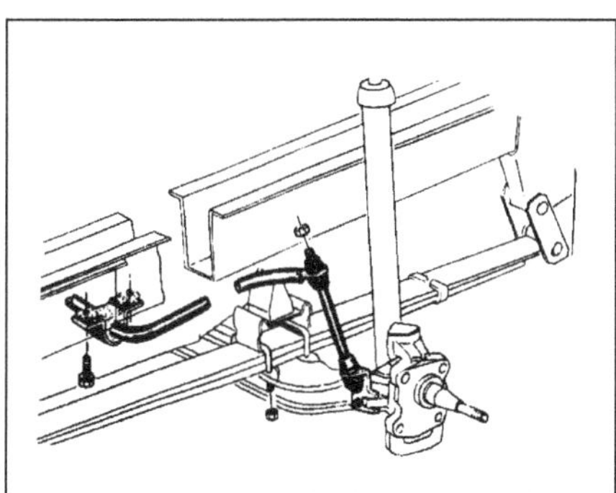

3.2b Vanlig främre krängningshämmares stel framaxel

3 Främre krängningshämmare - demontering och montering

1 Hissa upp bilen och stöd den ordentligt på pallbockar.

2 Lossa bussningarna och stödfästena som fäster krängningshämmaren på ramen **(se bilder)**.

3 Lossa fästena som fäster krängningshämmaren på de undre länkarmarna.

4 Byt slitna bussningar och montera dem som i omvänd ordningsföljd mot demonteringen. Kontrollera att slitsarna i de rörliga bussningarna vid infästningarna på ramen pekar framåt.

4 Främre bladfjäder - demontering och montering

1 Hissa upp bilens framvagn och stöd den ordentligt på pallbockar under rambalkarna.

2 Stöd axeln så att fjädrarna inte belastas, demontera hjulen.

3 Demontera muttrarna på fjäderkrampan mellan fjädern och axeln **(se bild)**.

4 Demontera skruvarna från fjäderfästena och fjäderhänkena, demontera fjädern från bilen.

5 Montering sker i omvänd ordningsföljd, med undantag för att alla muttrar och skruvar endast dras åt för hand tills bilen har sänks ned på marken. Gunga bilen upp och ned några gånger så att fjädringen sätter sig, dra sedan åt alla muttrar och skruvar till angivet åtdragningsmoment.

5 Framaxel - demontering och montering

1 Hissa upp bilens framvagn och stöd den säkert på pallbockar. Placera pallbockarna under rambalkarna strax bakom fjäderhänkena.

2 Demontera hjulen.

3 Lossa stötdämparna där de är infästa på axelfästena.

4 Lossa krängningshämmaren från axelfästena.

5 Demontera bromstrummor och nav (se kapitel 9).

6 Demontera bromssköld och broms, knyt upp dem med en ståltråd så att de inte är i vägen.

7 Använd en kulledsavdragare, och lossa styrstagen från styrarmarna.

8 Stöd axeln med en domkraft så att fjädrarna inte är spända eller ihoptryckta, och demontera fjäderns fjäderkrampor.

9 Sänk domkraften varsamt tills casterkilarna, som är placerade mellan axel och fjäder kan kilas in vid fjädern för att hålla dem på plats. Det är nödvändigt att dessa kilar hålls säkert på plats eftersom, om de flyttas måste castervinkeln ställas in på nytt av en verkstad.

10 Demontera axeln från bilen.

11 Montering sker i omvänd ordningsföljd, kontrollera att fjäderns mittskruvar griper i hålen i fjädersätena.

12 Låt snarast kontrollera framvagnsinställningen.

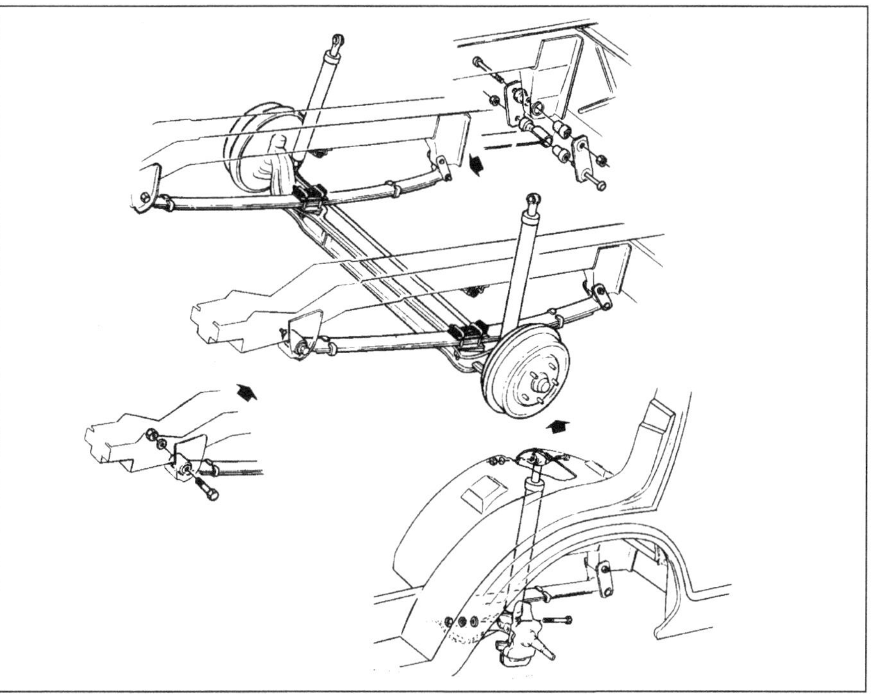

4.3 Stel (framaxel) framvagnsupphängning

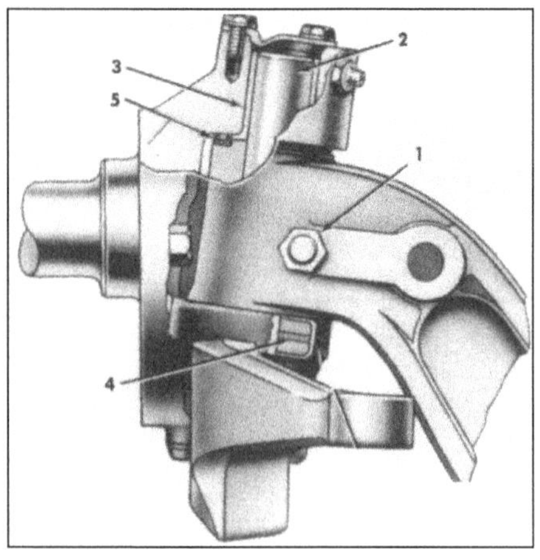

6.7a G10-seriens hjulspindel

1 Låspinne
2 Spindeltapp
3 Bussning
4 Trycklager
5 Tätning

6 Framaxel - renovering

1 Hjulspindlar och spindeltappar kan demonteras för underhåll utan att axeln behöver demonteras från bilen.

2 Hissa upp bilens framvagn och stöd den säkert på pallbockar.

3 Demontera hjulet och bromstrumman/navet.

4 Skruva loss bromsskölden från hjulspindeln och häng upp den med en bit ståltråd så att den inte är i vägen.

5 Skruva loss styrarmen och sväng den och styrstaget åt sidan.

6 Demontera dammskydden hjulspindelns över- och underdel.

7 Skruva loss muttern från spindeltappens låspinne och knacka ut låspinnen **(se bilder)**.

8 Knacka spindeltappen uppåt tills den kan demonteras, ta därefter bort hjulspindel, shims och trycklager eller brickor.

9 Om nya spindeltappar och bussningar ska monteras kan delade bussningar av Delrin-typ demonteras genom att de dras ut från hjulspindelns lopp.

10 Smörj in de nya bussningarna utvändigt och tryck in dem på plats.

11 På G10-modeller, montera O-ringen i ledens övre lopp under den övre bussningen. På G20-modeller placeras tätningen i axeln.

12 Hitta hjulspindeln på axeländen och dra tryckbrickan mellan axelns nedre yta och spindeltappens ok.

13 Smörj in den nya spindeltappen och tryck in den på plats temporärt.

14 Vid montering av hjulspindeln på G20-modeller, var aktsam så att spindeltappens övre tätning inte skadas. Hjulspindeln måste placeras över tätningen innan den undre tryckbrickan monteras.

15 Placera en domkraft under hjulspindeln och hissa upp domkraften tillräckligt långt för att ta upp glappet mellan hjulspindel, axel och trycklager eller brickor.

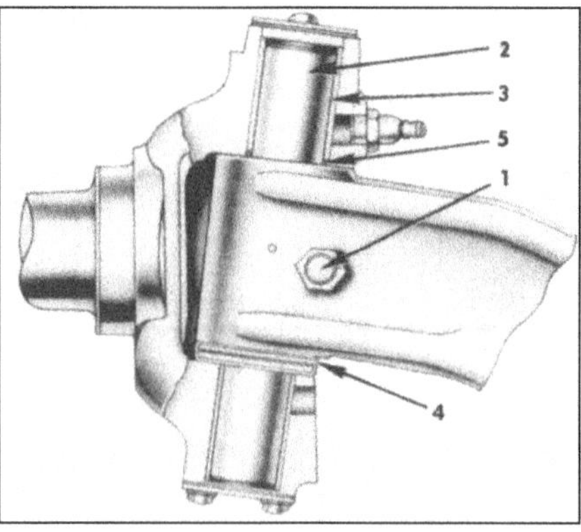

6.7b G20-seriens hjulspindel

1 Låspinne
2 Spindeltapp
3 Bussning
4 Tryckbricka
5 Tätning

16 Kontrollera det fria spelet mellan axelns övre yta och hjulspindelns övre del **(se bild)**. Om spelet överskrider 0,38 mm, ska tillräckligt många shims placeras för att reducera spelet till mellan 0,08 och 0,20 mm.

17 Tryck in spindeltappen helt på plats, kontrollera att skåran i tappen är inpassad mot låspinnens hål i axeln.

18 Montera låspinnen framifrån.

19 Resten av monteringen sker som demonteringen, men i omvänd ordningsföljd.

20 Låt kontrollera framvagnssinställningen vid första bästa tillfälle.

7 Främre spiralfjäder - demontering och montering

1 Hissa upp bilen och stöd den ordentligt på pallbockar så att länkarmarna hänger fria.

2 Lossa stötdämparens undre fäste.

3 Lossa krängningshämmaren från den undre länkarmen

4 Montera en kedja genom fjädern och runt den undre länkarmen som säkerhetsåtgärd.

5 En lämplig fjäderkompressor, exempelvis GM specialverktyg nr J-23028-02 eller motsvarande kommer att behövas för att trycka ihop fjädern så att den undre länkarmen inte belastas.

Varning: Om rätt verktyg inte finns till hands är det bättre att överlåta detta arbete till en auktoriserad verkstad eller annan verkstad med lämplig utrustning. Fjädern är hårt spänd och kan orsaka stor skada om den lossnar från verktyget.

6 Demontera de två kramporna som fäster den undre länkarmen vid framaxelbalken **(se bild)**.

7 Sänk ned länkarmen tills fjädern, fortfarande ihoptryckt med verktyget, kan demonteras.

8 Om originalfjädern ska monteras tillbaka behöver fjäderkompressorn inte tas bort. Om en ny fjäder ska monteras ska fjäderkompressorn försiktigt tas bort från den gamla fjädern, montera verktyget på den nya fjädern.

9 Montering sker i omvänd ordningsföljd, kontrollera att passhålet i den undre länkarmens ledade tväraxel är i ingrepp med pinnskruven på framaxelbalken.

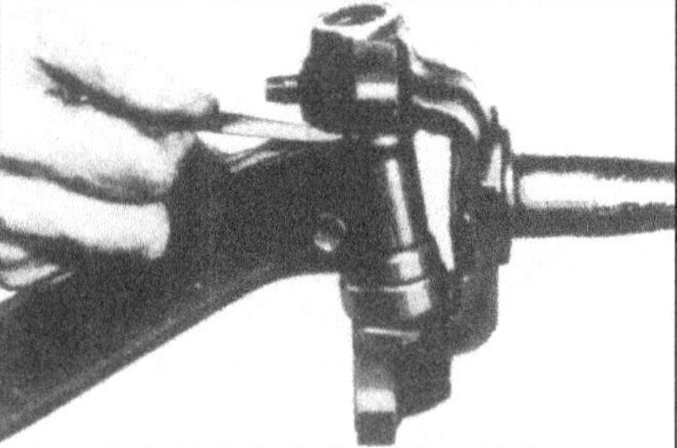

6.16 Kontroll av spel mellan hjulspindel och axeltapp

8 Spindelleder - kontroll och byte

Kontroll

Övre spindelled

1 Fatta tag i spindelleden med fingrarna och försök att rubba den. Om någon sidorörelse är kännbar i spindelleden eller om den kan vridas i sockeln, är spindelleden utsliten och måste bytas mot en ny.

Undre spindelled

2 Hissa upp bilen, stöd den ordentligt på pallbockar och demontera hjulen.

3 Stöd fjädringens tyngd med en domkraft. Mät avståndet mellan spetsen på spindelledens pinnskruv och spetsen på smörjanordningen nedanför spindelleden (A) (om smörjanordning förekommer) eller mellan länkarmens undre yta och spindelledens överdel (B) **(se bilder)**.

4 Sänk ned domkraften så att fjädringen kan hänga fritt och upprepa mätningen.

5 Om skillnaden mellan de båda måtten överskrider 5 mm är spindelleden sliten och måste bytas mot en ny.

Byte

6 Hissa upp bilen, stöd den ordentligt på pallbockar, demontera framhjulet.

7 Demontera bromssadeln och häng upp den så att den inte är i vägen (kapitel 9).

8 Demontera saxpinnen från spindelleden och backa muttern två varv.

9 Placera en domkraft eller pallbock under den undre länkarmen. **Observera:** *Domkraften eller pallbocken måste stöda länkarmen under demontering och montering av spindelleden så att fjäder och länkarm hålls i rätt läge.*

10 Separera spindelleden från hjulspindeln med ett GM-verktyg nr J-23742 eller en kulledsavdragare för att trycka ut spindelleden ur hjulspindeln **(se bild)**.

1 Skruv
2 Bricka
3 Mutter
4 Skruv
5 Bricka
6 Skruv
7 Bricka
8 Förstärkning
9 Fäste
10 Mutter
11 Nit
12 Smörjnippel
13 Övre spindelled
14 Mutter
15 Saxpinne
16 Mutter
17 Bricka
18 Shimspack
19 Distans
20 Stötdämpare
21 Skruv
22 Bricka
23 Mutter
25 Mutter
26 Bussning
27 Mutter
28 Övre länkarm
29 Länkarmsaxel
30 Anslagsgummi
31 Hjulspindel och axeltapp
32 Spiralfjäder
33 Anslagsgummi
34 Saxpinne
35 Mutter
36 Undre länkarm
37 Undre spindelled
38 Mutter
39 Bricka
40 Bussning
41 Bricka
42 Klamma
43 Skruv
44 Klamma
45 Nit
46 Bussning i undre länkarmslagring
47 Fäste
48 Bricka
49 Mutter
50 Länkarmsaxel
51 Nit
52 Fäste
53 Bussning
54 Skruv
55 Bricka
56 Fäste
57 Bricka
58 Mutter
59 Krängningshämmare
60 Skruv
61 Bricka
62 Bricka
63 Mutter
64 Stöd
65 Skruv
66 Bricka
67 Mutter

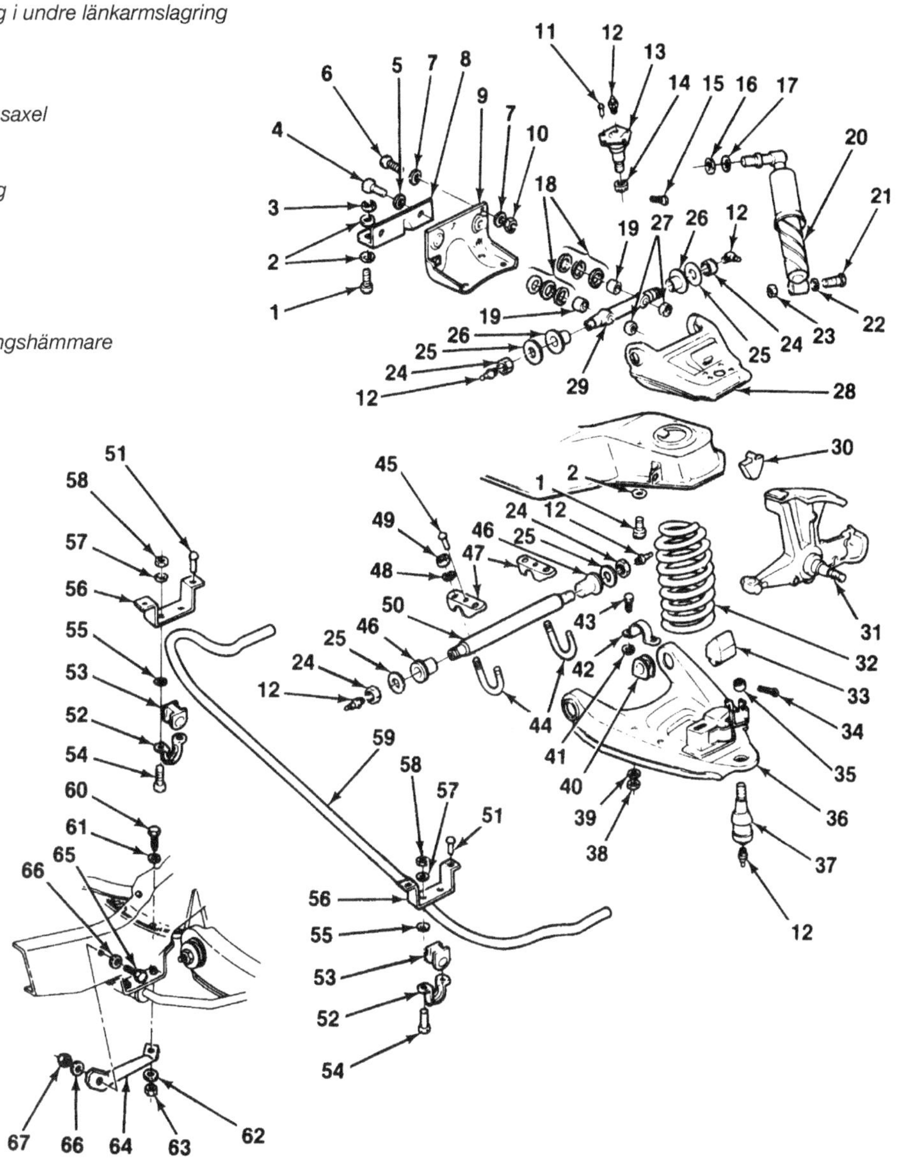

7.6 Individuell framvagnsupphängning - sprängskiss

8.3a Mät avståndet mellan punkterna på modeller med smörjnipplar för att bedöma slitaget i spindellederna

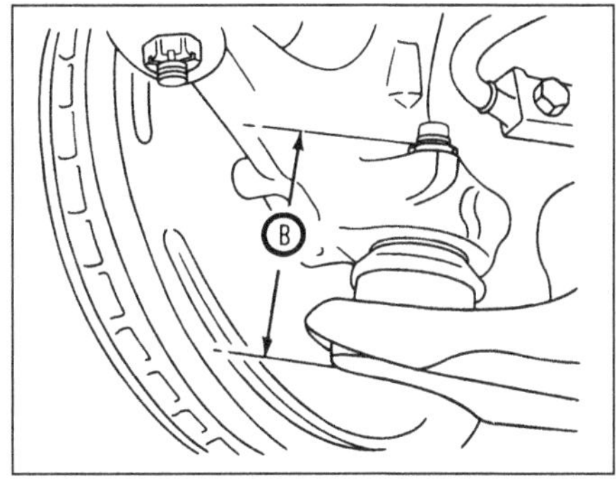

8.3b På modeller utan smörjnipplar, mät avståndet mellan de utmärkta punkterna för att kontrollera slitaget i spindellederna

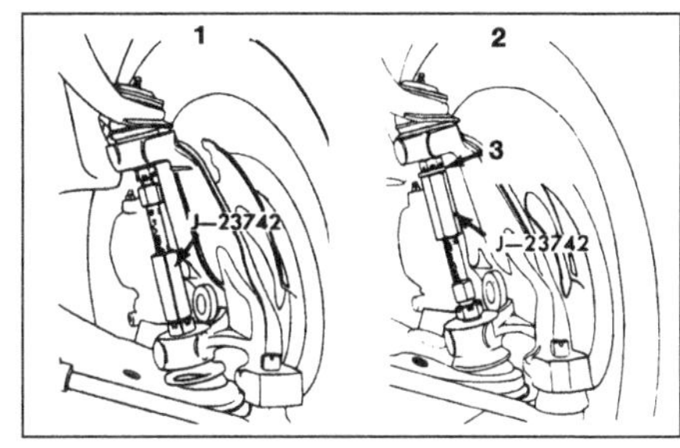

8.10 Dessa specialverktyg behövs för demontering av spindelled

1 Demontera den övre spindelleden
2 Demontera den undre spindelleden
3 Tjock planbricka

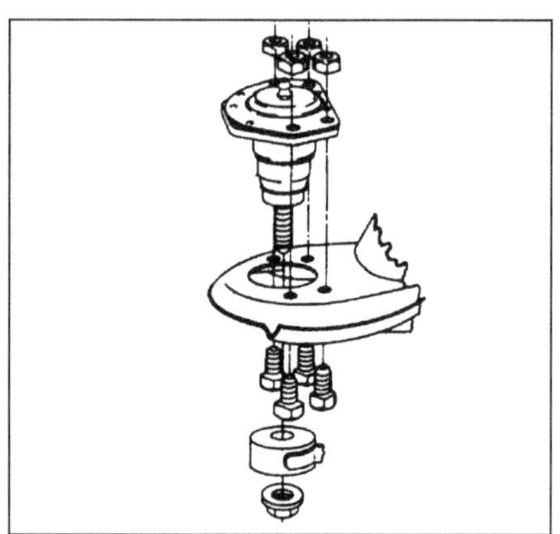

8.11 Montering av övre spindelled - skruvarna måste monteras med huvudena nedåt

11 För att demontera den övre spindelleden från länkarmen, borra ut nitarna, demontera kullederna och rengör länkarmen. Montera den nya övre spindelleden mot kontaktytan på länkarmen och fäst den med de levererade muttrarna och skruvarna **(se bild).**

12 Demontera länkarmarna från de undre spindellederna (avsnitt 10) och ta med dem till en verkstad som kan trycka ut spindellederna från den undre länkarmen och ersätta dem med nya spindelleder.

13 Kontrollera de koniska hålen i hjulspindeln, och ta bort eventuellt ansamlad smuts. Om de är skeva, deformerade eller på annat sätt skadade på annat sätt måste hjulspindeln bytas ut mot en ny (avsnitt 12).

14 Anslut spindellederna på hjulspindeln och dra åt muttrarna till angivet åtdragningsmoment.

15 Om saxpinnen inte är inriktad mot kronmutterns öppning, dra åt (lossa den aldrig) muttern tillräckligt för att kunna montera saxpinnen.

16 Montera smörjnipplarna och smörj de nya spindellederna.

17 Montera hjulen och sänk ned bilen.

18 Hjulinställningen bör kontrolleras av auktoriserad verkstad vid första bästa tillfälle.

9 Främre övre länkarm - demontering och montering

1 Hissa upp bilens framvagn och stöd den ordentligt på pallbockar under framaxelbalken.

2 Demontera hjulet och stöd den undre länkarmen med en domkraft.

3 Lossa den övre spindelleden (avsnitt 8).

4 När den övre länkarmen är fri kan den ledade tväraxeln skruvas loss från framaxelbalken. Var mycket varsam så att shimsen inte faller ned från respektive lägen mellan länkarmsaxeln och framaxelbalken tills deras läge och antal har fastställts. Dessa shims styr framhjulens camber.

5 Om bussningarna till tväraxeln är slitna kan de bytas ut om länkarmsaxeln först tas bort med ett lämpligt verktyg. Detta arbete bör helst överlåtas till en auktoriserad verkstad eller annan, lämpligt utrustad verkstad.

6 Placera länkarm och länkarmsaxel i rätt läge på framaxelbalken så att shimsens konvexa och konkava ytor möts.

7 Montera muttrarna och sätt dit cambershimsen i respektive ursprungsläge innan muttrarna dras åt. Dra åt muttern vid den tunnare shimspacken först.

8 Anslut spindelleden till hjulspindeln, dra åt till angivet åtdragningsmoment och montera en ny saxsprint. Om hålen inte är inpassade ska muttern dras åt ytterligare; lossa aldrig muttern.

9 Montera hjulet och sänk ned bilen. Smörj spindelleden.

10 Låt kontrollera hjulinställningen på en verkstad.

10 Främre undre länkarm - demontering och montering

1 Hissa upp bilen och stöd den ordentligt på pallbockar.

2 Demontera framfjädern (avsnitt 7) och stöd länkarmens inre ände med en domkraft.

3 Demontera bromssadeln och häng upp den med en ståltråd så att den inte är i vägen (kapitel 9).

4 Lossa den undre spindelleden (avsnitt 8).

5 Länkarmsaxeln är redan lossad för demontering av skruvfjädern, varför att länkarmen nu kan demonteras från bilen

6 Ta med länkarmen till en auktoriserad verkstad eller annan lämpligt utrustad verkstad för byte av spindelled och länkarmslagringar.

7 Montering sker i omvänd ordningsföljd. Dra åt alla muttrar till angivet åtdragningsmoment och smörj avslutningsvis den nya spindelleden.

11 Stötdämpare - demontering, kontroll och montering

1 Demontering av stötdämpare bör utföras med bilens tyngd vilande på hjulen. Om det inte är möjligt ska bilen höjas under axlarna eller fjädringens undre länkarm så att stötdämparna befinner sig i normalläge, varken helt utdragna eller indragna.

2 Lossa de övre och undre fästena och demontera stötdämparen.

3 Kontrollera stötdämparna beträffande tecken på vätskeläckage. Om vätskeläckage är synligt ska stötdämparen bytas.

4 Granska bussningarna på fästena. Om de är slitna, har hårdnat eller på annat sätt försämrats ska de bytas.

5 På stötdämpare av traditionell typ, sätt fast de undre monteringsöglorna i ett skruvstycke och dra ut och tryck ihop stötdämparen i dess fulla längd minst sex gången. Om detta sker under missljud, ryckigt eller utan motstånd ska stötdämparna bytas tillsammans, parvis.

6 Gasfyllda stötdämpare bör bara kontrolleras med dämparen i omvänt läge.

8 Montering sker i omvänd ordningsföljd. Dra åt muttrar och skruvar till angivet åtdragningsmoment.

12 Främre hjulspindel - demontering och montering

1 Hissa upp bilens framvagn och stöd den säkert på pallbockar.

2 Stöd den undre länkarmen med en domkraft så att spiralfjädern trycks ihop till normal höjd vid körning.

3 Demontera hjulet.

4 Demontera bromssadel/nav eller bromstrumma (se kapitel 1).

5 Demontera bromsskivans sköld eller bromstrummans bromssköld.

6 Lossa styrleden från styrarmen.

7 Lossa spindellederna från hjulspindeln (avsnitt 8).

8 Demontera hjulspindeln.

9 Montering sker i omvänd ordningsföljd. Justera framhjulslagren (kapitel 1) och låt en auktoriserad verkstad kontrollera framhjulsinställningen.

13 Framaxelbalk - demontering och montering

1 Hissa upp bilens framvagn, stöd den ordentligt på pallbockar och demontera hjulen.

2 Lossa den främre stötdämparens undre fäste.

3 Lossa hjälpstyrarmen och Pitmanarmen från mittre styrstaget.

4 Stöd motorn under oljesumpen och demontera motorfästets genomgående skruvar.

5 Lossa bromsledningen från framaxelbalkens T-anslutning.

6 Stöd framaxelbalken med en domkraft.

7 Demontera skruvarna som fäster framaxelbalken på ramens sidobalkar **(se bild)**, sänk

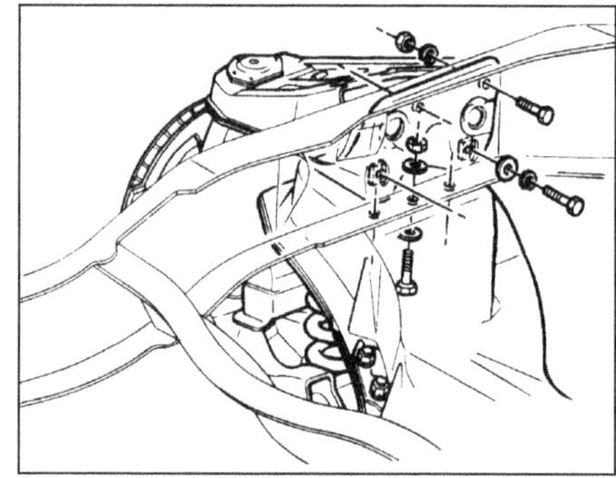

13.7 Infästning mellan framaxelbalk och ram

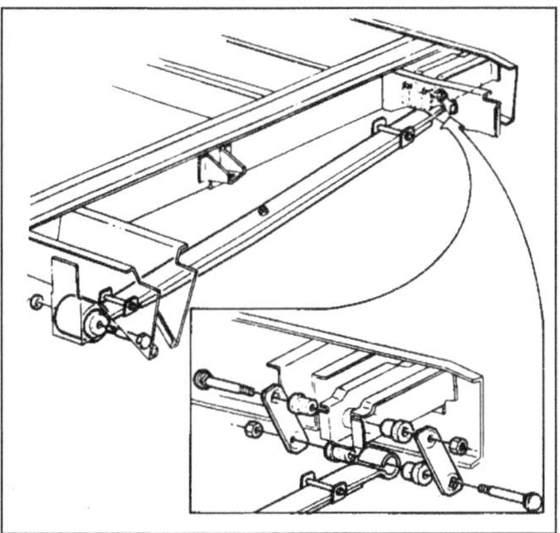

14.3a Vanlig bakre bladfjäder och hänke på tidig modell

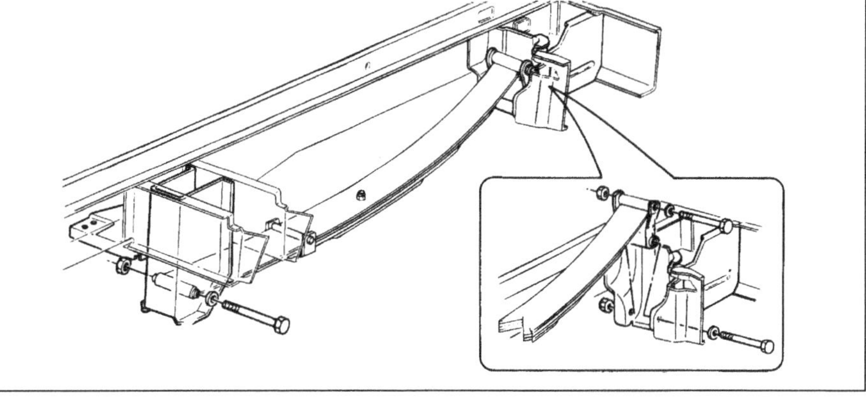

14.3b Vanlig bakre bladfjäder och hänke på sen modell

ner domkraften och ta bort hela framaxelbalken från bilen.

8 Montering sker i omvänd ordningsföljd. När monteringen är avslutad ska bromssystemet luftas (kapitel 9). Låt en auktoriserad verkstad kontrollera hjulvinklarna.

14 Bakre bladfjäder - demontering och montering

1 Hissa upp bilens bakvagn och stöd den säkert på pallbockar. Placera pallbockar under ramen strax framför fjäderfästena.

2 Stöd bakaxeln så att fjädrarna inte längre är spända eller belastade.

3 Lossa skruven som fäster fjäderhänkena **(se bilder)**.

4 Demontera den genomgående skruven från det främre fjäderfästet.

5 Demontera muttern till fjäderkrampan som är placerad mellan axel och fjäder och lyft bort fjäderplattan.

6 Demontera fjädrarna.

7 Montering sker i omvänd ordningsföljd.

15 Styrsystem - allmän beskrivning

Styrsystemet är av cirkulerande kultyp med styrservo som extrautrustning. Senare modeller är utrustade med stötabsorberande rattaxel och ställbar ratt.

16 Styrleder - byte

1 Stark rörelse i ratten utan att motsvarande rörelse överförs till hjulen tyder på slitage i styrväxel och länkage. Slitage är också sannolikt om bilen "vandrar" på vägbanan.

2 Hissa upp bilens framvagn och stöd den på pallbockar.

3 Demontera saxpinnarna och lossa muttrarna på styrlederna. En kulledsavdragare bör helst användas för att lossa styrleden från styrarmen. Om ett sådant verktyg inte finns till hands kan en tung hammare placeras mot öglans sida varpå du slår på den motsatta sidan med en lätt hammare. På detta sätt deformeras öglan tillfälligt så att tappen faller ut.

Innan du börjar, spruta rostlösande olja i styrstagets anslutning och låt den verka.

4 Demontera muttern från styrleden, lossa styrleden.

5 Räkna antalet synliga gängor vid den punkt där styrleden går in i styrstaget och notera denna siffra.

6 Lossa klämskruven och demontera styrleden.

7 Om den inre styrleden är sliten bör den demonteras från det mellersta styrstaget på samma sätt.

8 Rengör och smörj in gängorna i styrstaget så att de nya styrlederna lätt kan skruvas på plats.

9 Skruva styrleden på plats så att samma antal gängor blir synliga som det antal som noterades vid demonteringen. Om båda spindellederna demonterades från styrstaget ska samma antal gängor synas, plus/minus tre gängor.

10 Placera klämmorna som på bilden, ställ in styrlederna i rätt lägen och anslut deras tappar till styrarmsöglan eller mellersta styrstaget **(se bild)**.

11 Dra åt styrledernas muttrar. Om saxpinnens hål inte är inpassade ska muttern dras åt ytterligare, den ska aldrig backas.

12 Smörj avslutningsvis styrlederna och låt en auktoriserad verkstad kontrollera hjulinställningen (toe-in).

16.10 Vanligt styrstag

1 *Styrarm*
2 *Klämmorna måste placeras mellan groparna, utan att vidröra dem, innan muttrarna dras åt*
3 *Spärr i justerrör*
4 *Spärren i justerröret får ej placeras innanför detta område*
5 *Bakåtrotation*
6 *Klämmans ändar kan mötas när muttrarna dras åt till spec. åtdragningsmoment, men öppningen bredvid justerröret måste synas. Min. öppning är 0,127 mm.*

17 Hjälpstyrarm - demontering och montering

1 Hissa upp bilens framvagn och stöd den säkert på pallbockar.

2 Ta bort saxpinne och mutter från änden på hjälpstyrarmen.

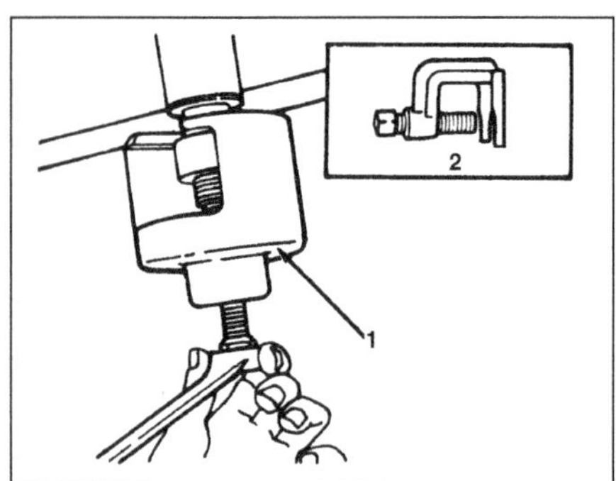

18.5 En speciell avdragare behövs för demontering av Pitmanarmen från sektoraxeln

1 Avdragare - J-6632
2 Avdragare - J-5504

3 Använd en lämplig avdragare och lossa det mellersta styrstagets tapp från hjälpstyrarmens ögla.
4 Demontera skruvarna och sänk ned hjälpstyrarmen från ramen.
5 Montering sker i omvänd ordningsföljd. Dra åt muttrarna till angivet åtdragningsmoment och montera en ny saxpinne.

18 Pitmanarm - demontering och montering

1 Hissa upp bilens framvagn och stöd den säkert på pallbockar.
2 Lossa det mellersta styrstagets pinnskruv från öglan i Pitmanarmen.
3 Markera förhållandet mellan Pitmanarm och axel.
4 Demontera Pitmanarmens mutter från axeln.
5 Använd en lämplig avdragare och demontera armen från axeln **(se bild)**.
6 Montering sker i omvänd ordningsföljd. Kontrollera att märkena riktas in på axeln och armen och dra åt muttrarna till angivet åtdragningsmoment.

19 Styrväxel utan servo- kontroll och justering

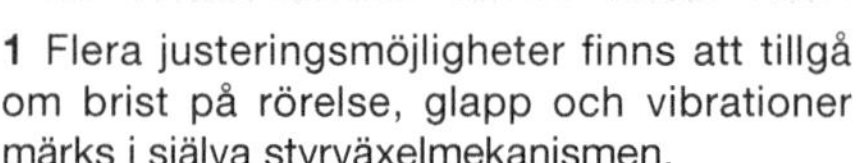

1 Flera justeringsmöjligheter finns att tillgå om brist på rörelse, glapp och vibrationer märks i själva styrväxelmekanismen.
2 Kontrollera styrlänkaget för att vara säker på att det inte är slitet och att alla skruvar är ordentligt infästa (kapitel 1).

Justering av styrväxel

3 Lossa den negativa anslutningen vid batteriet. Placera kabeln så att den inte är i vägen så att den inte oavsiktligt kan komma i kontakt med batteriets negativa pol så att bilens elsystem blir strömförande.
4 Hissa upp bilens framvagn och stöd den säkert på pallbockar.

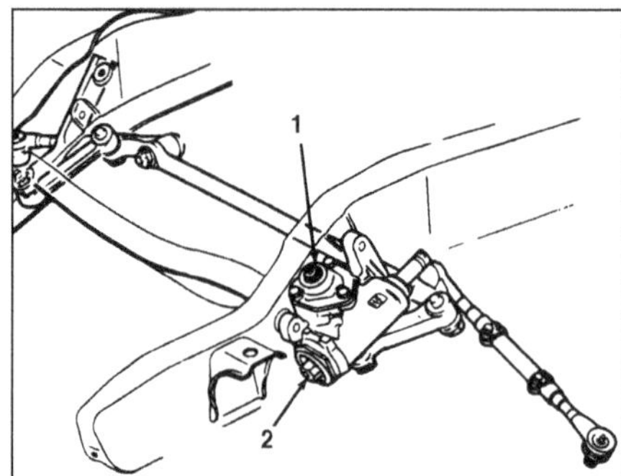

19.7 Justeringspunkter på styrväxel utan servo

1 Justerskruv för sektoraxel
2 Justerskruv för styrväxelns lager

5 Demontera Pitmanarmens mutter och bricka.
6 Märk förhållandet mellan Pitmanarmen och axeln, demontera därefter armen med en lämplig avdragare.
7 Lossa justerskruvens låsmutter på styrväxeln och backa justerskruven ett kvarts varv **(se bild)**.
8 Demontera signalhornknapp eller kåpa.
9 Vrid ratten försiktigt med fullt utslag i den ena riktningen. Mät nu antalet varv till motsatt stoppläge. Dividera sedan antalet varv med två så att ratten kan ställas in i mittläget. Markera rattkanten med en tejpbit och räkna antalet varv när tejpen passerar en viss punkt på instrumentpanelen.
10 Ratten måste nu vridas 90 grader för att mäta motståndet i lagret. Anslut en momentnyckel och hylsa på rattmuttern och notera kraften som krävs för att flytta ratten.
11 Vrid justerskruven efter behov och upprepa vridkontrollen tills förspänningen motsvarar angivet värde i Specifikationer, dra sedan åt justerskruvens låsmutter.

Injustering av spel i sektoraxel (ratten i mittläge, styrningen obelastad)

12 Ställ in ratten i mittläget enligt beskrivningen i steg 9.
13 Lossa låsmuttern från justerskruven och vrid justerskruven medurs tills eventuellt glapp försvinner. Dra åt låsmuttern.
14 Kontrollera vridmomentet enligt beskrivningen i steg 10, ta den högsta avläsningen när ratten passerar mittpunkten. Detta är snarare det angivna värdet än värdet till vilket styrväxelns förspänning slutligen ställdes in på. Vid behov, lossa låsmuttern och vrid justerskruven tills korrekt vridmoment har erhållits i styrväxelns mittläge.
15 Montera Pitmanarmen, anslut batteriet och montera signalhornsknappen.

Tidig modell, justering av rattaxelns nedre lager

16 Lossa klämman vid rattaxelns nedre del.
17 Medan en medhjälpare trycker ratten nedåt med medelhårt tryck ska klämmans läge ställas in enligt illustrationen **(se bild)**.
18 Dra åt klämskruven till angivet åtdragningsmoment utan att klämmans läge rubbas.

Justering av växelreglaget

19 Ställ in rattaxelns växelreglage i friläge eller *Drive*-läge.
20 Lossa justerringens klämskruvar och vrid växelreglagets justerring för att få ett spel på 0,84 till 0,91 mm med ett bladmått mellan växelreglaget och justerringen **(se bild)**.
21 När justeringen är korrekt dras klämringens skruvar åt.

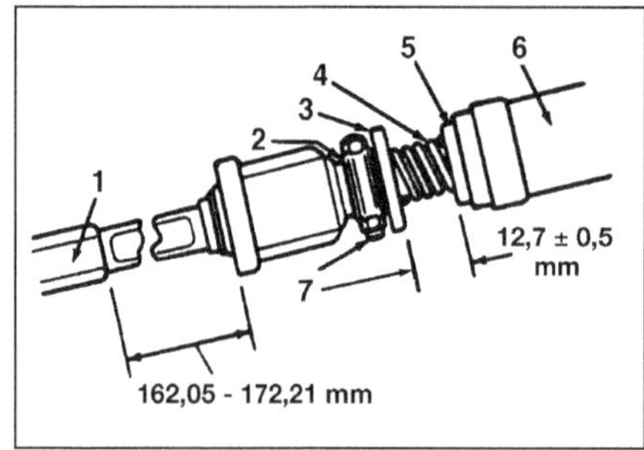

19.17 Undre justeringspunkter på rattaxel (tidiga modeller)

1 Rattaxel
2 Klämma
3 Bricka
4 Fjäder
5 Lager
6 Rattrör
7 Klämskruv

20 Ratt - demontering och montering

Varning: På modeller fr o m 1994 är följande procedur FARLIG att utföra! Ratten på dessa modeller är försedd med krockkudde. DEMONTERA INTE ratten förrän du har läst Krockkudde - allmän beskrivning i kapitel 12. Om varningstexten inte åtföljs kan krockkudden utlösas oavsiktligt vilket kan leda till allvarliga fysiska skador.

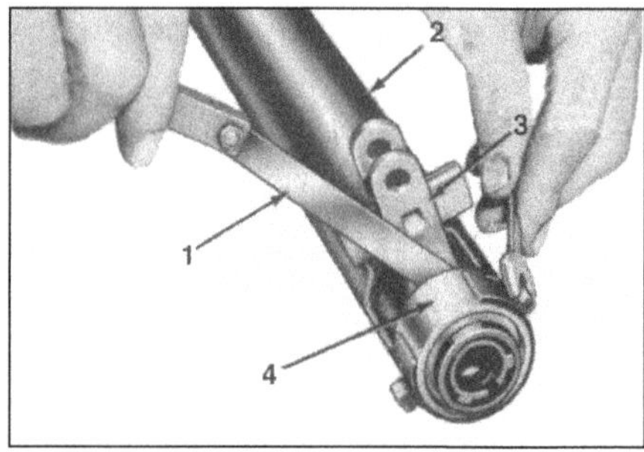

19.20 Kontroll av växlingsrörets justering på tidig modell

1 Bladmått
2 Rattrör
3 Ettans/backens växlingsarm
4 Justerring

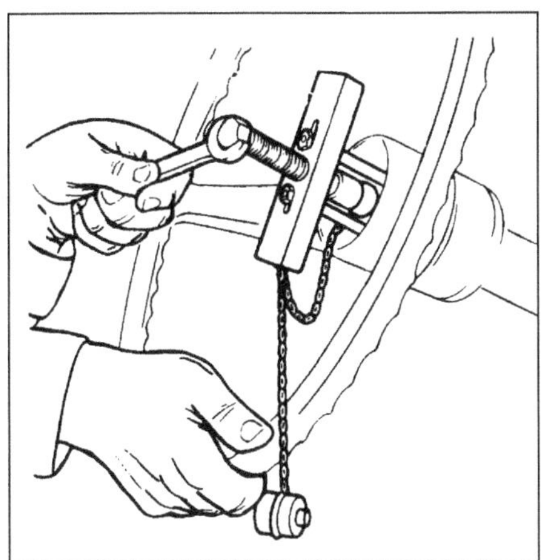
20.5 En avdragare behövs för att demontera ratten

1 På modeller som är utrustade med krockkudde ska krockkudden kopplas ur eller demonteras från ratten på en verkstad.
2 Lossa den negativa anslutningen vid batteriet. Placera kabeln så att den inte är i vägen så att den inte oavsiktligt kan komma i kontakt med batteriets negativa pol så att bilens elsystem blir strömförande.
3 Demontera signalhornsknapp eller kåpa, skål, bellevillefjäder och bussning.
4 Ställ framhjulen så att de är riktade rakt framåt och markera förhållandet mellan ratten och axelns övre ände.
5 Demontera rattmuttern och ta bort brickan.
6 En lämplig avdragare behövs för att demontera ratten från axeln **(se bild)**. Försök inte att demontera ratten genom att slå på den underifrån eftersom det kan leda till skador på rattaxeln.
7 Montering sker i omvänd ordningsföljd. Kontrollera att blinkersomkopplaren är i neutralläge innan ratten trycks tillbaka.

21 Rattaxelns universalkoppling - demontering och montering

1 Knutar av denna typ användes på tidigare modeller som har en mellanaxel med glidlagring med splines.
2 Markera förhållandet mellan rattaxeln och styrväxeln. Ta bort skruv, mutter och bricka från klämman på styrväxelns axel.
3 Från den övre knuten demonteras de två låsringarna, de två bussningarna och korkbrickorna genom att knacka på axeln med en plastklubba **(se bild)**.
4 Flytta knutens mittkors för att separera kopplingens övre och undre delar.
5 Kopplingens undre delar kan tas isär på samma sätt när den har demonterats från bilen.
6 Ihopsättning och montering görs i omvänd ordningsföljd.

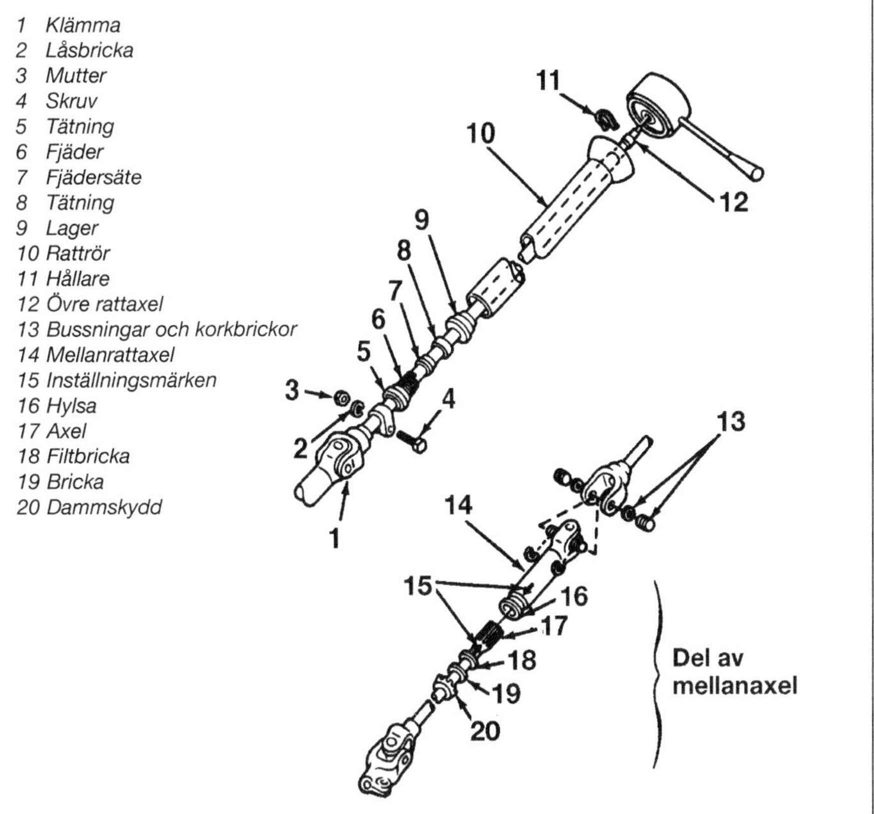

21.3 Rattaxelns knut och glidlagring på tidig modell

22 Sektoraxelns oljetätning - byte i bilen

1 Om sektoraxelns oljetätning läcker kan den bytas utan att styrväxeln behöver demonteras eller tas isär.
2 Hissa upp bilen och stöd den ordentligt på pallbockar.
3 Demontera Pitmanarmen.
4 Centrera styrväxeln genom att rikta framhjulen rakt fram och kontrollera därefter att snäckskruvens plana del är överst.
5 Demontera locket från styrväxeln tillsammans med sektoraxeln.
6 Bänd loss den defekta sektoraxelns oljetätning och knacka in en ny tätning.
7 Demontera låsmuttern från justerskruven och separera därefter locket från sektoraxeln genom att vrida justerskruven medurs och skruva loss den från locket.
8 Montera sektoraxeln i styrväxeln så att den mellersta tanden i sektoraxeln kommer in i urtaget för den mellersta tandens på kulmuttern.
9 Fyll styrväxeln med smörjmedel av specificerad typ och sätt därefter dit en ny packning i locket.
10 Montera locket på justerskruven genom att föra in en tunn skruvmejsel genom hålet i locket och vrida skruven moturs så långt det går. Vrid skruven åt andra hållet ett kvarts varv.
11 Montera locket.
12 Utför justeringarna enligt beskrivningen i avsnitt 19.
13 Montera Pitmanarmen.

23 Styrväxel utan servo - demontering och montering

1 Hissa upp bilen och stöd den ordentligt på pallbockar.
2 Rikta framhjulen rakt framåt. Markera förhållandet mellan Pitmanarmen och sektoraxeln samt förhållandet mellan medbringare och styrväxel.
3 Demontera muttern eller klämskruven som fäster Pitmanarmen på sektoraxeln. Demontera armen med lämplig avdragare.
4 Demontera skruvarna och lyft bort styrväxeln från bilen.
5 På grund av de specialverktyg och tekniker som krävs vid renovering av styrväxel rekommenderas det att en utsliten styrväxel byts ut mot en ny eller renoverad enhet.
6 Montering sker i omvänd ordningsföljd, observera emellertid följande punkter:

a) Kontrollera att kopplingsskruven lätt kan passera genom axelns underkant.
b) Kontrollera att de mjuka kopplingspinnarna är centrerade i skårorna i rattaxelns fläns.

24 Rattaxelns övre lager - byte i bilen

1 Demontera ratten (avsnitt 20).
2 Demontera körriktningsvisarens kam.
3 Bänd loss det övre lagret. På modeller med ställbar ratt är de övre lagren inbyggda i lagerhuset och om de är slitna måste hela enheten bytas.
4 Montering sker i omvänd ordningsföljd. Kontrollera emellertid innan ratten monteras att blinkerskontakten står i neutralläge.

25 Rattaxelns undre lager - byte i bilen

1 Demontera fjäderbrickan och fjädern från rattaxelns ände.
2 På modeller med ställbar ratt, bänd loss förstärkningsclipset och demontera det undre lagret och adaptern som en komplett enhet. Tryck ut lagret från adaptern.
3 Montering sker i omvänd ordningsföljd med undantag för ställbara rattaxlar. Kontrollera att adapterns breda tunga griper i den öppna skåran i rattaxeln. Kontrollera att, när förstärkningsclipset monteras, dess tre tungor griper fast i både förstärkningen och rattaxeln.

26 Rattaxel (tidiga modeller) - demontering, renovering och montering

Demontering

Fordon med stel framaxel

1 Demontera styrväxeln enligt beskrivning i avsnitten 23 och 32.
2 Demontera växelspakens hus från styrväxelns fästplatta och demontera rattaxeln.

Individuell framvagnsupphängning

3 Demontera klämskruven från kopplingen strax ovanför styrväxeln **(se bild)**.
4 Lossa växelrören.
5 Lossa klämman på torpedväggens utsida och dra klämman nedför rattaxeln (rattröret) eller demontera skruvarna från tätningen på torpedväggen (i förekommande fall).
6 Demontera ratten (avsnitt 20).
7 Lossa rattaxelns kablagekontakt.
8 Demontera fästet under instrumentbrädan och den inre tätningens skruvar.
9 Sänk ner rattaxeln och ta bort den samtidigt som den vrids så att växlingsarmarna kan föras genom öppningen i torpedväggen. Dra in rattaxeln i bilens kupé.

Renovering

10 Om rattaxeln har ett växlingsrör, dras gummigenomföringen bakåt från växlingsrörets stödhus, driv ut växelväljarspakens ledpinne och demontera växelspaken **(se bild)**.

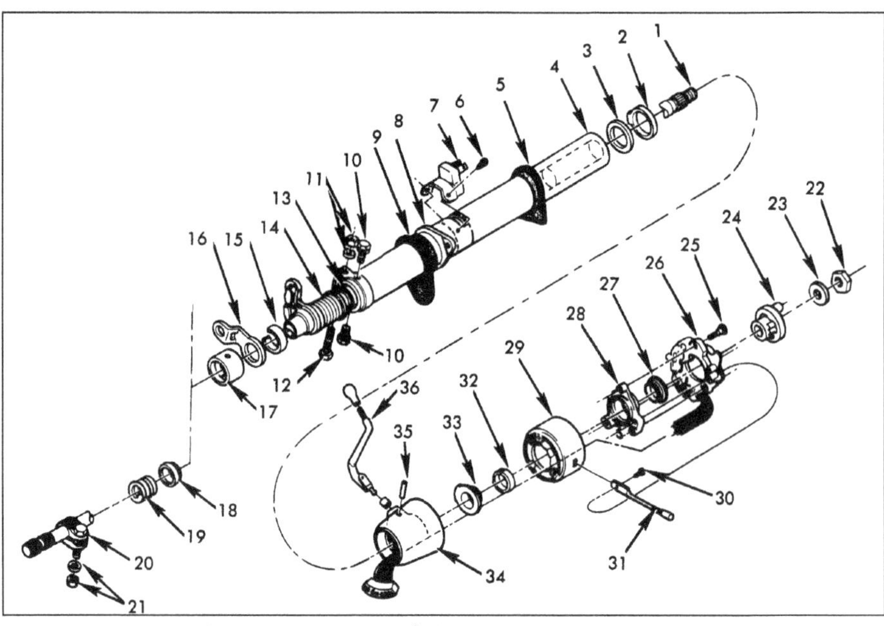

26.3 Vanlig rattaxel på tidig modell - sprängskiss

1 Rattaxel
2 Växlingshusets bussning
3 Bussning
4 Rattrör
5 Kåpa
6 Skruv
7 Backljuskontakt
8 Tätningshållare
9 Tätning
10 Klämskruvar
11 Mutter och låsbricka
12 Klämskruv
13 Växlingsrörets filttätning
14 Växlingsrör
15 Växelarmens distans
16 1:ans/backens växelarm
17 Justerring
18 Undre lager
19 Lagrets tryckfjäder
20 Fjäderklämma
21 Mutter och låsbricka
22 Rattaxelns mutter
23 Låsbricka
24 Blinkersspakens återställningskam
25 Skruv
26 Blinkerskontakt
27 Övre lager
28 Kontaktens stöd
29 Blinkershus
30 Skruv
31 Blinkersreglage
32 Gummiring
33 Plasttryckbricka
34 Växelspakens hus
35 Växelspakens låspinne
36 Växelspak

11 Demontera rattens mutter.
12 Dra ut rattaxeln ur rattröret och demontera backljuskontakten.
13 Ta bort de tre låsskruvarna från blinkershuset, vrid på huset och demontera det.
14 Demontera distansen och tryckbrickan från växelspakshuset, och bussningens säte från rattrörets övre ände.
15 Demontera bussning och bussningssäte från rattrörets andra ände.
16 Demontera bult och skruvar från justerringens klämma på rattrörets undre ände och ta bort klämman, undre lagret och justerringen.
17 På treväxlade modeller demonteras ettans /backens växelarm och distans.
18 På modeller med automatisk växellåda,

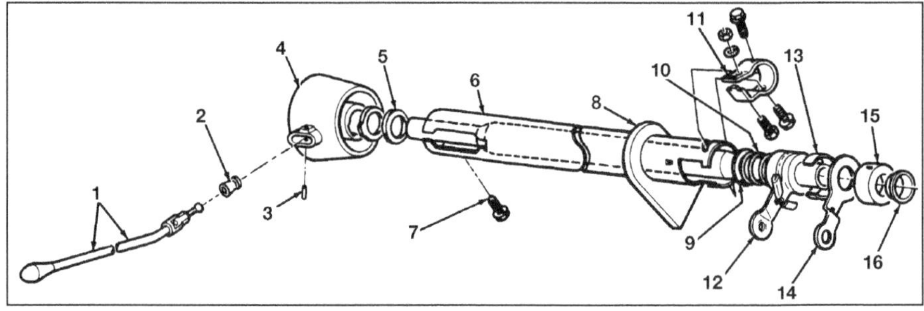

26.10 Rattaxel

1 Växelspak
2 Genomföring
3 Låspinne
4 Växlingshus
5 Bricka
6 Rattrör
7 Justerskruv
8 Tätning
9 Tätning
10 Fjäder
11 Klämma
12 2:ans/3:ans växlingsarm
13 Distans
14 1:ans/backens växlingsarm
15 Justerring
16 Lager

demontera de tre skruvarna från växelväljarplattans spännring.

19 Placera rattröret vertikalt på två träklossar och tryck ned växelspaken. Placera ett träblock på växelrörets övre ände och knacka ut röret ur rattröret.

20 Demontera filttätningen från växelröret.

21 Demontera torpedväggsklämma, tätning och paneltätning från rattröret.

22 Ihopsättning och montering sker i omvänd ordningsföljd, observera dock följande:

*a) Observera måtten som måste bevaras under monteringen **(se bild)**.*

b) Alla rattröranslutningar måste dras åt till angivet åtdragningsmoment.

27 Rattaxel (senare modeller) - demontering, renovering och montering

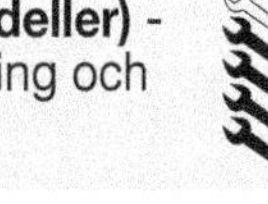

Varning: På modeller fr o m 1994 är följande procedur FARLIG att utföra! Ratten på dessa modeller är försedd med krockkudde. DEMONTERA INTE ratten förrän du har läst Krockkudde - allmän beskrivning i kapitel 12. Om varningstexten inte åtföljs kan krockkudden utlösas oavsiktligt vilket kan leda till allvarliga fysiska skador.

Demontering

1 Lossa den negativa anslutningen vid batteriet. Placera kabeln så att den inte är i vägen så att den inte oavsiktligt kan komma i kontakt med batteriets negativa pol så att bilens elsystem blir strömförande.

2 Demontera ratten (avsnitt 20).

3 Lossa växlingslänkaget från rattaxelns växelarm.

4 Demontera den övre klämskruven från mellanaxeln **(se bild)**.

5 Se illustration 27.4, ta bort skruvarna (7), muttrarna (8) och fästet (9).

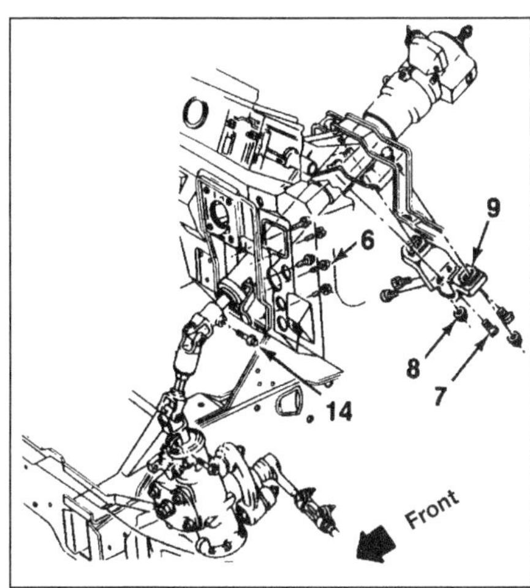

27.4 Vanlig rattaxel på senare modeller

6 Skruvar
7 Skruvar
8 Muttrar
9 Fäste
14 Klämskruv

26.22 Rattaxelns fästpunkter

Styrsystem – obligatoriska krav

1 Applicera ett 25 kilos tryck på rattaxelns rattände (A) och dra åt den nedre klämmuttern till angivet åtdragningsmoment så att den ihoptryckta fjädern mäter 12,7 ±1,02 mm efter hopsättning.

*2 Medbringarskivans (D) inställningsmått (E) ska vara 6,35 - 9,53 mm. **Notera:** Detta mått måste behållas för att undvika att kopplingen blir skev vilket orsakar kärvning.*

3 Infästningar på rattröret (G) och (H) ska dras åt till angivet åtdragningsmoment.

4 Rattaxelns (J) gängade del måste vara fullständigt oljefri efter det att rattröret har monterats så att ratten klarar belastning och har rätt navspel.

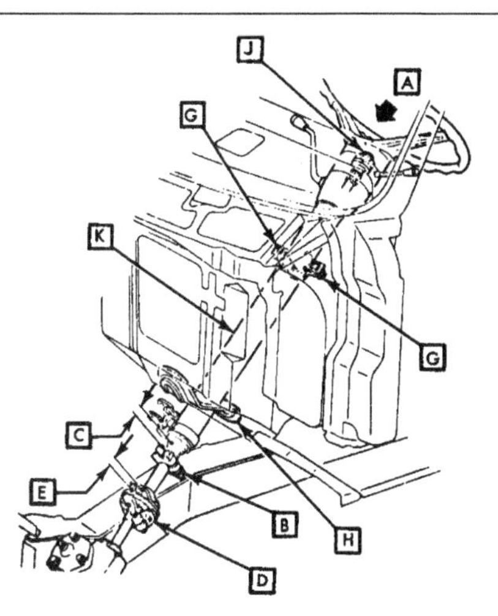

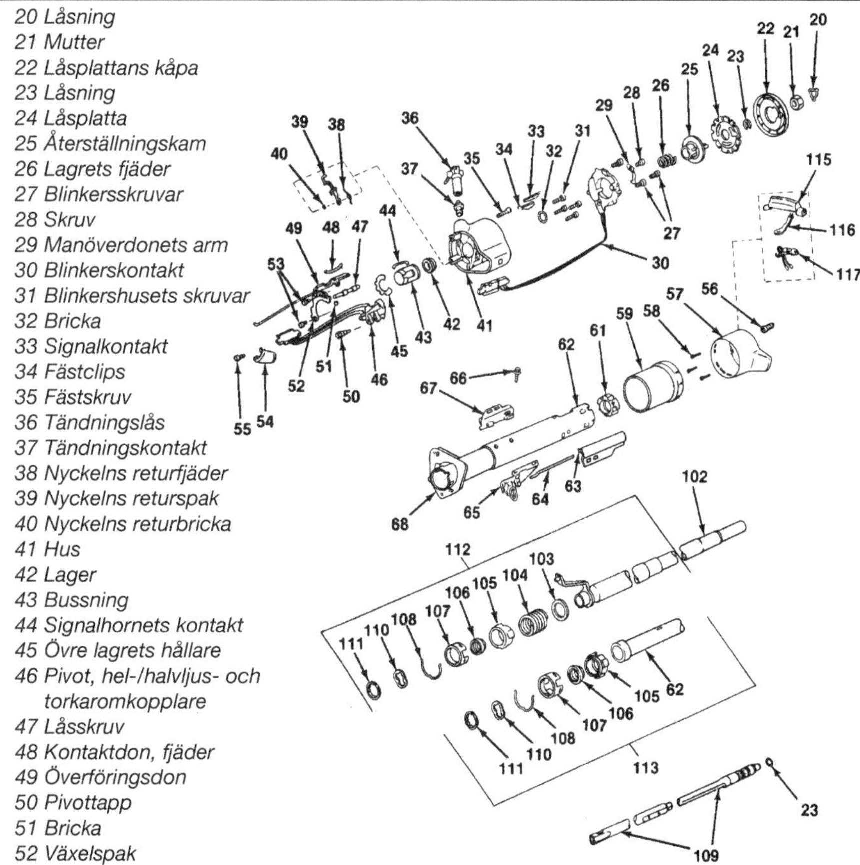

20 Låsning
21 Mutter
22 Låsplattans kåpa
23 Låsning
24 Låsplatta
25 Återställningskam
26 Lagrets fjäder
27 Blinkersskruvar
28 Skruv
29 Manöverdonets arm
30 Blinkerskontakt
31 Blinkershusets skruvar
32 Bricka
33 Signalkontakt
34 Fästclips
35 Fästskruv
36 Tändningslås
37 Tändningskontakt
38 Nyckelns returfjäder
39 Nyckelns returspak
40 Nyckelns returbricka
41 Hus
42 Lager
43 Bussning
44 Signalhornets kontakt
45 Övre lagrets hållare
46 Pivot, hel-/halvljus- och torkaromkopplare
47 Låsskruv
48 Kontaktdon, fjäder
49 Överföringsdon
50 Pivottapp
51 Bricka
52 Växelspak
53 Växelspakens skruv
54 Husets kåpa
55 Täckskruv
56 Växelspakens fjäder
57 Växelspakens hus
58 Signalkontaktens skruvar
59 Växelspakens hölje
61 Växelspakshusets lager
62 Rattrör
63 Ledningsskydd
64 Manöverdonets tryckstång
65 Förspända fjädrar
66 Tändningskontaktens skruv
67 Tändningskontakt
68 Tätning mot torpedväggen
102 Växlingsrör
103 Bricka
104 Fjäder
105 Adapter
106 Lager
107 Förstärkning
108 Adapterclips
109 Axel
110 Lagerbricka
111 Hållare
112 Reglage till automatisk växellåda
113 Reglage till manuell växellåda

27.11 Vanlig rattaxel på senare modeller- sprängskiss

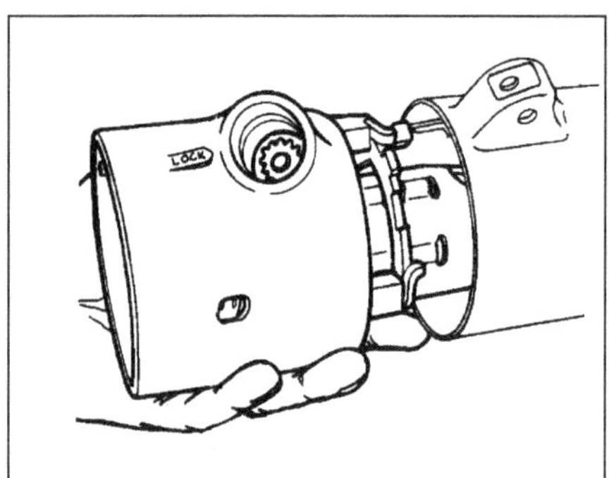
27.19 Demontera huset över blinkersomkopplare och tändningslås från rattaxeln

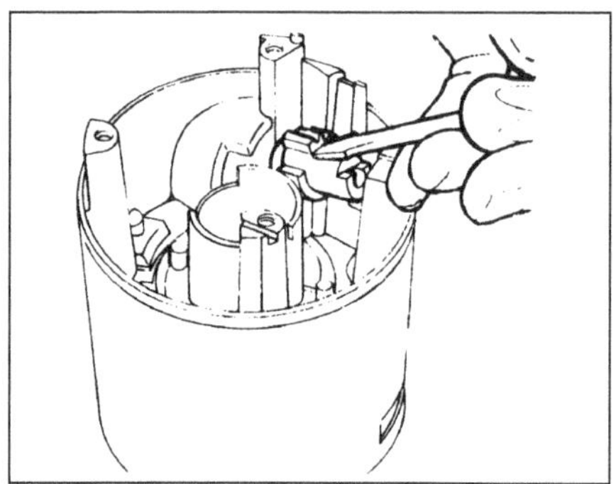
27.23 Tryck låstungan nedåt på tändningskontaktens kabelkontakt med en skruvmejsel

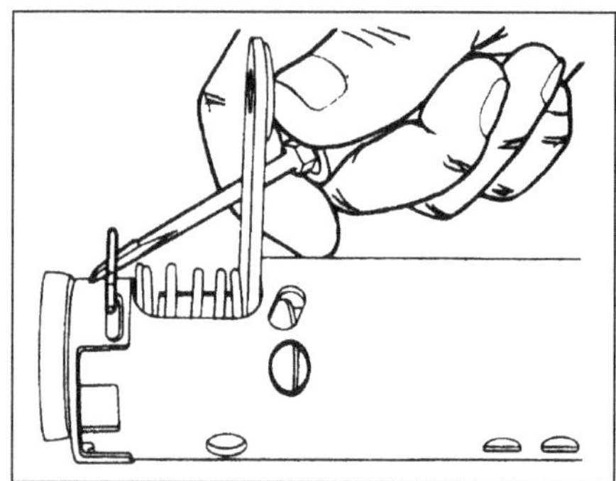
27.27 Lyft ut undre lagrets hållare med en skruvmejsel

6 Ta bort tätningsskruvarna från torpedväggen.
7 Lossa startspärrkontaktens kablage (i förekommande fall).
8 Lossa rattaxelns kablagekontakt.
9 Lossa anslutningsdonet till backljuskontakten (vissa modeller).
10 Lyft ut rattaxeln samtidigt som den vrids så att växlingsarmarna kan föras genom öppningen i torpedväggen.

Renovering

11 Demontera torpedväggens tätningsbygel och skruvar från rattaxeln **(se bild)**.
12 Sätt fast rattaxeln i ett skruvstycke och demontera klämman på rattrörets undre del.
13 Demontera blinkerskontakten (se avsnitt 30).
14 Demontera rattaxelns lås (se avsnitt 31).
15 Om signalkontakten behöver underhåll ska den demonteras.
16 Demontera tändningskontakten.
17 Demontera växelspakens ledpinne och växelspak.
18 Demontera brickan från det övre lagret.
19 Ta bort skruvarna som fäster huset till blinkersreglage och tändningslås på rattaxeln, demontera huset **(se bild)**.
20 Demontera bussning och hållare från tändningslåshusets undre sida.
21 Demontera tändningskontaktens aktiveringsstång, kuggstång, kuggstångens förspända fjäder, axelns låsskruv och fjäder från tändningslåshuset.
22 Demontera växelspakens spärrplatta.
23 Lyft ut tändningskontaktens kabelkontakt genom låscylinderhålet genom att trycka hårt på kontaktens låstunga med en skruvmejsel **(se bild)**.
24 Demontera växelspakens hus och hölje från rattröret.
25 Demontera växelspakens fjäder från växelspakshuset.
26 Demontera rattaxeln från rattrörets nedre del.
27 På modeller med automatisk växellåda, demontera det undre lagrets hållare **(se bild)**, lageradapter, växlingsrörsfjäder och bricka.
28 Demontera det undre lagret genom att trycka lätt på lagrets yttre bana.
29 För ut växlingsröret.
30 På modeller med manuell växellåda, demontera det undre lagrets adapter, lager och ettans/backens växelarm.
31 Demontera det undre lagret från adaptern genom att trycka lätt på lagrets yttre bana.
32 Ta bort de tre skruvarna från lageradaptern och för ut växlingsröret.
33 Demontera växlingshusets undre lager från rattrörets övre ände.
34 Börja monteringen med att stryka ett tunt lager litiumbaserat fett på alla friktionsytor.
35 Montera kontakten i låscylinderns hål i körriktningssignal- och låscylinderhuset, placera den över axeln med tungänden vid hålets utsida.
36 Tryck fast kontakten över axeln med ett trubbigt verktyg.
37 Montera växelspakens spärrplatta på huset.
38 Montera kuggsegmentets fjäder nerifrån i huset **(se bild)**. Den långa delen bör placeras mot hjulet och hakas fast på husets kant.
39 Montera låsskruven på kuggsegmentets tvärarm och sätt dit kuggsegment och låsskruv i huset nerifrån med tänderna uppåt och mot rattstångens mittlinje.
40 Rikta in kontakten första tand mot den första tanden på kuggsegment. Om de är korrekt inriktade kommer tänderna att vara rätt inriktade när kuggsegment skjuts in så långt det går.
41 Montera hållare och bussning.

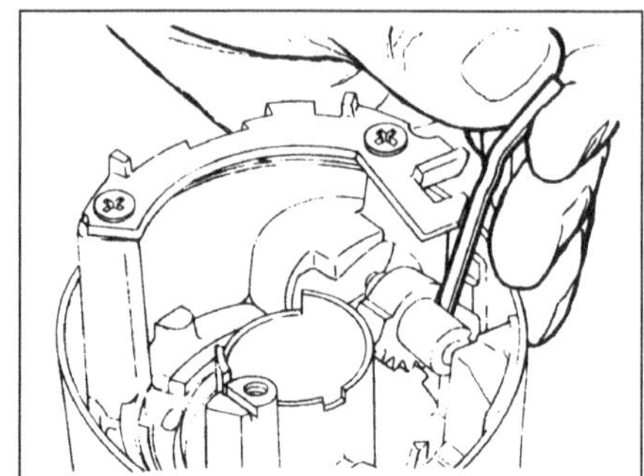
27.38 Montera kuggsegmentets fjäder längst ner i huset

42 Montera det undre lagret till växelspakens hus. Montera lagret från rattrörets bortersta ände och rikta in inskärningarna i lagret mot rattrörets utsprång **(se bild)**. Om lagret inte monteras korrekt kommer det inte att vila på anslagen.
43 Montera växelspakens fjäder i växlingsspakshuset.
44 Montera hus och hölje på rattrörets övre ände. Vrid huset för att kontrollera att det sitter i lagret.
45 Montera blinkersreglage- och låscylinderhus på rattröret. Vid monteringen bör huset vara i *Park*-läge och kuggsegment bör dras neråt. Placera huset och sätt dit de fyra skruvarna.
46 Montera det undre lagret i adaptern.
47 Montera växelröret i rattrörets undre del. Vrid den tills växelrörets övre kil glider in i husets kilspår.
48 På modeller med automatisk växellåda, montera fjädern och det undre lagrets adapter i rattrörets underdel, håll fast adaptern på rätt plats och montera det undre lagrets stöd och hållarclips.
49 På modeller med manuell växellåda, sätt dit de tre skruvarna löst i rattrörets och växelrörets lager.
50 Sätt ihop ettans/backens växelarm, undre lager och adapter i rattrörets nederdel, håll fast adaptern på plats och montera lagerstödet och hållarclipset.
51 Lägg växeln i neutralläge och lossa växellådans stänger.

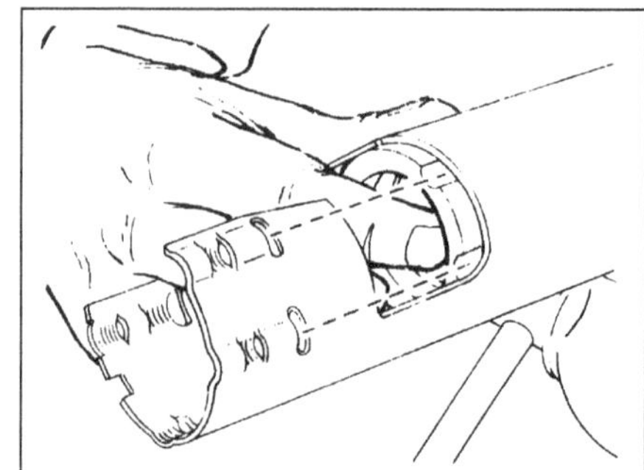
27.42 Det undre lagret måste monteras med inskärningarna inriktade, annars kommer det inte riktigt på plats

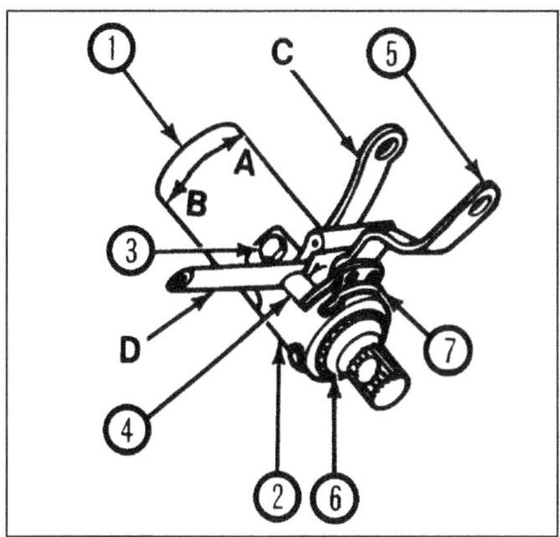

27.54 Justering av lagrets vridmotstånd för bilar med manuell växellåda

C Tvåans/treans växelarm
D 0,13 mm shims
1 Rattrör
2 Undre lager
3 Skruv
4 Distans
5 Undre växelarm
6 Hållare
7 Adapterclips

52 Använd en fjäderdragare, testa beträffande vridmotstånd genom att vrida växelspaken på rattaxeln genom tvåans/treans växlingsvarv. Motståndet får inte vara starkare än 1 kg.
53 Om vridmotståndet behöver justeras ska de tre lagerklämskruvarna lossas.
54 Öka spelet genom att föra klämskruvarna i riktning mot pilen "B" **(se bild)** tills ettans/backens växelarm inte ger motstånd längre.
55 Minska spelet genom att föra klämskruvarna i riktning mot pilen "A" tills ett lätt motstånd känns vid ettans/backens växelarm.
56 Montera en 0,13 mm tjock shims mellan utrymmet och någon av växelarmarna.
57 För klämskruvarna i riktning mot pilen "B" tills systemet är löst. För skruvarna i motsatt riktning tills ett motstånd känns vid ettans/backens växelspak.
58 Dra åt klämskruvarna, demontera shimset och montera växelarmarna på växellådan.
59 Montera startspärrkontakten (om sådan demonterats).
60 För styraxeln på plats i rattstången och montera det övre lagrets bricka.
61 Montera tändningskontakten och signalkontakten (om sådan demonterats).
62 Montera låscylindern.
63 Montera blinkerskontakten.
64 Montera växelspaken och ledpinnen.
65 Montera torpedväggens bygel på rattaxeln.

Installation

66 Sätt in rattaxelns undre del genom öppningen i torpedväggen.
67 Montera torpedväggens bygelskruvar och muttrar, dra åt dem löst.
68 Montera rattaxeln på knuten och dra åt knutens klämskruv.
69 Resten av monteringen sker som demonteringen, men i omvänd ordningsföljd.

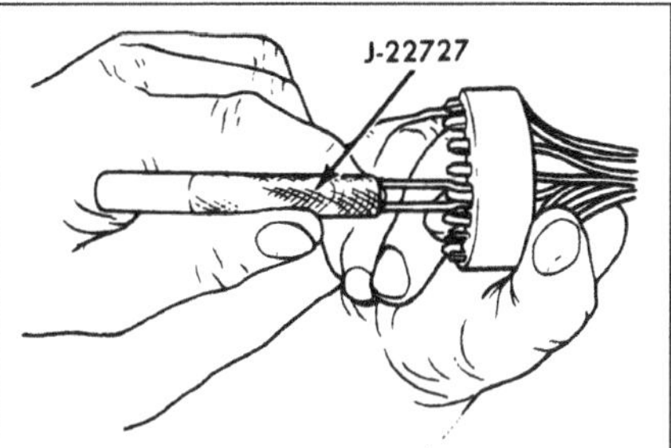

28.7 Fatta tag i rattaxelns ledningar med ett specialverktyg

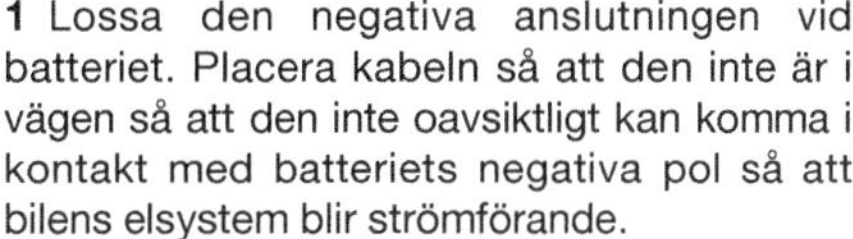

28 Rattaxelns blinkersomkopplare (tidiga modeller) - demontering och montering

1 Lossa den negativa anslutningen vid batteriet. Placera kabeln så att den inte är i vägen så att den inte oavsiktligt kan komma i kontakt med batteriets negativa pol så att bilens elsystem blir strömförande.
2 Demontera ratten (avsnitt 20).
3 Ta bort blinkersens återställningskam och fjäder.
4 Demontera klädselplattan mellan rattaxeln och instrumentpanelen.
5 Lossa signalkontaktens kabelnät vid det halvmånformade anslutningsdonet.
6 Bänd loss kabelnätskyddet från skårorna i rattaxeln.
7 Markera läget för varje ledning och tryck sedan ut ledningarna, en och en, ur anslutningsdonet. Använd ett verktyg liknande det på bilden för att trycka ned ledningarnas fästtungor **(se bild).**
8 Skruva loss skruven från blinkersspaken, ta bort spaken.
9 Tryck ned varningsblinkersens knopp, skruva loss knoppen och ta bort den.
10 Om bilen är utrustad med automatväxellåda, demontera skruvarna från växellägesindikatorn och ta bort nål, lock och glödlampa från husets kåpa. Dra loss blinkershusets kåpa med en liten tvåarmad avdragare med utåtriktade klor **(se bild).** Blinkersomkopplaren kan demonteras efter det att de tre skruvarna har tagits bort, för kabelnätet genom öppningen i växelspakens hus.

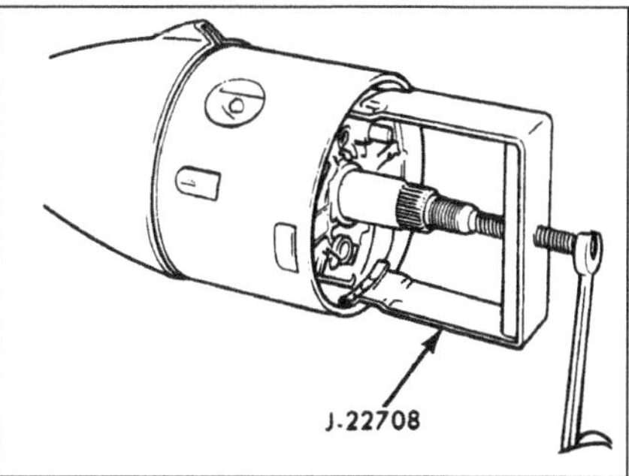

28.10 Avdragare med utåtriktade tänder behövs för att demontera blinkershuset på tidiga modeller

11 Montering av blinkerskontakten sker i omvänd ordningsföljd.

29 Rattaxelns blinkersomkopplare (senare modeller) - demontering och montering

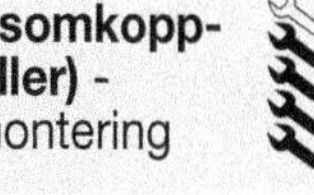

1 Lossa den negativa anslutningen vid batteriet. Placera kabeln så att den inte är i vägen så att den inte oavsiktligt kan komma i kontakt med batteriets negativa pol så att bilens elsystem blir strömförande.
2 Demontera ratten (avsnitt 20).
3 Demontera klädselplattan mellan rattaxeln och instrumentpanelen.
4 Bänd loss kåpan från låsplattan med en skruvmejsel.
5 Ett specialverktyg krävs för att trycka ihop låsplattan så att låsringen kan bändas loss från sitt spår **(se bild).** Demontera låsplattan.
6 Dra loss blinkersreturens kam, lagrets fjäder och tryckbrickan från axelns ände.
7 Demontera blinkersspakens skruv och därefter spaken.
8 Tryck ned varningsblinkersens knopp och skruva loss knoppen.
9 Demontera de tre skruvarna från kontakten.
10 Dra loss kontaktens anslutningsdon från rattrörets fäste. Mata anslutningsdonet genom rattaxelns fäste och dra därefter kontakten rakt uppåt.
11 Demontera blinkersens ledningsskydd genom att fatta tag i dess tunga med en tång och dra det nedåt **(se bild).**

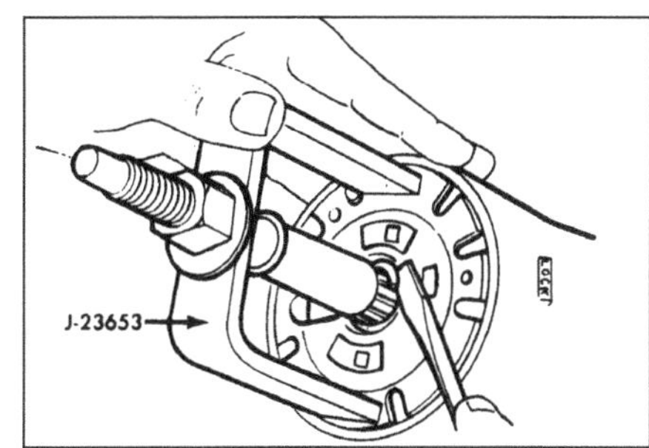

29.5 Demontera fästringen med ett demonteringsverktyg för låsplattan och en skruvmejsel

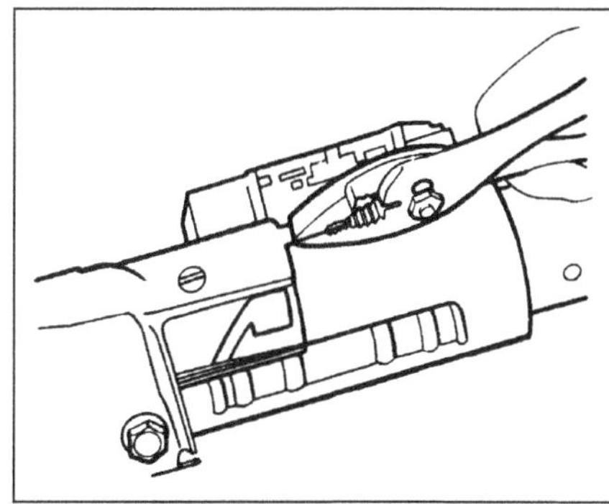

29.11 Demontera blinkersens ledningsskydd med en tång

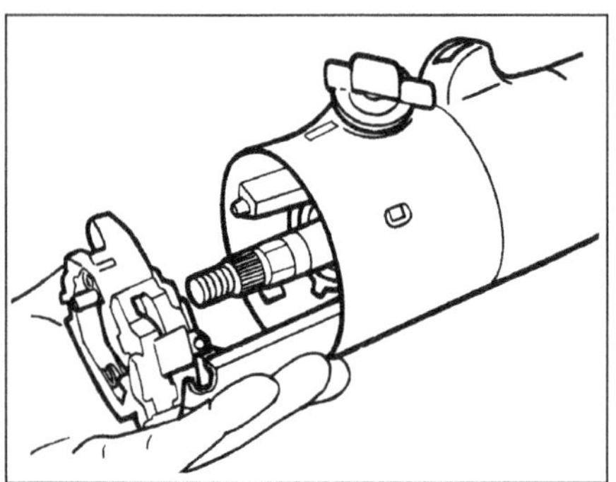

29.12 Dra ut blinkerskontakt, kabelnät och kåpa ur rattstången

12 Dra blinkerskontakten rakt uppåt, styr kabelnätet och kåpan genom rattaxelhuset **(se bild).**
13 Montering sker i omvänd ordningsföljd, men använd en ny låsring till låsplattan.

30 Rattlås - demontering och montering

1 Lossa den negativa anslutningen vid batteriet. Placera kabeln så att den inte är i vägen så att den inte oavsiktligt kan komma i kontakt med batteriets negativa pol så att bilens elsystem blir strömförande.
2 Demontera ratten (avsnitt 20).
3 På tidigare modeller, sätt in en tunn platt stång i skåran i blinkershuset **(se bild).** Placera verktyget i skårans högra sida och tryck ner hållaren i längst ner i skåran för att lösgöra låset. Demontera låscylindern.
4 På senare modeller, vrid låset till Run-läge. Demontera låsplattan. Demontera blinkerskontakten så mycket som behövs för att föra den över axeländen utan att kablaget dras ut ur rattaxeln. Demontera skruven från låset samt låscylindern **(se bild). Observera:** *Var mycket försiktig när skruven demonteras (använd om möjligt en magnetskruvmejsel). Om du tappar skruven under demonteringen kan den falla ned i rattaxeln. I så fall måste rattaxeln tas isär fullständigt för att avlägsna skruven.*
5 På tidiga modeller, montera låset genom att hålla i cylinderhylsan och vrida knappen medurs mot anslaget.
6 Sätt cylindern i huset så att cylinderhylsans kil riktas in mot kilspåret i huset. Tryck in cylindern i cylinderns och sektorns hållare.
7 Håll fast en borr, 1,78 mm i diameter mellan låsbeslaget och huset. Vrid cylindern moturs samtidigt som du trycker lätt tills cylinderns drivsektion griper i sektorn.
8 Tryck inåt tills låsringen låser fast i spåren. Ta bort borren och kontrollera låsets funktion, det bör endast aktiveras när växeln är i *Park*-läge (automatväxellåda) eller när backen är ilagd (manuell växellåda).
9 På senare modeller, håll låscylindern i handen och, med nyckeln i låset, vrid knoppen medurs till anslaget. Rikta in cylinderkilen med kilspåret i huset och tryck in låscylindern så långt det går. Sätt dit skruven i låset och dra åt den ordentligt.
10 Montera blinkerskontakten och ratten.

30.3 Använd en tunn, platt stång för att trycka ned låshållaren vid demontering av tändningslåsets cylinder på tidiga modeller

31 Styrservosystem - luftning

Observera: *I kapitel 9 finns en beskrivning över luftning av bromshydraulsystemet vilket är baserat på styrservons hydraulsystem.*
1 Styrservosystemet måste luftas efter varje gång en bromsledning har lossats. Luftbubblor blir synliga i styrservovätskan vilken ofta får ett brunt eller mjölkigt utseende. Låg vätskenivå kan göra att luft tränger in i vätskan vilket skapar missljud i pumpen och får vätskan att löddra.
2 Demontera motorkåpan och kontrollera vätskenivån i behållaren, fyll på rekommenderad vätska upp till rätt nivå.
3 Höj upp framhjulen från marken.
4 Med styrservopumpen och vätskan vid normal driftstemperatur, starta motorn och vrid ratten långsamt flera gånger från vänster till höger och tillbaka med lätt beröring vid anslagen. Kontrollera vätskenivån, fyll på efter behov tills vätskan håller sig på en stadig nivå och inga fler luftbubblor är synliga i behållaren.

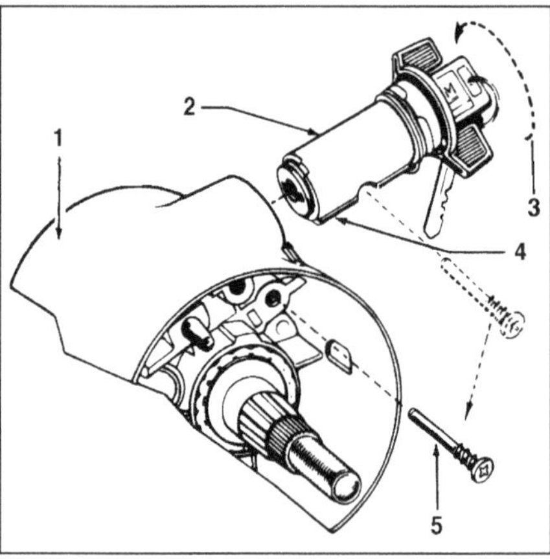

30.4 Demontering och montering av tändningslåscylinder på senare modeller

1 Växelhus
2 Låscylinder
3 Vid ihopsättning – vrid så långt det går medan cylindern hålls fast
4 Cylinderkil
5 Skruv

32 Styrservopump - demontering och montering

1 Lossa vätskeslangarna från styrservopumpen. Tejpa igen eller sätt lock på slangens ändar så att vätskan inte kan rinna ut och fäst dem så att de inte är i vägen.
2 Fånga upp eventuell vätska som kommer från pumpen i ett lämpligt kärl.
3 Lossa muttrarna mellan pump och fäste, tryck in pumpen i riktning mot motorn och demontera drivremmen.
4 Skruva loss pumpen och demontera den från bilen **(se bilder).**
5 Montering sker i omvänd ordningsföljd.
6 Justera drivremmens spänning och lufta systemet.

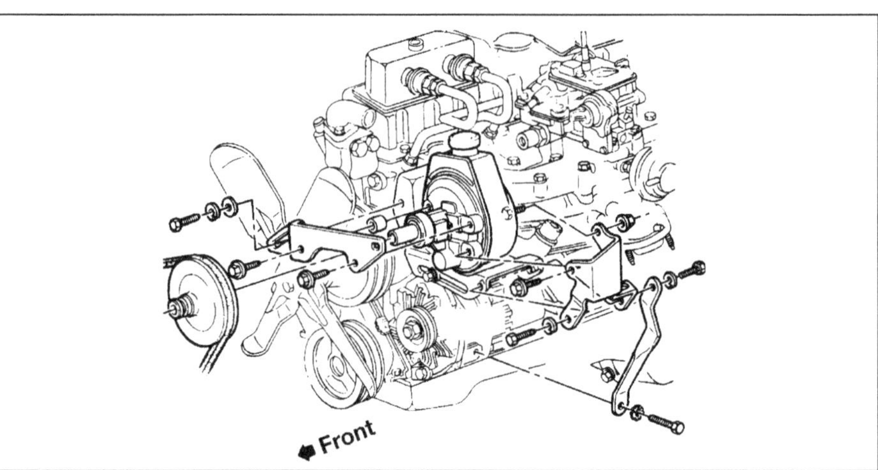

32.4a Vanlig styrservopump på 6-cylinders radmotor

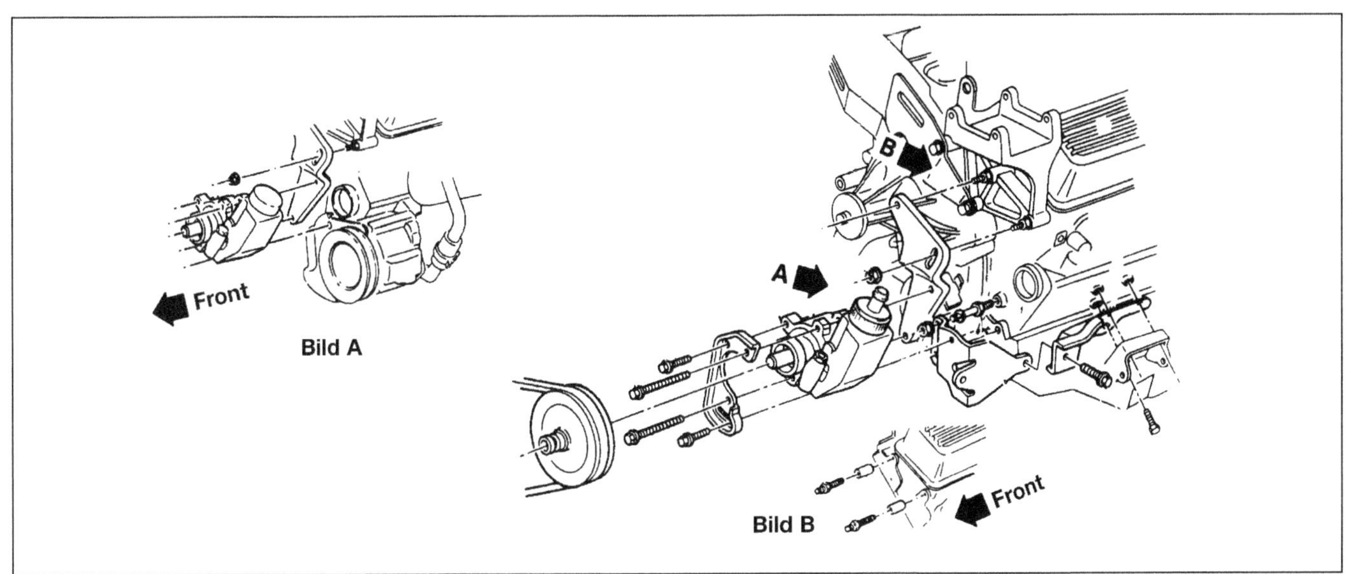

32.4b Vanlig styrservopump på V6- och V8-motorer

33 Servoassisterad styrväxel - demontering och montering

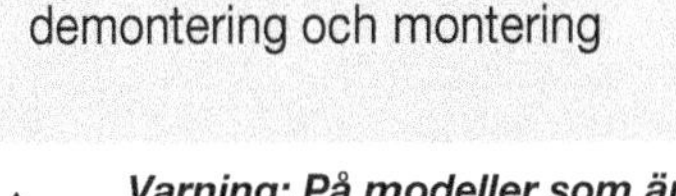

Varning: På modeller som är utrustade med krockkudde, kontrollera att rattaxeln inte vrids medan styrväxeln demonteras vilket kan skada krockkuddesystemet. Ett sätt att hindra axeln från att vrida sig är att låta säkerhetsbältet löpa genom ratten och fästa det på vanligt sätt.

1 Lossa slangarna från styrväxeln. Plugga igen slangändarna och fäst dem så att de inte är i vägen.

2 Tejpa över hålen i styrväxelhuset för att undvika att smuts kommer in.

3 Lossa rattaxelns styrknut.

4 Markera förhållandet mellan Pitmanarmen och sektoraxeln, demontera Pitmanarmen (avsnitt 18).

5 Ta bort skruvarna som fäster styrväxeln på ramen och sänk ner växeln från bilen **(se bild).**

6 Om växeln är defekt eller sliten ska den bytas ut mot en ny eller fabriksrenoverad växel. Originalväxeln ska inte tas isär.

7 Montering sker i omvänd ordningsföljd. Anslut styrknutarna varsamt och kontrollera att klämskruven passerar igenom hacket i rattaxeln.

9 Lufta systemet enligt beskrivningen i avsnitt 31.

34 Styrvinklar och hjulinställning - allmän beskrivning

Korrekt hjulinställning är väsentlig för korrekt styrning och även för däckslitaget. Symptom på felaktig hjulinställning är att bilen drar åt ena hållet eller att däcken slits ojämnt.

Om dessa symptom förekommer, kontrollera följande punkter innan hjulvinklarna justeras:

Lösa skruvar till styrväxeln
Feljusterad styrväxel
Slitna eller skadade hjullager
Böjda styrstag
Slitna styrleder
Felaktigt lufttryck i däcken
Däck av olika typ är monterade (t ex diagonaldäck/radialdäck eller sommardäck/vinterdäck)

Framhjulsinställning bör överlåtas till en auktoriserad verkstad eller riktningsverkstad.

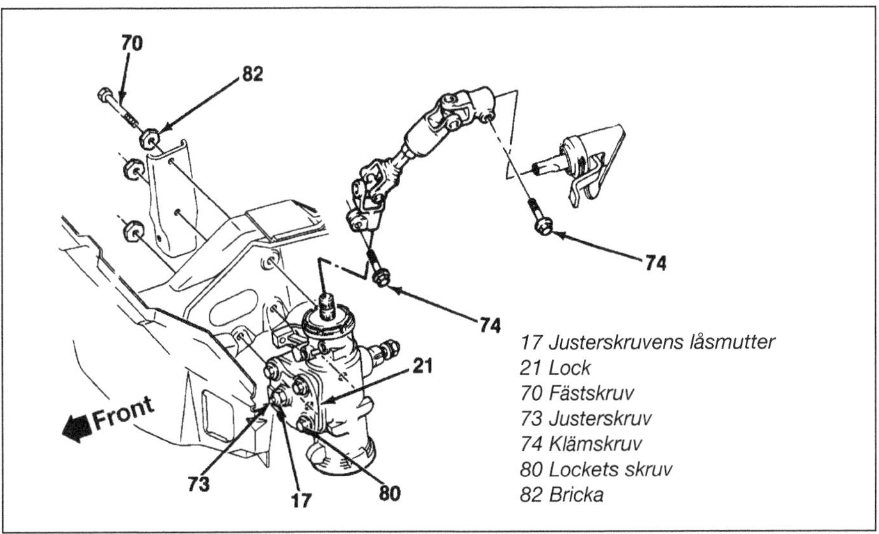

33.5 Vanlig servoassisterad styrväxel

Anteckningar

Kapitel 11
Kaross och detaljer

Innehåll

Svårighetsgrad

Enkelt, passar novisen med lite erfarenhet 	**Ganska enkelt,** passar nybörjaren med viss erfarenhet 	**Ganska svårt,** passar kompetent hemma-mekaniker	**Svårt,** passar hemmamekaniker med erfarenhet 	**Mycket svårt,** för professionell mekaniker 

Specifikationer

Åtdragningsmoment	**Nm**
Främre stötfångarens skruv	47
Skruv mellan främre stötfångare och fäste	95
Mellan bakre stötfångare och ytterfäste	47
Mellan bakre stötfångarens ytterfäste och stöd	68
Framdörr	
mellan dörrens spärrbygel och stolpe	61
gångjärnsskruv	41
mellan lås och dörrhandtag	30
regulatorskruvar	10
Skjutdörr	
mellan främre lås och dörr	10
mellan bakre lås och dörr	10
mellan undre främre rullstöd och dörr	33
mellan undre främre rullstöd och rullfäste	33
undre främre rullstyrning	10
mellan övre främre rullfäste och dörr	33
mellan övre främre rulle och fäste	27
mellan övre bakre gångjärn och dörr	34
mellan övre bakre gångjärnsrulle och gångjärn	27
mellan övre bakre gångjärnsstyrningsblock och gångjärn	5
mellan bakre dörrspärrbygel och kaross	27
mellan främre dörrspärrbygel och kaross	10
Bakdörr	
mellan gångjärn och kaross	54
mellan gångjärn och dörr	54
mellan dörrspärrbygel och kaross	24
Skruvar till motorhuvens gångjärn	24

1 Allmän beskrivning

Modellerna som behandlas i denna handbok har separat ram och kaross. På samma sätt som gäller för andra delar i bilen, spelar bra underhåll av karossens detaljer en viktig roll när man vill bevara bilens värde på marknaden. Det kostar väsentligt mindre att hantera små problem innan de växer och blir stora problem. I detta kapitel finns all information du behöver för att tätningar ska täta, karosspaneler vara riktade och bilens allmänna utseende och skick behålls i god kondition.

De större karossdelarna, som är speciellt utsatta vid olyckor, går att demontera. Dessa omfattar motorhuv, grill och dörrar. Det är ofta billigare och mindre tidsödande att byta en hel panel än att försöka att renovera den gamla panelen. Sådana beslut ska emellertid fattas från fall till fall.

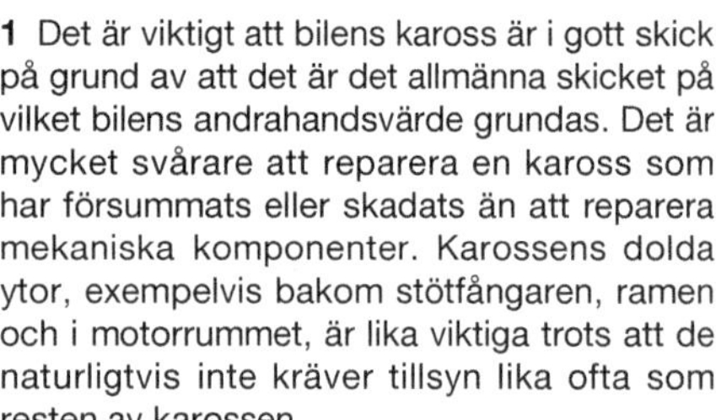

2 Underhåll - kaross och ram

1 Det är viktigt att bilens kaross är i gott skick på grund av att det är det allmänna skicket på vilket bilens andrahandsvärde grundas. Det är mycket svårare att reparera en kaross som har försummats eller skadats än att reparera mekaniska komponenter. Karossens dolda ytor, exempelvis bakom stötfångaren, ramen och i motorrummet, är lika viktiga trots att de naturligtvis inte kräver tillsyn lika ofta som resten av karossen.

2 Det är klokt att, en gång om året, eller efter var 2 000:e mil, ge bilens underrede en ångrengöring. Vid sådan rengöring avlägsnas alla spår efter smuts och olja och underredet kan därefter kontrolleras beträffande rost, skadade bromsledningar, fransiga elledningar, skadade vajrar och andra defekter. Framvagnsupphängningens delar bör smörjas när arbetet är avslutat.

3 Vid samma tillfälle bör motorn och motorrummet rengöras med antingen ångrengöring eller vattenlösligt avfettningsmedel.

4 Ägna särskild uppmärksamhet åt fördjupningarna bakom stötfångaren eftersom underlackeringen kan flagna och stenar och smuts som hjulen kastar upp kan skada lackeringen vilket bäddar för rostangrepp. Om rostangrepp upptäcks ska lacken slipas bort ner till metallen och en antirostfärg appliceras.

5 Karossen ska tvättas vid behov. Spola bilen ordentligt med vatten för att mjuka upp smutsen, tvätta den sedan med en mjuk svamp och rikligt med rent bilschampoo och vatten. Om smutsen inte tvättas av mycket noggrant kommer den med tiden att slita bort lackeringen.

6 Tjär- eller asfaltfläckar som kastats upp från vägen bör avlägsnas med en trasa indränkt med tjärlösningsmedel.

7 Var sjätte månad bör kaross och kromdetaljer vaxas. Om du använder kromrengörare för att avlägsna rost från bilens förkromade delar bör du uppmärksamma att delar av kromet också följer med, så använd sådan rengörare sparsamt.

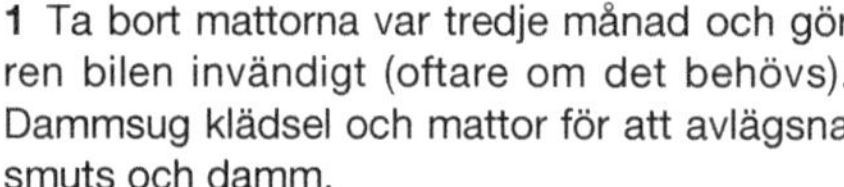

3 Underhåll - klädsel och mattor

1 Ta bort mattorna var tredje månad och gör ren bilen invändigt (oftare om det behövs). Dammsug klädsel och mattor för att avlägsna smuts och damm.

2 Om klädseln har blivit fläckig, stryk på klädselrengöringsmedel med en fuktig svamp och torka bort det med en ren och torr trasa.

4 Mindre skador på kaross - reparation

Reparation av mindre repor i lacken

1 Om repan är ytlig och inte tränger ner till metallen är reparationen enkel. Gnugga området med vax som innehåller färg, eller en mycket fin polerpasta, för att ta bort lös färg från repan och rengör kringliggande partier från vax. Skölj området med rent vatten.

2 Lägg på bättringsfärg eller klarlack med en fin pensel; fortsätt att lägga på tunna lager lack tills repan är utfylld. Låt färgen torka minst två veckor, jämna sedan ut den mot kringliggande partier med hjälp av vax innehållande färg eller mycket fint polermedel, s k rubbing. Vaxa till sist ytan.

3 Om repan gått igenom färgskiktet i plåten så att rost har uppstått, krävs en annan teknik. Ta bort all lös rost från repans botten med en pennkniv, lägg sedan på rostförebyggande färg för att förhindra att rost bildas igen. Använd en gummi- eller nylonspackel för att fylla ut repan med finspackel. Vid behov kan detta förtunnas enligt tillverkarens anvisningar. Innan spacklet härdas, linda en bit mjuk bomullstrasa runt fingertoppen, doppa fingret i cellulosathinner och stryk snabbt över repan. Detta gör att spackelytan blir något urholkad. Repan kan sedan målas över enligt beskrivning tidigare i detta avsnitt.

Reparation av bucklor i karossen

4 Då en djup buckla uppstår i karossen, är den första uppgiften att få ut den, så att karossformen blir nästan den ursprungliga. Det finns ingen anledning att försöka återställa den ursprungliga ytan helt, eftersom metallen är skadad och ytan har sträckt sig och kan inte återställas till sin ursprungliga form. Det är bättre att räta ut plåten tills den är ca 3 mm lägre än omgivande partier. Om bucklan är mycket grund från början lönar det sig inte alls att försöka få ut den.

5 Om undersidan på bucklan är åtkomlig kan den hamras ut försiktigt från baksidan med hjälp av en plast- eller träklubba. Håll samtidigt ett lämpligt trästycke på utsidan som mothåll så att inte en större del av karossen trycks utåt.

6 Är bucklan på ett ställe där plåten är dubbel, eller den av annan anledning inte är åtkomlig bakifrån, måste man förfara på annat sätt. Borra flera små hål genom plåten inom det skadade området, speciellt i de djupare delarna. Skruva sedan i långa plåtskruvar så att de får gott grepp i plåten. Nu kan bucklan rätas ut genom att man drar i de isatta skruvarna med en tång.

7 Nästa steg är att ta bort färgen från det skadade området och några centimeter runt omkring. Detta uppnås bäst med hjälp av en stålborste eller slipskiva i borrmaskin, även om det kan göras för hand med hjälp av slippapper. Förbered metallytan för spackling genom att repa den med en skruvmejsel eller en fil. Man kan också borra små hål i området; detta ger gott fäste för spacklet. Se vidare avsnittet om spackling och sprutning.

Reparationer av rosthål och andra hål i karossen

8 Ta bort all färg från det berörda området och några centimeter runt omkring med hjälp av slippapper eller en stålborste i en borrmaskin. Några slippapper och en slipkloss gör annars jobbet lika effektivt.

9 När färgen är borttagen går det att bedöma skadans omfattning och att avgöra om en ny detalj behövs (om det är möjligt) eller om den gamla kan repareras. Nya karossdetaljer är inte så dyra som man många gånger tror och det går ofta snabbare och bättre att sätta på en ny detalj än att försöka laga stora områden med rostskador.

10 Ta bort alla detaljer i det skadade området utom sådana som erfordras för att återställa ursprunglig form på den skadade detaljen (t ex strålkastare). Klipp eller såga sedan bort lös eller kraftigt korroderad metall. Knacka in hålkanten lite för att åstadkomma en fördjupning för spacklet.

11 Stålborsta den berörda ytan för att ta bort eventuella rostrester från den omgivande ytan. Måla sedan med rostskyddande färg; om baksidan av det angripna området är åtkomligt, behandla även den.

12 Innan utfyllnad kan göras måste stöd läggas i hålet på något sätt. Detta kan göras med hjälp av metallplåt som nitas eller skruvas fast, eller genom att trycka in stålnät i hålet.

13 När hålet har fyllts kan den utsatta ytan spacklas och lackeras. Se nedanstående avsnitt om spackling och lackering.

Karosserireparationer spackling och sprutning

14 Många typer av spackel förekommer, men generellt fungerar de reparationssatser som består av grundmassa och en tub härdare bäst. En bred flexibel spackel av plast eller nylon är ovärderlig för att forma spacklet efter karossens konturer. Blanda lite spackel på en skiva (mät härdaren noggrant). Följ tillverkarens anvisningar på paketet så att inte spacklet härdar för snabbt.

15 Stryk på spacklet; dra spackelspaden över ytan så att spacklet antar samma kontur som den ursprungliga. Så snart formen någorlunda överensstämmer med den ursprungliga ska bearbetningen avbrytas. Arbetar man för länge blir massan kladdig och fastnar på spackelspaden. Stryk på tunna lager med 20 minuters mellanrum tills området har byggts upp så att det är något för högt.

16 Så snart spacklet har härdat kan överskottet tas bort med fil eller annat lämpligt verktyg. Därefter skall allt finare slippapper användas. Börja med nr 40 och sluta med nr 400 våtslippapper. Använd alltid någon form av slipkloss – annars blir inte ytan plan. Under det avslutande skedet skall våtslippapperet då och då sköljas i vatten. Detta garanterar en mycket jämn yta.

17 Området kring bucklan bör nu bestå av ren metall, som i sin tur skall omgivas av en uttunnad kant av den övriga lackeringen. Skölj ytan med rent vatten tills allt damm efter slipningen har försvunnit.

18 Spruta hela området med ett tunt lager grundfärg – då framträder eventuella ojämnheter i den spacklade ytan. Åtgärda sådana ojämnheter med filler eller finspackel och jämna på nytt till ytan med slippapper. Upprepa sprutnings- och spacklingsproceduren tills du är nöjd med ytan och utjämningen runt om skadan. Rengör området med rent vatten och låt det torka helt.

19 Området är nu klart för slutbehandling. Sprutning av färgskikt måste ske i en varm och torr drag- och dammfri omgivning. Dessa villkor kan uppfyllas om du har en stor arbetslokal, men om du tvingas arbeta utomhus måste tidpunkten väljas omsorgsfullt. Arbetar du inomhus kan du hälla vatten på golvet för att binda dammet. Om ytan som ska åtgärdas begränsar sig till en panel ska kringliggande partier maskeras; detta hjälper till att begränsa effekten av färgnyansskillnaden. Detaljer som kromlister, dörrhandtag etc, måste också maskeras eller demonteras. Använd riktig maskeringstejp och flera lager tidningspapper.

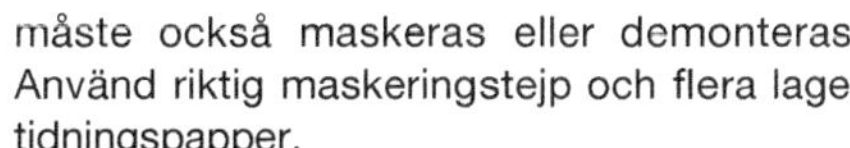

20 Innan sprutningen påbörjas, skaka flaskan omsorgsfullt, gör sedan ett sprutprov tills du behärskar tekniken. Täck området med ett tjockt lager grundfärg; lagret skall byggas upp av flera tunna lager, inte av ett tjockt. Slipa ytan med våtslippapper nr 400 tills den är helt slät. Under slipningen skall vatten hällas över området och slippapperet emellanåt sköljas i vatten. Låt ytan torka innan den sprutas igen.

21 Spruta på färglagret, bygg på nytt upp tjockleken helt innan den sprutas igen. Börja spruta mitt i området och arbeta utåt med cirkelformiga rörelser. Fortsätt arbeta utåt tills hela området och ca 50 mm utanför har täckts. Ta bort maskeringen 10 till 15 minuter efter sprutning av färgskiktet. Låt det nya färgskiktet torka minst två veckor, bearbeta sedan ytan med vax innehållande färg eller mycket fin polerpasta, s k rubbing. Jämna ytorna mot den gamla lackeringen. Vaxa slutligen bilen.

5 Större skador på kaross - reparation

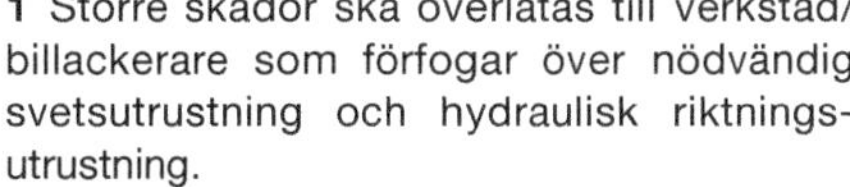

1 Större skador ska överlåtas till verkstad/billackerare som förfogar över nödvändig svetsutrustning och hydraulisk riktningsutrustning.

2 Om skadan beror på en kollision, måste man också kontrollera att kaross och chassi inte har blivit skeva, annars kan bilens köregenskaper påverkas negativt. Andra problem, såsom starkt däckslitage och slitage i drivaggregat och styrning kan också uppträda.

3 Beroende på att många större karosskomponenter (motorhuv, dörrar etc) är separata och utbytbara enheter så bör hårt skadade delar hellre bytas ut än repareras. Ibland går dessa komponenter att hitta hos bilskrothandlare som specialiserar sig på begagnade bildelar, vilket ofta är mycket kostnadsbesparande.

6 Underhåll - gångjärn och lås

Smörj gångjärn till dörrar och motorhuv med några droppar olja efter var 50:e mil, eller var tredje månad. Dörrarnas spärrbyglar bör också bestrykas med ett tunt lager vitt litiumbaserat smörjfett för att minska slitaget och så att de inte kärvar.

7 Vindruta och fasta rutor - byte

1 Byte av bilens vindruta och fasta rutor kräver tillgång till ett speciellt snabbhärdande lim/diktmaterial och specialverktyg. Arbeten av detta slag bör överlåtas till auktoriserad verkstad eller glasmästare.

8 Dörrklädsel - demontering och montering

1 Demontera fönsterveven och dörrhandtaget. På tidiga modeller är fönstervev och dörrhandtag infästa med skruvar medan de på senare modeller är infästa med ett clips **(se bild)**. Demontering av clipset kan underlättas med ett specialverktyg (fönstervevstång) som finns att köpa i biltillbehörsbutiker **(se bild)**. Ta bort clipset och dra loss handtaget från axelns splines **(se bild)**. Om specialverktyget inte finns tillgängligt, tryck in dörrklädseln och ta bort clipset med en ståltrådsbit med en liten krok på ena änden.

2 Demontera skruvarna från armstödet och från dörrfickan.

3 Demontera klädseln från dörren genom att föra in fingrarna under kanten och dra ut klädseln med ett kraftigt ryck så att clipsen lossnar.

4 Demontering sker i omvänd ordningsföljd. Byt ut de clips som eventuellt skadats vid demonteringen.

8.1a Det U-formade clipset fäster handtaget på axelns splines

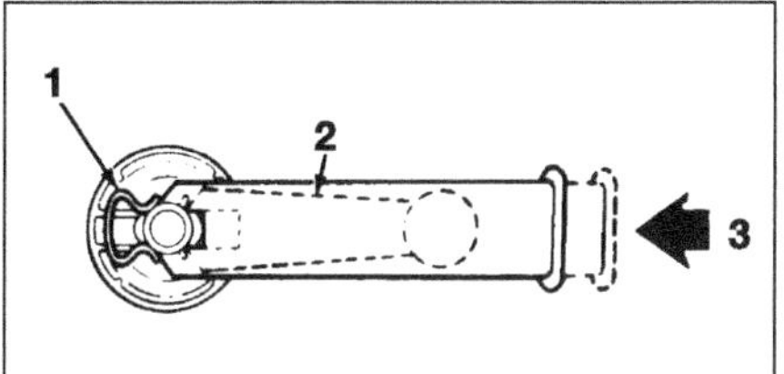

8.1b Ett specialverktyg, s k fönstervevstång, rekommenderas för demontering av dörrhandtag och fönstervev

1 Fjäder (ej ansatt)
2 Invändigt handtag
3 Tryck verktyget i pilens riktning

8.1c När clipset är borttaget dras handtaget loss från axeln

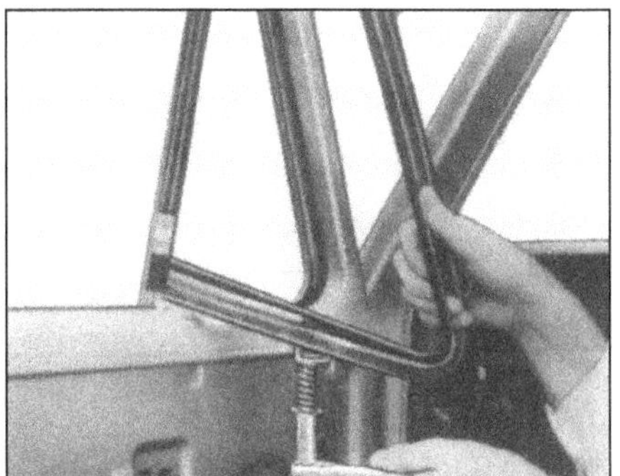

9.4 Främre ventilationsruta

9 Ventilationsruta - demontering och montering

1 Veva ner rutan så långt det går.
2 Demontera dörrens klädsel enligt beskrivning i föregående avsnitt.
3 Demontera dörrlåsknoppen.
4 Demontera skruvarna som fäster ventilationsrutans nederdel på dörrpanelen **(se bild)**.
5 Lossa de inre och yttre dörrpanelskruvarna som är åtkomliga genom hålet bakom rutans undre vridpunkt.
6 För den stora sidorutan bakåt, bort från ventilationsrutan.
8 Vrid hela rutan 90° och styr den uppåt och ut ur dörren **(se bild)**.
9 Montering sker i omvänd ordningsföljd. När rutan är på plats kan trögheten justeras genom att de nedersta muttrarna vrids åt så att fjädern trycks ihop. Böj tillbaka muttrarnas låstungor efter justeringen **(se bilder)**.

10 Dörruta och mekanism - demontering och montering

1 Veva ner rutan så långt det går och demontera fönstervev och dörrlåsknopp.

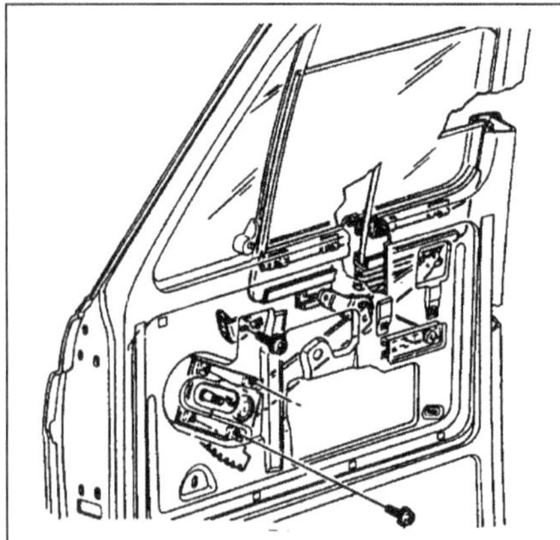

10.7 Dörruta och mekanism

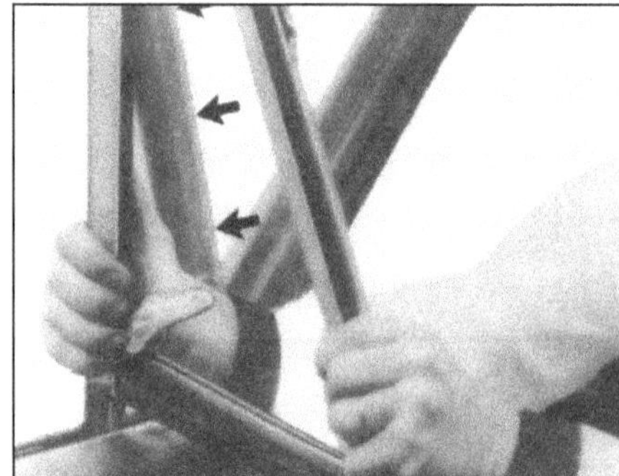

9.8 Lyft ventilationsrutan uppåt och ut ur dörren

2 Demontera armstöd och klädsel från dörren.
3 Demontera ventilationsrutan enligt beskrivning i föregående avsnitt.
4 För fönsterrutan framåt tills främre rullen är i jämnhöjd med fönsterskenan. Lossa rullen.
5 Tryck fönstret framåt och luta framkanten tills den bakre rullen har lossnat.
6 Luta rutan uppåt igen och ta bort den från dörren.
7 Vid behov, ta bort skruvarna och ta också bort mekanismen genom den undre öppningen i dörren **(se bild).**
8 Före monteringen, smörj in fönstermekanismen med universalfett. Montering av fönsterruta och regulator sker i omvänd ordningsföljd.

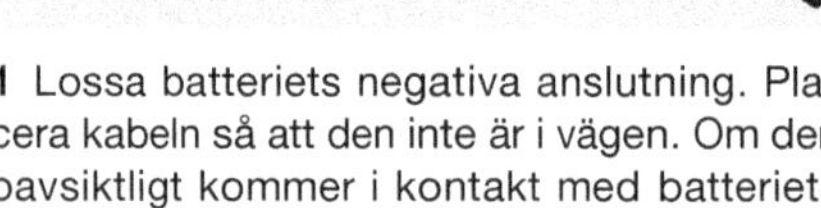

11 Elstyrd fönsterhiss - demontering och montering

1 Lossa batteriets negativa anslutning. Placera kabeln så att den inte är i vägen. Om den oavsiktligt kommer i kontakt med batteriets negativa pol strömsätts bilens elsystem igen.
2 Demontera dörrklädseln.
3 Demontera armstödets fäste och fästet till dörrhandtaget.
4 Demontera skruvarna från strömställaren och för den åt sidan **(se bild)**.
5 Demontera den yttre tätningen och rutans bakre styrkanal.

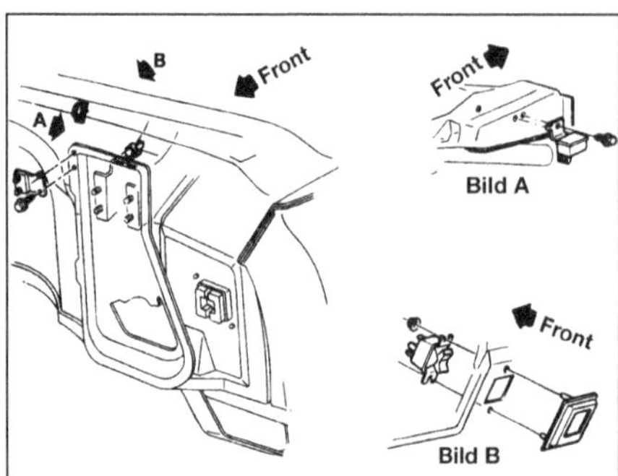

11.4 Reglage, relä och strömställare i vanligt elstyrt fönsterhissystem

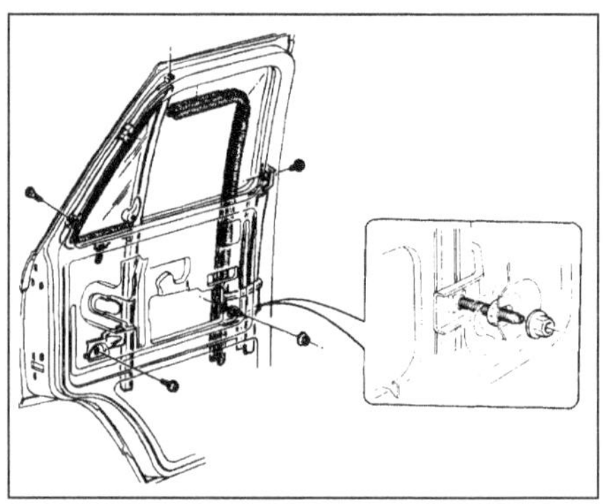

9.9a Sidorutans spänning kan justeras med en hylsnyckel

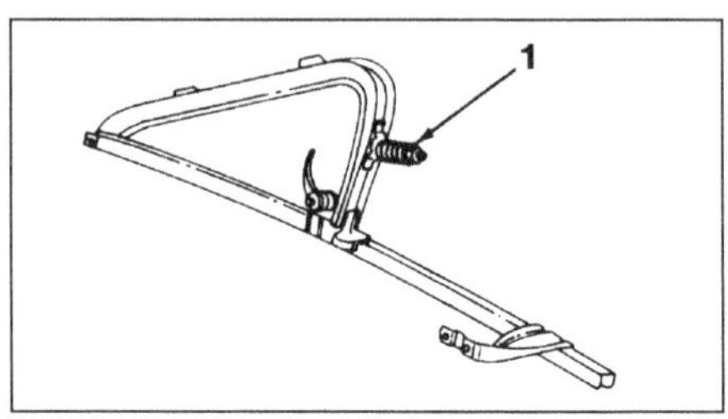

9.9b När justeringen är utförd böjs tungan tillbaka för att låsa rutans spänning

1 Böj låsblecket över sexkantsmuttern

6 Demontera muttrarna och skruvarna som fäster regulatorn vid dörrpanelen. Dra upp rutan så långt det går och vrid den ett kvarts varv medurs för att demontera rutan från dörren.
7 Lossa elkablaget från regulatorn och vrid motorn ett kvarts varv. Vid denna punkt måste följande arbete utföras för att släppa spänningen i utbalanseringsfjädern. Skador kan annars uppstå under det avslutande skedet av demonteringen.
8 Borra ett hål genom regulatorns arm och bakgavel. **Observera:** *Borra inte närmare kanten på armen eller gaveln än 15 mm.* Montera en plåtskruv i hålet för att låsa armen.
9 Demontera skruvarna som fäster motorn på regulatorn, ta bort motorn **(se bild)**.
10 Montering sker i omvänd ordningsföljd.

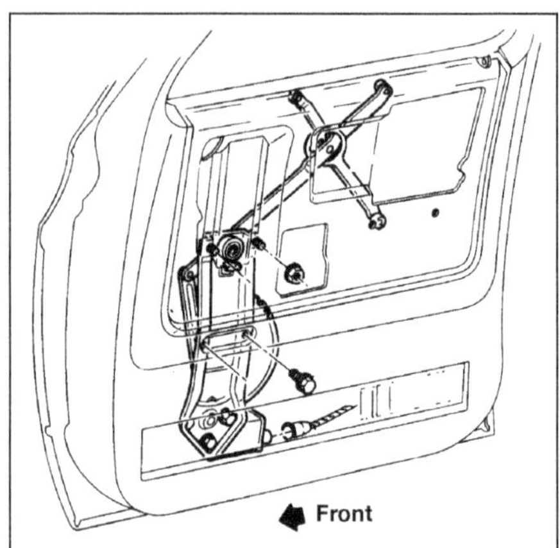

11.9 Motor och regulator till elstyrd fönsterhiss

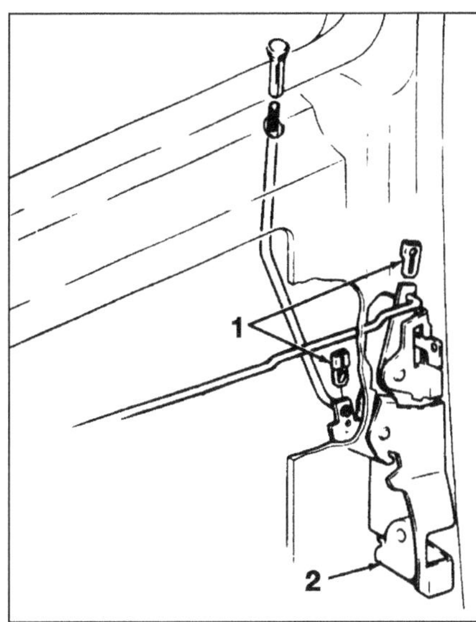

12.4 Komponenter i vanligt dörrlås

1 Clips 2 Låsmekanism

Kom ihåg att smörja in motorns drivhjul och regulatorns kuggar. Ta inte bort den tillfälliga låsskruven förrän motorn har monterats och skruvats fast på sin plats.

12 Dörrlås - demontering och montering

1 Veva upp rutan så långt det går, demontera därefter fönstervev, elstyrt dörrlås och klädselpanel.
2 Ta bort clipset från innerstaget.
3 Ta bort clipset från det utvändiga handtagets stag. Detta utförs genom att fönsterrutan vevas ned och en lång tunn skruvmejsel sätts in genom glasspåret. Veva upp fönsterrutan när det är gjort.

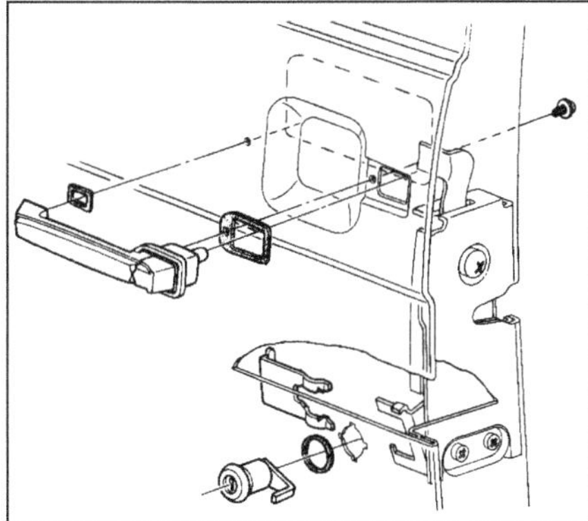

13.3 Vanligt ytterhandtag och vanlig låscylinder

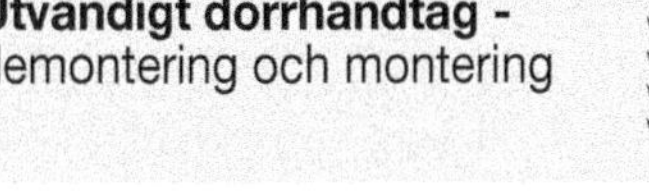

4 Demontera låsets skruvar och ta bort lås och stag tillsammans **(se bild)**.
5 Montering sker i omvänd ordningsföljd.

13 Utvändigt dörrhandtag - demontering och montering

1 Hissa upp fönsterrutan så långt det går, demontera klädsel och fönstervev.
2 Demontera clipset som fäster staget på låset (avsnitt 12).
3 Ta bort skruvarna som fäster ytterhandtaget på dörren. Demontera handtag och stag **(se bild)**.
4 Montering sker i omvänd ordningsföljd.

14 Dörrlåscylinder - demontering och montering

1 Hissa upp fönsterrutan och demontera klädsel och fönstervev.
2 Bänd loss clipset från låscylindern med en tunn skruvmejsel. Demontera cylindern.
3 Demontering sker i omvänd ordningsföljd.

15 Invändigt dörrhandtag - demontering och montering

1 Demontera dörrklädseln.
2 Demontera staget från det invändiga handtaget.
3 Demontera skruvarna som fäster det invändiga handtaget på dörren och lossa handtaget.
4 Montering sker i omvänd ordningsföljd.

16 Centrallås - demontering och montering

1 Lossa batteriets jordkabel.
2 Demontera dörrklädseln (avsnitt 8).
3 Lossa kablaget från motorn.
4 Skruva loss motorn. Demontera dörrlåsspaken från gummifästet ovanpå motorns manöverdon och ta bort motorn genom dörröppningen **(se bild)**.

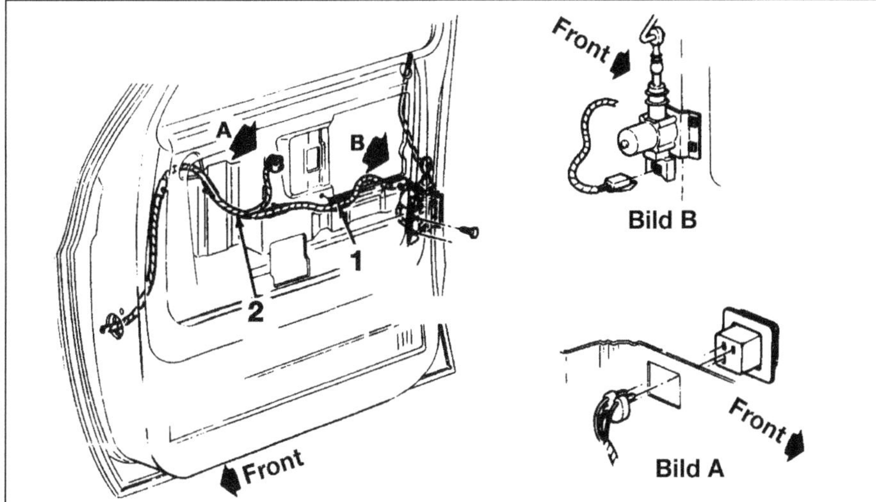

16.4 Komponenter i vanligt centrallåssystem

1 Clips 2 Centrallåskablage

17 Dörrens spärrbygel - justering

1 Det är viktigt att spärrbygeln är väljusterad eftersom den avgör om dörren stängs ordentligt och att dörrens tyngd stöds på avsett sätt.
2 Lossa spärrbygeln med en blocknyckel, placera om och dra åt det. På senare modeller behövs ett sexkantigt verktyg (nr J-23457) för att kunna skruva loss skruven från spärrbygeln.
3 Justera spärrbygeln tills dörrpanelen är i jämnhöjd med omgivande karossdelar när dörren är stängd, och spärrbygeln inte är så högt upp att dörren tvingas uppåt när den stängs.

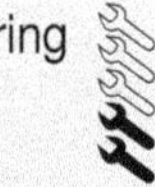

18 Dörr - demontering, montering och justering

1 Öppna dörren så långt det går och stöd den med en domkraft eller på block som är övertäckta med tyg eller dynor för att skydda lackeringen.
2 Rita märken runt gångjärnen så att de ska få rätt passning vid monteringen, skruva därefter loss gångjärnen från dörren. Lyft av dörren.
3 På senare modeller är dörrstoppen del av

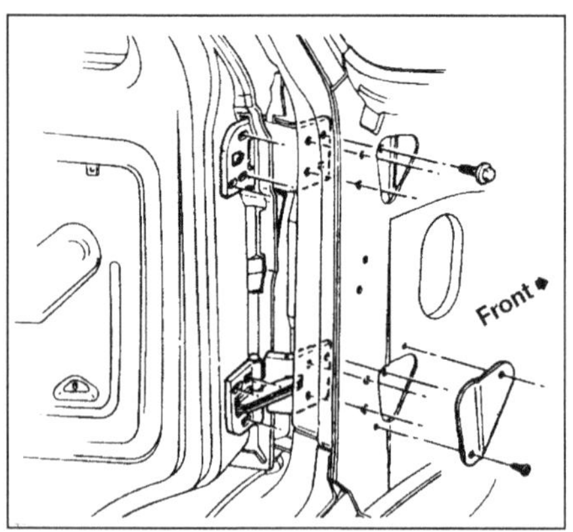

18.3 Komponenter i vanligt dörrgångjärn

det övre gångjärnet. Demontera gångjärnen från dörrstolpen genom att först markera deras läge och därefter skruva loss dem **(se bild)**.

En startmotornyckel underlättar vid demonteringen av dessa skruvar på tidiga modeller.

4 Montera dörren i omvänd ordningsföljd. Rikta dörren genom att flytta den efter det att gångjärnsskruvarna lossats. Justera spärrbygeln.

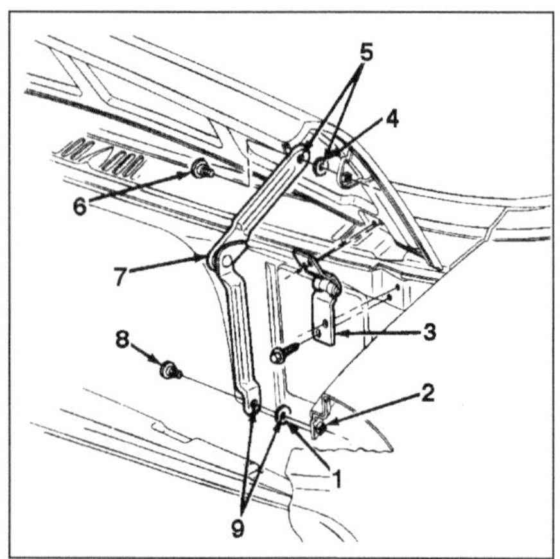

20.2 Motorhuvens gångjärn och stödstång

1 Bricka
2 Mutter
3 Gångjärn
4 Bricka
5 Smörj in
6 Skruv
7 Spärr
8 Skruv
9 Smörj in

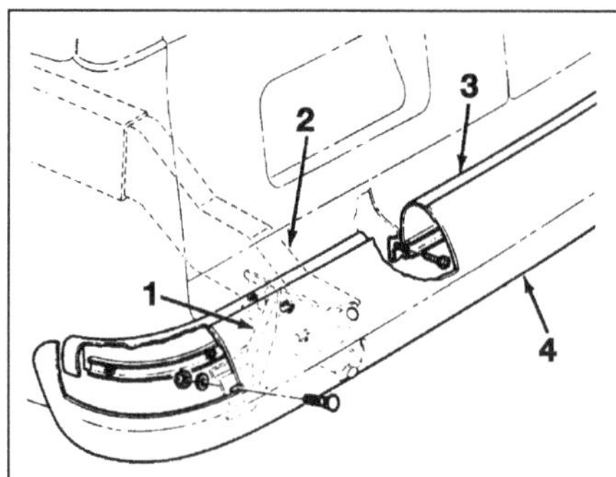

19.2a Vanlig bakre stötfångare på tidig modell

1 Stötfångarfäste
2 Ram
3 Tätning
4 Stötfångare

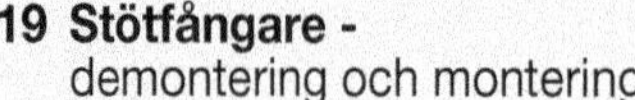

19 Stötfångare - demontering och montering

1 I bilmodellerna som behandlas i denna handbok förekommer ett stort antal olika typer av stötfångare.

2 På samtliga modeller gäller att stötfångaren skruvas loss från ram, fästen eller stöd **(se bilder)**. På vissa modeller behöver den bakre nummerskyltens belysningsledning lossas.

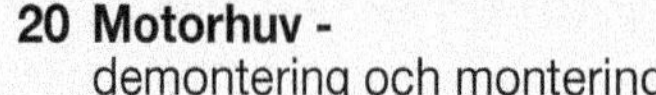

20 Motorhuv - demontering och montering

1 Markera gångjärnen med penna.

2 Demontera skruven från änden på motorhuvens stöd **(se bild)**.

3 Låt en medhjälpare hålla huven öppen, demontera gångjärnsskruvarna på motorhuvsidan och lyft bort motorhuven.

4 Montering sker i omvänd ordningsföljd. Observera att gångjärnens skruvhål är överdimensionerade så att justering ska kunna utföras.

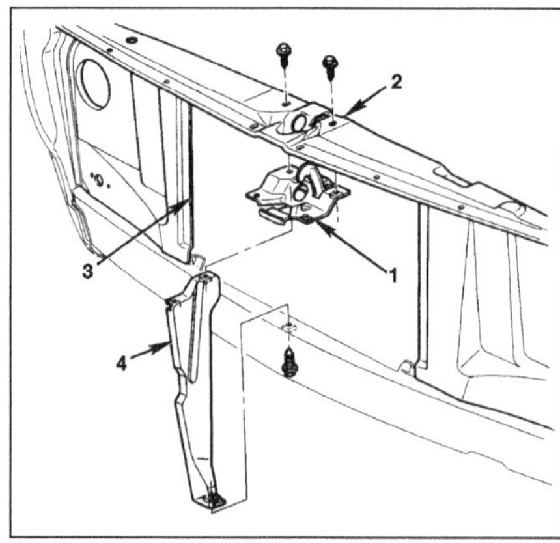

21.3 Vanlig låsspärr till motorhuv

1 Huvlås med spärr
2 Balk
3 Stänkplåt
4 Stöd

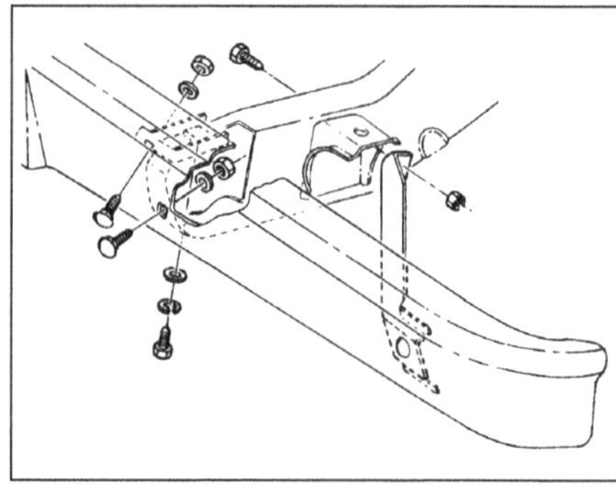

19.2b Vanlig främre stötfångare på tidig modell

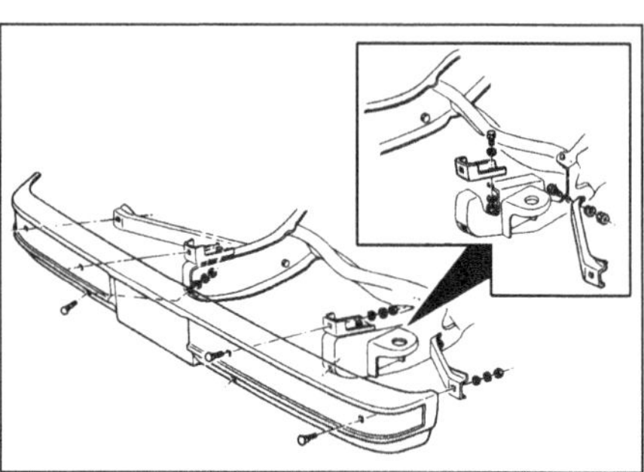

19.2c Vanlig främre stötfångare på sen modell

21 Motorhuvens lås - demontering, montering och justering

1 Motorhuvens lås/spärr kan antingen styras med en spak som sitter i grillen eller ett draghandtag i bilens kupé, beroende på modell och tillverkningsår.

2 Spärrens eller låsskruvens monteringsplattor bör markeras för att visa deras läge på den främre stödbalken innan demonteringen.

3 Demontera de två skruvarna och lossa spärren från stödbalken **(se bild)**.

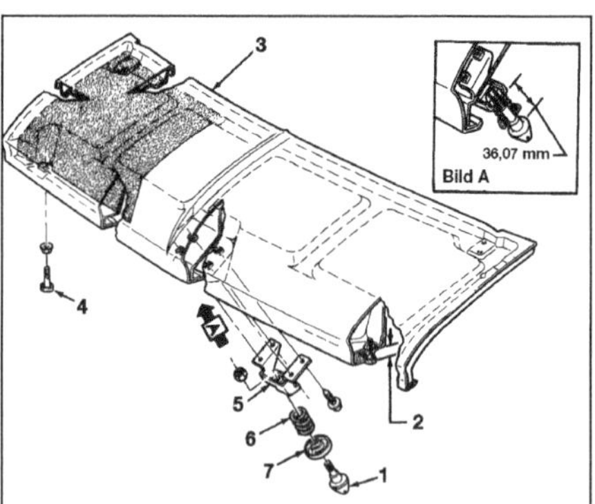

21.7 Justeringsdetaljer på huvens låsskruv och anslagsgummi

1 Skruv
2 10,2 mm
3 Motorhuv
4 Anslagsgummi
5 Låsplatta
6 Fjäder
7 Bricka

4 På modeller med vajerfrikoppling lossas vajern från spärrmekanismen.
5 Montering sker i omvänd ordningsföljd.
6 Om spärrmekanismen behöver justeras, kontrollera att låsskruven är centrerad i den avlånga styrningen i spärrhaken.
7 Justera låsskruvens längd så att huven kan stängas ordentligt. Kontrollera att motorhuvens anslagsgummi ändras så att de motsvarar låsskruvens justering **(se bild)**.

22 Backspeglar - demontering och montering

Invändig backspegel

1 Demontera skruven och lyft upp spegeln från monteringsplattan.
2 Montering sker i omvänd ordningsföljd.

Utvändig backspegel

3 Flera olika spegeltyper förekommer på dessa modeller. Skruva loss muttrar och skruvar så att spegeln kan demonteras från bilen.
4 Montering sker i omvänd ordningsföljd.

23 Skjutdörr på sidan - demontering, montering och justering

Demontering och montering

1 Skjutdörren hålls på plats upptill av ett gångjärn/rulle och nertill av en främre låsspärr och rulle. De främre och bakre låsspärrarna håller dörren i låst läge.
2 Demontera skruvarna som fäster det övre gångjärnet och rullen på dörren.
3 Demontera skruvarna som fäster den undre främre låsspärren och rullen på dörren.
4 Med hjälp av en medhjälpare, lossa dörrens låsspärr och demontera dörren från bilen.
5 Demontering sker i omvänd ordningsföljd.

Justering

Uppåt och neråt

6 Öppna dörren delvis, se bildfält A, B och D **(se bild),** och lossa, men ta inte bort, den främre dörrspärrbygeln från stolpen.
7 Demontera det övre gångjärnets kåpa.
8 Lossa, men ta inte bort, skruvarna mellan övre bakre gångjärnet och dörren.
9 Lossa, men ta inte bort, den bakre dörrspärrbygeln och dörrkilen.
10 Passa in dörrens bakkant uppåt eller neråt, efter behov, dra därefter åt skruvarna mellan det övre bakre gångjärnet och dörren.
11 Lossa, men ta inte bort, skruvarna mellan det främre rullfästet och dörren.
12 Stäng dörren delvis och passa in dörrens framkant uppåt eller neråt, efter behov, genom att lossa skruvarna mellan det främre

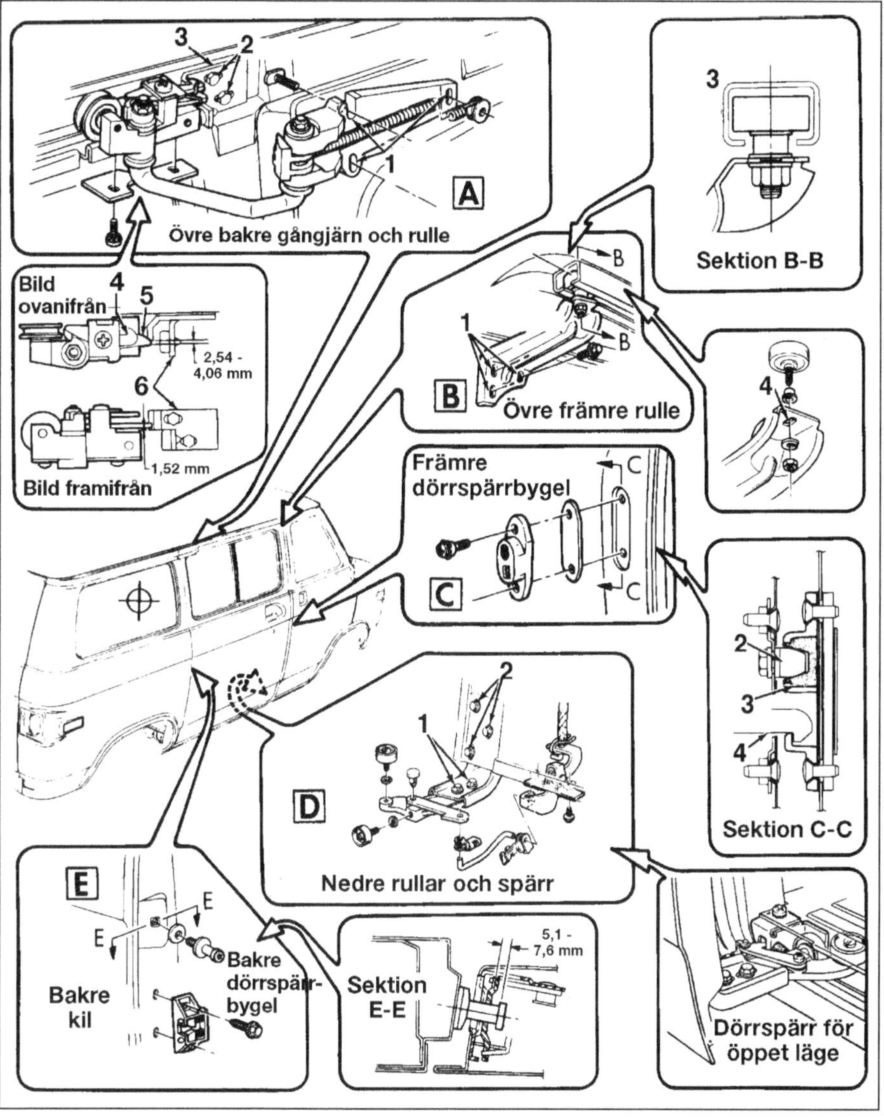

23.6 Justeringsdetaljer på skjutdörr

A
1 Skruvhål med justermån upp/ned
2 Skruvhål med justermån fram/bak
3 Dörrspärrbygel
4 Övre arm
5 Undre arm
6 Dörrspärrbygel

B
1 Justering uppåt-nedåt
3 Mittenrullen vertikalt i spåret så att den inte vidrör spåret i fullt öppet eller fullt stängt läge
4 Justering inåt-utåt

C
2 Styrning
3 Gummidyna
4 Lås

D
1 Justering inåt-utåt
2 Justering uppåt-nedåt

undre gångjärnet och dörren, flytta dörren. När dörren är korrekt placerad, dra åt skruvarna.
13 Placera den övre främre rullen mitt på spåret och dra åt skruvarna mellan rullfästet och dörren.
14 Justera de främre och bakre dörrspärrbyglarna och kilen enligt beskrivning längre fram i detta avsnitt.

Inåt och utåt

15 Se bilderna B, D och E och lossa, men ta inte bort den främre dörrspärrbygeln.
16 Lossa, men ta inte bort den övre främre rullen från sitt fäste.
17 Lossa, men ta inte bort skruvarna mellan den undre främre rullen och armen.
18 Justera dörren inåt eller utåt efter behov och dra åt skruvarna.
19 Justera dörrens spärrfäste för öppet läge, bakre kil, bakre dörrspärrbygeln och främre dörrspärrbygeln enligt beskrivning längre fram i detta avsnitt.

Framåt och bakåt

20 Se bild A, öppna dörren delvis och de-

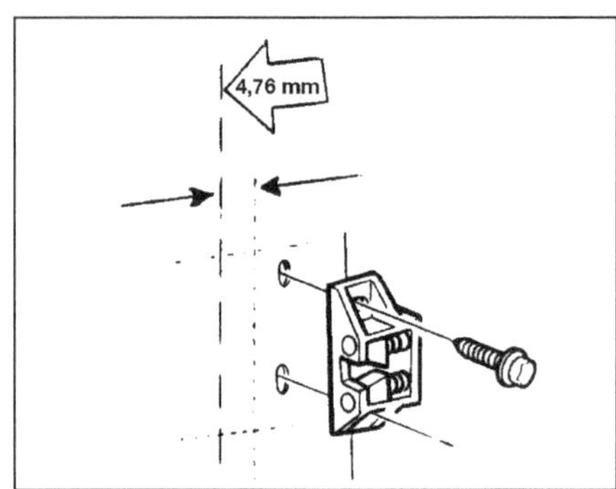

23.43 Justeringsdetaljer på skjutdörrens bakre spärrbygel

montera den främre och den det bakre dörrspärrbygeln.

21 Lossa den bakre kilen.

22 Demontera kåpan från övre bakre spåret.

23 Lossa det övre bakre gångjärnsblecket.

24 Flytta dörren framåt eller bakåt efter behov, och dra åt skruvarna till det övre bakre gångjärnsblecket.

25 Sätt tillbaka kåpan på det övre bakre spåret.

26 Sätt tillbaka de främre och bakre spärrbyglarna.

27 Justera de främre och bakre spärrbyglarna och bakre kilen enligt beskrivningen längre fram i detta avsnitt.

Främre dörrens spärrbygel

28 Se bild C och lossa skruvarna från den främre dörrspärrbygeln.

29 Gör en okulär kontroll mellan lås och spärrbygel och justera vid behov.

30 Skjut dörren långsamt mot spärrbygeln. Styrningen på dörren måste passa tätt i den gummitätade öppningen i spärrbygeln.

31 Kontrollera att låset griper i spärrbygeln fullständigt, lägg till eller ta bort shims efter behov.

32 Dra åt spärrbygelns skruvar.

Bakre dörrens spärrbygel

33 Lossa spärrbygel och bakre kil.

34 Centrera spärrbygeln vertikalt i dess öppning i dörren.

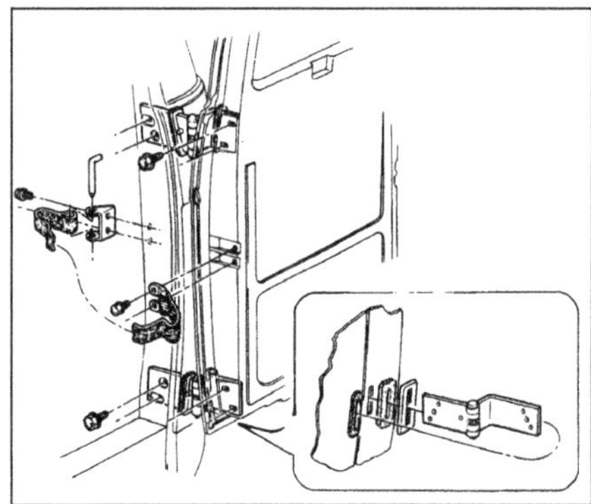
24.2 Bakdörrens gångjärn och dörrstoppsremmar

35 Se bild E, justera spärrbygeln sidledes för att matcha den yttre dörrpanelen med karossens yta.

36 Stryk ett lager universalfett på spärrbygeln och tryck varsamt in dörren tills det bakre låset vidrör bygeln tillräckligt för att göra ett märke i fettet.

37 Öppna dörren och mät avståndet från spärrbygelns huvud till märket i fettet. Avståndet bör vara mellan 5 mm och 8 mm.

38 Justera bygelns läge genom att lägga till eller ta bort shims.

39 Justera den bakre kilen enligt beskrivning längre fram i detta avsnitt.

Dörrspärr

40 Se bild D och lossa skruvarna som håller fast fästet till spärrhakens länk längst ner på dörren.

41 Justera ingreppet mellan låsspärr och spärrbygel genom att föra fästet sidledes tills låsspärren går fullständigt i ingrepp med spärrbygeln.

42 Dra åt skruvarna.

Bakre kil

43 Lossa skruvarna som fäster den bakre dörrspärrbygeln på dörrstolpen **(se bild)**, stäng därefter dörren till helt låst läge.

44 Centrera spärrbygeln på dörren och rita en markering runt den.

45 Öppna dörren och flytta spärrbygeln 5 mm utåt.

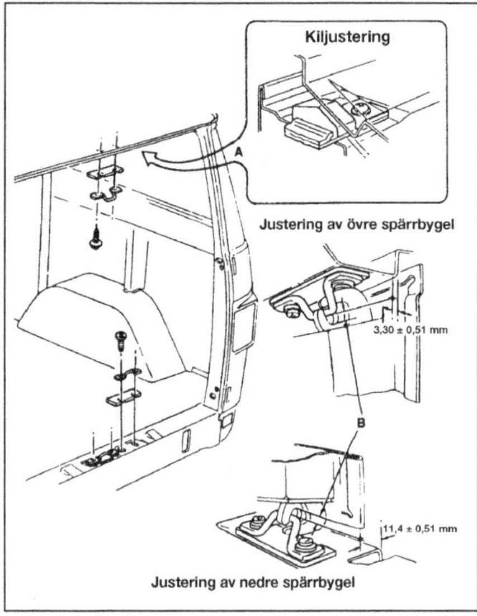

24.6 Justeringsdetaljer på bakdörrens spärrbygel och kil

A 1,02 mm max spel i andra spärrläget eller 0,254 till 1,270 mm störning i fullt låst läge.
B 4,32±0,76 mm (11/64 borr) i andra låsläget

24 Bakdörr - demontering, montering och justering

1 Öppna dörren och låt en medhjälpare stöda den medan gångjärn och dörrstoppsrem demonteras.

2 Dra ut frikopplingspinnen från dörrstoppsremmen **(se bild)**.

3 Rita en markering av gångjärnsplattans placering på dörren, demontera därefter skruvarna som fäster gångjärnen på dörren och ta bort dörren.

4 Montering sker i omvänd ordningsföljd.

5 Justera dörren genom att flytta den inom ramarna för gångjärnets överdimensionerade skruvhål.

6 Dörrspärrbygel och kil bör justeras för att åstadkomma bra stängning. Gör detta genom att montera eller demontera shims under kilen och flytta spärrbygeln efter behov **(se bild)**.

Kapitel 12
Karossens elsystem

Innehåll

Svårighetsgrad

Enkelt, passar novisen med lite erfarenhet 	**Ganska enkelt,** passar nybörjaren med viss erfarenhet 	**Ganska svårt,** passar kompetent hemma-mekaniker 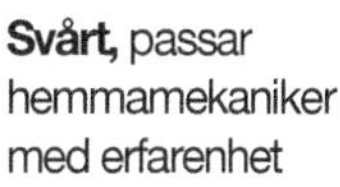	**Svårt,** passar hemmamekaniker med erfarenhet 	**Mycket svårt,** för professionell mekaniker 

1 Allmän beskrivning

Bilarna har 12-volts elsystem med negativ jord. Strömförsörjning till lampor och alla eltillbehör sker via ett generatorladdat blybatteri.

Detta kapitel behandlar reparationer och underhåll av elektriska komponenter som inte är direkt knutna till bilmotorn. Information om batteri, generator, strömfördelare och startmotor är beskrivna i kapitel 5.

Lossa batteriets negativa anslutning när du ska arbeta med elsystemet för att undvika kortslutning och/eller brand.

2 Felsökning i elsystemet - allmän beskrivning

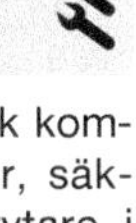

En typisk elkrets består av en elektrisk komponent, strömbrytare, relän, motorer, säkringar, huvudsäkringar eller kretsbrytare i anslutning till komponenten i fråga, samt ledningar och kontakter som ansluter komponenten till såväl batteriet som chassit. Som hjälp till att upptäcka fel i ett elektriskt system återfinns elektriska kopplingsscheman i slutet av denna handbok.

Innan felsökningen börjar bör man studera ett kopplingsschema över den aktuella kretsen för att skaffa sig mer ingående kunskap om de komponenter som omfattas av kretsen. Antalet möjliga felkällor kan reduceras genom att man kontrollerar om andra komponenter i samma krets fungerar ordentligt. Om flera komponenter eller kretsar slutar att fungera samtidigt är problemet sannolikt relaterat till en gemensam säkring eller jordanslutning.

Elektriska problem har ofta enkla anledningar, exempelvis lösa eller korroderade kontakter, defekt jordanslutning, trasig säkring, eller defekt relä (se beskrivning i avsnitt 3 beträffande relän). Gör en visuell granskning av konditionen hos samtliga säkringar, kablar och kontakter i problemkretsen innan komponenterna testas.

Följ kopplingsschemat för att fastställa vilka kontakter som skall kontrolleras för att upptäcka felkällan.

Följande verktyg behövs för felsökning i elsystemet: testmejsel eller voltmeter (en 12 volts glödlampa med testkablar kan också användas för vissa tester), testlampa (ibland kallad kontinuitetstestare) som omfattar glödlampa, ohmmeter (för att mäta resistens), ett batteri och en uppsättning testkablar. En kortslutningskabel, helst med inbyggda säkringar, kan användas till att koppla förbi misstänkta kablar eller elkomponenter.

Spänningstest ska alltid utföras på krets som inte fungerar ordentligt.

Anslut en av kablarna på en testmejsel till antingen batteriets negativa anslutning eller till en god jordanslutning. Anslut den andra kabeln till ett anslutningsdon i den testade kretsen, helst skall det vara nära batteriet eller en säkring.

Om testlampan tänds föreligger spänning vilket betyder det att den delen av kretsen, mellan det aktuella kontaktdonet och batteriet, är felfri. Fortsätt att kontrollera återstoden av kretsen på samma sätt. När man kommer till en punkt där spänning inte föreligger, måste felet ligga mellan den punkten och föregående strömbärande testpunkt. De flesta problem kan spåras till en lös anslutning. **Observera:** *Kom ihåg att vissa kretsar endast blir strömförande när tändningsnyckeln är i Accessory- eller Run-läge.*

En metod att hitta kortslutning i en krets är att ta bort säkringen och ansluta en testlampa eller voltmätare till säkringsanslutningarna. Spänning får inte finnas i kretsen.

Flytta kabelnätet från den ena sidan till den andra och observera testlampan. Om testlampan tänds betyder det att kortslutning föreligger någonstans i det området, sannolikt en nött isolering.

Samma test kan utföras på varje komponent i kretsen, även en kontakt.

Utför ett jordningstest för att kontrollera om en komponent är ordentligt jordad. Lossa batteriet och anslut en funktionstestare eller multimeter till en bekräftad bra jordanslutning. Anslut den andra kabeln till ledningen eller jordanslutningen som ska testas. Om instrumentet ger utslag är jordanslutningen bra. Om instrumentet inte ger utslag är jordanslutningen defekt.

En multimeter fastställer om kretsen i fråga leder strömmen ordentligt eller om det finns brott på kretsen. När kretsen är avstängd (kretsen är inte strömbärande) kan kretsen kontrolleras med en multimeter. Anslut testledningarna till kretsens båda ändar (eller till den strömförande änden och en bra jordanslutning). Om multimetern ger utslag är kretsen strömförande. Om multimetern inte ger utslag föreligger brott någonstans i kretsen. Samma procedur kan användas för att testa en kontakt genom att ansluta multimetern till kontaktens inkommande och utgående anslutningar. När kontakten slås till ska multimetern ge utslag.

Vid felsökning av kretsbrott kan det vara svårt att lokalisera brotten visuellt på grund av att oxidering eller felaktiga anslutningar döljs av anslutningsdonen. Det kan hjälpa att bara vicka på en kontakt på en givare eller i kabelnätet för att åtgärda ett kretsbrott. Kom ihåg det om kretsbrott indikeras vid felsökning av en krets. Intermittenta ledningsfel kan också orsakas av oxiderade eller lösa anslutningar.

Felsökning av elsystemet är lätt att utföra om du kommer ihåg att alla elektriska kretsar innebär i huvudsak elektrisk ström som löper från batteriet, genom ledningar, kontakter, relän, säkringar och säkringskabel till varje elektrisk förbrukare (glödlampa, motor etc) och åter till jord. Alla elektriska problem betyder att strömflödet till och från batteriet har brutits.

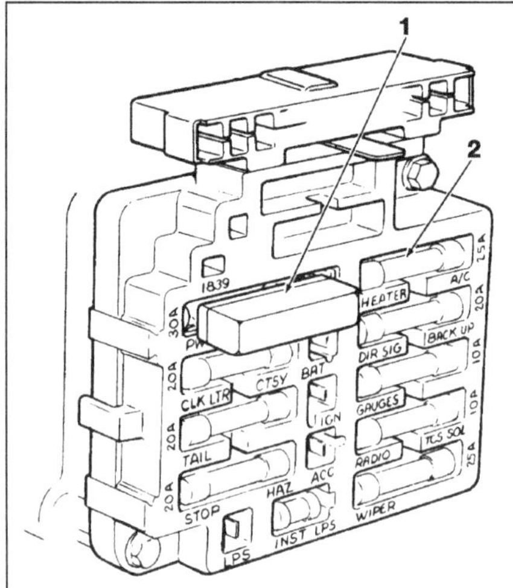

3.2a Vanlig säkringsdosa med glassäkringar på tidig modell

1 Kretsbrytare *2 Säkring*

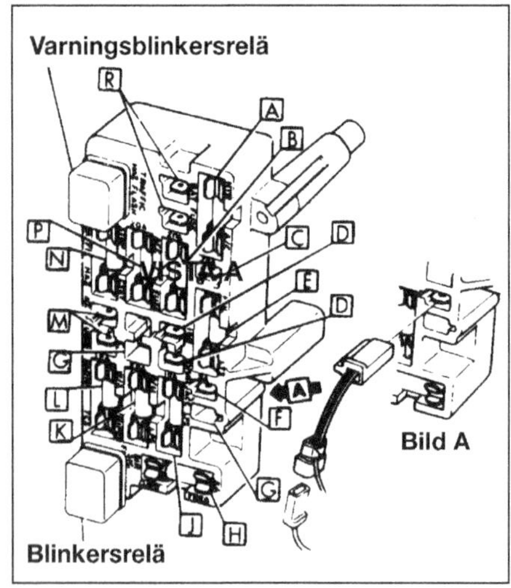

3.2b Vanlig säkringsdosa med glassäkringar på sen modell

A Värmare/luftkonditionering
B Tillbehör
C Används ej
D Används ej
E Instrumentbelysning
F Tillbehör (används ej)
G Används ej
I Instrumentpanelens strömtillförsel
J Backljus
K Vindrutetorkare
L Radio och TCS
M Används ej
N Varningsblinkers
P Bromsljus, bakljus och dörrkantsbelysning
R Används ej

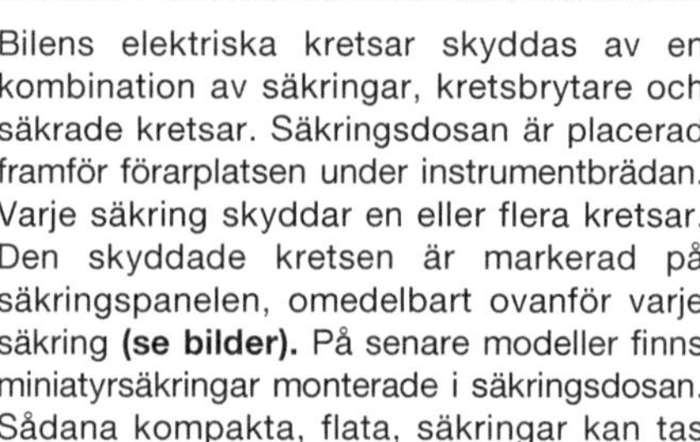

3 Säkringar - allmän beskrivning

Bilens elektriska kretsar skyddas av en kombination av säkringar, kretsbrytare och säkrade kretsar. Säkringsdosan är placerad framför förarplatsen under instrumentbrädan. Varje säkring skyddar en eller flera kretsar. Den skyddade kretsen är markerad på säkringspanelen, omedelbart ovanför varje säkring **(se bilder).** På senare modeller finns miniatyrsäkringar monterade i säkringsdosan. Sådana kompakta, flata, säkringar kan tas bort och sättas tillbaka med fingrarna.

Om en elektrisk komponent går sönder ska säkringen alltid kontrolleras först.

En trasig säkring, vilket i själva verket inte är något annat än en trasig tråd, kan lätt upptäckas genom det genomskinliga glaset (tidiga modeller) eller plastkroppen (senare

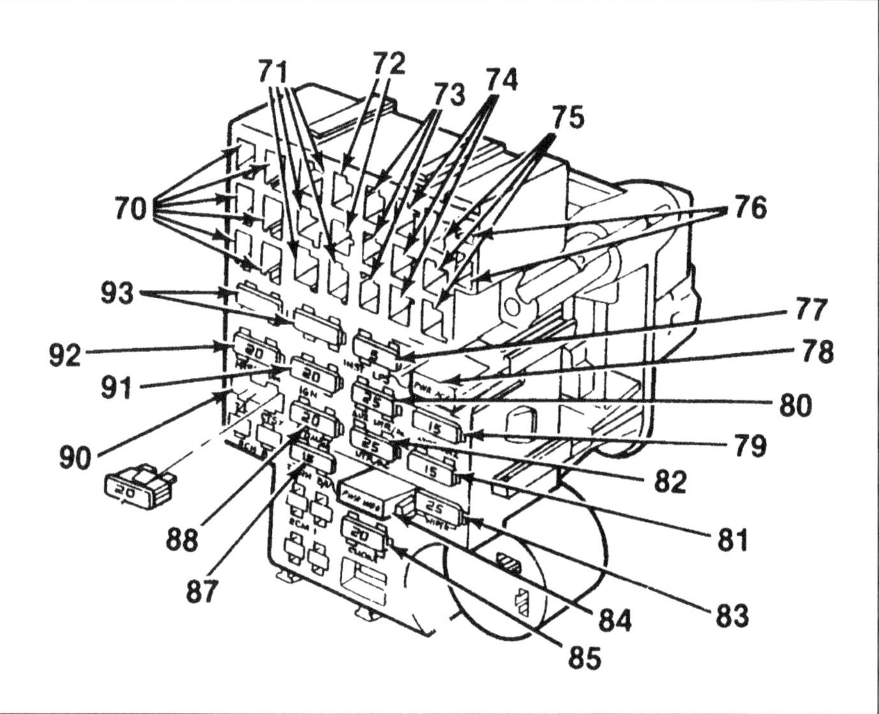

3.2c Vanlig säkringsdosa med flata säkringar på sen modell

70 Klocka, takbelysning och dörrstoppkontakt
71 Farthållare, radio, bakrutedefroster, kontakt till momentomvandlare med lockup, varvräknare
72 Indikeringslampa för 4-hjulsdrift, radio/bakrutedefroster
73 Momentomvandlare med lockup, indikeringslampa för 4-hjulsdrift, extrabatteri
74 Indikeringslampa för 4-hjulsdrift, radio/bakrutedefroster
75 Centrallås, elstyrd fönsterhiss, radio/bakrutedefroster
76 Bakre luftkonditioneringskrets, extravärmare
77 Instrumentbelysning
78 Eltillbehör, kretsbrytare till fönsterhiss
79 Broms-/varningslampa
80 Extra värmare/luftkonditionering
81 Radio
82 Värmare, luftkonditionering
83 Vindrutetorkare
84 Kretsbrytare till fönsterhiss
85 Elektrisk choke
87 Körriktningsvisare, backljus
88 Mätare, tomgångssolenoid
90 Bakljus, dörrkantsbelysning
91 Tändningskrets
92 Signalhorn, takbelysning
93 Reservsäkringar

4.2 En säkringskabel består mest av isolering. När den är bränd syns det att tråden är ganska liten

1 Till kopplingsdosa
2 Kontakthölje
3 Säkringskabel före kortslutning
4 Kapa kabeln här
5 Säkringskabel efter kortslutning

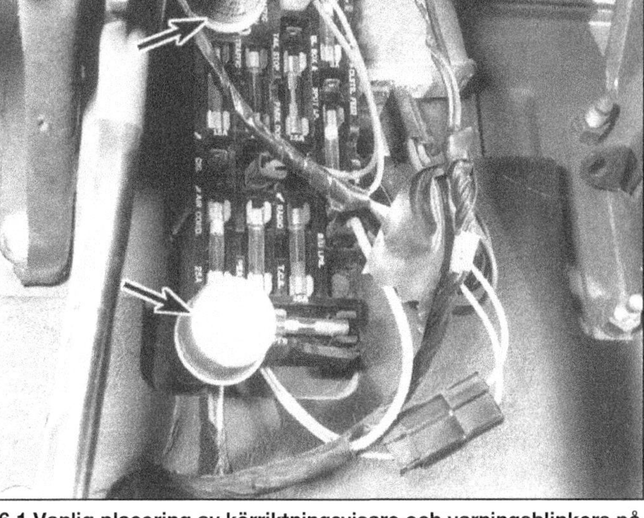

6.1 Vanlig placering av körriktningsvisare och varningsblinkers på säkringsdosan

modeller). Titta på tråden för att se om den är skadad. Om ledningsbrottstest behöver utföras på senare modeller, syns tråden i säkringen eller smältsäkringen.

Kontrollera att du ersätter en trasig säkring med en säkring av samma typ. Säkringar med olika effekt är fysiskt utbytbara men det är endast säkringar med korrekt effekt som ska användas. Att ersätta en säkring med en annan av högre eller lägre effekt rekommenderas inte. Varje elektrisk krets skyddas med en speciellt säkringseffekt. Varje säkrings amperetal är ingjutet i säkringskroppen.

Varning: Om en säkring ersätts med metalldelar eller folie kan allvarliga skador uppstå i det elektriska systemet.

Om även den nya säkringen går sönder ska den inte ersättas förrän orsaken till problemet har identifierats och åtgärdats.

4 Säkringskablar - allmän beskrivning

Vissa kretsar skyddas av säkringskablar. Sådana länkar används i kretsar som inte normalt är säkrade, exempelvis tändningskretsen.

Trots att säkringskablarna kan tyckas kraftigare än tråden som de skyddar beror utseendet på den tjocka isoleringen **(se bild).** Alla säkringskablar är fyra ledningstjocklekar mindre än tråden som de ska skydda. Hur säkringskablarna är placerade i din bil kan fastställas från kopplingsscheman i slutet av detta kapitel.

Säkringskablar kan inte repareras, men en ny tråd av samma storlek kan monteras på följande sätt:

a) Lossa batteriets negativa anslutning.
b) Lossa säkringskabeln från kabelnätet.
c) Skär av den skadade säkringskabeln från ledningen strax bakom anslutningsdonet.
d) Avlägsna isoleringen cirka 15 mm.
e) Placera kabelskon på den nya säkringskabeln och krymp den så att den sitter på plats.
f) Använd hartslödning på änden av varje länk för att få en bra lödd anslutning.
g) Använd rikligt med isoleringstejp runt den lödda fogen. Inga trådar får vara synliga.
h) Anslut batteriets negativa kabel. Testa att kretsen fungerar ordentligt.

5 Kretsbrytare - allmän beskrivning

Kretsbrytarna skyddar komponenter såsom fönsterhissar, centrallås och strålkastare. Vissa kretsbrytare är placerade i säkringsdosan. Kopplingsscheman i slutet av denna handbok ger information beträffande placeringen av de kretsbrytare som sitter på andra platser i bilen.

På grund av att kretsbrytare återställs automatiskt, slås kretsen ut temporärt vid överbelastning i ett elsystem som skyddas av en kretsbrytare varpå den slås till igen. Om kretsen inte slås till igen ska den kontrolleras omgående. När problemet är åtgärdat återgår kretsen till sin normala funktion.

6 Körriktningsvisare och varningsblinkers - kontroll och byte

Körriktningsvisare

1 Blinkersrelät, en liten kanisterformad enhet som är placerad i eller bredvid säkringsdosan **(se bild)** gör att körriktningsvisarna blinkar.

2 När blinkersreläet fungerar som det ska hörs ett klickande ljud när den är aktiverad. Om körriktningvisaren är defekt på den ena eller andra sidan och blinkersreläet inte klickar tyder det på att en glödlampa är trasig.

3 Om ingen av visarna blinkar kan problemet vara en trasig säkring, defekt blinkersrelä, trasig kontakt eller lös eller öppen anslutning. Om en kontroll av säkringsdosan visar att körriktningsvisarens säkring är trasig ska ledningarna kontrolleras beträffande kortslutning innan säkringen byts ut.

4 Byt blinkersrelät genom att dra ut det ur säkringsdosan eller kabelnätet.

5 Kontrollera att det nya blinkersreläet är exakt likadant som originalet. Jämför det gamla med det nya innan reläet monteras.

6 Montering sker i omvänd ordningsföljd.

Varningsblinkers

7 Varningsblinkers, en liten kanisterformad enhet som är placerad i säkringsdosan som får alla fyra körriktningsvisarna att blinka samtidigt när den är aktiverad.

8 Varningsblinkers kontrolleras på liknande sätt som körriktningsvisarna (se steg 2 och 3).

9 Byt reläet genom att dra ut det från säkringsdosan.

10 Kontrollera att det nya reläet är exakt likadant som originalet. Jämför det gamla med det nya innan reläet monteras.

11 Montering sker i omvänd ordningsföljd.

7 Strålkastare - demontering och montering

1 Lossa batteriets negativa anslutning vid batteriet. Placera kabeln så att den inte är i vägen. Om den oavsiktligt kommer i kontakt med batteriets negativa pol strömsätts bilens elsystem igen.

7.2a Vid byte av strålkastare demonteras strålkastarens ram först

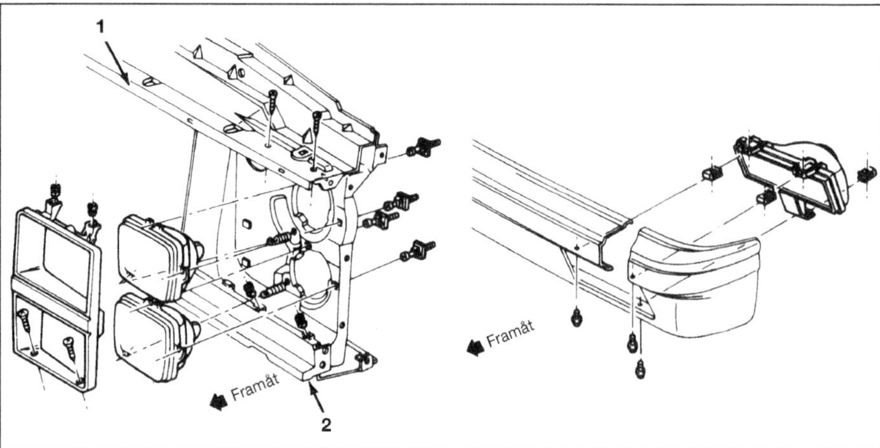

7.2b Senare modeller med rektangulära strålkastare har en större plastram i ett stycke

1 Kylarbalk *2 Kylargrillens nedre del*

7.3a Ta bort skruvarna från sargen för att lossa strålkastaren

7.3b Se till att det är skruvarna till sargen som tas bort (vid pil) - och inte justerskruvarna

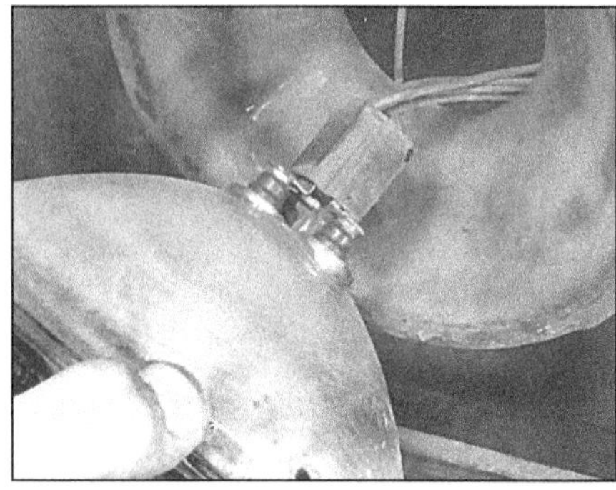

7.4 När strålkastaren har dragits loss från fördjupningen kan elkontakten tas bort

2 Ta bort skruvarna och lossa ramen **(se bilder).**

3 Ta bort skruvarna från strålkastarens sarg. Se till att det endast är skruvarna som fäster strålkastarens sarg som demonteras - RUBBA INTE strålkastarens justerskruvar (de övre skruvarna) **(se bilder).**

4 Dra strålkastaren framåt och lossa kabelkontakten bakifrån **(se bild).**

5 Montering sker i omvänd ordningsföljd.

8 Strålkastare - inställning

Observera: *Det är mycket viktigt att strålkastarnas inställning är korrekt! Om de är felaktigt inställda kan de blända föraren av en bil som kör i motsatt riktning, vilket kan leda till allvarlig olycka eller reducera din egen förmåga att se vägen. Strålkastarinställningen bör kontrolleras var 12:e månad samt varje gång en ny strålkastare installeras, eller efter det att arbete utförts på bilens framvagn. Det bör betonas att följande procedur endast är avsedd som temporär inställning tills strålkastarna kan justeras ordentligt på en verkstad.*

1 Strålkastarna har två eller tre (beroende på modell) fjäderspända justerskruvar - en överst som styr riktningen i höjdled, och en eller två på sidan som styr riktningen i sidled **(se bilder).**

2 Det finns flera metoder att justera strålkastarna. För den enklaste metoden behövs en tom vägg cirka 7 meter framför bilen och ett plant golv.

3 Parkera bilen 7 meter från väggen.

4 Sätt fast maskeringstejp vertikalt på väggen motsvarande bilens mittlinje och båda strålkastarnas mittlinjer.

5 Placera en horisontell tejplinje i relation till strålkastarnas mittlinje. **Observera:** *Ibland är det lättare att placera tejpen på väggen om bilen är parkerad bara några decimeter ifrån.*

6 Strålkastarinställningen bör göras med bilen i fullständigt plant läge, bensintanken halvfull och ingen tung last i bakvagnen.

7 Börja med halvljusinställningen. Placera den högintensiva zonen så att den är 5 cm under den horisontella linjen och 5 cm till höger om strålkastarnas vertikala linje. Inställningen utförs genom att man vrider den övre justerskruven *medurs* för att höja ljusstrålen och *moturs* för att sänka den.

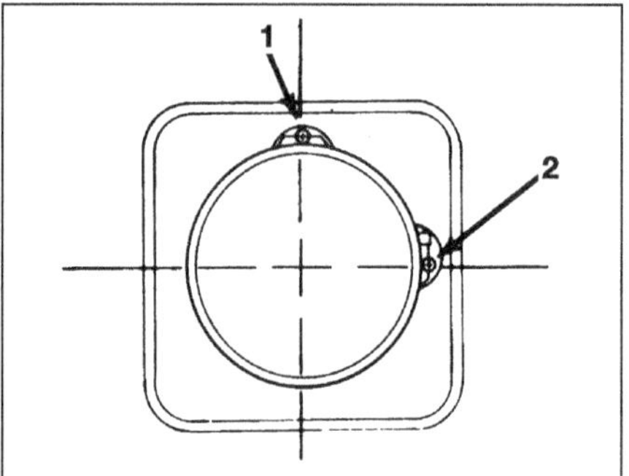

8.1a Vanlig placering av justerskruv för runda strålkastare (höger sida visas på bild, vänster sida är liknande)

1 Vertikaljusterskruv
2 Horisontaljusterskruv

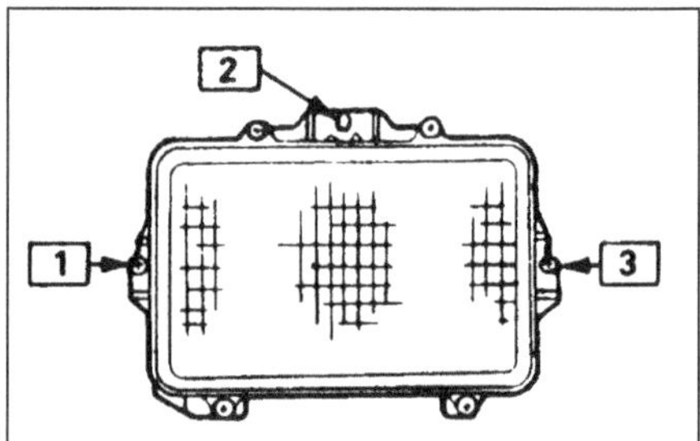

8.1b Vanlig placering av justerskruv för rektangulära strålkastare

1 Justerskruv för inställning i sidled
2 Justerskruv för inställning i höjdled
3 Justerskruv för inställning i sidled

9.2 Demontera glaset från parkeringslyktan för att byta glödlampa

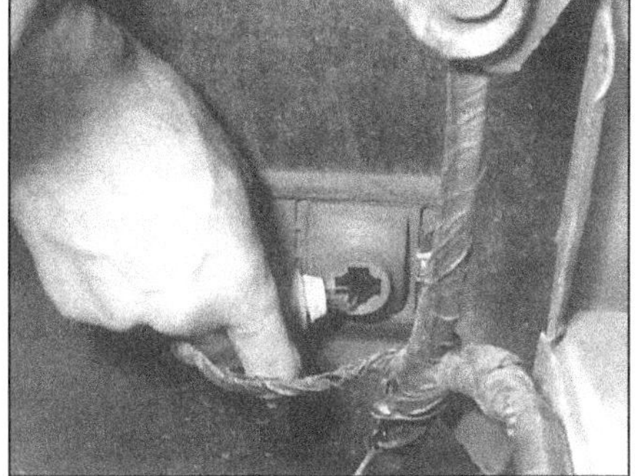
9.4 Den vänstra främre sidomarkeringslampan kan nås från motorrummet

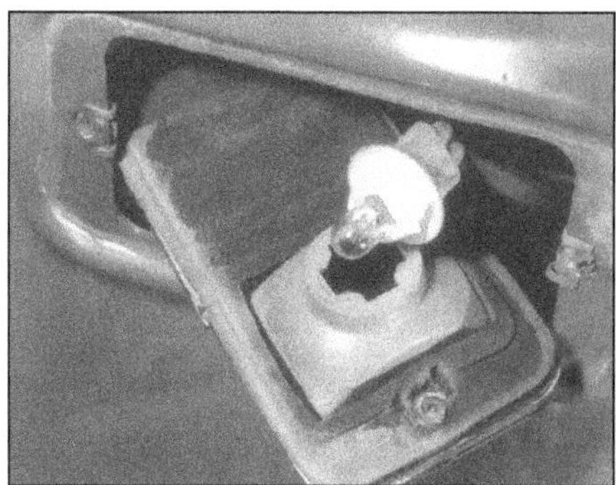
9.5 Ta bort skruvarna och dra ut lyktenheten för att kunna byta glödlampa i högra främre sidomarkeringslyktan

Justerskruven/justerskruvarna på sidan används på samma sätt för att rikta ljusstrålen till höger eller vänster.

8 När helljuset är på bör den högintensiva zonen vara vertikalt centrerad med exakt centrum strax under den horisontella linjen. **Observera:** *Ibland går det inte att justera strålkastarna med exakthet för både hel- och halvljus. Om du måste kompromissa, kom ihåg att halvljuset används mest och har den största inverkan på förarens säkerhet.*

9 Se till att strålkastarnas inställning kontrolleras på en auktoriserad verkstad eller bensinstation vid första tillfälle.

9 Glödlampor - byte

1 Lossa batteriets negativa anslutning vid batteriet. Placera kabeln så att den inte är i vägen. Om den oavsiktligt kommer i kontakt med batteriets negativa pol strömsätts bilens elsystem igen.

Främre parkeringslykta och körriktningsvisare

2 Ta bort skruvarna och lossa glaset **(se bild).**

3 Demontera den defekta glödlampan, montera en ny glödlampa, följt av glaset.

Främre sidomarkeringlykta

4 Om glödlampan på vänster sida ska bytas ska motorhuven först öppnas, därefter vrids lamphållaren 90° moturs och demonteras bakifrån **(se bild).**

5 Ta bort skruvarna och dra ut lyktenheten för att kunna komma åt lamphållaren på höger sida **(se bild).**

6 Byt glödlampa och montera i omvänd ordningsföljd.

Bakre sidoblinkers

7 Glödlampan kan bytas efter det att lyktenhetens skruvar skruvats loss (se punkt 5 ovan).

Baklykta

8 Demontera skruvarna från glaset för att komma åt glödlamporna **(se bild).**

9 Glödlamporna för bakljus, bromsljus, backljus eller körriktningsvisare kan nu bytas efter behov.

Bakre sidomarkeringlykta

10 Glödlampan kan bytas efter det att lamphusets skruvar demonterats eller lamphållaren vridits loss från karossen, beroende på modell **(se bild).**

Nummerskyltsbelysning

11 Ta bort de två skruvarna som fäster lampan på nummerskylten. Demontera glaset och byt glödlampan.

Högt monterat bromsljus

12 Ta bort bromslyktans skruvar.

13 Lyft bort bromslyktan från taket och lossa elkontakten.

14 Montera ny bromslykta, anslut elkontakten, tryck sedan tillbaka de elektriska ledningarna genom öppningen i taket utan att de kläms. Montera skruvarna.

Instrumentbelysning

15 Byt varnings-/indikerings- och belysningslampor genom att sträcka upp handen under instrumentpanelen och vrida glödlampshållaren moturs **(se bild).**

16 Dra glödlampan rakt ut från hållaren, sätt i den nya glödlampan och tryck in den ordentligt för att låsa den i rätt läge.

17 Montera hållaren i instrumentpanelen. Kontrollera att klackarna griper i hacken, vrid sedan hållaren medurs för att låsa den i rätt läge.

10 Kontakter - demontering och montering

1 Lossa batteriets negativa anslutning vid batteriet. Placera kabeln så att den inte är i vägen. Om den oavsiktligt kommer i kontakt med batteriets negativa pol strömsätts bilens elsystem igen.

9.8 Baklyktsglaset är infäst med flera skruvar

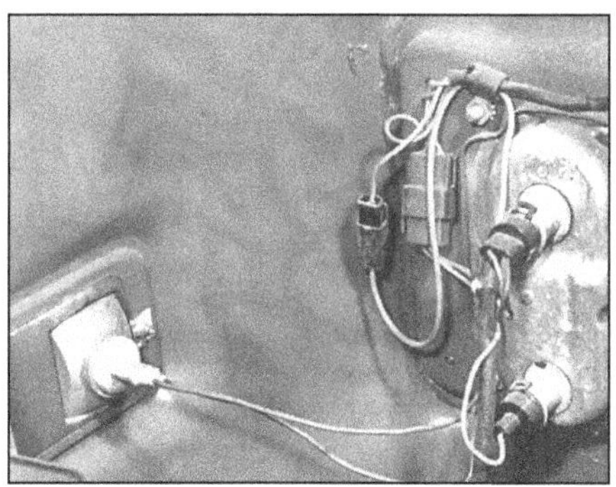
9.10 På vissa modeller kan baklykta och sidomarkeringslykta nås inifrån bilen

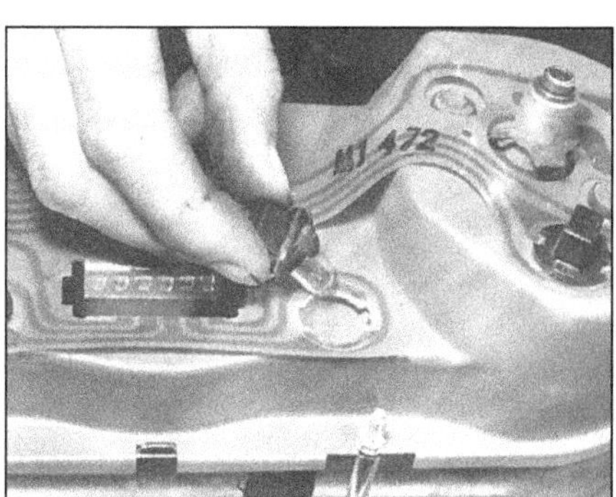
9.15 Instrumentens glödlampor är fästa på instrumentpanelens baksida

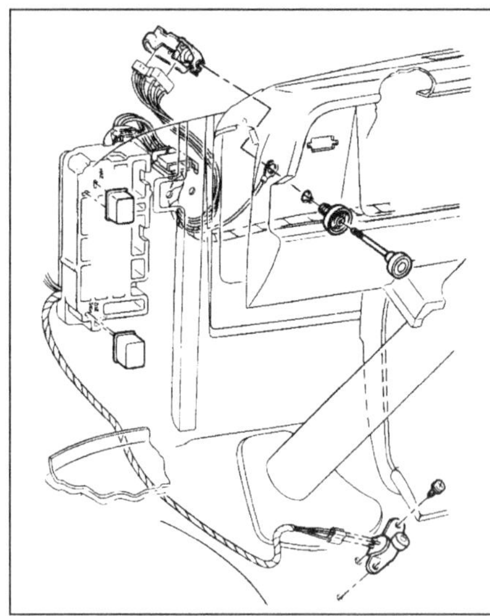

10.2 Ljuskontakt och fotomkopplare

Ljuskontakt

2 För in handen bakom instrumentpanelen och tryck ned kontaktaxelns kolv, demontera sedan kontaktreglagets axel **(se bild).**

3 Dra ut kontakten genom instrumentpanelens framsida och lossa ledningskontakten från kontaktens anslutningar.

4 Montera kontakten i motsatt ordningsföljd. Kontrollera att jordningsringen är monterad på kontakten.

Fotomkopplare hel-/halvljus

5 Vik undan golvmattans övre vänstra hörn och demontera de två skruvarna som fäster fotomkopplaren på golvplåten **(se bild 10.2).**

6 Lossa ledningskontakten från fotomkopplarens anslutningar.

7 Montering sker i omvänd ordningsföljd.

Startspärrkontakt/backljuskontakt - (automatväxellåda)

8 Hissa upp bilen och stöd den ordentligt på pallbockar.

9 Lossa kablarna som leder till kontaktens anslutningar på växellådan **(se bild).**

10 Demontera kontaktens skruvar och lossa kontakten.

11 Montera den nya kontakten på fästet, rikta in hålet (3) i växelarm (2) mot hålet på kontakten med hjälp av den indikerade justerpinnen (1).

12 Lossa vridpunkten på växelväljararmens styrstång och lägg armen på växellådans sida i neutralläge. Neutralläget kan hittas genom att armen flyttas moturs till L1-spärren, därefter vrids armen tillbaka förbi tre spärrhack.

13 Lägg växelväljarhandreglaget i neutralläge.

14 Justera ledpunktens läge så att den lätt kan lägga sig i armarnas hål, tryck därefter in den i rätt läge och montera clipset.

15 Sänk ner bilen och kontrollera att kontakten fungerar ordentligt.

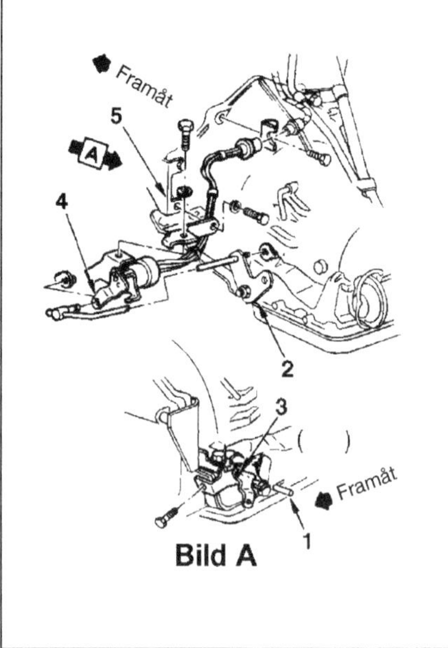

10.9 Monterings- och justeringsdetaljer för automatväxellådans startspärr- och backljuskontakt

1 Justerpinne
2 Växelarm
3 Hål
4 Arm till backljuskontakt
5 Reglagefäste

Backljuskontakt (manuell växellåda)

16 På bilar som är utrustade med 3-växlad växellåda är kontakten monterad på rattaxeln.

17 Lossa batteriets negativa anslutning vid batteriet. Placera kabeln så att den inte är i vägen. Om den oavsiktligt kommer i kontakt med batteriets negativa pol strömsätts bilens elsystem igen.

18 Lossa anslutningsdonet till kontaktens kablage.

19 Demontera kontaktens skruvar och lossa kontakten.

20 Montering sker i omvänd ordningsföljd.

21 På bilar som är utrustade med 4-växlad växellåda är kontakten monterad på växellådan.

22 Hissa upp bilen och stöd den ordentligt på pallbockar. Arbeta under bilen och lossa kablarna från kontakten.

23 Demontera kontakten från växellådan.

24 Montering sker i omvänd ordningsföljd.

Vindrutetorkar-/spolarkontakt

25 Lossa batteriets negativa anslutning vid batteriet. Placera kabeln så att den inte är i vägen. Om den oavsiktligt kommer i kontakt med batteriets negativa pol strömsätts bilens elsystem igen.

26 För in handen bakom instrumentpanelens vänstra sida och lossa anslutningsdonet från kontaktens baksida.

27 Demontera skruvarna som fäster infattningen och jorda ledningarna till kontakten.

28 Demontera kontakten.

29 Montering sker i omvänd ordningsföljd.

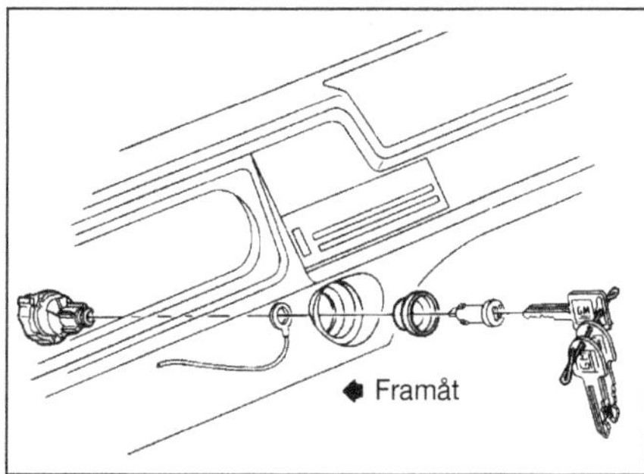

10.32 På tidigare modeller är tändningskontakten monterad i instrumentbrädan

Tändningskontakt

1967 t o m 1970

30 Lossa batteriets negativa anslutning vid batteriet. Placera kabeln så att den inte är i vägen. Om den oavsiktligt kommer i kontakt med batteriets negativa pol strömsätts bilens elsystem igen.

31 Vrid tändningslåset till Off-läge, sätt sedan in en styv ståltråd (exempelvis en svetstråd) i det lilla hålet i låscylinderns ovansida. Tryck in ståltråden samtidigt som tändningsnyckeln vrids runt moturs tills låscylindern kan dras ut.

32 Demontera muttern från kontakten, ta ut kontakten under instrumentbrädan och lossa ledningarna från kontakten **(se bild).**

33 Anslutningsdonet för stöldskyddet kan demonteras från kontakten genom att låstungorna lossas.

34 Montering sker i omvänd ordningsföljd.

Från och med 1971

35 Kontakten är monterad i bromspedalfästets kanal, ovanpå rattröret.

36 Sänk ned rattaxeln för att komma åt kontakten genom att utföra det förberedande arbetet inför demontering av rattaxeln som beskrivs i kapitel 10. Det är inte är nödvändigt att demontera rattaxeln.

37 Ställ kontakten i *Lock*-läge, demontera de två skruvarna och lossa kontakten.

38 Montering sker i omvänd ordningsföljd. Se beskrivning i kapitel 10 beträffande montering av rattaxeln.

Rattaxelkontakter (blinkersomkopplare och låscylinder)

39 Se beskrivning av demontering och montering i kapitel 10.

11 Instrumentpanel (1967 t o m 1970) - demontering och montering

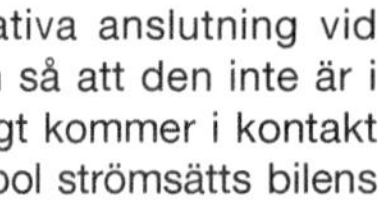

1 Lossa batteriets negativa anslutning vid batteriet. Placera kabeln så att den inte är i vägen. Om den oavsiktligt kommer i kontakt med batteriets negativa pol strömsätts bilens elsystem igen.

1 Vindrutespolarpump
2 Vindrutetorkarmotor
3 Tändningslås
4 Temperaturmätare till kylvätskan
5 Instrumentbelysning
6 Bränslenivå
7 Varningslampa lågt oljetryck
8 Laddningslampa
9 Varningslampa bromskretsbortfall
10 Vindrutetorkarreglage
11 Indikeringslampa för helljus
12 Ljuskontakt
13 Kabelhärva
14 Säkringsdosa
15 Signalhornsrelä
16 Värmefläkt
17 Indikeringslampa för körriktningsvisare, vänster
18 Indikeringslampa för körriktningsvisare, höger
19 Blinkersromkopplare

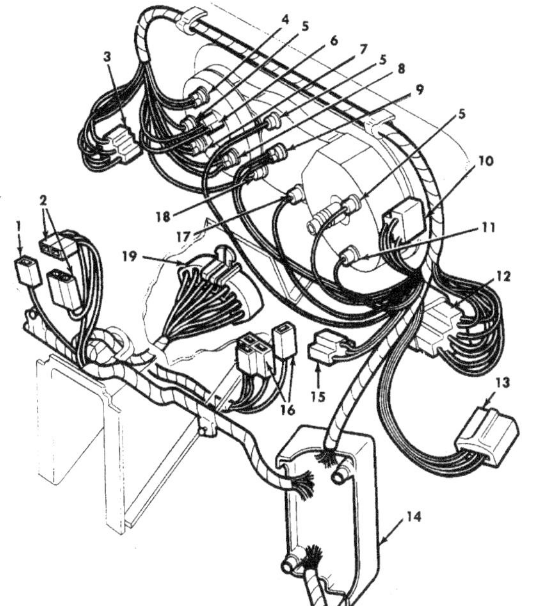

11.3 Kabelnät och anslutningsdon till instrumentpanel på tidiga modeller

2 För upp handen bakom instrumentpanelen och lossa hastighetsmätarvajern från hastighetsmätaren genom att trycka ned fjäderclipset och dra loss vajern.
3 Lossa kabelnätets elkontakter **(se bild).**
4 Demontera de båda muttrarna från instrumentgruppen och lossa gruppen.
5 Montering sker i omvänd ordningsföljd.

12 Instrumentpanel (fr o m 1971) - demontering och montering

1 Lossa batteriets negativa anslutning vid batteriet. Placera kabeln så att den inte är i vägen. Om den oavsiktligt kommer i kontakt med batteriets negativa pol strömsätts bilens elsystem igen.
2 Demontera klockans knapp (om sådan förekommer).
3 Ta bort skruvarna som fäster instrumentpanelens ram på plats, lossa ramen **(se bild).**
4 Demontera gruppens hållare.
5 För upp handen bakom instrumentpanelen och lossa hastighetsmätarvajern genom att trycka ned fjäderclipset **(se bild).**
6 Lossa kabelhärvan.
7 Ta bort skruvarna och lossa instrumentgruppen från instrumentpanelen.
8 De enskilda instrumenten och kretskortet kan demonteras efter behov.
9 Montering sker i omvänd ordningsföljd.

13 Vindrutetorkararmar - demontering och montering

1 Stäng av torkarna i långsamt läge så att torkararmarna befinner sig i viloläge.

Demontering

Tidiga modeller

2 Använd ett verktyg med en hake eller en liten skruvmejsel, och dra i den lilla fjädertungan som fäster torkararmen på den splinesförsedda axeln samtidigt som armen dras loss från axeln **(se bild).**

Senare modeller

3 Dra torkararmens ytterände från vindrutan, vilket löser låsfjädern från den ledade axeln,

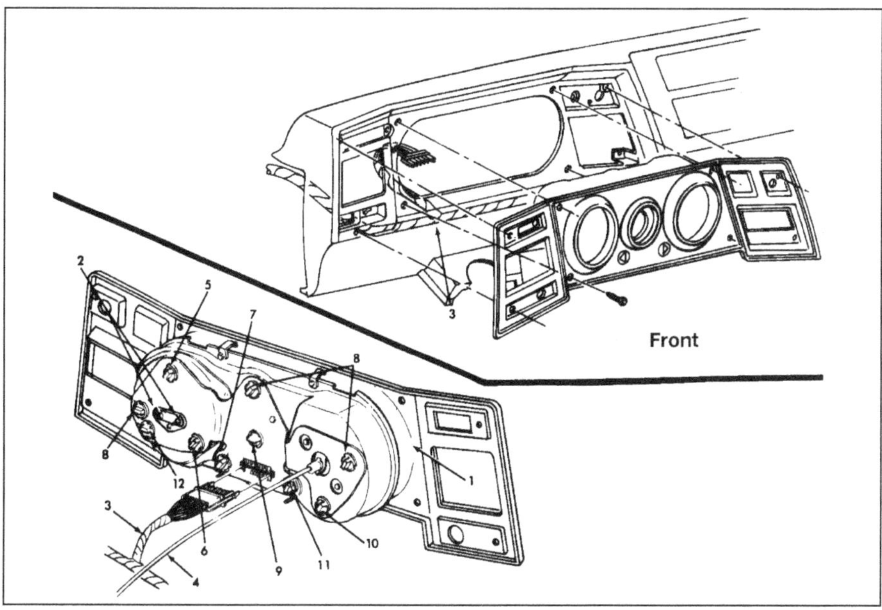

12.3 Instrumentpanel på senare modeller

1 Instrumentpanel
2 Bränslemätare
3 Kabelhärva
4 Hastighetsmätarvajer
5 Temperaturmätare för kylvätska
6 Laddningslampa
7 Indikeringslampa för körriktningsvisare, höger
8 Instrumentbelysning
9 Varningslampa bromskretsbortfall
10 Indikeringslampa för helljus
11 Indikeringslampa för körriktningsvisare, vänster
12 Varningslampa lågt oljetryck

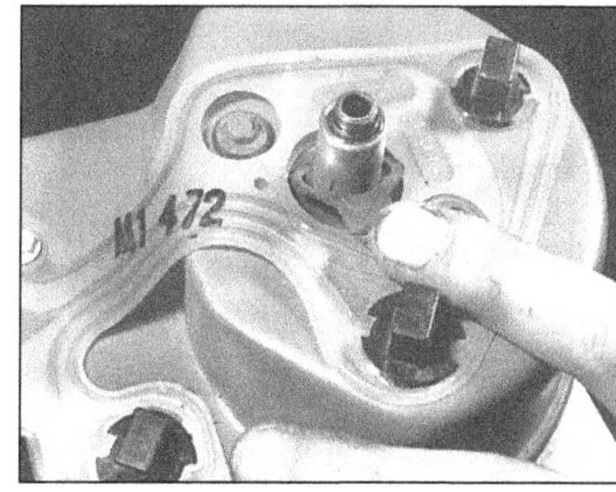

12.5 Clips till hastighetsmätarens vajer

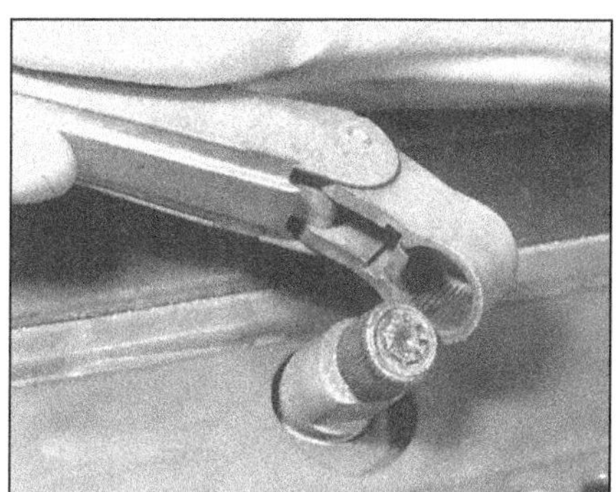

13.2 Bänd först tungan bakåt och drag därefter vindrutetorkararmen från axeln

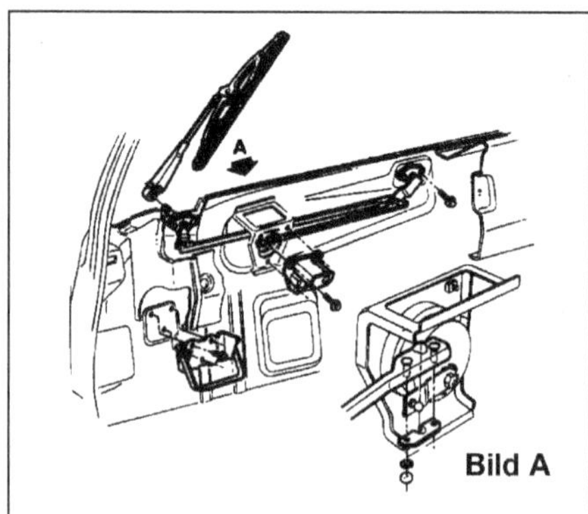

14.4 Vindrutetorkarmotor och länkage på tidig modell

håller fast armen i detta läge, drar ut lockdelen vid armens underdel och lyfter loss hela enheten.

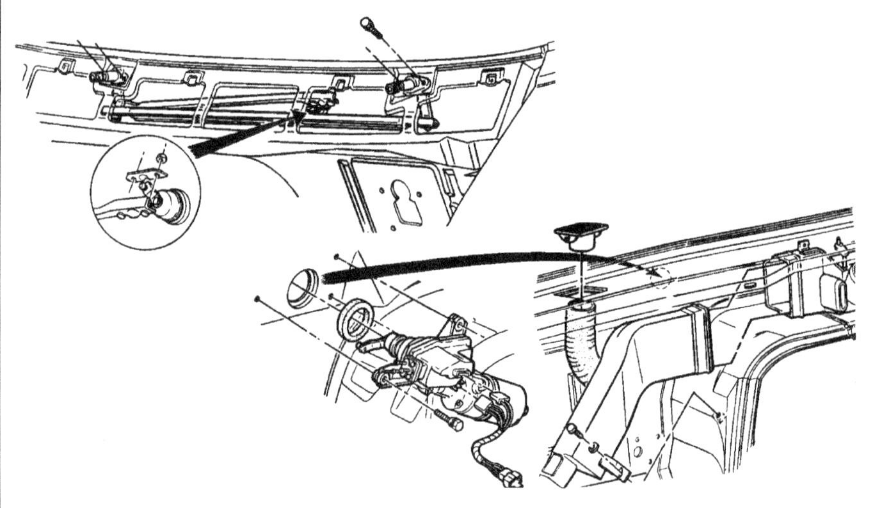

14.11 Vindrutetorkarmotor och länkage på sen modell

Montering

Tidiga modeller

4 Montering sker i omvänd ordningsföljd. Tryck inte fast armen på axeln förrän armens passning har kontrollerats. Vid behov kan armen dras loss igen och flyttas en eller två splines på axeln för att korrigera passningen utan att fjädertungan behöver dras åt sidan. Tryck fast armen på axeln så långt det går.

Senare modeller

5 Placera armen på den splinesförsedda axeln, se till att det finns ett mellanrum på cirka 5 cm mellan armen och vindrutans list, tryck in armen på axeln så långt det går.

14 Vindrutetorkar-/spolarmotor - demontering och montering

1 Lossa batteriets negativa anslutning vid batteriet. Placera kabeln så att den inte är i vägen. Om den oavsiktligt kommer i kontakt med batteriets negativa pol strömsätts bilens elsystem igen.

2 Demontera torkararmar och torkarblad.

Tidiga modeller

3 Lossa kabelanslutning och slangar från vindrutetorkare/-spolarpump.

4 Lossa muttrarna som fäster länken på torkarmotorns vevsläng och lossa kulleden **(se bild).**

5 Ta bort skruvarna och lossa motor och pump från bilen.

6 Montering sker i omvänd ordningsföljd.

Senare modeller

7 Kontrollera att motorn stängdes av med torkarna i viloläge.

8 Demontera torkararmarna.

9 Öppna motorhuven och lossa alla ledningar och slangar från torkarmotorn.

10 Demontera torpedplåten.

11 Ta bort muttrarna som fäster länkaget på motorns vevsläng och separera länkaget från armen **(se bild).**

12 Demontera det vänstra defrosterutloppet från slangen och skjut slangen åt sidan för att komma åt torkarmotorns skruvar.

13 Demontera skruven från den vänstra värmarkanalen och för bort kanalen från motorkåpans hölje.

14 Demontera skruvarna som fäster torkarmotorn vid torpedplåten och ta bort torkarmotorn under instrumentbrädan.

15 Montering sker i omvänd ordningsföljd.

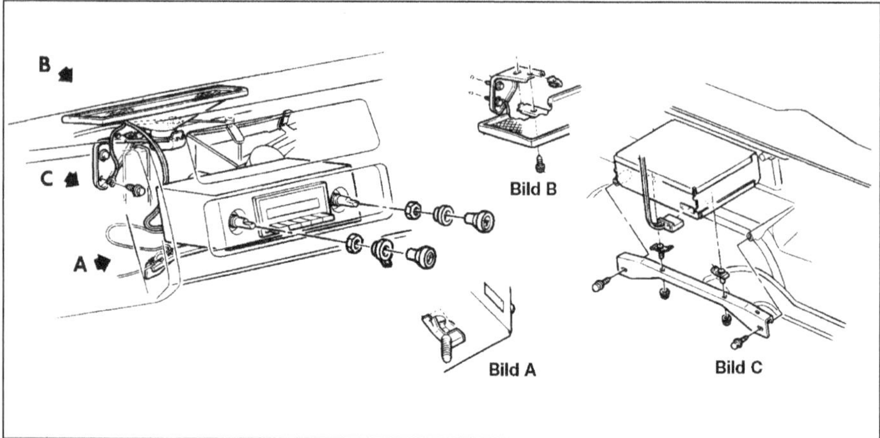

15.5 Standardradio och högtalare (tidiga modeller)

15 Radio och högtalare - demontering och montering

Radio

1 Lossa batteriets negativa anslutning vid batteriet. Placera kabeln så att den inte är i vägen. Om den oavsiktligt kommer i kontakt med batteriets negativa pol strömsätts bilens elsystem igen.

2 Demontera motorkåpan.

3 Demontera luftrenaren.

4 Demontera luftrenarens pinnskruv från mitten av förgasaren, placera sedan trasor över förgasarhalsen för att se till att ingenting faller ner i förgasaren.

5 Dra loss radions kontrollknappar och demontera ramen **(se bild).**

6 På tidiga modeller, ta bort skruvar och muttrar som fäster radion på dess fäste. På senare modeller, demontera den vänstra skruven från fästet, demontera sedan muttrarna som fäster fästet på radion och demontera fästet från radion. Demontera radions mutter på den vänstra sidan.

7 Flytta radion framåt och nedåt tills ledningarna kan lossas, demontera därefter radion.

Högtalare

8 Högtalaren kan endast demonteras när radion är borttagen.

9 Ta bort skruven som fäster den vänstra värmekanalen på motorkåpan och lossa kanalen.
10 Demontera skruvarna och demontera högtalaren genom öppningen i motorkåpan.
11 Montering sker i omvänd ordningsföljd.

16 Krockkudde - allmän beskrivning

Från och med 1994 är bilarna utrustade med extra säkerhetssystem (SRS) dvs en krockkudde. Systemet är avsett att skydda föraren från allvarliga skador vid frontalkrock upp till 30 grader från bilens mittlinje. Systemet består av själva krockkudden som är placerad i rattens mittsektion, en kollisionskraftgivare och en krocksensor som är monterad i bilens front, en krocksensor och en kontrollmodul (DERM) placerad i kupén.

DEMONTERA ALDRIG ratten på bilar som är utrustade med krockkudde utan att först ha kopplat ur eller demonterat krockkudden från ratten hos en motorverkstad eller auktoriserad verkstad. Om detta ignoreras kan krockkudden utlösas oavsiktligt och orsaka allvarliga fysiska skador.

17 Fjärrstyrt centrallås

Det fjärrstyrda centrallåset ger bilinnehavaren möjlighet att låsa upp och låsa bilens dörrar samt låsa upp bakluckan på upp till cirka 10 meters avstånd. Systemet består av kontakter, manöverdon och ledningar. På grund av att specialverktyg och specialkunskap behövs för att diagnostisera systemet bör detta överlåtas till en auktoriserad verkstad eller annan verkstad.

Kopplingsscheman

Texten i kopplingsschemana på följande sidor är på engelska. För att underlätta för läsaren har vi nedan sammanställt en ordlista med termer som förekommer i schemana

Kabelfärgkoder

Listan nedan anger de färgkoder som ges för ledningar i kopplingsschemana. Vissa färger har två koder, t e x betyder både DBL och DK BLU mörkblå.

BLK	Svart	LG, LT GRN	Ljusgrön
BLU	Blå	OR, ORN	Orange
BRN	Brun	P, PNK	Rosa
DBL, DK BLU	Mörkblå	PPL	Lila
DG, DK GRN	Mörkgrön	R, RED	Röd
GRN	Grön	T, TAN	Ljusbrun
GRY, GY	Grå	W, WHT	Vit
LBL, LT BLU	Ljusblå	Y, YEL	Gul

Förklaringar till termer i kopplingsschemana

A/C (air conditioning)	Luftkonditionering
A/T (automatic transmission)	Automatväxellåda
A/T down shift control	Kickdown-styrning
ACC (accessories)	Tillbehör/extrautrustning
Air controller	Luftstyrning
Air divert valve	Sekundärluftventil
ALCL (Assembly Line Communications Link)	Kommunikationslänk
ALDL (Assembly Line Data Link)	Datalänk
Alternator	Generator
Anti theft	Stöldskydd
Automatic transmission	Automatväxellåda
Aux heater	Extra värmeelement
Back up lamp	Backljus
Back view of connector	Kontakt sedd bakifrån
Batt	Batteri
Blo mtr	Fläktmotor
Blower	Fläkt
Body	Kaross
Brake switch	Bromskontakt
Brk wrn lgt	Bromsvarningsljus
Bulkhead	Torpedvägg
Bus bar	Samlingsskena
By-pass	Förbikoppling
Canister purge solenoid	Kolkanisterns solenoidventil
Carburetor	Förgasare
Check eng lamp ("Check engine")	Lampa, kontroll motor
Choke heater	Chokevärme
Cig lighter	Cigarettändare
Circuit	Krets
CL of car	Bilens mittlinje
Clstr lgt	Panelbelysning
Clutch	Koppling
Coax cable	Koaxialkabel
Coil	Spole
Compressor	Kompressor
Control	Kontroll/styrning
Coolant	Kylvätska
Coolant temp sensor	Kylvätsketemperaturgivare
Crank fuse	Säkring, vevaxelsignal
Crank signal	Vevaxelsignal
Dash	Instrumentbräda
Dashed circuits	Streckade kretsar
Diagnostic test	Diagnosuttag/testuttag
Dimmer	Avbländare
Dimmer switch	Avbländningskontakt
Dir sig	Blinkers
Dist, Distrib, Distributor	Fördelare
Distrib ref	Fördelarens referenssignal
Diverter valve	Sekundärluftventil
Dome lamp	Taklampa
Downshift	Kickdown
Dr jamb	Dörrkant
EAC	Elstyrd luftkontroll
ECM (Electronic control module)	Elektronisk styrenhet
EECS (Evaporative Emission Control System)	Sluten tankventilation
EGR (Exhaust gas recirkulation)	Avgasåtercirkulation
EGR bleed solenoid (331)	EGR avluftningssolenoid
Electronic spark control module	ESC-enhet
Eng, Engine	Motor
Equip	Utrustning
ESC (Electronic spark control)	Elektroniskt tändstyrsystem
EST (Electronic Spark Timing system)	Elektroniskt tändregleringssystem
EVAP	Tidig bränsleförångning
Except	Utom
Fast Idle	Snabbtomgång
Firing order	Tändföljd
Front	Fram
FRT (front)	Fram/främre
Fuel	Bränsle
Fuel pump	Bränslepump
Fuel tank	Bränsletank
Fuse	Säkring
Fuse link	Smältsäkring
Fuse panel	Säkringspanel
Fusible link	Smältsäkring
Fwd	Framåt
Gage	Mätare
Gas gage	Bränslemätare
Gas tank	Bränsletank
Gauge	Mätare
Gnd, GRD	Jord
Grd strap	Jordfläta
Grommet	Genomföring

Ground	Jord
H.E.I	Högenergi tändsystem
Harn (harness)	Kabelhärva
Haz flsr	Varningsblinkers
Head lamp	Strålkastare
Headlight	Strålkastare
High beam	Helljus
High-low beam	Hel-/halvljus
Holder	Hållare
Htr	Värmeaggregat
Htr cont lp	Kontrollampa, värme
IAC valve (Idle air control)	Tomgångsstyrning, ventil
Idle	Tomgång
Idle stop solenoid	Tomgångsstopp, solenoid
IGN (ignition)	Tändning
Ign sw	Tändningslås
Ignition coil	Tändspole
Ignition switch	Tändningslås
Ilum	Belysning
Injector driver	Insprutardrivning
Inst cluster	Instrumentpanel
Jumper term	Serviceanslutning
Junction block	Förgreningsblock
Knock	Knackning/detonation
Knock sensor	Knacksensor
Left	Vänster
LH (left hand)	Vänster
License lamp	Nummerskyltbelysning
Low beam	Halvljus
LP	Lampa
LPS	Lampor
Manual trans shift lamp	Manuell växellåda, växlingslampa
Manual transmission	Manuell växellåda
MAP (Manifold Absolute Pressure)	Absolut grenrörstryck
Neu/saf sw	Startspärrkontakt
Not required with gauges	Krävs ej med mätare
Oil press	Oljetryck
Oil pressure switch	Oljetryckskontakt
Omitted with gauges	Endast med mätare
Oxygen sensor	Syresensor
Park brake	Handbroms
Park neutral switch (A/T)	Park/Neutral-kontakt
Pick-up coil	Impulssensor
Pin	Stift
Power antenna	Elantenn
Power steering	Servostyrning
Primary coil	Primärspole/primärlindning
Printed circuit	Tryck krets
Reading lamp	Läslampa
Rear	Bak
Ref. low	Låghastighets ref.signal
Reference	Referenssignal

Relay	Relä
Resistor	Motstånd
Right	Höger
RR (rear)	Bak/bakre
Seat belt	Säkerhetsbälte
Seat belt retractor switch	Kontakt, säkerhetsbältesindragare
Selector control	Väljarstyrning
Sender	Givare
Sensor	Sensor/givare
Serial data	Seriell data
Service engine soon light control	Styrning för motorservicelampa
SES lamp (service engine soon)	Motorservicelampa
Sheet metal ground	Jord, kaross
Side marker	Sidoljus
Spark retard	Sänkt tändningstidpunkt
Speaker, spkr	Högtalare
Splice	Skarv
Splitter	Förgreningsdosa
Start mtr	Startmotor
Starter	Startmotor
Starter solenoid	Startmotorsolenoid
Stop lp	Bromsljus
Sw	Kontakt/strömbrytare
Switch	Kontakt/strömbrytare
System gnd	Systemjord
TACH lead	Varvräknarkabel
Tail lamp	Bakljus
TCS (Transmissioned Control spark system)	Växellådsstyrt tändsystem
Telltale	Övervakningslampa
Temp gauge	Temperaturmätare
Test conn	Testanslutning
Test connector	Testanslutning
Thermo contact	Termotidkontakt
Throttle kicker	Kickdown
Throttle position sensor	Trottellägesgivare/gasspjällägesgivare
To eng harn	Till motorkabelhärva
Torque convtr	Momentomvandlare
TPS (Throttel Position Sensor)	Spjällägesgivare
Transmission	Växellåda
Turn signal	Blinkers
Unit	Enhet
Used with gauges only	Används endast med mätare
Vehicle speed sensor	Hastighetsgivare
Volt reg	Spänningsregulator
Voltage output	Utgående spänning
Warning buzzer	Varningssummer
Washer	Spolare
Windshield	Vindruta
Wiper	Torkare
Wrg harn	Kabelhärva
Wrng	Varning

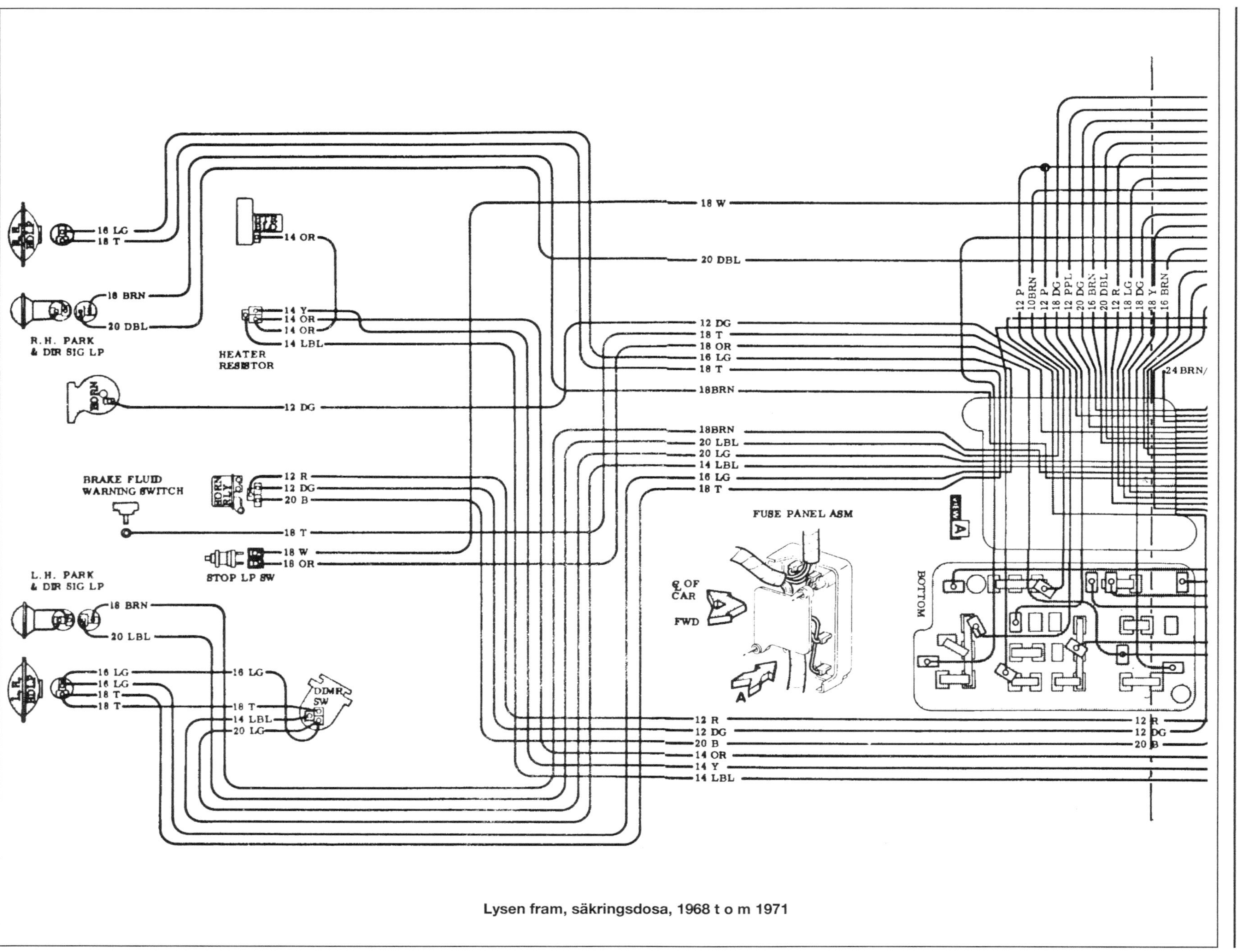

Lysen fram, säkringsdosa, 1968 t o m 1971

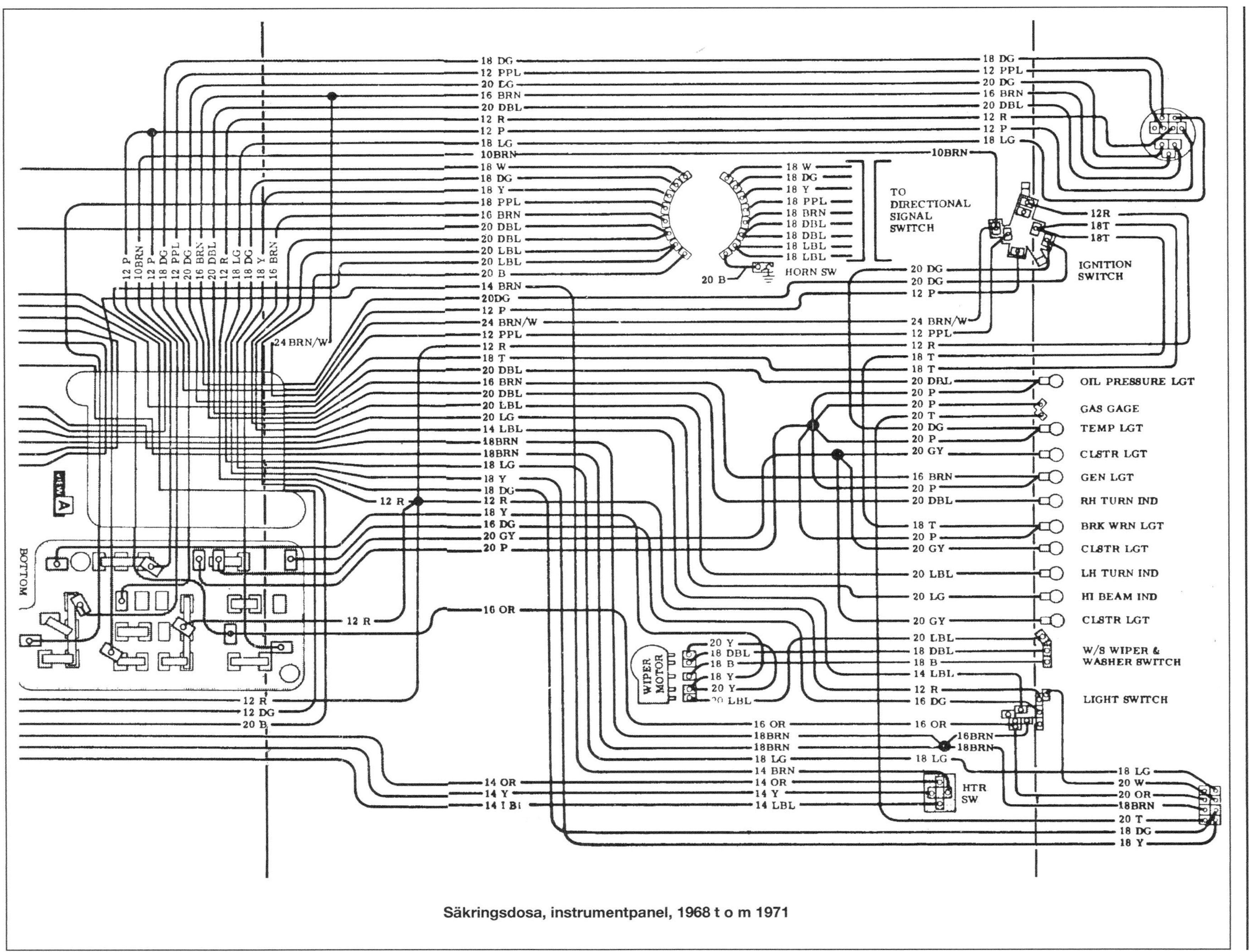

Säkringsdosa, instrumentpanel, 1968 t o m 1971

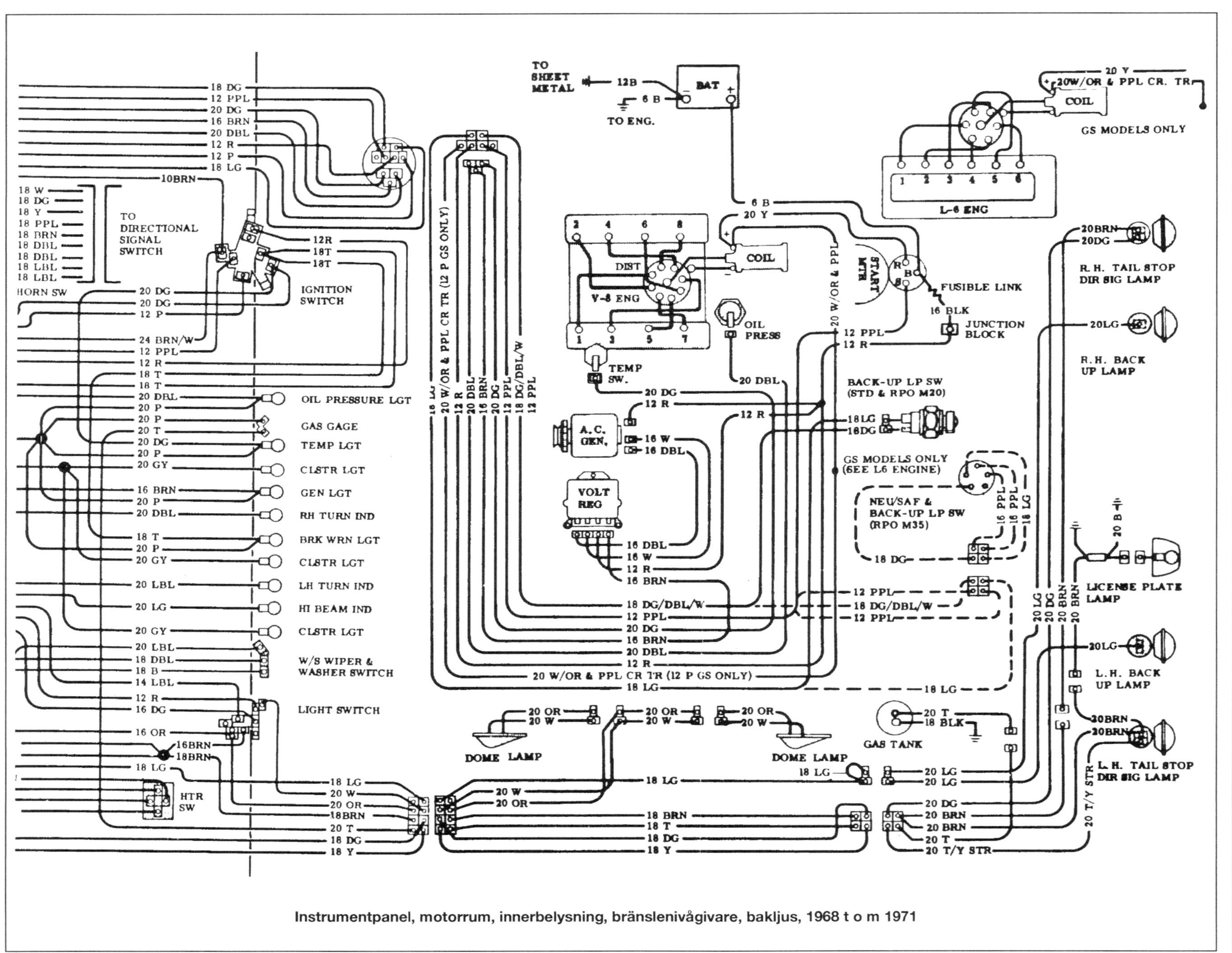

Instrumentpanel, motorrum, innerbelysning, bränslenivågivare, bakljus, 1968 t o m 1971

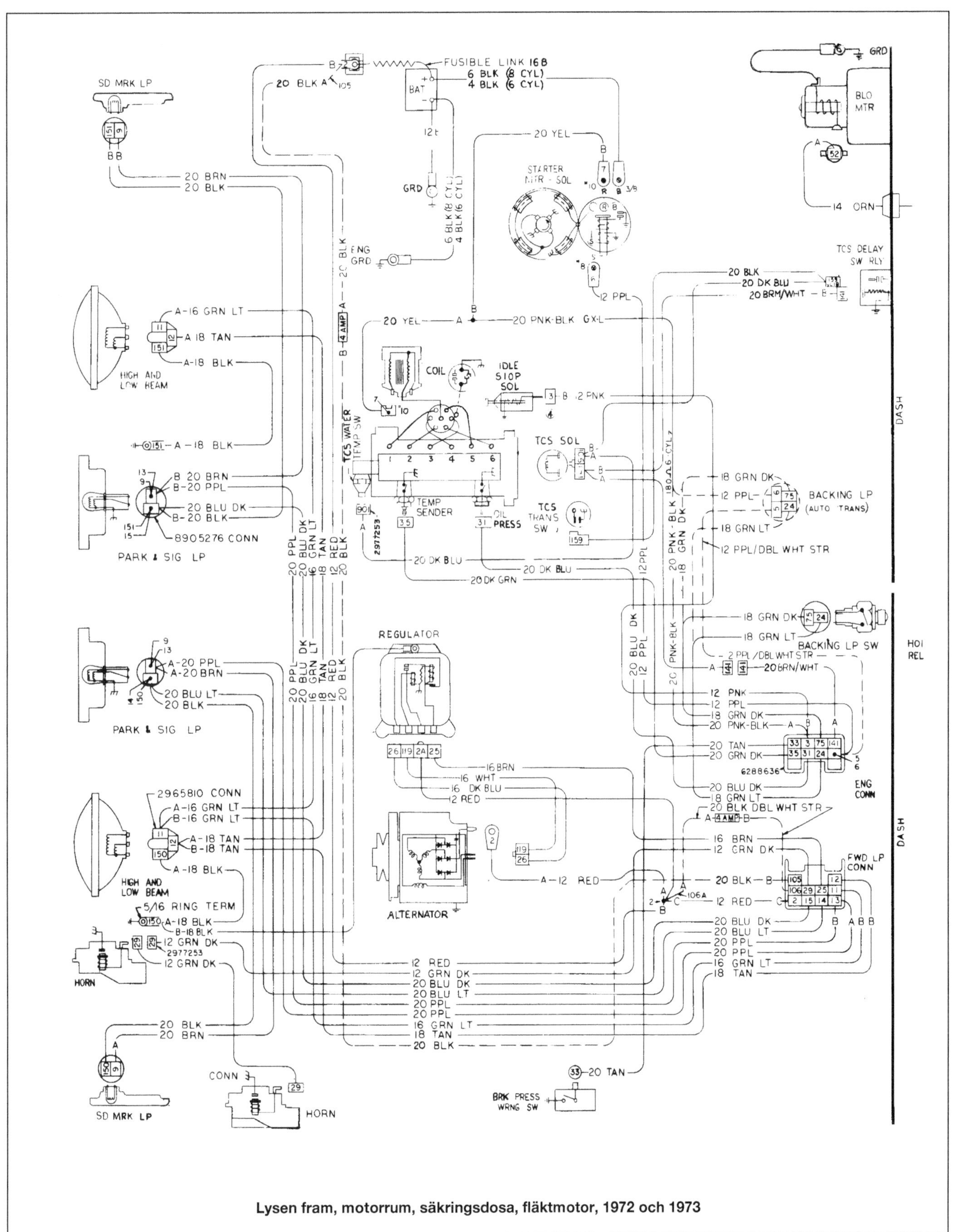

Lysen fram, motorrum, säkringsdosa, fläktmotor, 1972 och 1973

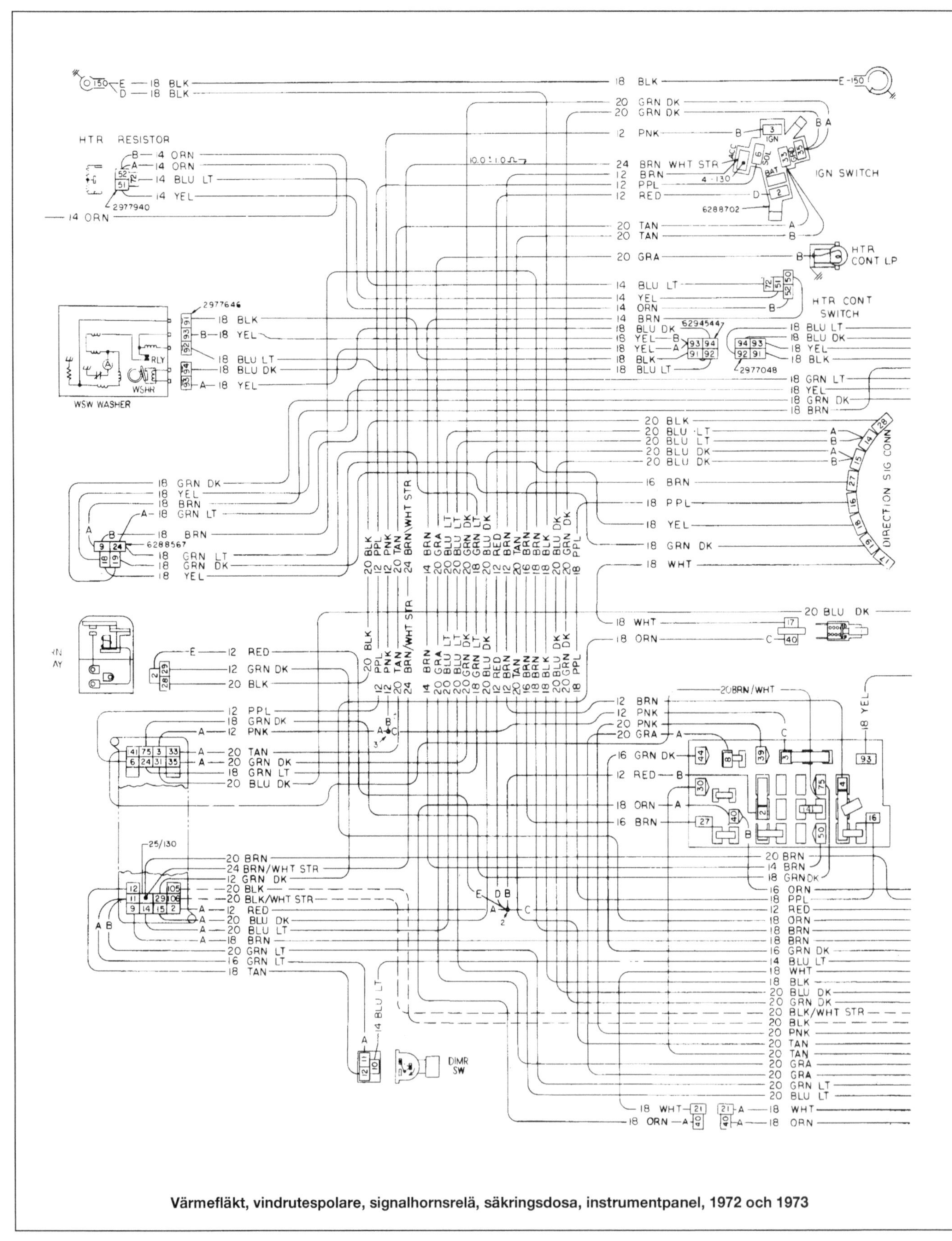

Värmefläkt, vindrutespolare, signalhornsrelä, säkringsdosa, instrumentpanel, 1972 och 1973

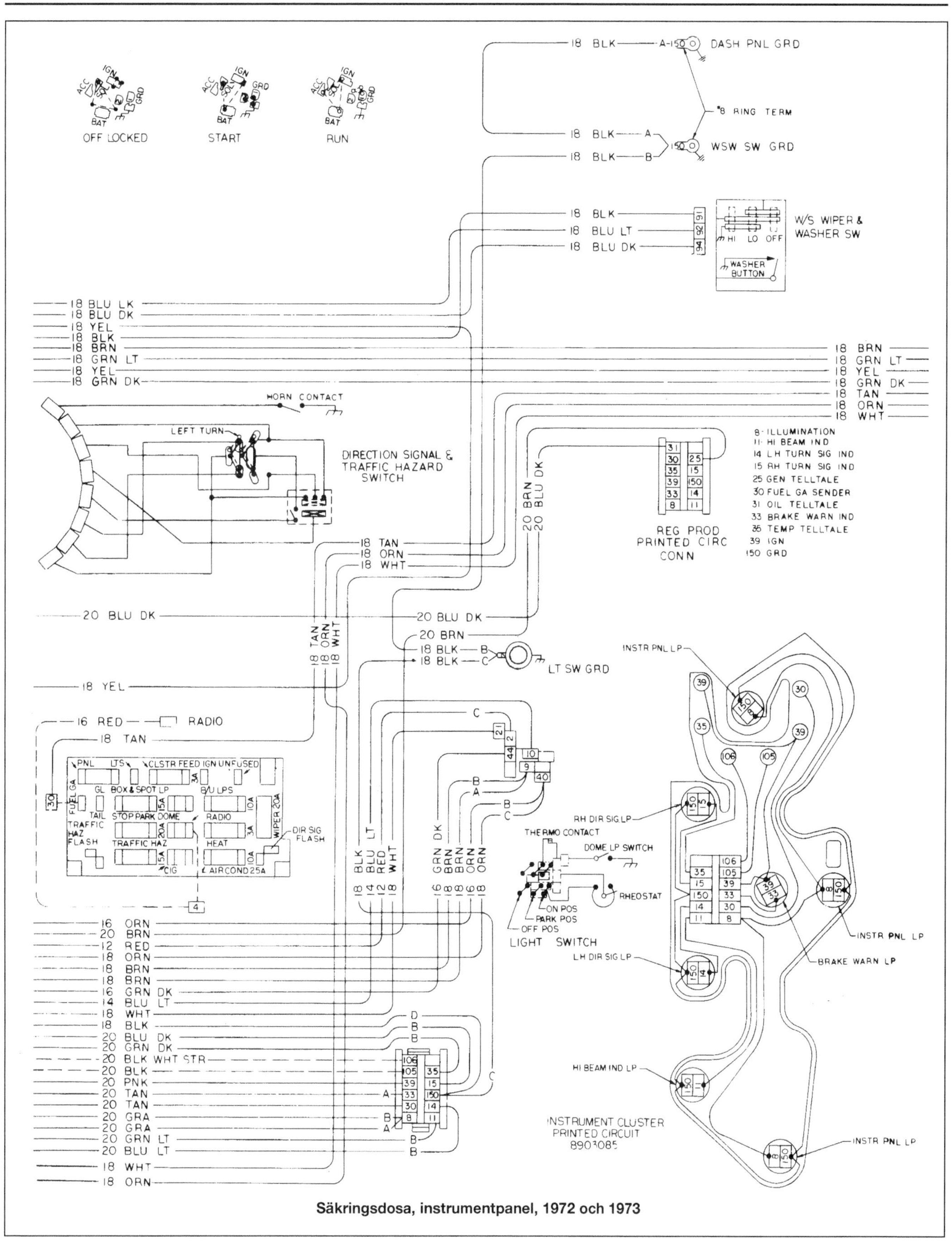

Säkringsdosa, instrumentpanel, 1972 och 1973

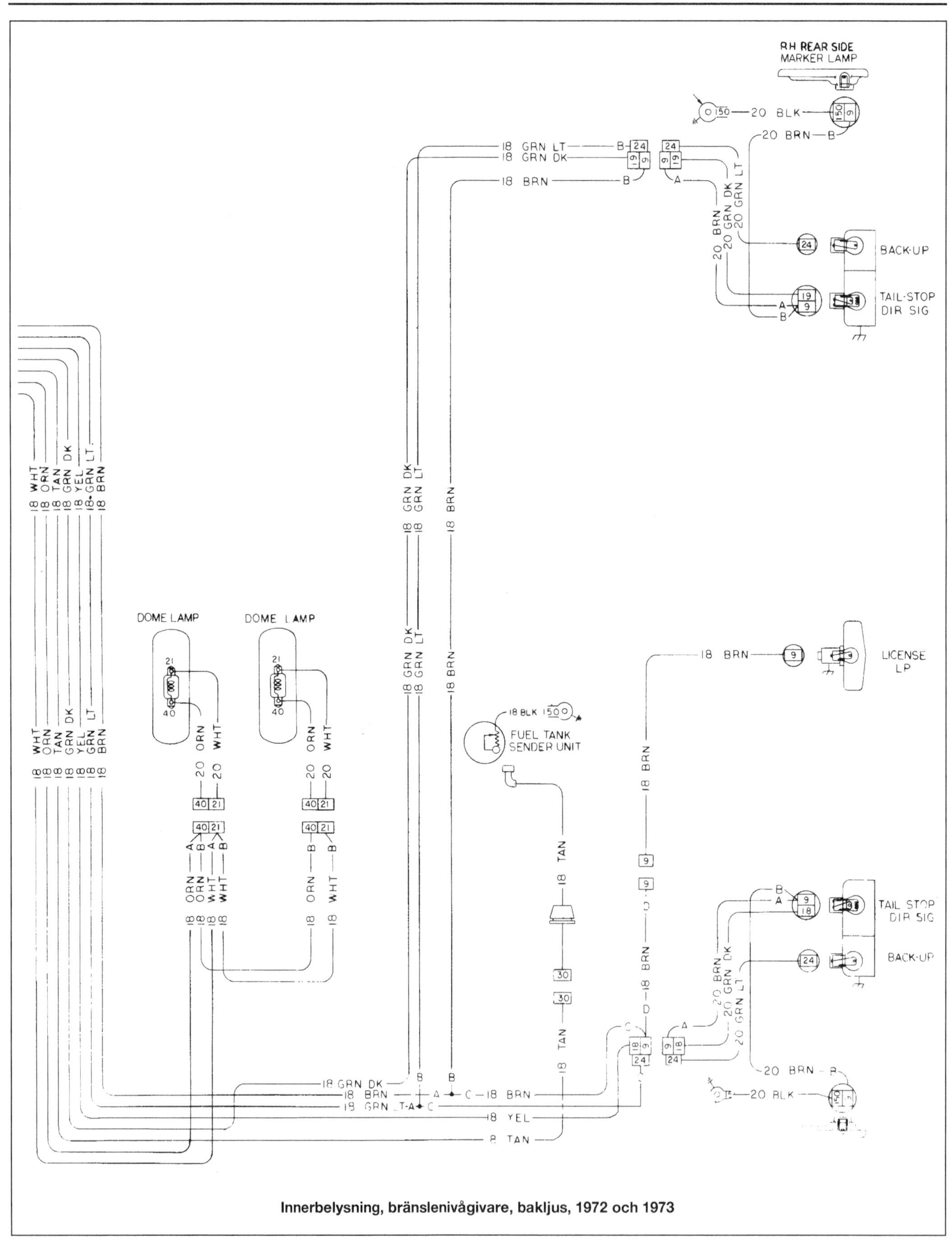

Innerbelysning, bränslenivågivare, bakljus, 1972 och 1973

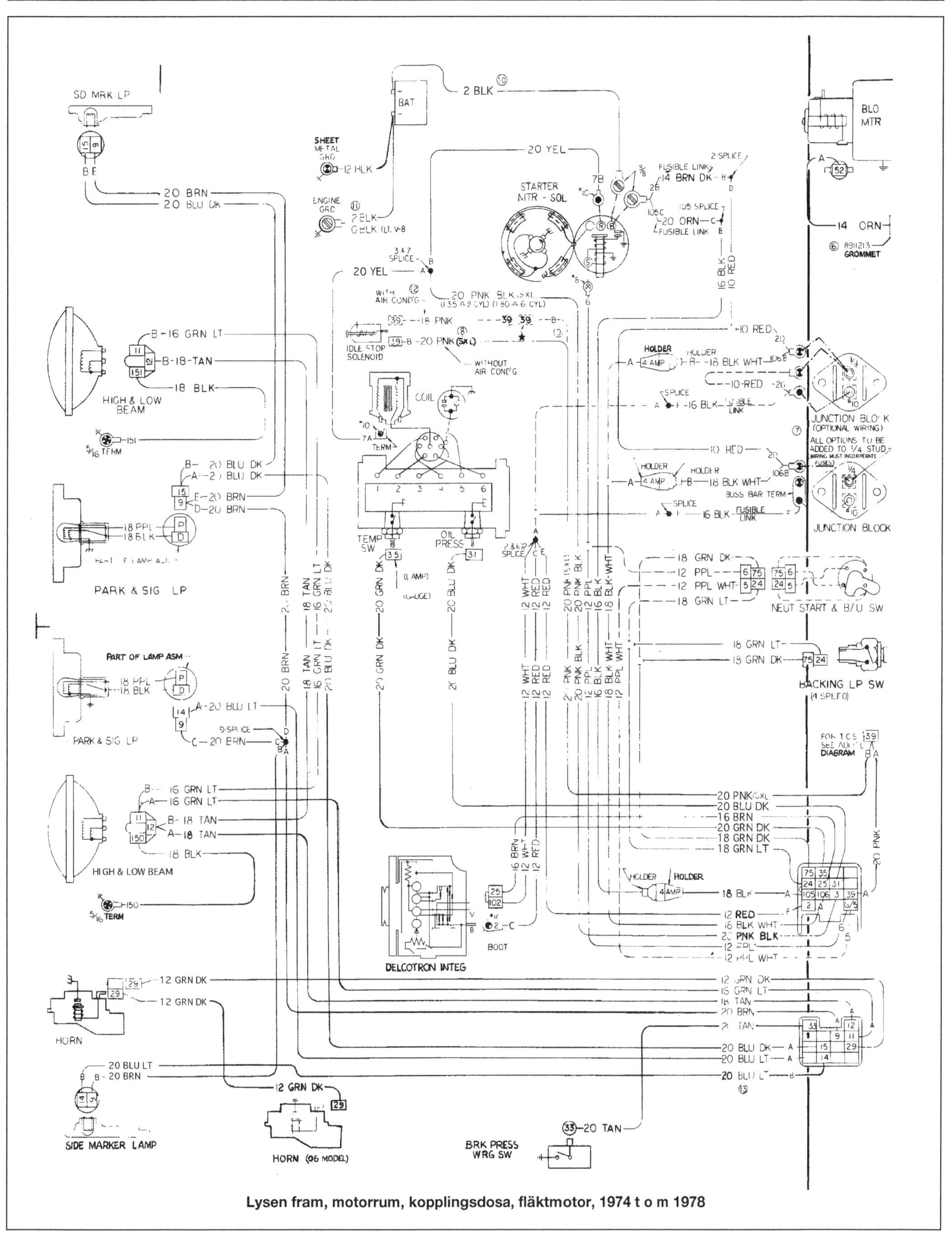

Lysen fram, motorrum, kopplingsdosa, fläktmotor, 1974 t o m 1978

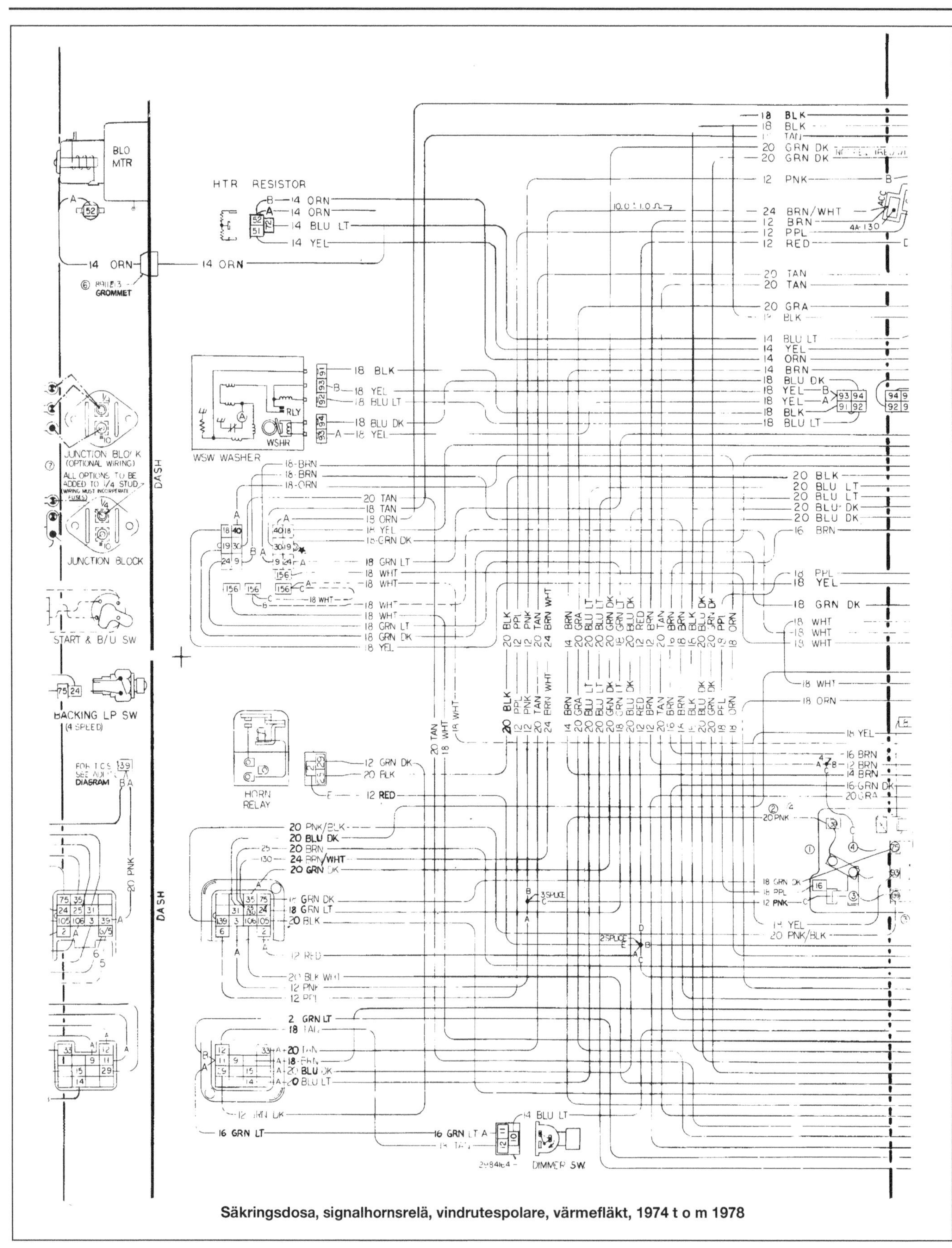

Säkringsdosa, signalhornsrelä, vindrutespolare, värmefläkt, 1974 t o m 1978

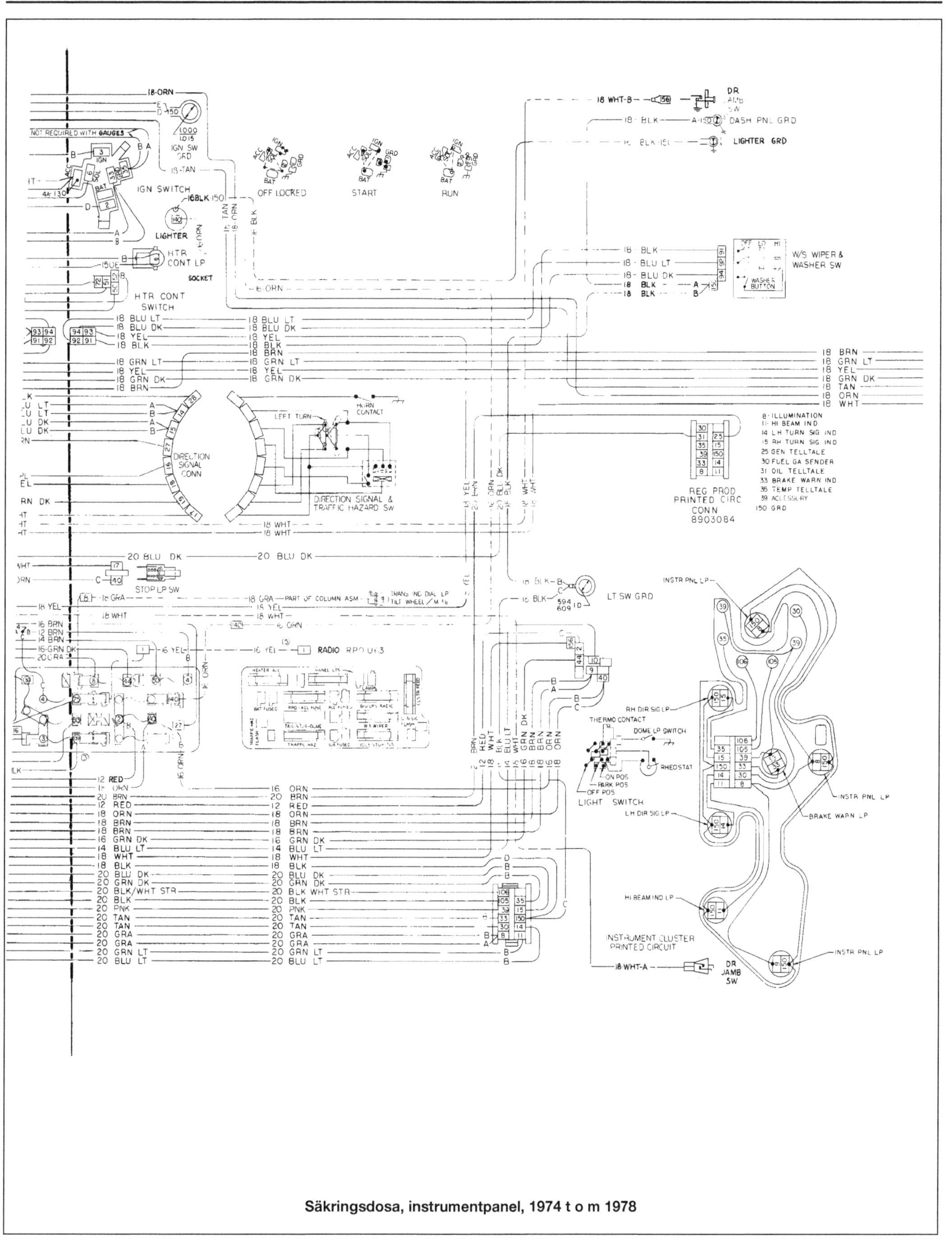

Säkringsdosa, instrumentpanel, 1974 t o m 1978

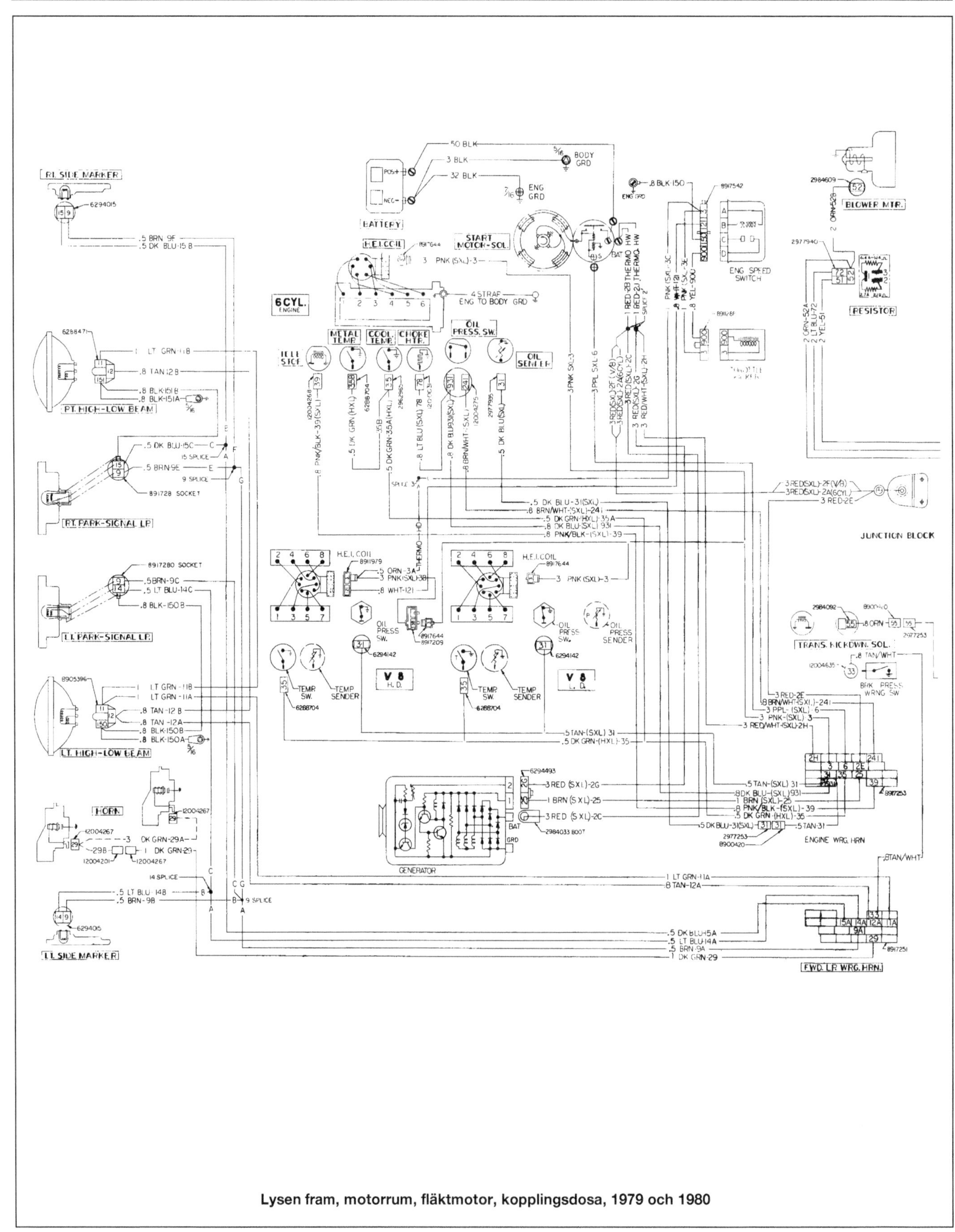

Lysen fram, motorrum, fläktmotor, kopplingsdosa, 1979 och 1980

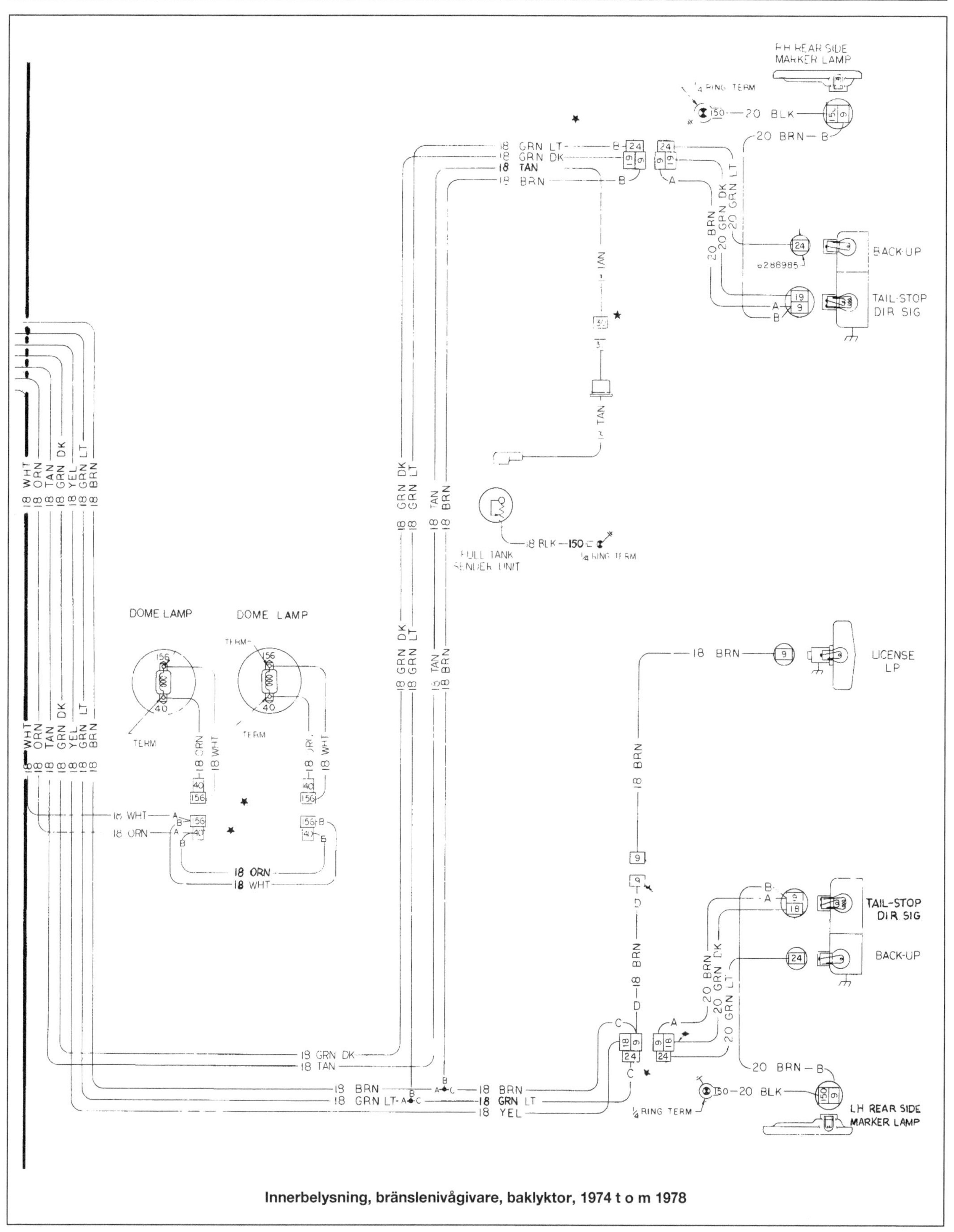

Innerbelysning, bränslenivågivare, baklyktor, 1974 t o m 1978

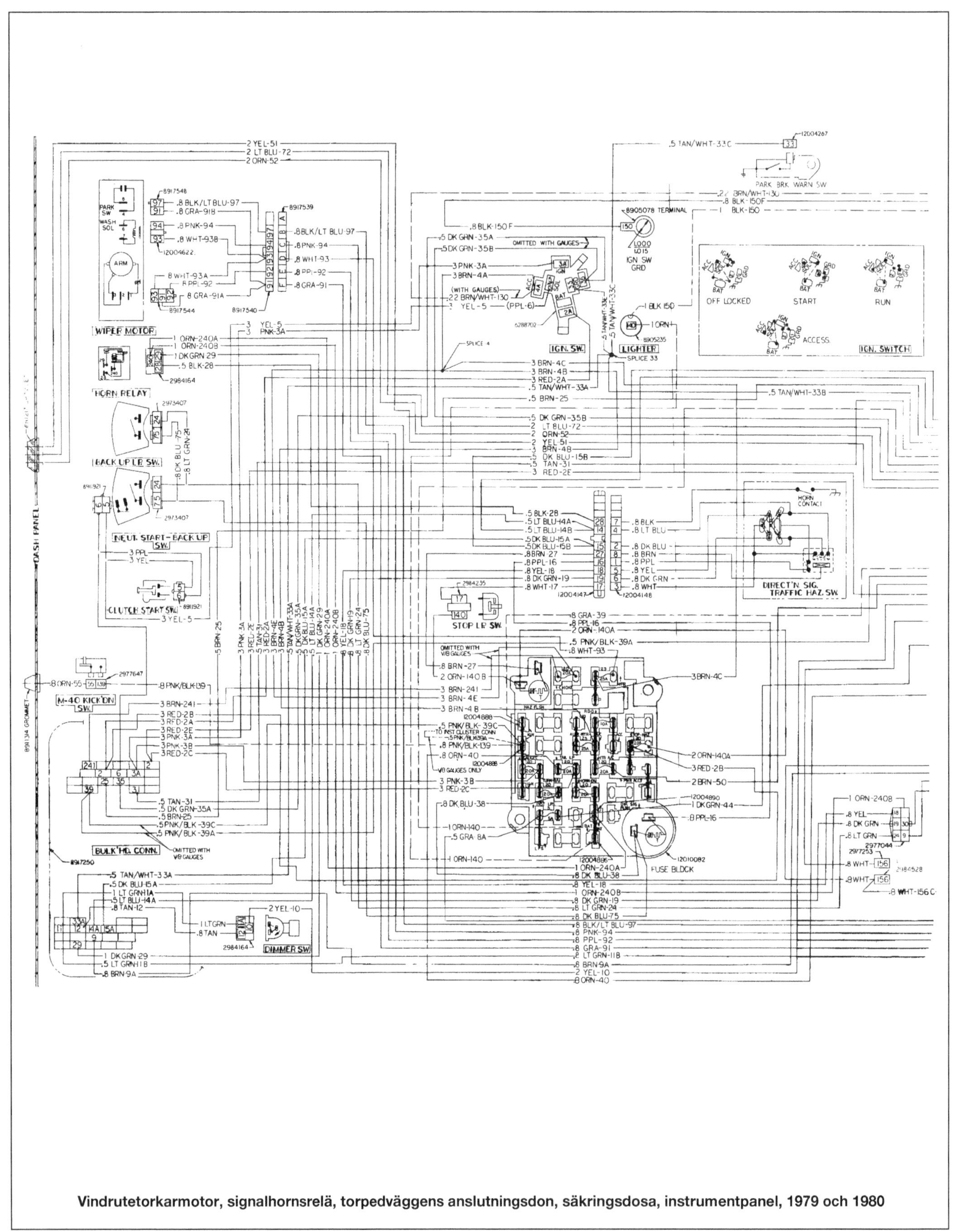

Vindrutetorkarmotor, signalhornsrelä, torpedväggens anslutningsdon, säkringsdosa, instrumentpanel, 1979 och 1980

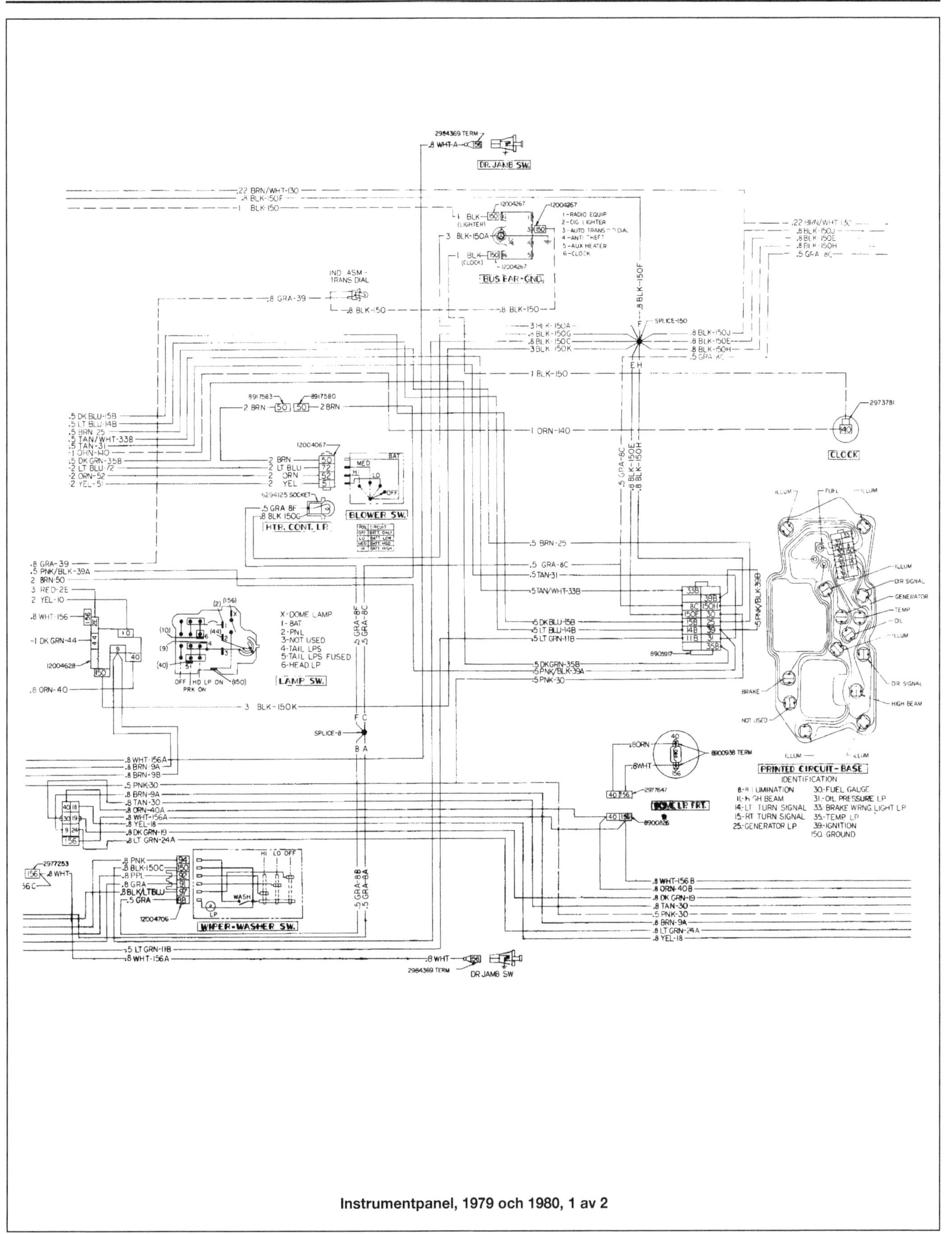

Instrumentpanel, 1979 och 1980, 1 av 2

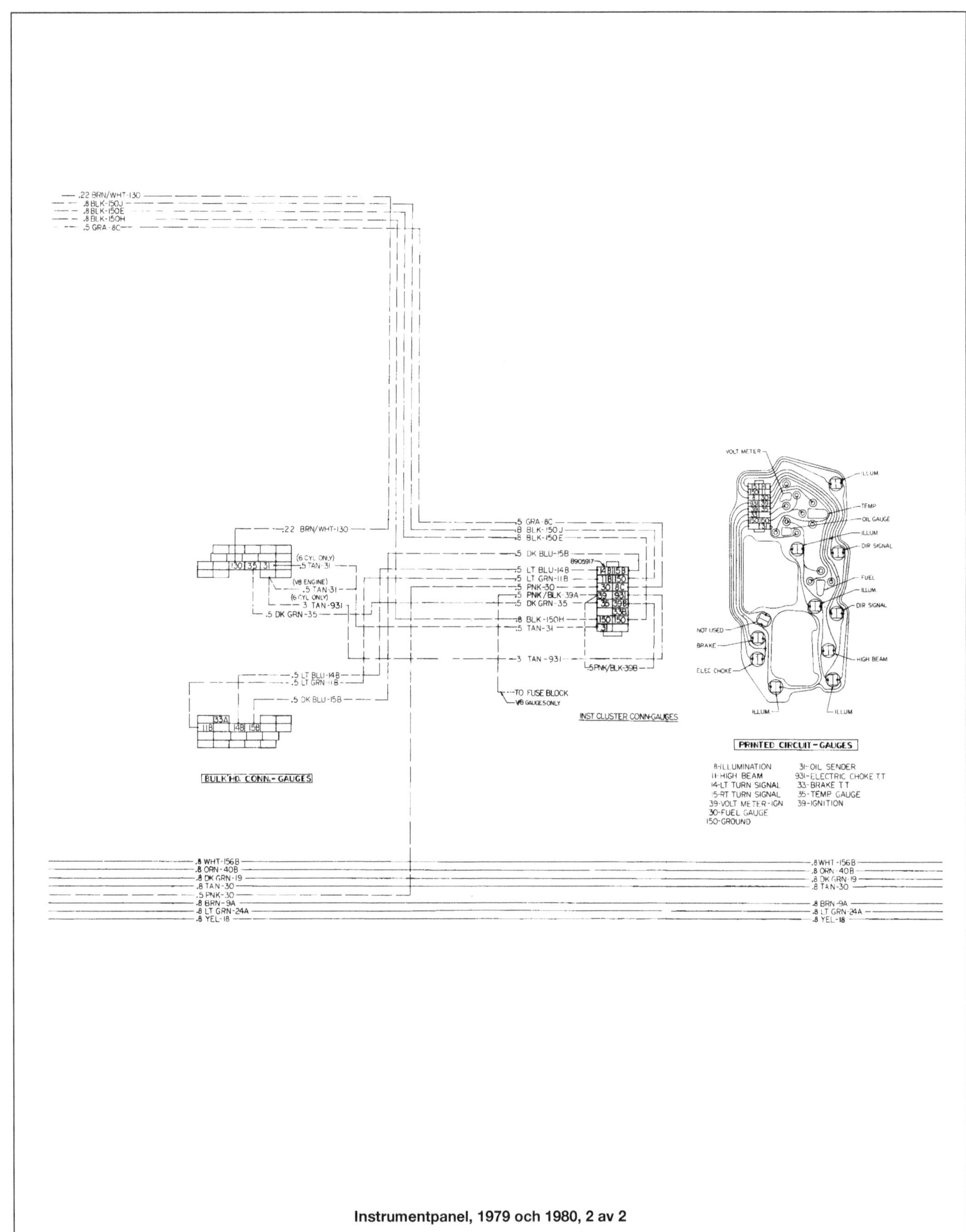

Instrumentpanel, 1979 och 1980, 2 av 2

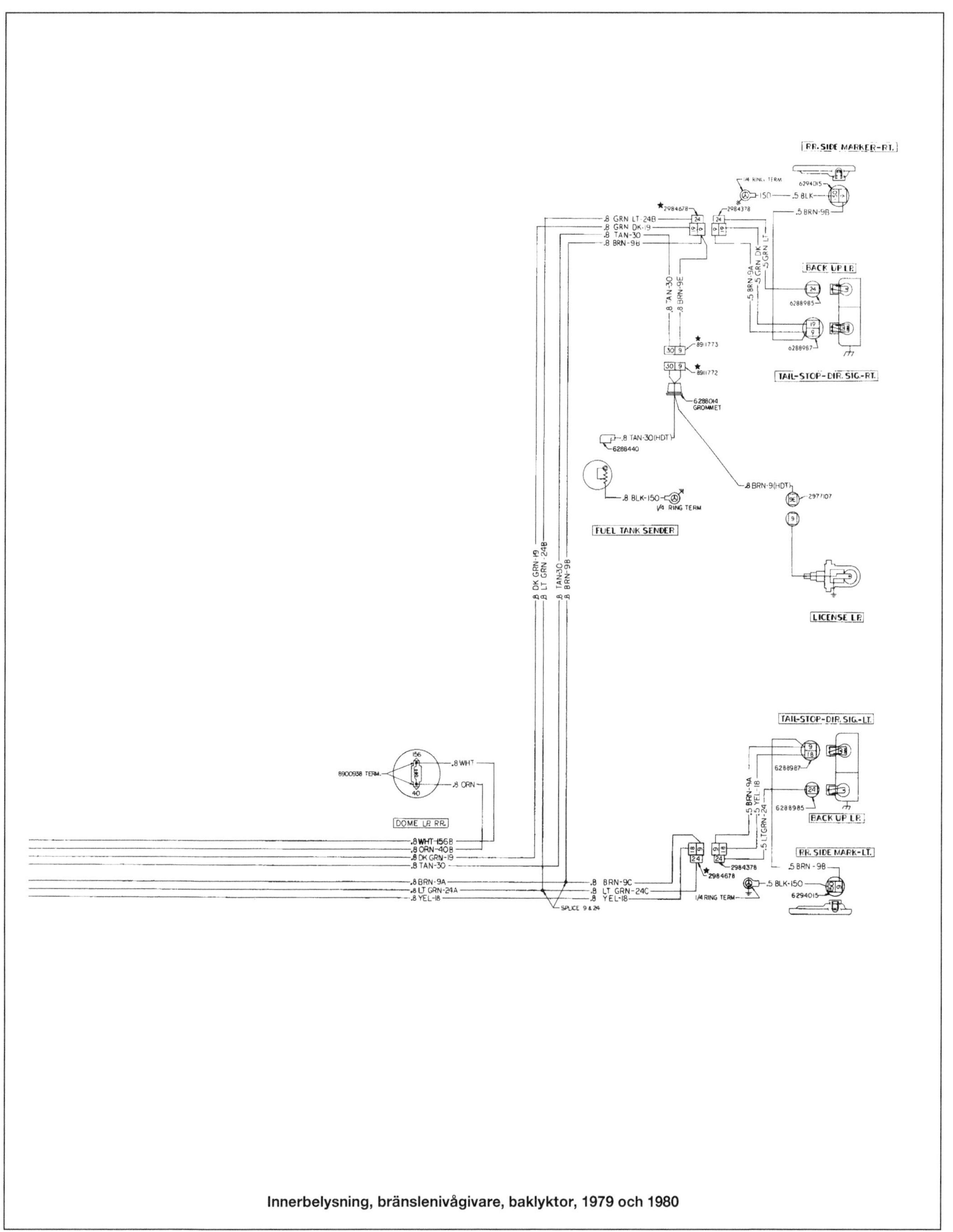

Innerbelysning, bränslenivågivare, baklyktor, 1979 och 1980

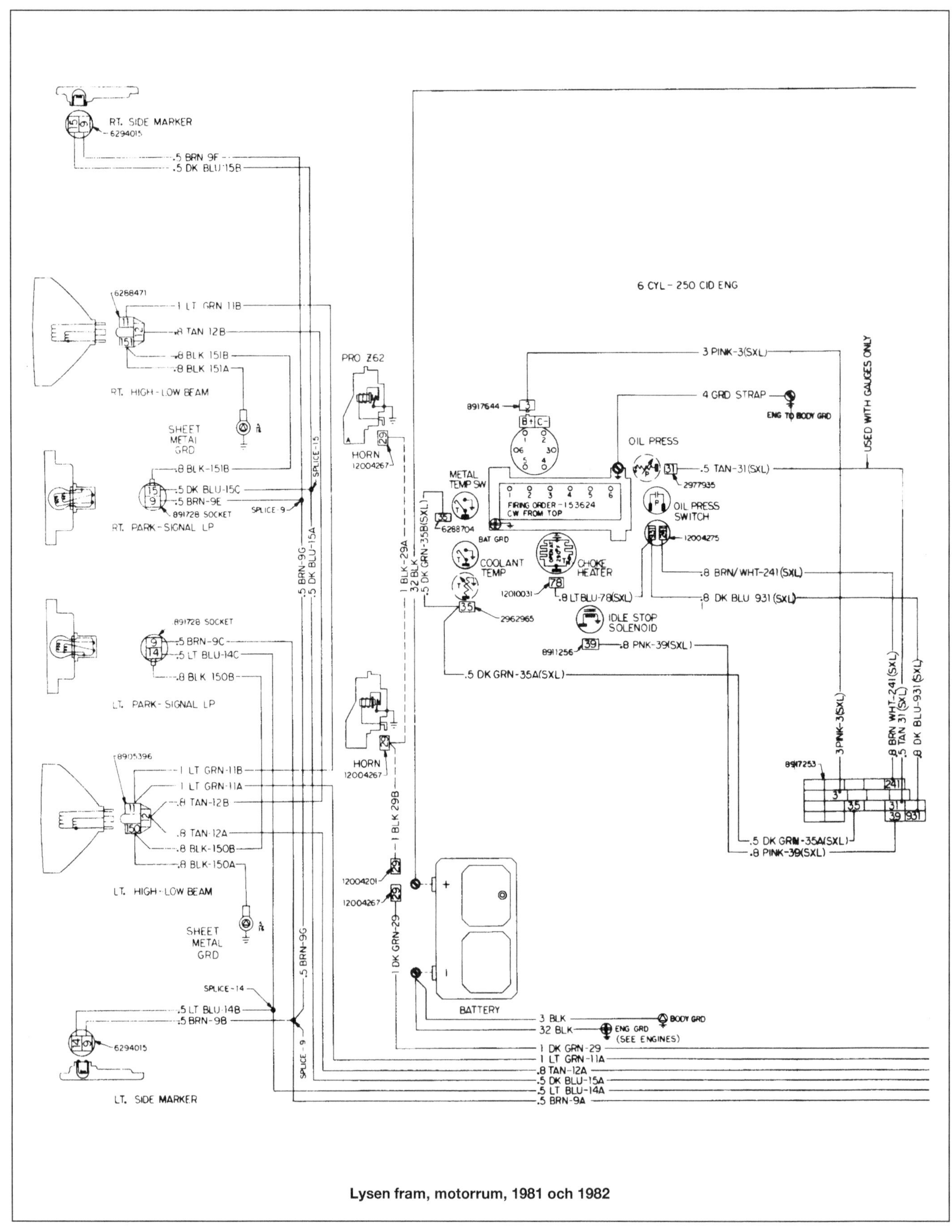

Lysen fram, motorrum, 1981 och 1982

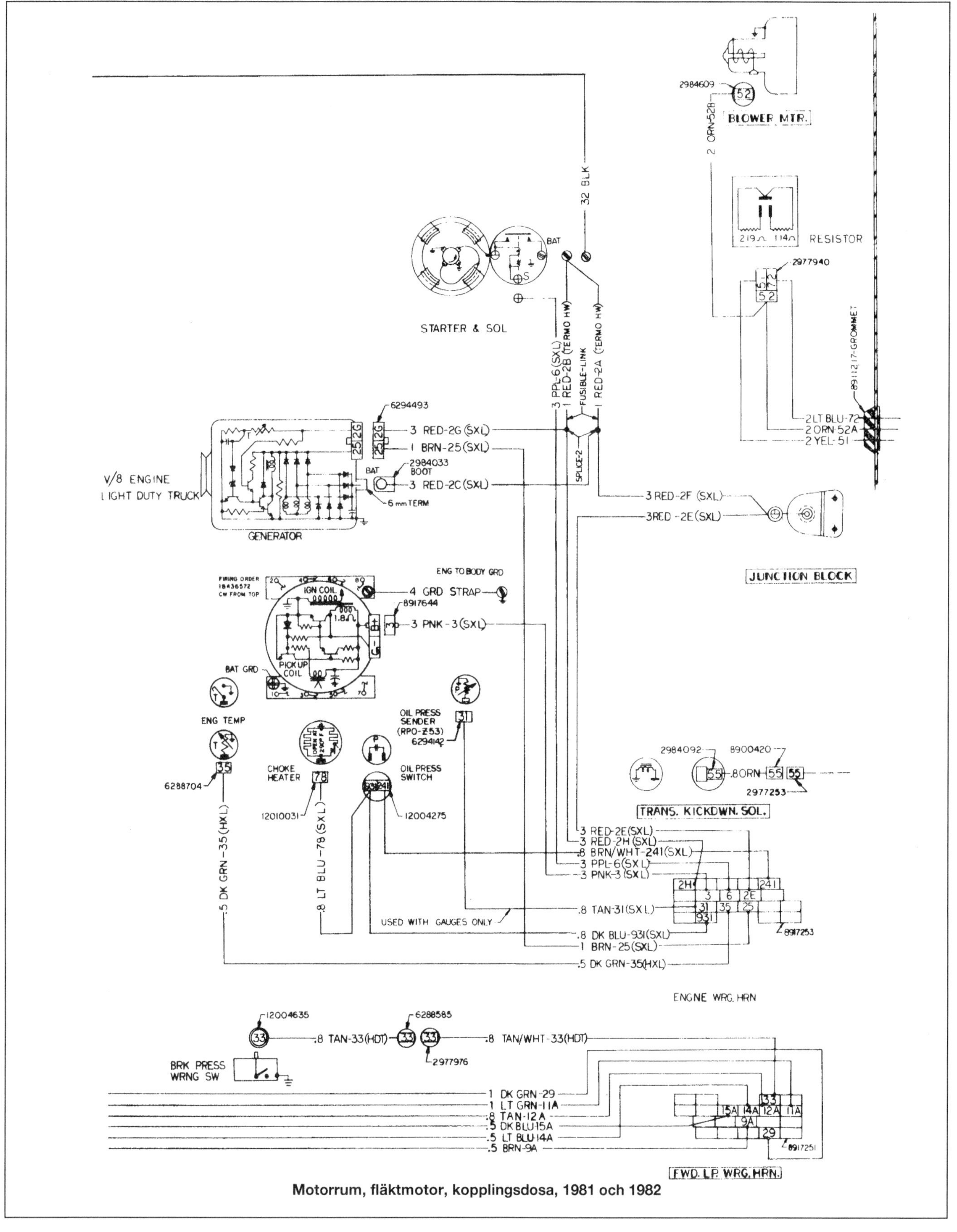

Motorrum, fläktmotor, kopplingsdosa, 1981 och 1982

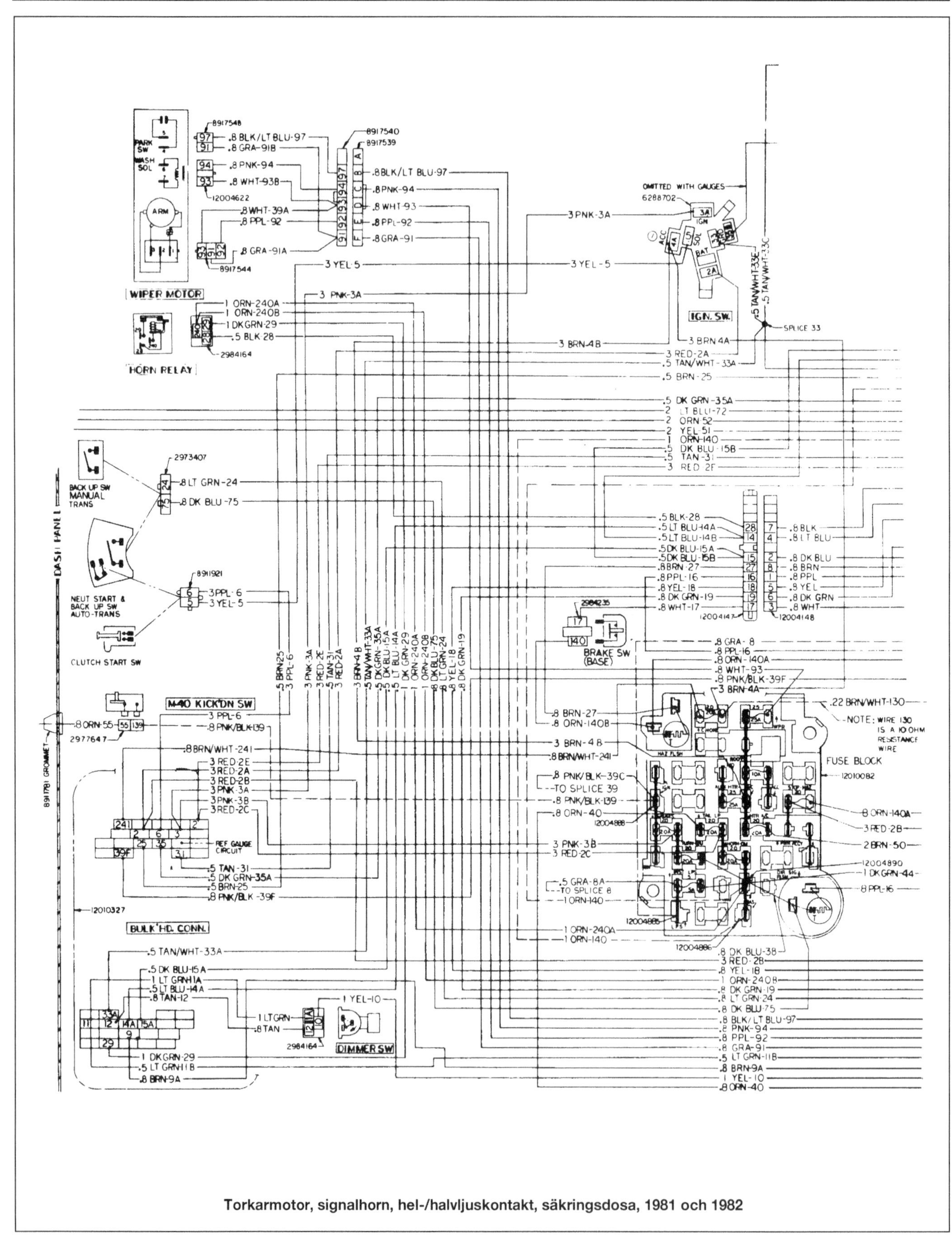

Torkarmotor, signalhorn, hel-/halvljuskontakt, säkringsdosa, 1981 och 1982

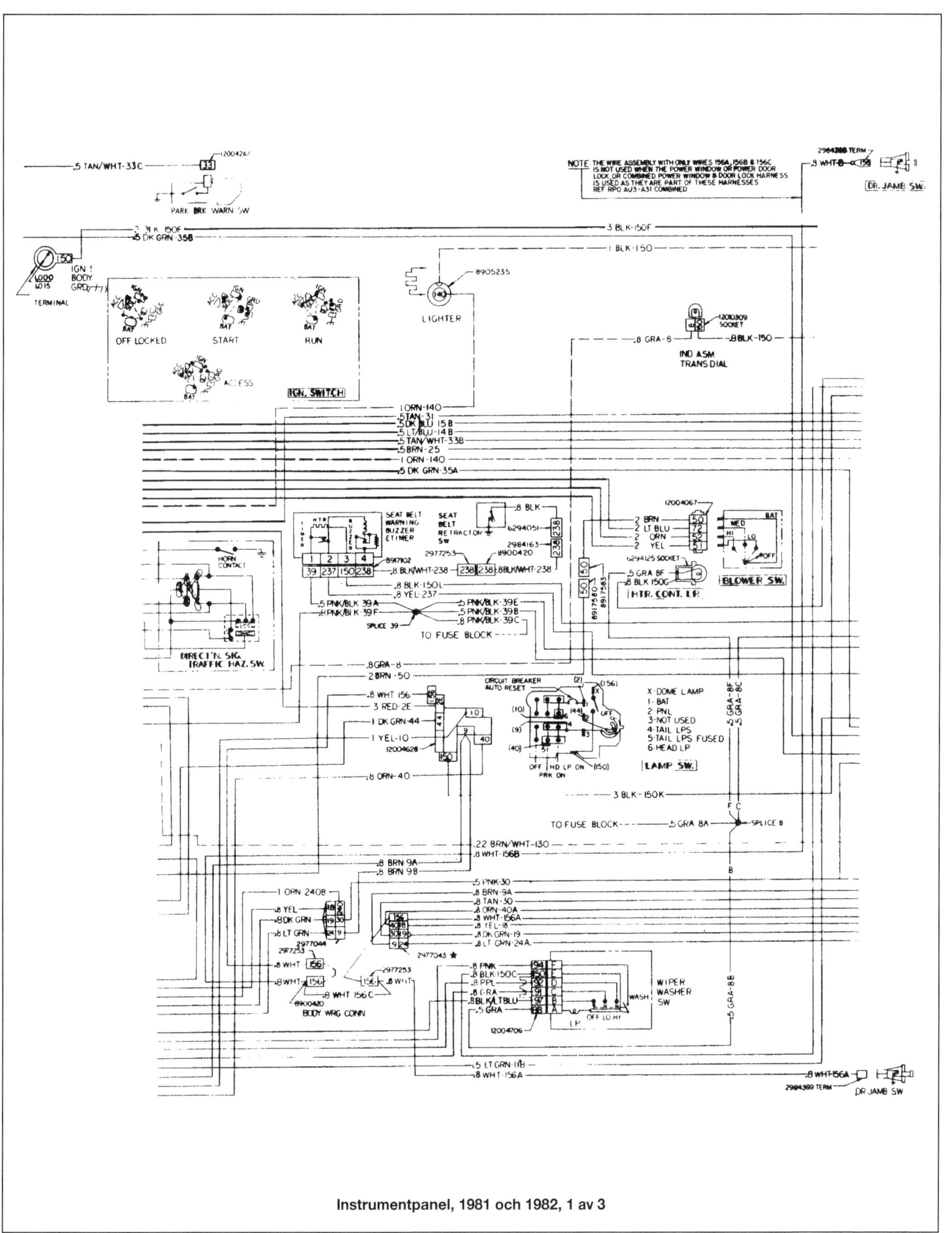

Instrumentpanel, 1981 och 1982, 1 av 3

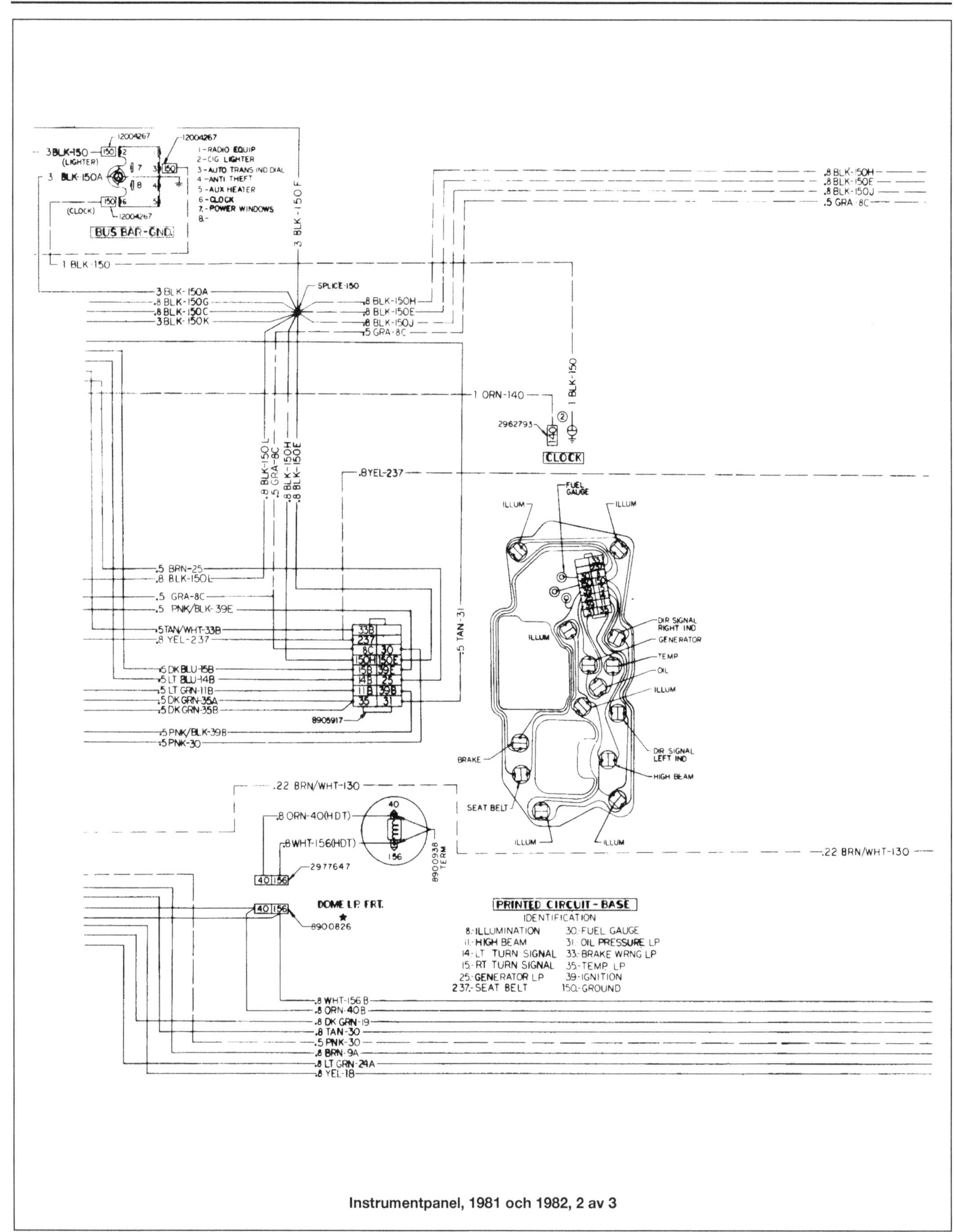

Instrumentpanel, 1981 och 1982, 2 av 3

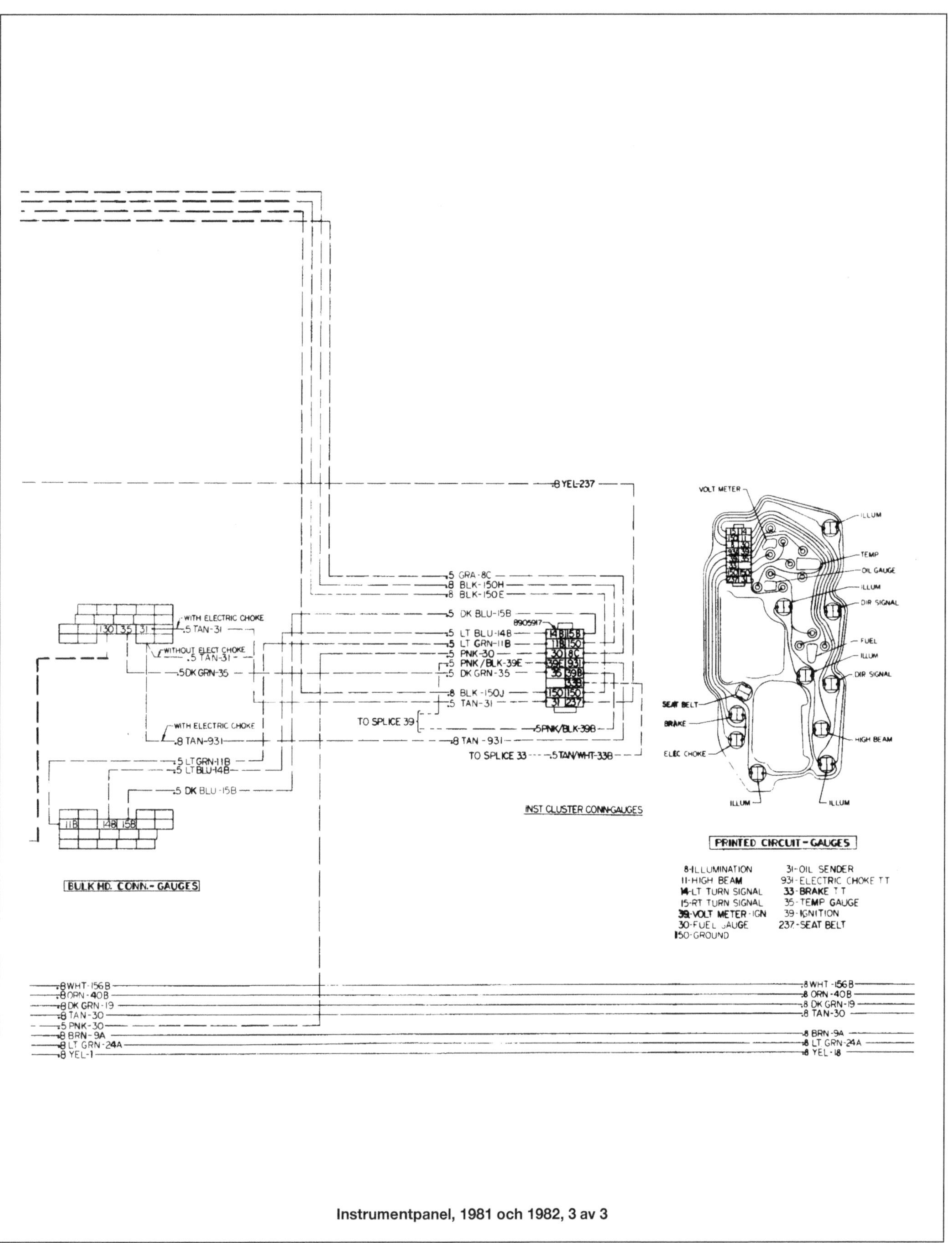

Instrumentpanel, 1981 och 1982, 3 av 3

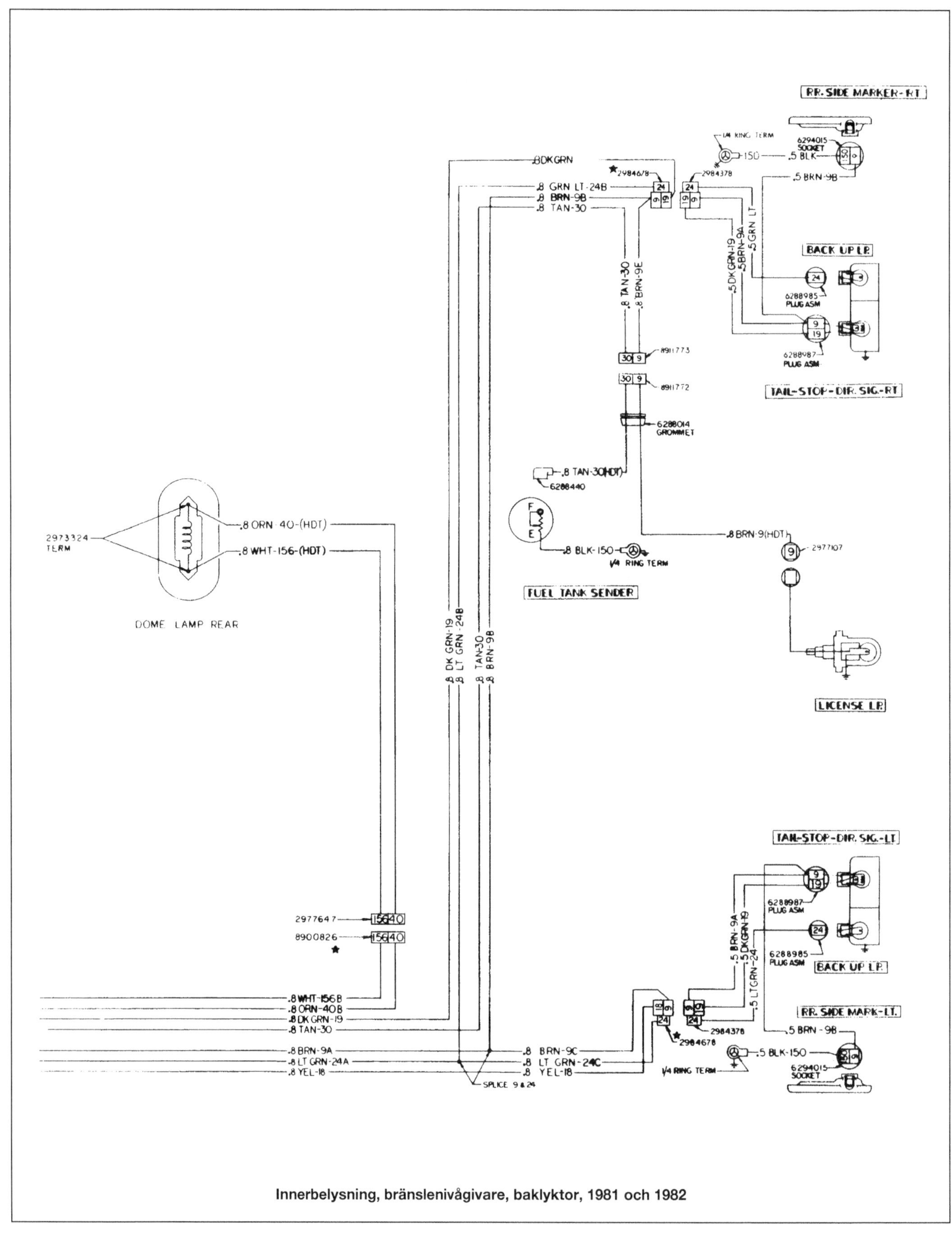

Innerbelysning, bränslenivågivare, baklyktor, 1981 och 1982

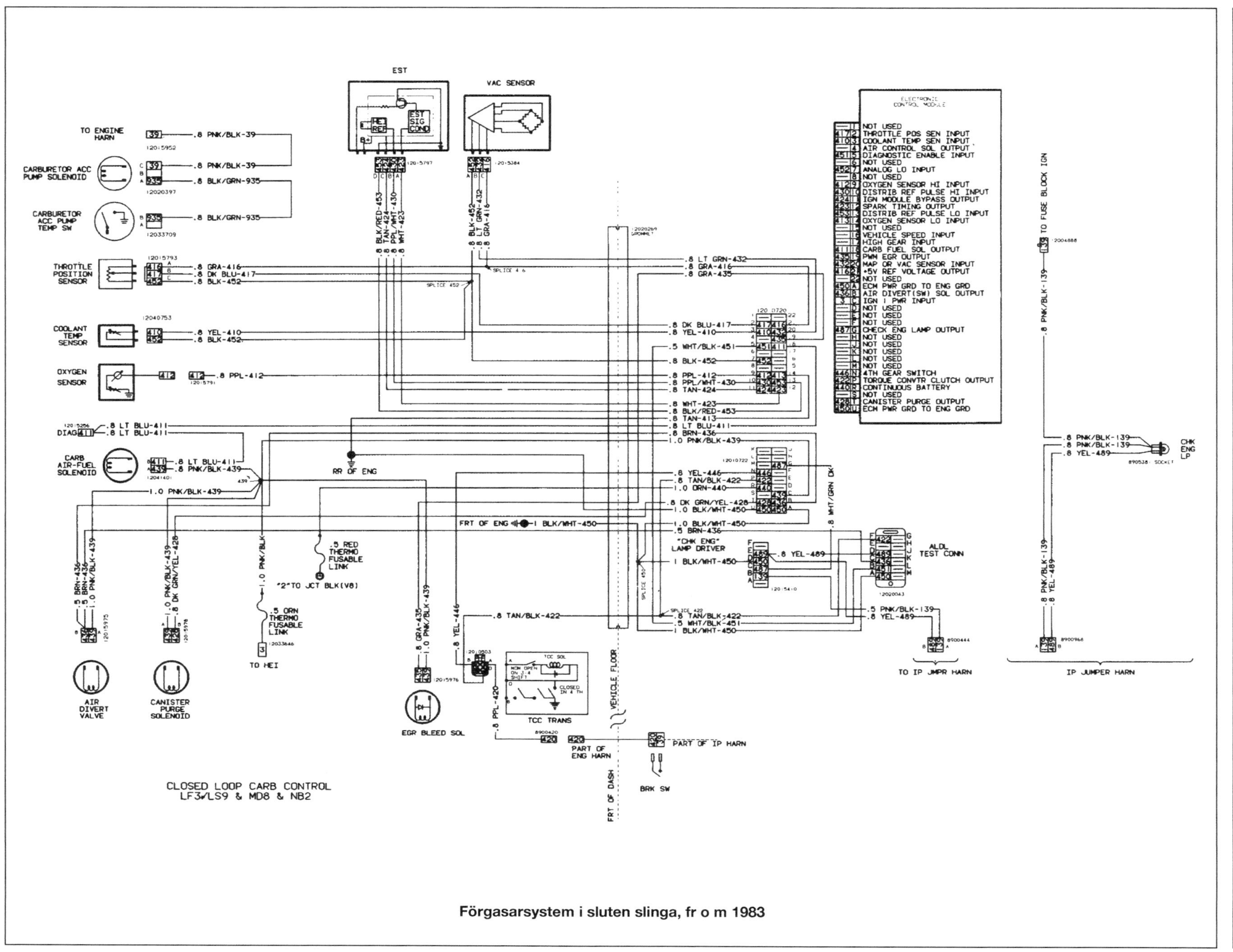

Förgasarsystem i sluten slinga, fr o m 1983

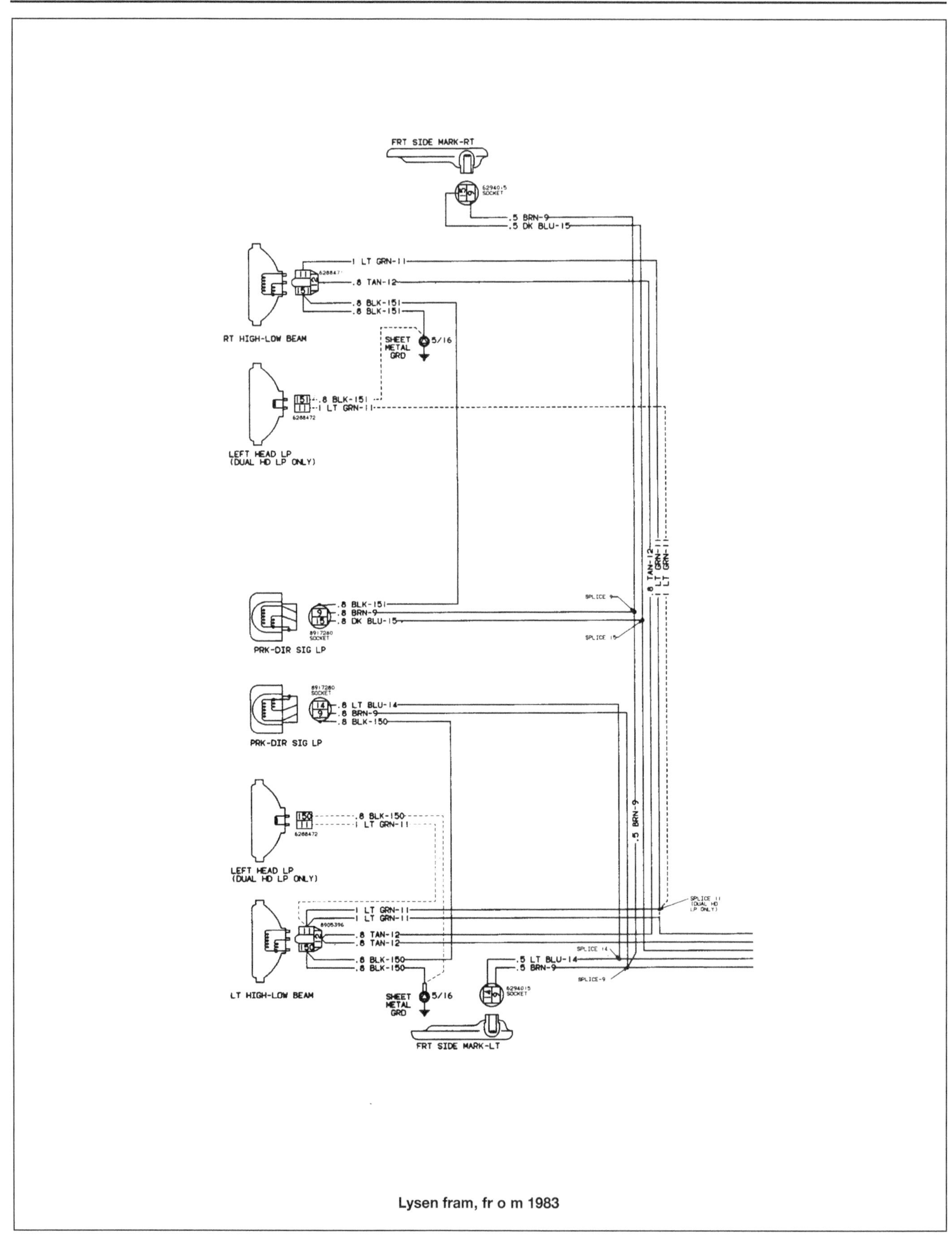

Lysen fram, fr o m 1983

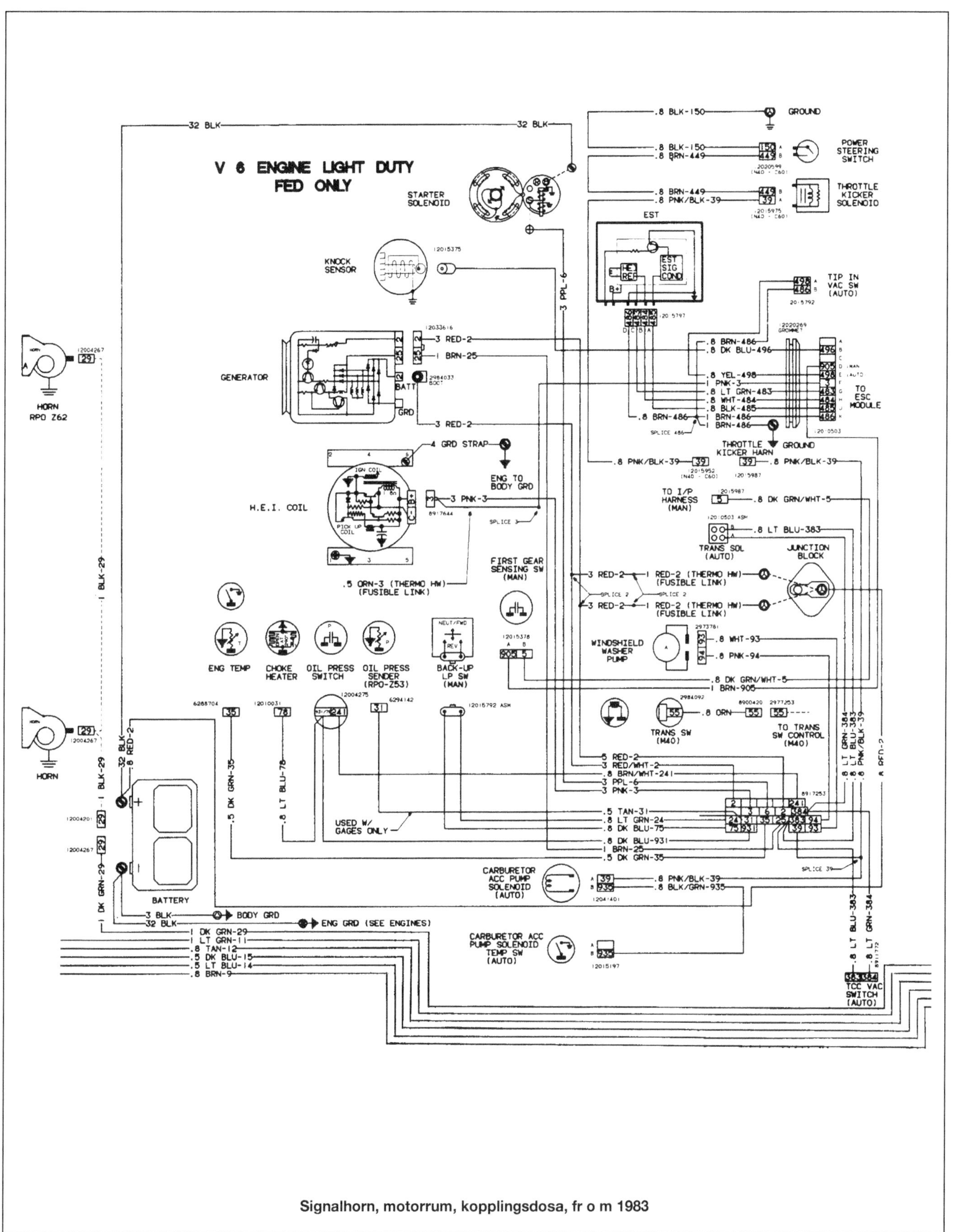

Signalhorn, motorrum, kopplingsdosa, fr o m 1983

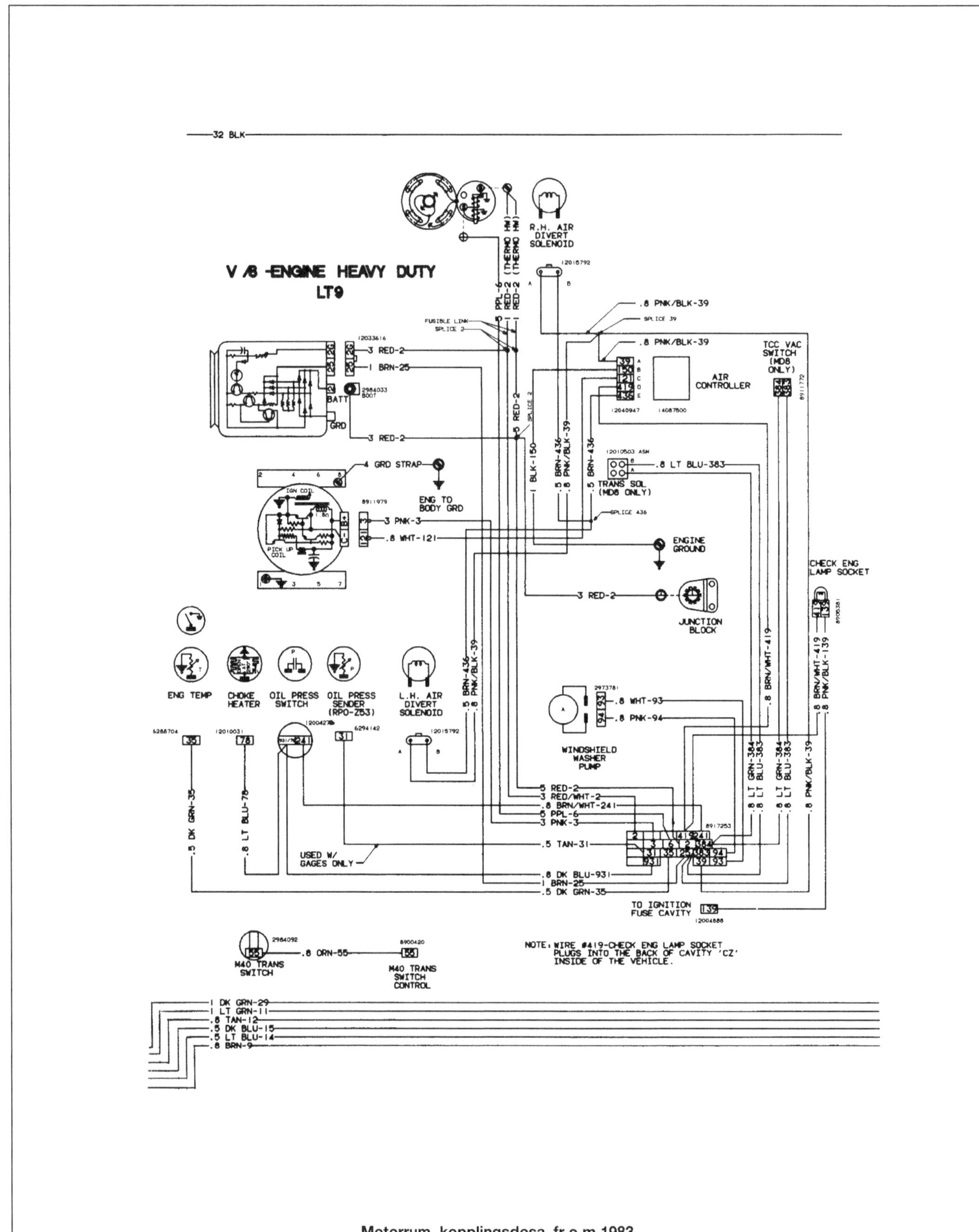

Motorrum, kopplingsdosa, fr o m 1983

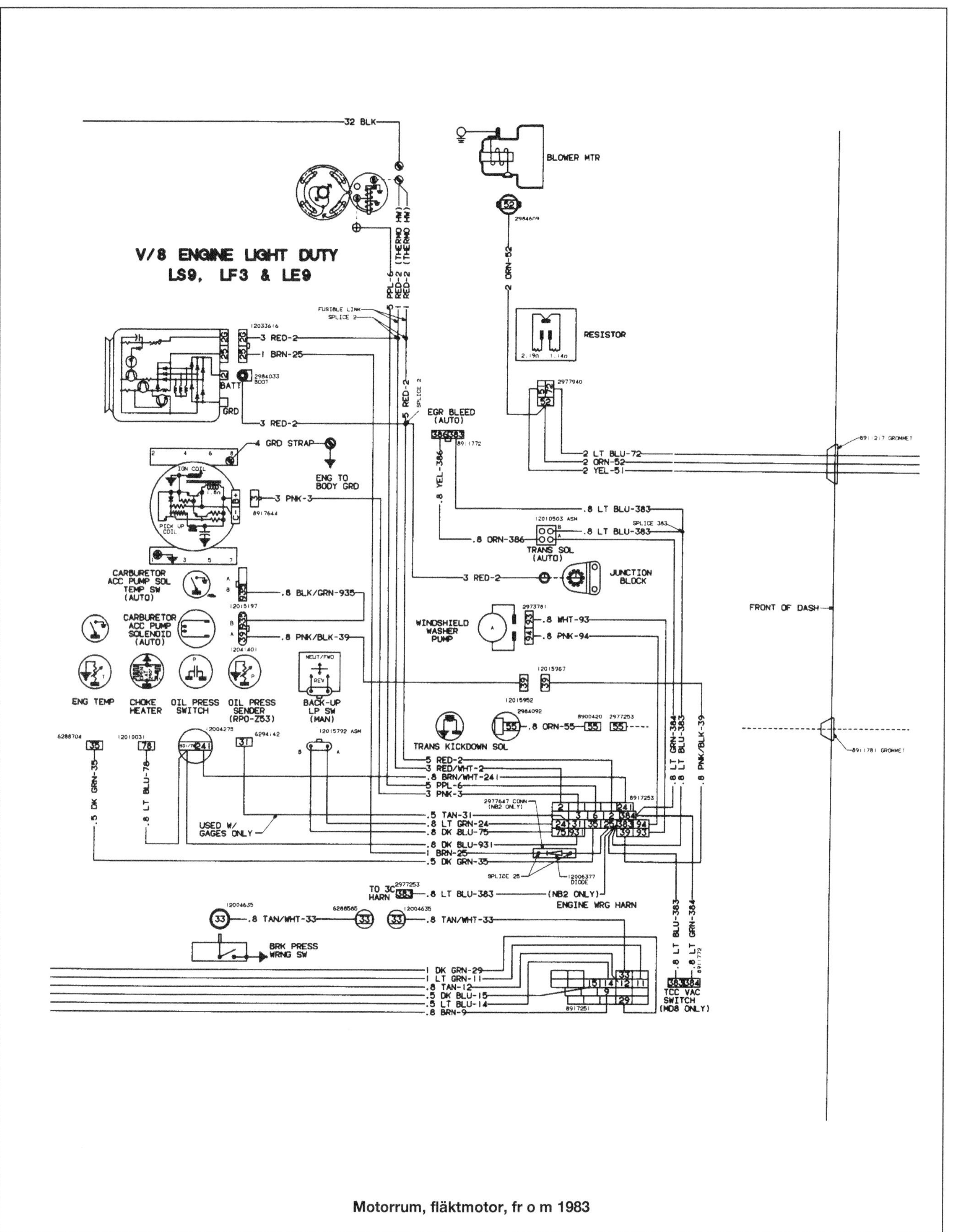

Motorrum, fläktmotor, fr o m 1983

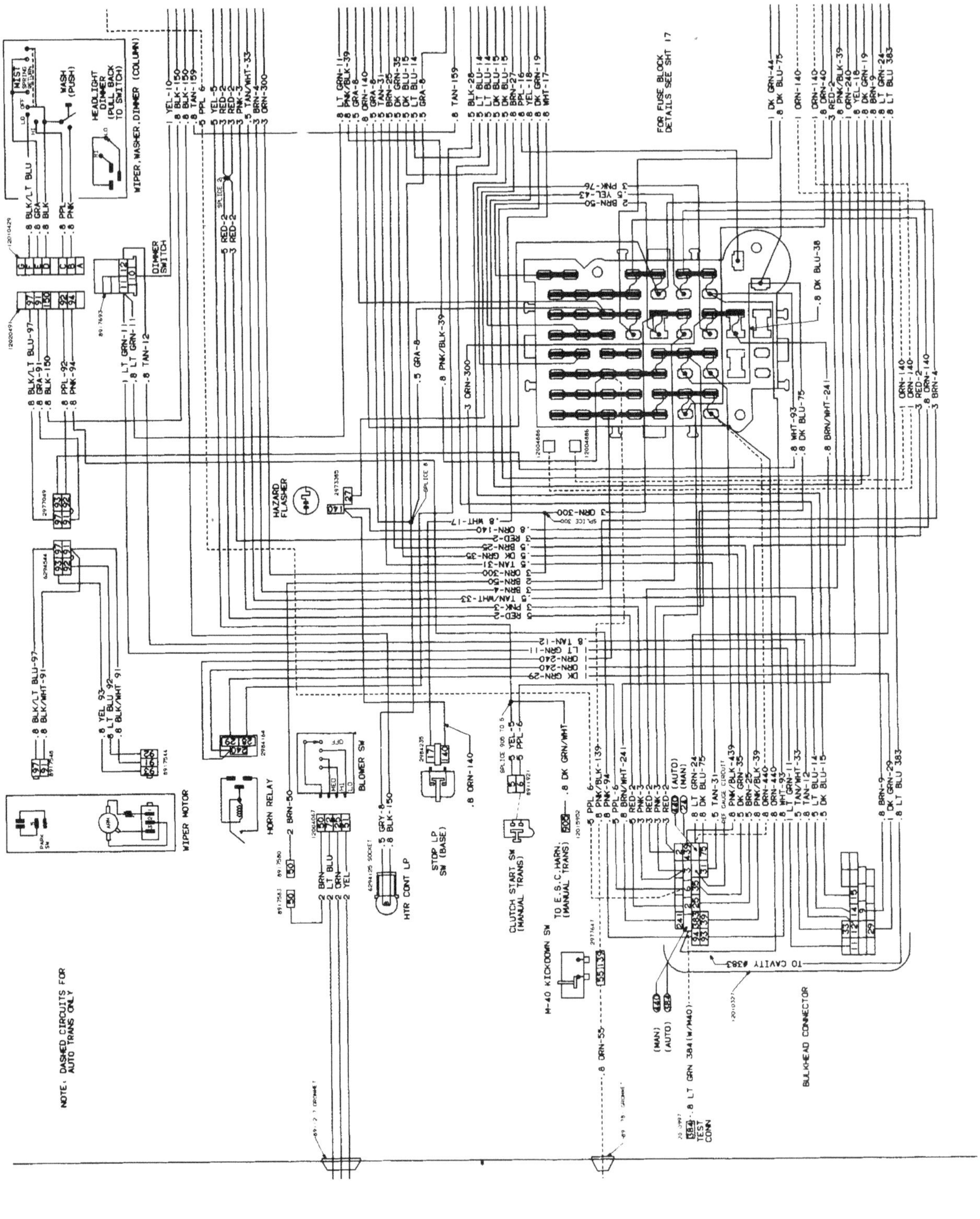

Torkarmotor, signalhornsrelä, säkringsdosa, fr o m 1983

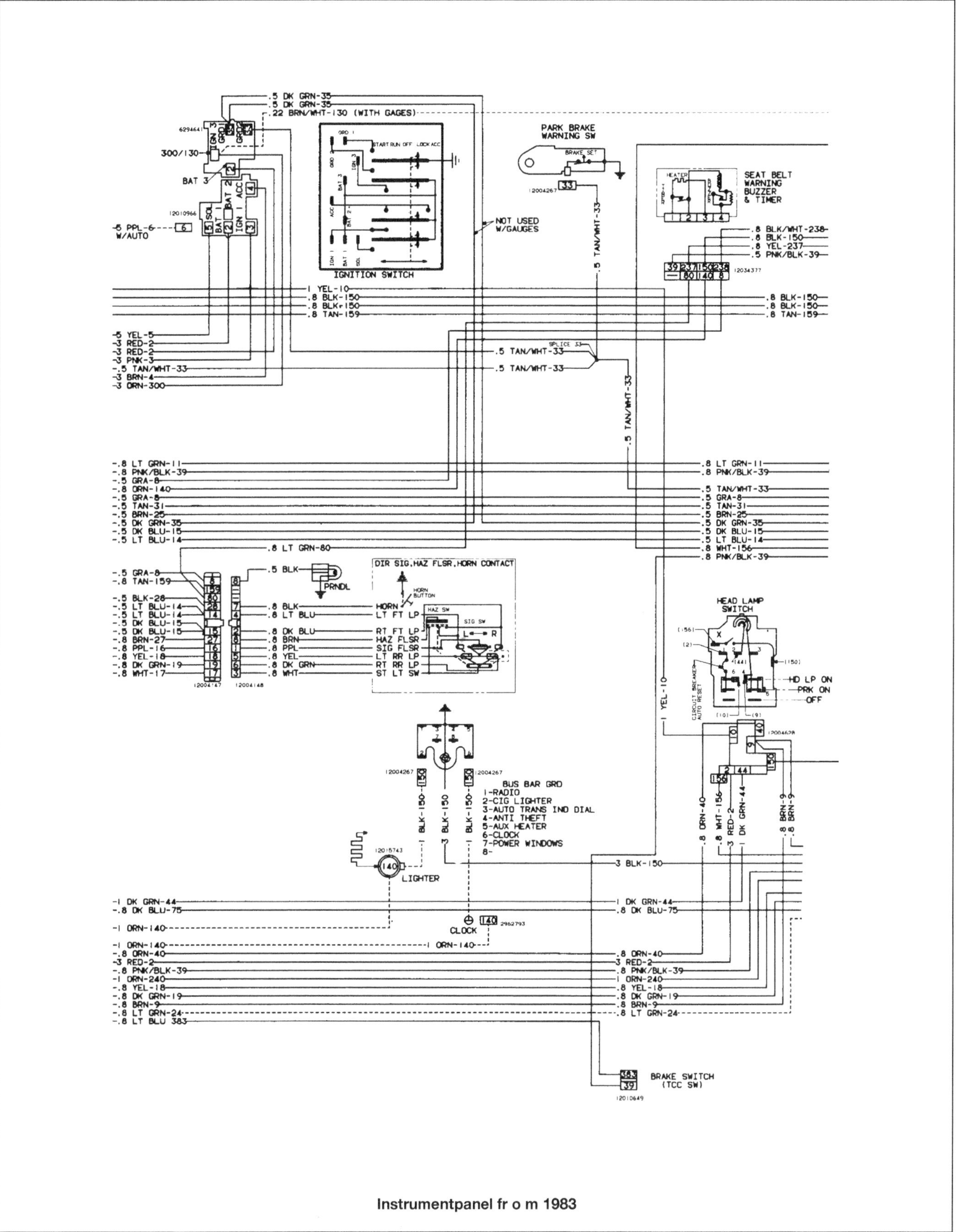

Instrumentpanel fr o m 1983

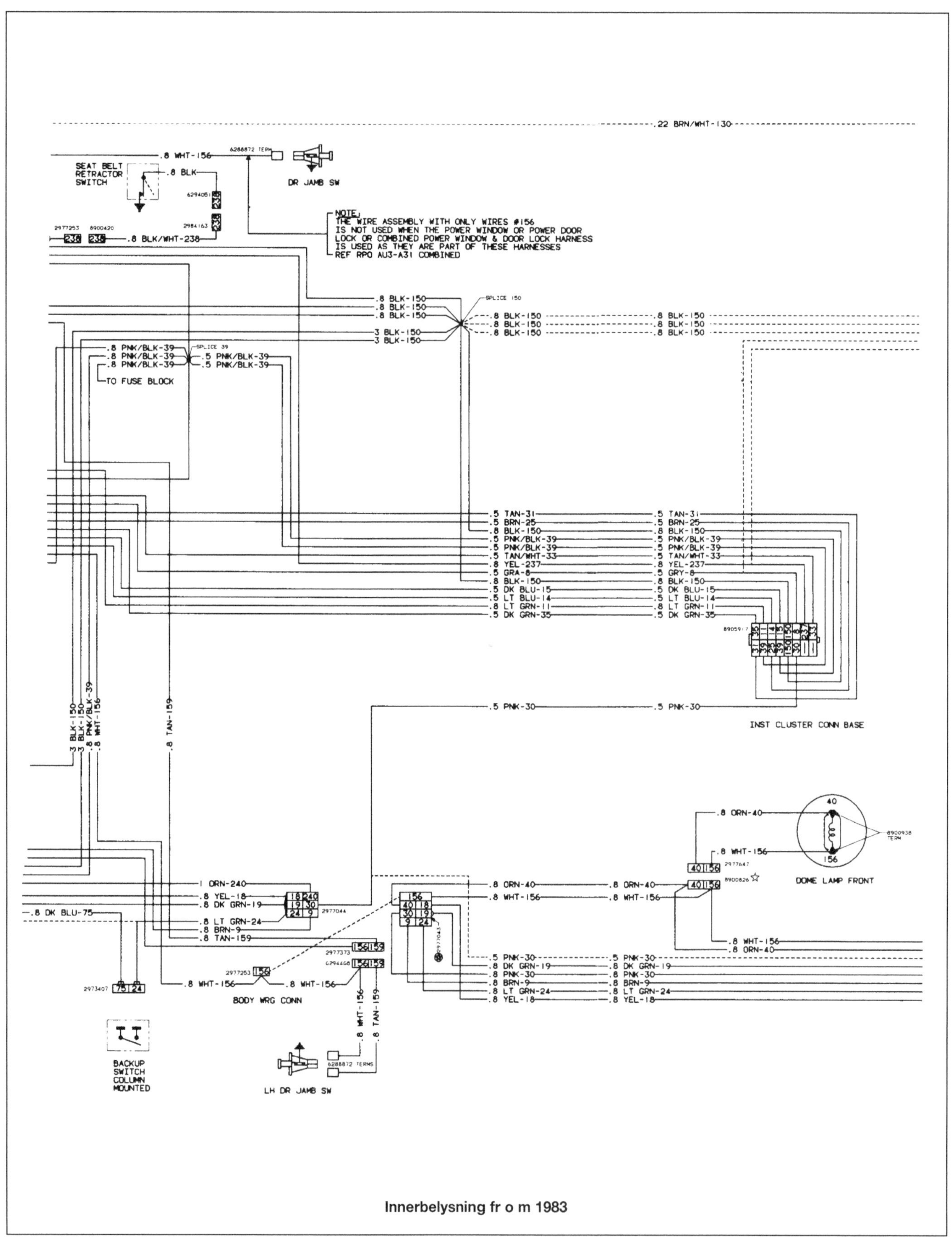

Innerbelysning fr o m 1983

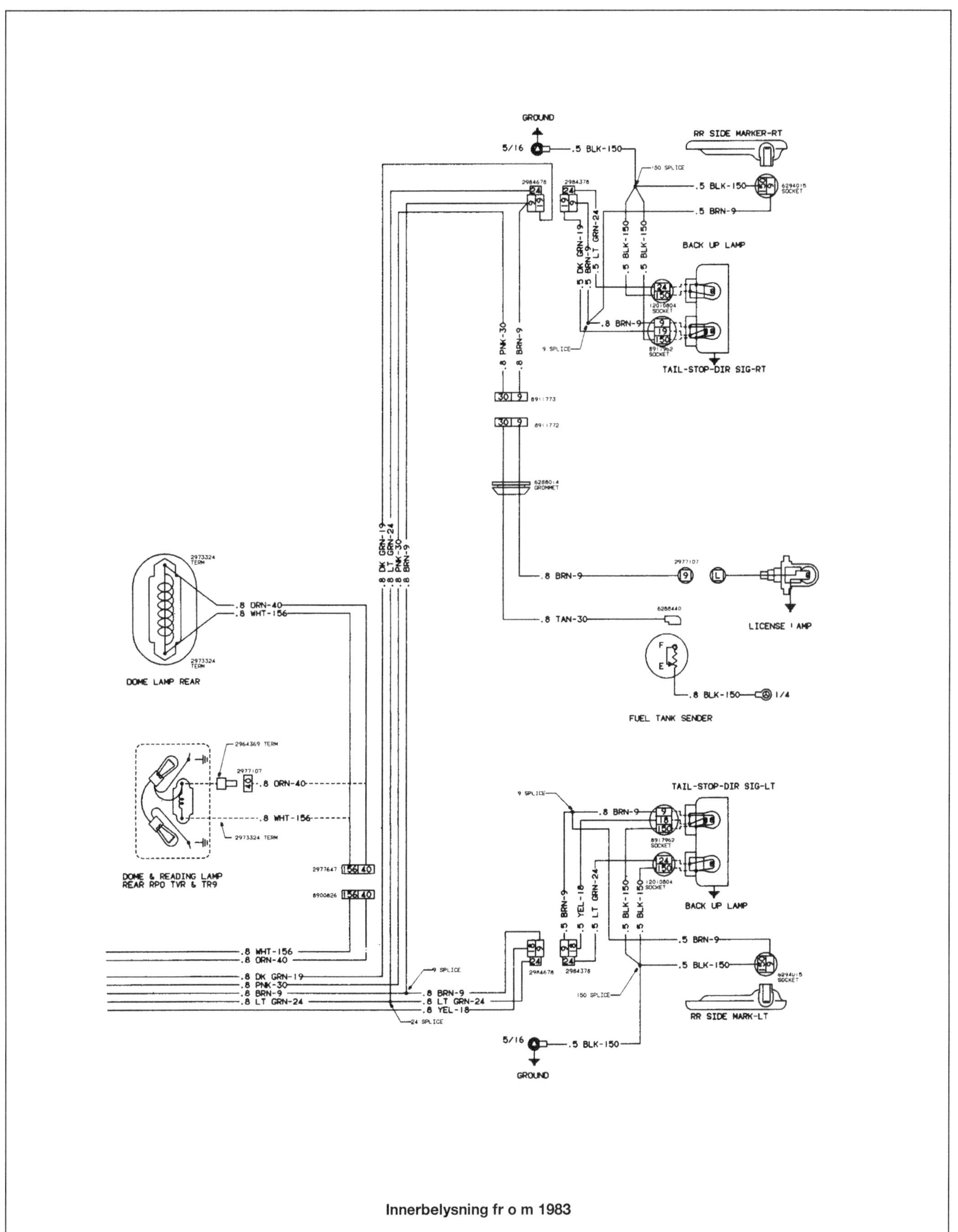

Innerbelysning fr o m 1983

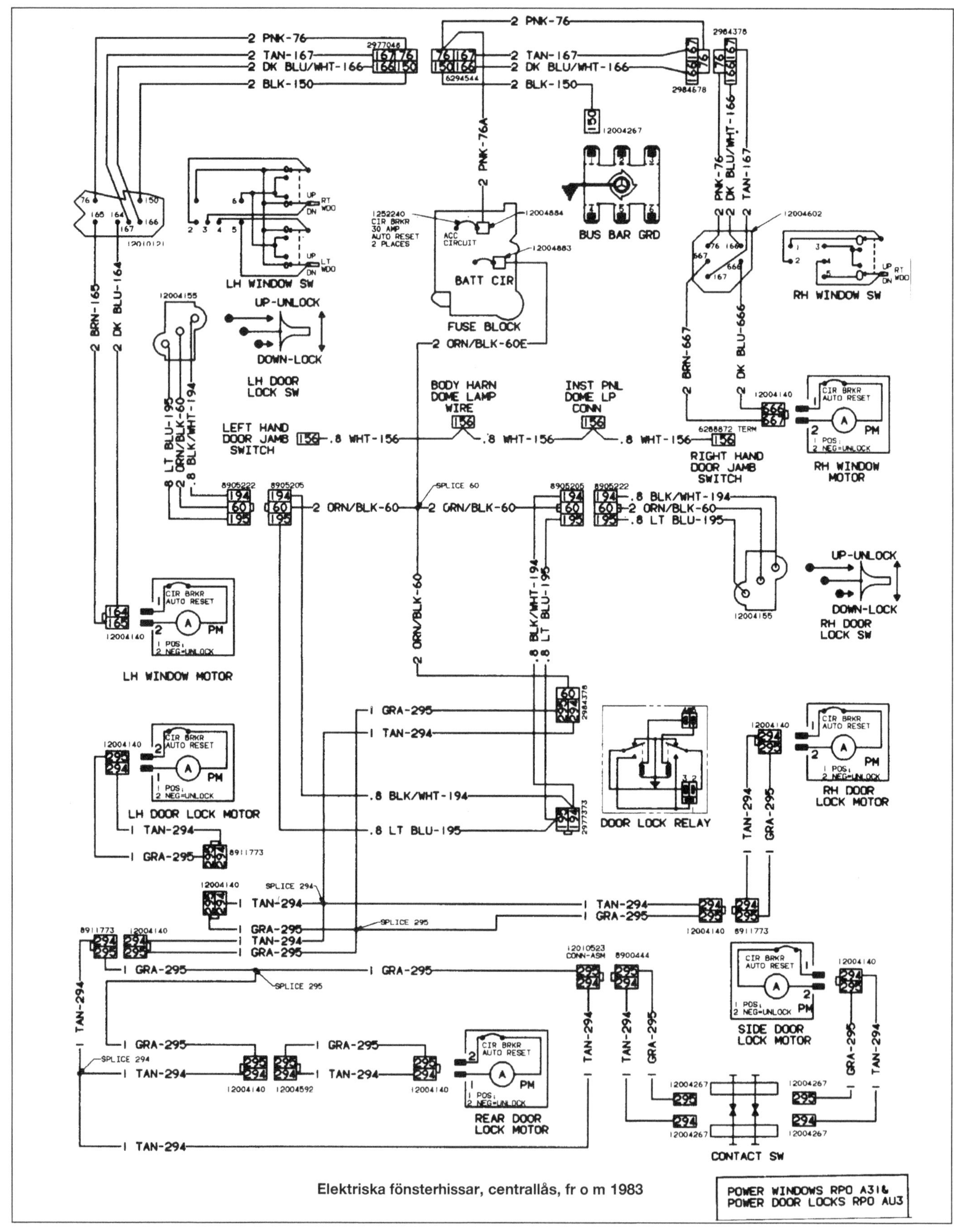

Elektriska fönsterhissar, centrallås, fr o m 1983

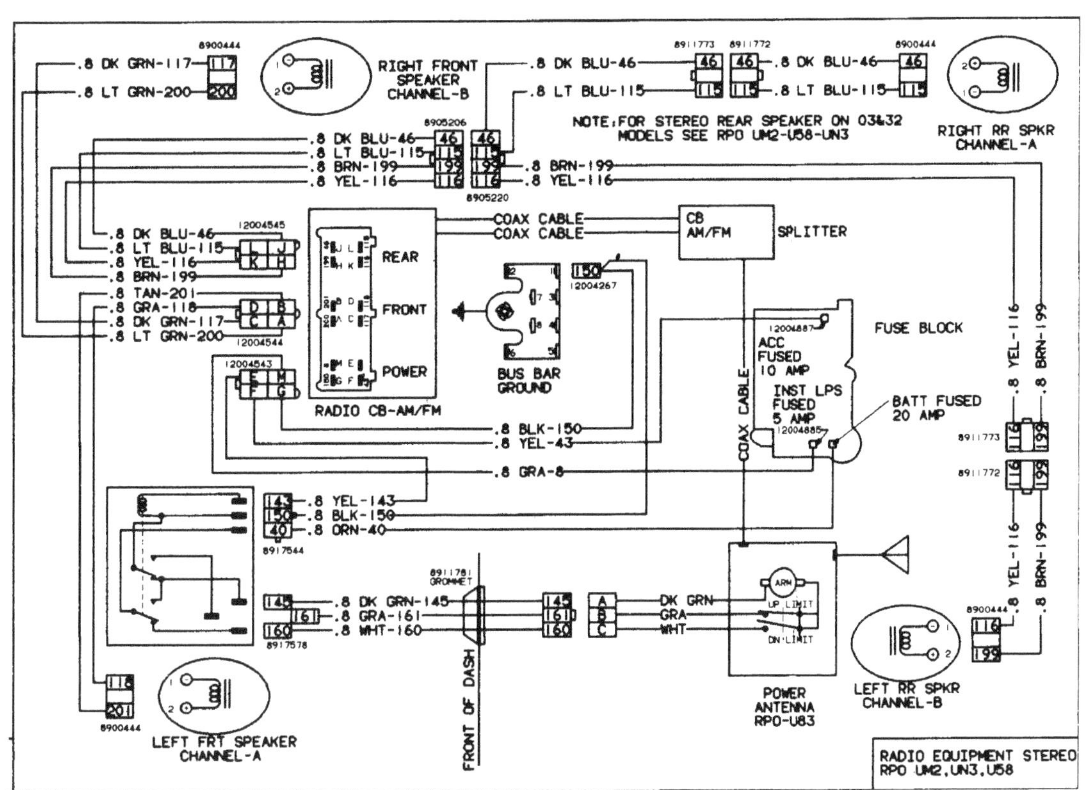

Radio, fr o m 1983

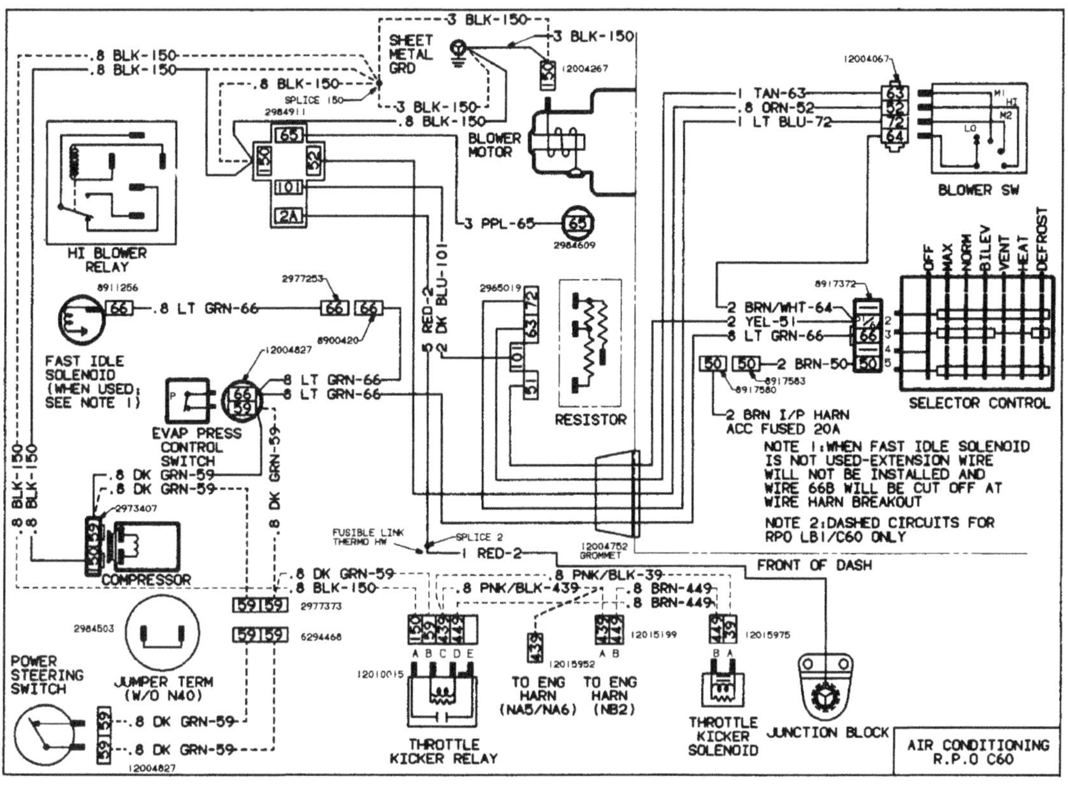

Luftkonditionering, fr o m 1983

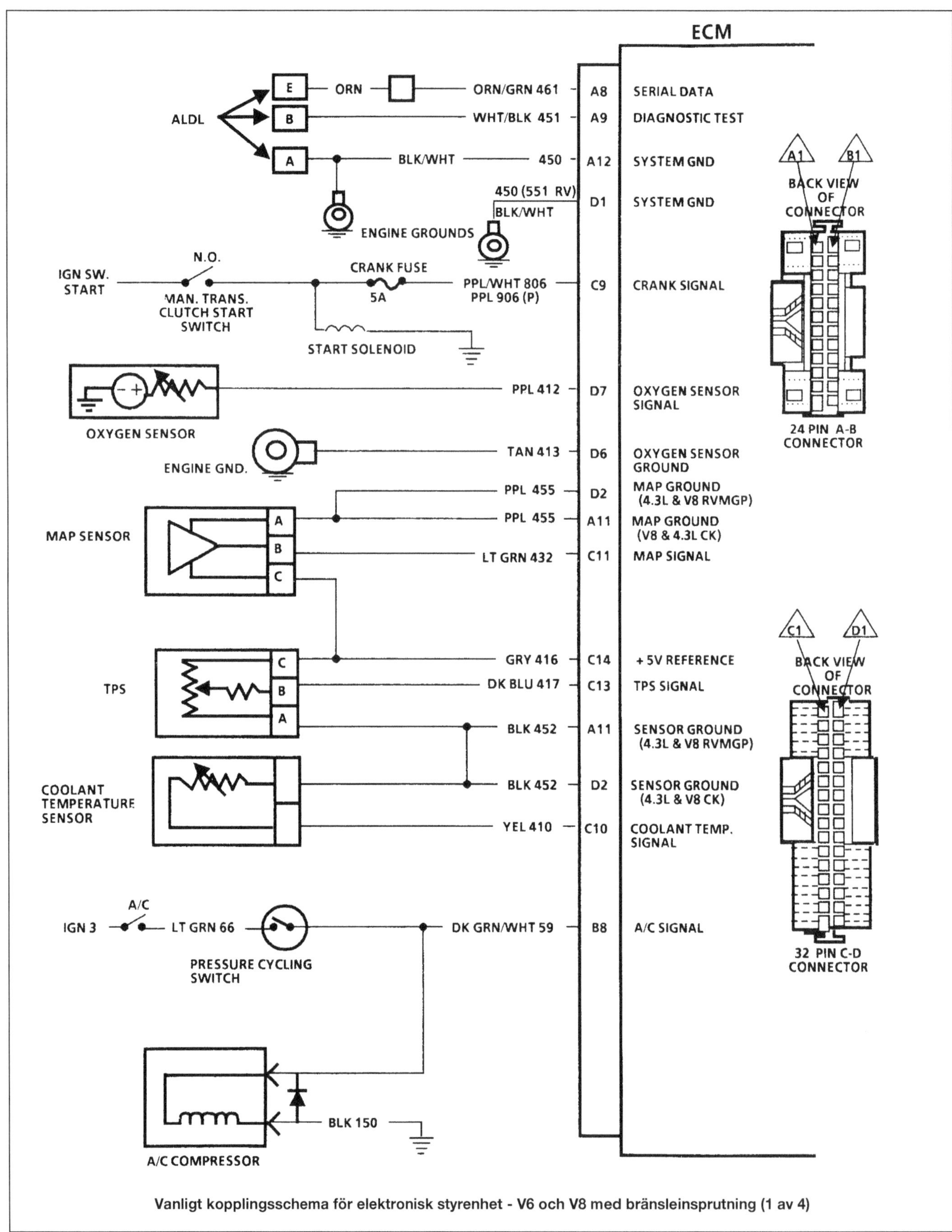

Vanligt kopplingsschema för elektronisk styrenhet - V6 och V8 med bränsleinsprutning (1 av 4)

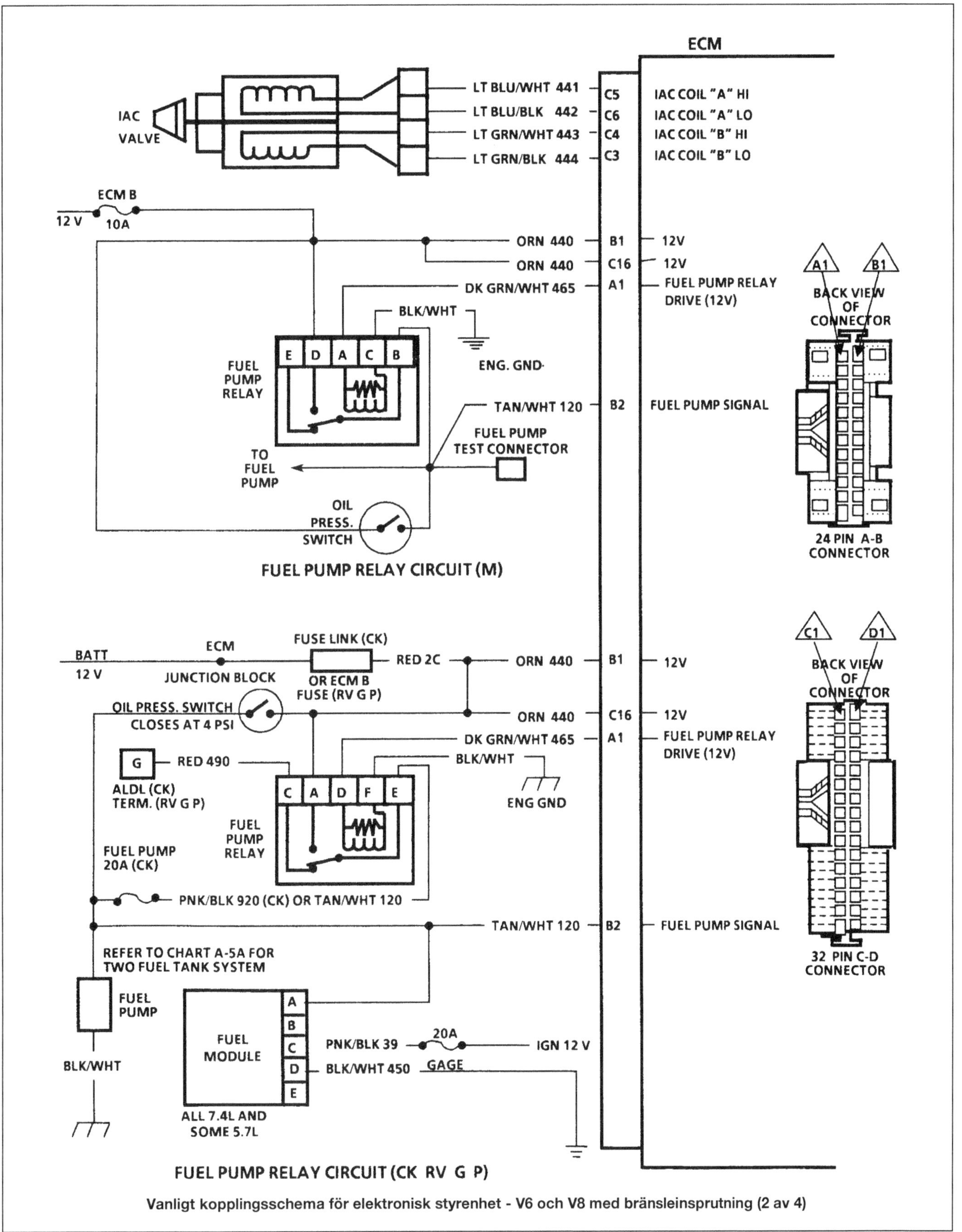

Vanligt kopplingsschema för elektronisk styrenhet - V6 och V8 med bränsleinsprutning (2 av 4)

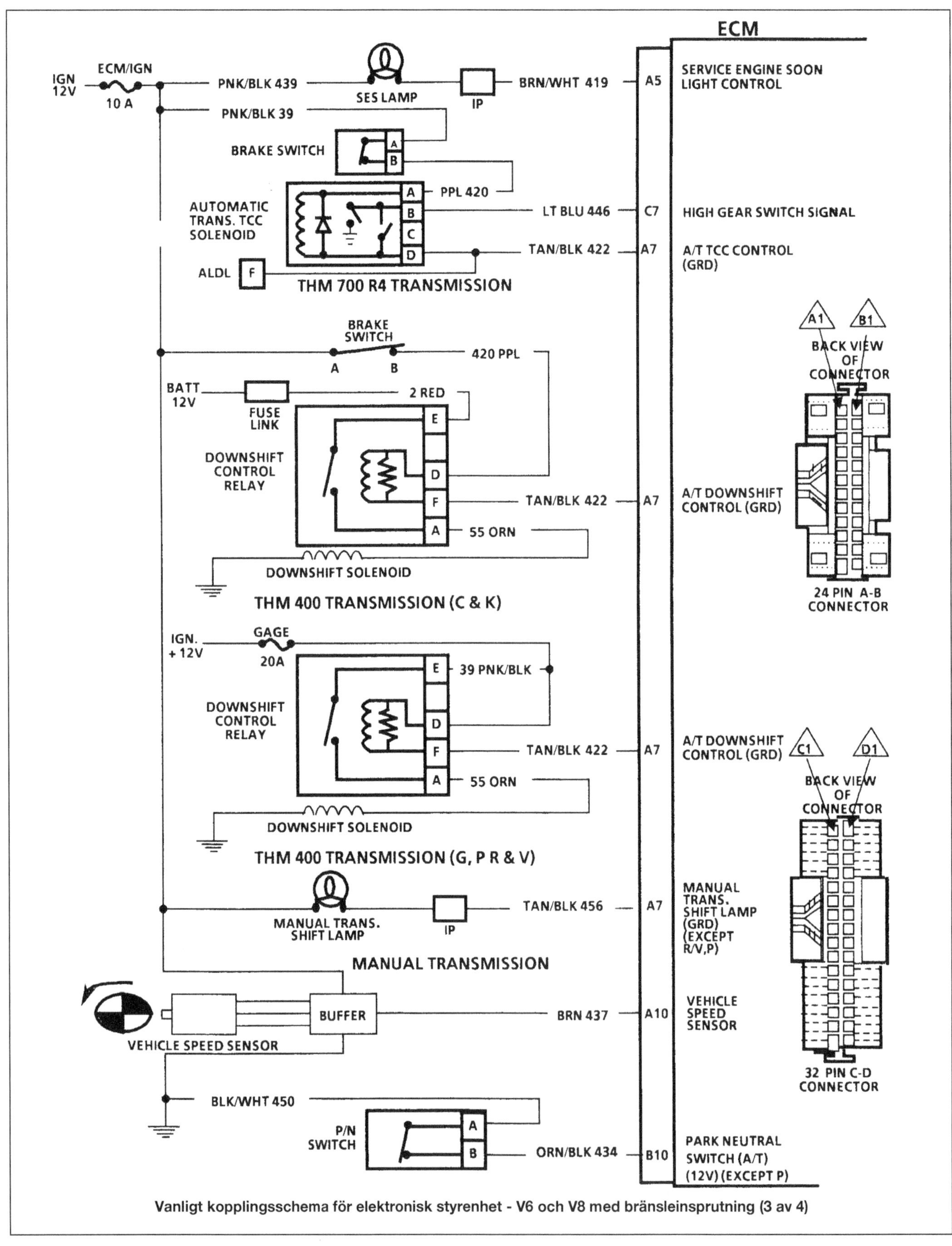

Vanligt kopplingsschema för elektronisk styrenhet - V6 och V8 med bränsleinsprutning (3 av 4)

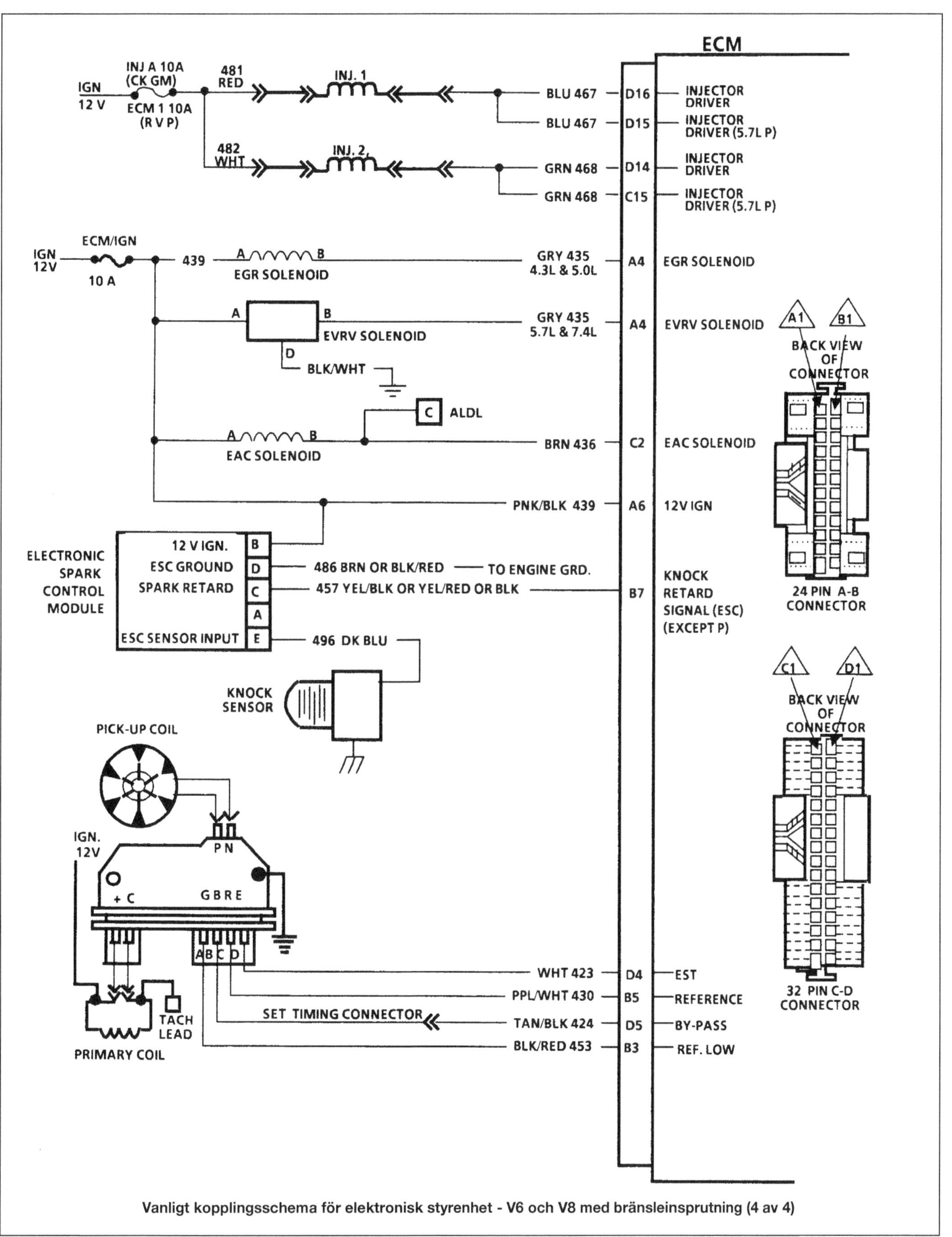

Vanligt kopplingsschema för elektronisk styrenhet - V6 och V8 med bränsleinsprutning (4 av 4)

Anteckningar

Lyftning med domkraft

Varning: Arbeta aldrig under bilen och starta inte motorn om domkraften används som enda stöd för bilen.

Den medföljande domkraften ska bara användas då hjulbyte vid vägkanten erfordras.

Bilen ska stå på plant underlag med stoppklossar placerade vid hjulen och växellådan i Park-läge för bilar med automatisk växellåda eller i backläge för bilar med manuell växellåda. Om hjulet ska bytas, lossa hjulmuttrarna ett halvt varv och låt dem sitta kvar tills hjulet är upphöjt från marken.

Se kapitel 10 beträffande information om hur man tar av och sätter dit hjulet.

Placera en domkraft under domkraftsfästet **(se bild).** Hissa upp domkraften med jämna tag tills hjulet går fritt från marken.

Sänk ned bilen, ta bort domkraften och dra åt muttrarna (om de har lossats eller tagits bort) i diagonal ordning.

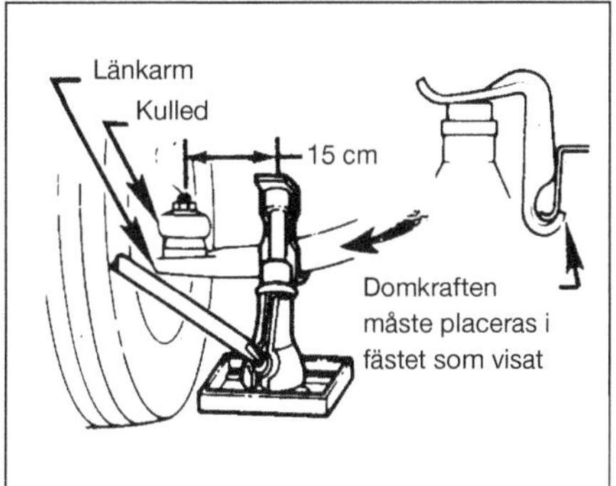

Domkraftsfäste fram

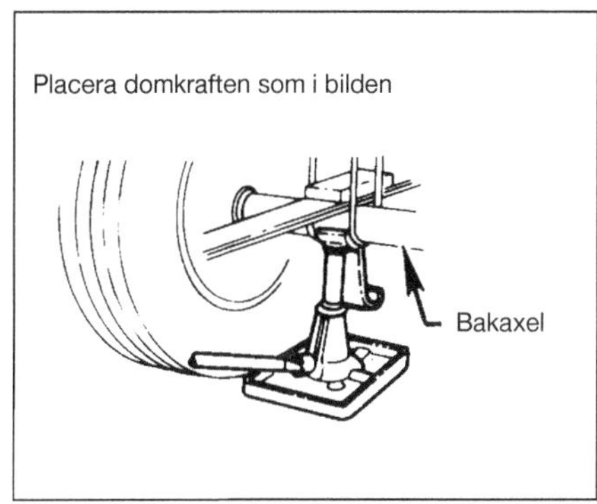

Domkraftsfäste bak

Bogsering

När allt annat misslyckats kan du komma att behöva bogsering hem - eller det kan naturligtvis hända att du bogserar någon annan. Bogsering längre sträckor ska överlämnas till verkstad eller bärgningsfirma. Bogsering är relativt enkelt, men kom ihåg följande:

☐ Använd en riktig bogserlina - de är inte dyra. Kontrollera vad lagen säger om bogsering.

☐ Tändningen ska vara påslagen när bilen bogseras så att rattlåset är öppet och blinkers och bromsljus fungerar.

☐ Fäst bogserlinan endast i de monterade bogseringsöglorna.

☐ Innan bogseringen, lossa handbromsen och lägg i neutralläge på växellådan.

☐ Lägg märke till att det kommer att krävas större bromspedaltryck än normalt eftersom vakuumservon bara är aktiv när motorn är igång.

☐ På bilar med servostyrning krävs också större rattkraft.

☐ Föraren i den bogserade bilen måste hålla bogserlinan spänd i alla lägen, så att ryck undviks.

☐ Kontrollera att bägge förarna känner till den planerade färdvägen.

☐ Kom ihåg att laglig maxfart vid bogsering är 30 km/tim och håll distansen till ett minimum.

☐ Kör mjukt och sakta långsamt ned vid korsningar.

☐ För bilar med automatväxellåda gäller vissa speciella föreskrifter. Vid minsta tvekan, bogsera inte en bil med automatväxellåda eftersom det kan skada växellådan.

Att köpa reservdelar

Reservdelar kan erhållas från många källor, t ex GM-verkstäder, andra verkstäder, tillbehörsaffärer och specialfirmor. Vårt råd när det gäller inköp av reservdelar är följande:

Övriga verkstäder och tillbehörsbutiker: Dessa är i allmänhet mycket bra leverantörer av material som behövs för rutinmässigt underhåll (kopplingsdelar, avgassystem, bromsdelar, eller oljor, smörjfett, olje-, luft- och bränslefilter, tändstift, drivremmar, färg, glödlampor etc). Förutom reservdelar säljer dessa affärer även verktyg och andra tillbehör. De har ofta längre öppethållande, lägre priser och kan ofta hittas på närmare håll.

Auktoriserade GM-verkstäder: Detta är den bästa källan för reservdelar och kan vara det enda ställe där vissa delar är tillgängliga (t ex viktigare motordelar, växellådsdetaljer, klädsel etc).

Garanti: Om bilen fortfarande täcks av garantin bör man kontrollera att varje reservdel som anskaffas – oavsett källa – inte förverkar garantin.

Ha alltid chassi- och motornummer till hands vid inköp av reservdelar och ta gärna med den gamla delen av identifikationsskäl.

Identifikationsnummer

Modelländringar som ligger helt utanför de stora modellbytena, pågår ständigt hos bilfabrikanterna. Dessa modelländringar dock publiceras aldrig. Reservdelsförteckningar sammanställs i numerisk ordning och det är nödvändigt att uppge fordonets chassinummer för att kunna identifiera en önskad reservdel.

Chassinummer

Detta viktiga identifikationsnummer finns på en plåt som är fäst på vänster sidopanel strax innanför vindrutan **(se bild)**. Chassinumret finns också på bilens registreringsbevis. Numret ger information om var och när bilen tillverkades, årsmodell och karosstyp.

Reservdelsplåt

Denna nummerplåt är placerad i handskfacket och bör alltid kontrolleras vid beställning av reservdelar. Bilens reservdelsplåt innehåller chassinummer, axelavstånd, färgkod, specialutrustnings- och tillvalskoder **(se bild)**.

Motornummer

Motorns kodnummer kan vara placerad på olika ställen beroende på motortyp.

På den sexcylindriga radmotorn är motornumret placerat på en plan yta på cylinderblockets högra sida, bakom strömfördelaren.

På V6-motorer är motornumret placerat på en plan yta på cylinderblockets främre del, under höger cylinderhuvud, bredvid vattenpumpen.

På V8-motorer kan motornumret finnas på en yta på cylinderblockets främre del under höger cylinderhuvud **(se bilder)**.

Manuell växellåda

Den manuella växellådans nummer finns på växellådans övre vänstra sida på Tremec 3-växlade växellådor och på växellådans nedre vänstra sida på övriga 3-växlade växellådor. På 4-växlade växellådor finns numret på de flesta modeller på växellådans baksida **(se bild)**.

Automatväxellåda

På THM 350 växellåda finns numret på oljesumpens högra bakre vertikala sida. På de flesta modeller med THM 400 växellåda finns serienumret på en plåt på växellådans högra sida **(se bild)**.

Avgasreningsinformation

I förekommande fall finns en dekal innehållande avgasreningsinformation under motorhuven (kapitel 6 innehåller en bild på dekalen och dess placering).

Startmotornummer

Serienummer och tillverkningsdatum är stämplade på enhetens bakre del på de flesta modeller.

Generatornummer

Serienummer och reservdelsnummer är placerade på gaveln mot remhjulet.

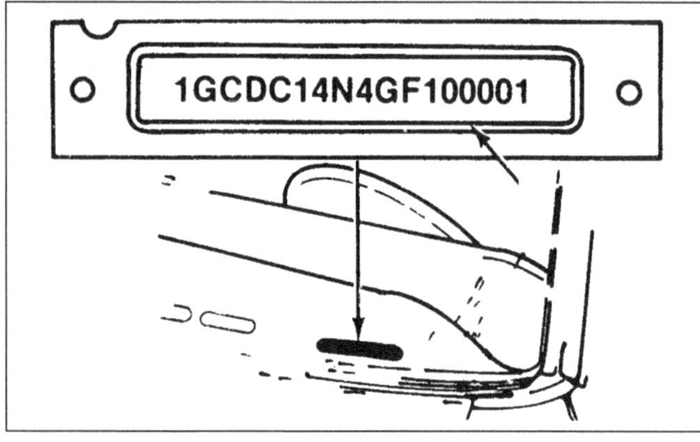

Bilens identifikationsnummer (vid pil) sitter på vänster sidopanel strax innanför vindrutan

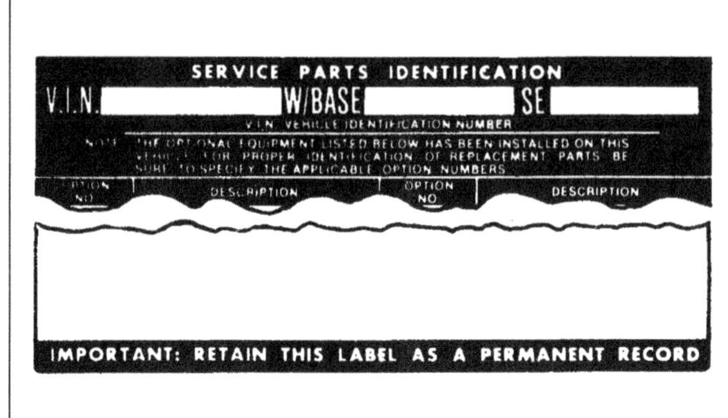

Reservdelsplåten är placerad på handskfacksluckan och innehåller viktig information för reservdelsbeställning

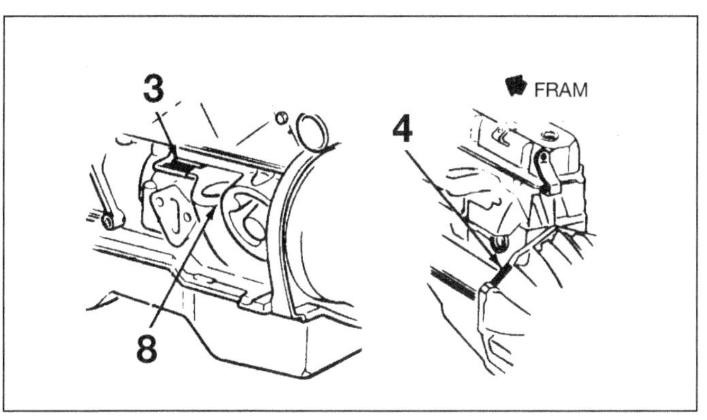

Placering av motornummer
6-cylindrig radmotor

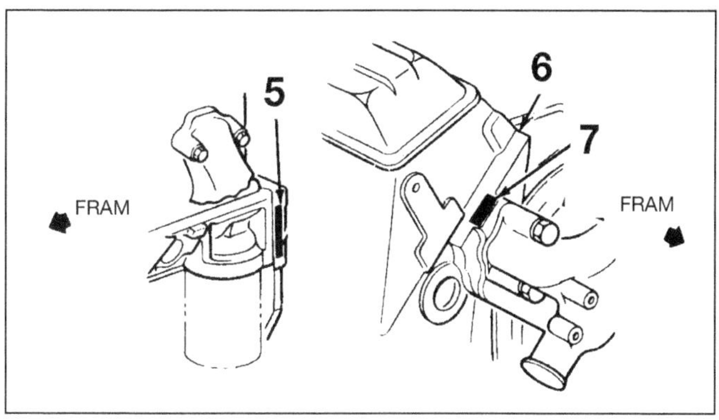

Placering av motornummer
V8-motor

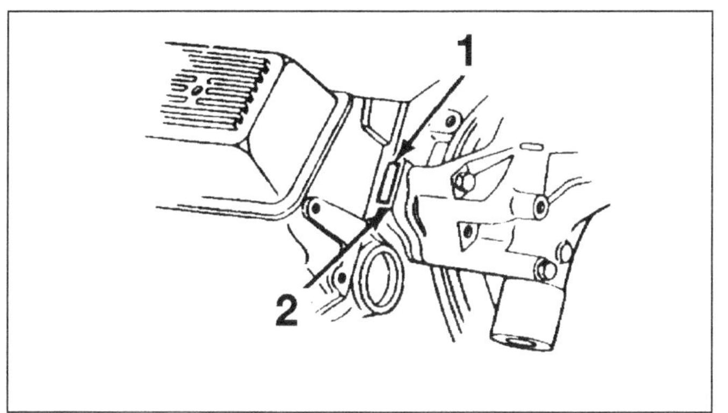

Placering av motornummer
V6-motor

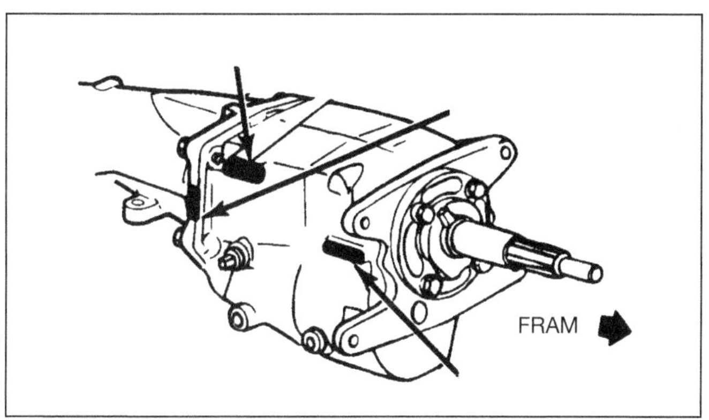

Placering av identifikationsnummer på 4-växlad manuell växellåda (vid pilar)

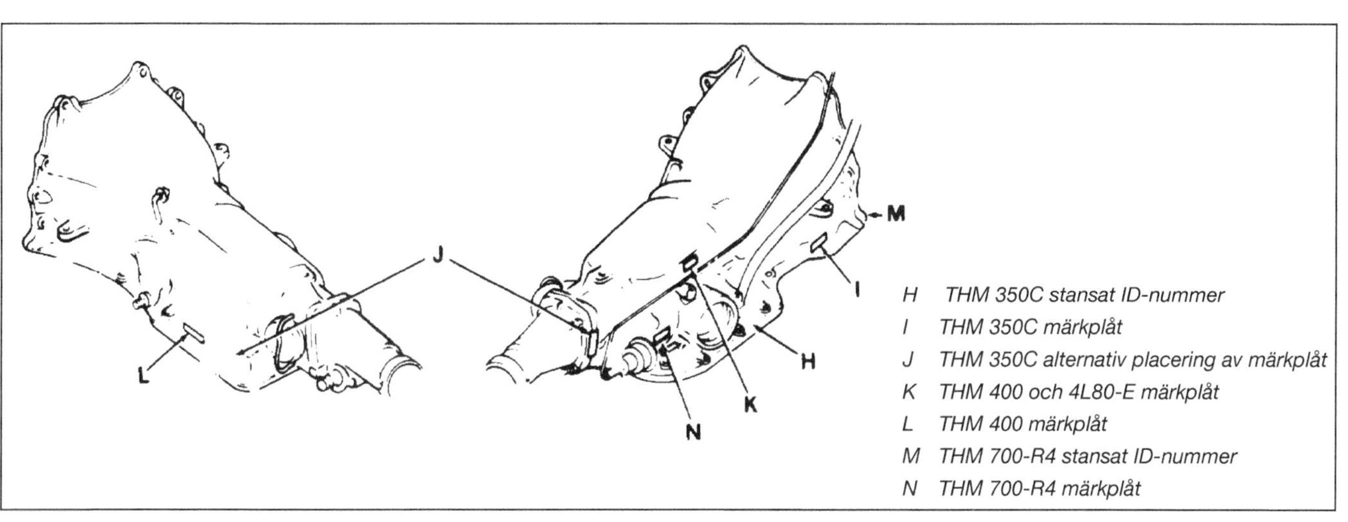

Placering av identifikationsnummer på automatväxellåda

Inledning

En uppsättning bra verktyg är ett grundläggande krav för var och en som överväger att underhålla och reparera ett motorfordon. För de ägare som saknar sådana kan inköpet av dessa bli en märkbar utgift, som dock uppvägs till en viss del av de besparingar som görs i och med det egna arbetet. Om de anskaffade verktygen uppfyller grundläggande säkerhets- och kvalitetskrav kommer de att hålla i många år och visa sig vara en värdefull investering.

För att hjälpa bilägaren att avgöra vilka verktyg som behövs för att utföra de arbeten som beskrivs i denna handbok har vi sammanställt tre listor med följande rubriker: *Underhåll och mindre reparationer, Reparation och renovering* samt *Specialverktyg*. Nybörjaren bör starta med det första sortimentet och begränsa sig till enklare arbeten på fordonet. Allt eftersom erfarenhet och självförtroende växer kan man sedan prova svårare uppgifter och köpa fler verktyg när och om det behövs. På detta sätt kan den grundläggande verktygssatsen med tiden utvidgas till en reparations- och renoveringssats utan några större enskilda kontantutlägg. Den erfarne hemmamekanikern har redan en verktygssats som räcker till de flesta reparationer och renoveringar och kommer att välja verktyg från specialkategorin när han känner att utgiften är berättigad för den användning verktyget kan ha.

Underhåll och mindre reparationer

Verktygen i den här listan ska betraktas som ett minimum av vad som behövs för rutinmässigt underhåll, service och mindre reparationsarbeten. Vi rekommenderar att man köper blocknycklar (ring i ena änden och öppen i den andra), även om de är dyrare än de med öppen ände, eftersom man får båda sorternas fördelar.

- ☐ *Blocknycklar - 8, 9, 10, 11, 12, 13, 14, 15, 17 och 19 mm*
- ☐ *Skiftnyckel - 35 mm gap (ca.)*
- ☐ *Tändstiftsnyckel (med gummifoder)*
- ☐ *Verktyg för justering av tändstiftens elektrodavstånd*
- ☐ *Sats med bladmått*
- ☐ *Nyckel för avluftning av bromsar*
- ☐ *Skruvmejslar:*
  Spårmejsel - 100 mm lång x 6 mm diameter
  Stjärnmejsel - 100 mm lång x 6 mm diameter
- ☐ *Kombinationstång*
- ☐ *Bågfil (liten)*
- ☐ *Däckpump*
- ☐ *Däcktrycksmätare*
- ☐ *Oljekanna*
- ☐ *Verktyg för demontering av oljefilter*
- ☐ *Fin slipduk*
- ☐ *Stålborste (liten)*
- ☐ *Tratt (medelstor)*

Reparation och renovering

Dessa verktyg är ovärderliga för alla som utför större reparationer på ett motorfordon och tillkommer till de som angivits för *Underhåll och mindre reparationer*. I denna lista ingår en grundläggande sats hylsor. Även om dessa är dyra, är de oumbärliga i och med sin mångsidighet - speciellt om satsen innehåller olika typer av drivenheter. Vi rekommenderar 1/2-tums fattning på hylsorna eftersom de flesta momentnycklar har denna fattning.

Verktygen i denna lista kan ibland behöva kompletteras med verktyg från listan för *Specialverktyg*.

- ☐ *Hylsor, dimensioner enligt föregående lista*
- ☐ *Spärrskaft med vändbar riktning (för användning med hylsor)* **(se bild)**
- ☐ *Förlängare, 250 mm (för användning med hylsor)*
- ☐ *Universalknut (för användning med hylsor)*
- ☐ *Momentnyckel (för användning med hylsor)*
- ☐ *Självlåsande tänger*
- ☐ *Kulhammare*
- ☐ *Mjuk klubba (plast/aluminium eller gummi)*
- ☐ *Skruvmejslar:*
  Spårmejsel - en lång och kraftig, en kort (knubbig) och en smal (elektrikertyp)
  Stjärnmejsel - en lång och kraftig och en kort (knubbig)
- ☐ *Tänger:*
  Spetsnostång/plattång
  Sidavbitare (elektrikertyp)
  Låsringstång (inre och yttre)
- ☐ *Huggmejsel - 25 mm*
- ☐ *Ritspets*
- ☐ *Skrapa*
- ☐ *Körnare*
- ☐ *Purr*
- ☐ *Bågfil*
- ☐ *Bromsslangklämma*
- ☐ *Avluftningssats för bromsar/koppling*
- ☐ *Urval av borrar*
- ☐ *Stållinjal*
- ☐ *Insexnycklar (inkl Torxtyp/med splines)* **(se bild)**
- ☐ *Sats med filar*
- ☐ *Stor stålborste*
- ☐ *Pallbockar*
- ☐ *Domkraft (garagedomkraft eller stabil pelarmodell)*
- ☐ *Arbetslampa med förlängningssladd*

Specialverktyg

Verktygen i denna lista är de som inte används regelbundet, är dyra i inköp eller som måste användas enligt tillverkarens anvisningar. Det är bara om du relativt ofta kommer att utföra tämligen svåra jobb som många av dessa verktyg är lönsamma att köpa. Du kan också överväga att gå samman med någon vän (eller gå med i en motorklubb) och göra ett gemensamt inköp, hyra eller låna verktyg om så är möjligt.

Följande lista upptar endast verktyg och instrument som är allmänt tillgängliga och inte sådana som framställs av biltillverkaren speciellt för auktoriserade verkstäder. Ibland nämns dock sådana verktyg i texten. I allmänhet anges en alternativ metod att utföra arbetet utan specialverktyg. Ibland finns emellertid inget alternativ till tillverkarens specialverktyg. När så är fallet och relevant verktyg inte kan köpas, hyras eller lånas har du inget annat val än att lämna bilen till en auktoriserad verkstad.

- ☐ *Ventilfjäderkompressor* **(se bild)**
- ☐ *Ventilslipningsverktyg*
- ☐ *Kolvringskompressor* **(se bild)**
- ☐ *Verktyg för demontering/montering av kolvringar* **(se bild)**
- ☐ *Honingsverktyg* **(se bild)**
- ☐ *Kulledsavdragare*
- ☐ *Spiralfjäderkompressor (där tillämplig)*
- ☐ *Nav/lageravdragare, två/tre ben* **(se bild)**
- ☐ *Slagskruvmejsel*
- ☐ *Mikrometer och/eller skjutmått* **(se bilder)**
- ☐ *Indikatorklocka* **(se bild)**
- ☐ *Stroboskoplampa*
- ☐ *Kamvinkelmätare/varvräknare*
- ☐ *Multimeter*

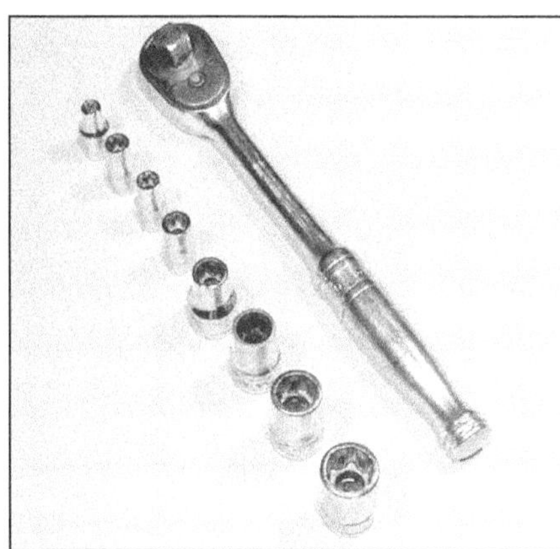

Hylsor och spärrskaft

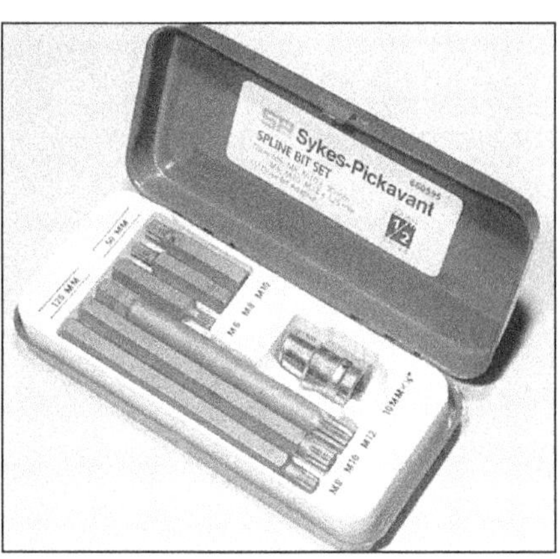

Bits med splines

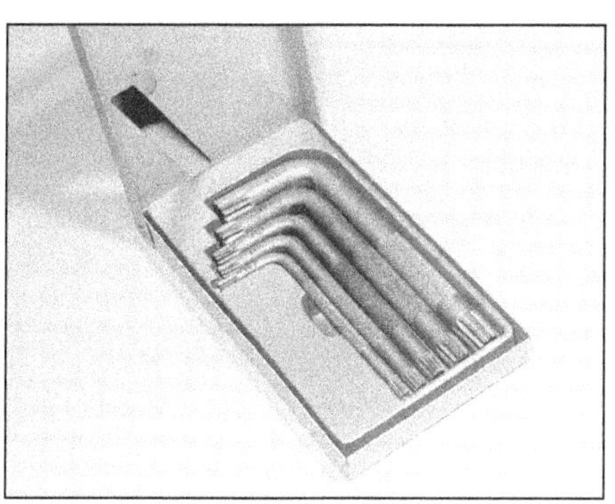
Nycklar med splines

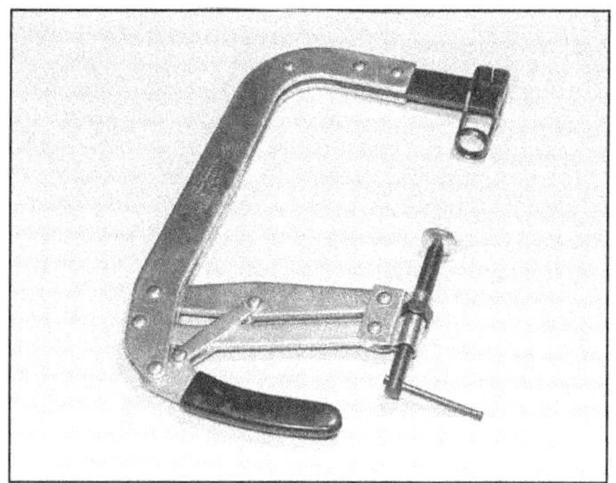
Ventilfjäderkompressor (ventilbåge)

Kolvringskompressor

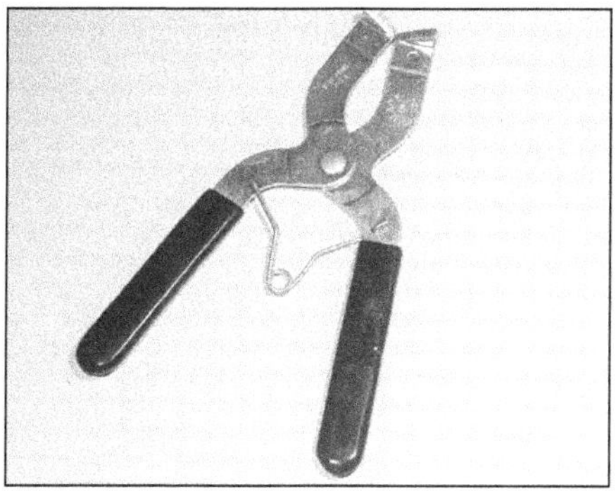
Verktyg för demontering och montering av kolvringar

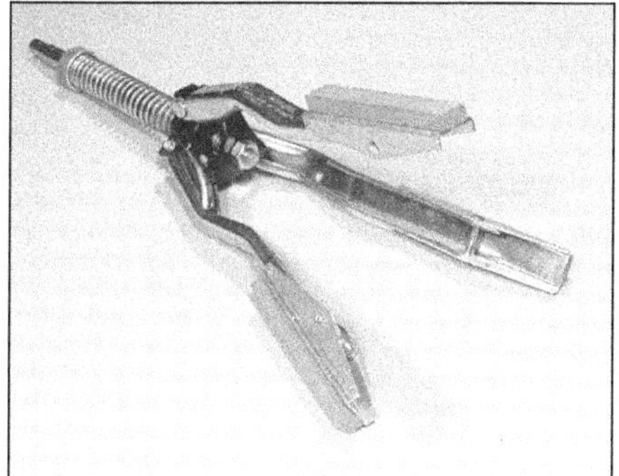
Honingsverktyg

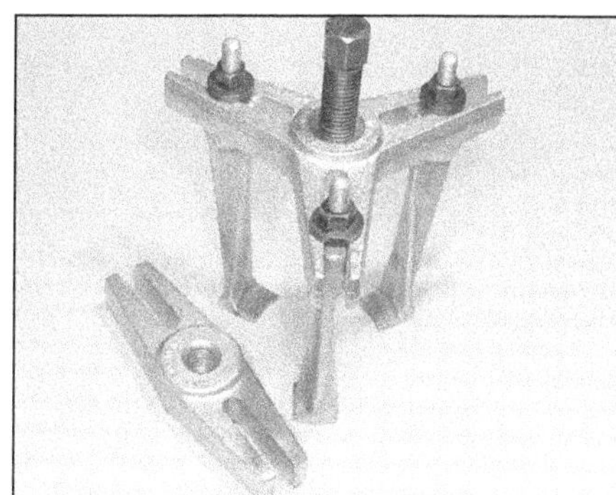
Trebent avdragare för nav och lager

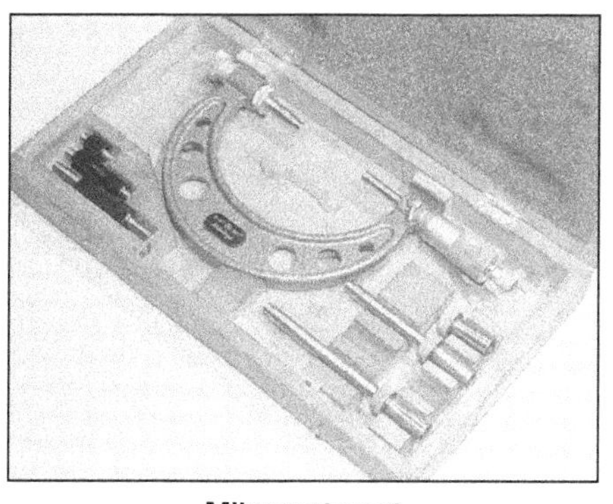
Mikrometerset

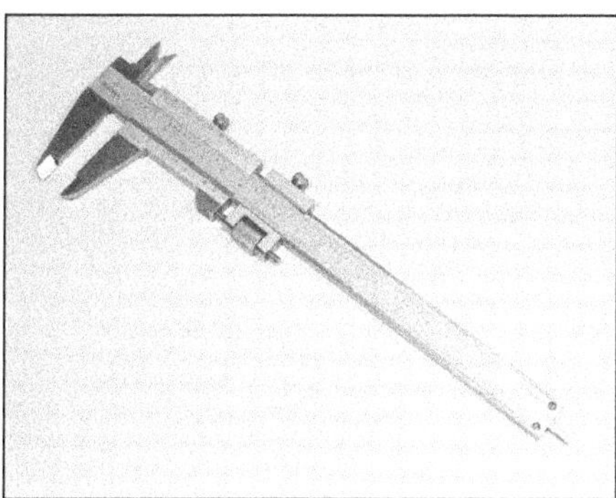
Skjutmått

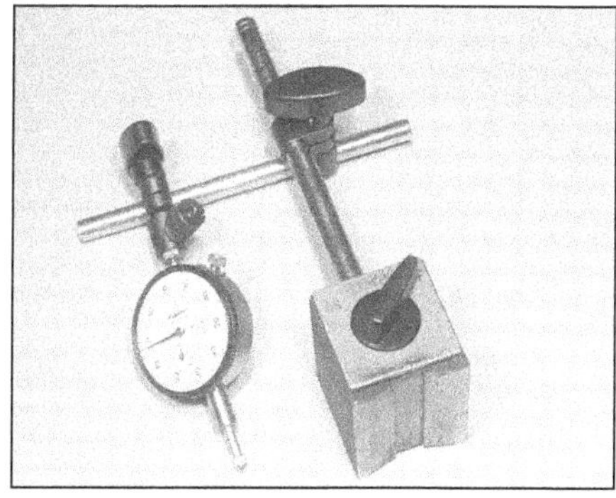
Indikatorklocka med magnetstativ

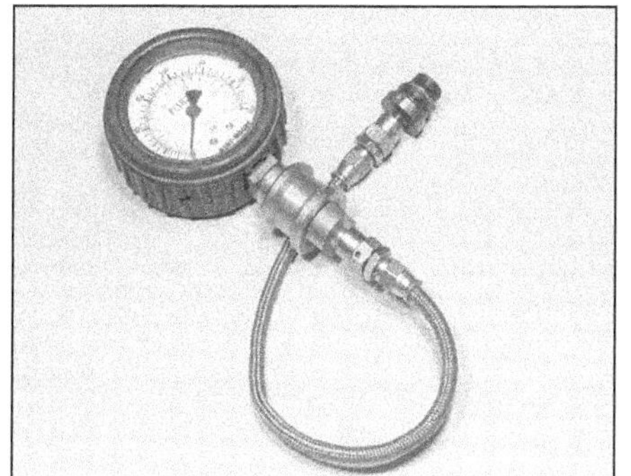
Kompressionsmätare

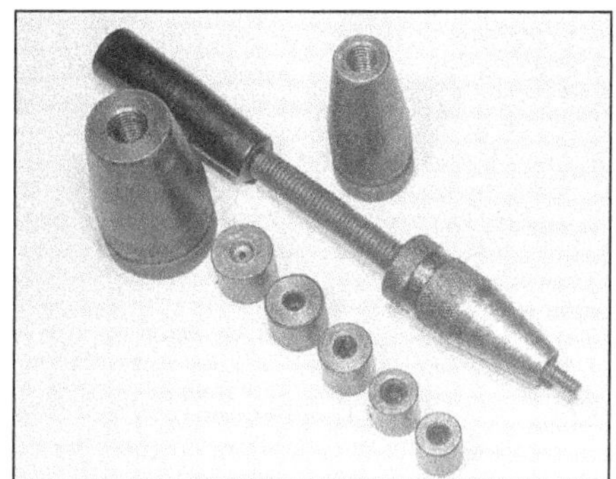
Centreringsverktyg för koppling

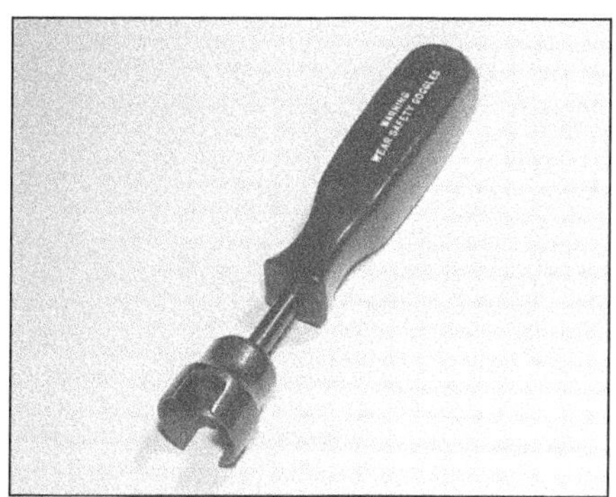
Demonteringsverktyg för bromsbackarnas fjäderskålar

- ☐ *Kompressionsmätare* ***(se bild)***
- ☐ *Handmanövrerad vakuumpump och mätare*
- ☐ *Centreringsverktyg för koppling* ***(se bild)***
- ☐ *Verktyg för demontering av bromsbackarnas fjäderskålar* ***(se bild)***
- ☐ *Sats för montering/demontering av bussningar och lager* ***(se bild)***
- ☐ *Bultutdragare* ***(se bild)***
- ☐ *Gängverktygssats* ***(se bild)***
- ☐ *Lyftblock*
- ☐ *Garagedomkraft*

Inköp av verktyg

När det gäller inköp av verktyg är det i regel bättre att vända sig till en specialist som har ett större sortiment än t ex tillbehörsbutiker och bensinmackar. Tillbehörsbutiker och andra försöljningsställen kan dock erbjuda utmärkta verktyg till låga priser, så det kan löna sig att söka.

Det finns gott om bra verktyg till låga priser, men se till att verktygen uppfyller grundläggande krav på funktion och säkerhet. Fråga gärna någon kunnig person om råd före inköpet.

Vård och underhåll av verktyg

Efter inköp av ett antal verktyg är det nödvändigt att hålla verktygen rena och i fullgott skick. Efter användning, rengör alltid verktygen innan de läggs undan. Låt dem inte ligga framme sedan de använts. En enkel upphängningsanordning på väggen för t ex skruvmejslar och tänger är en bra idé. Nycklar och hylsor bör förvaras i metalllådor. Mätinstrument av skilda slag ska förvaras på platser där de inte kan komma till skada eller börja rosta.

Lägg ner lite omsorg på de verktyg som används. Hammarhuvuden får märken och skruvmejslar slits i spetsen med tiden. Lite polering med slippapper eller en fil återställer snabbt sådana verktyg till gott skick igen.

Arbetsutrymmen

När man diskuterar verktyg får man inte glömma själva arbetsplatsen. Om mer än rutinunderhåll ska utföras bör man skaffa en lämplig arbetsplats.

Vi är medvetna om att många ägare/mekaniker av omständigheterna tvingas att lyfta ur motor eller liknande utan tillgång till garage eller verkstad. Men när detta är gjort ska fortsättningen av arbetet göras inomhus.

Närhelst möjligt ska isärtagning ske på en ren, plan arbetsbänk eller ett bord med passande arbetshöjd.

En arbetsbänk behöver ett skruvstycke. En käftöppning om 100 mm räcker väl till för de flesta arbeten. Som tidigare sagts, ett rent och torrt förvaringsutrymme krävs för verktyg liksom för smörjmedel, rengöringsmedel, bättringslack (som också måste förvaras frostfritt) och liknande.

Ett annat verktyg som kan behövas och som har en mycket bred användning är en elektrisk borrmaskin med en chuckstorlek om minst 8 mm. Denna, tillsammans med en sats spiralborrar, är i praktiken oumbärlig för montering av tillbehör.

Sist, men inte minst, ha alltid ett förråd med gamla tidningar och rena luddfria trasor tillgängliga och håll arbetsplatsen så ren som möjligt.

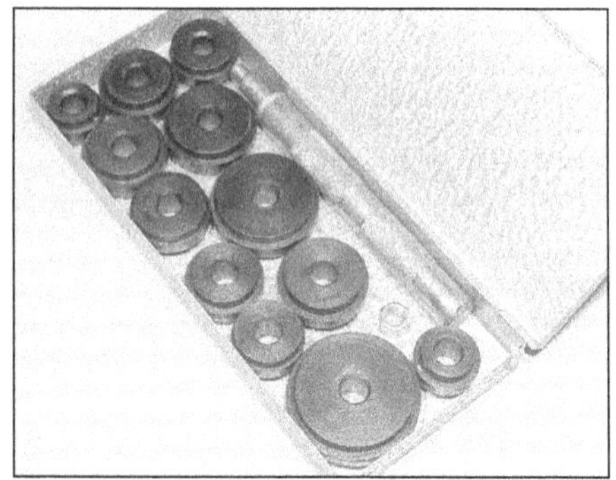

Sats för demontering och montering av lager och bussningar

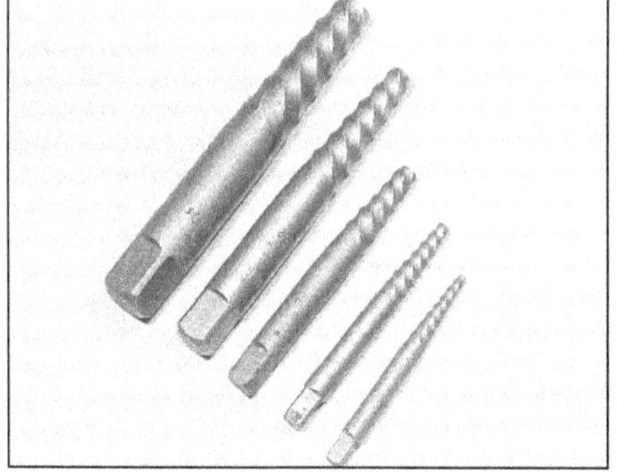

Bultutdragare

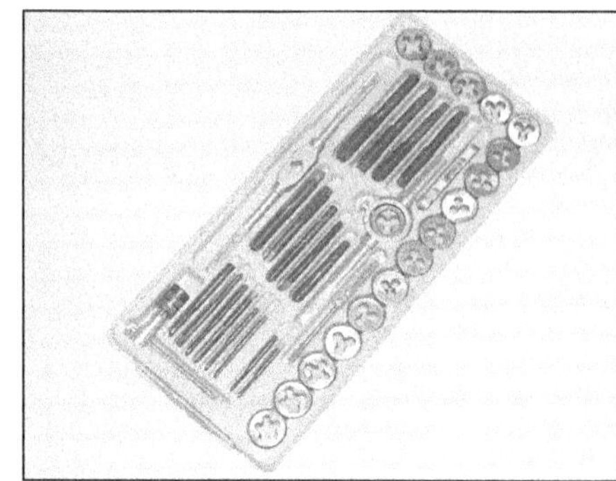

Gängverktygssats

Ett antal kemikalier och smörjmedel speciellt för bilar finns att tillgå. De inkluderar ett brett utbud av produkter från rengörings och avfettningsmedel till smörjmedel och skyddsspray för gummi, plast och vinyl.

Rengöringsmedel

Förgasar- och chokerengöring är ett starkt lösningsmedel för sot och liknade avlagringar. De flesta förgasarrengöringsmedel lämnar en torr smörjande film som inte hårdnar. I och med detta är rengöringsmedlet inte att rekommendera för användning på elektriska delar.

Bromsrengöring används för att ta bort fett och bromsolja från bromsar där rena ytor är absolut nödvändiga. Medlet lämnar inga rester och eliminerar ofta bromsgnissel orsakat av föroreningar.

Elektriska rengöringsmedel avlägsnar oxideringar och korrosion samt kolavlagringar från elektriska kontakter vilket återställer fullt spänningsflöde. Det kan även användas till att rengöra tändstift, förgasarmunstycken, spänningsregulatorer och andra delar där en oljefri yta är önskvärd.

Fuktutdrivare tar bort vatten och fukt från elektriska komponenter som generator, spänningsregulator, elektriska kontakter och säkringsdosor. De är icke ledande och icke korroderande.

Avfettningsmedel är grova lösningsmedel som används till att avlägsna fett från motorns utsida och karossdelar. De kan sprutas eller borstas på och sköljs vanligen bort med vatten.

Smörjmedel

Motorolja är det smörjmedel som tagits fram för användning i motorer. Den består normalt av en stor samling tillsatser för att förhindra korrosion och minska skumbildning och slitage. Motorolja finns i olika viskositeter från 5 till 60. Rekommenderad viskositet beror på årstid, temperatur och motorbelastning. Tunnare olja används i kalla klimat och med lätta belastningar. Tyngre olja används i varmare klimat och där motorn belastas hårt. Multigrade-oljor är framtagna för att fungera som både tyngre och lättare oljor och finns i ett antal kombinationer från 5W-20 till 20W-50.

Växellådsolja är konstruerad för användning i differentialer, manuella växellådor och andra användningar där högtemperatursmörjning krävs.

Chassi och hjullagerfett är ett tjockt fett som används där ökad belastning och friktion förekommer, exempelvis i hjullager, kulleder, styrstagsändar och universalknutar.

Högtemperaturs hjullagerfett är framtaget för att motstå de extrema temperaturer som hjullager utsätts för på bilar med skivbromsar. Det innehåller vanligen molybdendisulfid som är ett torrt smörjmedel.

Vitt fett är ett tjockt fett för metall-motmetall tillämpningar där vatten utgör ett problem. Vitt fett håller sig smidigt i både hög och låg temperatur och sköljs inte bort eller späds inte ut av vatten.

Monteringssmörjmedel är ett speciellt smörjmedel för extremt tryck som vanligen innehåller molybdendisulfid som används för att smörja hårt belastade delar (som ram- och vevlager samt kamlober) inför den första starten av en ny eller nyrenoverad motor. Monteringssmörjmedlet smörjer delarna utan att klämmas ut eller sköljas bort till dess att motorns oljecirkulation börjar fungera.

Silikonsmörjning används till att skydda gummi, plast, vinyl och nylondelar.

Grafitsmörjning används där olja inte kan användas beroende på föroreningsproblem, exempelvis i lås. Den torra grafiten smörjer metalldelar utan att förorenas av vatten, olja eller syror. Den är elektriskt ledande och sätter inte igen elektriska kontakter i lås som exempelvis tändningslåset.

Inträngande oljor lossar och smörjer frusna, rostiga och korroderade förband och förhindrar framtida rost och frysning.

Kylflänsfett är ett speciellt icke elektriskt ledande fett som används vid montering av elektroniska tändningsmoduler där det är viktigt att värmen leds bort från modulen.

Tätningsmedel

RTV-massa är en av de vanligaste packningsmassorna och är tillverkad av silikon. RTV är lufthärdande och tätar, binder, vattentätar, fyller ojämnheter, förbli flexibel, krymper inte och är relativt enkel att avlägsna. RTV används som extra tätning i nästan alla packningar för låg och medelhög temperatur.

Anaerobisk packningsmassa liknar RTV såtillvida att den kan användas för att täta packningar eller vara en fristående packning. Den förblir flexibel, motstår syror och fyller ut ojämnheter. Skillnaden mellan en anaerobisk massa och RTV ligger i härdningen. RTV härdar när den utsätts för luft medan en anaerobisk massa endast härdar i frånvaro av luft. Detta innebär att en anaerobisk massa endast härdar efter det att delarna monterats ihop vilket binder dem till varandra.

Gäng- och rörtätning används för att täta hydrauliska och pneumatiska anslutningar och vakuumledningar. Den är vanligen tillverkad av teflonsammansättning och finns som spray, färg eller tejp.

Kemikalier

Antikärvmedel förhindrar ihopskärning, skavning, kallsvetsning, rost och korrosion i bultförband. Högtemperaturs antikärvmedel, vanligen tillverkade med koppar och grafit som smörjmedel används på bultar i avgassystem och grenrör.

Anaerobiskt gänglås används för att hålla ihop bultförband så att de inte vibrerar loss eller gängar ur sig själva och de härdar endast efter installation i frånvaro av luft. Medelstarkt gänglås används för smärre förband som kommer att skruvas upp igen. Extra starkt gänglås används på större detaljer som inte skruvas ur regelbundet.

Oljetillsatser finns från förbättrare av viskositetsindex till kemiska behandlingar som gör anspråk på att minska friktionen i motorn. Det är värt att lägga märke till att de flesta oljetillverkare avråder från användning av tillsatser till deras oljor.

Bränsletillsatser utför flera uppgifter beroende på kemisk sammansättning. De innehåller vanligen lösningsmedel för att lösa upp avlagringar i förgasare, injektorer och insugsdelar. De hjälper även till att lösa upp sotavlagringar i förbränningskammare. Vissa tillsatser innehåller smörjning för övre cylindern avsedda för ventiler och kolvringar och andra tillsatser tar bort kondensvatten från bränsletanken.

Diverse

Bromsolja är en speciellt formulerad hydraulolja som tål den värme och det tryck som förekommer i bromssystem. Den är giftig och lättantändlig. Försiktighet måste iakttagas så att denna vätska inte kommer i kontakt med målade ytor eller plaster. En öppnad behållare ska alltid förseglas igen så att vatten och smuts inte kan förorena oljan. Bromsolja tar upp fukt från luften om den lämnas i ett öppet kärl.

Listklister används för att fästa tätningslister runt dörrar, fönster och bagageluckor. Används ibland även till att fästa vissa dekordetaljer.

Underredsmassa är en petroleumbaserad tjärliknande massa framtagen för att skydda metallytor på bilens undersida från korrosion. Den fungerar även som ljuddämpande massa genom att isolera bottenplattan.

Vax och polermedel används för att skydda målade och kromade ytor från vädrets makter. Olika typer av lack kräver olika typer av vax och polermedel. Vissa poleringsmedel innehåller en kemisk eller slipande rengöring för att avlägsna toppskiktet av oxiderad (matt) lack på äldre bilar. På senare år har många vaxfria polermedel lanserats, innehållande olika typer av kemikalier som polymerer och silikon. Dessa vaxfria medel är vanligen enklare att använda och håller längre än konventionella vaxer och poleringsmedel.

A

ABS (Anti-lock brake system) Låsningsfria bromsar. Ett system, vanligen elektroniskt styrt, som känner av påbörjande låsning av hjul vid inbromsning och lättar på hydraultrycket på hjul som ska till att låsa.

Air bag (krockkudde) En uppblåsbar kudde dold i ratten (på förarsidan) eller instrumentbrädan eller handskfacket (på passagerarsidan) Vid kollision blåses kuddarna upp vilket hindrar att förare och framsätespassagerare kastas in i ratt eller vindruta.

Ampere (A) En måttenhet för elektrisk ström. 1 A är den ström som produceras av 1 volt gående genom ett motstånd om 1 ohm.

Anaerobisk tätning En massa som används som gänglås. Anaerobisk innebär att den inte kräver syre för att fungera.

Antikärvningsmedel En pasta som minskar risk för kärvning i infästningar som utsätts för höga temperaturer, som t.ex. skruvar och muttrar till avgasrenrör. Kallas även gängskydd.

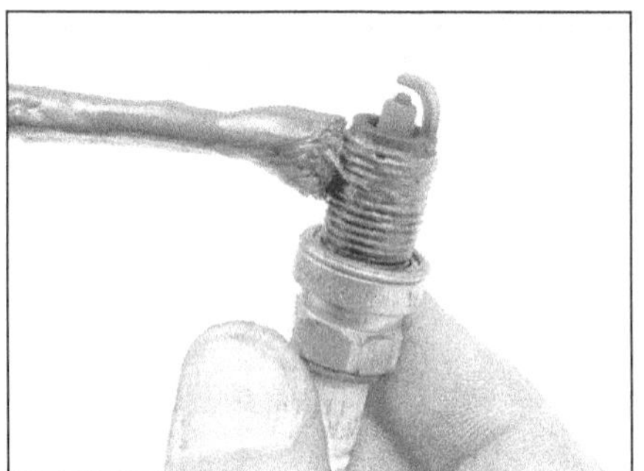

Antikärvningsmedel

Asbest Ett naturligt fibröst material med stor värmetolerans som vanligen används i bromsbelägg. Asbest är en hälsorisk och damm som alstras i bromsar ska aldrig inandas eller sväljas.

Avgasgrenrör En del med flera passager genom vilka avgaserna lämnar förbränningskamrarna och går in i avgasröret.

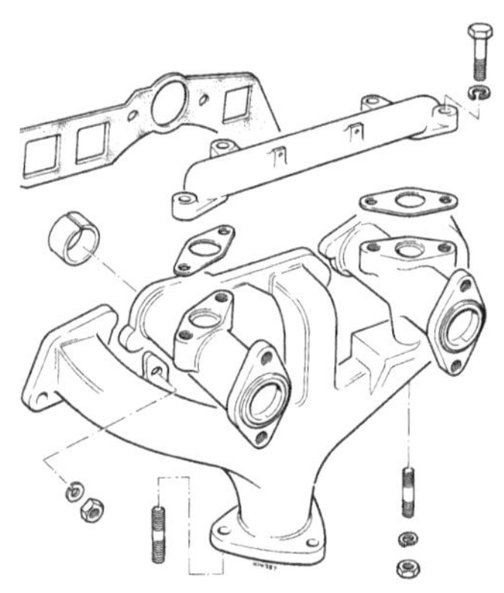

Avgasgrenrör

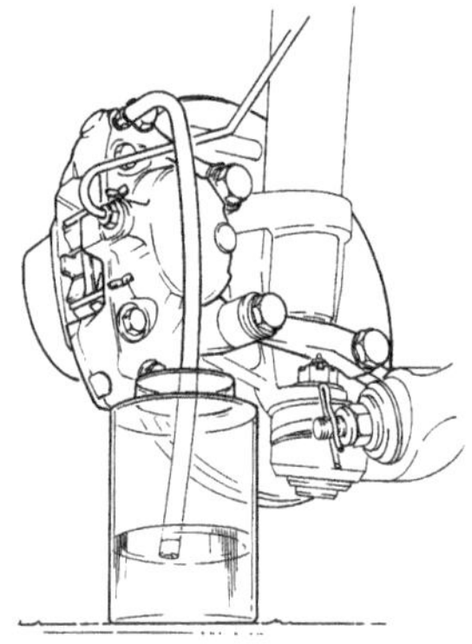

Avluftning av bromsarna

Avluftning av bromsar Avlägsnande av luft från hydrauliskt bromssystem.

Avluftningsnippel En ventil på ett bromsok, hydraulcylinder eller annan hydraulisk del som öppnas för att tappa ur luften i systemet.

Axel En stång som ett hjul roterar på, eller som roterar inuti ett hjul. Även en massiv balk som håller samman två hjul i bilens ena ände. En axel som även överför kraft till hjul kallas drivaxel.

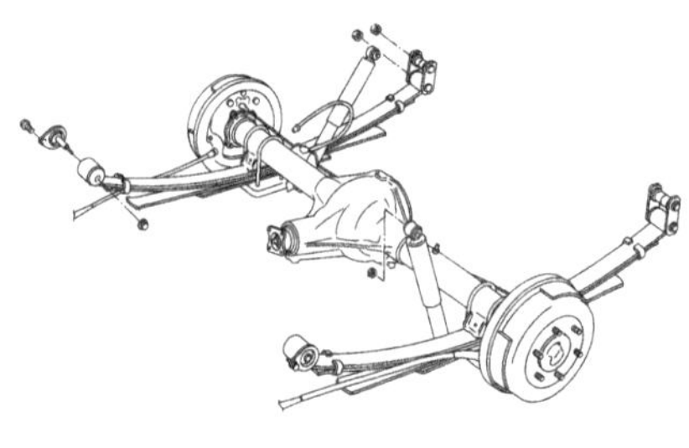

Axel

Axialspel Rörelse i längdled mellan två delar. För vevaxeln är det den distans den kan röra sig framåt och bakåt i motorblocket.

B

Belastningskänslig fördelningsventil En styrventil i bromshydrauliken som fördelar bromseffekten, med hänsyn till bakaxelbelastningen.

Bladmått Ett tunt blad av härdat stål, slipat till exakt tjocklek, som används till att mäta spel mellan delar.

Bladmått

Bromsback Halvmåneformad hållare med fastsatt bromsbelägg som tvingar ut beläggen i kontakt med den roterande bromstrumman under inbromsning.

Bromsbelägg Det friktionsmaterial som kommer i kontakt med bromsskiva eller bromstrumma för att minska bilens hastighet. Beläggen är limmade eller nitade på bromsklossar eller bromsbackar.

Bromsklossar Utbytbara friktionsklossar som nyper i bromsskivan när pedalen trycks ned. Bromsklossar består av bromsbelägg som limmats eller nitats på en styv bottenplatta.

Bromsok Den icke roterande delen av en skivbromsanordning. Det grenslar skivan och håller bromsklossarna. Oket innehåller även de hydrauliska delar som tvingar klossarna att nypa skivan när pedalen trycks ned.

Bromsskiva Den del i en skivbromsanordning som roterar med hjulet.

Bromstrumma Den del i en trumbromsanordning som roterar med hjulet.

C

Caster I samband med hjulinställning, lutningen framåt eller bakåt av styrningens axialled. Caster är positiv när styrningens axialled lutar bakåt i överkanten.

CV-knut En typ av universalknut som upphäver vibrationer orsakade av att drivkraft förmedlas genom en vinkel.

D

Diagnostikkod Kodsiffror som kan tas fram genom att gå till diagnosläget i motorstyrningens centralenhet. Koden kan användas till att bestämma i vilken del av systemet en felfunktion kan förekomma.

Draghammare Ett speciellt verktyg som skruvas in i eller på annat sätt fästs vid en del som ska dras ut, exempelvis en axel. Ett tungt glidande handtag dras utmed verktygsaxeln mot ett stopp i änden vilket rycker avsedd del fri.

Drivaxel En roterande axel på endera sidan differentialen som ger kraft från slutväxeln till drivhjulen. Även varje axel som används att överföra rörelse.

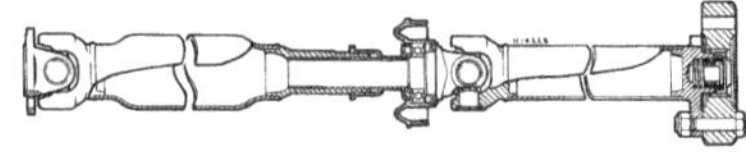

Drivaxel

Drivrem(mar) Rem(mar) som används till att driva tillbehörsutrustning som generator, vattenpump, servostyrning, luftkonditioneringskompressor mm, från vevaxelns remskiva.

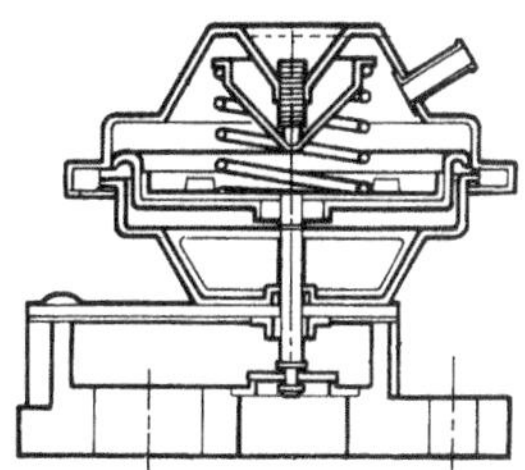

Drivremmar till extrautrustning

Dubbla överliggande kamaxlar (DOHC) En motor försedd med två överliggande kamaxlar, vanligen en för insugsventilerna och en för avgasventilerna.

E

EGR-ventil Avgasåtercirkulationsventil. En ventil som för in avgaser i insugsluften.

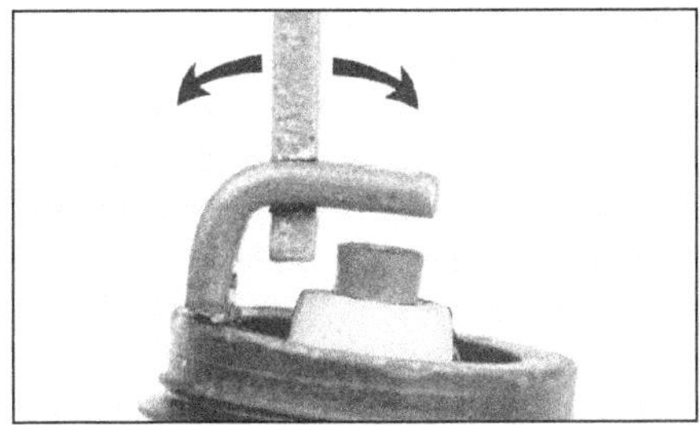

Ventil för avgasåtercirkulation (EGR)

Elektrodavstånd Den distans en gnista har att överbrygga från centrumelektroden till sidoelektroden i ett tändstift.

Justering av elektrodavståndet

Elektronisk bränsleinsprutning (EFI) Ett datorstyrt system som fördelar bränsle till förbränningskamrarna via insprutare i varje insugsport i motorn.
Elektronisk styrenhet En dator som exempelvis styr tändning, bränsleinsprutning eller låsningsfria bromsar.

F

Finjustering En process där noggranna justeringar och byten av delar optimerar en motors prestanda.
Fjäderben Se MacPherson-ben.
Fläktkoppling En viskös drivkoppling som medger variabel kylarfläkthastighet i förhållande till motorhastigheten.
Frostplugg En skiv- eller koppformad metallbricka som monterats i ett hål i en gjutning där kärnan avlägsnats.
Frostskydd Ett ämne, vanligen etylenglykol, som blandas med vatten och fylls i bilens kylsystem för att förhindra att kylvätskan fryser vintertid. Frostskyddet innehåller även kemikalier som förhindrar korrosion och rost och andra avlagringar som skulle kunna blockera kylare och kylkanaler och därmed minska effektiviteten.
Fördelningsventil En hydraulisk styrventil som begränsar trycket till bakbromsarna vid panikbromsning så att hjulen inte låser sig.
Förgasare En enhet som blandar bränsle med luft till korrekta proportioner för önskad effekt från en gnistantänd förbränningsmotor.

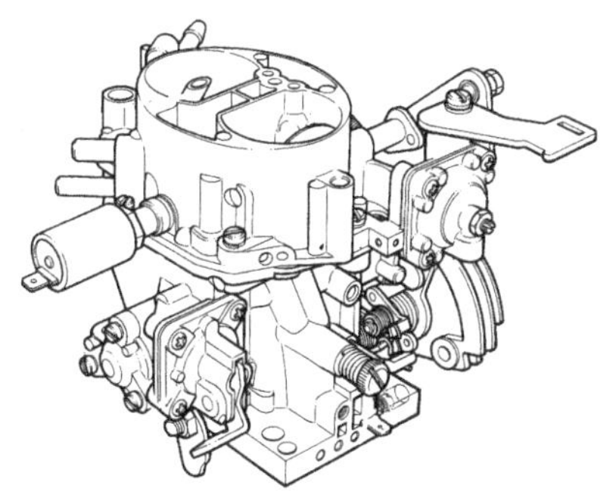

Förgasare

G

Generator En del i det elektriska systemet som förvandlar mekanisk energi från drivremmen till elektrisk energi som laddar batteriet, som i sin tur driver startsystem, tändning och elektrisk utrustning.

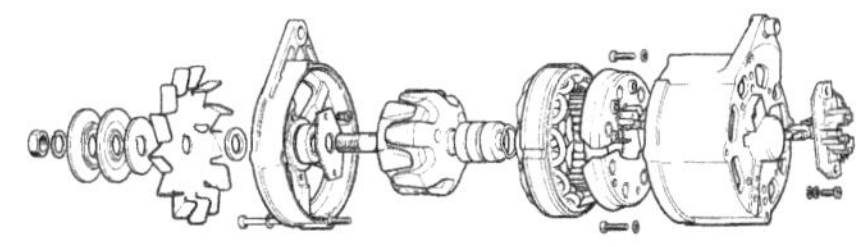

Generator (genomskärning)

Glidlager Den krökta ytan på en axel eller i ett lopp, eller den del monterad i endera, som medger rörelse mellan dem med ett minimum av slitage och friktion.
Gängskydd Ett täckmedel som minskar risken för gängskärning i bultförband som utsätts för stor hetta, exempelvis grenrörets bultar och muttrar. Kallas även antikärvningsmedel.

H

Handbroms Ett bromssystem som är oberoende av huvudbromsarnas hydraulikkrets. Kan användas till att stoppa bilen om huvudbromsarna slås ut, eller till att hålla bilen stilla utan att bromspedalen trycks ned. Den består vanligen av en spak som aktiverar främre eller bakre bromsar mekaniskt via vajrar och länkar. Kallas även parkeringsbroms.
Harmonibalanserare En enhet avsedd att minska fjädring eller vridande vibrationer i vevaxeln. Kan vara integrerad i vevaxelns remskiva. Även kallad vibrationsdämpare.
Hjälpstart Start av motorn på en bil med urladdat eller svagt batteri genom koppling av startkablar mellan det svaga batteriet och ett laddat hjälpbatteri.
Honare Ett slipverktyg för korrigering av smärre ojämnheter eller diameterskillnader i ett cylinderlopp.
Hydraulisk ventiltryckare En mekanism som använder hydrauliskt tryck från motorns smörjsystem till att upprätthålla noll ventilspel (konstant kontakt med både kamlob och ventilskaft). Justeras automatiskt för variation i ventilskaftslängder. Minskar även ventilljudet.

I

Insexnyckel En sexkantig nyckel som passar i ett försänkt sexkantigt hål.
Insugsrör Rör eller kåpa med kanaler genom vilka bränsle/luftblandningen leds till insugsportarna.

K

Kamaxel En roterande axel på vilken en serie lober trycker ned ventilerna. En kamaxel kan drivas med drev, kedja eller tandrem med kugghjul.
Kamkedja En kedja som driver kamaxeln.
Kamrem En tandrem som driver kamaxeln. Allvarliga motorskador kan uppstå om kamremmen brister vid körning.
Kanister En behållare i avdunstningsbegränsningen, innehåller aktivt kol för att fånga upp bensinångor från bränslesystemet.

Kanister

Kardanaxel Ett långt rör med universalknutar i bägge ändar som överför kraft från växellådan till differentialen på bilar med motorn fram och drivande bakhjul.

Kast Hur mycket ett hjul eller drev slår i sidled vid rotering. Det spel en axel roterar med. Orundhet i en roterande del.

Katalysator En ljuddämparliknande enhet i avgassystemet som omvandlar vissa föroreningar till mindre hälsovådliga substanser.

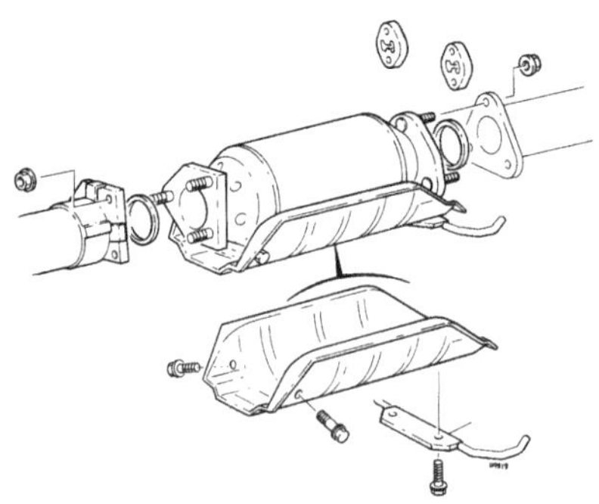

Katalysator

Kompression Minskning i volym och ökning av tryck och värme hos en gas, orsakas av att den kläms in i ett mindre utrymme.

Kompressionsförhållande Skillnaden i cylinderns volymer mellan kolvens ändlägen.

Kopplingsschema En ritning över komponenter och ledningar i ett fordons elsystem som använder standardiserade symboler.

Krockkudde (Airbag) En uppblåsbar kudde dold i ratten (på förarsidan) eller instrumentbrädan eller handskfacket (på passagerarsidan) Vid kollision blåses kuddarna upp vilket hindrar att förare och framsätespassagerare kastas in i ratt eller vindruta.

Krokodilklämma Ett långkäftat fjäderbelastat clips med ingreppande tänder som används till tillfälliga elektriska kopplingar.

Kronmutter En mutter som vagt liknar kreneleringen på en slottsmur. Används tillsammans med saxsprint för att låsa bultförband extra väl.

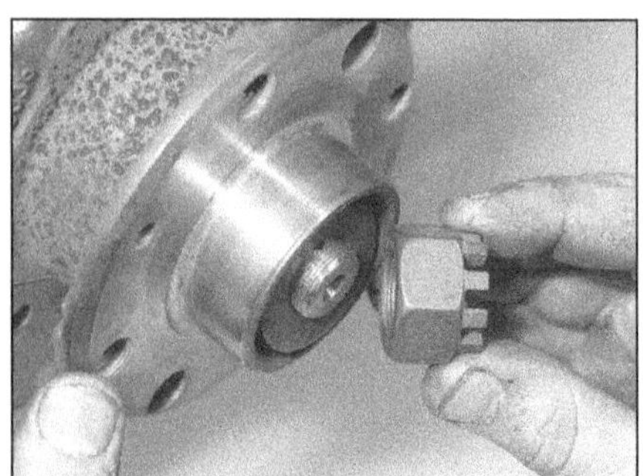

Kronmutter

Krysskruv Se Phillips-skruv

Kugghjul Ett hjul med tänder eller utskott på omkretsen, formade för att greppa in i en kedja eller rem.

Kuggstångsstyrning Ett styrsystem där en pinjong i rattstångens ände går i ingrepp med en kuggstång. När ratten vrids, vrids även pinjongen vilket flyttar kuggstången till höger eller vänster. Denna rörelse överförs via styrstagen till hjulets styrleder.

Kullager Ett friktionsmotverkande lager som består av härdade inner- och ytterbanor och har härdade stålkulor mellan banorna.

Kylare En värmeväxlare som använder flytande kylmedium, kylt av fartvinden/fläkten till att minska temperaturen på kylvätskan i en förbränningsmotors kylsystem.

Kylmedia Varje substans som används till värmeöverföring i en anläggning för luftkonditionering. R-12 har länge varit det huvudsakliga kylmediet men tillverkare har nyligen börjat använda R-134a, en CFC-fri substans som anses vara mindre skadlig för ozonet i den övre atmosfären.

L

Lager Den böjda ytan på en axel eller i ett lopp, eller den del som monterad i någon av dessa tillåter rörelse mellan dem med minimal slitage och friktion.

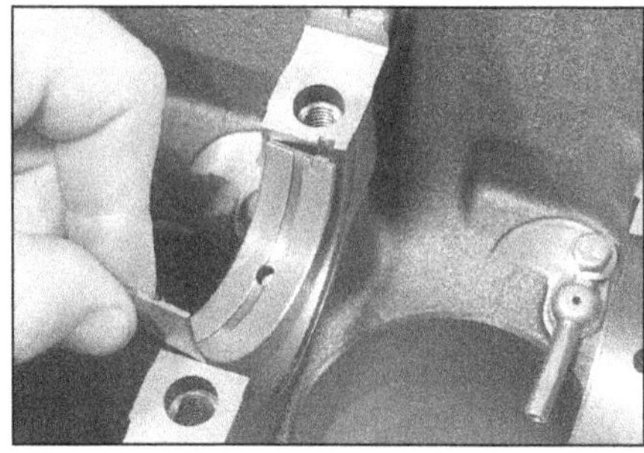

Lager

Lambdasond En enhet i motorns grenrör som känner av syrehalten i avgaserna och omvandlar denna information till elektricitet som bär information till styrelektroniken. Även kallad syresensor.

Luftfilter Filtret i luftrenaren, vanligen tillverkat av veckat papper. Kräver byte med regelbundna intervaller.

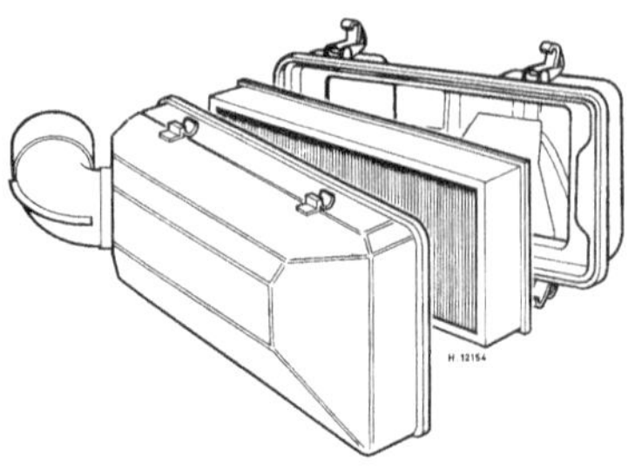

Luftfilter

Luftrenare En kåpa av plast eller metall, innehållande ett filter som tar undan damm och smuts från luft som sugs in i motorn.

Låsbricka En typ av bricka konstruerad för att förhindra att en ansluten mutter lossnar.

Låsmutter En mutter som låser en justermutter, eller annan gängad del, på plats. Exempelvis används låsmutter till att hålla justermuttern på vipparmen i läge.

Låsring Ett ringformat clips som förhindrar längsgående rörelser av cylindriska delar och axlar. En invändig låsring monteras i en skåra i ett hölje, en yttre låsring monteras i en utvändig skåra på en cylindrisk del som exempelvis en axel eller tapp.

M

MacPherson-ben Ett system för framhjulsfjädring uppfunnet av Earle MacPherson vid Ford i England. I sin ursprungliga version skapas den nedre bärarmen av en enkel lateral länk till krängningshämmaren. Ett fjäderben - en integrerad spiralfjäder och stötdämpare - finns monterad mellan karossen och styrknogen. Många moderna MacPherson-ben använder en vanlig nedre A-arm och inte krängningshämmaren som nedre fäste.

Markör En remsa med en andra färg i en ledningsisolering för att skilja ledningar åt.

Motor med överliggande kamaxel (OHC) En motor där kamaxeln finns i topplocket.

Motorstyrning Ett datorstyrt system som integrerat styr bränsle och tändning.

Multimätare Ett elektriskt testinstrument som mäter spänning, strömstyrka och motstånd. Även kallad multimeter.

Mätare En instrumentpanelvisare som används till att ange motortillstånd. En mätare med en rörlig pekare på en tavla eller skala är analog. En mätare som visar siffror är digital.

N

NOx Kväveoxider. En vanlig giftig förorening utsläppt av förbränningsmotorer vid högre temperaturer.

O

O-ring En typ av tätningsring gjord av ett speciellt gummiliknande material. O-ringen fungerar så att den trycks ihop i en skåra och därmed utgör tätningen.

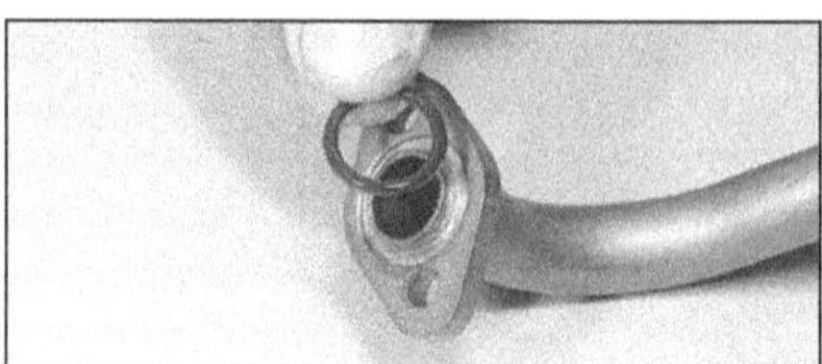

O-ring

Ohm Enhet för elektriskt motstånd. 1 volt genom ett motstånd av 1 ohm ger en strömstyrka om 1 ampere.

Ohmmätare Ett instrument för uppmätning av elektriskt motstånd.

P

Packning Mjukt material - vanligen kork, papp, asbest eller mjuk metall - som monteras mellan två metallytor för att erhålla god tätning. Exempelvis tätar topplockspackningen fogen mellan motorblocket och topplocket.

Packning

Phillips-skruv En typ av skruv med ett korsspår istället för ett rakt, för motsvarande skruvmejsel. Vanligen kallad krysskruv.

Plastigage En tunn plasttråd, tillgänglig i olika storlekar, som används till att mäta toleranser. Exempelvis så läggs en remsa Plastigage tvärs över en lagertapp. Delarna sätts ihop och tas isär. Bredden på den klämda remsan anger spelrummet mellan lager och tapp.

Plastigage

R

Rotor I en fördelare, den roterande enhet inuti fördelardosan som kopplar samman mittelektroden med de yttre kontakterna vartefter den roterar, så att högspänningen från tändspolens sekundärlindning leds till rätt tändstift. Även den del av generatorn som roterar inuti statorn. Även de roterande delarna av ett turboaggregat, inkluderande kompressorhjulet, axeln och turbinhjulet.

S

Sealed-beam strålkastare En äldre typ av strålkastare som integrerar reflektor, lins och glödtrådar till en hermetiskt försluten enhet. När glödtråden går av eller linsen spricker byts hela enheten.

Shims Tunn distansbricka, vanligen använd till att justera inbördes lägen mellan två delar. Exempelvis sticks shims in i eller under ventiltryckarhylsor för att justera ventilspelet. Spelet justeras genom byte till shims av annan tjocklek.

Skivbroms En bromskonstruktion med en roterande skiva som kläms mellan bromsklossar. Den friktion som uppstår omvandlar bilens rörelseenergi till värme.

Skjutmått Ett precisionsmätinstrument som mäter inre och yttre dimensioner. Inte riktigt lika exakt som en mikrometer men lättare att använda.

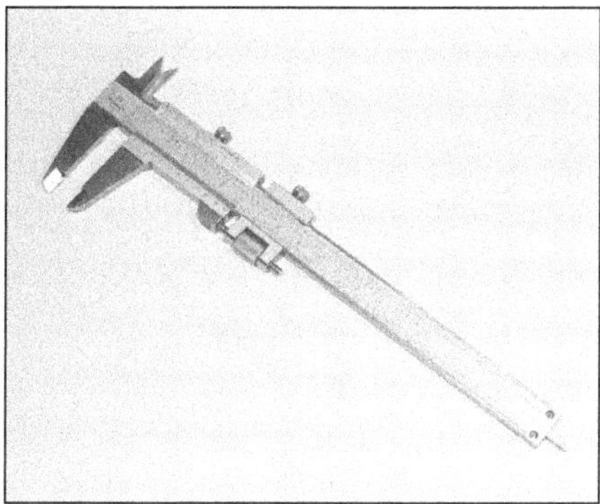

Skjutmått

Smältsäkring Ett kretsskydd som består av en ledare omgiven av värmetålig isolering. Ledaren är tunnare än den ledning den skyddar och är därmed den svagaste länken i kretsen. Till skillnad från en bränd säkring måste vanligen en smältsäkring skäras bort från ledningen vid byte.

Spel Den sträcka en del färdas innan något inträffar. "Luften" i ett länksystem eller ett montage mellan första ansatsen av kraft och verklig rörelse. Exempelvis den sträcka bromspedalen färdas innan kolvarna i huvudcylindern rör på sig. Även utrymmet mellan två delar, till exempel kolv och cylinderlopp.

Spiralfjäder En spiral av elastiskt stål som förekommer i olika storlekar på många platser i en bil, bland annat i fjädringen och ventilerna i topplocket.

Startspärr På bilar med automatväxellåda förhindrar denna kontakt att motorn startas annat än om växelväljaren är i N eller P.

Storändslager Lagret i den ände av vevstaken som är kopplad till vevaxeln.

Svetsning Olika processer som används för att sammanfoga metallföremål genom att hetta upp dem till smältning och sammanföra dem.

Svänghjul Ett tungt roterande hjul vars energi tas upp och sparas via moment. På bilar finns svänghjulet monterat på vevaxeln för att utjämna kraftpulserna från arbetstakterna.

Syresensor En enhet i motorns grenrör som känner av syrehalten i avgaserna och omvandlar denna information till elektricitet som bär information till styrelektroniken. Även kalla Lambdasond.

Säkring En elektrisk enhet som skyddar en krets mot överbelastning. En typisk säkring innehåller en mjuk metallbit kalibrerad att smälta vid en förbestämd strömstyrka, angiven i ampere, och därmed bryta kretsen.

T

Termostat En värmestyrd ventil som reglerar kylvätskans flöde mellan blocket och kylaren vilket håller motorn vid optimal arbetstemperatur. En termostat används även i vissa luftrenare där temperaturen är reglerad.

Toe-in Den distans som framhjulens framkanter är närmare varandra än bakkanterna. På bakhjulsdrivna bilar specificeras vanligen ett litet toe-in för att hålla framhjulen parallella på vägen, genom att motverka de krafter som annars tenderar att vilja dra isär framhjulen.

Toe-ut Den distans som framhjulens bakkanter är närmare varandra än framkanterna. På bilar med framhjulsdrift specificeras vanligen ett litet toe-ut.

Toppventilsmotor (OHV) En motortyp där ventilerna finns i topplocket medan kamaxeln finns i motorblocket.

Torpedplåten Den isolerade avbalkningen mellan motorn och passagerarutrymmet.

Trumbroms En bromsanordning där en trumformad metallcylinder monteras inuti ett hjul. När bromspedalen trycks ned pressas böjda bromsbackar försedda med bromsbelägg mot trummans insida så att bilen saktar in eller stannar.

Trumbroms, montage

Turboaggregat En roterande enhet, driven av avgastrycket, som komprimerar insugsluften. Används vanligen till att öka motoreffekten från en given cylindervolym, men kan även primäranvändas till att minska avgasutsläpp.

Tändföljd Turordning i vilken cylindrarnas arbetstakter sker, börjar med nr 1.

Tändläge Det ögonblick då tändstiftet ger gnista. Anges vanligen som antalet vevaxelgrader för kolvens övre dödpunkt.

Tätningsmassa Vätska eller pasta som används att täta fogar. Används ibland tillsammans med en packning.

U

Universalknut En koppling med dubbla pivåer som överför kraft från en drivande till en driven axel genom en vinkel. En universalknut består av två Y-formade ok och en korsformig del kallad spindeln.
Urtrampningslager Det lager i kopplingen som flyttas inåt till frigöringsarmen när kopplingspedalen trycks ned för frikoppling.

V

Ventil En enhet som startar, stoppar eller styr ett flöde av vätska, gas, vakuum eller löst material via en rörlig del som öppnas, stängs eller delvis maskerar en eller flera portar eller kanaler. En ventil är även den rörliga delen av en sådan anordning.

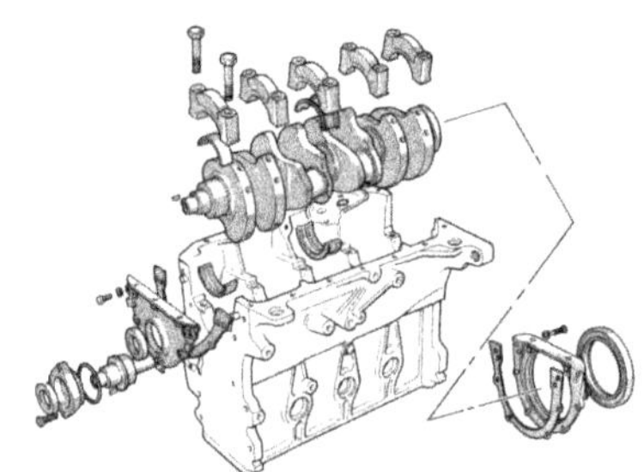

Vevaxel, montage

Ventilspel Spelet mellan ventilskaftets övre ände och ventiltryckaren. Spelet mäts med stängd ventil.
Ventiltryckare En cylindrisk del som överför rörelsen från kammen till ventilskaftet, antingen direkt eller via stötstång och vipparm. Även kallad kamsläpa eller kamföljare.
Vevaxel Den roterande axel som går längs med vevhuset och är försedd med utstickande vevtappar på vilka vevstakarna är monterade.
Vevhus Den nedre delen av ett motorblock där vevaxeln roterar.
Vibrationsdämpare En enhet som är avsedd att minska fjädring eller vridande vibrationer i vevaxeln. Enheten kan vara integrerad i vevaxelns remskiva. Kallas även harmonibalanserare.
Vipparm En arm som gungar på en axel eller tapp. I en toppventilsmotor överför vipparmen stötstångens uppåtgående rörelse till en nedåtgående rörelse som öppnar ventilen.
Viskositet Tjockleken av en vätska eller dess flödesmotstånd.
Volt Enhet för elektrisk spänning i en krets 1 volt genom ett motstånd av 1 ohm ger en strömstyrka om 1 ampere.

Observera: *Hänvisningarna i detta register anger "kapitel" • "sidnummer"*